INTRODUÇÃO À
TEORIA DA
COMPUTAÇÃO

Tradução da 2ª edição norte-americana

Dados Internacionais de Catalogação na Publicação (CIP)
(Câmara Brasileira do Livro, SP, Brasil)

Sipser, Michael
   Introdução à teoria da computação / Michael Sipser;
tradução técnica Ruy José Guerra Barreto de Queiroz;
revisão técnica Newton José Vieira. - São Paulo :
Cengage Learning, 2023.

   10. reimpr. da 1. ed. de 2007.
   Título original: Introduction to the theory of
computation.
   Tradução da 2ª edição norte-americana.
   Bibliografia
   ISBN 978-85-221-0499-4

   1. Complexidade computacional 2. Computação
3. Teoria da máquina I. Título.

07-2663　　　　　　　　　　　　　　　　　　　　CDD-551.3

Índice para catálogo sistemático:

1. Teoria da computação : Matemática 511.3

INTRODUÇÃO À
TEORIA DA
COMPUTAÇÃO

Tradução da 2ª edição norte-americana

MICHAEL SIPSER

Tradução Técnica
Ruy José Guerra Barretto de Queiroz
Professor associado do Centro de Informática da
Universidade Federal de Pernambuco (UFPE).

Revisão Técnica
Newton José Vieira
Professor em cursos de graduação e pós-graduação
do Departamento de Ciência da Computação,
Instituto de Ciências Exatas, da Universidade Federal
de Minas Gerais (UFMG).

CENGAGE

Austrália • Brasil • México • Cingapura • Reino Unido • Estados Unidos

CENGAGE

Introdução à teoria da computação

Michael Sipser

1ª edição brasileira

Gerente Editorial: Patricia La Rosa

Editora de Desenvolvimento: Danielle Mendes Sales

Supervisor de Produção Editorial: Fábio Gonçalves

Produtora Editorial: Renata Siqueira Campos

Supervisora de Produção Gráfica: Fabiana Alencar Albuquerque

Título Original: Introduction to the Theory of Computation – Second Edition (ISBN: 0-534-95097-3)

Copidesque: Maria Alice da Costa

Tradução Técnica: Ruy José Guerra Barretto de Queiroz

Revisão: Maria Augusta F. Medeiros Antonangelo

Revisão Técnica: Newton José Vieira

Diagramação: Newton José Vieira

Capa: Eduardo Bertolini

© 2007 Cengage Learning. Todos os direitos reservados.

Todos os direitos reservados. Nenhuma parte deste livro poderá ser reproduzida, sejam quais forem os meios empregados, sem a permissão, por escrito, da Editora.
Aos infratores aplicam-se as sanções previstas nos artigos 102, 104, 106 e 107 da Lei nº 9.610, de 19 de fevereiro de 1998.

Esta editora empenhou-se em contatar os responsáveis pelos direitos autorais de todas as imagens e de outros materiais utilizados neste livro. Se porventura for constatada a omissão involuntária na identificação de algum deles, dispomo-nos a efetuar, futuramente, os possíveis acertos.

A Editora não se responsabiliza pelo funcionamento dos links contidos neste livro que possam estar suspensos.

Para informações sobre nossos produtos, entre em contato pelo telefone **+55 11 3665-9900**.

Para permissão de uso de material desta obra, envie seu pedido para
direitosautorais@cengage.com.

ISBN-13: 978-85-221-0499-4
ISBN-10: 85-221-0499-9

Cengage
WeWork
Rua Cerro Corá, 2175 - Alto da Lapa
São Paulo - SP - CEP 05061-450
Tel.: +55 (11) 3665-9900

Para suas soluções de curso e aprendizado, visite
www.cengage.com.br.

Impresso no Brasil
Printed in Brazil
10. reimpr. – 2023

A Ina, Rachel e Aaron

SUMÁRIO

Prefácio à Primeira Edição   xiii
    Ao(À) aluno(a) xiii
    Ao(À) professor(a) xiv
    A edição atual xv
    Feedback para o autor xvi
    Agradecimentos xvi

Prefácio à Segunda Edição   xix

0 Introdução   **1**
   0.1 Autômatos, Computabilidade e Complexidade 1
       Teoria da complexidade 2
       Teoria da computabilidade 3
       Teoria dos autômatos 3
   0.2 Noções e Terminologia Matemáticas 3
       Conjuntos 4
       Seqüências e uplas 6
       Funções e relações 7
       Grafos 10
       Cadeias e linguagens 13
       Lógica booleana 14
       Resumo dos termos matemáticos 16
   0.3 Definições, Teoremas e Provas 17
       Encontrando provas 18
   0.4 Tipos de Prova 21
       Prova por construção 21
       Prova por contradição 22
       Prova por indução 23
    Exercícios, Problemas e Soluções 26

Parte Um: Autômatos e Linguagens · 29

1 Linguagens Regulares · 31
1.1 Autômatos Finitos · 31
Definição formal de um autômato finito · 35
Exemplos de autômatos finitos · 37
Definição formal de computação · 40
Projetando autômatos finitos · 41
As operações regulares · 44
1.2 Não-determinismo · 48
Definição formal de um autômato finito não-determinístico · 54
Equivalência de AFNs e AFDs · 56
Fecho sob as operações regulares · 60
1.3 Expressões Regulares · 65
Definição formal de uma expressão regular · 66
Equivalência com autômatos finitos · 68
1.4 Linguagens Não-regulares · 79
O lema do bombeamento para linguagens regulares · 79
Exercícios, Problemas e Soluções · 85

2 Linguagens Livres-do-Contexto · 103
2.1 Gramáticas Livres-do-Contexto · 104
Definição formal de uma gramática livre-do-contexto · 106
Exemplos de gramáticas livres-do-contexto · 107
Projetando gramáticas livres-do-contexto (GLC) · 108
Ambigüidade · 110
Forma normal de Chomsky · 111
2.2 Autômato com Pilha · 114
Definição formal de um autômato com pilha · 115
Exemplos de autômatos com pilha · 117
Equivalência com gramáticas livres-do-contexto · 120
2.3 Linguagens Não-livres-do-contexto · 128
O lema do bombeamento para linguagens livres-do-contexto · 128
Exercícios, Problemas e Soluções · 133

Parte Dois: Teoria da Computabilidade · 141

3 A Tese de Church-Turing · 143
3.1 Máquinas de Turing · 143
Definição formal de uma máquina de Turing · 146
Exemplos de máquinas de Turing · 149
3.2 Variantes de Máquinas de Turing · 154
Máquinas de Turing multifita · 155
Máquinas de Turing não-determinísticas · 157
Enumeradores · 159

		Equivalência com outros modelos 160
	3.3	A Definição de Algoritmo 161
		Os problemas de Hilbert 162
		Terminologia para descrever máquinas de Turing 164
		Exercícios, Problemas e Soluções 167

4 Decidibilidade   173
4.1 Linguagens Decidíveis 174
Problemas decidíveis concernentes a linguagens regulares . . . 174
Problemas decidíveis concernentes a linguagens livres-do-contexto 178
4.2 O Problema da Parada 182
O método da diagonalização 183
O problema da parada é indecidível 188
Uma linguagem Turing-irreconhecível 191
Exercícios, Problemas e Soluções 192

5 Redutibilidade   197
5.1 Problemas Indecidíveis da Teoria de Linguagens 198
Reduções via histórias de computação 203
5.2 Um Problema Indecidível Simples 209
5.3 Redutibilidade por Mapeamento 216
Funções computáveis 217
Definição formal de redutibilidade por mapeamento 218
Exercícios, Problemas e Soluções 222

6 Tópicos Avançados em Teoria da Computabilidade   229
6.1 O Teorema da Recursão 229
Auto-referência 230
Terminologia para o teorema da recursão 233
Aplicações 234
6.2 Decidibilidade de Teorias Lógicas 236
Uma teoria decidível 239
Uma teoria indecidível 241
6.3 Turing-Redutibilidade 244
6.4 Uma Definição de Informação 246
Descrições de comprimento mínimo 247
Otimalidade da definição 250
Cadeias incompressíveis e aleatoriedade 251
Exercícios, Problemas e Soluções 255

Parte Três: Teoria da Complexidade   259

7 Complexidade de Tempo   261
7.1 Medindo Complexidade 261

          Notação O-grande e o-pequeno 262
          Analisando algoritmos 265
          Relacionamentos de complexidade entre modelos 268
  7.2 A Classe P 271
          Tempo polinomial 272
          Exemplos de problemas em P 273
  7.3 A Classe NP 279
          Exemplos de problemas em NP 283
          A questão P *versus* NP 285
  7.4 NP-completude 287
          Redutibilidade em tempo polinomial 288
          Definição de NP-completude 292
          O Teorema de Cook-Levin 293
  7.5 Problemas NP-completos Adicionais 300
          O problema da cobertura de vértices 300
          O problema do caminho hamiltoniano 302
          O problema da soma de subconjuntos 309
          Exercícios, Problemas e Soluções 311

8 Complexidade de Espaço   **321**
  8.1 Teorema de Savitch 324
  8.2 A Classe PSPACE 326
  8.3 PSPACE-completude 328
          O problema TQBF 328
          Estratégias vencedoras para jogos 332
          Geografia generalizada 334
  8.4 As Classes L e NL 340
  8.5 NL-completude 343
          Busca em grafos 345
  8.6 NL é Igual a coNL 347
          Exercícios, Problemas e Soluções 349

9 Intratabilidade   **355**
  9.1 Teoremas de Hierarquia 356
          Completude de espaço exponencial 364
  9.2 Relativização 369
          Limites do método da diagonalização 371
  9.3 Complexidade de Circuitos 373
          Exercícios, Problemas e Soluções 383

10 Tópicos Avançados em Teoria da Complexidade   **387**
  10.1 Algoritmos de Aproximação 387
  10.2 Algoritmos Probabilísticos 390
          A classe BPP 390
          Primalidade 393
          Programas ramificantes lê-uma-vez 398

10.3 Alternação 403
    Tempo e espaço alternante 405
    A hierarquia de tempo polinomial 410
10.4 Sistemas de Prova Interativa 410
    Não-isomorfismo de grafos 411
    Definição do modelo 412
    IP = PSPACE 413
10.5 Computação Paralela 424
    Circuitos booleanos uniformes 424
    A classe NC 426
    P-completude 429
10.6 Criptografia 430
    Chaves secretas 430
    Criptossistemas de chave-pública 432
    Funções unidirecionais 433
    Funções alçapão 435
    Exercícios, Problemas e Soluções 437

Bibliografia Selecionada   **441**

Índice Remissivo   **447**

PREFÁCIO À PRIMEIRA EDIÇÃO

AO(À) ALUNO(A)

Bem-vindo(a)!

Você está prestes a embarcar no estudo de uma matéria fascinante e importante: a teoria da computação. Ela compreende as propriedades matemáticas fundamentais do hardware, do software e das aplicações de computadores. Estudando esse tema, buscamos determinar o que pode e o que não pode ser computado, quão rapidamente, com quanto de memória e sobre que tipo de modelo computacional. O assunto tem conexões óbvias com a prática da engenharia e, como em muitas ciências, também tem aspectos puramente filosóficos.

Sei que muitos de vocês estão ansiosos para estudar esse material, mas alguns podem não estar aqui por sua própria escolha. Você pode querer obter um grau em ciência ou engenharia da computação, e um curso em teoria é requerido – sabe-se lá por quê. Afinal de contas, a teoria não é obscura, aborrecida e, pior ainda, irrelevante?

Para ver que a teoria não é nem obscura nem aborrecida, ao contrário bastante compreensível e até interessante, continue a ler. A ciência da computação teórica de fato tem muitas idéias grandes e fascinantes, mas também muitos detalhes pequenos e, às vezes, tediosos que podem ser cansativos. Aprender qualquer assunto é trabalho árduo, contudo, fica mais fácil e mais divertido se este for devidamente apresentado. Meu objetivo principal ao escrever este livro é expor a você os aspectos genuinamente excitantes da teoria da computação, sem entrar em detalhes cansativos. É claro que a única maneira de determinar se teoria lhe interessa é tentar aprendê-la.

A teoria é relevante para a prática. Ela provê ferramentas conceituais que os praticantes usam em engenharia da computação. Projetar uma nova linguagem de programação para uma aplicação especializada? O que você aprendeu sobre *gramáticas* neste curso vem bem a calhar. Lidar com a busca por cadeias e casamento de padrões? Lembre-se de *autômatos finitos* e *expressões regulares*. Confrontado com um problema que parece requerer mais tempo de computador do que você pode suportar? Pense no que você aprendeu sobre *NP-completude*. Várias áreas de aplicação, tais como protocolos criptográficos modernos, se sustentam em princípios teóricos que você vai aprender aqui.

A teoria também é relevante para você porque ela lhe mostra um lado mais simples, e mais elegante, dos computadores, os quais normalmente consideramos como máquinas complicadas. Os melhores projetos e aplicações de computadores são concebidos com elegância em mente. Um curso teórico pode elevar seu sentido estético e ajudá-lo a construir sistemas mais bonitos.

Finalmente, a teoria é boa para você porque seu estudo expande sua mente. A tecnologia de computadores muda rapidamente. O conhecimento técnico específico, embora útil hoje, fica desatualizado em apenas uns poucos anos. Considere, por outro, lado as habilidades de pensar, de exprimir-se clara e precisamente para resolver problemas e de saber quando você não resolveu um problema. Essas habilidades têm valor duradouro. Estudar teoria o treina nessas áreas.

Considerações práticas à parte, quase todo mundo que trabalha com computadores tem curiosidade sobre essas criações impressionantes, suas capacidades e suas limitações. Um novo ramo da matemática cresceu nos últimos 30 anos para responder a certas questões básicas. Aqui está uma que permanece sem solução: se eu lhe der um número grande, digamos, com 500 dígitos, você pode encontrar seus fatores (os números que o dividem) em uma quantidade de tempo razoável? Mesmo usando um supercomputador, ninguém atualmente conhece como fazer isso para todos os casos *durante o tempo de vida do universo!* O problema da fatoração está relacionado a certos códigos secretos em criptossistemas modernos. Encontre um maneira rápida de fatorar e a fama será toda sua!

AO(À) PROFESSOR(A)

Este livro pretende ser um texto para o final da graduação ou o início da pós-graduação em teoria da computação. Contém um tratamento do assunto concebido em torno de teoremas e provas. Fiz algum esforço para acomodar os alunos com pouca experiência prévia em provar teoremas, mas penso que aqueles mais experientes terão uma vida mais fácil.

Meu objetivo principal ao apresentar o material foi torná-lo claro e interessante. Ao fazer isso, enfatizei a intuição e "a visão do todo" em detrimento de alguns detalhes de nível mais baixo.

Por exemplo, muito embora apresente, na Introdução, o método de prova por indução, juntamente com outros preliminares matemáticos, ele não desempenha um papel importante subseqüentemente. Geralmente não apresento as provas por indução usuais da correção de várias construções relativas a autômatos. Se apresentadas claramente, essas construções convencem e não necessitam de muito argumento. Uma indução pode confundir em vez de esclarecer porque a própria indução é uma técnica um tanto sofisticada que muitos acham misteriosa. Ao trabalhar-se o óbvio com uma indução, corre-se o risco de ensinar aos alunos que uma prova matemática é uma manipulação formal em vez de ensiná-los o que é e o que não é um argumento convincente.

Um segundo exemplo ocorre nas Partes II e III, nas quais descrevo algoritmos em prosa em vez de pseudocódigo. Não gasto muito tempo programando máquinas de Turing (ou quaisquer outros modelos formais). Os alunos hoje vêm com uma formação em programação e acham que a tese de Church-Turing é auto-evidente. Daí, não apresento simulações excessivamente longas de um modelo por outro para estabelecer sua equivalência.

Além de dar uma intuição adicional e suprimir alguns detalhes, dou o que poderia ser chamado uma apresentação clássica do material. Muitos teóricos acharão a escolha do material, a terminologia e a ordem de apresentação consistentes com as de outros livros-texto largamente utilizados. Introduzi uma terminologia original em apenas uns poucos lugares, quando achei a terminologia-padrão particularmente obscura ou confusa. Por exemplo, introduzo o termo *redutibilidade por mapeamento* em vez de *redutibilidade muitos-para-um*.

A prática por meio de resolução de problemas é essencial para aprender qualquer assunto matemático. Neste livro, os problemas são organizados em duas categorias principais denominadas *Exercícios* e *Problemas*. Os Exercícios revisam as definições e os conceitos. Os Problemas requerem alguma engenhosidade. Os problemas marcados com um asterisco são mais difíceis. Tentei tornar tanto os Exercícios quanto os Problemas desafios interessantes.

A EDIÇÃO ATUAL

A *Introdução à Teoria da Computação* apareceu primeiramente como uma edição preliminar em capa mole. A edição atual difere da primeira de várias maneiras substanciais. Os três últimos capítulos são novos: o Capítulo 8, sobre complexidade de espaço; o Capítulo 9, a respeito de intratabilidade demonstrável; e o Capítulo 10, sobre tópicos avançados em teoria da complexidade. O Capítulo 6 foi expandido para incluir vários tópicos avançados em teoria da computabilidade. Outros capítulos foram melhorados pela inclusão de exemplos e exercícios adicionais.

Os comentários de instrutores e alunos que usaram a edição preliminar foram úteis para o polimento da Introdução e dos Capítulos 1 a 7. Obviamente, os erros que eles reportaram foram corrigidos nesta edição.

Os Capítulos 6 e 10 dão um apanhado de vários tópicos mais avançados em teorias da computabilidade e da complexidade. Não se pretende que eles compreendam uma unidade coesa da maneira que os capítulos remanescentes o fazem. Esses capítulos foram incluídos para permitir ao instrutor selecionar tópicos opcionais que podem ser de interesse do aluno mais exigente.

Os próprios tópicos variam amplamente. Alguns, como *Turing-redutibilidade* e *alternação*, são extensões diretas de outros conceitos no livro. Outros, tais como *teorias lógicas decidíveis* e *criptografia*, são breves introduções a grandes áreas.

FEEDBACK PARA O AUTOR

A Internet provê novas oportunidades para a interação entre autores e leitores. Tenho recebido muitas mensagens eletrônicas oferecendo sugestões, elogios, críticas e reportando erros na edição preliminar. Continue a se corresponder! Tento responder a cada mensagem pessoalmente, quando o tempo permite. O endereço eletrônico para correspondência relacionada a este livro é

```
sipserbook@math.mit.edu.
```

Uma página na Internet que contém uma lista de erros é mantida no endereço a seguir. Outros materiais podem ser adicionados àquela página para ajudar a professores e alunos. Diga-me o que gostaria de ver ali. O endereço é

```
http://www-math.mit.edu/~sipser/book.html.
```

AGRADECIMENTOS

Eu não poderia ter escrito este livro sem a ajuda de muitos amigos, colegas e de minha família.

Quero agradecer aos professores que ajudaram a dar forma a meu ponto de vista científico e estilo educacional. Cinco deles se destacam. Meu orientador de tese, Manuel Blum, a quem devo uma nota especial por sua maneira única de inspirar os alunos através da clareza de pensamento, entusiasmo e cuidado. Ele é um modelo para mim e para muitos outros. Sou agradecido a Richard Karp, por me introduzir à teoria da complexidade; a John Addison, por me ensinar lógica e por passar aqueles maravilhosos conjuntos de tarefas para casa; a Juris Hartmanis, por me introduzir à teoria da computação; e a meu pai, por me introduzir na matemática, aos computadores e na arte de ensinar.

Este livro foi desenvolvido a partir de notas de um curso que ensinei no MIT durante os últimos 15 anos. Os alunos em minhas turmas tomaram tais notas com base em minhas aulas. Espero que eles me perdoem por não poder citar a todos. Meus assistentes de ensino, durante anos, Avrim Blum, Thang Bui, Andrew Chou, Benny Chor, Stavros Cosmadakis, Aditi Dhagat, Wayne Goddard, Parry Husbands, Dina Kravets, Jakov Kučan, Brian O'Neill, Ioana Popescu e Alex Russell, me ajudaram a editar e a expandir essas notas e me forneceram alguns dos problemas para tarefas de casa.

Quase três anos atrás, Tom Leighton me persuadiu a escrever um livro-texto sobre a teoria da computação. Eu vinha pensando em fazê-lo durante algum tempo, mas foi preciso a persuasão de Tom para fazer a teoria virar prática. Agradeço seus conselhos generosos sobre escrever livros e sobre muitas outras coisas.

Quero agradecer a Eric Bach, Peter Beebee, Cris Calude, Marek Chrobak, Anna Chefter, Guang-Ien Cheng, Elias Dahlhaus, Michael Fischer, Steve Fisk,

Lance Fortnow, Henry J. Friedman, Jack Fu, Seymour Ginsburg, Oded Goldreich, Brian Grossman, David Harel, Micha Hofri, Dung T. Huynh, Neil Jones, H. Chad Lane, Kevin Lin, Michael Loui, Silvio Micali, Tadao Murata, Christos Papadimitriou, Vaughan Pratt, Daniel Rosenband, Brian Scassellati, Ashish Sharma, Nir Shavit, Alexander Shen, Ilya Shlyakhter, Matt Stallman, Perry Susskind, Y. C. Tay, Joseph Traub, Osamu Watanabe, Peter Widmayer, David Williamson, Derick Wood e Charles Yang, pelos comentários, sugestões, e assistência à medida que a escrita progrediu.

As seguintes pessoas acrescentaram comentários que melhoraram este livro: Isam M. Abdelhameed, Eric Allender, Michelle Atherton, Rolfe Blodgett, Al Briggs, Brian E. Brooks, Jonathan Buss, Jin Yi Cai, Steve Chapel, David Chow, Michael Ehrlich, Yaakov Eisenberg, Farzan Fallah, Shaun Flisakowski, Hjalmtyr Hafsteinsson, C. R. Hale, Maurice Herlihy, Vegard Holmedahl, Sandy Irani, Kevin Jiang, Rhys Price Jones, James M. Jowdy, David M. Martin Jr., Manrique Mata-Montero, Ryota Matsuura, Thomas Minka, Farooq Mohammed, Tadao Murata, Jason Murray, Hideo Nagahashi, Kazuo Ohta, Constantine Papageorgiou, Joseph Raj, Rick Regan, Rhonda A. Reumann, Michael Rintzler, Arnold L. Rozenberg, Larry Roske, Max Rozenoer, Walter L. Ruzzo, Sanatan Sahgal, Leonard Schulman, Steve Seiden, Joel Seiferas, Ambuj Singh, David J. Stucki, Jayram S. Thathachar, H. Venkateswaran, Tom Whaley, Christopher Van Wyk, Kyle Young e Kyoung Hwan Yun.

Robert Sloan usou uma versão anterior do manuscrito deste livro em uma turma para a qual ele lecionou e me passou inestimáveis comentários e idéias de sua experiência com o manuscrito. Mark Herschberg, Kazuo Ohta e Latanya Sweeney leram partes do manuscrito e sugeriram melhoramentos extensos. Shafi Goldwasser me ajudou com o material do Capítulo 10.

Recebi suporte técnico especializado de William Baxter, da Superscript, que escreveu o pacote de macros LaTeX que implementa a diagramação do livro, e de Larry Nolan, do departamento de matemática do MIT, que mantém tudo funcionando.

Foi um prazer trabalhar com o pessoal da PWS Publishing na criação do produto final. Menciono Michael Sugarman, David Dietz, Elise Kaiser, Monique Calello, Susan Garland e Tanja Brull, porque tive maior contato com eles, mas sei que muitos outros estiveram envolvidos também. Obrigado a Jerry Moore, pela preparação de texto, a Diane Levy, pelo projeto da capa, e a Catherine Hawkes, pela diagramação do livro.

Agradeço à National Science Foundation pelo apoio fornecido sob o *grant* CCR-9503322.

Meu pai, Kenneth Sipser, e irmã, Laura Sipser, converteram os diagramas do livro para a forma eletrônica. Minha outra irmã, Karen Fisch, nos salvou em várias emergências computacionais, e minha mãe, Justine Sipser, ajudou com os conselhos maternos. Agradeço-os por contribuir sob circunstâncias difíceis, incluindo prazos insanos e software recalcitrante.

Por fim, meu amor vai para minha esposa, Ina, e minha filha, Rachel. Obrigado por terem suportado tudo.

Cambridge, Massachusetts   **Michael Sipser**
Outubro de 1996

PREFÁCIO À SEGUNDA EDIÇÃO

A julgar pelas comunicações eletrônicas que tenho recebido de muitos de vocês, a maior deficiência da primeira edição é que ela não provê soluções para nenhum dos problemas. Portanto, aqui estão elas. Todo capítulo agora possui uma nova seção, intitulada *Soluções Selecionadas*, que dá respostas a uma porção representativa dos exercícios e problemas daquele capítulo. Para compensar a perda dos problemas resolvidos como desafios interessantes para tarefa de casa, adicionei também uma variedade de novos problemas.

Um bom número de leitores teria apreciado maior cobertura de certos tópicos "padrão", particularmente o Teorema de Myhill–Nerode e o Teorema de Rice. Atendi parcialmente a esses leitores desenvolvendo esses tópicos nos problemas resolvidos. Não incluí o Teorema de Myhill–Nerode no corpo principal do texto porque acredito que este curso deveria proporcionar somente uma introdução a autômatos finitos e não uma investigação profunda. No meu ponto de vista, o papel de autômatos finitos aqui é para os estudantes explorarem um modelo formal simples de computação como um prelúdio para modelos mais poderosos e prover exemplos convenientes para tópicos subseqüentes. É claro que algumas pessoas prefeririam um tratamento mais completo, enquanto outras acham que eu deveria omitir toda referência a (ou pelo menos dependência de) autômatos finitos. Não coloquei o Teorema de Rice no corpo principal do texto porque, embora ele possa ser uma "ferramenta" útil para provar indecidibilidade, alguns estudantes podem usá-lo mecanicamente sem de fato entender o que está acontecendo. Por outro lado, usar reduções para provar indecidibilidade dá uma preparação mais valiosa para as reduções que aparecem em teoria da complexidade.

Devo aos meus assistentes de ensino, Ilya Baran, Sergi Elizalde, Rui Fan, Jonathan Feldman, Venkatesan Guruswami, Prahladh Harsha, Christos Kapoutsis, Julia Khodor, Adam Klivans, Kevin Matulef, Ioana Popescu, April Rasala, Sofya Raskhodnikova e Iuliu Vasilescu que me ajudaram a desenvolver alguns dos novos problemas e soluções. Ching Law, Edmond Kayi Lee e Zulfikar Ramzan também contribuíram para as soluções. Agradeço a Victor Shoup por aparecer com uma maneira simples de reparar a lacuna na análise do algoritmo de primalidade probabilístico que aparece na primeira edição.

Aprecio os esforços das pessoas na Course Technology por incentivar-me e às outras partes deste projeto, especialmente Alyssa Pratt e Aimee Poirier. Meus agradecimentos a Gerald Eisman, Weizhen Mao, Rupak Majumdar, Chris Umans e Christopher Wilson por suas revisões. Devo a Jerry Moore por seu excelente trabalho editorial e a Laura Segel, da ByteGraphics (`lauras@bytegraphics.com`), pela elaboração maravilhosamente precisa das figuras.

O volume de mensagens eletrônicas recebidas tem sido mais do que eu esperava. Ler todas essas mensagens de muitas pessoas de vários lugares diferentes tem sido absolutamente prazeroso, e tenho tentado respondê-las em algum momento – peço desculpas àquelas que ficaram sem respostas. Relacionei aqui as pessoas que deram sugestões que especificamente contribuíram para esta edição, mas agradeço a todos por sua correspondência.

Luca Aceto, Arash Afkanpour, Rostom Aghanian, Eric Allender, Karun Bakshi, Brad Ballinger, Ray Bartkus, Louis Barton, Arnold Beckmann, Mihir Bellare, Kevin Trent Bergeson, Matthew Berman, Rajesh Bhatt, Somenath Biswas, Lenore Blum, Mauro A. Bonatti, Paul Bondin, Nicholas Bone, Ian Bratt, Gene Browder, Doug Burke, Sam Buss, Vladimir Bychkovsky, Bruce Carneal, Soma Chaudhuri, Rong-Jaye Chen, Samir Chopra, Benny Chor, John Clausen, Allison Coates, Anne Condon, Jeffrey Considine, John J. Crashell, Claude Crepeau, Shaun Cutts, Susheel M. Daswani, Geoff Davis, Scott Dexter, Peter Drake, Jeff Edmonds, Yaakov Eisenberg, Kurtcebe Eroglu, Georg Essl, Alexander T. Fader, Farzan Fallah, Faith Fich, Joseph E. Fitzgerald, Perry Fizzano, David Ford, Jeannie Fromer, Kevin Fu, Atsushi Fujioka, Michel Galley, K. Ganesan, Simson Garfinkel, Travis Gebhardt, Peymann Gohari, Ganesh Gopalakrishnan, Steven Greenberg, Larry Griffith, Jerry Grossman, Rudolf de Haan, Michael Halper, Nick Harvey, Mack Hendricks, Laurie Hiyakumoto, Steve Hockema, Michael Hoehle, Shahadat Hossain, Dave Isecke, Ghaith Issa, Raj D. Iyer, Christian Jacobi, Thomas Janzen, Mike D. Jones, Max Kanovitch, Aaron Kaufman, Roger Khazan, Sarfraz Khurshid, Kevin Killourhy, Seungjoo Kim, Victor Kuncak, Kanata Kuroda, Suk Y. Lee, Edward D. Legenski, Li-Wei Lehman, Kong Lei, Zsolt Lengvarszky, Jeffrey Levetin, Baekjun Lim, Karen Livescu, Thomas Lasko, Stephen Louie, TzerHung Low, Wolfgang Maass, Arash Madani, Michael Manapat, Wojciech Marchewka, David M. Martin Jr., Anders Martinson, Lyle McGeoch, Alberto Medina, Kurt Mehlhorn, Nihar Mehta, Albert R. Meyer, Thomas Minka, Mariya Minkova, Daichi Mizuguchi, G. Allen

Morris III, Damon Mosk-Aoyama, Xiaolong Mou, Paul Muir, German Muller, Donald Nelson, Gabriel Nivasch, Mary Obelnicki, Kazuo Ohta, Thomas M. Oleson, Jr., Curtis Oliver, Owen Ozier, Rene Peralta, Alexander Perlis, Holger Petersen, Detlef Plump, Robert Prince, David Pritchard, Bina Reed, Nicholas Riley, Ronald Rivest, Robert Robinson, Christi Rockwell, Phil Rogaway, Max Rozenoer, John Rupf, Teodor Rus, Larry Ruzzo, Brian Sanders, Cem Say, Kim Schioett, Joel Seiferas, Joao Carlos Setubal, Geoff Lee Seyon, Mark Skandera, Bob Sloan, Geoff Smith, Marc L. Smith, Stephen Smith, Alex C. Snoeren, Guy St-Denis, Larry Stockmeyer, Radu Stoleru, David Stucki, Hisham M. Sueyllam, Kenneth Tam, Elizabeth Thompson, Michel Toulouse, Eric Tria, Chittaranjan Tripathy, Dan Trubow, Hiroki Ueda, Giora Unger, Kurt L. Van Etten, Jesir Vargas, Bienvenido Velez-Rivera, Kobus Vos, Alex Vrenios, Sven Waibel, Marc Waldman, Tom Whaley, Anthony Widjaja, Sean Williams, Joseph N. Wilson, Chris Van Wyk, Guangming Xing, Vee Voon Yee, Cheng Yongxi, Neal Young, Timothy Yuen, Kyle Yung, Jinghua Zhang, Lilla Zollei.

Mais do que tudo, agradeço a minha família – Ina, Rachel e Aaron – por sua paciência, compreensão e amor enquanto eu me sentava por horas a fio em frente à tela do meu computador.

Cambridge, Massachusetts   **Michael Sipser**
Dezembro de 2004

0
INTRODUÇÃO

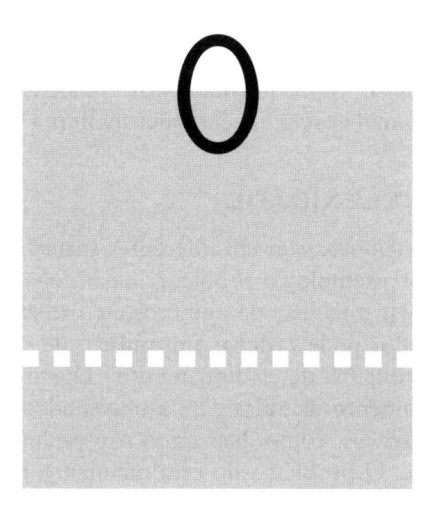

Vamos começar com uma visão geral daquelas áreas da teoria da computação que apresentamos neste curso. Em seguida, você terá chance de aprender e/ou revisar alguns conceitos matemáticos que vai precisar adiante.

0.1
AUTÔMATOS, COMPUTABILIDADE E COMPLEXIDADE

Este livro enfoca três áreas tradicionalmente centrais da teoria da computação: autômatos, computabilidade e complexidade. Elas são interligadas pela questão:

Quais são as capacidades e limitações fundamentais dos computadores?

Essa questão nos leva à década de 1930, quando lógicos matemáticos começaram a explorar em primeira mão o significado de computação. Os avanços tecnológicos desde aqueles tempos têm aumentado enormemente nossa capacidade de computar e têm trazido essa questão do domínio da teoria para o mundo do interesse prático.

Em cada uma das três áreas — autômatos, computabilidade e complexidade — essa questão é interpretada diferentemente e as respostas variam conforme a interpretação. Após este capítulo introdutório, exploraremos cada área em uma parte separada deste livro. Aqui, introduzimos essas partes em ordem reversa porque começando do final você pode entender melhor a razão para o início.

TEORIA DA COMPLEXIDADE

Os problemas computacionais vêm em diferentes variedades: alguns são fáceis e outros, difíceis. Por exemplo, o problema da ordenação é fácil. Digamos que você precise arranjar uma lista de números em ordem ascendente. Mesmo um pequeno computador pode ordenar um milhão de números rapidamente. Compare isso a um problema de escalonamento. Digamos que você tenha de encontrar um escalonamento de aulas para a universidade inteira que satisfaça algumas restrições razoáveis, como duas aulas não podem ter lugar na mesma sala ao mesmo tempo. O problema do escalonamento parece ser muito mais difícil que o problema da ordenação. Se você tem somente mil aulas, encontrar o melhor escalonamento pode requerer séculos, até mesmo com um supercomputador.

O que faz alguns problemas computacionalmente difíceis e outros fáceis?

Essa é a questão central da teoria da complexidade. Notavelmente, não sabemos a resposta para essa questão, embora ela tenha sido intensamente pesquisada durante os últimos 35 anos. Adiante, exploramos essa fascinante questão e algumas de suas ramificações.

Em uma das importantes conquistas da teoria da complexidade até agora, os pesquisadores descobriram um elegante esquema para classificar os problemas conforme sua dificuldade computacional. Ele é análogo à tabela periódica para classificar elementos segundo suas propriedades químicas. Usando esse esquema, podemos demonstrar um método para dar evidência de que certos problemas são computacionalmente difíceis, ainda que sejamos incapazes de provar que eles o são.

Você tem várias opções quando se depara com um problema que parece ser computacionalmente difícil. Primeiro, entendendo qual aspecto do problema é a raiz da dificuldade, você pode ser capaz de alterá-lo de modo que o problema seja mais facilmente solúvel. Segundo, pode ser capaz de se contentar com uma solução menos do que perfeita para o problema. Em certos casos, encontrar soluções que apenas aproximam a solução perfeita é relativamente fácil. Terceiro, alguns problemas são difíceis somente na situação do pior caso, porém, são fáceis na maioria das vezes. Dependendo da aplicação, você pode ficar satisfeito com um procedimento que, ocasionalmente, é lento, mas, em geral, roda rapidamente. Finalmente, você pode considerar tipos alternativos de computação, tais como computação aleatorizada, que podem acelerar certas tarefas.

Uma área aplicada que tem sido afetada diretamente pela teoria da complexidade é o velho campo da criptografia. Na maioria das áreas, um problema computacional fácil é preferível a um difícil, porque os fáceis são mais baratos de resolver. A criptografia é incomum pois requer especificamente problemas computacionais que sejam difíceis, em vez de fáceis, visto que os códigos secretos têm de ser difíceis de quebrar sem a chave secreta ou senha. A teoria da complexidade tem mostrado aos criptógrafos o caminho dos problemas computacionalmente difíceis em torno dos quais eles têm projetado novos códigos revolucionários.

TEORIA DA COMPUTABILIDADE

Durante a primeira metade do século XX, matemáticos como Kurt Gödel, Alan Turing e Alonzo Church descobriram que certos problemas básicos não podem ser resolvidos por computadores. Um exemplo desse fenômeno é o problema de se determinar se um enunciado matemático é verdadeiro ou falso. Essa tarefa é o feijão-com-arroz dos matemáticos. Parece uma questão natural para a resolução por computador, pois ela reside estritamente dentro do domínio da matemática. Mas nenhum algoritmo de computador pode realizar essa tarefa.

Entre as conseqüências desse resultado profundo estava o desenvolvimento de idéias concernentes a modelos teóricos de computadores que, em algum momento, ajudariam a levar à construção de computadores reais.

As teorias da computabilidade e da complexidade estão intimamente relacionadas. Na teoria da complexidade, o objetivo é classificar os problemas como fáceis e difíceis, enquanto na teoria da computabilidade a classificação dos problemas é feita por meio da separação entre os que são solúveis e os que não o são. A teoria da computabilidade introduz vários dos conceitos usados na teoria da complexidade.

TEORIA DOS AUTÔMATOS

A teoria dos autômatos lida com as definições e propriedades de modelos matemáticos de computação. Esses modelos desempenham um papel em diversas áreas aplicadas da ciência da computação. Um modelo, chamado *autômato finito*, é usado em processamento de texto, compiladores e projeto de hardware. Outro modelo, denominado *gramática livre-do-contexto*, é utilizado em linguagens de programação e inteligência artificial.

A teoria dos autômatos é excelente para se começar a estudar a teoria da computação. As teorias da computabilidade e da complexidade requerem uma definição precisa de um *computador*. A teoria dos autômatos permite praticar com definições formais de computação, pois introduz conceitos relevantes a outras áreas não-teóricas da ciência da computação.

0.2 NOÇÕES E TERMINOLOGIA MATEMÁTICAS

Como em qualquer assunto matemático, começamos com uma discussão dos objetos matemáticos básicos, ferramentas e notações que esperamos usar.

CONJUNTOS

Um *conjunto* é um grupo de objetos representado como uma unidade. Os conjuntos podem conter qualquer tipo de objeto, incluindo números, símbolos e até mesmo outros conjuntos. Os objetos em um conjunto são chamados *elementos* ou *membros*. Os conjuntos podem ser descritos formalmente de várias maneiras. Uma delas é listar seus elementos dentro de chaves. Por conseguinte, o conjunto

$$\{7, 21, 57\}$$

contém os elementos 7, 21 e 57. Os símbolos $\in$ e $\notin$ denotam pertinência e não-pertinência, respectivamente. Escrevemos $7 \in \{7, 21, 57\}$ e $8 \notin \{7, 21, 57\}$. Para dois conjuntos A e B, dizemos que A é um *subconjunto* de B, descrito como $A \subseteq B$, se todo membro de A também for um membro de B. Dizemos que A é *subconjunto próprio* de B, descrito como $A \subsetneq B$, se A for um subconjunto de B e não for igual a B.

A ordem de descrição dos elementos de um conjunto não importa, nem a repetição de seus membros. Obtemos o mesmo conjunto escrevendo $\{57, 7, 7, 7, 21\}$. Se desejamos levar em consideração o número de ocorrências de membros chamamos o grupo um *multiconjunto* rm vez de um conjunto. Portanto $\{7\}$ e $\{7, 7\}$ são diferentes como multiconjuntos, mas idênticos como conjuntos. Um *conjunto infinito* contém uma quantidade infinita de elementos. Não podemos escrever uma lista de todos os elementos de um conjunto infinito; portanto, às vezes usamos a notação "..." para dizer, "continue a seqüência para sempre." Por isso, escrevemos o conjunto de *números naturais* $\mathcal{N}$ como

$$\{1, 2, 3, \ldots\}.$$

O conjunto de *inteiros* $\mathcal{Z}$ é escrito

$$\{\ldots, -2, -1, 0, 1, 2, \ldots\}.$$

O conjunto com 0 membros é denominado o *conjunto vazio* e é descrito como $\emptyset$.

Quando desejamos descrever um conjunto contendo elementos de acordo com alguma regra, escrevemos $\{n | \text{regra sobre } n\}$. Assim, $\{n | n = m^2 \text{ para algum } m \in \mathcal{N}\}$ significa o conjunto de quadrados perfeitos.

Se temos dois conjuntos A e B, a *união* de A e B, escrita $A \cup B$, é o conjunto que obtemos combinando todos os elementos em A e B em um único conjunto. A *interseção* de A e B, escrita $A \cap B$, é o conjunto de elementos que estão em ambos, A e B. O *complemento* de A, descrito como $\overline{A}$, é o conjunto de todos os elementos sob consideração que *não* estão em A.

Como é freqüentemente o caso em matemática, um desenho ajuda a esclarecer um conceito. Para os conjuntos, usamos um tipo de desenho chamado *diagrama de Venn*. Ele representa os conjuntos como regiões delimitadas por linhas circulares. Seja INICIAL-t o conjunto de todas as palavras em inglês que começam com a letra "t." Por exemplo, na figura a seguir o círculo representa o conjunto INICIAL-t. Vários membros desse conjunto estão representados como pontos dentro do círculo.

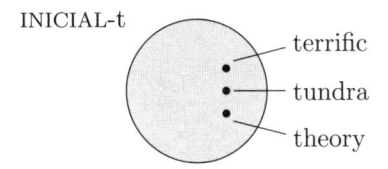

FIGURA 0.1
Diagrama de Venn para o conjunto das palavras em inglês começando com a letra "t".

De maneira semelhante, representamos o conjunto FINAL-z de palavras em inglês que terminam com a letra "z" na figura a seguir.

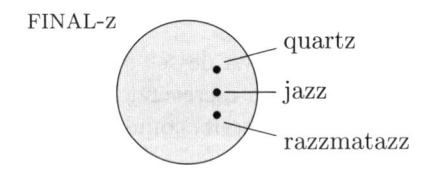

FIGURA 0.2
Diagrama de Venn para o conjunto das palavras em inglês terminando com a letra "z".

Para representar ambos os conjuntos no mesmo diagrama de Venn, temos que desenhá-los de modo que se sobreponham, indicando que eles compartilham alguns elementos, como mostrado na Figura 0.3. Por exemplo, a palavra *topaz* está em ambos os conjuntos. A figura também contém um círculo para o conjunto INICIAL-j. Ele não se sobrepõe com o círculo para INICIAL-t porque nenhuma palavra reside em ambos os conjuntos.

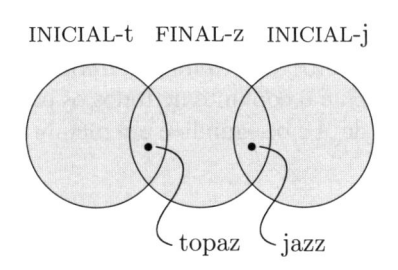

FIGURA 0.3
Círculos que se sobrepõem indicam elementos em comum.

Os próximos dois diagramas de Venn mostram a união e a interseção de conjuntos A e B.

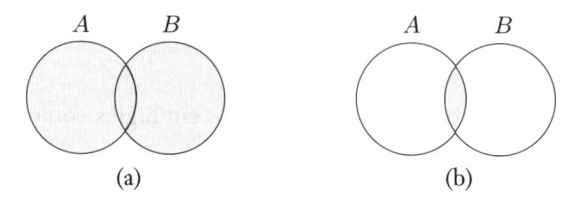

FIGURA 0.4
Diagramas para (a) $A \cup B$ e (b) $A \cap B$.

SEQÜÊNCIAS E UPLAS

Uma *seqüência* de objetos é uma lista desses objetos na mesma ordem. Geralmente designamos uma seqüência escrevendo a lista entre parênteses. Por exemplo, a seqüência 7, 21, 57 seria escrita como

$$(7, 21, 57).$$

Em um conjunto a ordem não importa, mas em uma seqüência sim. Daí, $(7, 21, 57)$ não é o mesmo que $(57, 7, 21)$. A repetição realmente importa em uma seqüência, mas não em um conjunto. Portanto, $(7, 7, 21, 57)$ é diferente de ambas as outras seqüências, enquanto o conjunto $\{7, 21, 57\}$ é idêntico ao conjunto $\{7, 7, 21, 57\}$.

Como os conjuntos, seqüências podem ser finitas ou infinitas. As seqüências finitas freqüentemente são chamadas *uplas*. Uma seqüência com k elementos é uma *k-upla*. Dessa forma, $(7, 21, 57)$ é uma 3-upla. Uma 2-upla é também chamada de *par*.

Conjuntos e seqüências podem aparecer como elementos de outros conjuntos e seqüências. Por exemplo, o *conjunto das partes* de A é o conjunto de todos os subconjuntos de A. Se A for o conjunto $\{0, 1\}$, o conjunto das partes de A é o conjunto $\{\emptyset, \{0\}, \{1\}, \{0, 1\}\}$. O conjunto de todos os pares cujos elementos são 0s e 1s é $\{(0,0), (0,1), (1,0), (1,1)\}$.

Se A e B são dois conjuntos, o *produto cartesiano* ou *produto cruzado* de A e B, descrito como $A \times B$, é o conjunto de todos os pares nos quais o primeiro elemento é um membro de A e o segundo é um membro de B.

EXEMPLO 0.5

Se $A = \{1, 2\}$ e $B = \{x, y, z\}$,

$$A \times B = \{(1, x), (1, y), (1, z), (2, x), (2, y), (2, z)\}.$$

Podemos também tomar o produto cartesiano de k conjuntos, $A_1, A_2, \ldots, A_k$, descrito como $A_1 \times A_2 \times \cdots \times A_k$. Trata-se do conjunto consistindo de todas as k-uplas $(a_1, a_2, \ldots, a_k)$ em que $a_i \in A_i$.

EXEMPLO 0.6

Se A e B são como no Exemplo 0.5,
$$A \times B \times A = \{ (1,x,1), (1,x,2), (1,y,1), (1,y,2), (1,z,1), (1,z,2),$$
$$(2,x,1), (2,x,2), (2,y,1), (2,y,2), (2,z,1), (2,z,2) \}.$$

Se temos o produto cartesiano de um conjunto com si próprio, usamos a abreviação
$$\overbrace{A \times A \times \cdots \times A}^{k} = A^k.$$

EXEMPLO 0.7

O conjunto $\mathcal{N}^2$ é igual a $\mathcal{N} \times \mathcal{N}$. Ele consiste de todos os pares de números naturais. Também podemos descrevê-lo como $\{(i,j)|\ i,j \geq 1\}$.

FUNÇÕES E RELAÇÕES

As funções são centrais em matemática. Uma ***função*** é um objeto que estabelece um relacionamento de entrada-saída. Uma função toma uma entrada e produz uma saída. Em toda função, a mesma entrada sempre produz a mesma saída. Se f é uma função cujo valor de saída é b quando o valor de entrada é a, escrevemos
$$f(a) = b.$$
Uma função também é chamada ***mapeamento***, e, se $f(a) = b$, dizemos que f mapeia a para b.

Por exemplo, a função do valor absoluto abs toma o número x como entrada e retorna x se x for positivo e $-x$ se x for negativo. Portanto, $abs(2) = abs(-2) = 2$. A adição é outro exemplo de função, escrita como add. A entrada para a função adição é um par de números, e a saída é a soma deles.

O conjunto de entradas possíveis para uma função é chamado seu ***domínio***. As saídas de uma função vêm de um conjunto denominado seu ***contradomínio***. A notação para dizer que f é uma função com domínio D e contradomínio C é
$$f\colon D \longrightarrow C.$$
No caso da função abs, se estamos trabalhando com inteiros, o domínio e o contradomínio são $\mathcal{Z}$; portanto, escrevemos $abs\colon \mathcal{Z} \longrightarrow \mathcal{Z}$. No caso da função adição para inteiros, o domínio é o conjunto de pares de inteiros $\mathcal{Z} \times \mathcal{Z}$ e o con-

tradomínio é $\mathcal{Z}$, assim, escrevemos $add\colon \mathcal{Z} \times \mathcal{Z} \longrightarrow \mathcal{Z}$. Note que uma função pode não necessariamente usar todos os elementos do contradomínio especificado. A função *abs* nunca toma o valor -1 embora $-1 \in \mathcal{Z}$. Uma função que de fato usa todos os elementos do contradomínio é dita ser **sobre** o contradomínio.

Podemos descrever uma função específica de várias maneiras. Uma delas é por meio de um procedimento para computar uma saída a partir de uma entrada especificada. Outra é através uma tabela que lista todas as entradas possíveis e dá a saída para cada entrada.

EXEMPLO 0.8

Considere a função $f\colon \{0,1,2,3,4\} \longrightarrow \{0,1,2,3,4\}$.

n	$f(n)$
0	1
1	2
2	3
3	4
4	0

Essa função adiciona 1 à sua entrada e aí, então, dá como saída o resultado módulo 5. Um número módulo m é o resto da divisão por m. Por exemplo, o ponteiro dos minutos no mostrador de um relógio conta módulo 60. Quando fazemos aritmética modular, definimos $\mathcal{Z}_m = \{0, 1, 2, \ldots, m-1\}$. Com essa notação, a função supramencionada f tem a forma $f\colon \mathcal{Z}_5 \longrightarrow \mathcal{Z}_5$.

EXEMPLO 0.9

Às vezes uma tabela bidimensional é usada se o domínio da função é o produto cartesiano de dois conjuntos. Aqui está outra função, $g\colon \mathcal{Z}_4 \times \mathcal{Z}_4 \longrightarrow \mathcal{Z}_4$. A entrada na linha rotulada i e na coluna rotulada j na tabela é o valor de $g(i,j)$.

g	0	1	2	3
0	0	1	2	3
1	1	2	3	0
2	2	3	0	1
3	3	0	1	2

A função g é a função adição módulo 4.

Quando o domínio de uma função f é $A_1 \times \cdots \times A_k$ para alguns conjuntos $A_1, \ldots, A_k$, a entrada para f é uma k-upla $(a_1, a_2, \ldots, a_k)$ e chamamos os a_i **argumentos** para f. Uma função com k argumentos é denominada **função k-ária**, e k é chamada a **aridade** da função. Se k é igual a 1, f tem um único argumento e é chamada **função unária**. Se k é igual a 2, f é uma **função binária**. Certas funções binárias familiares são escritas em uma **notação infixa** especial, com o símbolo para a função colocado entre seus dois argumentos, em vez de na ***notação prefixa***, com o símbolo precedendo. Por exemplo, a função adição *adi* geralmente é escrita em notação infixa com o símbolo + entre seus dois argumentos como em $a + b$ em vez de na notação prefixa $adi(a, b)$.

Predicado ou ***propriedade*** é uma função cujo contradomínio é {VERDADEIRO, FALSO}. Por exemplo, seja *par* uma propriedade considerada como VERDADEIRA se sua entrada for um número par e como FALSA se sua entrada for um número ímpar. Por conseguinte, $par(4)$ = VERDADEIRO e $par(5)$ = FALSO.

Uma propriedade cujo domínio é um conjunto de k-uplas $A \times \cdots \times A$ é chamada ***relação***, ***relação k-ária***, ou ***relação k-ária sobre A***. Um caso comum é uma relação 2-ária, denominada uma ***relação binária***. Quando escrevemos uma expressão envolvendo uma relação binária, normalmente usamos notação infixa. Por exemplo, "menor que" é uma relação normalmente escrita com o símbolo de operação infixo $<$. A "igualdade", escrita com o símbolo $=$, é outra relação familiar. Se R é uma relação binária, o enunciado aRb significa que aRb = VERDADEIRO. De modo semelhante, se R é uma relação k-ária, o enunciado $R(a_1, \ldots, a_k)$ significa que $R(a_1, \ldots, a_k)$ = VERDADEIRO.

EXEMPLO 0.10

Em um jogo infantil chamado Tesoura-Papel-Pedra, os dois jogadores escolhem simultaneamente um membro do conjunto {TESOURA, PAPEL, PEDRA} e indicam suas escolhas com sinais de mão. Se as duas escolhas forem iguais, o jogo recomeça. Se as escolhas diferirem, um jogador vence, conforme a relação *bate*.

bate	TESOURA	PAPEL	PEDRA
TESOURA	FALSO	VERDADEIRO	FALSO
PAPEL	FALSO	FALSO	VERDADEIRO
PEDRA	VERDADEIRO	FALSO	FALSO

Dessa tabela, determinamos que TESOURA *bate* PAPEL é VERDADEIRO e que PAPEL *bate* TESOURA é FALSO.

Às vezes, descrever predicados com conjuntos em vez de funções é mais conveniente. O predicado $P \colon D \longrightarrow \{\text{VERDADEIRO}, \text{FALSO}\}$ pode ser escrito como (D, S), onde $S = \{a \in D \mid P(a) = \text{VERDADEIRO}\}$, ou simplesmente S se o domínio D for óbvio do contexto. Daí, a relação *bate* pode ser escrita

{(TESOURA, PAPEL), (PAPEL, PEDRA), (PEDRA, TESOURA)}.

Um tipo especial de relação binária, chamada ***relação de equivalência***, captura a noção de dois objetos serem iguais com respeito a alguma característica. Uma relação binária R é uma relação de equivalência se R satisfizer três condições:

1. R é ***reflexiva***, se para todo x, xRx;
2. R é ***simétrica***, se para todo x e y, xRy implica yRx; e
3. R é ***transitiva***, se para todo x, y, e z, xRy e yRz implica xRz.

EXEMPLO 0.11

Defina uma relação de equivalência sobre os números naturais, escrita $\equiv_7$. Para $i, j \in \mathcal{N}$ digamos que $i \equiv_7 j$, se $i - j$ é um múltiplo de 7. Essa é uma relação de equivalência porque satisfaz as três condições. Primeiro, ela é reflexiva, pois $i - i = 0$, que é múltiplo de 7. Segundo, é simétrica, porque $i - j$ é um múltiplo de 7 se $j - i$ for múltiplo de 7. Terceiro, é transitiva, pois sempre que $i - j$ for múltiplo de 7 e $j - k$ for múltiplo de 7, então $i - k = (i - j) + (j - k)$ é a soma de dois múltiplos de 7 e, portanto, também é múltiplo de 7.

GRAFOS

Um **grafo não-direcionado**, ou simplesmente **grafo**, é um conjunto de pontos com linhas conectando alguns dos pontos. Os pontos são conhecidos como **nós** ou **vértices**, e as linhas são chamadas **arestas**, como mostrado na Figura 0.12.

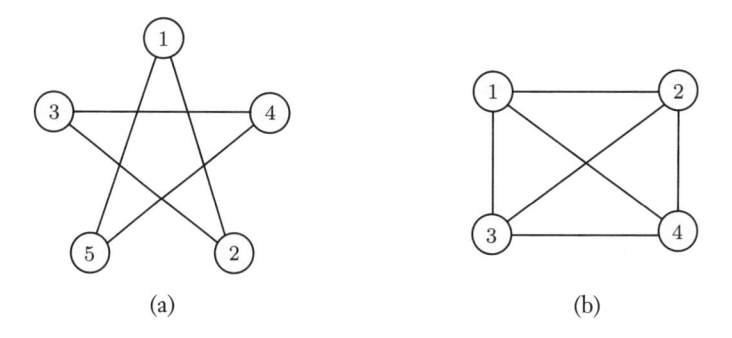

FIGURA 0.12
Exemplos de grafos.

O número de arestas em um nó específico é o **grau** do nó. Na Figura 0.12(a) todos os nós possuem grau 2. Na Figura 0.12(b) todos os nós têm grau 3. Não mais que uma aresta é permitida entre quaisquer dois nós.

Em um grafo G que contém nós i e j, o par (i, j) representa a aresta que conecta i e j. A ordem de i e j não importa em um grafo não-direcionado; portanto, os pares (i, j) e (j, i) representam a mesma aresta. Às vezes, descrevemos arestas com conjuntos em vez de pares, como em $\{i, j\}$, porque a ordem dos nós não é importante. Se V é o conjunto de nós de G e E, o de arestas, dizemos que $G = (V, E)$. Podemos descrever um grafo com um diagrama ou mais formalmente especificando V e E. Por exemplo, uma descrição formal do grafo na Figura 0.12(a) é

$$(\{1, 2, 3, 4, 5\}, \{(1,2), (2,3), (3,4), (4,5), (5,1)\}),$$

e uma descrição formal do grafo na Figura 0.12(b) é

$$(\{1,2,3,4\}, \{(1,2), (1,3), (1,4), (2,3), (2,4), (3,4)\}).$$

Os grafos freqüentemente são usados para representar dados. Os nós podem ser cidades e as arestas, as estradas que as conectam, ou os nós podem ser componentes elétricas e as arestas, os fios entre elas. Algumas vezes, por conveniência, rotulamos os nós e/ou arestas de um grafo, que então é chamado **grafo rotulado**. A Figura 0.13 mostra um grafo cujos nós são cidades e cujas arestas são rotuladas com o custo em dólares da tarifa aérea sem escalas mais barata para viajar entre aquelas cidades, se voar sem escalas entre elas for possível.

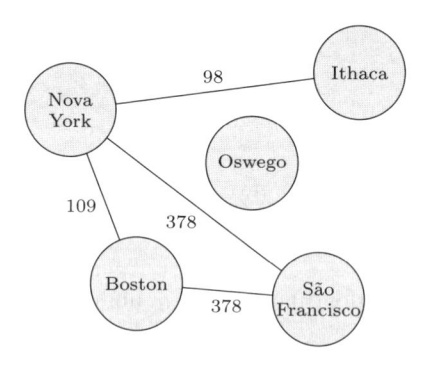

FIGURA 0.13
Tarifas aéreas sem escalas mais baratas entre várias cidades norte-americanas.

Dizemos que o grafo G é um **subgrafo** do grafo H se os nós de G formam um subconjunto dos nós de H, e as arestas de G são as arestas de H sobre os nós correspondentes. A figura a seguir mostra um grafo H e um subgrafo G.

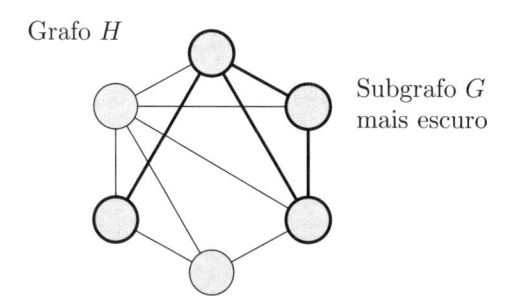

FIGURA 0.14
Grafo G (mais escuro) é um subgrafo de H.

Um *caminho* em um grafo é uma seqüência de nós conectados por arestas. Um *caminho simples* é um caminho que não repete nenhum nó. Um grafo é *conexo* se cada dois nós têm um caminho entre eles. Um caminho é um *ciclo*, se começa e termina no mesmo nó. Um *ciclo simples* é aquele que contém pelo menos três nós e repete somente o primeiro e o último nós. Um grafo é uma *árvore* se é conexo e não tem ciclos simples, como mostrado na Figura 0.15. Uma árvore pode conter um nó especialmente designado denominado *raiz*. Os nós de grau 1 em uma árvore, exceto a raiz, são chamados *folhas* da árvore.

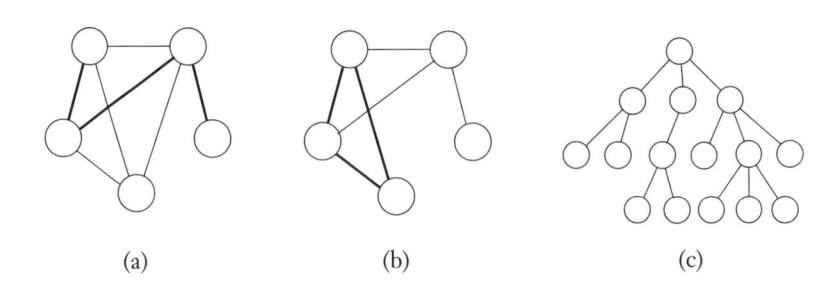

(a)   (b)   (c)

FIGURA 0.15
(a) Um caminho em um grafo, (b) um ciclo em um grafo e (c) uma árvore.

Se ele possui setas em vez de linhas, o grafo é um *grafo direcionado*, como pode ser visto na figura a seguir. O número de setas apontando a partir de um dado nó é o seu *grau de saída*, e número de setas apontando para um dado nó é o seu *grau de entrada*.

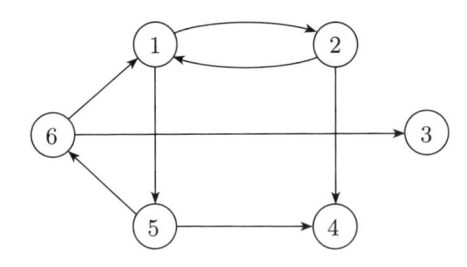

FIGURA 0.16
Um grafo direcionado.

Em um grafo direcionado, representamos uma aresta de i para j como um par (i,j). A descrição formal de um grafo direcionado G é (V,E), onde V é o conjunto de nós e E, o conjunto de arestas. A descrição formal do grafo na Figura 0.16 é

$$(\{1,2,3,4,5,6\}, \{(1,2), (1,5), (2,1), (2,4), (5,4), (5,6), (6,1), (6,3)\}).$$

Um caminho no qual todas as setas apontam na mesma direção que seus passos é chamado **caminho direcionado**. Um grafo direcionado é *fortemente conexo* se um caminho direcionado conecta cada dois nós.

EXEMPLO 0.17

O grafo direcionado a seguir representa a relação dada no Exemplo 0.10.

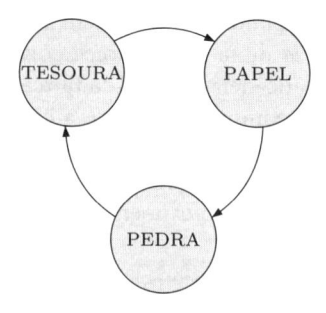

FIGURA 0.18
O grafo da relação *bate*.

Os grafos direcionados são uma forma útil de se exibir relações binárias. Se R é uma relação binária cujo domínio é $D \times D$, um grafo rotulado $G = (D, E)$ representa R, onde $E = \{(x,y)|\ xRy\}$. A Figura 0.18 ilustra essa representação.

Se V é o conjunto de nós e E é o conjunto de arestas, a notação para um grafo G consistindo desses nós e arestas é $G = (V, E)$.

CADEIAS E LINGUAGENS

Cadeias de caracteres são blocos básicos fundamentais em ciência da computação. O alfabeto sobre o qual as cadeias são definidas pode variar com a aplicação. Para nossos propósitos, definimos um **alfabeto** como podendo ser qualquer conjunto finito não vazio. Os membros do alfabeto são os *símbolos* do alfabeto. Geralmente usamos letras gregas maiúsculas Σ e Γ para designar alfabetos e o fonte 'máquina de escrever' para símbolos de um alfabeto. A seguir, apresentamos alguns exemplos de alfabetos.

$\Sigma_1 = \{0,1\}$;

$\Sigma_2 = \{\texttt{a},\texttt{b},\texttt{c},\texttt{d},\texttt{e},\texttt{f},\texttt{g},\texttt{h},\texttt{i},\texttt{j},\texttt{k},\texttt{l},\texttt{m},\texttt{n},\texttt{o},\texttt{p},\texttt{q},\texttt{r},\texttt{s},\texttt{t},\texttt{u},\texttt{v},\texttt{w},\texttt{x},\texttt{y},\texttt{z}\}$;

$\Gamma = \{0,1,\texttt{x},\texttt{y},\texttt{z}\}$.

Uma **cadeia sobre um alfabeto** é uma seqüência finita de símbolos daquele alfabeto, geralmente escritos um seguido do outro e não separados por vírgulas. Se $\Sigma_1 = \{0,1\}$, então 01001 é uma cadeia sobre Σ_1. Se $\Sigma_2 = \{\texttt{a},\texttt{b},\texttt{c},\ldots,\texttt{z}\}$, então abracadabra é uma cadeia sobre Σ_2. Se w é uma cadeia sobre Σ, o *comprimento* de w, escrito $|w|$, é o número de símbolos que ela contém. A cadeia de comprimento zero é chamada **cadeia vazia** e é escrita ε. A cadeia vazia desempenha o papel do 0 em um sistema numérico. Se w tem comprimento n, podemos escrever $w = w_1 w_2 \cdots w_n$, onde cada $w_i \in \Sigma$. O **reverso** de w, escrito $w^{\mathcal{R}}$, é a cadeia obtida escrevendo-se w na ordem inversa (isto é, $w_n w_{n-1} \cdots w_1$). A cadeia z é uma **subcadeia** de w se z aparece consecutivamente dentro de w. Por exemplo, cad é uma subcadeia de abracadabra.

Se temos a cadeia x de comprimento m e a cadeia y de comprimento n, a **concatenação** de x e y, escrito xy, é a cadeia obtida concatenando-se y ao final de x, como em $x_1 \cdots x_m y_1 \cdots y_n$. Para concatenar uma cadeia com si própria, muitas vezes usamos a notação com expoente

$$\overbrace{xx\cdots x}^{k} = x^k.$$

A **ordenação lexicográfica** de cadeias é a mesma que a ordenação familiar do dicionário, exceto que as cadeias mais curtas precedem as cadeias mais longas. Por conseguinte, a ordenação lexicográfica de todas as cadeias sobre o alfabeto $\{0,1\}$ é

$$(\varepsilon, 0, 1, 00, 01, 10, 11, 000, \ldots).$$

Uma **linguagem** é um conjunto de cadeias.

LÓGICA BOOLEANA

A *lógica booleana* é um sistema matemático construído em torno dos dois valores VERDADEIRO e FALSO. Embora originalmente concebido como matemática pura, esse sistema é hoje considerado como sendo o fundamento da eletrônica digital e do desenho de computadores. Os valores VERDADEIRO e FALSO são chamados os **valores booleanos** e são freqüentemente representados pelos valores 1 e 0. Usamos os valores booleanos em situações com duas possibilidades, tais como um fio que pode ter uma voltagem alta ou baixa, uma proposição que pode ser verdadeira or falsa, ou uma questão que pode ser respondida com sim ou não. Podemos manipular os valores booleanos com duas operações especialmente concebidas, denominadas **operações booleanas**. A mais simples dessas operações é a operação de **negação** ou **NÃO**, designada com o símbolo $\neg$. A negação de um valor booleano é o valor oposto. Portanto, $\neg 0 = 1$ e $\neg 1 = 0$. A operação de *conjunção*, ou E, é designada com o símbolo ∧. A conjunção de dois valores booleanos é 1 se ambos os valores forem 1. A operação de *disjunção*, ou OU, é designada com o símbolo ∨. A disjunção de dois valores booleanos é 1 se um dos valores for 1. Resumimos essa informação da seguinte maneira:

$$
\begin{array}{lll}
0 \wedge 0 = 0 & 0 \vee 0 = 0 & \neg 0 = 1 \\
0 \wedge 1 = 0 & 0 \vee 1 = 1 & \neg 1 = 0 \\
1 \wedge 0 = 0 & 1 \vee 0 = 1 & \\
1 \wedge 1 = 1 & 1 \vee 1 = 1 &
\end{array}
$$

Utilizamos as operações booleanas para combinar enunciados simples em expressões booleanas mais complexas, tal qual usamos as operações aritméticas + e × para construir expressões aritméticas complexas. Por exemplo, se P é o valor booleano representando a veracidade do enunciado "o Sol está brilhando" e Q representa a veracidade do enunciado "hoje é segunda-feira", podemos escrever $P \wedge Q$ para representar o valor-verdade do enunciado "o Sol está brilhando *e* hoje é segunda-feira", e de forma similar para $P \vee Q$ com *e* substituído por *ou*. Os valores P e Q são chamados **operandos** da operação.

Várias outras operações booleanas ocasionalmente aparecem. A operação de *ou exclusivo*, ou XOR, é designada pelo símbolo ⊕, e é 1, se um, mas não os dois de seus operandos, for 1. A operação de *igualdade*, escrita com o símbolo ↔, é 1 se ambos os seus operandos têm o mesmo valor. Finalmente, a operação de *implicação* é designada pelo símbolo →, e é 0, se seu primeiro operando for 1 e seu segundo operando for 0, caso contrário → é 1. Resumimos essa informação da seguinte forma:

$$
\begin{array}{lll}
0 \oplus 0 = 0 & 0 \leftrightarrow 0 = 1 & 0 \to 0 = 1 \\
0 \oplus 1 = 1 & 0 \leftrightarrow 1 = 0 & 0 \to 1 = 1 \\
1 \oplus 0 = 1 & 1 \leftrightarrow 0 = 0 & 1 \to 0 = 0 \\
1 \oplus 1 = 0 & 1 \leftrightarrow 1 = 1 & 1 \to 1 = 1
\end{array}
$$

Podemos estabelecer vários relacionamentos entre essas operações. Na realidade, podemos expressar todas as operações booleanas em termos das operações E e NÃO, como mostram as identidades a seguir. As duas expressões em cada linha são equivalentes. Cada linha expressa a operação na coluna da esquerda em termos de operações acima dela e E e NÃO.

$$
\begin{array}{ll}
P \vee Q & \neg(\neg P \wedge \neg Q) \\
P \to Q & \neg P \vee Q \\
P \leftrightarrow Q & (P \to Q) \wedge (Q \to P) \\
P \oplus Q & \neg(P \leftrightarrow Q)
\end{array}
$$

A *lei distributiva* para E e OU vem para ajudar na manipulação de expressões booleanas. É similar à lei distributiva para adição e multiplicação, que afirma que $a \times (b + c) = (a \times b) + (a \times c)$. A versão booleana vem sob duas formas:

- $P \wedge (Q \vee R)$ é igual a $(P \wedge Q) \vee (P \wedge R)$, e seu dual
- $P \vee (Q \wedge R)$ é igual a $(P \vee Q) \wedge (P \vee R)$.

Note que o dual da lei distributiva para adição e multiplicação não se verifica em geral.

RESUMO DOS TERMOS MATEMÁTICOS

Alfabeto	Um conjunto finito de objetos chamados símbolos
Aresta	Uma linha em um grafo
Argumento	Uma entrada para uma função
Árvore	Um grafo conexo sem ciclos simples
Cadeia	Uma lista finita de símbolos de um alfabeto
Cadeia vazia	A cadeia de comprimento zero
Caminho	Uma seqüência de nós em um grafo conectados por arestas
Caminho simples	Um caminho sem repetição
Ciclo	Um caminho que começa e termina no mesmo nó
Complemento	Uma operação sobre um conjunto, formando o conjunto de todos os elementos não presentes
Concatenação	Uma operação que junta cadeias de um conjunto com cadeias de um outro conjunto
Conjunção	Operação booleana E
Conjunto	Um grupo de objetos
Conjunto vazio	O conjunto sem membros
Contradomínio	O conjunto do qual as saídas de uma função são retiradas
Disjunção	Operação booleana OU
Domínio	O conjunto de possíveis entradas para uma função
Elemento	Um objeto em um conjunto
Função	Uma operação que traduz entradas em saídas
Grafo	Uma coleção de pontos e linhas conectando alguns pares de pontos
Grafo conexo	Um grafo com caminhos conectando cada dois nós
Grafo direcionado	Uma coleção de pontos e setas conectando alguns pares de pontos
Interseção	Uma operação sobre conjuntos formando o conjunto de elementos comuns
k-upla	Uma lista de k objetos
Linguagem	Um conjunto de cadeias
Membro	Um objeto em um conjunto
Nó	Um ponto em um grafo
Operação booleana	Uma operação sobre valores booleanos
Par	Uma lista de dois elementos, também chamada 2-upla
Predicado	Uma função cujo contradomínio é {VERDADEIRO, FALSO}
Produto cartesiano	Uma operação sobre conjuntos formando um conjunto de todas as uplas de elementos dos respectivos conjuntos
Propriedade	Um predicado

Relação	Um predicado, mais tipicamente quando o domínio é um conjunto de k-uplas
Relação binária	Uma relação cujo domínio é um conjunto de pares
Relação de equivalência	Uma relação binária que é reflexiva, simétrica e transitiva
Seqüência	Uma lista de objetos
Símbolo	Um membro de um alfabeto
União	Uma operação sobre conjuntos combinando todos os elementos em um único conjunto
Valor booleano	Os valores VERDADEIRO ou FALSO, freqüentemente representados por 1 ou 0
Vértice	Um ponto em um grafo

0.3 DEFINIÇÕES, TEOREMAS E PROVAS

Os teoremas e as provas são o coração e a alma da matemática, e as definições são seu espírito. Essas três entidades são centrais para todo assunto matemático, incluindo o nosso.

As **definições** descrevem os objetos e noções que usamos. Uma definição pode ser simples, como a de *conjunto* dada anteriormente neste capítulo, ou complexa como a definição de *segurança* em um sistema criptográfico. Precisão é essencial a qualquer definição matemática. Ao definir algum objeto temos que deixar claro o que constitui aquele objeto e o que não constitui.

Após termos definido vários objetos e noções, normalmente fazemos ***enunciados matemáticos*** sobre eles. Tipicamente um enunciado expressa que algum objeto tem uma certa propriedade. O enunciado pode ou não ser verdadeiro, mas, como uma definição, tem de ser preciso. Não pode haver qualquer ambigüidade sobre seu significado.

Uma ***prova*** é um argumento lógico convincente de que um enunciado é verdadeiro. Em matemática um argumento tem de ser inatacável, isto é, convincente em um sentido absoluto. No cotidiano ou em Direito, a noção de prova é mais branda. Um processo por assassinato requer prova "além de qualquer dúvida razoável." O peso da evidência pode compelir o júri a aceitar a inocência ou culpa do suspeito. Entretanto, a evidência não desempenha papel nenhum em uma prova matemática. Um matemático requer prova além de *qualquer* dúvida.

Um ***teorema*** é um enunciado matemático demonstrado como verdadeiro. Geralmente reservamos o uso dessa palavra para os enunciados de especial interesse. Ocasionalmente provamos enunciados que são interessantes somente porque ajudam na prova de outro enunciado mais significativo. Esses enunciados são chamados ***lemas***. Ocasionalmente um teorema ou sua prova podem nos permitir concluir facilmente que outros enunciados relacionados são verdadeiros. Esses enunciados são denominados ***corolários*** do teorema.

ENCONTRANDO PROVAS

A única maneira de determinar a veracidade ou a falsidade de um enunciado matemático é com uma prova matemática. Infelizmente, nem sempre é fácil encontrar provas. Não é possível reduzir a tarefa a um simples conjunto de regras ou processos. Durante este curso, você será solicitado a apresentar provas de vários enunciados. Não se desespere só de pensar nisso! Muito embora ninguém tenha uma receita para produzir provas, existem algumas estratégias gerais úteis.

Primeiro, leia cuidadosamente o enunciado que você quer provar. Você entende toda a notação? Reescreva o enunciado com suas próprias palavras. Decomponha-o em partes e considere cada parte separadamente.

Às vezes, as partes de um enunciado de múltiplas partes não são imediatamente evidentes. Um tipo de enunciado de múltiplas partes que ocorre freqüentemente é o que tem a forma "P se e somente se Q", freqüentemente escrito "P sse Q", onde ambos P e Q são enunciados matemáticos. Essa notação é uma abreviação para um enunciado de duas partes. A primeira parte é "P somente se Q," que significa: se P é verdadeiro, então Q é verdadeiro, escrito $P \Rightarrow Q$. A segunda é "P se Q," que significa: se Q é verdadeiro, então P é verdadeiro, escrito $P \Leftarrow Q$. A primeira dessas partes é a **direção de ida** do enunciado original e a segunda é a **direção reversa**. Escrevemos "P se e somente se Q" como $P \Longleftrightarrow Q$. Para provar um enunciado dessa forma, você tem de provar cada uma das duas direções. Muitas vezes, uma dessas direções é mais fácil de provar que a outra.

Outro tipo de enunciado de múltiplas partes afirma que dois conjuntos A e B são iguais. A primeira parte afirma que A é um subconjunto de B, e a segunda afirma que B é um subconjunto de A. Portanto, uma maneira comum de provar que $A = B$ é provar que todo membro de A também é um membro de B e que todo membro de B também é um membro de A.

Prosseguindo, quando você quiser provar um enunciado ou parte dele, tente obter um sentimento intuitivo, "lá de dentro", do porquê ele deve ser verdadeiro. Experimentar com exemplos é especialmente útil. Assim, se o enunciado diz que todos os objetos de um certo tipo têm uma propriedade específica, escolha alguns objetos daquele tipo e observe se eles têm mesmo aquela propriedade. Após fazer isso, tente encontrar um objeto que falha em ter a propriedade, chamado **contra-exemplo**. Se o enunciado for, de fato, verdadeiro, você não será capaz de encontrar um contra-exemplo. Observar em qual dificuldade você esbarra quando você tenta encontrar um contra-exemplo pode ajudá-lo a entender por que o enunciado é verdadeiro.

EXEMPLO 0.19

Suponha que você deseje provar o enunciado: *para todo grafo G, a soma dos graus de todos os nós em G é um número par*.

Primeiro, pegue uns poucos grafos e observe esse enunciado em ação. Aqui estão dois exemplos.

soma = 2 + 2 + 2   soma = 2 + 3 + 4 + 3 + 2
      = 6   = 14

A seguir, tente encontrar um contra-exemplo, ou seja, um grafo no qual a soma seja um número ímpar.

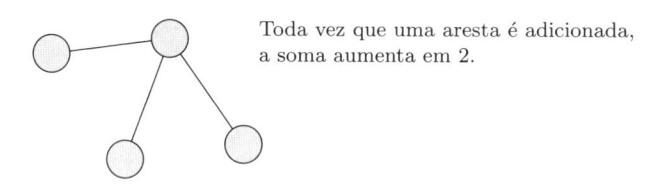

Toda vez que uma aresta é adicionada, a soma aumenta em 2.

Agora você pode começar a ver por que o enunciado é verdadeiro e como prová-lo?

Se você ainda está engasgado tentando provar um enunciado, tente algo mais fácil. Tente provar um caso especial do enunciado. Por exemplo, se você está tentando provar que alguma propriedade é verdadeira para todo $k > 0$, primeiro tente prová-la para $k = 1$. Se conseguir, tente para $k = 2$, e assim por diante até que possa entender o caso mais geral. Se um caso especial for difícil de provar, tente um caso especial diferente ou mesmo um caso especial do caso especial.

Finalmente, quando você achar que encontrou a prova, deve escrevê-la apropriadamente. Uma prova bem escrita é uma seqüência de enunciados, na qual cada um segue por simples raciocínio dos enunciados anteriores na seqüência. Escrever cuidadosamente uma prova é importante, tanto para permitir que um leitor a entenda quanto para você ter certeza de que ela está livre de erros.

Seguem algumas dicas para se produzir uma prova.

- *Seja paciente*. Encontrar provas leva tempo. Se você não conseguir imediatamente, não se preocupe. Os pesquisadores às vezes trabalham por semanas ou até anos para encontrar uma única prova.

- *Volte a ela*. Dê uma olhada no enunciado que você quer provar, pense nele um pouco, deixe-o, e aí então retorne a ele uns poucos minutos ou horas mais tarde. Deixe a parte inconsciente, intuitiva, de sua mente ter oportunidade de trabalhar.

- *Seja claro e organizado*. Quando você estiver procurando entender o enunciado que você está tentando provar, use figuras e/ou textos simples, claros. Você está tentando desenvolver sua percepção sobre o enunciado, e desorganização atrapalha a percepção. Além disso, quando você está escrevendo uma solução para outra pessoa ler, a clareza ajudará essa pessoa a entendê-la.

- *Seja conciso*. Brevidade pode ajudá-lo a transmitir idéias de alto nível sem se perder em detalhes. Boa notação matemática é útil para expressar idéias concisamente. Assegure-se de incluir o bastante de seu raciocínio durante a escrita de uma prova, de modo que o leitor possa entender facilmente o que você está tentando dizer.

Para praticar, vamos provar uma das leis de DeMorgan.

TEOREMA 0.20

Para quaisquer dois conjuntos A e B, $\overline{A \cup B} = \overline{A} \cap \overline{B}$.

Em primeiro lugar, o significado desse teorema está claro? Se você não entende o significado dos símbolos $\cup$ ou $\cap$ ou a barra superior, revise a discussão na página 4.

Para provar esse teorema, temos de mostrar que os dois conjuntos $\overline{A \cup B}$ e $\overline{A} \cap \overline{B}$ são iguais. Lembre-se de que podemos provar que dois conjuntos são iguais mostrando que todo membro de um conjunto também é membro do outro e vice-versa. Antes de ler a prova a seguir, examine alguns exemplos e depois tente provar o teorema você mesmo.

PROVA Esse teorema afirma que dois conjuntos, $\overline{A \cup B}$ e $\overline{A} \cap \overline{B}$, são iguais. Provamos essa asserção mostrando que todo elemento de um também é um elemento do outro e vice-versa.

Suponha que x seja um elemento de $\overline{A \cup B}$. Então x não está em $A \cup B$, pela definição de complemento de um conjunto. Portanto, x não está em A e x não está em B, pela definição de união de dois conjuntos. Em outras palavras, x está em $\overline{A}$ e x está em $\overline{B}$. Logo, a definição da interseção de dois conjuntos mostra que x está em $\overline{A} \cap \overline{B}$.

Para a outra direção, suponha que x esteja em $\overline{A} \cap \overline{B}$. Então x está em ambos $\overline{A}$ e $\overline{B}$. Por conseguinte, x não está em A e x não está em B, e portanto não está na união desses dois conjuntos. Assim, x está no complemento da união desses conjuntos; em outras palavras, x está em $\overline{A \cup B}$, o que completa a prova do teorema.

Vamos agora provar o enunciado no Exemplo 0.19.

TEOREMA 0.21 ....

Para todo grafo G, a soma dos graus dos nós em G é um número par.

PROVA Toda aresta em G está conectada a dois nós. Cada aresta contribui com 1 para o grau de cada nó ao qual ela está conectada. Portanto, cada aresta contribui com 2 para a soma dos graus de todos os nós. Logo, se G contém e arestas, então a soma dos graus de todos os nós de G é $2e$, que é um número par.

....

0.4 TIPOS DE PROVA

Vários tipos de argumentos surgem freqüentemente em provas matemáticas. Aqui, descrevemos alguns que normalmente ocorrem na teoria da computação. Note que uma prova pode conter mais que um tipo de argumento, porque pode conter várias subprovas diferentes.

PROVA POR CONSTRUÇÃO

Muitos teoremas enunciam que um tipo particular de objeto existe. Uma maneira de provar um teorema desse é demonstrar como construir o objeto. Essa técnica é conhecida como ***prova por construção***.

Vamos usar uma prova por construção para provar o teorema a seguir. Definimos um grafo como ***k-regular*** se todo nó no grafo tem grau k.

TEOREMA 0.22 ....

Para cada número par n maior que 2, existe um grafo 3-regular com n nós.

PROVA Seja n um número par maior que 2. Construa o grafo $G = (V, E)$ com n nós da seguinte forma. O conjunto de nós de G é $V = \{0, 1, \ldots, n-1\}$, e o conjunto de arestas de G é

$$E = \{\,\{i, i+1\} \mid \text{para } 0 \leq i \leq n-2\,\} \cup \{\{n-1, 0\}\,\}$$
$$\cup \;\{\,\{i, i+n/2\} \mid \text{para } 0 \leq i \leq n/2 - 1\,\}.$$

Desenhe os nós desse grafo escritos consecutivamente ao redor da circunferência de um círculo. Nesse caso, as arestas descritas na linha superior de E ligam pares adjacentes ao longo do círculo. As arestas descritas na linha inferior de E ligam nós em lados opostos do círculo. Esse quadro mental claramente mostra que todo nó em G tem grau 3.

PROVA POR CONTRADIÇÃO

Em uma forma comum de argumento para se provar um teorema, assumimos que o teorema é falso e em seguida mostramos que essa suposição leva a uma conseqüência obviamente falsa, chamada contradição. Usamos esse tipo de raciocínio freqüentemente no cotidiano, como no exemplo a seguir.

EXEMPLO 0.23

Jack vê Jill, que acaba de chegar da rua. Observando que ela está completamente enxuta, ele conclui que não está chovendo. Sua "prova" de que não está chovendo é que, *se estivesse chovendo* (a suposição de que o enunciado é falso), *Jill estaria molhada* (a conseqüência, obviamente falsa). Portanto, não pode estar chovendo.

A seguir, vamos provar por contradição que a raiz quadrada de 2 é um número irracional. Um número é **racional** se é uma fração m/n, onde m e n são inteiros; em outras palavras, um número racional é a *razão* de inteiros m e n. Por exemplo, 2/3 obviamente é um número racional. Um número é **irracional** se não é racional.

TEOREMA 0.24

$\sqrt{2}$ é irracional.

PROVA Primeiro, supomos, para o propósito de mais tarde obter uma contradição, que $\sqrt{2}$ é racional. Assim,
$$\sqrt{2} = \frac{m}{n},$$
onde ambos, m e n, são inteiros. Se ambos m e n são divisíveis pelo mesmo inteiro maior que um, divida ambos por esse inteiro. Fazer isso não muda o valor da fração. Agora, pelo menos um, dentre m e n, não é um número par.

Multiplicamos ambos os lados da equação por n e obtemos
$$n\sqrt{2} = m.$$
Elevamos ao quadrado ambos os lados e temos
$$2n^2 = m^2.$$
Em virtude de m^2 ser 2 vezes o inteiro n^2, sabemos que m^2 é par. Por conseguinte, m também é par, pois o quadrado de um número ímpar é sempre ímpar. Portanto, podemos escrever $m = 2k$ para algum inteiro k. Então, substituindo

m por $2k$, obtemos
$$2n^2 = (2k)^2$$
$$= 4k^2.$$
Dividindo ambos os lados por 2 obtemos
$$n^2 = 2k^2.$$
Mas esse resultado mostra que n^2 é par e, assim, n é par. Dessa forma, estabelecemos que tanto m quanto n são pares. Mas tínhamos reduzido m e n de modo que eles *não* fossem ambos pares, uma contradição.

PROVA POR INDUÇÃO

A prova por indução é um método avançado usado para mostrar que todos os elementos de um conjunto infinito têm uma propriedade especificada. Por exemplo, podemos usar uma prova por indução para mostrar que uma expressão aritmética computa uma quantidade desejada para toda atribuição a suas variáveis ou que um programa funciona corretamente em todos os passos ou para todas as entradas.

Para ilustrar como a prova por indução funciona, vamos tomar o conjunto infinito como o dos números naturais, $\mathcal{N} = \{1, 2, 3, \dots\}$, e vamos supor que a propriedade seja denominada $\mathcal{P}$. Nosso objetivo é provar que $\mathcal{P}(k)$ é verdadeiro para cada número natural k. Em outras palavras, queremos provar que $\mathcal{P}(1)$ é verdadeiro, assim como $\mathcal{P}(2)$, $\mathcal{P}(3)$, $\mathcal{P}(4)$, e assim por diante.

Toda prova por indução é constituída de duas partes, o ***passo da indução*** e a ***base***. Cada parte é uma prova individual em si própria. O passo da indução demonstra que para cada $i \geq 1$, se $\mathcal{P}(i)$ é verdadeiro, então $\mathcal{P}(i + 1)$ também o é. A base prova que $\mathcal{P}(1)$ é verdadeiro.

Quando tivermos provado ambas as partes, segue-se o resultado desejado, a saber, que $\mathcal{P}(i)$ é verdadeiro para cada i. Por quê? Primeiro, sabemos que $\mathcal{P}(1)$ é verdadeiro, pois a base sozinha o prova. Segundo, $\mathcal{P}(2)$ também é verdadeiro, porque o passo da indução prova que, se $\mathcal{P}(1)$ é verdadeiro, então $\mathcal{P}(2)$ também é, já sabemos que $\mathcal{P}(1)$ é verdadeiro. Terceiro, $\mathcal{P}(3)$ é verdadeiro, visto que o passo da indução prova que, se $\mathcal{P}(2)$ é verdadeiro, então $\mathcal{P}(3)$ é verdadeiro, e já sabemos que $\mathcal{P}(2)$ é verdadeiro. Esse processo continua para todos os números naturais, mostrando que $\mathcal{P}(4)$ é verdadeiro, $\mathcal{P}(5)$ é verdadeiro, e assim por diante.

Uma vez que você entende o parágrafo precedente, pode facilmente compreender variações e generalizações da mesma idéia. Por exemplo, a base não necessariamente precisa começar com 1; ela pode começar com qualquer valor b. Nesse caso, a prova por indução mostra que $\mathcal{P}(k)$ é verdadeiro para todo k que é no mínimo b.

No passo da indução, a suposição de que $\mathcal{P}(i)$ seja verdadeiro é chamada ***hipótese da indução***. Às vezes, ter a hipótese da indução mais forte de que $\mathcal{P}(j)$ é verdadeiro para todo $j \leq i$ é útil. A prova por indução ainda funciona porque, quando desejamos provar que $\mathcal{P}(i+1)$ é verdadeiro, já teremos provado que $\mathcal{P}(j)$ é verdadeiro para todo $j \leq i$.

O formato para escrever uma prova por indução é mostrado a seguir.

Base: Prove que $\mathcal{P}(1)$ é verdadeiro.

$$\vdots$$

Passo da Indução: Para cada $i \geq 1$, suponha que $\mathcal{P}(i)$ é verdadeiro e use essa suposição para mostrar que $\mathcal{P}(i+1)$ é verdadeiro.

$$\vdots$$

Agora, vamos provar por indução a correção da fórmula usada para calcular as prestações mensais da casa própria. Ao comprar uma casa, muitas pessoas tomam algum dinheiro emprestado para a aquisição e pagam o empréstimo durante um certo número de anos. Tipicamente, os termos desse pagamento estipulam que uma quantidade fixa de dinheiro é paga a cada mês para cobrir os juros, assim como uma parte do montante original, de modo que o total é pago em 30 anos. A fórmula para calcular as perstações mensais é envolvida em mistério, mas, na realidade, é bastante simples. Ela afeta a vida de muitas pessoas; portanto, você deveria achá-la interessante. Empregamos indução para provar que ela funciona, tornando-a uma boa ilustração dessa técnica.

Primeiro, fixamos os nomes e significados de diversas variáveis. Seja P o *principal*, o montante do empréstimo original. Seja I a *taxa de juros* anual do empréstimo, onde $I = 0,06$ indica uma taxa de juros de 6% ao ano. Seja Y o pagamento mensal. Por conveniência, definimos uma outra variável M a partir de I, para o multiplicador mensal. Ela é a taxa pela qual o empréstimo muda a cada mês por causa dos juros sobre ele. Ou seja, $M = 1 + I/12$.

Duas coisas acontecem a cada mês. Primeiro, o montante do empréstimo tende a crescer devido ao multiplicador mensal. Segundo, o montante tende a decrescer devido ao pagamento mensal. Seja P_t o montante do empréstimo remanescente após o t-ésimo mês. Então, $P_0 = P$ é o montante do empréstimo original, $P_1 = MP_0 - Y$ é o montante do empréstimo após um mês, $P_2 = MP_1 - Y$ é o montante do empréstimo após dois meses, e assim por diante. Agora, estamos prontos para enunciar e provar um teorema por indução sobre t que dá uma fórmula para o valor de P_t.

TEOREMA 0.25

Para cada $t \geq 0$,

$$P_t = PM^t - Y\left(\frac{M^t - 1}{M - 1}\right).$$

PROVA

Base: Prove que a fórmula é verdadeira para $t = 0$. Se $t = 0$, então a fórmula afirma que
$$P_0 = PM^0 - Y\left(\frac{M^0 - 1}{M - 1}\right).$$
Podemos simplificar o lado direito observando que $M^0 = 1$. Com isso, obtemos
$$P_0 = P,$$
que se verifica por que definimos P_0 como igual a P. Portanto, provamos que a base da indução é verdadeira.

Passo da Indução: Para cada $k \geq 0$ suponha que a fórmula seja verdadeira para $t = k$ e mostre que ela é verdadeira para $t = k + 1$. A hipótese da indução afirma que
$$P_k = PM^k - Y\left(\frac{M^k - 1}{M - 1}\right).$$
Nosso objetivo é provar que
$$P_{k+1} = PM^{k+1} - Y\left(\frac{M^{k+1} - 1}{M - 1}\right).$$

Fazemos isso por meio dos seguintes passos. Primeiro, da definição de P_{k+1} a partir de P_k, sabemos que
$$P_{k+1} = P_k M - Y.$$
Assim, usando a hipótese da indução para calcular P_k,
$$P_{k+1} = \left[PM^k - Y\left(\frac{M^k - 1}{M - 1}\right)\right] M - Y.$$
Distribuindo M e reescrevendo Y temos
$$P_{k+1} = PM^{k+1} - Y\left(\frac{M^{k+1} - M}{M - 1}\right) - Y\left(\frac{M - 1}{M - 1}\right)$$
$$= PM^{k+1} - Y\left(\frac{M^{k+1} - 1}{M - 1}\right).$$

Portanto, a fórmula está correta para $t = k + 1$, o que prova o teorema.

O Problema 0.14 pede para você usar a fórmula anterior para calcular as prestações relativas a uma hipoteca específica.

EXERCÍCIOS

0.1 Examine as descrições formais de conjuntos a seguir de modo que você entenda quais membros eles contêm. Dê uma descrição informal breve de cada conjunto.

   a. $\{1, 3, 5, 7, \ldots\}$
   b. $\{\ldots, -4, -2, 0, 2, 4, \ldots\}$
   c. $\{n|\ n = 2m$ para algum m em $\mathcal{N}\}$
   d. $\{n|\ n = 2m$ para algum m em $\mathcal{N}$, e $n = 3k$ para algum k em $\mathcal{N}\}$
   e. $\{w|\ w$ é uma cadeia de 0s e 1s e w é igual ao reverso de $w\}$
   f. $\{n|\ n$ é um inteiro e $n = n + 1\}$

0.2 Forneça descrições formais dos seguintes conjuntos:

   a. O conjunto contendo os números 1, 10 e 100
   b. O conjunto contendo todos os inteiros que são maiores que 5
   c. O conjunto contendo todos os números naturais que são menores que 5
   d. O conjunto contendo a cadeia `aba`
   e. O conjunto contendo a cadeia vazia
   f. O conjunto contendo absolutamente nada

0.3 Seja A o conjunto $\{\mathtt{x, y, z}\}$ e B o conjunto $\{\mathtt{x, y}\}$.

   a. A é um subconjunto de B?
   b. B é um subconjunto de A?
   c. O que é $A \cup B$?
   d. O que é $A \cap B$?
   e. O que é $A \times B$?
   f. O que é o conjunto das partes de B?

0.4 Se A tem a elementos e B possui b elementos, quantos elementos estão em $A \times B$? Explique sua resposta.

0.5 Se C é um conjunto com c elementos, quantos elementos estão no conjunto das partes de C? Explique sua resposta.

0.6 Seja X o conjunto $\{1, 2, 3, 4, 5\}$ e Y o conjunto $\{6, 7, 8, 9, 10\}$. A função unária $f\colon X \longrightarrow Y$ e a função binária $g\colon X \times Y \longrightarrow Y$ são descritas nas tabelas seguintes.

n	$f(n)$
1	6
2	7
3	6
4	7
5	6

g	6	7	8	9	10
1	10	10	10	10	10
2	7	8	9	10	6
3	7	7	8	8	9
4	9	8	7	6	10
5	6	6	6	6	6

   a. Qual é o valor de $f(2)$?
   b. Quais são o domínio e o contradomínio de f?

c. Qual é o valor de $g(2, 10)$?
d. Quais são o domínio e o contradomínio de g?
e. Qual é o valor de $g(4, f(4))$?

0.7 Para cada item, dê uma relação que satisfaça a condição.

a. Reflexiva e simétrica, mas não transitiva
b. Reflexiva e transitiva, mas não simétrica
c. Simétrica e transitiva, mas não reflexiva

0.8 Considere o grafo não-direcionado $G = (V, E)$ onde V, o conjunto de nós, é $\{1, 2, 3, 4\}$ e E, o conjunto de arestas, é $\{\{1, 2\}, \{2, 3\}, \{1, 3\}, \{2, 4\}, \{1, 4\}\}$. Desenhe o grafo G. Qual é o grau do nó 1? E do nó 3? Indique um caminho do nó 3 ao nó 4 sobre seu desenho de G.

0.9 Escreva uma descrição formal do seguinte grafo.

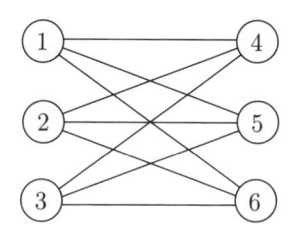

PROBLEMAS

0.10 Encontre o erro na seguinte prova de que $2 = 1$.
Considere a equação $a = b$. Multiplique ambos os lados por a para obter $a^2 = ab$. Subtraia b^2 de ambos os lados para obter $a^2 - b^2 = ab - b^2$. Agora fatore cada lado, obtendo $(a + b)(a - b) = b(a - b)$, e divida cada lado por $(a - b)$, para chegar em $a + b = b$. Finalmente, faça a e b iguais a 1, o que mostra que $2 = 1$.

0.11 Encontre o erro na seguinte prova de que todos os cavalos são da mesma cor.
AFIRMAÇÃO: Em qualquer conjunto de h cavalos, todos os cavalos são da mesma cor.
PROVA: Por indução sobre h.

Base: Para $h = 1$. Em qualquer conjunto contendo somente um cavalo, todos os cavalos claramente são da mesma cor.

Passo da Indução: Para $k \geq 1$ suponha que a afirmação é verdadeira para $h = k$ e prove que ela é verdadeira para $h = k + 1$. Tome qualquer conjunto H de $k + 1$ cavalos. Mostramos que todos os cavalos nesse conjunto são da mesma cor. Remova um cavalo desse conjunto para obter o conjunto H_1 com apenas k cavalos.

Pela hipótese da indução, todos os cavalos em H_1 são da mesma cor. Agora reponha o cavalo que fora retirado e remova um outro, obtendo o conjunto H_2. Pelo mesmo argumento, todos os cavalos em H_2 são da mesma cor. Conseqüentemente, todos os cavalos em H têm que ter a mesma cor, e a prova está completa.

0.12 Mostre que todo grafo com 2 ou mais nós contém dois nós que têm graus iguais.

R***0.13** **Teorema de Ramsey.** Seja G um grafo. Um *clique* em G é um subgrafo no qual cada dois nós são conectados por uma aresta. Um *anticlique*, também chamado *conjunto independente*, é um subgrafo no qual cada dois nós não são conectados por uma aresta. Mostre que todo grafo com n nós contém ou clique ou um anticlique com pelo menos $\frac{1}{2}\log_2 n$ nós.

R**0.14** Use o Teorema 0.25 para derivar uma fórmula para calcular o valor da prestação mensal de uma hipoteca em termos do principal P, taxa de juros I, e número de pagamentos t. Suponha que após terem sido feitos t pagamentos, o restante a pagar do empréstimo é reduzido a 0. Use a fórmula para calcular o valor em dólares de cada pagamento mensal para um empréstimo de 30 anos, com 360 pagamentos mensais, relativos a um empréstimo inicial de $100 mil com uma taxa anual de juros de 8%.

SOLUÇÕES SELECIONADAS

0.13 Crie espaço para duas pilhas de nós, A e B. Então, começando com o grafo inteiro, repetidamente adicione cada nó remanescente x a A se seu grau é maior que a metade do número de nós remanescentes e a B, caso contrário, e descarte todos os nós aos quais x não está (está) conectado se ele foi adicionado a A (B). Continue até que não reste nenhum nó. No máximo metade dos nós são descartados em cada um desses passos; portanto, ocorrerão pelo menos $\log_2 n$ passos antes que o processo termine. Cada passo adiciona um nó a uma das duas pilhas; portanto, uma das pilhas recebe pelo menos $\frac{1}{2}\log_2 n$ nós. A pilha A contém os nós de um clique e a pilha B contém os nós de um anticlique.

0.14 Fazemos $P_t = 0$ e resolvemos para Y, obtendo: $Y = PM^t(M-1)/(M^t-1)$. Para $P = \$100.000$, $I = 0,05$ e $t = 360$, temos $M = 1 + (0,05)/12$. Usamos uma calculadora para determinar que $Y \approx \$536,82$ é o pagamento mensal.

PARTE UM

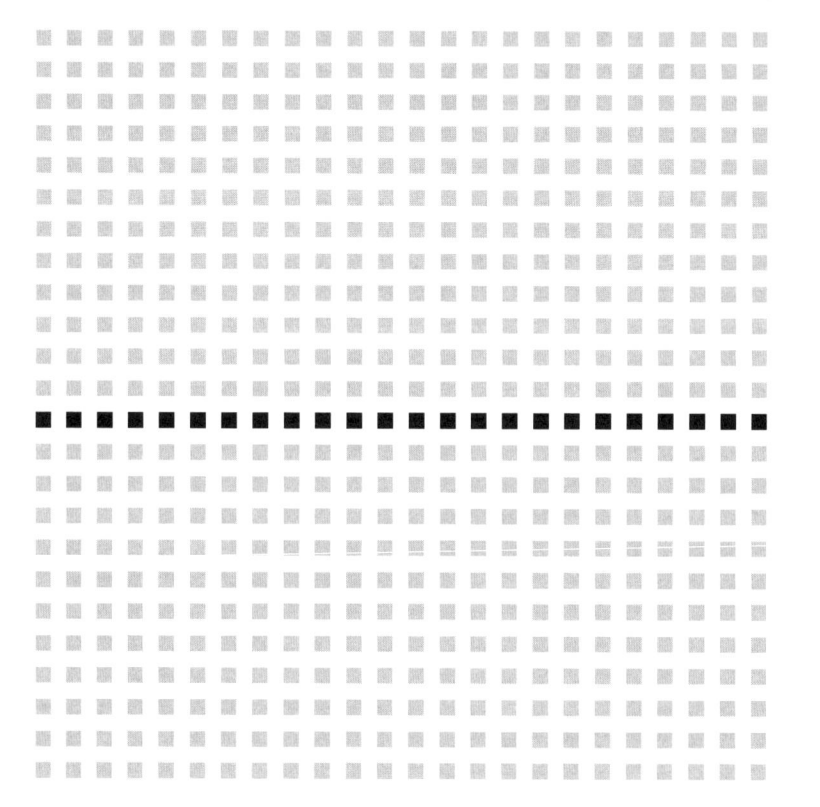

AUTÔMATOS E LINGUAGENS

1

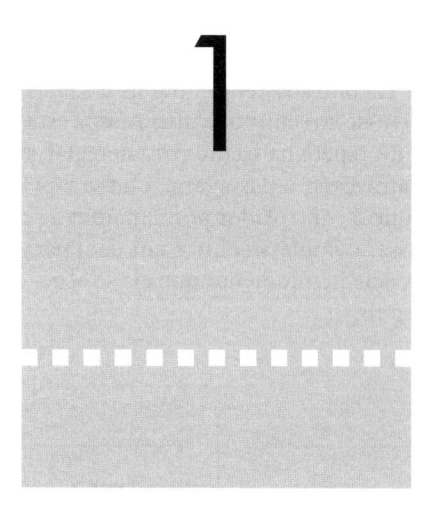

LINGUAGENS REGULARES

A teoria da computação começa com uma pergunta: O que é um computador? É, talvez, uma questão tola, pois todos sabem que essa coisa sobre a qual estou teclando é um computador. Porém, esses computadores reais são bastante complicados — demasiadamente complicados para nos permitir construir uma teoria matemática manejável sobre eles diretamente. Em vez disso, usamos um computador idealizado chamado um ***modelo computacional***. Como qualquer modelo em ciência, um modelo computacional pode ser preciso em alguns detalhes, mas talvez não em outros. Assim, utilizaremos vários modelos computacionais diferentes, dependendo das características que desejemos focalizar. Começaremos com o modelo mais simples, denominado ***máquina de estados finitos*** ou ***autômato finito***.

1.1
AUTÔMATOS FINITOS

Os autômatos finitos são bons modelos para computadores com uma quantidade extremamente limitada de memória. O que um computador pode fazer com uma memória tão pequena? Muitas coisas úteis! Na verdade, interagimos com esses computadores o tempo todo, pois eles residem no coração de vários dispositivos eletromecânicos.

O controlador de uma porta automática é um exemplo de dispositivo desse tipo. Freqüentemente encontradas em entradas e saídas de supermercados, as portas automáticas abrem-se ao sentir que uma pessoa está se aproximando. Uma porta automática tem um tapete na frente para detectar a presença de uma pessoa que está prestes a atravessar a passagem. Outro tapete está localizado atrás da passagem de modo que o controlador possa manter a porta aberta tempo suficiente para a pessoa passar completamente e também para que a porta não atinja alguém que esteja atrás dela no momento que ela se abre. Essa configuração está mostrada na figura a seguir.

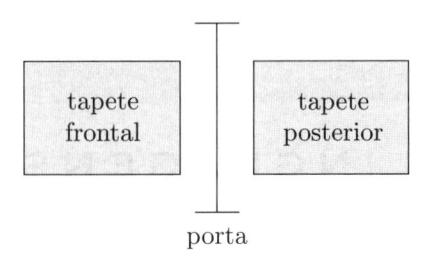

FIGURA 1.1
Visão superior de uma porta automática.

O controlador encontra-se em um dos dois estados: "ABERTO" ou "FECHADO," representando a condição correspondente da porta. Como mostrado nas figuras seguintes, há quatro condições de entrada possíveis: "FRENTE" (significando que uma pessoa está pisando no tapete frontal da porta de passagem), "ATRÁS" (significando que uma pessoa está pisando sobre o tapete posterior da porta de passagem), "AMBOS" (significando que pessoas estão pisando em ambos os tapetes), e "NENHUM" (significando que ninguém está pisando sobre qualquer um dos tapetes).

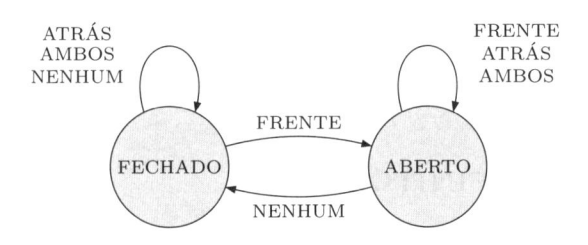

FIGURA 1.2
Diagrama de estados para um controlador de porta automática.

	sinal de entrada			
estado	NENHUM	FRENTE	ATRÁS	AMBOS
FECHADO	FECHADO	ABERTO	FECHADO	FECHADO
ABERTO	FECHADO	ABERTO	ABERTO	ABERTO

FIGURA 1.3
Tabela de transição de estados para o controlador de porta automática.

O controlador se move de estado para estado, dependendo da entrada que ele recebe. Estando no estado FECHADO e recebendo como entrada NENHUM ou ATRÁS, ele permanece no estado FECHADO. Adicionalmente, se a entrada AMBOS for recebida, ele permanece em FECHADO porque se a porta for aberta ela pode bater em alguém sobre o tapete posterior. Mas se a entrada FRENTE chegar, ele se move para o estado ABERTO. No estado ABERTO, se a entrada FRENTE, ATRÁS ou AMBOS for recebida, ele permanecerá em ABERTO. Se a entrada NENHUM chegar, ele retornará ao estado FECHADO.

Por exemplo, um controlador poderia iniciar no estado FECHADO e receber a série de sinais de entrada: FRENTE, ATRÁS, NENHUM, FRENTE, AMBOS, NENHUM, ATRÁS e NENHUM. Então ele passaria pela série de estados: FECHADO (iniciando), ABERTO, ABERTO, FECHADO, ABERTO, ABERTO, FECHADO, FECHADO e FECHADO.

Pensar em um controlador de porta automática como um autômato finito é útil porque sugere formas padrão de representação como nas Figuras 1.2 e 1.3. Esse controlador é um computador que tem apenas um bit de memória, capaz de registrar em qual dos dois estados o controlador está. Outros dispositivos comuns têm controladores com memórias bem maiores. Em um controlador de elevador um estado pode representar o andar no qual o elevador está e as entradas podem ser os sinais recebidos dos botões. Esse computador precisaria de vários bits para guardar essa informação. Controladores para diversos aparelhos domésticos, como lavadora de pratos e termostatos eletrônicos, assim como peças de relógios digitais e calculadoras, são exemplos adicionais de computadores com memórias limitadas. O desenho desses dispositivos requer que se tenha em mente a metodologia e a terminologia de autômatos finitos.

Os autômatos finitos e suas contrapartidas probabilísticas **cadeias de Markov** são ferramentas úteis quando estamos tentando reconhecer padrões em dados. Esses dispositivos são utilizados em processamento de voz e em reconhecimento de caracteres ópticos. As cadeias de Markov têm sido usadas para modelar e fazer previsões de mudança de preços em mercados financeiros.

Vamos agora dar uma olhada mais cuidadosa em autômatos finitos de uma perspectiva matemática. Desenvolveremos uma definição precisa de autômato finito, uma terminologia para descrever e manipular autômatos finitos e resultados teóricos que descrevem seu poder e suas limitações. Além de lhe dar um entendimento mais claro do que são autômatos finitos e o que eles podem e não podem fazer, esse desenvolvimento teórico vai lhe permitir praticar e se sentir mais confortável com definições matemáticas, teoremas e provas em um cenário relativamente simples.

Ao começar a descrever a teoria matemática de autômatos finitos, fazemos isso no nível abstrato, sem referência a qualquer aplicação específica. A seguinte figura mostra um autômato finito chamado M_1.

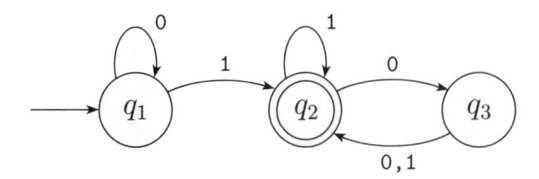

FIGURA **1.4**
Um autômato finito chamado M_1 que tem três estados.

A Figura 1.4 é denominada ***diagrama de estado*** de M_1. O autômato tem três ***estados***, rotulados q_1, q_2 e q_3. O ***estado inicial***, q_1, é indicado pela seta apontando para ele a partir do nada. O ***estado de aceitação***, q_2, é aquele com um círculo duplo. As setas saindo de um estado para outro são chamadas ***transições***.

Quando esse autômato recebe uma cadeia de entrada tal como 1101, ele processa essa cadeia e produz uma saída. A saída será ***aceita*** ou ***rejeita***. Consideraremos apenas esse tipo de saída sim/não, no momento, para manter as coisas simples. O processamento começa no estado inicial de M_1. O autômato recebe os símbolos da cadeia de entrada um por um da esquerda para a direita. Após ler cada símbolo, M_1 move-se de um estado para outro ao longo da transição que tem aquele símbolo como seu rótulo. Quando lê o último símbolo, M_1 produz sua saída. A saída será *aceita* se M_1 estiver no estado de aceitação e *rejeita* se não estiver.

Por exemplo, quando alimentamos a cadeia de entrada 1101 à máquina M_1 da Figura 1.4, o processamento procede da seguinte forma.

1. Começa no estado q_1.
2. Lê 1, segue a transição de q_1 para q_2.
3. Lê 1, segue a transição de q_2 para q_2.
4. Lê 0, segue a transição de q_2 para q_3.
5. Lê 1, segue a transição de q_3 para q_2.
6. *Aceita* porque M_1 está no estado de aceitação q_2 no final da entrada.

A experimentação com essa máquina sobre uma variedade de cadeias de entrada revela que ela aceita as cadeias 1, 01, 11 e 0101010101. Na realidade, M_1 aceita qualquer cadeia que termine com o símbolo 1, pois ela vai para seu estado de aceitação q_2 sempre que ela lê o símbolo 1. Além disso, ela aceita as cadeias 100, 0100, 110000 e 0101000000, e qualquer cadeia que termine com um número par de 0s seguindo o último 1. Ela rejeita outras cadeias, como 0, 10, 101000. Você pode descrever a linguagem constituída de todas as cadeias que M_1 aceita? Faremos isso em breve.

DEFINIÇÃO FORMAL DE UM AUTÔMATO FINITO

Na seção precedente usamos diagramas de estado para introduzir os autômatos finitos. Agora, definimos autômatos finitos formalmente. Embora os diagramas de estado sejam mais fáceis de entender intuitivamente, necessitamos da definição formal também, por duas razões específicas.

Primeiro, uma definição formal é precisa. Ela resolve quaisquer incertezas sobre o que é permitido em um autômato finito. Se estivesse em dúvida sobre se autômatos finitos podem ou não ter 0 estados de aceitação ou se eles devem ter exatamente uma transição saindo de cada estado para cada símbolo de entrada possível, então você poderia consultar a definição formal e verificar que a resposta é sim em ambos os casos. Segundo, uma definição formal provê notação. Uma boa notação o ajuda a pensar e expressar seus pensamentos claramente.

A linguagem de uma definição formal é um tanto misteriosa, tendo alguma semelhança com a linguagem de um documento legal. Ambos necessitam ser precisos, e todo detalhe deve ser explicitado.

Um autômato finito tem várias partes. Possui um conjunto de estados e regras para ir de um estado para outro, dependendo do símbolo de entrada. Possui um alfabeto de entrada que indica os símbolos de entrada permitidos. Tem um estado inicial e um conjunto de estados de aceitação. A definição formal diz que um autômato finito é uma lista daqueles cinco objetos: conjunto de estados, alfabeto de entrada, regras para movimentação, estado inicial e estados de aceitação. Em linguagem matemática, uma lista de cinco elementos é freqüentemente chamada 5-upla. Daí, definimos um autômato finito como sendo uma 5-upla consistindo dessas cinco partes.

Usamos algo denominado *função de transição*, geralmente denotado por δ, para definir as regras de movimentação. Se o autômato finito tem uma seta de um estado x para um estado y rotulada com o símbolo de entrada 1, isso significa que, se o autômato está no estado x quando lê 1, então ele se move para o estado y. Podemos indicar a mesma coisa com a função de transição dizendo que $\delta(x, 1) = y$. Essa notação é uma espécie de abreviação matemática. Colocando tudo junto, chegamos à definição formal de autômatos finitos.

DEFINIÇÃO 1.5

Um *autômato finito* é uma 5-upla $(Q, \Sigma, \delta, q_0, F)$, onde

1. Q é um conjunto finito conhecido como os **estados**,
2. Σ é um conjunto finito chamado o **alfabeto**,
3. $\delta: Q \times \Sigma \longrightarrow Q$ é a ***função de transição***,[1]
4. $q_0 \in Q$ é o ***estado inicial***, e
5. $F \subseteq Q$ é o **conjunto de estados de aceitação**.[2]

A definição formal descreve precisamente o que queremos dizer por autômato finito. Por exemplo, retornando à pergunta anterior sobre se 0 estados de aceitação é permissível, você pode ver que fazer F ser o conjunto vazio $\emptyset$ resulta em 0 estados de aceitação, o que é permissível. Além disso, a função de transição δ especifica exatamente um próximo estado para cada combinação possível de um estado e um símbolo de entrada. Isso responde à nossa outra pergunta afirmativamente, mostrando que exatamente uma seta de transição sai de cada estado para cada símbolo de entrada possível.

Podemos utilizar a notação da definição formal para descrever um autômato finito especificando cada uma das cinco partes listadas na Definição 1.5. Por exemplo, vamos retornar ao autômato finito M_1 que discutimos anteriormente, redesenhado aqui por conveniência.

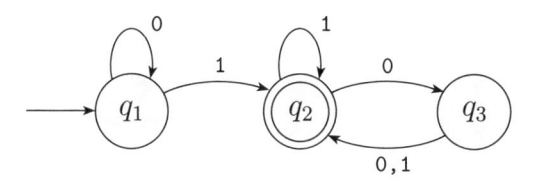

FIGURA 1.6
O autômato finito M_1.

Podemos descrever M_1 formalmente escrevendo $M_1 = (Q, \Sigma, \delta, q_1, F)$, onde

1. $Q = \{q_1, q_2, q_3\}$,
2. $\Sigma = \{0,1\}$,

---
[1] Remeta-se à página 7 se você estiver incerto sobre o significado de $\delta: Q \times \Sigma \longrightarrow Q$.
[2] Os estados de aceitação às vezes são chamados **estados finais**.

3. δ é descrita como

	0	1
q_1	q_1	q_2
q_2	q_3	q_2
q_3	q_2	q_2

4. q_1 é o estado inicial, e
5. $F = \{q_2\}$.

Se A é o conjunto de todas as cadeias que a máquina M aceita, dizemos que A é a **linguagem da máquina** M e escrevemos $L(M) = A$. Dizemos que M **reconhece** A ou que M **aceita** A. Em razão do termo *aceita* ter significados diferentes quando nos referimos a máquinas que aceitam cadeias e a máquinas que aceitam linguagens, preferimos o termo *reconhece* para linguagens de forma a evitar confusão.

Uma máquina pode aceitar várias cadeias, mas ela sempre reconhece uma única linguagem. Se a máquina não aceitar nenhuma cadeia, ela ainda assim reconhecerá uma linguagem — a saber, a linguagem vazia $\emptyset$.

Em nosso exemplo, seja

$A = \{w|\ w$ contém pelo menos um 1 e
um número par de 0s segue o último 1$\}$.

Então $L(M_1) = A$, ou, equivalentemente, M_1 reconhece A.

EXEMPLOS DE AUTÔMATOS FINITOS

EXEMPLO 1.7

Segue o diagrama de estados do autômato finito M_2.

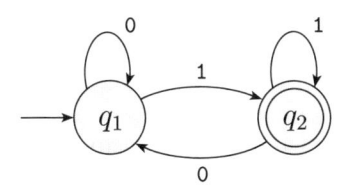

FIGURA 1.8
Diagrama de estados do autômato finito de dois estados M_2.

Na descrição formal $M_2 = (\{q_1, q_2\}, \{0,1\}, \delta, q_1, \{q_2\})$. A função de transição δ é

	0	1
q_1	q_1	q_2
q_2	q_1	q_2

Lembre-se que o diagrama de estados de M_2 e a descrição formal de M_2 contêm a mesma informação, só que de forma diferente. Você pode sempre ir de um para o outro se necessário.

Uma boa maneira para começar a entender uma máquina é testá-la com algumas amostras de cadeias de entrada. Quando você faz esses "experimentos" para ver como a máquina funciona, o seu método de funcionamento freqüentemente se torna aparente. Para a cadeia 1101, a máquina M_2 começa no estado inicial q_1 e procede primeiro para o estado q_2 após ler o primeiro 1, e então para os estados q_2, q_1 e q_2 após ler 1, 0 e 1. A cadeia é aceita porque q_2 é um estado de aceitação. Mas a cadeia 110 deixa M_2 no estado q_1; portanto, ela é rejeitada. Depois de tentar uns poucos exemplos mais, você veria que M_2 aceita todas as cadeias que terminam com 1. Conseqüentemente, $L(M_2) = \{w|\ w \text{ termina com um } 1\}$.

EXEMPLO 1.9

Considere o autômato finito M_3.

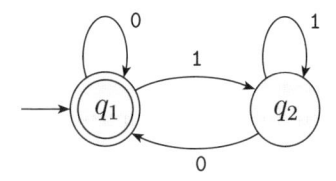

FIGURA 1.10

Diagrama de estados do autômato finito de dois estados M_3.

A máquina M_3 é semelhante à M_2 exceto pela localização do estado de aceitação. Como de costume, a máquina aceita todas as cadeias que a deixam num estado de aceitação quando ela tiver terminado de ler. Note que, em razão do estado inicial também ser um estado de aceitação, M_3 aceita a cadeia vazia ε. Assim que a máquina começa a ler a cadeia vazia ela está no final, portanto, se o estado inicial é um estado de aceitação, ε é aceita. Além da cadeia vazia, essa máquina aceita qualquer cadeia terminando com um 0. Aqui,

$$L(M_3) = \{w|\ w \text{ é a cadeia vazia } \varepsilon \text{ ou termina em um } 0\}.$$

EXEMPLO 1.11

A figura seguinte mostra uma máquina de cinco estados M_4.

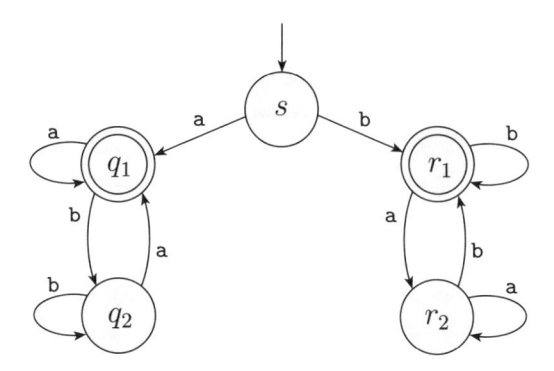

FIGURA 1.12
Autômato finito M_4.

A máquina M_4 tem dois estados de aceitação, q_1 e r_1, e opera sobre o alfabeto $\Sigma = \{\mathtt{a}, \mathtt{b}\}$. Um pouco de experimentação nos mostra que ela aceita as cadeias a, b, aa, bb e bab, mas não as cadeias ab, ba ou bbba. Essa máquina começa no estado s, e depois que ela lê o primeiro símbolo na entrada, ela vai ou para a esquerda nos estados q ou para a direita nos estados r. Em ambos os casos ela nunca pode retornar ao estado inicial (diferentemente dos exemplos anteriores), pois ela não tem como sair de qualquer outro estado e voltar para s. Se o primeiro símbolo na cadeia de entrada for a, então ela vai para a esquerda e aceita quando a cadeia termina com um a. Similarmente, se o primeiro símbolo for b, a máquina vai para a direita e aceita quando a cadeia termina em um b. Portanto M_4 aceita todas as cadeias que começam e terminam com a ou que começam e terminam com b. Em outras palavras, M_4 aceita cadeias que começam e terminam com o mesmo símbolo.

EXEMPLO 1.13

A Figura 1.14 mostra a máquina M_5, que tem um alfabeto de entrada de quatro símbolos, $\Sigma = \{\langle \text{RESET} \rangle, 0, 1, 2\}$. Tratamos $\langle \text{RESET} \rangle$ como um único símbolo.

A máquina M_5 mantém um contador da soma dos símbolos numéricos de entrada que ela lê, módulo 3. Toda vez que recebe o símbolo $\langle \text{RESET} \rangle$ ela reinicia o contador para 0. Ela aceita se a soma for 0, módulo 3, ou, em outras palavras, se a soma for um múltiplo de 3.

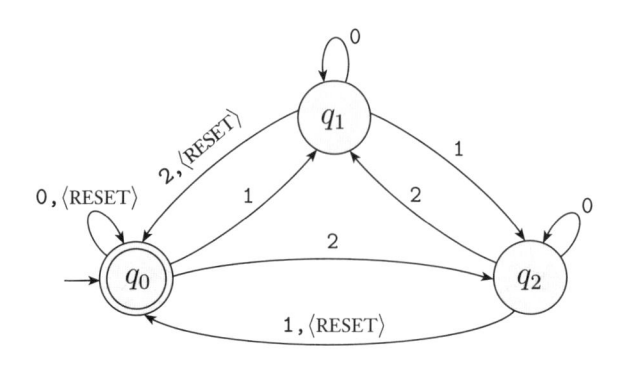

FIGURA 1.14
Autômato finito M_5.

Em alguns casos não é possível descrever um autômato finito por diagrama de estados. Isso pode ocorrer quando o diagrama é demasiado grande para se desenhar ou se, como no exemplo a seguir, a descrição depende de algum parâmetro não especificado. Nesses casos recorremos a uma descrição formal para especificar a máquina.

EXEMPLO 1.15

Considere uma generalização do Exemplo 1.13, usando o mesmo alfabeto de quatro símbolos Σ. Para cada $i \geq 1$ seja A_i a linguagem de todas as cadeias em que a soma dos números é um múltiplo de i, exceto que a soma é reinicializada para 0 sempre que o símbolo $\langle \text{RESET} \rangle$ aparece. Para cada A_i damos um autômato finito B_i, reconhecendo A_i. Descrevemos a máquina B_i formalmente da seguinte forma: $B_i = (Q_i, \Sigma, \delta_i, q_0, \{q_0\})$, onde Q_i é o conjunto de i estados $\{q_0, q_1, q_2, \ldots, q_{i-1}\}$, e desenhamos a função de transição δ_i de modo que para cada j, se B_i está em q_j, a soma corrente é j, módulo i. Para cada q_j faça

$$\delta_i(q_j, 0) = q_j,$$
$$\delta_i(q_j, 1) = q_k, \text{ onde } k = j + 1 \text{ módulo } i,$$
$$\delta_i(q_j, 2) = q_k, \text{ onde } k = j + 2 \text{ módulo } i, \text{ e}$$
$$\delta_i(q_j, \langle \text{RESET} \rangle) = q_0.$$

DEFINIÇÃO FORMAL DE COMPUTAÇÃO

Até agora descrevemos autômatos finitos informalmente, usando diagramas de estados, e com uma definição formal, como uma 5-upla. A descrição informal é mais fácil de absorver inicialmente, mas a definição formal é útil para tornar a noção precisa, resolvendo quaisquer ambigüidades que possam ter ocorrido na descrição informal. A seguir fazemos o mesmo para uma computação de um autômato finito. Já temos uma idéia informal da maneira pela qual ele computa, e agora a formalizamos matematicamente.

Seja $M = (Q, \Sigma, \delta, q_0, F)$ um autômato finito e suponha que $w = w_1 w_2 \cdots w_n$ seja uma cadeia onde cada w_i é um membro do alfabeto Σ. Então M *aceita* w se existe uma seqüência de estados $r_0, r_1, \ldots, r_n$ em Q com três condições:

1. $r_0 = q_0$,
2. $\delta(r_i, w_{i+1}) = r_{i+1}$,   para $i = 0, \ldots, n-1$,   e
3. $r_n \in F$.

A condição 1 diz que a máquina começa no estado inicial. A condição 2 diz que a máquina vai de estado para estado conforme a função de transição. A condição 3 diz que a máquina aceita sua entrada se ela termina em um estado de aceitação. Dizemos que M *reconhece a linguagem* A se $A = \{w|\ M \text{ aceita } w\}$.

DEFINIÇÃO 1.16

Uma linguagem é chamada de uma ***linguagem regular*** se algum autômato finito a reconhece.

EXEMPLO 1.17

Seja a máquina M_5 do Exemplo 1.13. Seja w a cadeia

$$10\langle \text{RESET} \rangle 22 \langle \text{RESET} \rangle 012$$

Então M_5 aceita w conforme a definição formal de computação, porque a seqüência de estados na qual ela entra quando está computando sobre w é

$$q_0, q_1, q_1, q_0, q_2, q_1, q_0, q_0, q_1, q_0,$$

o que satisfaz as três condições. A linguagem de M_5 é

$$L(M_5) = \{w|\ \text{a soma dos símbolos em } w \text{ é 0 módulo 3,}$$
$$\text{exceto que } \langle \text{RESET} \rangle \text{ retorna o contador para 0}\}.$$

Como M_5 reconhece essa linguagem, ela é uma linguagem regular.

PROJETANDO AUTÔMATOS FINITOS

Seja um autômato ou uma peça de arte, projetar é um processo criativo. Como tal ele não pode ser reduzido a uma receita ou fórmula simples. Entretanto, você pode achar uma abordagem específica útil ao projetar vários tipos de autômatos. Ou seja, ponha-se *a si próprio* no lugar da máquina que está tentando projetar e então veja como você se conduziria para realizar a tarefa da máquina. Fazer de conta que você é a máquina é um truque psicológico que ajuda a aplicar toda a sua mente no processo de projetar.

Vamos projetar um autômato finito usando o método "leitor como autômato" que acabamos de descrever. Suponha que lhe seja dada alguma linguagem e você deseje projetar um autômato finito que a reconheça. Fazendo de conta que é o autômato, você recebe uma cadeia de entrada e tem que determinar se ela é um membro da linguagem que se supõe que o autômato reconheça. Você vai vendo os símbolos na cadeia um por um. Depois de cada símbolo você tem de decidir se a cadeia vista até então está na linguagem. A razão é que você, como a máquina, não sabe quando o final da cadeia está vindo, e portanto tem que estar sempre pronto com a resposta.

Primeiro, de modo a tomar essas decisões, você tem que perceber o que precisa lembrar sobre a cadeia na medida em que a está lendo. Por que não simplesmente lembrar de tudo que você viu? Lembre-se que você está fazendo de conta que é um autômato finito e que esse tipo de máquina tem somente um número finito de estados, o que significa uma memória finita. Imagine que a entrada seja extremamente longa — digamos, daqui até a Lua — de modo que você não poderia de forma alguma se lembrar da coisa inteira. Você possui uma memória finita — digamos, uma única folha de papel — que tem uma capacidade de armazenamento limitada. Felizmente, para muitas linguagens você não precisa se lembrar de toda a entrada. Você precisa se lembrar somente de certa informação crucial. Exatamente qual informação é crucial depende da linguagem específica considerada.

Por exemplo, suponha que o alfabeto seja {0,1} e que a linguagem consista de todas as cadeias com um número ímpar de 1s. Você deseja construir um autômato finito E_1 para reconhecer essa linguagem. Fazendo de conta que é o autômato, você começa obtendo uma cadeia de entrada de 0s e 1s, símbolo a símbolo. Você precisa lembrar a cadeia inteira vista até então para determinar se o número de 1s é ímpar? É claro que não. Simplesmente lembre se o número de 1s visto até então é par ou ímpar e mantenha essa informação à medida lê novos símbolos. Se você ler um 1, inverta a resposta, mas se você ler um 0, deixe a resposta como está.

Mas como isso lhe ajuda a projetar E_1? Uma vez que tenha determinado a informação necessária para lembrar sobre a cadeia à medida que ela está sendo lida, você representa essa informação como uma lista finita de possibilidades. Nessa instância, as possibilidades seriam

1. par até agora, e
2. ímpar até agora.

Aí então você atribui um estado a cada uma das possibilidades. Estes são os estados de E_1, como mostrado a seguir.

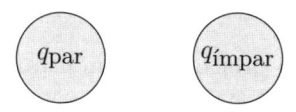

1.1 AUTÔMATOS FINITOS 43

q_{par} $q_{\text{ímpar}}$

FIGURA 1.18
Os dois estados q_{par} e $q_{\text{ímpar}}$.

Em seguida, você atribui as transições vendo como ir de uma possibilidade para outra ao ler um símbolo. Portanto, se o estado q_{par} representa a possibilidade par e o estado $q_{\text{ímpar}}$ representa a possibilidade ímpar, você faz as transições trocarem de estado com um 1 e permanecerem como estão com um 0, como mostrado a seguir.

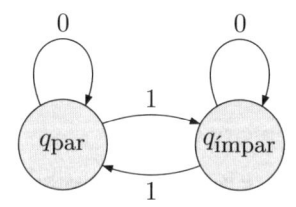

FIGURA 1.19
Transições dizendo como as possibilidades se rearranjam.

Em seguida, você coloca como estado inicial aquele correspondendo à possibilidade associada com ter visto 0 símbolos até então (a cadeia vazia ε). Nesse caso, o estado inicial corresponde ao estado q_{par} porque 0 é um número par. Por último, ponha como estados de aceitação aqueles correspondendo a possibilidades nas quais você deseja aceitar a cadeia de entrada. Faça com que $q_{\text{ímpar}}$ seja um estado de aceitação porque você deseja aceitar quando você tiver visto um número ímpar de 1s. Essas adições são mostradas na figura abaixo.

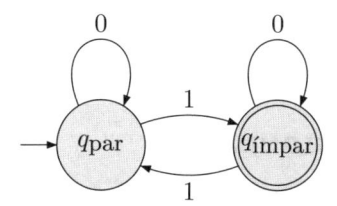

FIGURA 1.20
Adicionando os estados inicial e de aceitação.

EXEMPLO 1.21

Este exemplo mostra como projetar um autômato finito E_2 para reconhecer a linguagem regular de todas as cadeias que contêm a cadeia 001 como uma subcadeia. Por exemplo, 0010, 1001, 001 e 11111110011111 estão todas na linguagem, mas 11 e 0000 não estão. Como você reconheceria essa linguagem se estivesse fazendo de conta ser E_2? À medida que os símbolos chegassem, você inicialmente saltaria sobre todos os 1s. Se você chegar num 0, então nota que pode ter acabado de ver o primeiro dos três símbolos no padrão 001 que você está buscando. Se nesse ponto você vê um 1, houve muito poucos 0s, portanto você volta a saltar sobre 1s. Mas, se vê um 0 nesse ponto, você deve lembrar que acabou de ver dois símbolos do padrão. Agora você simplesmente precisa continuar fazendo uma varredura até que veja um 1. Se você o encontrar, lembre-se de que conseguiu achar o padrão e continue lendo a cadeia de entrada até que você chegue no final.

Portanto, existem quatro possibilidades: você

1. não viu quaisquer símbolos do padrão,
2. acaba de ver um 0,
3. acaba de ver 00, ou
4. acaba de ver o padrão inteiro 001.

Atribua os estados q, q_0, q_{00} e q_{001} a essas possibilidades. Você pode atribuir as transições observando que de q lendo 1 você permanece em q, mas lendo 0 você se move para q_0. Em q_0 lendo 1 você retorna a q, mas lendo 0 você se move para q_{00}. Em q_{00}, lendo 1 você se move para q_{001}, mas lendo 0 você permanece em q_{00}. Finalmente, em q_{001} lendo 0 ou 1 deixa você em q_{001}. O estado inicial é q, e o único estado de aceitação é q_{001}, como mostrado na Figura 1.22.

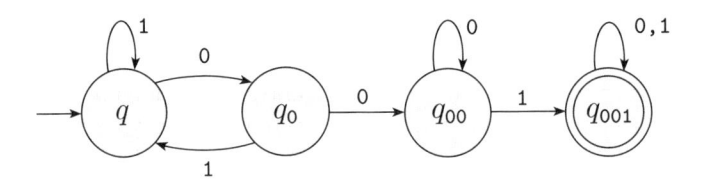

FIGURA 1.22
Aceita cadeias contendo 001.

AS OPERAÇÕES REGULARES

Nas duas seções precedentes introduzimos e definimos autômatos finitos e linguagens regulares. Agora começamos a investigar suas propriedades. Isso vai ajudar a desenvolver uma caixa de ferramentas de técnicas para utilizar quando você projetar autômatos para reconhecer linguagens específicas. A caixa de ferramentas também incluirá formas de provar que certas linguagens são não-regulares (isto é, além da capacidade de autômatos finitos).

Em aritmética, os objetos básicos são números e as ferramentas são operações para manipulá-los, tais como + e ×. Na teoria da computação os objetos são linguagens e as ferramentas incluem operações especificamente projetadas para manipulá-las. Definimos três operações sobre linguagens, chamadas *operações regulares*, e as usamos para estudar propriedades de linguagens regulares.

DEFINIÇÃO 1.23

Sejam A e B linguagens. Definimos as operações regulares *união*, *concatenação* e *estrela* da seguinte forma.

- **União**: $A \cup B = \{x \mid x \in A \text{ ou } x \in B\}$.
- **Concatenação**: $A \circ B = \{xy \mid x \in A \text{ e } y \in B\}$.
- **Estrela**: $A^* = \{x_1 x_2 \ldots x_k \mid k \geq 0 \text{ e cada } x_i \in A\}$.

Você já está familiarizado com a operação de união. Ela simplesmente toma todas as cadeias em ambas A e B e as junta em uma linguagem.

A operação de concatenação é um pouco mais complicada. Ela acrescenta uma cadeia de A na frente de uma cadeia de B de todas as maneiras possíveis para obter as cadeias na nova linguagem.

A operação estrela é um pouco diferente das outras duas porque ela se aplica a uma única linguagem em vez de duas linguagens diferentes. Ou seja, a operação estrela é uma *operação unária* ao invés de uma *operação binária*. Ela funciona justapondo qualquer número de cadeias em A para obter uma cadeia na nova linguagem. Em razão de "qualquer número" incluir 0 como uma possibilidade, a cadeia vazia ε é sempre um membro de A^*, independentemente do que A seja.

EXEMPLO 1.24 ....

Suponha que o alfabeto Σ seja o alfabeto padrão de 26 letras $\{\text{a}, \text{b}, \ldots, \text{z}\}$. Se $A = \{\text{legal}, \text{ruim}\}$ e $B = \{\text{garoto}, \text{garota}\}$, então

$A \cup B = \{\text{legal}, \text{ruim}, \text{garoto}, \text{garota}\}$,

$A \circ B = \{\text{legalgaroto}, \text{legalgarota}, \text{ruimgaroto}, \text{ruimgarota}\}$, e

$A^* = \{\varepsilon, \text{legal}, \text{ruim}, \text{legallegal}, \text{legalruim}, \text{ruimlegal}, \text{ruimruim},$
    $\text{legallegallegal}, \text{legallegalruim}, \text{legalruimlegal},$
    $\text{legalruimruim}, \ldots\}$.

Seja $\mathcal{N} = \{1, 2, 3, \ldots\}$ o conjunto dos números naturais. Quando dizemos que $\mathcal{N}$ é *fechado sob multiplicação* queremos dizer que, para quaisquer x e y em

$\mathcal{N}$, o produto $x \times y$ também está em $\mathcal{N}$. Diferentemente, $\mathcal{N}$ não é fechado sob divisão, pois 1 e 2 estão em $\mathcal{N}$ mas $1/2$ não está. Em geral, uma coleção de objetos é **fechada** sob alguma operação se, aplicando-se essa operação a membros da coleção, recebe-se um objeto ainda na coleção. Mostramos a seguir que a coleção de linguagens regulares é fechada sob as três operações regulares. Na Seção 1.3 mostramos que essas são ferramentas úteis para se manipular linguagens regulares e entender o poder dos autômatos finitos. Começamos com a operação de união.

TEOREMA 1.25

A classe de linguagens regulares é fechada sob a operação de união.

Em outras palavras, se A_1 e A_2 são linguagens regulares, o mesmo acontece com $A_1 \cup A_2$.

IDÉIA DA PROVA Temos as linguagens regulares A_1 e A_2 e desejamos mostrar que $A_1 \cup A_2$ também é regular. Em razão de A_1 e A_2 serem regulares, sabemos que algum autômato finito M_1 reconhece A_1 e algum autômato finito M_2 reconhece A_2. Para provar que $A_1 \cup A_2$ é regular exibimos um autômato finito (chame-o M) que reconhece $A_1 \cup A_2$.

Esta é uma prova por construção. Construímos M a partir de M_1 e M_2. A máquina M tem de aceitar sua entrada exatamente quando M_1 ou M_2 a aceitaria, de modo a reconhecer a linguagem da união. Ela funciona *simulando* ambas, M_1 e M_2, e aceitando se uma das simulações aceita.

Como podemos fazer com que a máquina M simule M_1 e M_2? Talvez ela primeiro simule M_1 sobre a entrada e depois simule M_2 sobre a entrada. Mas temos que ser cuidadosos aqui! Uma vez que os símbolos da entrada tenham sido lidos e usados para simular M_1, não podemos "re-enrolar a fita de entrada" para tentar a simulação de M_2. Precisamos de uma outra abordagem.

Faça de conta que você é M. À medida que os símbolos de entrada chegam um por um, você simula ambas M_1 e M_2 simultaneamente. Dessa maneira somente uma passagem sobre a entrada é necessária. Mas você pode controlar ambas as simulações com memória finita? Tudo do que você precisa guardar é o estado em que cada máquina estaria se ela tivesse lido até esse ponto na entrada. Conseqüentemente, você precisa guardar um par de estados. Quantos pares possíveis existem? Se M_1 tem k_1 estados e M_2 tem k_2 estados, o número de pares de estados, um de M_1 e o outro de M_2, é o produto $k_1 \times k_2$. Esse produto será o número de estados em M, um para cada par. As transições de M vão de par para par, atualizando o estado atual para ambas M_1 e M_2. Os estados de aceitação de M são aqueles pares nos quais ou M_1 ou M_2 está em um estado de aceitação.

PROVA

Suponha que M_1 reconheça A_1, onde $M_1 = (Q_1, \Sigma, \delta_1, q_1, F_1)$, e que
M_2 reconheça A_2, onde $M_2 = (Q_2, \Sigma, \delta_2, q_2, F_2)$.

Construa M para reconhecer $A_1 \cup A_2$, onde $M = (Q, \Sigma, \delta, q_0, F)$.

1. $Q = \{(r_1, r_2) | \ r_1 \in Q_1 \text{ and } r_2 \in Q_2\}$.
   Esse conjunto é o **produto cartesiano** dos conjuntos Q_1 e Q_2 e é escrito $Q_1 \times Q_2$. Trata-se do conjunto de todos os pares de estados, sendo o primeiro de Q_1 e o segundo de Q_2.
2. Σ, o alfabeto, é o mesmo em M_1 e M_2. Neste teorema e em todos os teoremas similares subseqüentes, assumimos por simplicidade que ambas M_1 e M_2 têm o mesmo alfabeto de entrada Σ. O teorema permanece verdadeiro se elas tiverem alfabetos diferentes, Σ_1 e Σ_2. Aí então modificaríamos a prova para tornar $\Sigma = \Sigma_1 \cup \Sigma_2$.
3. δ, a função de transição, é definida da seguinte maneira. Para cada $(r_1, r_2) \in Q$ e cada $a \in \Sigma$, faça
$$\delta\big((r_1, r_2), a\big) = \big(\delta_1(r_1, a), \delta_2(r_2, a)\big).$$
   Logo, δ obtém um estado de M (que na realidade é um par de estados de M_1 e M_2), juntamente com um símbolo de entrada, e retorna o próximo estado de M.
4. q_0 é o par (q_1, q_2).
5. F é o conjunto de pares nos quais um dos membros é um estado de aceitação de M_1 ou M_2. Podemos escrevê-lo como
$$F = \{(r_1, r_2) | \ r_1 \in F_1 \text{ ou } r_2 \in F_2\}.$$
   Essa expressão é a mesma que $F = (F_1 \times Q_2) \cup (Q_1 \times F_2)$. (Note que ela *não* é a mesma que $F = F_1 \times F_2$. O que isso daria ao invés da união?[3])

Isso conclui a construção do autômato finito M que reconhece a união de A_1 e A_2. Essa construção é bastante simples e, portanto, sua correção é evidente da estratégia descrita na idéia da prova. Construções mais complicadas requerem discussão adicional para provar correção. Uma prova formal de correção para uma construção desse tipo geralmente procede por indução. Para um exemplo de uma construção que é provada ser correta, veja a prova do Teorema 1.54. A maioria das construções que você vai encontrar neste curso são bastante simples e, portanto, não requerem uma prova formal de correção.

....

Acabamos de mostrar que a união de duas linguagens regulares é regular, provando, assim, que a classe de linguagens regulares é fechada sob a operação de união. Agora nos voltamos para a operação de concatenação e tentamos mostrar que a classe de linguagens regulares é fechada sob essa operação também.

---

[3] Essa expressão definiria os estados de aceitação de M como aqueles para os quais *ambos* os membros do par são estados de aceitação. Nesse caso M aceitaria uma cadeia somente se ambas M_1 e M_2 a aceitassem; portanto a linguagem resultante seria a *interseção* e não a união. Na verdade, esse resultado prova que a classe de linguagens regulares é fechada sob interseção.

TEOREMA 1.26

A classe de linguagens regulares é fechada sob a operação de concatenação.

Em outras palavras, se A_1 e A_2 são linguagens regulares, então o mesmo acontece com $A_1 \circ A_2$.

Para provar esse teorema, vamos tentar algo na linha da prova do caso da união. Tal qual anteriormente, podemos começar com os autômatos finitos M_1 e M_2 que reconhecem as linguagens regulares A_1 e A_2. Mas agora, em vez de construir o autômato M para aceitar sua entrada se M_1 ou M_2 aceitam, ele tem que aceitar se sua entrada puder ser quebrada em duas partes, sendo que M_1 aceita a primeira parte e M_2 aceita a segunda parte. O problema é que M não sabe onde quebrar sua entrada (isto é, onde a primeira parte termina e a segunda parte começa). Para resolver esse problema introduzimos uma nova técnica chamada não-determinismo.

1.2
NÃO-DETERMINISMO

Não-determinismo é um conceito útil que tem tido grande impacto sobre a teoria da computação. Até agora em nossa discussão, todo passo de uma computação segue de uma maneira única do passo precedente. Quando a máquina está em um dado estado e lê o próximo símbolo de entrada, sabemos qual será o próximo estado — está determinado. Chamamos isso de computação *determinística*. Em uma máquina *não-determinística*, várias escolhas podem existir para o próximo estado em qualquer ponto.

Não-determinismo é uma generalização de determinismo; portanto, todo autômato finito determinístico é automaticamente um autômato finito não-determinístico. Como a Figura 1.27 mostra, autômatos finitos não-determinísticos podem ter características adicionais.

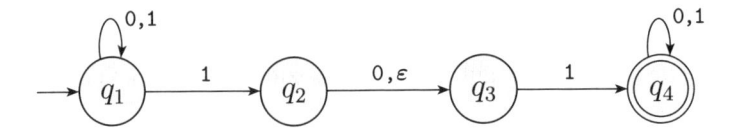

FIGURA 1.27
O autômato finito não-determinístico N_1.

A diferença entre um autômato finito determinístico, abreviado AFD, e um autômato finito não-determinístico, abreviado AFN, é imediatamente aparente. Primeiro, todo estado de um AFD sempre tem exatamente uma seta de transição saindo para cada símbolo no alfabeto. O autômato não-determinístico mostrado na Figura 1.27 viola essa regra. O estado q_1 tem uma seta saindo para 0, mas tem duas para 1; q_2 tem uma seta para 0, mas nenhuma para 1. Em um AFN um estado pode ter zero, uma ou várias setas saindo para cada símbolo do alfabeto.

Segundo, em um AFD, os rótulos sobre as setas de transição são símbolos do alfabeto. Esse AFN tem uma seta com o rótulo ε. Em geral, um AFN pode ter setas rotuladas com membros do alfabeto ou com ε. Zero, uma ou mais setas podem sair de cada estado com o rótulo ε.

Como um AFN computa? Suponha que você esteja rodando um AFN sobre uma cadeia de entrada e venha para um estado com múltiplas maneiras de prosseguir. Por exemplo, digamos que estamos no estado q_1 no AFN N_1 e que o próximo símbolo de entrada seja um 1. Após ler esse símbolo, a máquina divide-se em múltiplas cópias de si mesma e segue *todas* as possibilidades em paralelo. Cada cópia da máquina toma uma das maneiras possíveis de proceder e continua como antes. Se existirem escolhas subseqüentes, a máquina divide-se novamente. Se o próximo símbolo de entrada não aparece sobre qualquer das setas saindo do estado ocupado por uma cópia da máquina, essa cópia da máquina morre, juntamente com o ramo da computação associado a ela. Finalmente, se *qualquer uma* dessas cópias da máquina está em um estado de aceitação no final da entrada, o AFN aceita a cadeia de entrada.

Se um estado com um símbolo ε sobre uma seta saindo do mesmo for encontrado, algo semelhante acontece. Sem ler qualquer entrada, a máquina divide-se em múltiplas cópias, uma seguindo cada uma das setas saindo rotuladas com ε e uma permanecendo no estado corrente. Então a máquina prossegue não-deterministicamente como antes.

O não-determinismo pode ser visto como uma espécie de computação paralela na qual múltiplos e independentes "processos" ou "*threads*" podem estar rodando concorrentemente. Quando o AFN se divide para seguir as diversas escolhas, isso corresponde a um processo "bifurcar" em vários filhos, cada um procedendo separadamente. Se pelo menos um desses processos aceita, então a computação inteira aceita.

Outra maneira de pensar em uma computação não-determinística é como uma árvore de possibilidades. A raiz da árvore corresponde ao início da computação. Todo ponto de ramificação na árvore corresponde a um ponto na computação no qual a máquina tem múltiplas escolhas. A máquina aceita se pelo menos um dos ramos da computação termina em um estado de aceitação, como mostrado na Figura 1.28.

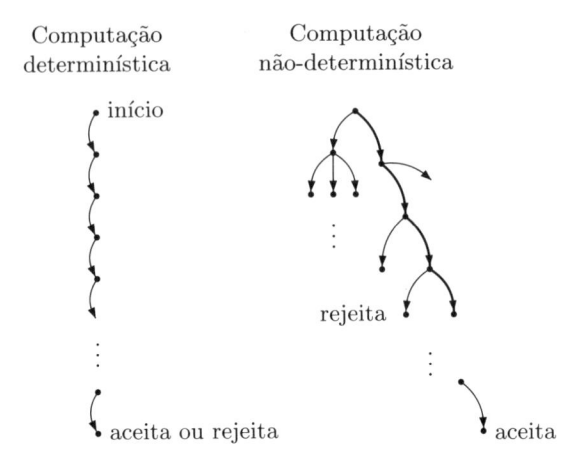

FIGURA 1.28
Computações determinísticas e não-determinísticas com um ramo de aceitação.

Vamos considerar algumas amostras de execuções do AFN N_1 mostrado na Figura 1.27. A computação de N_1 sobre a entrada 010110 é ilustrada na Figura 1.29.

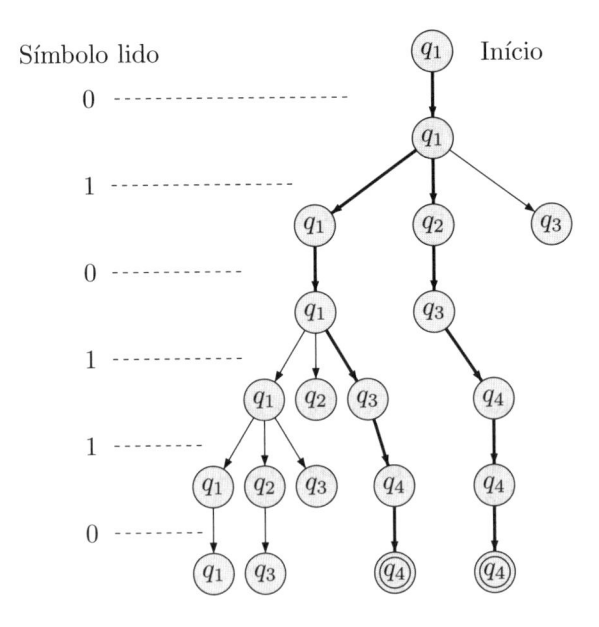

FIGURA 1.29
A computação de N_1 sobre a entrada 010110.

Para a entrada 010110, comece no estado inicial q_1 e leia o primeiro símbolo, 0. A partir de q_1 existe apenas um lugar para ir sobre um 0 — a saber, de volta a q_1; portanto, permaneça aí. Em seguida leia o segundo símbolo, 1. Em q_1 sobre um 1 há duas escolhas: ou permaneça em q_1 ou mova-se para q_2. Não-deterministicamente, a máquina se divide em duas para seguir cada uma das escolhas. Mantenha registro das possibilidades colocando um dedo sobre cada estado onde a máquina poderia estar. Portanto, você agora tem dedos sobre os estados q_1 e q_2. Uma seta ε sai do estado q_2 de modo que a máquina se divide novamente; mantenha um dedo sobre q_2, e mova o outro para q_3. Você agora tem dedos sobre q_1, q_2 e q_3.

Quando o terceiro símbolo, 0, for lido, considere cada um dos dedos separadamente. Mantenha o dedo sobre q_1 no lugar, mova o dedo sobre q_2 para q_3 e remova o dedo que tinha estado sobre q_3. Esse último dedo não tinha seta 0 para seguir e corresponde a um processo que simplesmente "morre." Nesse ponto você tem dedos sobre os estados q_1 e q_3.

Quando o quarto símbolo, 1, for lido, substitua o dedo sobre q_1 por dedos sobre os estados q_1 e q_2, e aí então substitua novamente o dedo sobre q_2 para seguir a seta ε para q_3, e mova o dedo que estava sobre q_3 para q_4. Você agora tem um dedo sobre cada um dos quatro estados.

Quando o quinto símbolo, 1, for lido, os dedos sobre q_1 e q_3 resultam em dedos sobre os estados q_1, q_2, q_3 e q_4, como você viu com o quarto símbolo. O dedo sobre o estado q_2 é removido. O dedo que estava sobre q_4 permanece sobre q_4. Agora você tem dois dedos sobre q_4; portanto, remova um, porque você só precisa lembrar que q_4 é um estado possível nesse ponto, não que ele é possível por múltiplas razões.

Quando o sexto e último símbolo, 0, é lido, mantenha o dedo sobre q_1 no lugar, mova o que está sobre q_2 para q_3, remova o que estava sobre q_3 e deixe o que está sobre q_4 no seu lugar. Você está agora no final da cadeia, e aceita se algum dedo estiver sobre um estado de aceitação. Você tem dedos sobre os estados q_1, q_3 e q_4, e como q_4 é um estado de aceitação, N_1 aceita essa cadeia.

O que é que N_1 faz sobre a entrada 010? Comece com um dedo sobre q_1. Depois de ler o 0, você ainda tem um dedo somente sobre q_1, mas depois do 1 existem dedos sobre q_1, q_2 e q_3 (não esqueça da seta ε). Depois do terceiro símbolo, 0, remova o dedo sobre q_3, mova o dedo sobre q_2 para q_3, e deixe o dedo sobre q_1 onde ele está. Nesse ponto, você está no final da entrada, e como nenhum dedo está sobre um estado de aceitação, N_1 rejeita essa entrada.

Continuando a experimentar dessa maneira, você verá que N_1 aceita todas as cadeias que contêm 101 ou 11 como uma subcadeia.

Os autômatos finitos não-determinísticos são úteis em vários sentidos. Como mostraremos, todo AFN pode ser convertido num AFD equivalente, e construir AFNs é às vezes mais fácil que construir diretamente AFDs. Um AFN pode ser muito menor que sua contrapartida determinística, ou seu funcionamento pode ser mais fácil de entender. Não-determinismo em autômatos finitos é também uma boa introdução a não-determinismo em modelos computacionais mais poderosos porque autômatos finitos são especialmente fáceis de entender. Agora nos voltamos para diversos exemplos de AFNs.

EXEMPLO 1.30

Seja A a linguagem consistindo de todas as cadeias sobre $\{0,1\}$ contendo um 1 na terceira posição a partir do final (por exemplo, 000100 está em A, mas 0011 não). O seguinte AFN de quatro estados, N_2, reconhece A.

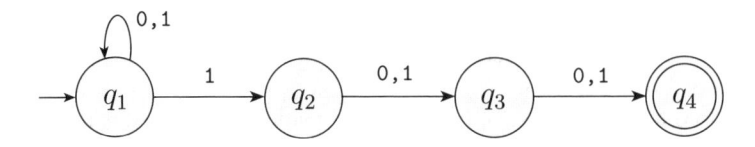

FIGURA 1.31
O AFN N_2 que reconhece A.

Uma boa maneira de ver a computação desse AFN é dizer que ele permanece no estado inicial q_1 até que "adivinhe" que está a três posições do final. Nesse ponto, se o símbolo de entrada for 1, ele ramifica para o estado q_2 e usa q_3 e q_4 para "checar" se sua adivinhação estava correta.

Conforme mencionado, todo AFN pode ser convertido num AFD equivalente, mas às vezes esse AFD pode ter muito mais estados. O menor AFD para A contém oito estados. Além disso, entender o funcionamento do AFN é muito mais fácil, como você pode ver examinando a Figura 1.32 para o AFD.

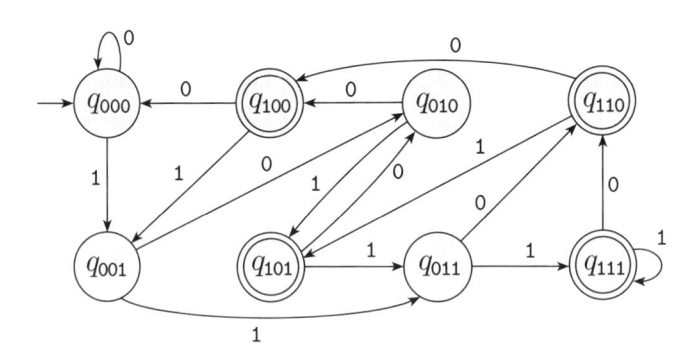

FIGURA 1.32
Um AFD que reconhece A.

Suponha que adicionássemos ε aos rótulos sobre as setas indo de q_2 para q_3 e de q_3 para q_4 na máquina N_2 da Figura 1.31. Assim, ambas as setas teriam então o rótulo $0, 1, \varepsilon$ em vez de $0, 1$. Que linguagem N_2 reconheceria com essa modificação? Tente modificar o AFD da Figura 1.32 para reconhecer essa linguagem.

EXEMPLO **1.33**

Considere o seguinte AFN N_3 que tem um alfabeto de entrada $\{0\}$ consistindo de um único símbolo. Um alfabeto contendo somente um símbolo é chamado *alfabeto unário*.

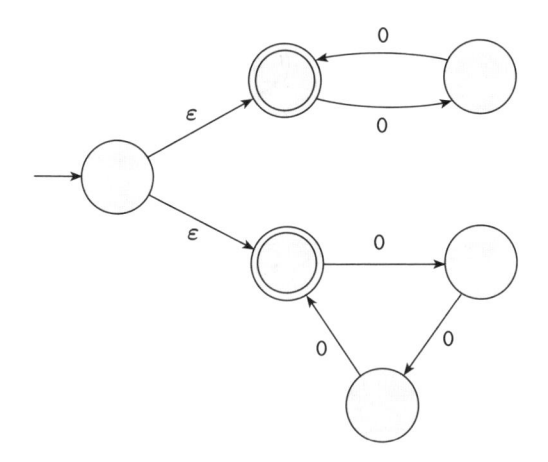

FIGURA **1.34**
O AFN N_3.

Essa máquina demonstra a conveniência de se ter setas ε. Ela aceita todas as cadeias da forma 0^k, onde k é um múltiplo de 2 ou 3. (Lembre-se de que o expoente denota repetição, e não exponenciação numérica.) Por exemplo, N_3 aceita as cadeias ε, 00, 000, 0000 e 000000, mas não 0 ou 00000.

Pense na máquina inicialmente adivinhando se deve testar por um múltiplo de 2 ou um múltiplo de 3, ramificando ou no laço superior ou no laço inferior, e aí então verificando se sua adivinhação foi correta. É claro que poderíamos substituir essa máquina por uma que não tivesse setas ε ou mesmo nenhum não-determinismo, mas a máquina mostrada é a mais fácil de entender para essa linguagem.

EXEMPLO 1.35

Damos outro exemplo de um AFN na Figura 1.36. Pratique com ele para se convencer de que ele aceita as cadeias ε, a, baba e baa, mas não aceita as cadeias b, bb e babba. Adiante, usamos essa máquina para ilustrar o procedimento para converter AFNs para AFDs.

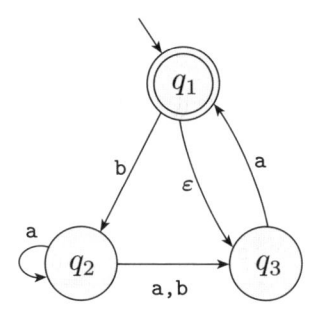

FIGURA 1.36
O AFN N_4.

DEFINIÇÃO FORMAL DE UM AUTÔMATO FINITO NÃO-DETERMINÍSTICO

A definição formal de um autômato finito não-determinístico é similar àquela de um autômato finito determinístico. Ambos têm estados, um alfabeto de entrada, uma função de transição, um estado inicial e uma coleção de estados de aceitação. Entretanto, eles diferem de uma maneira essencial: no tipo de função de transição. Em um AFD a função de transição toma um estado e um símbolo de entrada e produz o próximo estado. Em um AFN a função de transição toma um estado e um símbolo de entrada *ou a cadeia vazia* e produz *o conjunto de próximos estados possíveis*. Para escrever a definição formal, precisamos fixar alguma notação adicional. Para qualquer conjunto Q escrevemos $\mathcal{P}(Q)$ como sendo a coleção de todos os subconjuntos de Q. Aqui $\mathcal{P}(Q)$ é chamado **conjunto das partes** de Q. Para qualquer alfabeto Σ escrevemos Σ_ε como sendo $\Sigma \cup \{\varepsilon\}$. Agora podemos escrever a definição formal do tipo da função de transição em um AFN como $\delta: Q \times \Sigma_\varepsilon \longrightarrow \mathcal{P}(Q)$.

DEFINIÇÃO 1.37

Um *autômato finito não-determinístico* é uma 5-upla $(Q, \Sigma, \delta, q_0, F)$, onde

1. Q é um conjunto finito de estados,
2. Σ é um alfabeto finito,
3. $\delta \colon Q \times \Sigma_\varepsilon \longrightarrow \mathcal{P}(Q)$ é a função de transição,
4. $q_0 \in Q$ é o estado inicial, e
5. $F \subseteq Q$ é o conjunto de estados de aceitação.

EXEMPLO 1.38

Retomemos o AFN N_1:

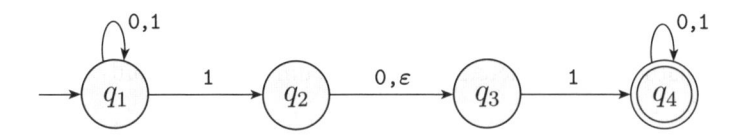

A descrição formal de N_1 é $(Q, \Sigma, \delta, q_1, F)$, onde

1. $Q = \{q_1, q_2, q_3, q_4\}$,
2. $\Sigma = \{0,1\}$,
3. δ é dado como

	0	1	ε
q_1	$\{q_1\}$	$\{q_1, q_2\}$	$\emptyset$
q_2	$\{q_3\}$	$\emptyset$	$\{q_3\}$
q_3	$\emptyset$	$\{q_4\}$	$\emptyset$
q_4	$\{q_4\}$	$\{q_4\}$	$\emptyset$

4. q_1 é o estado inicial, e
5. $F = \{q_4\}$.

A definição formal de computação para um AFN é similar àquela para um AFD. Seja $N = (Q, \Sigma, \delta, q_0, F)$ um AFN e w uma cadeia sobre o alfabeto Σ. Então dizemos que N *aceita* w se podemos escrever w como $w = y_1 y_2 \cdots y_m$, onde cada y_i é um membro de Σ_ε e existe uma seqüência de estados $r_0, r_1, \ldots, r_m$ em Q com três condições:

1. $r_0 = q_0$,
2. $r_{i+1} \in \delta(r_i, y_{i+1})$, para $i = 0, \ldots, m-1$, e
3. $r_m \in F$.

A condição 1 diz que a máquina começa no estado inicial. A condição 2 diz que o estado r_{i+1} é um dos próximos estados permissíveis quando N está no estado r_i e lendo y_{i+1}. Observe que $\delta(r_i, y_{i+1})$ é o *conjunto* de próximos estados permissíveis e portanto dizemos que r_{i+1} é um membro desse conjunto. Finalmente, a condição 3 diz que a máquina aceita sua entrada se o último estado é um estado de aceitação.

EQUIVALÊNCIA DE AFNS E AFDS

Os autômatos finitos determinísticos e não-determinísticos reconhecem a mesma classe de linguagens. Essa equivalência é, ao mesmo tempo, surpreendente e útil. É surpreendente porque AFNs parecem ter mais poder que AFDs e, portanto, poderíamos esperar que AFNs reconhecessem mais linguagens. É útil porque descrever um AFN para uma dada linguagem às vezes é muito mais fácil que descrever um AFD para essa linguagem.

Digamos que duas máquinas são *equivalentes* se elas reconhecem a mesma linguagem.

TEOREMA 1.39

Todo autômato finito não-determinístico tem um autômato finito determinístico equivalente.

IDÉIA DA PROVA Se uma linguagem é reconhecida por um AFN, então temos de mostrar a existência de um AFD que também a reconhece. A idéia é converter o AFN num AFD equivalente que simule o AFN.

Lembre-se da estratégia "leitor como autômato" para projetar autômatos finitos. Como você simularia o AFN se você estivesse fazendo de conta ser um AFD? O que você precisaria memorizar à medida que a cadeia de entrada é processada? Nos exemplos de AFNs você memorizou os vários ramos da computação colocando um dedo sobre cada estado que poderia estar ativo em dados pontos na entrada. Você atualizava a simulação movendo, adicionando e removendo dedos conforme a maneira pela qual o AFN opera. Tudo o que você precisava memorizar era o conjunto de estados colocando dedos sobre eles.

Se k é o número de estados do AFN, ele tem 2^k subconjuntos de estados. Cada subconjunto corresponde a uma das possibilidades de que o AFD tem de se lembrar; portanto, o AFD que simula o AFN terá 2^k estados. Agora precisamos descobrir qual será o estado inicial e os estados de aceitação do AFD, e qual será sua função de transição. Podemos discutir isso mais facilmente depois de fixar uma notação formal.

PROVA Seja $N = (Q, \Sigma, \delta, q_0, F)$ o AFN que reconhece alguma linguagem A. Construímos um AFD $M = (Q', \Sigma, \delta', q_0', F')$ que reconhece A. Antes de realizar a construção completa, vamos primeiro considerar o caso mais fácil no qual N não tem setas ε. Mais adiante levamos as setas ε em consideração.

1. $Q' = \mathcal{P}(Q)$.
   Todo estado de M é um conjunto de estados de N. Lembre-se de que $\mathcal{P}(Q)$ é o conjunto de subconjuntos de Q.

2. Para $R \in Q'$ e $a \in \Sigma$ seja $\delta'(R, a) = \{q \in Q | q \in \delta(r, a)$ para algum $r \in R\}$.
Se R é um estado de M, é também um conjunto de estados de N. Quando M lê um símbolo a no estado R, ele mostra para onde a leva cada estado em R. Dado que cada estado pode ir para um conjunto de estados, tomamos a união de todos esses conjuntos. Outra maneira de escrever essa expressão é

$$\delta'(R, a) = \bigcup_{r \in R} \delta(r, a).\ ^4$$

3. $q_0' = \{q_0\}$.
M começa no estado correspondente à coleção contendo somente o estado inicial de N.

4. $F' = \{R \in Q' | R$ contém um estado de aceitação de $N\}$.
A máquina M aceita se um dos possíveis estados nos quais N poderia estar nesse ponto é um estado de aceitação.

Agora precisamos considerar as setas ε. Para fazer isso fixamos um pouco mais de notação. Para qualquer estado R de M, definimos $E(R)$ como a coleção de estados que podem ser atingidos a partir de R indo somente ao longo de setas ε, incluindo os próprios membros de R. Formalmente, para $R \subseteq Q$ seja

$$E(R) = \{q|\ q \text{ pode ser atingido a partir de } R$$
$$\text{viajando-se ao longo de 0 ou mais setas } \varepsilon\}.$$

Então modificamos a função de transição de M para colocar dedos adicionais sobre todos os estados que podem ser atingidos indo ao longo de setas ε após cada passo. Substituindo $\delta(r, a)$ por $E(\delta(r, a))$ dá esse efeito. Conseqüentemente,

$$\delta'(R, a) = \{q \in Q|\ q \in E(\delta(r, a)) \text{ para algum } r \in R\}.$$

Adicionalmente precisamos de modificar o estado inicial de M para mover os dedos inicialmente para todos os estados possíveis que podem ser atingidos a partir do estado inicial de N ao longo das setas ε. Mudando q_0' para $E(\{q_0\})$ dá esse efeito. Agora completamos a construção do AFD M que simula o AFN N.

A construção de M obviamente funciona corretamente. Em todo passo na computação de M sobre uma entrada, ela claramente entra num estado que corresponde ao subconjunto de estados nos quais N poderia estar nesse ponto. Assim, nossa prova está completa.

....

Se a construção usada na prova precedente fosse mais complexa precisaríamos provar que ela funciona como reivindicado. Geralmente essas provas procedem por indução sobre o número de passos da computação. A maioria das construções que usamos neste livro são imediatas e, portanto, não requerem tal prova de correção. Um exemplo de uma construção mais complexa que provamos ser de fato correta aparece na prova do Teorema 1.54.

---

[4] A notação $\bigcup_{r \in R} \delta(r, a)$ significa: a união dos conjuntos $\delta(r, a)$ para cada r em R.

O Teorema 1.39 afirma que todo AFN pode ser convertido em um AFD equivalente. Portanto, autômatos finitos não-determinísticos dão uma maneira alternativa de caracterizar as linguagens regulares. Enunciamos esse fato como um corolário do Teorema 1.39.

COROLÁRIO 1.40

Uma linguagem é regular se e somente se algum autômato finito não-determinístico a reconhece.

Uma direção da condição "se e somente se" afirma que uma linguagem é regular se algum AFN a reconhece. O Teorema 1.39 mostra que qualquer AFN pode ser convertido num AFD equivalente. Conseqüentemente, se um AFN reconhece uma dada linguagem, o mesmo acontece com algum AFD, e portanto a linguagem é regular. A outra direção da condição "se e somente se" afirma que uma linguagem é regular somente se algum AFN a reconhece. Ou seja, se uma linguagem é regular, algum AFN tem que reconhecê-la. Obviamente, essa condição é verdadeira porque uma linguagem regular tem um AFD reconhecendo-a e qualquer AFD é também um AFN.

EXEMPLO 1.41

Vamos ilustrar o procedimento que demos na prova do Teorema 1.39 para converter um AFN para um AFD usando a máquina N_4 que aparece no Exemplo 1.35. Em nome da clareza, renomeamos os estados de N_4 para $\{1, 2, 3\}$. Portanto, na descrição formal de $N_4 = (Q, \{\text{a},\text{b}\}, \delta, 1, \{1\})$, o conjunto de estados Q é $\{1, 2, 3\}$ como mostrado na Figura 1.42.

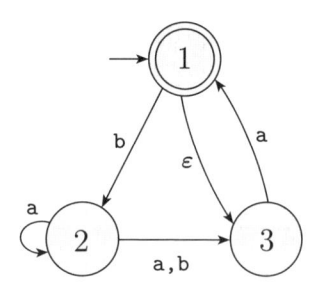

FIGURA 1.42
O AFN N_4.

Para construir um AFD D que seja equivalente a N_4, primeiro determinamos os estados de D. N_4 tem três estados, $\{1, 2, 3\}$; assim, construímos D com oito estados, um para cada subconjunto de estados de N_4. Rotulamos cada um dos estados de D com o subconjunto correspondente. Portanto, o conjunto de estados de D é

$$\{\emptyset, \{1\}, \{2\}, \{3\}, \{1,2\}, \{1,3\}, \{2,3\}, \{1,2,3\}\}.$$

Em seguida, determinamos os estados inicial e de aceitação de D. O estado inicial é $E(\{1\})$, o conjunto de estados que são atingíveis a partir de 1 viajando ao longo de setas ε, mais o próprio 1. Uma seta ε vai de 1 para 3; portanto, $E(\{1\}) = \{1,3\}$. Os novos estados de aceitação são aqueles contendo o estado de aceitação de N_4; assim, $\{\{1\}, \{1,2\}, \{1,3\}, \{1,2,3\}\}$.

Finalmente, determinamos a função de transição de D. Cada um dos estados de D vai para um lugar dada a entrada a e um lugar quando a entrada é b. Ilustramos o processo de se determinar a colocação das setas de transição de D com uns poucos exemplos.

Em D, o estado $\{2\}$ vai para $\{2,3\}$ na entrada a, porque em N_4, o estado 2 vai para ambos 2 e 3 na entrada a e não podemos ir mais longe a partir de 2 ou 3 ao longo de setas ε. O estado $\{2\}$ vai para o estado $\{3\}$ na entrada b, porque em N_4, o estado 2 vai apenas para o estado 3 na entrada b e não podemos ir mais longe a partir de 3 ao longo de setas ε.

O estado $\{1\}$ vai para $\emptyset$ na entrada a, porque nenhuma seta a sai dele. Ele vai para $\{2\}$ na entrada b. Note que o procedimento no Teorema 1.39 especifica que seguimos as setas ε *depois* que cada símbolo de entrada é lido. Um procedimento alternativo baseado em seguir as setas ε antes de ler cada entrada funciona igualmente bem, mas esse método não é ilustrado neste exemplo.

O estado $\{3\}$ vai para $\{1,3\}$ na entrada a, pois em N_4 o estado 3 vai para 1 na entrada a e 1, por sua vez, vai para 3 com uma seta ε. O estado $\{3\}$ na entrada b vai para $\emptyset$.

O estado $\{1,2\}$ na entrada a vai para $\{2,3\}$ porque 1 não aponta para nenhum estado com seta a e 2 aponta para ambos 2 e 3 com seta a e nenhum aponta para lugar algum com seta ε. O estado $\{1,2\}$ na entrada b vai para $\{2,3\}$. Continuando dessa maneira obtemos o seguinte diagrama para D.

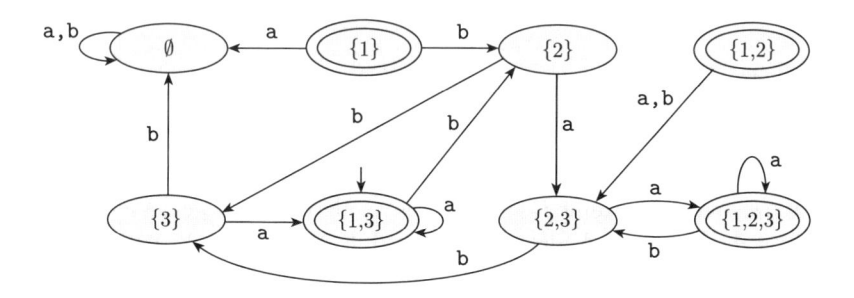

FIGURA 1.43
Um AFD D que é equivalente ao AFN N_4.

Podemos simplificar essa máquina observando que nenhuma seta aponta para os estados $\{1\}$ e $\{1,2\}$, portanto eles podem ser removidos sem afetar o desempenho da máquina. Fazendo isso chegamos à Figura 1.44.

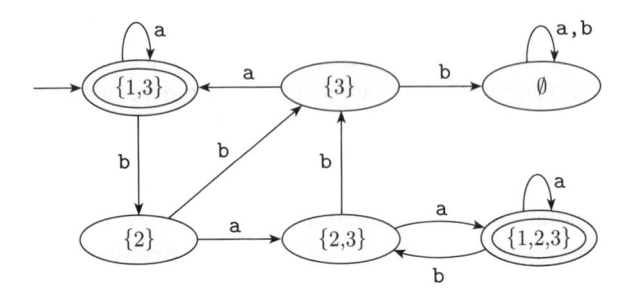

FIGURA 1.44
O AFD D após remover estados desnecessários.

FECHO SOB AS OPERAÇÕES REGULARES

Agora, retornamos ao fecho da classe de linguagens regulares sob as operações regulares que começamos na Seção 1.1. Nosso objetivo é provar que a união, a concatenação e a estrela de linguagens regulares são ainda regulares. Abandonamos a tentativa original de fazer isso quando vimos que lidar com a operação de concatenação era complicado demais. O uso de não-determinismo torna as provas muito mais fáceis.

Primeiro, vamos considerar novamente o fecho sob união. Antes, provamos o fecho sob união simulando deterministicamente ambas as máquinas simultaneamente via uma construção do produto cartesiano. Agora damos uma nova demonstração para ilustrar a técnica do não-determinismo. Revisar a primeira prova, que aparece na página 46, pode valer a pena para ver o quão mais fácil e mais intuitiva é a nova prova.

TEOREMA 1.45 ....

A classe de linguagens regulares é fechada sob a operação de união.

IDÉIA DA PROVA Temos as linguagens regulares A_1 e A_2 e desejamos provar que $A_1 \cup A_2$ é regular. A idéia é tomar os dois AFNs, N_1 e N_2 para A_1 e A_2, e combiná-los em um novo AFN, N.

A máquina N tem de aceitar sua entrada se N_1 ou N_2 aceita essa entrada. A nova máquina tem um novo estado inicial que ramifica para os estados iniciais das máquinas anteriores com setas ε. Dessa maneira a nova máquina não-deterministicamente adivinha qual das duas máquinas aceita a entrada. Se uma delas aceita a entrada, N também a aceitará.

Representamos essa construção na Figura 1.46. À esquerda, indicamos o estado inicial e os estados de aceitação das máquinas N_1 e N_2 com cículos grandes e alguns estados adicionais com círculos pequenos. À direita, mostramos como combinar N_1 e N_2 adicionando setas de transição, resultando em N,.

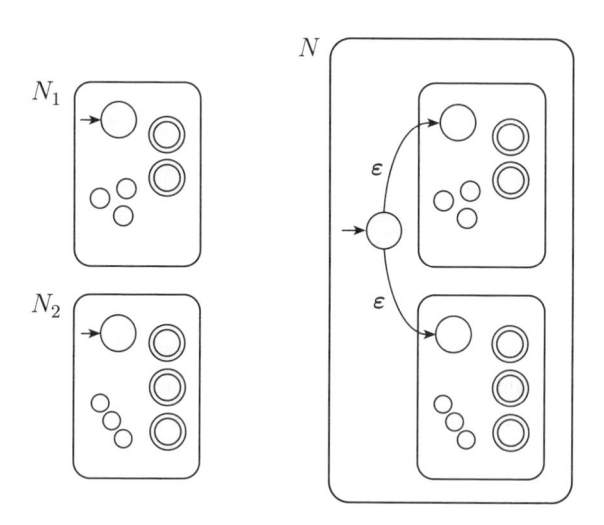

FIGURA 1.46
Construção de um AFN N para reconhecer $A_1 \cup A_2$.

PROVA

Suponha que $N_1 = (Q_1, \Sigma, \delta_1, q_1, F_1)$ reconheça A_1, e que
$N_2 = (Q_2, \Sigma, \delta_2, q_2, F_2)$ reconheça A_2.

Construa $N = (Q, \Sigma, \delta, q_0, F)$ para reconhecer $A_1 \cup A_2$.

1. $Q = \{q_0\} \cup Q_1 \cup Q_2$.
   Os estados de N são todos os estados de N_1 e N_2, com a adição de um novo estado inicial q_0.
2. O estado q_0 é o estado inicial de N.
3. Os estados de aceitação $F = F_1 \cup F_2$.
   Os estados de aceitação de N são todos os estados de aceitação de N_1 e N_2. Dessa forma N aceita se N_1 aceita ou N_2 aceita.

4. Defina δ de modo que para qualquer $q \in Q$ e qualquer $a \in \Sigma_\varepsilon$,

$$\delta(q,a) = \begin{cases} \delta_1(q,a) & q \in Q_1 \\ \delta_2(q,a) & q \in Q_2 \\ \{q_1, q_2\} & q = q_0 \text{ e } a = \varepsilon \\ \emptyset & q = q_0 \text{ e } a \neq \varepsilon. \end{cases}$$

Agora podemos provar o fecho sob concatenação. Lembre-se de que anteriormente, sem não-determinismo, completar a prova teria sido difícil.

TEOREMA 1.47

A classe de linguagens regulares é fechada sob a operação de concatenação.

IDÉIA DA PROVA Temos as linguagens regulares A_1 e A_2 e desejamos provar que $A_1 \circ A_2$ é regular. A idéia é tomar dois AFNs, N_1 e N_2 para A_1 e A_2, e combiná-los em um novo AFN N como fizemos para o caso da união, mas dessa vez de uma maneira diferente, como mostrado na Figura 1.48.

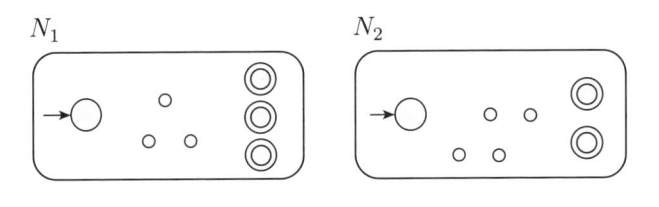

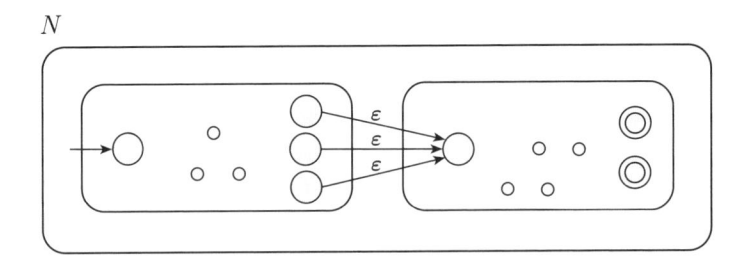

FIGURA 1.48
Construção de N para reconhecer $A_1 \circ A_2$.

Atribua ao estado inicial de N o estado inicial de N_1. Os estados de aceitação de N_1 têm setas ε adicionais que não-deterministicamente permitem ramificar para N_2 sempre que N_1 está num estado de aceitação, significando que ele encontrou uma parte inicial da entrada que constitui uma cadeia em A_1. Os estados de aceitação de N são somente os estados de aceitação de N_2. Por conseguinte, ele aceita quando a entrada pode ser dividida em duas partes, a primeira aceita por N_1 e a segunda por N_2. Podemos pensar em N como não-deterministicamente adivinhando onde fazer a divisão.

PROVA

Suponha que $N_1 = (Q_1, \Sigma, \delta_1, q_1, F_1)$ reconheça A_1, e que
$N_2 = (Q_2, \Sigma, \delta_2, q_2, F_2)$ reconheça A_2.

Construa $N = (Q, \Sigma, \delta, q_1, F_2)$ para reconhecer $A_1 \circ A_2$.

1. $Q = Q_1 \cup Q_2$.
   Os estados de N são todos os estados de N_1 e N_2.
2. O estado q_1 é o mesmo que o estado inicial de N_1.
3. Os estados de aceitação F_2 são os mesmos que os estados de aceitação de N_2.
4. Defina δ de modo que para qualquer $q \in Q$ e qualquer $a \in \Sigma_\varepsilon$,

$$\delta(q, a) = \begin{cases} \delta_1(q, a) & q \in Q_1 \text{ e } q \notin F_1 \\ \delta_1(q, a) & q \in F_1 \text{ e } a \neq \varepsilon \\ \delta_1(q, a) \cup \{q_2\} & q \in F_1 \text{ e } a = \varepsilon \\ \delta_2(q, a) & q \in Q_2. \end{cases}$$

TEOREMA 1.49

A classe de linguagens regulares é fechada sob a operação estrela.

IDÉIA DA PROVA Temos uma linguagem regular A_1 e desejamos provar que A_1^* também é regular. Tomamos um AFN N_1 para A_1 e modificamo-lo para reconhecer A_1^*, como mostrado na Figura 1.50. O AFN resultante N aceitará sua entrada sempre que ela puder ser quebrada em várias partes e N_1 aceite cada uma das partes.

Podemos construir N como N_1 com setas ε adicionais retornando ao estado inicial a partir dos estados de aceitação. Dessa maneira, quando o processamento chega ao final de uma parte que N_1 aceita, a máquina N tem a opção de pular de volta para o estado inicial para tentar ler uma outra parte que N_1 aceite. Adicionalmente, temos que modificar N de tal forma que ele aceite ε, que é sempre um membro de A_1^*. Uma idéia (levemente má) é simplesmente adicionar o estado inicial ao conjunto de estados de aceitação. Essa abordagem certamente adiciona ε à linguagem reconhecida, mas ela também pode adicionar outras cadeias indesejadas. O Exercício 1.15 pede um exemplo da falha dessa idéia. A maneira de consertar a construção é adicionar um novo estado inicial, que também seja um estado de aceitação, e que tenha uma seta ε para o antigo estado inicial. Essa solução tem o efeito desejado de adicionar ε à linguagem sem adicionar nada mais.

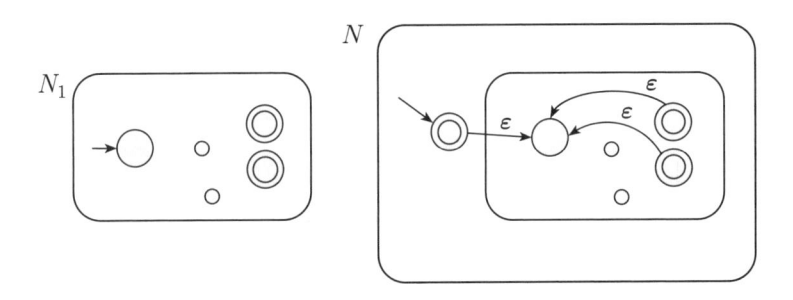

FIGURA 1.50
Construção de N para reconhecer A^*.

PROVA Suponha que $N_1 = (Q_1, \Sigma, \delta_1, q_1, F_1)$ reconheça A_1.
Construa $N = (Q, \Sigma, \delta, q_0, F)$ para reconhecer A_1^*.

1. $Q = \{q_0\} \cup Q_1$.
   Os estados de N são os estados de N_1 mais um novo estado inicial.
2. O estado q_0 é o novo estado inicial.
3. $F = \{q_0\} \cup F_1$.
   Os estados de aceitação são os antigos estados de aceitação mais o novo estado inicial.
4. Defina δ de modo que para qualquer $q \in Q$ e qualquer $a \in \Sigma_\varepsilon$,

$$\delta(q,a) = \begin{cases} \delta_1(q,a) & q \in Q_1 \text{ e } q \notin F_1 \\ \delta_1(q,a) & q \in F_1 \text{ e } a \neq \varepsilon \\ \delta_1(q,a) \cup \{q_1\} & q \in F_1 \text{ e } a = \varepsilon \\ \{q_1\} & q = q_0 \text{ e } a = \varepsilon \\ \emptyset & q = q_0 \text{ e } a \neq \varepsilon. \end{cases}$$

1.3
EXPRESSÕES REGULARES

Na aritmética, podemos usar as operações + e × para montar expressões tais como

$$(5+3) \times 4.$$

Similarmente, podemos usar as operações regulares para montar expressões descrevendo linguagens, que são chamadas *expressões regulares*. Um exemplo é:

$$(0 \cup 1)0^*.$$

O valor da expressão aritmética é o número 32. O valor de uma expressão regular é uma linguagem. Nesse caso, o valor é a linguagem constituída de todas as cadeias começando com 0 ou 1 seguido por um número qualquer de 0s. Obtemos esse resultado dissecando a expressão em suas partes. Primeiro, os símbolos 0 e 1 são abreviações para os conjuntos {0} e {1}. Dessa forma, (0∪1) significa ({0}∪ {1}). O valor dessa parte é a linguagem {0,1}. A parte 0^* significa $\{0\}^*$, e seu valor é a linguagem constituída de todas as cadeias contendo qualquer número de 0s. Segundo, como o símbolo × em álgebra, o símbolo da concatenação ∘ freqüentemente está implícito nas expressões regulares. Por conseguinte, (0 ∪ 1)0^* é, na realidade, uma abreviação de $(0 \cup 1) \circ 0^*$. A concatenação junta as cadeias das duas partes para obter o valor da expressão inteira.

As expressões regulares têm um papel importante em aplicações da ciência da computação. Em aplicações envolvendo texto, os usuários podem querer fazer busca por cadeias que satisfaçam certos padrões. Expressões regulares provêem um método poderoso para descrever tais padrões. Utilitários tais como AWK e GREP no UNIX, linguagens de programação modernas tais como PERL, e editores de texto, todos eles provêem mecanismos para a descrição de padrões usando expressões regulares.

EXEMPLO 1.51

Um outro exemplo de uma expressão regular é

$$(0 \cup 1)^*.$$

Ela começa com a linguagem (0 ∪ 1) e aplica a operação ∗. O valor dessa expressão é a linguagem constituída de todas as possíveis cadeias de 0s e 1s. Se $\Sigma = \{0,1\}$, podemos escrever Σ como abreviação para a expressão regular (0∪1). Mais genericamente, se Σ for um alfabeto qualquer, a expressão regular Σ descreve a linguagem constituída de todas as cadeias de comprimento 1 sobre esse alfabeto, e Σ^* descreve a linguagem constituída de todas as cadeias sobre Σ. Similarmente, Σ^*1 é a linguagem que contém todas as cadeias que terminam em 1. A linguagem $(0\Sigma^*) \cup (\Sigma^*1)$ consiste de todas as cadeias que começam com 0 ou terminam com 1.

Na aritmética, dizemos que × tem precedência sobre + querendo dizer que, quando existe uma escolha, fazemos a operação × primeiro. Assim, em $2 + 3 \times 4$ a operação 3×4 é feita antes da adição. Para fazer com que a adição seja feita primeiro temos que acrescentar parênteses para obter $(2+3) \times 4$. Em expressões regulares, a operação estrela é feita primeiro, seguida por concatenação e, finalmente, união, a menos que parênteses sejam usados para mudar a ordem usual.

DEFINIÇÃO FORMAL DE UMA EXPRESSÃO REGULAR

DEFINIÇÃO 1.52

Digamos que R é uma **expressão regular** se R for

1. a para algum a no alfabeto Σ,
2. ε,
3. $\emptyset$,
4. $(R_1 \cup R_2)$, onde R_1 e R_2 são expressões regulares,
5. $(R_1 \circ R_2)$, onde R_1 e R_2 são expressões regulares, ou
6. (R_1^*), onde R_1 é uma expressão regular.

Nos itens 1 e 2, as expressões regulares a e ε representam as linguagens $\{a\}$ e $\{\varepsilon\}$, respectivamente. No item 3, a expressão regular $\emptyset$ representa a linguagem vazia. Nos itens 4, 5 e 6, as expressões representam as linguagens obtidas tomando-se a união ou concatenação das linguagens R_1 e R_2, ou a estrela da linguagem R_1, respectivamente.

Não confunda as expressões regulares ε e $\emptyset$. A expressão ε representa a linguagem contendo uma única cadeia — a saber, a cadeia vazia — enquanto $\emptyset$ representa a linguagem que não contém nenhuma cadeia.

Aparentemente, estamos correndo o risco de definir a noção de expressão regular em termos de si própria. Se verdadeiro, teríamos uma **definição circular**, o que seria inválido. Entretanto, R_1 e R_2 sempre são menores que R. Assim, estamos, na verdade, definindo expressões regulares em termos de expressões regulares menores e, dessa forma, evitando circularidade. Uma definição desse tipo é chamada **definição indutiva**.

Os parênteses em uma expressão podem ser omitidos. Se isso acontecer, o cálculo é feito na ordem de precedência: estrela, e aí então concatenação, e depois união.

Por conveniência, tomamos R^+ como abreviação para RR^*. Em outras palavras, enquanto R^* tem todas as cadeias que são 0 ou mais concatenações de cadeias de R, a linguagem R^+ tem todas as cadeias que resultam de 1 ou mais concatenações de cadeias de R. Portanto, $R^+ \cup \varepsilon = R^*$. Adicionalmente, tomamos R^k como abreviação para a concatenação de k Rs umas com as outras.

Quando queremos distinguir entre uma expressão regular R e a linguagem que ela descreve, escrevemos $L(R)$ como a linguagem de R.

EXEMPLO 1.53

Nas instâncias abaixo assumimos que o alfabeto Σ é $\{0,1\}$.

1. $0^*10^* = \{w|\ w$ contém um único 1$\}$.
2. $\Sigma^*1\Sigma^* = \{w|\ w$ tem pelo menos um símbolo 1$\}$.
3. $\Sigma^*001\Sigma^* = \{w|\ w$ contém a cadeia 001 como uma subcadeia$\}$.
4. $1^*(01^+)^* = \{w|$ todo 0 em w é seguido por pelo menos um 1$\}$.
5. $(\Sigma\Sigma)^* = \{w|\ w$ é uma cadeia de comprimento par$\}$.[5]
6. $(\Sigma\Sigma\Sigma)^* = \{w|$ o comprimento de w é um múltiplo de três$\}$.
7. $01 \cup 10 = \{01, 10\}$.
8. $0\Sigma^*0 \cup 1\Sigma^*1 \cup 0 \cup 1 = \{w|\ w$ começa e termina com o mesmo símbolo$\}$.
9. $(0 \cup \varepsilon)1^* = 01^* \cup 1^*$.
   A expressão $0 \cup \varepsilon$ descreve a linguagem $\{0, \varepsilon\}$, portanto a operação de concatenação adiciona 0 ou ε antes de toda cadeia em 1^*.
10. $(0 \cup \varepsilon)(1 \cup \varepsilon) = \{\varepsilon, 0, 1, 01\}$.
11. $1^*\emptyset = \emptyset$.
    Concatenar o conjunto vazio a qualquer conjunto produz o conjunto vazio.
12. $\emptyset^* = \{\varepsilon\}$.
    A operação estrela junta qualquer número de cadeias da linguagem para obter uma cadeia no resultado. Se a linguagem for vazia, a operação estrela pode juntar 0 cadeias, dando apenas a cadeia vazia.

Se tomarmos R como uma expressão regular qualquer, temos as identidades a seguir. Elas são um bom teste para ver ser você entendeu a definição.

$R \cup \emptyset = R$.
Adicionar a linguagem vazia a qualquer outra linguagem não a modificará.

$R \circ \varepsilon = R$.
Juntar a cadeia vazia a qualquer outra cadeia não a modificará.

Entretanto, intercambiando $\emptyset$ e ε nas identidades precedentes pode fazer com que as igualdades falhem.

$R \cup \varepsilon$ pode não ser igual a R.
Por exemplo, se $R = 0$, então $L(R) = \{0\}$, mas $L(R \cup \varepsilon) = \{0, \varepsilon\}$.

---

[5] O *comprimento* de uma cadeia é o número de símbolos que ela contém.

$R \circ \emptyset$ pode não ser igual a R.
Por exemplo, se $R = 0$, então $L(R) = \{0\}$, mas $L(R \circ \emptyset) = \emptyset$.

As expressões regulares são ferramentas úteis no desenho de compiladores para linguagens de programação. Objetos elementares em uma linguagem de programação, chamados ***tokens***, tais como os nomes de variáveis e constantes, podem ser descritos com expressões regulares. Por exemplo, uma constante numérica que pode incluir uma parte fracionária e/ou um sinal pode ser descrita como um membro da linguagem

$$(+ \cup - \cup \varepsilon)\left(D^+ \cup D^+ . D^* \cup D^* . D^+\right)$$

onde $D = \{0, 1, 2, 3, 4, 5, 6, 7, 8, 9\}$ é o alfabeto de dígitos decimais. Exemplos de cadeias geradas são: 72, 3.14159, +7. e -.01 .

Uma vez que a sintaxe dos *tokens* da linguagem de programação tenha sido descrita com expressões regulares, sistemas automáticos podem gerar o ***analisador léxico***, a parte de um compilador que inicialmente processa o programa de entrada.

EQUIVALÊNCIA COM AUTÔMATOS FINITOS

Expressões regulares e autômatos finitos são equivalentes em seu poder descritivo. Esse fato é surpreendente porque autômatos finitos e expressões regulares aparentam superficialmente ser bastante diferentes. Entretanto, qualquer expressão regular pode ser convertida num autômato finito que reconhece a linguagem que ela descreve, e vice-versa. Lembre-se de que uma linguagem regular é uma que é reconhecida por algum autômato finito.

TEOREMA 1.54

Uma linguagem é regular se e somente se alguma expressão regular a descreve.

Este teorema tem duas direções. Enunciamos e provamos cada uma das direções como um lema separado.

LEMA 1.55

Se uma linguagem é descrita por uma expressão regular, então ela é regular.

IDÉIA DA PROVA Vamos supor que tenhamos uma expressão regular R descrevendo alguma linguagem A. Mostramos como converter R num AFN que reconhece A. Pelo Corolário 1.40, se um AFN reconhece A, então A é regular.

PROVA Vamos converter R num AFN N. Consideramos os seis casos na descrição formal de expressões regulares.

1. $R = a$ para algum a em Σ. Então $L(R) = \{a\}$, e o seguinte AFN reconhece $L(R)$.

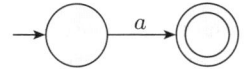

Note que essa máquina se encaixa na definição de um AFN mas não na de um AFD porque ela tem alguns estados sem nenhuma seta saindo para cada símbolo de entrada possível. É claro que poderíamos ter apresentado um AFD equivalente aqui, mas um AFN é tudo de que precisamos no momento, e ele é mais fácil de descrever.

Formalmente, $N = (\{q_1, q_2\}, \Sigma, \delta, q_1, \{q_2\})$, onde descrevemos δ dizendo que $\delta(q_1, a) = \{q_2\}$ e que $\delta(r, b) = \emptyset$ para $r \neq q_1$ ou $b \neq a$.

2. $R = \varepsilon$. Então $L(R) = \{\varepsilon\}$, e o seguinte AFN reconhece $L(R)$.

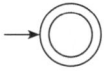

Formalmente, $N = (\{q_1\}, \Sigma, \delta, q_1, \{q_1\})$, onde $\delta(r, b) = \emptyset$ para quaisquer r e b.

3. $R = \emptyset$. Então $L(R) = \emptyset$, e o seguinte AFN reconhece $L(R)$.

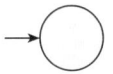

Formalmente, $N = (\{q\}, \Sigma, \delta, q, \emptyset)$, onde $\delta(r, b) = \emptyset$ para quaisquer r e b.

4. $R = R_1 \cup R_2$.
5. $R = R_1 \circ R_2$.
6. $R = R_1^*$.

Para os três últimos casos, usamos as construções dadas nas provas de que a classe de linguagens regulares é fechada sob as operações regulares. Em outras palavras, construímos o AFN para R a partir dos AFNs para R_1 e R_2 (ou somente R_1 no caso 6) e a construção de fecho apropriada.

Isso conclui a primeira parte da prova do Teorema 1.54, dando a direção mais fácil da condição de se e somente se. Antes de seguir adiante para a outra direção, vamos considerar alguns exemplos nos quais usamos esse procedimento para converter uma expressão regular em um AFN.

EXEMPLO 1.56

Convertemos a expressão regular (ab ∪ a)* em um AFN numa seqüência de estágios. Construimos a partir das subexpressões menores em direção às maiores até que tenhamos um AFN para a expressão original, como mostrado no diagrama da Figura 1.57. Note que esse procedimento geralmente não produz o AFN com o menor número de estados. Neste exemplo, o procedimento produz um AFN com oito estados, mas o menor AFN equivalente tem somente dois estados. Você pode encontrá-lo?

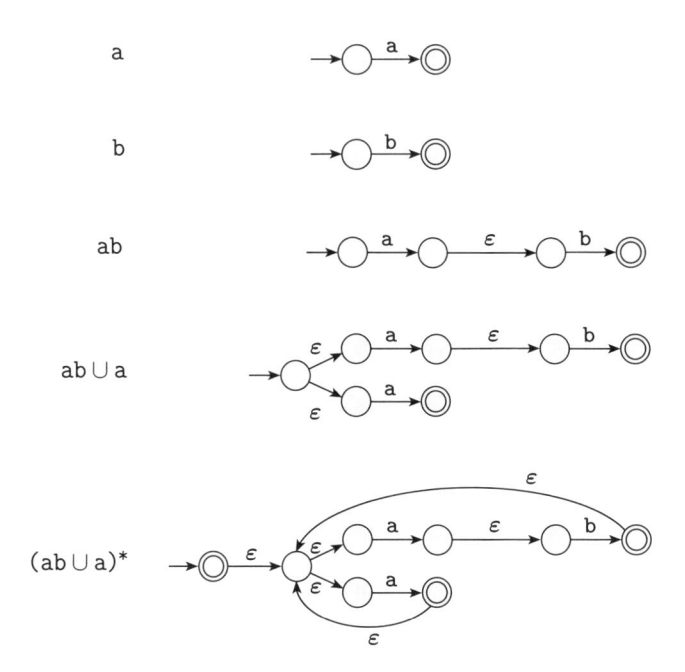

FIGURA 1.57
Construindo um AFN a partir da expressão regular (ab ∪ a)*.

EXEMPLO 1.58

Na Figura 1.59, convertemos a expressão regular (a∪b)*aba em um AFN. Alguns dos passos intermdediários não são mostrados.

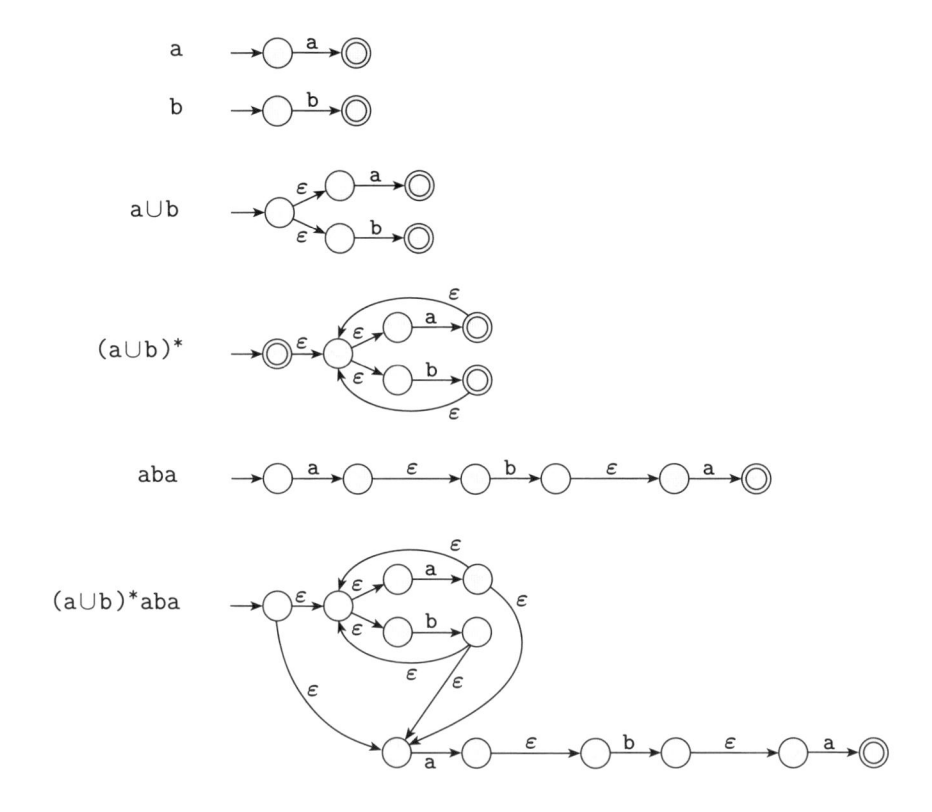

FIGURA 1.59
Construindo um AFN a partir da expressão (a ∪ b)*aba.

Agora vamos nos voltar para a outra direção da prova do Teorema 1.54.

LEMA 1.60

Se uma linguagem é regular, então ela é descrita por uma expressão regular.

IDÉIA DA PROVA Precisamos mostrar que, se uma linguagem A é regular, uma expressão regular a descreve. Pelo fato de A ser regular, ela é aceita por um AFD. Descrevemos um procedimento para converter AFDs em expressões regulares equivalentes.

Dividimos esse procedimento em duas partes, usando um novo tipo de autômato finito chamado ***automato finito não-determinístico generalizado***, AFNG. Primeiro, mostramos como converter AFDs em AFNGs, e depois AFNGs em expressões regulares.

Autômatos finitos não-determinísticos generalizados são simplesmente autômatos finitos não-determinísticos nos quais as setas de transição podem ter quaisquer expressões regulares como rótulos, em vez de apenas membros do alfabeto ou ε. O AFNG lê blocos de símbolos da entrada, não necessariamente apenas um símbolo de cada vez como em um AFN ordinário. O AFNG se move ao longo de uma seta de transição conectando dois estados ao ler um bloco de símbolos da entrada, o qual constitui uma cadeia descrita pela expressão regular sobre aquela seta. Um AFNG é não-determinístico e, portanto, pode ter várias maneiras diferentes de processar a mesma cadeia de entrada. Ele aceita a sua entrada se seu processamento puder levar o AFNG a estar em um estado de aceitação ao final da entrada. A figura a seguir apresenta um exemplo de um AFNG.

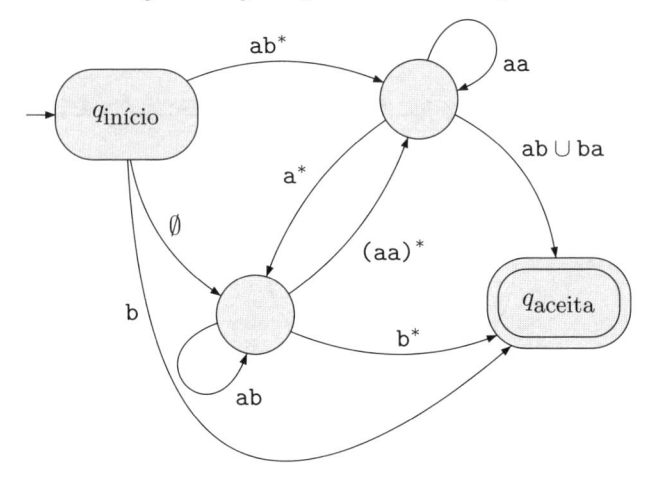

FIGURA 1.61
Um autômato finito não-determinístico generalizado.

Por conveniência, requeremos que os AFNGs tenham sempre um formato especial que atenda às seguintes condições:

- O estado inicial tem setas de transição saindo para todos os outros estados, mas nenhuma seta chegando de qualquer outro estado.

- Existe apenas um estado de aceitação, e ele tem setas chegando de todos os outros estados, mas nenhuma seta saindo para qualquer outro estado. Além disso, o estado de aceitação não é o mesmo que o estado inicial.

- Com exceção dos estados inicial e de aceitação, uma seta sai de cada estado para todos os outros e também de cada estado para ele mesmo.

Podemos converter facilmente um AFD em um AFNG no formato especial. Simplesmente, adicionamos um novo estado inicial com uma seta ε apontando para o estado inicial antigo e um novo estado de aceitação com setas ε chegando dos estados de aceitação antigos. Se quaisquer setas têm múltiplos rótulos (ou se há múltiplas setas entre dois estados na mesma direção), substituímos cada uma por uma única seta cujo rótulo é a união dos rótulos anteriores. Finalmente, adicionamos setas com rótulos ∅ entre estados que não tenham setas. Este último passo não irá modificar a linguagem reconhecida porque uma transição rotulada com ∅ nunca pode ser utilizada. Daqui para frente, supomos que todos os AFNGs estarão no formato especial.

Agora mostramos como converter um AFNG em uma expressão regular. Digamos que o AFNG tenha k estados. Então, como um AFNG deve ter um estado inicial e um estado de aceitação e eles devem ser diferentes um do outro, sabemos que $k \geq 2$. Se $k > 2$, construímos um AFNG equivalente com $k - 1$ estados. Este passo pode ser repetido sobre o novo AFNG até que ele esteja reduzido a dois estados. Se $k = 2$, o AFNG tem uma única seta, que vai do estado inicial para o estado de aceitação. O rótulo dessa seta é a expressão regular equivalente. Por exemplo, os estágios na conversão de um AFD com três estados em uma expressão regular equivalente estão mostrados na figura a seguir.

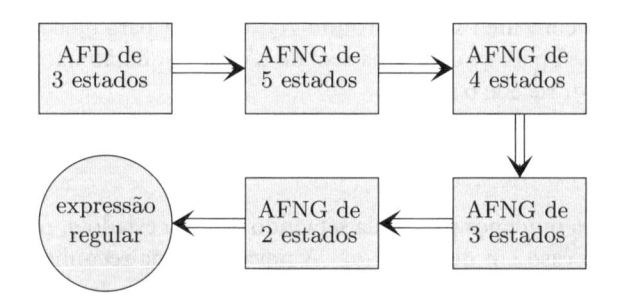

FIGURA **1.62**
Estágios típicos na conversão de um AFD em uma expressão regular.

O passo crucial está na construção de um AFNG equivalente com um estado a menos quando $k > 2$. Fazemos isso selecionando um estado, removendo-o da máquina e reparando o resto de forma que seja reconhecida ainda a mesma linguagem. Qualquer estado serve, desde que não seja o estado inicial ou o estado de aceitação. Temos a garantia de que tal estado existe, visto que $k > 2$. Chamemos o estado removido de q_{rem}.

Após remover q_{rem} reparamos a máquina alterando as expressões regulares que rotulam cada uma das setas restantes. Os novos rótulos compensam a ausência de q_{rem} adicionando de volta as computações perdidas. O novo rótulo indo de um estado q_i para um estado q_j é uma expressão regular que descreve todas as cadeias que levariam a máquina de q_i para q_j, seja diretamente, seja passando por q_{rem}. Ilustramos essa abordagem na Figura 1.63.

antes   depois

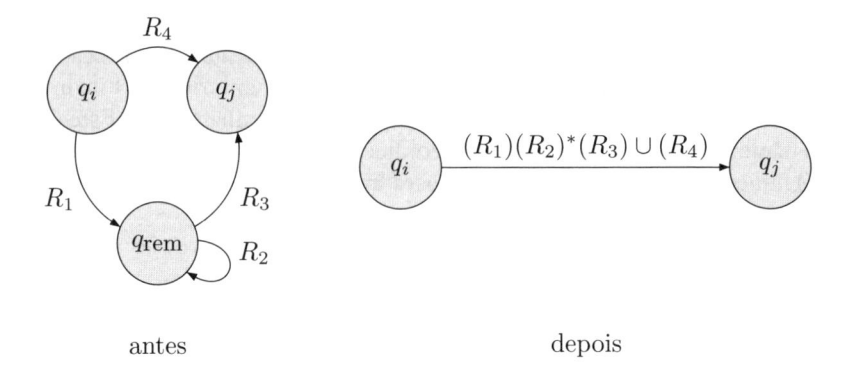

FIGURA 1.63
Construindo um AFNG equivalente com um estado a menos.

Na máquina antiga se q_i vai para q_{rem} com uma seta de rótulo R_1, q_{rem} vai para si mesmo com uma seta de rótulo R_2, q_{rem} vai para q_j com uma seta de rótulo R_3 e q_i vai para q_j com uma seta de rótulo R_4, então na nova máquina a seta de q_i para q_j recebe o rótulo

$$(R_1)(R_2)^*(R_3) \cup (R_4).$$

Fazemos essa mudança para toda seta indo de cada estado q_i para cada estado q_j, incluindo o caso em que $q_i = q_j$. A nova máquina reconhece a linguagem original.

PROVA Vamos agora realizar essa idéia formalmente. Primeiro, para facilitar a prova, definimos formalmente o novo tipo de autômato introduzido. Um AFNG é semelhante a um autômato finito não-determinístico, exceto pela função de transição, que tem a forma

$$\delta \colon (Q - \{q_{\text{aceita}}\}) \times (Q - \{q_{\text{início}}\}) \longrightarrow \mathcal{R}.$$

O símbolo $\mathcal{R}$ é a coleção de todas as expressões regulares sobre o alfabeto Σ, e $q_{\text{início}}$ e q_{aceita} são os estados inicial e de aceitação. Se $\delta(q_i, q_j) = R$, a seta do estado q_i para o estado q_j tem a expressão regular R como seu rótulo. O domínio da função de transição é $(Q - \{q_{\text{aceita}}\}) \times (Q - \{q_{\text{início}}\})$, porque uma seta conecta todo estado a todos os outros estados, exceto que nenhuma seta sai de q_{aceita} ou chega em $q_{\text{início}}$.

> **DEFINIÇÃO 1.64**
>
> Um *autômato finito não-determinístico generalizado* é uma 5-upla, $(Q, \Sigma, \delta, q_{\text{início}}, q_{\text{aceita}})$, onde
>
> 1. Q é o conjunto finito de estados,
> 2. Σ é o alfabeto de entrada,
> 3. $\delta\colon \big(Q - \{q_{\text{aceita}}\}\big) \times \big(Q - \{q_{\text{início}}\}\big) \longrightarrow \mathcal{R}$ é a função de transição,
> 4. $q_{\text{início}}$ é o estado inicial, e
> 5. q_{aceita} é o estado de aceitação.

Um AFNG aceita uma cadeia w em Σ^* se $w = w_1 w_2 \cdots w_k$, onde cada w_i está em Σ^*, e existe uma seqüência de estados $q_0, q_1, \ldots, q_k$ tal que

1. $q_0 = q_{\text{início}}$ é o estado inicial,
2. $q_k = q_{\text{aceita}}$ é o estado de aceitação, e
3. para cada i, temos $w_i \in L(R_i)$, onde $R_i = \delta(q_{i-1}, q_i)$; em outras palavras, R_i é a expressão sobre a seta de q_{i-1} a q_i.

Voltando à prova do Lema 1.60, seja M o AFD para a linguagem A. Então convertemos M em um AFNG G adicionando um novo estado inicial e um novo estado de aceitação e setas de transição adicionais conforme necessário. Usamos o procedimento CONVERT(G), que toma um AFNG como entrada e retorna uma expressão regular equivalente. Esse procedimento usa *recursão*, o que significa que ele chama a si mesmo. Um laço infinito é evitado, visto que o procedimento chama a si mesmo somente para processar um AFNG que tem um estado a menos. O caso em que o AFNG tem dois estados é tratado sem recursão.

CONVERT(G):

1. Seja k o número de estados de G.
2. Se $k = 2$, então G deve consistir de um estado inicial, um estado de aceitação, e uma única seta conectando os dois rotulada com uma expressão regular R.
   Retorne a expressão R.
3. Se $k > 2$, selecionamos qualquer $q_{\text{rem}} \in Q$ diferente de $q_{\text{início}}$ e de q_{aceita} e seja G' o AFNG $(Q', \Sigma, \delta', q_{\text{início}}, q_{\text{aceita}})$, onde

$$Q' = Q - \{q_{\text{rem}}\},$$

e para qualquer $q_i \in Q' - \{q_{\text{aceita}}\}$ e qualquer $q_j \in Q' - \{q_{\text{início}}\}$ seja

$$\delta'(q_i, q_j) = (R_1)(R_2)^*(R_3) \cup (R_4),$$

para $R_1 = \delta(q_i, q_{\text{rem}})$, $R_2 = \delta(q_{\text{rem}}, q_{\text{rem}})$, $R_3 = \delta(q_{\text{rem}}, q_j)$ e $R_4 = \delta(q_i, q_j)$.

4. Compute CONVERT(G') e retorne esse valor.

A seguir, provamos que CONVERT retorna um valor correto.

AFIRMATIVA 1.65

Para qualquer AFNG G, CONVERT(G) é equivalente a G.

Provamos essa afirmação por indução sobre k, o número de estados do AFNG.

Base: Prove que a afirmação é verdadeira para $k = 2$ estados. Se G tem apenas dois estados, ele só pode ter uma única seta, que vai do estado inicial para o estado de aceitação. A expressão regular que é o rótulo sobre essa seta descreve todas as cadeias que propiciam a G chegar ao estado de aceitação. Logo, essa expressão é equivalente a G.

Passo da Indução: Suponha que a afirmação seja verdadeira para $k - 1$ estados e use essa suposição para provar que a afirmação é verdadeira para k estados. Primeiro, mostramos que G e G' reconhecem a mesma linguagem. Suponha que G aceite uma entrada w. Então, em um ramo de aceitação da computação G entra em uma seqüência de estados:

$$q_{\text{início}}, q_1, q_2, q_3, \ldots, q_{\text{aceita}}.$$

Se nenhum deles é o estado removido q_{rem}, claramente G' também aceita w. A razão é que cada uma das novas expressões regulares rotulando as setas de G' contém a expressão regular antiga como parte de uma união.

Se q_{rem} aparece, removendo cada série de estados q_{rem} consecutivos, forma uma computação de aceitação para G'. Os estados q_i e q_j imediatamente antes e após uma série têm uma nova expressão regular na seta que os liga que descreve todas as cadeias que levam de q_i a q_j via q_{rem} sobre G. Portanto, G' aceita w.

Para a recíproca, suponha que G' aceite uma entrada w. Como cada seta entre quaisquer dois estados q_i e q_j em G' descreve a coleção das cadeias que levam de q_i a q_j em G, seja diretamente ou via q_{rem}, G tem de aceitar w também. Portanto, G e G' são equivalentes.

A hipótese de indução afirma que quando o algoritmo chama a si mesmo recursivamente sobre a entrada G', o resultado é uma expressão regular equivalente a G', porque G' tem $k - 1$ estados. Logo, essa expressão regular também é equivalente a G, e o algoritmo está provado correto.

Isso conclui a prova da Afirmativa 1.65, Lema 1.60 e Teorema 1.54.

EXEMPLO 1.66

Neste exemplo, usamos o algoritmo precedente para converter um AFD em uma expressão regular. Começamos com o AFD de dois estados da Figura 1.67(a).

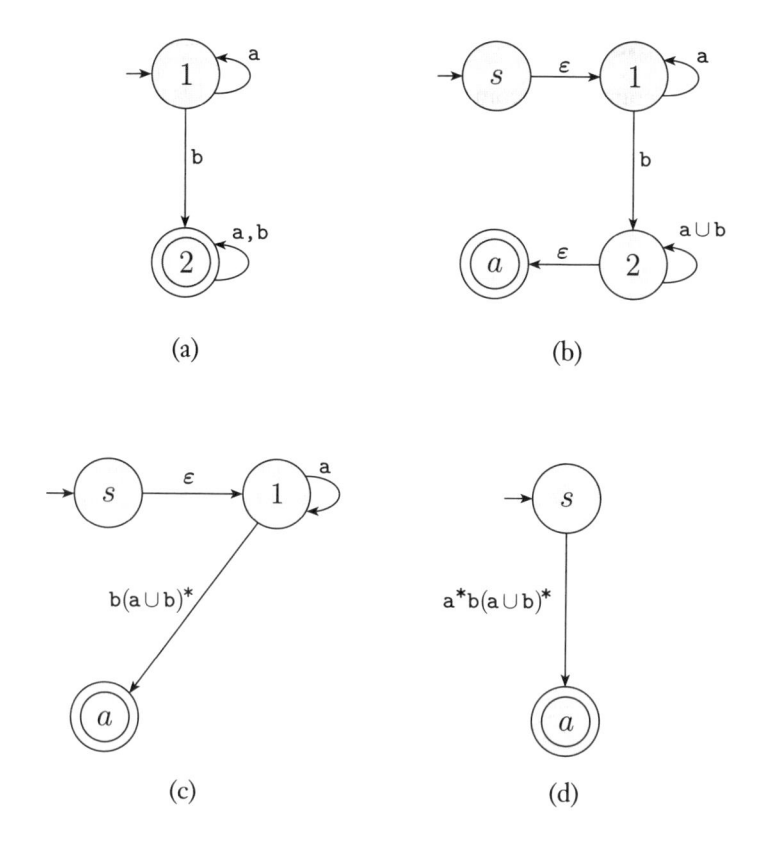

FIGURA 1.67
Convertendo um AFD de dois estados em uma expressão regular equivalente.

Na Figura 1.67(b), montamos um AFNG de quatro estados adicionando um novo estado inicial e um novo estado de aceitação, chamados s e a em vez de $q_{\text{início}}$ e q_{aceita}, de modo que possamos desenhá-los convenientemente. Para evitar carregar demais a figura, não traçamos as setas rotuladas $\emptyset$, muito embora elas estejam presentes. Note que substituímos o rótulo a, b sobre o laço no estado 2 do AFD pelo rótulo a ∪ b no ponto correspondente do AFNG. Fazemos isso porque o rótulo do AFD representa duas transições, uma para a e outra para b, enquanto o AFNG pode ter apenas uma transição indo de 2 para si mesmo.

Na Figura 1.67(c) removemos o estado 2 e atualizamos os rótulos das setas remanescentes. Neste caso, o único rótulo que muda é o de 1 para a. Na parte (b) o rótulo era $\emptyset$, mas na parte (c) é b(a ∪ b)*. Obtemos esse resultado seguindo o passo 3 do procedimento CONVERT. O estado q_i é o estado 1, o estado q_j é a, e q_{rem} é 2; assim, $R_1 = $ b, $R_2 = $ a ∪ b, $R_3 = \varepsilon$ e $R_4 = \emptyset$. Portanto, o novo rótulo sobre a seta de 1 para a é (b)(a∪b)*(ε)∪$\emptyset$. Simplificamos essa expressão regular para b(a ∪ b)*.

Na Figura 1.67(d) removemos o estado 1 da parte (c) e seguimos o mesmo procedimento. Como restam apenas os estados inicial e de aceitação, o rótulo sobre a seta que os une é a expressão regular equivalente ao AFD original.

EXEMPLO 1.68

Neste exemplo começamos com um AFD de três estados. Os passos da conversão são mostrados na Figura 1.69.

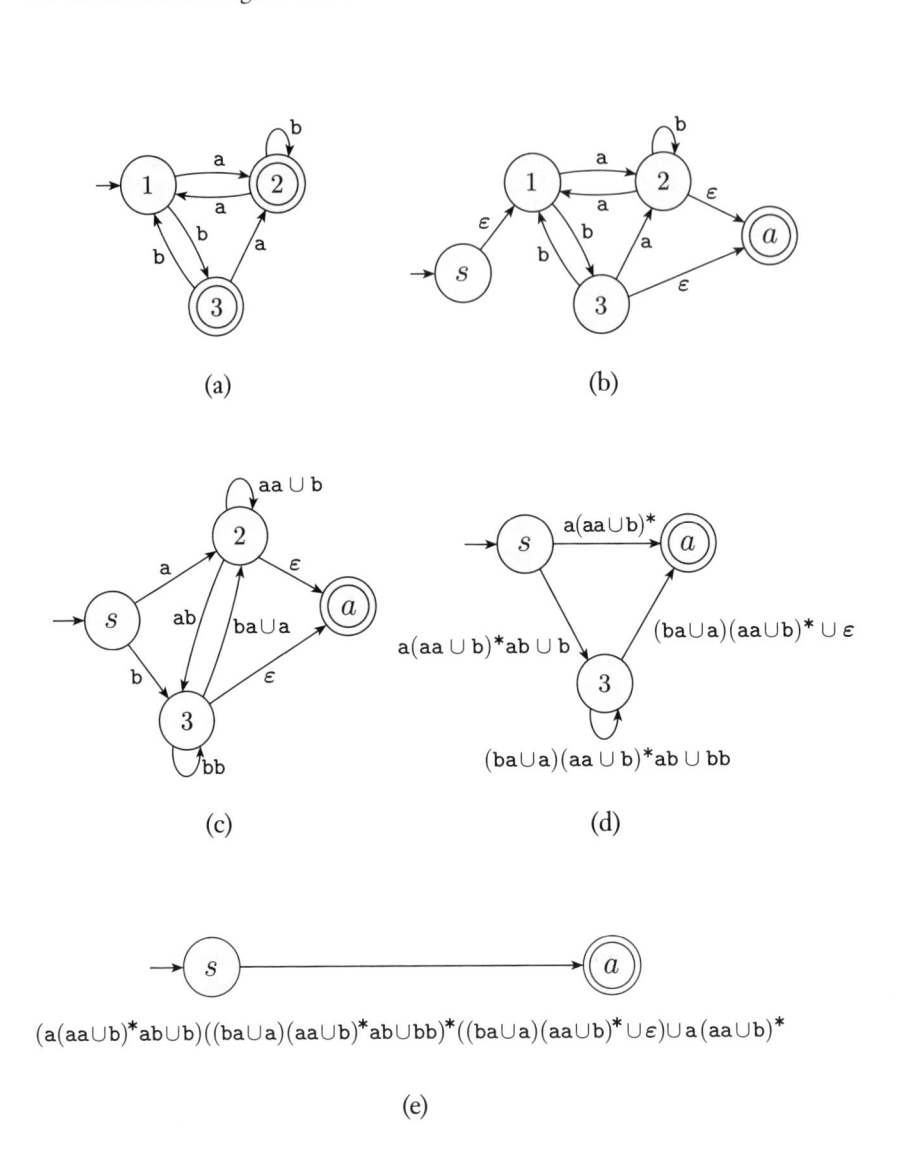

(a)

(b)

(c)

(d)

$(a(aa \cup b)^*ab \cup b)((ba \cup a)(aa \cup b)^*ab \cup bb)^*((ba \cup a)(aa \cup b)^* \cup \varepsilon) \cup a(aa \cup b)^*$

(e)

FIGURA 1.69
Convertendo um AFD de três estados em uma expressão regular equivalente.

1.4
LINGUAGENS NÃO-REGULARES

Para entender o poder dos autômatos finitos você precisa entender também suas limitações. Nesta seção, mostramos como provar que certas linguagens não podem ser reconhecidas por nenhum autômato finito.

Tomemos a linguagem $B = \{0^n 1^n |\ n \geq 0\}$. Se tentarmos encontrar um AFD que reconheça B, descobrimos que a máquina parece necessitar de lembrar quantos 0s foram vistos até então à medida que ela lê a entrada. Como o número de 0s não é limitado, a máquina terá de registrar um número ilimitado de possibilidades. Mas ela não pode fazer isso com qualquer quantidade finita de estados.

A seguir, apresentamos um método para provar que linguagens como B não são regulares. O argumento que acaba de ser apresentado já não prova não-regularidade baseando-se no fato de que o número de 0s é ilimitado? Não, não prova. Só porque a linguagem parece requerer memória ilimitada não significa que assim seja necessariamente. Isso acontece de ser verdadeiro para a linguagem B, mas outras linguagens parecem requerer um número ilimitado de possibilidades e, ainda assim, são regulares. Por exemplo, considere duas linguagens sobre o alfabeto $\Sigma = \{0,1\}$:

$C = \{w|\ w$ tem um número igual de 0s e 1s$\}$, e

$D = \{w|\ w$ tem um número igual de ocorrências de 01 e 10 como subcadeias$\}$.

À primeira vista, uma máquina reconhecedora parece ter que contar em ambos os casos, e portanto nenhuma das duas linguagens parece ser regular. Como esperado, C não é regular, mas surpreendentemente D é regular![6] Assim, nossa intuição pode às vezes nos desencaminhar, motivo pelo qual precisamos de provas matemáticas para ter certeza. Nesta seção, mostramos como provar que certas linguagens não são regulares.

O LEMA DO BOMBEAMENTO PARA LINGUAGENS REGULARES

Nossa técnica para provar não-regularidade provém de um teorema sobre linguagens regulares, tradicionalmente chamado *lema do bombeamento*. Esse teorema afirma que todas as linguagens regulares têm uma propriedade especial. Se pudermos mostrar que uma linguagem não tem essa propriedade, temos a garantia de que ela não é regular. A propriedade enuncia que todas as cadeias da linguagem podem ser "bombeadas" se elas são no mínimo tão longas como

---

[6] Veja o Problema 1.48.

um determinado valor especial, denominado o **comprimento de bombeamento**. Isto significa que cada uma dessas cadeias contém uma parte que pode ser repetida um número qualquer de vezes, com a cadeia resultante permanecendo na linguagem.

TEOREMA 1.70

Lema do bombeamento Se A é uma linguagem regular, então existe um número p (o comprimento de bombeamento) tal que, se s é qualquer cadeia de A de comprimento no mínimo p, então s pode ser dividida em três partes, $s = xyz$, satisfazendo as seguintes condições:

1. para cada $i \geq 0$, $xy^i z \in A$,
2. $|y| > 0$, e
3. $|xy| \leq p$.

Lembre-se da notação em que $|s|$ representa o comprimento da cadeia s, y^i significa que i cópias de y são concatenadas entre si e y^0 é igual a ε.

Quando s é dividida em xyz, ou x ou z pode ser ε, mas a condição 2 diz que $y \neq \varepsilon$. Observe que sem a condição 2 o teorema seria trivialmente verdadeiro. A condição 3 enuncia que as partes x e y juntas têm comprimento no máximo p. Ela é uma condição técnica extra que ocasionalmente achamos útil ao provar que certas linguagens não são regulares. Veja o Exemplo 1.74 para uma aplicação da condição 3.

IDÉIA DA PROVA Seja $M = (Q, \Sigma, \delta, q_1, F)$ um AFD que reconhece A. Atribuímos ao comprimento de bombeamento p o número de estados de M. Mostramos que qualquer cadeia s em A de comprimento pelo menos p pode ser quebrada nas três partes xyz satisfazendo as nossas três condições. E se nenhuma cadeia em A tem comprimento no mínimo p? Então nossa tarefa é ainda mais fácil, visto que o teorema se torna verdadeiro por *vacuidade*: obviamente, as três condições se verificam para todas as cadeias de comprimento no mínimo p se não existem tais cadeias.

Se s em A tem comprimento pelo menos p, considere a seqüência de estados pelos quais M passa quando computa com a entrada s. Ele começa no estado inicial, q_1, vai para, digamos, q_3, depois para, digamos, q_{20}, em seguida para q_9, e assim por diante, até que atinge o final de s no estado q_{13}. Com s em A, sabemos que M aceita s, portanto q_{13} é um estado de aceitação.

Se dissermos que n é o comprimento de s, a seqüência de estados $q_1, q_3, q_{20}, q_9, \ldots, q_{13}$ tem comprimento $n + 1$. Como n é no mínimo p, sabemos que $n + 1$ é maior que p, o número de estados de M. Assim, a seqüência tem de conter um estado repetido. Esse resultado é um exemplo do **princípio da casa de pombos**, um nome pomposo para o fato um tanto óbvio que se p pombos forem colocados em menos que p casas, alguma casa recebe mais de um pombo.

A figura a seguir mostra a cadeia s e a seqüência de estados pelos quais M passa quando processa s. O estado q_9 é o que se repete.

1.4 LINGUAGENS NÃO-REGULARES 81

$$s = \underset{\underset{q_1}{\uparrow}}{s_1} \underset{\underset{q_3}{\uparrow}}{s_2} \underset{\underset{q_{20}}{\uparrow}}{s_3} \underset{\underset{\widehat{q_9}}{\uparrow}}{s_4} \underset{\underset{q_{17}}{\uparrow}}{s_5} \underset{\underset{\widehat{q_9}}{\uparrow}}{s_6} \cdots \underset{\underset{q_{35}}{\uparrow}}{s_n} \underset{q_{13}}{\uparrow}$$

FIGURA 1.71
Exemplo mostrando o estado q_9 se repetindo quando M lê s.

Agora dividimos s nas três partes x, y e z. A parte x é a parte de s que aparece antes de q_9, a parte y é a que ocorre entre as duas aparições de q_9, e a parte z é o resto de s, vindo após a segunda ocorrência de q_9. Portanto, x leva M do estado q_1 para q_9, y leva M de q_9 de volta para q_9 e z leva M de q_9 para o estado de aceitação q_{13}, como mostrado na figura a seguir.

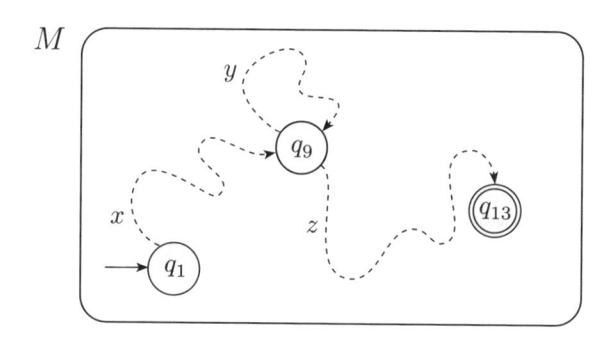

FIGURA 1.72
Exemplo mostrando como as cadeias x, y e z afetam M.

Vamos ver por que essa divisão de s satisfaz as três condições. Suponha que rodemos M sobre a entrada $xyyz$. Sabemos que x leva M de q_1 para q_9, e então o primeiro y o leva de q_9 de volta para q_9, assim como faz o segundo y, e depois z o leva para q_{13}. Com q_{13} sendo um estado de aceitação, M aceita a entrada $xyyz$. Analogamente, ele irá aceitar $xy^i z$ para qualquer $i > 0$. Para o caso $i = 0$, $xy^i z = xz$, que é aceita por razões semelhantes. Isso estabelece a condição 1.

Verificando a condição 2, vemos que $|y| > 0$, pois y era a parte de s que aparecia entre duas ocorrências diferentes do estado q_9.

Para assegurar a condição 3, façamos com que q_9 seja a primeira repetição na seqüência. Pelo princípio da casa de pombos, os primeiros $p + 1$ estados na seqüência devem conter uma repetição. Por conseguinte, $|xy| \leq p$.

PROVA Seja $M = (Q, \Sigma, \delta, q_1, F)$ um AFD que reconhece A e p o número de estados de M.

Seja $s = s_1 s_2 \cdots s_n$ uma cadeia em A de comprimento n, onde $n \geq p$. Seja $r_1, \ldots, r_{n+1}$ a seqüência de estados nos quais M passa enquanto processa s, de forma que $r_{i+1} = \delta(r_i, s_i)$ para $1 \leq i \leq n$. Essa seqüência tem comprimento

$n + 1$, que é pelo menos $p + 1$. Entre os primeiros $p + 1$ elementos da seqüência, dois devem ser o mesmo estado, pelo princípio da casa de pombos. Chamamos o primeiro desses de r_j e o segundo de r_l. Como r_l ocorre entre as primeiras $p + 1$ posições da seqüência começando em r_1, temos que $l \leq p + 1$. Agora, seja $x = s_1 \cdots s_{j-1}$, $y = s_j \cdots s_{l-1}$ e $z = s_l \cdots s_n$.

Como x leva M de r_1 para r_j, y leva M de r_j para r_j e z leva M de r_j para r_{n+1}, que é um estado de aceitação, M deve aceitar $xy^i z$ para $i \geq 0$. Sabemos que $j \neq l$, e portanto $|y| > 0$; e $l \leq p + 1$, e logo $|xy| \leq p$. Dessa forma, satisfizemos todas as condições do lema do bombeamento.

Para usar o lema do bombeamento para provar que uma linguagem B não é regular, primeiro suponha que B seja regular, a fim de obter uma contradição. Então use o lema do bombeamento para garantir a existência de um comprimento de bombeamento p de forma que todas as cadeias de comprimento p ou maiores em B possam ser bombeadas. Em seguida, encontre uma cadeia s em B que tenha comprimento p ou mais, mas que não possa ser bombeada. Finalmente, demonstre que s não pode ser bombeada considerando todas as maneiras de dividir s em x, y e z (levando a condição 3 do lema do bombeamento em consideração se for conveniente) e, para cada divisão, encontrando um valor i tal que $xy^i z \notin B$. Esse passo final freqüentemente envolve agrupar as várias formas de se dividir s em vários casos e analisá-los individualmente. A existência de s contradiz o lema do bombeamento se B for regular. Assim, B não pode ser regular.

Encontrar s algumas vezes requer um pouco de pensamento criativo. Você pode ter que tentar vários candidatos para s antes de descobrir um que funcione. Tente membros de B que pareçam exibir a "essência" da não-regularidade de B. Discutiremos mais a tarefa de encontrar s em alguns dos exemplos a seguir.

EXEMPLO 1.73

Seja B a linguagem $\{0^n 1^n | n \geq 0\}$. Usamos o lema do bombeamento para provar que B não é regular. A prova é por contradição.

Suponha, ao contrário, que B seja regular. Seja p o comprimento de bombeamento dado pelo lema do bombeamento. Escolha s como a cadeia $0^p 1^p$. Como s é um membro de B e tem comprimento maior que p, o lema do bombeamento garante que s pode ser dividida em três partes, $s = xyz$, onde para qualquer $i \geq 0$ a cadeia $xy^i z$ está em B. Consideramos três casos para mostrar que esse resultado é impossível.

1. A cadeia y contém apenas 0s. Neste caso, a cadeia $xyyz$ tem mais 0s que 1s e, portanto, não é um membro de B, violando a condição 1 do lema do bombeamento. Esse caso é uma contradição.

2. A cadeia y contém somente 1s. Esse caso também dá uma contradição.

3. A cadeia y contém ambos, 0s e 1s. Nesse caso, a cadeia $xyyz$ pode ter o

mesmo número de 0s e 1s, mas eles estarão fora de ordem, com alguns 1s antes de 0s. Logo, ela não é um membro de B, o que é uma contradição.

Assim, uma contradição é inevitável se fazemos a suposição de que B é regular; portanto, B não é regular. Note que podemos simplificar esse argumento aplicando a condição 3 do lema do bombeamento para eliminar os casos 2 e 3.

Nesse exemplo, encontrar a cadeia s foi fácil, porque qualquer cadeia em B de comprimento p ou mais funcionaria. Nos próximos dois exemplos algumas escolhas para s não funcionam; portanto, um cuidado adicional é necessário.

EXEMPLO 1.74

Seja $C = \{w|\ w$ tem número igual de 0s e 1s$\}$. Usamos o lema do bombeamento para provar que C não é regular. A prova é por contradição.

Suponha, ao contrário, que C seja regular. Seja p o comprimento de bombeamento dado pelo lema do bombeamento. Como no Exemplo 1.73, seja s a cadeia $0^p 1^p$. Com s sendo um membro de C e tendo comprimento maior que p, o lema do bombeamento garante que s pode ser dividida em três partes, $s = xyz$, onde para qualquer $i \geq 0$ a cadeia $xy^i z$ está em C. Gostaríamos de mostrar que isso é impossível. Mas espere, isso *é* possível! Se fizermos x e z serem a cadeia vazia e y ser a cadeia $0^p 1^p$, então $xy^i z$ sempre terá um número igual de 0s e 1s e, portanto, está em C. Logo, *parece* que s pode ser bombeada.

Aqui a condição 3 no lema do bombeamento é útil. Ela estipula que, quando bombeando s, ela deve ser dividida de forma que $|xy| \leq p$. Essa restrição na maneira em que s pode ser dividida torna mais fácil mostrar que a cadeia $s = 0^p 1^p$ que selecionamos não pode ser bombeada. Se $|xy| \leq p$, então y deve conter somente 0s; logo, $xyyz \notin C$. Por conseguinte, s não pode ser bombeada. O que nos dá a contradição desejada.[7]

A seleção da cadeia s nesse exemplo exigiu mais cuidado do que no Exemplo 1.73. Se tivéssemos escolhido $s = (01)^p$, teríamos tido problema, pois precisamos de uma cadeia que *não possa* ser bombeada e essa cadeia *pode* ser bombeada, mesmo levando em conta a condição 3. Você pode ver como bombeá-la? Uma maneira seria mediante as atribuições $x = \varepsilon$, $y = 01$ e $z = (01)^{p-1}$. Com isso, $xy^i z \in C$ para todo valor de i. Se você falhar na sua primeira tentativa de encontrar uma cadeia que não possa ser bombeada, não se desespere. Tente outra!

Um método alternativo de provar que C é não-regular segue de nosso conhecimento que B é não-regular. Se C fosse regular, $C \cap 0^* 1^*$ também seria regular. Os motivos são que a linguagem $0^* 1^*$ é regular e que a classe das linguagens regulares é fechada sob interseção, resultado que provamos na nota de rodapé 3 (página 47). Mas $C \cap 0^* 1^*$ é igual a B, e sabemos que B é não-regular do Exemplo 1.73.

---

[7] Poderíamos ter usado a condição 3 no Exemplo 1.73 também, para simplificar sua prova.

EXEMPLO **1.75**

Seja $F = \{ww|\ w \in \{0,1\}^*\}$. Mostramos que F é não-regular usando o lema do bombeamento.

Suponha, ao contrário, que F seja regular. Seja p o comprimento de bombeamento dado pelo lema do bombeamento. Seja s a cadeia 0^p10^p1. Como s é um membro de F e s tem comprimento maior que p, o lema do bombeamento garante que s pode ser dividida em três partes, $s = xyz$, satisfazendo as três condições do lema. Mostramos que isso é impossível.

A condição 3 é outra vez crucial, pois sem ela poderíamos bombear s se fizéssemos x e z iguais à cadeia vazia. Com a condição 3, a prova se concretiza, visto que y pode conter apenas 0s; logo, $xyyz \notin F$.

Observe que escolhemos $s = 0^p10^p1$ como uma cadeia que exibe a "essência" da não-regularidade de F, em vez de, digamos, a cadeia 0^p0^p. Muito embora 0^p0^p seja um membro de F, ela não serve para demonstrar uma contradição, pois pode ser bombeada.

EXEMPLO **1.76**

Aqui demonstramos a não regularidade de uma linguagem unária. Seja $D = \{1^{n^2}|\ n \geq 0\}$. Em outras palavras, D contém todas as cadeias de 1s cujo comprimento é um quadrado perfeito. Usamos o lema do bombeamento para provar que D não é regular. A prova é por contradição.

Suponha, ao contrário, que D seja regular. Seja p o comprimento de bombeamento dado pelo lema do bombeamento. Seja s a cadeia 1^{p^2}. Como s é um membro de D e s tem comprimento no mínimo p, o lema do bombeamento garante que s pode ser dividido em três partes, $s = xyz$, onde para qualquer $i \geq 0$ a cadeia xy^iz está em D. Como nos exemplos precedentes, mostramos que isso é impossível. Fazer isso nesse caso requer um pouco de raciocínio sobre a seqüência de quadrados perfeitos:

$$0, 1, 4, 9, 16, 25, 36, 49, \ldots$$

Note a crescente distância entre membros sucessivos dessa seqüência. Membros grandes dessa seqüência não podem estar próximos um do outro.

Agora considere as duas cadeias xyz e xy^2z. Essas cadeias diferem uma da outra por uma única repetição de y, e conseqüentemente seus comprimentos diferem entre si do comprimento de y. Pela condição 3 do lema do bombeamento, $|xy| \leq p$ e, assim, $|y| \leq p$. Temos que $|xyz| = p^2$ e, então, $|xy^2z| \leq p^2 + p$. Mas $p^2 + p < p^2 + 2p + 1 = (p+1)^2$. Além disso, a condição 2 implica que y não é a cadeia vazia, e, assim, $|xy^2z| > p^2$. Portanto, o comprimento de xy^2z fica estritamente entre os quadrados perfeitos consecutivos p^2 e $(p+1)^2$. Conseqüentemente, ele não pode ser um quadrado perfeito. Dessa forma, chegamos à contradição $xy^2z \notin D$ e concluímos que D não é regular.

EXEMPLO 1.77

Algumas vezes, "bombear para baixo" é útil quando aplicamos o lema do bombeamento. Usamos o lema do bombeamento para mostrar que $E = \{0^i 1^j | i > j\}$ não é regular. A prova é por contradição.

Suponha que E seja regular. Seja p o comprimento de bombeamento para E dado pelo lema do bombeamento. Seja $s = 0^{p+1} 1^p$. Então s pode ser dividida em xyz, satisfazendo as condições do lema do bombeamento. Pela condição 3, y contém somente 0s. Vamos examinar a cadeia $xyyz$ para ver se ela pode estar em E. Adicionar uma cópia extra de y aumenta o número de 0s. Mas, como E contém todas as cadeias em 0^*1^* que têm mais 0s que 1s, aumentando-se o número de 0s obtém-se ainda uma cadeia em E. Não ocorre contradição. Precisamos tentar alguma outra coisa.

O lema do bombeamento afirma que $xy^i z \in E$ mesmo quando $i = 0$; assim, vamos considerar a cadeia $xy^0 z = xz$. Removendo-se a cadeia y, o número de 0s em s diminui. Lembre-se que s tem apenas um 0 a mais que 1s. Portanto, xz não pode ter mais 0s que 1s e, logo, não pode ser um membro de E. Dessa forma, obtemos uma contradição.

EXERCÍCIOS

R1.1 A seguir estão os diagramas de estado de dois AFDs, M_1 e M_2. Responda às seguintes questões sobre cada uma dessas máquinas.

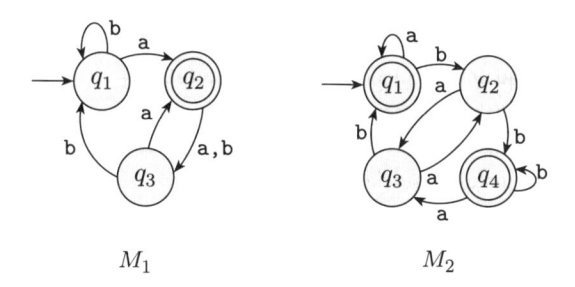

M_1

M_2

a. Qual é o estado inicial?
b. Qual é o conjunto de estados de aceitação?
c. Por qual seqüência de estados a máquina passa para a entrada **aabb**?
d. A máquina aceita a cadeia **aabb**?
e. A máquina aceita a cadeia ε?

R 1.2 Dê a descrição formal das máquinas M_1 e M_2 desenhadas no Exercício 1.1.

1.3 A descrição formal de um AFD M é $\bigl(\{q_1, q_2, q_3, q_4, q_5\}, \{\texttt{u}, \texttt{d}\}, \delta, q_3, \{q_3\}\bigr)$, onde δ é dada pela tabela a seguir. Dê o diagrama de estados dessa máquina.

	u	d
q_1	q_1	q_2
q_2	q_1	q_3
q_3	q_2	q_4
q_4	q_3	q_5
q_5	q_4	q_5

1.4 Cada uma das linguagens a seguir é a interseção de duas linguagens mais simples. Em cada caso, construa AFDs para as linguagens mais simples, e depois combine-os usando a construção discutida na nota de rodapé 3 (página 47) para obter o diagrama de estados de um AFD para a linguagem dada. Em todos as casos, $\Sigma = \{\texttt{a}, \texttt{b}\}$.

  a. $\{w|\ w$ tem pelo menos três as e pelo menos dois bs$\}$
  R b. $\{w|\ w$ tem exatamente dois as e pelo menos dois bs$\}$
  c. $\{w|\ w$ tem um número par de as e um ou dois bs$\}$
  R d. $\{w|\ w$ tem um número par de as e cada a é seguido por pelo menos um b$\}$
  e. $\{w|\ w$ tem um número par de as e um ou dois bs$\}$
  f. $\{w|\ w$ tem um número ímpar de as e termina com um b$\}$
  g. $\{w|\ w$ tem comprimento par e um número ímpar de as$\}$

1.5 Cada uma das linguagens a seguir é o complemento de uma linguagem mais simples. Em cada caso, construa um AFD para a linguagem mais simples, e use-o para obter o diagrama de estados de um AFD para a linguagem dada. Em todos os casos $\Sigma = \{\texttt{a}, \texttt{b}\}$.

  R a. $\{w|\ w$ não contém a subcadeia ab$\}$
  R b. $\{w|\ w$ não contém a subcadeia baba$\}$
  c. $\{w|\ w$ não contém nem a subcadeia ab, nem ba$\}$
  d. $\{w|\ w$ é qualquer cadeia que não está em $\texttt{a}^*\texttt{b}^*\}$
  e. $\{w|\ w$ é qualquer cadeia que não está em $(\texttt{ab}^+)^*\}$
  f. $\{w|\ w$ é qualquer cadeia que não está em $\texttt{a}^* \cup \texttt{b}^*\}$
  g. $\{w|\ w$ é qualquer cadeia que não contém exatamente dois as$\}$
  h. $\{w|\ w$ é qualquer cadeia, exceto a e b$\}$

1.6 Dê diagramas de estado de AFDs que reconhecem as linguagens a seguir. Em todos os casos o alfabeto é $\{0,1\}$

  a. $\{w|\ w$ começa com um 1 e termina com um 0$\}$
  b. $\{w|\ w$ contém pelo menos três 1s$\}$
  c. $\{w|\ w$ contém a subcadeia 0101, isto é, $w = x0101y$ para algum x e algum $y\}$
  d. $\{w|\ w$ tem comprimento pelo menos 3 e seu terceiro símbolo é um 0$\}$
  e. $\{w|\ w$ começa com 0 e tem comprimento ímpar, ou começa com 1 e tem comprimento par$\}$

f. $\{w|\ w$ não contém a subcadeia 110$\}$
   g. $\{w|\$ o comprimento de w é no máximo 5$\}$
   h. $\{w|\ w$ é qualquer subcadeia exceto 11 e 111$\}$
   i. $\{w|\$ toda posição ímpar de w é um 1$\}$
   j. $\{w|\ w$ contém pelo menos dois 0s e no máximo um 1$\}$
   k. $\{\varepsilon,0\}$
   l. $\{w|\ w$ contém um número par de 0s, ou contém exatamente dois 1s$\}$
   m. O conjunto vazio
   n. Todas as cadeias exceto a cadeia vazia

1.7 Dê diagramas de estado de AFNs com o número especificado de estados reconhecendo cada uma das linguagens a seguir. Em todos os casos o alfabeto é $\{0,1\}$.

   ^{R}a. A linguagem $\{w|\ w$ termina com 00$\}$ com três estados
   b. A linguagem do Exercício 1.6c com cinco estados
   c. A linguagem do Exercício 1.6l com seis estados
   d. A linguagem $\{0\}$ com dois estados
   e. A linguagem $0^*1^*0^+$ com três estados
   ^{R}f. A linguagem $1^*(001^+)^*$ com três estados
   g. A linguagem $\{\varepsilon\}$ com um estado
   h. A linguagem 0^* com um estado

1.8 Use a construção dada na prova do Teorema 1.45 para apresentar os diagramas de estados dos AFNs que reconhecem as uniões das linguagens descritas em
   a. Exercícios 1.6a e 1.6b.
   b. Exercícios 1.6c e 1.6f.

1.9 Use a construção fornecida na prova do Teorema 1.47 para dar os diagramas de estados dos AFNs que reconhecem as concatenações das linguagens descritas em
   a. Exercícios 1.6g e 1.6i.
   b. Exercícios 1.6b e 1.6m.

1.10 Use a construção dada na prova do Teorema 1.49 para apresentar os diagramas de estado dos AFNs que reconhecem as estrelas das linguagens descritas em
   a. Exercício 1.6b.
   b. Exercício 1.6j.
   c. Exercício 1.6m.

^{R}1.11 Prove que todo AFN pode ser convertido para um outro equivalente que tem um único estado de aceitação.

1.12 Seja $D = \{w|\ w$ contém um número par de as e um número ímpar de bs e não contém a subcadeia ab$\}$. Apresente um AFD com cinco estados que reconheça D e uma expressão regular que gere D. (Sugestão: descreva D com mais simplicidade.)

1.13 Seja F a linguagem de todas as cadeias sobre $\{0,1\}$ que não contenham um par de 1s que estejam separados por um número ímpar de símbolos. Apresente o diagrama de estados de um AFD com cinco estados que reconheça F. (Você pode achar útil encontrar primeiro um AFN de quatro estados para o complemento de F.)

1.14 **a.** Mostre que, se M é um AFD que reconhece a linguagem B, tornando-se estados de aceitação os estados de M que não são de aceitação, e vice-versa, obtém-se um novo AFD que reconhece o complemento de B. Conclua que a classe das linguagens regulares é fechada sob complemento.

b. Mostre por meio de um exemplo que, se M é um AFN que reconhece a linguagem C, tornando-se estados de aceitação os estados de M que não são de aceitação, e vice-versa, não necessariamente se obtém um novo AFN que reconhece o complemento de C. A classe das linguagens reconhecidas por AFNs é fechada sob complemento? Explique sua resposta.

1.15 Dê um contra-exemplo para mostrar que a seguinte construção falha em provar o Teorema 1.49, o fecho da classe de linguagens regulares sob a operação estrela.[8] Suponha que $N_1 = (Q_1, \Sigma, \delta_1, q_1, F_1)$ reconheça A_1. Construa $N = (Q_1, \Sigma, \delta, q_1, F)$ como segue. N supostamente reconhece A_1^*.

a. Os estados de N são os estados de N_1.

b. O estado inicial de N é o mesmo que o estado incial de N_1.

c. $F = \{q_1\} \cup F_1$.
Os estados de aceitação F são os estados de aceitação antigos mais seu estado inicial.

d. Defina δ de modo que para qualquer $q \in Q$ e qualquer $a \in \Sigma_\varepsilon$,

$$\delta(q,a) = \begin{cases} \delta_1(q,a) & q \notin F_1 \text{ ou } a \neq \varepsilon \\ \delta_1(q,a) \cup \{q_1\} & q \in F_1 \text{ e } a = \varepsilon. \end{cases}$$

(Sugestão: Mostre essa construção graficamente, como na Figura 1.50.)

1.16 Use a construção dada no Teorema 1.39 para converter os dois autômatos finitos não-determinísticos apresentados a seguir em autômatos finitos determinísticos equivalentes.

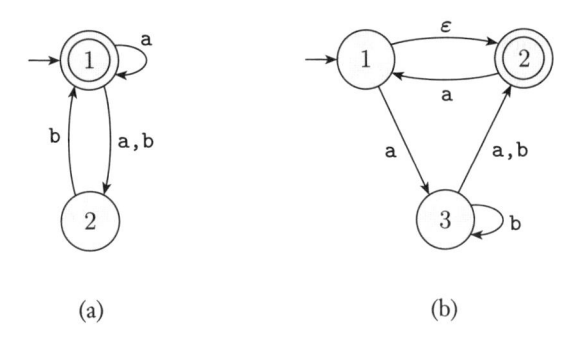

1.17 **a.** Dê um AFN que reconheça a linguagem $(01 \cup 001 \cup 010)^*$.

b. Converta esse AFN em um AFD equivalente. Apresente apenas a parte do AFD que é alcançável a partir do estado inicial.

1.18 Dê expressões regulares que gerem as linguagens do Exercício 1.6.

---

[8] Em outras palavras, você deve apresentar um autômato finito, N_1, para o qual o autômato construído, N, não reconhece a estrela da linguagem de N_1.

1.19 Use o procedimento descrito no Lema 1.55 para converter as seguintes expressões regulares em autômatos finitos não-determinísticos.

   a. $(0 \cup 1)^*000(0 \cup 1)^*$
   b. $(((00)^*(11)) \cup 01)^*$
   c. $\emptyset^*$

1.20 Para cada uma das linguagens a seguir, apresente duas cadeias que sejam membros e duas que *não* sejam membros — um total de quatro cadeias para cada caso. Presuponha o alfabeto $\Sigma = \{a,b\}$ em todos os casos.

   a. a^*b^*
   b. $a(ba)^*b$
   c. $a^* \cup b^*$
   d. $(aaa)^*$
   e. $\Sigma^*a\Sigma^*b\Sigma^*a\Sigma^*$
   f. $aba \cup bab$
   g. $(\varepsilon \cup a)b$
   h. $(a \cup ba \cup bb)\Sigma^*$

1.21 Use o procedimento descrito no Lema 1.60 para converter os seguintes autômatos finitos em expressões regulares.

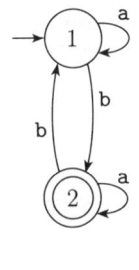

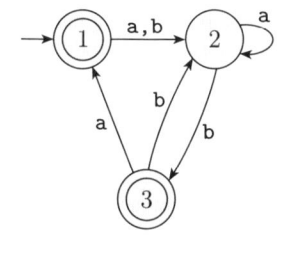

(a)   (b)

1.22 Em certas linguagens de programação, comentários ocorrem entre delimitadores como /# e #/. Seja C a linguagem de todas as cadeias de comentários delimitados. Um membro de C deve começar com /# e terminar com #/, mas não pode ter qualquer outra ocorrência de #/. Por simplicidade, vamos dizer que os comentários propriamente ditos são escritos com apenas os símbolos a e b; assim, o alfabeto de C é $\Sigma = \{a, b, /, \#\}$.

   a. Dê um AFD que reconheça C.
   b. Dê uma expressão regular que gere C.

^R**1.23** Seja B qualquer linguagem sobre o alfabeto Σ. Prove que $B = B^+$ sse $BB \subseteq B$.

1.24 Um *transdutor de estado finito* (TEF) é um tipo de autômato finito determinístico cuja saída é uma cadeia, e não simplesmente *aceite* ou *rejeite*. Os diagramas de estado a seguir são dos transdutores de estado finito T_1 e T_2.

```
         0/0        1/1
         1/0        2/1                              q₁
                                                   ↗    ↖ a/1
              2/1                            a/0 ↙         ↘
     →( q₁ ) ⇄ ( q₂ )                           b/1
              0/0                          ( q₃ ) ⇄ ( q₂ )
                                                b/1
         T₁                                    a/1

                                                T₂
```

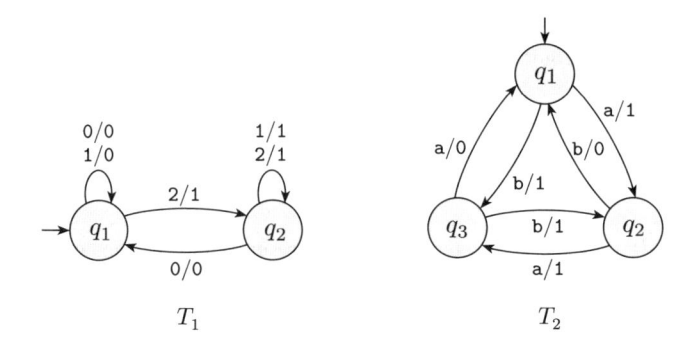

Cada transição de um TEF é rotulada com dois símbolos, um designando o símbolo de entrada para aquela transição, e outro designando o símbolo de saída. Os dois símbolos são escritos com uma barra, /, separando-os. Em T_1, a transição de q_1 para q_2 tem símbolos de entrada 2 e símbolo de saída 1. Algumas transições podem ter múltiplos pares de entrada–saída, como a transição em T_1 de q_1 para si próprio. Quando um TEF computa sobre uma cadeia de entrada w, ele toma os símbolos de entrada $w_1 \cdots w_n$ um por um e, começando no estado inicial, segue as transições respeitando a igualdade entre os rótulos de entrada e a seqüência de símbolos $w_1 \cdots w_n = w$. Toda vez que ele passa por uma transição, ele dá como saída o símbolo de saída correspondente. Por exemplo, sobre a entrada 2212011, a máquina T_1 passa pela seqüência de estados $q_1, q_2, q_2, q_2, q_2, q_1, q_1, q_1$ e produz a saída 1111000. Sobre a entrada abbb, T_2 produz a saída 1011. Dê a seqüência de estados visitados e a saída produzida em cada um dos seguintes casos.

- **a.** T_1 sobre a entrada 011
- **b.** T_1 sobre a entrada 211
- **c.** T_1 sobre a entrada 121
- **d.** T_1 sobre a entrada 0202
- **e.** T_2 sobre a entrada b
- **f.** T_2 sobre a entrada bbab
- **g.** T_2 sobre a entrada bbbbbb
- **h.** T_2 sobre a entrada ε

1.25 Leia a definição informal do transdutor de estado finito dada no Exercício 1.24. Dê uma definição formal desse modelo, seguindo o padrão da Definição 1.5 (página 36). Suponha que um TEF tem um alfabeto de entrada Σ e um alfabeto de saída Γ mas não um conjunto de estados de aceitação. Inclua uma definição formal da computação de um TEF. (Dica: Um TEF é uma 5-upla. Sua função de transição é da forma $\delta \colon Q \times \Sigma \longrightarrow Q \times \Gamma$.)

1.26 Usando a solução que você forneceu para o Exercício 1.25, dê uma descrição formal das máquinas T_1 e T_2 apresentadas no Exercício 1.24.

1.27 Leia a definição informal do transdutor de estado finito dada no Exercício 1.24. Dê o diagrama de estados de um TEF com o seguinte comportamento. Seus alfabetos de entrada e de saída são {0,1}. Sua cadeia de saída é idêntica à de entrada nas posições pares, mas invertida nas posições ímpares. Por exemplo, sobre a entrada 0000111 ele deve emitir a saída 1010010.

1.28 Converta as seguintes expressões regulares em AFNs usando o procedimento dado no Teorema 1.54. Em todos os casos $\Sigma = \{a, b\}$.

- **a.** $a(abb)^* \cup b$

b. $a^+ \cup (ab)^+$
   c. $(a \cup b^+)a^+b^+$

1.29 Use o lema do bombeamento para mostrar que as linguagens a seguir não são regulares.

   ^{R}**a.** $A_1 = \{0^n1^n2^n|\, n \geq 0\}$
   b. $A_2 = \{www|\, w \in \{a,b\}^*\}$
   ^{R}**c.** $A_3 = \{a^{2^n}|\, n \geq 0\}$ (Aqui, a^{2^n} significa uma cadeia de 2^n as.)

1.30 Descreva o erro na seguinte "prova" de que 0^*1^* não é uma linguagem regular. (Deve existir um erro, pois 0^*1^* *é* regular.) A prova é por contradição. Suponha que 0^*1^* seja regular. Seja p o comprimento de bombeamento para 0^*1^* dado pelo lema do bombeamento. Escolha s como a cadeia 0^p1^p. Você sabe que s é um membro de 0^*1^*, mas o Exemplo 1.73 mostra que s não pode ser bombeada. Assim, você tem uma contradição. Portanto, 0^*1^* não é regular.

PROBLEMAS

1.31 Para qualquer cadeia $w = w_1w_2 \cdots w_n$, o **reverso** de w, escrito $w^\mathcal{R}$, é a cadeia w na ordem reversa, $w_n \cdots w_2w_1$. Para qualquer linguagem A, seja $A^\mathcal{R} = \{w^\mathcal{R}|w \in A\}$. Mostre que se A é regular, $A^\mathcal{R}$ também o é.

1.32 Seja

$$\Sigma_3 = \left\{ \begin{bmatrix}0\\0\\0\end{bmatrix}, \begin{bmatrix}0\\0\\1\end{bmatrix}, \begin{bmatrix}0\\1\\0\end{bmatrix}, \cdots, \begin{bmatrix}1\\1\\1\end{bmatrix} \right\}.$$

Σ_3 contém todas as colunas de tamanho 3 de 0s e 1s. Uma cadeia de símbolos em Σ_3 dá três linhas de 0s e 1s. Considere cada linha como um número binário e seja

$$B = \{w \in \Sigma_3^*|\, \text{a última linha de } w \text{ é a soma das duas primeiras}\}.$$

Por exemplo,

$$\begin{bmatrix}0\\0\\1\end{bmatrix}\begin{bmatrix}1\\0\\0\end{bmatrix}\begin{bmatrix}1\\1\\0\end{bmatrix} \in B, \qquad \text{mas} \qquad \begin{bmatrix}0\\0\\1\end{bmatrix}\begin{bmatrix}1\\0\\1\end{bmatrix} \notin B.$$

Mostre que B é regular. (Dica: trabalhar com $B^\mathcal{R}$ é mais fácil. Você pode supor o resultado afirmado no Problema 1.31.)

1.33 Seja

$$\Sigma_2 = \left\{ \begin{bmatrix}0\\0\end{bmatrix}, \begin{bmatrix}0\\1\end{bmatrix}, \begin{bmatrix}1\\0\end{bmatrix}, \begin{bmatrix}1\\1\end{bmatrix} \right\}.$$

Aqui, Σ_2 possui todas as colunas de 0s e 1s de altura dois. Uma cadeia de símbolos em Σ_2 dá duas linhas de 0s e 1s. Considere cada linha como um número binário, e seja

$$C = \{w \in \Sigma_2^*|\, \text{a última linha de } w \text{ é três vezes a primeira}\}.$$

Por exemplo, $\begin{bmatrix}0\\0\end{bmatrix}\begin{bmatrix}0\\1\end{bmatrix}\begin{bmatrix}1\\1\end{bmatrix}\begin{bmatrix}0\\0\end{bmatrix} \in C$, mas $\begin{bmatrix}0\\1\end{bmatrix}\begin{bmatrix}0\\1\end{bmatrix}\begin{bmatrix}1\\0\end{bmatrix} \notin C$. Mostre que C é regular. (Você pode supor o resultado afirmado no Problema 1.31.)

1.34 Seja Σ_2 o mesmo que no Problema 1.33. Considere cada linha como um número binário, e seja

$$D = \{w \in \Sigma_2^* \mid \text{o número na primeira linha de } w \text{ é maior que}$$
$$\text{o número na última linha}\}.$$

Por exemplo, $\begin{bmatrix}0\\0\end{bmatrix}\begin{bmatrix}1\\0\end{bmatrix}\begin{bmatrix}1\\1\end{bmatrix}\begin{bmatrix}0\\0\end{bmatrix} \in D$, mas $\begin{bmatrix}0\\0\end{bmatrix}\begin{bmatrix}0\\1\end{bmatrix}\begin{bmatrix}1\\1\end{bmatrix}\begin{bmatrix}0\\0\end{bmatrix} \notin D$. Mostre que D é regular.

1.35 Seja Σ_2 o mesmo que no Problema 1.33. Considere a primeira e a última linhas como cadeias de 0s e 1s, e seja

$$E = \{w \in \Sigma_2^* \mid \text{a última linha de } w \text{ é o reverso da primeira linha de } w\}.$$

Mostre que E não é regular.

1.36 Seja $B_n = \{a^k \mid k \text{ é um múltiplo de } n\}$. Mostre que para cada $n \geq 1$, a linguagem B_n é regular.

1.37 Seja $C_n = \{x \mid x \text{ é um número binário múltiplo de } n\}$. Mostre que para cada $n \geq 1$, a linguagem C_n é regular.

1.38 Um AFN-*de-todos-os-caminhos* M é uma 5-upla $(Q, \Sigma, \delta, q_0, F)$ que aceita $x \in \Sigma^*$ se *todo* estado em que M pode estar após ler a entrada x é um estado de F. Note que, em contraste, um AFN ordinário aceita uma cadeia se *algum* estado entre os alcançáveis por M é um estado de aceitação. Prove que os AFNs-de-todos-os-caminhos reconhecem a classe das linguagens regulares.

1.39 A construção no Teorema 1.54 mostra que todo AFNG é equivalente a um AFNG com apenas dois estados. Podemos mostrar que um fenômeno oposto ocorre para AFDs. Prove que para todo $k > 1$ existe uma linguagem $A_k \subseteq \{0,1\}^*$ que é reconhecida por um AFD com k estados, mas não por um com apenas $k-1$ estados.

1.40 Digamos que uma cadeia x é um *prefixo* de uma cadeia y se existe uma cadeia z tal que $xz = y$, e que x é um *prefixo próprio* de y se, adicionalmente, $x \neq y$. Em cada um dos itens a seguir, definimos uma operação sobre uma linguagem A. Mostre que a classe das linguagens regulares é fechada sob aquela operação.

  ᴿ**a.** NÃOPREFIXO$(A) = \{w \in A \mid \text{nenhum prefixo próprio de } w \text{ é um membro de } A\}$.

  b. NÃOESTENDE$(A) = \{w \in A \mid w \text{ não é prefixo próprio de nenhuma cadeia em } A\}$.

1.41 Para as linguagens A e B, seja o *embaralhamento perfeito* de A e B a linguagem

$$\{w \mid w = a_1b_1 \cdots a_kb_k, \text{ onde } a_1 \cdots a_k \in A \text{ e } b_1 \cdots b_k \in B, \text{ cada } a_i, b_i \in \Sigma\}.$$

Mostre que a classe das linguagens regulares é fechada sob embaralhamento perfeito.

1.42 Para as linguagens A e B, seja o *embaralhamento* de A e B a linguagem

$$\{w \mid w = a_1b_1 \cdots a_kb_k, \text{ onde } a_1 \cdots a_k \in A \text{ e } b_1 \cdots b_k \in B, \text{ cada } a_i, b_i \in \Sigma^*\}.$$

Mostre que a classe das linguagens regulares é fechada sob embaralhamento.

1.43 Seja A uma linguagem qualquer. Defina $REM(A)$ como a linguagem contendo todas as cadeias que podem ser obtidas pela remoção de um símbolo de uma cadeia em A. Assim, $REM(A) = \{xz | \; xyz \in A \text{ onde } x, z \in \Sigma^*, y \in \Sigma\}$. Mostre que a classe das linguagens regulares é fechada sob a operação REM. Apresente ambas, uma prova por meio de figuras e uma prova mais formal por construção, como no Teorema 1.47.

^R**1.44** Sejam B e C linguagens sobre $\Sigma = \{0, 1\}$. Defina

$B \overset{1}{\leftarrow} C = \{w \in B | \text{ para algum } y \in C, \text{ as cadeias } w \text{ e } y \text{ contêm número igual de 1s}\}$.

Mostre que a classe das linguagens regulares é fechada sob a operação $\overset{1}{\leftarrow}$.

***1.45** Seja $A/B = \{w | \; wx \in A \text{ para algum } x \in B\}$. Mostre que se A é regular e B é qualquer linguagem, então A/B é regular.

1.46 Prove que as seguintes linguagens não são regulares. Você pode usar o lema do bombeamento e o fechamento da classe das linguagens regulares sob união, interseção e complemento.

    a. $\{0^n 1^m 0^n | \; m, n \geq 0\}$
  ^R**b.** $\{0^m 1^n | \; m \neq n\}$
    c. $\{w | \; w \in \{0,1\}^* \text{ não é um palíndromo}\}$[9]
    d. $\{wtw | \; w, t \in \{0,1\}^+\}$

1.47 Sejam $\Sigma = \{1, \#\}$ e

$Y = \{w | \; w = x_1 \# x_2 \# \cdots \# x_k \text{ para } k \geq 0, \text{ cada } x_i \in 1^*, \text{ e } x_i \neq x_j \text{ para } i \neq j\}$.

Prove que Y não é regular.

1.48 Sejam $\Sigma = \{0,1\}$ e

$D = \{w | \; w \text{ contém um número igual de ocorrências das subcadeias 01 e 10}\}$.

Logo, $101 \in D$ porque 101 contém um único 01 e um único 10, mas $1010 \notin D$ porque 1010 contém dois 10s e um 01. Mostre que D é uma linguagem regular.

1.49   **a.** Seja $B = \{1^k y | \; y \in \{0, 1\}^* \text{ e } y \text{ contém pelo menos } k \text{ 1s, para } k \geq 1\}$. Mostre que B é uma linguagem regular.

    b. Seja $C = \{1^k y | \; y \in \{0, 1\}^* \text{ e } y \text{ contém no máximo } k \text{ 1s, para } k \geq 1\}$. Mostre que C não é uma linguagem regular.

^R**1.50** Leia a definição informal de transdutor de estado finito dada no Exercício 1.24. Prove que nenhum TEF pode dar como saída $w^{\mathcal{R}}$, para toda entrada w, se os alfabetos de entrada e de saída são $\{0,1\}$.

1.51 Sejam x e y cadeias e seja L uma linguagem qualquer. Dizemos que x e y são **distinguíveis por L** se existe alguma cadeia z tal que exatamente uma das cadeias, xz ou yz, é um membro de L; caso contrário, para toda cadeia z, temos $xz \in L$ sempre que $yz \in L$ e dizemos que x e y são **indistinguíveis por L**. Se x e y são indistinguíveis por L escrevemos $x \equiv_L y$. Mostre que $\equiv_L$ é uma relação de equivalência.

---

[9] Um **palíndromo** é uma cadeia que tem a mesma leitura da frente para trás e de trás para frente.

R*1.52 **Teorema de Myhill–Nerode.** Olhe para o Problema 1.51. Seja L uma linguagem e suponha que X seja um conjunto de cadeias. Digamos que X é ***distingüível duas-a-duas por L*** se cada duas cadeias distintas em X são distingüíveis por L. Defina o ***índice de L*** como sendo o número máximo de elementos em qualquer conjunto que é distingüível duas-a-duas por L. O índice de L pode ser finito ou infinito.

   a. Mostre que, se L é reconhecida por um AFD com k estados, L tem índice no máximo k.
   b. Mostre que, se o índice de L é um número finito k, ela é reconhecida por um AFD com k estados.
   c. Conclua que L é regular sse ela tem um índice finito. Além disso, seu índice é o tamanho do menor AFD que a reconhece.

1.53 Seja $\Sigma = \{0, 1, +, =\}$ e

$SOMA = \{x{=}y{+}z|\ x, y, z$ são inteiros binários, e x é a soma de y e $z\}$.

Mostre que $SOMA$ não é regular.

1.54 Considere a linguagem $F = \{a^i b^j c^k|\ i, j, k \geq 0$ e se $i = 1$ então $j = k\}$.

   a. Mostre que F não é regular.
   b. Mostre que F funciona como uma linguagem regular no lema do bombeamento. Em outras palavras, dê um comprimento de bombeamento p e demonstre que F satisfaz as três condições do lema do bombeamento para esse valor de p.
   c. Explique porque os itens (a) e (b) não contradizem o lema do bombeamento.

1.55 O lema do bombeamento diz que toda linguagem regular tem um comprimento de bombeamento p, tal que toda cadeia na linguagem pode ser bombeada se ela tiver comprimento p ou mais. Se p é um comprimento de bombeamento para a linguagem A, o mesmo acontece com qualquer comprimento $p' \geq p$. O ***comprimento mínimo de bombeamento*** para A é o menor p que é um comprimento de bombeamento para A. Por exemplo, se $A = 01^*$, o comprimento mínimo de bombeamento é 2. A razão é que a cadeia $s = 0$ está em A, tem comprimento 1, e s não pode ser bombeada, mas qualquer cadeia em A de comprimento 2 ou mais contém um 1 e, portanto, pode ser bombeada pela divisão da mesma de forma que $x = 0$, $y = 1$, e z seja o resto. Para cada uma das linguagens a seguir, dê o comprimento mínimo de bombeamento e justifique sua resposta.

   Ra. 0001^* f. ε
   Rb. 0^*1^* g. $1^*01^*01^*$
   c. $001 \cup 0^*1^*$ h. $10(11^*0)^*0$
   Rd. $0^*1^+0^+1^* \cup 10^*1$ i. 1011
   e. $(01)^*$ j. Σ^*

*1.56 Se A é um conjunto de números naturais e k um número natural maior que 1, seja

$B_k(A) = \{w|\ w$ é a representação na base k de algum número em $A\}$.

Aqui, não permitimos 0s à esquerda na representação de um número. Por exemplo, $B_2(\{3, 5\}) = \{11, 101\}$ e $B_3(\{3, 5\}) = \{10, 12\}$. Dê um exemplo de um conjunto A para o qual $B_2(A)$ seja regular, mas $B_3(A)$ não seja. Prove que seu exemplo funciona.

*1.57 Se A é uma linguagem qualquer, seja $A_{\frac{1}{2}-}$ o conjunto de todas as primeiras metades das cadeias em A, de modo que
$$A_{\frac{1}{2}-} = \{x|\text{ para alguma } y,\ |x|=|y| \text{ e } xy \in A\}.$$
Mostre que, se A é regular, então $A_{\frac{1}{2}-}$ também o é.

*1.58 Se A é uma linguagem qualquer, seja $A_{\frac{1}{3}-\frac{1}{3}}$ o conjunto de todas as cadeias em A com suas terças partes do meio removidas, de forma que
$$A_{\frac{1}{3}-\frac{1}{3}} = \{xz|\text{ para alguma } y,\ |x|=|y|=|z| \text{ e } xyz \in A\}.$$
Mostre que, se A é regular, então $A_{\frac{1}{3}-\frac{1}{3}}$ não é necessariamente regular.

*1.59 Seja $M=(Q,\Sigma,\delta,q_0,F)$ um AFD e seja h um estado de M denominado sua "casa". Uma **seqüência sincronizadora** para M e h é uma cadeia $s \in \Sigma^*$ onde $\delta(q,s)=h$ para todo $q \in Q$. (Aqui estendemos δ para cadeias, de forma que $\delta(q,s)$ é igual ao estado em que M termina quando M inicia no estado q e lê a entrada s.) Digamos que M é **sincronizável** se tem uma seqüência sincronizadora para algum estado h. Prove que, se M é um AFD sincronizável de k estados, então ele tem uma seqüência sincronizadora de comprimento no máximo k^3. Você pode encontrar um limite melhor que esse?

1.60 Seja $\Sigma = \{\mathtt{a},\mathtt{b}\}$. Para cada $k \geq 1$, seja C_k a linguagem constituída de todas as cadeias que contêm um $\mathtt{a}$ exatamente k posições a partir da extremidade direita. Assim, $C_k = \Sigma^* \mathtt{a} \Sigma^{k-1}$. Descreva um AFN com $k+1$ estados que reconheça C_k, ambos em termos de um diagrama de estados e de uma descrição formal.

1.61 Considere as linguagens C_k definidas no Problema 1.60. Prove que para cada k, nenhum AFD pode reconhecer C_k com menos de 2^k estados.

1.62 Seja $\Sigma = \{\mathtt{a},\mathtt{b}\}$. Para cada $k \geq 1$, seja D_k a linguagem constituída de todas as palavras que têm pelo menos um $\mathtt{a}$ entre os últimos k símbolos. Logo, $D_k = \Sigma^* \mathtt{a}(\Sigma \cup \varepsilon)^{k-1}$. Descreva um AFD com no máximo $k+1$ estados que reconheça D_k, ambos em termos de um diagrama de estados e de uma descrição formal.

1.63   a. Seja A uma linguagem regular infinita. Prove que A pode ser dividida em dois subconjuntos regulares disjuntos infinitos.
  b. Sejam B e D duas linguagens. Escreva $B \Subset D$ se $B \subseteq D$ e D contém infinitamente muitas cadeias que não estão em B. Mostre que, se B e D são duas linguagens regulares e $B \Subset D$, então podemos encontrar uma linguagem regular C tal que $B \Subset C \Subset D$.

1.64 Seja N um AFN com k estados que reconhece certa linguagem A.
  a. Mostre que, se A é não-vazia, A contém alguma cadeia de comprimento no máximo k.
  b. Mostre, dando um exemplo, que a parte (a) não é necessariamente verdadeira se você substituir ambos os As por $\overline{A}$.
  c. Mostre que, se $\overline{A}$ é não-vazia, $\overline{A}$ contém alguma cadeia de comprimento no máximo 2^k.
  d. Mostre que o limite dado na parte (c) é quase exato; isto é, para cada k, mostre a existência de um AFN reconhecendo uma linguagem A_k tal que $\overline{A_k}$ é não-vazia e as menores cadeias membros de $\overline{A_k}$ são de comprimento exponencial em k. Aproxime-se do limite apresentado em (c) tanto quanto puder.

*1.65 Prove que, para cada $n > 0$, existe uma linguagem B_n tal que

  a. B_n é reconhecível por um AFN que tem n estados, e

  b. se $B_n = A_1 \cup \cdots \cup A_k$, para linguagens regulares A_i, então pelo menos uma das A_i requer um AFD com quantidade exponencial de estados.

SOLUÇÕES SELECIONADAS

1.1 Para M_1: **(a)** q_1; **(b)** $\{q_2\}$; **(c)** q_1, q_2, q_3, q_1, q_1; **(d)** Não; **(e)** Não.
Para M_2: **(a)** q_1; **(b)** $\{q_1, q_4\}$; **(c)** q_1, q_1, q_1, q_2, q_4; **(d)** Sim; **(e)** Sim.

1.2 $M_2 = (\{q_1, q_2, q_3\}, \{\mathsf{a}, \mathsf{b}\}, \delta_1, q_1, \{q_2\})$.
$M_3 = (\{q_1, q_2, q_3, q_4\}, \{\mathsf{a}, \mathsf{b}\}, \delta_2, q_1, \{q_1, q_4\})$.
As funções de transição são

δ_1	a	b
q_1	q_2	q_1
q_2	q_3	q_3
q_3	q_2	q_1

δ_2	a	b
q_1	q_1	q_2
q_2	q_3	q_4
q_3	q_2	q_1
q_4	q_3	q_4

1.4 (b) Seguem AFDs para as duas linguagens $\{w|\ w$ tem exatamente dois **as**$\}$ e $\{w|\ w$ tem pelo menos dois **bs**$\}$:

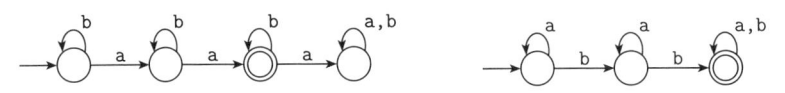

Combinando-os usando a construção para interseção, dá o AFD:

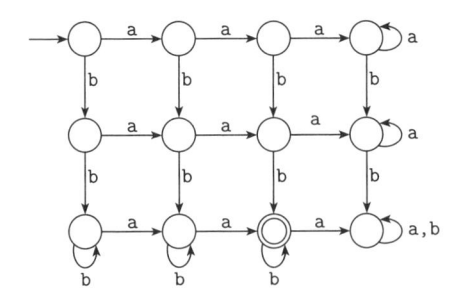

Embora o problema não lhe peça para simplificar o AFD, certos estados podem ser combinados para resultar em

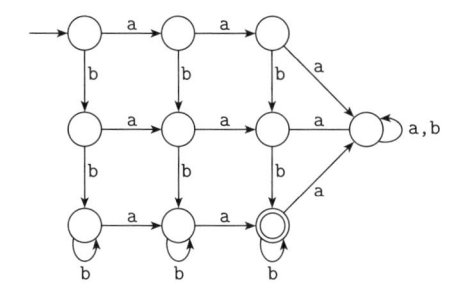

(d) Estes são AFDs para as duas linguagens {$w|$ w tem um número par de **as**} e {$w|$ cada **a** é seguido por pelo menos um **b**}:

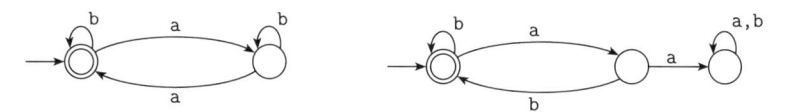

Combinando-os usando a construção para interseção, dá o AFD:

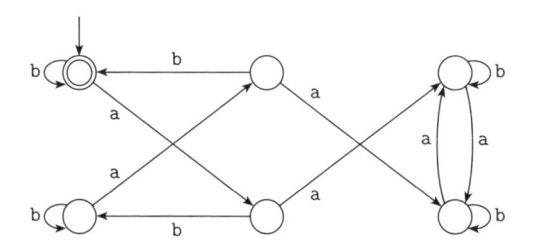

Embora o problema não lhe peça para simplificar o AFD, certos estados podem ser combinados para resultar em

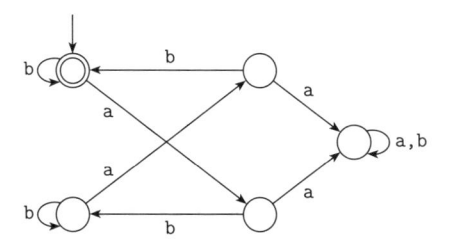

1.5 (a) O AFD à esquerda reconhece $\{w|\ w\ \text{contém}\ \mathtt{ab}\}$. O AFD à direita reconhece o seu complemento, $\{w|\ w\ \text{não contém}\ \mathtt{ab}\}$.

(b) Este AFD reconhece $\{w|\ w\ \text{contém}\ \mathtt{baba}\}$.

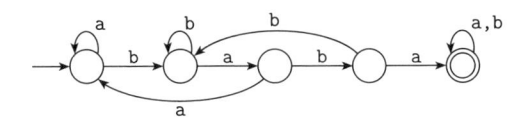

Este AFD reconhece $\{w|\ w\ \text{não contém}\ \mathtt{baba}\}$.

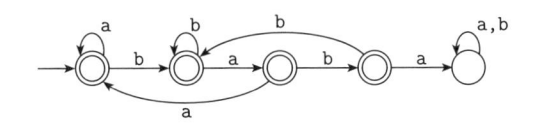

1.7 (a)   **(f)**

1.11 Seja $N = (Q, \Sigma, \delta, q_0, F)$ um AFN qualquer. Construa um AFN N' com um único estado de aceitação que reconheça a mesma linguagem que N. Informalmente, N' é exatamente como N, exceto que ele tem transições-ε dos estados correspondentes aos estados de aceitação de N a um novo estado de aceitação, q_{aceita}. Não há transições saindo do estado q_{aceita}. Mais formalmente, $N' = (Q \cup \{q_{\text{aceita}}\}, \Sigma, \delta', q_0, \{q_{\text{aceita}}\})$, onde para cada $q \in Q$ e $a \in \Sigma$

$$\delta'(q, a) = \begin{cases} \delta(q, a) & \text{if } a \neq \varepsilon \text{ ou } q \notin F \\ \delta(q, a) \cup \{q_{\text{aceita}}\} & \text{if } a = \varepsilon \text{ e } q \in F \end{cases}$$

e $\delta'(q_{\text{aceita}}, a) = \emptyset$ para cada $a \in \Sigma_\varepsilon$.

1.23 Provamos ambas as direções do "sse".
($\rightarrow$) Suponha que $B = B^+$ e mostre que $BB \subseteq B$.
Para toda linguagem $BB \subseteq B^+$ se verifica; logo, se $B = B^+$, então $BB \subseteq B$.
($\leftarrow$) Suponha que $BB \subseteq B$ e mostre que $B = B^+$.
Para toda linguagem $B \subseteq B^+$; logo, temos de mostrar apenas que $B^+ \subseteq B$. Se $w \in B^+$, então $w = x_1 x_2 \cdots x_k$ onde cada $x_i \in B$ e $k \geq 1$. Como $x_1, x_2 \in B$ e $BB \subseteq B$, temos que $x_1 x_2 \in B$. Similarmente, como $x_1 x_2$ está em B e x_3 está em B, temos que $x_1 x_2 x_3 \in B$. Continuando dessa maneira, $x_1 \cdots x_k \in B$. Portanto, $w \in B$ e, assim, podemos concluir que $B^+ \subseteq B$.

O último argumento pode ser escrito formalmente como a seguinte prova por indução. Suponha que $BB \subseteq B$.
Afirmativa: Para cada $k \geq 1$, se $x_1, \ldots, x_k \in B$, então $x_1 \cdots x_k \in B$.
Base: Prova para $k = 1$.   O enunciado é obviamente verdadeiro.
Passo da indução: Para cada $k \geq 1$, suponha que a afirmativa seja verdadeira para k e prove que ela é verdadeira para $k + 1$.
Se $x_1, \ldots, x_k, x_{k+1} \in B$, então pela hipótese de indução, $x_1 \cdots x_k \in B$. Portanto, $x_1 \cdots x_k x_{k+1} \in BB$; mas $BB \subseteq B$; logo, $x_1 \cdots x_{k+1} \in B$. Isso prova o passo de indução e a afirmativa. A afirmativa implica que, se $BB \subseteq B$, então $B^+ \subseteq B$.

1.29 **(a)** Suponha que $A_1 = \{0^n 1^n 2^n \mid n \geq 0\}$ seja regular. Seja p o comprimento de bombeamento dado pelo lema do bombeamento. Escolha s como a $0^p 1^p 2^p$. Como s é um membro de A_1 e s é maior que p, o lema do bombeamento garante que s pode ser dividida em três partes, $s = xyz$, sendo que para qualquer $i \geq 0$ a palavra $xy^i z$ está em A_1. Considere duas possibilidades:

1. A cadeia y contém somente 0s, somente 1s, ou somente 2s. Nesses casos, a cadeia $xyyz$ não terá número igual de 0s, 1s e 2s. Portanto, $xyyz$ não é um membro de A_1, uma contradição.

2. A cadeia y contém mais de um tipo de símbolo. Nesse caso, $xyyz$ terá 0s, 1s ou 2s fora de ordem. Logo, $xyyz$ não é um membro de A_1, uma contradição.

Em ambos os casos chegamos a uma contradição. Portanto, A_1 não é regular.

(c) Suponha que $A_3 = \{a^{2^n} \mid n \geq 0\}$ seja regular. Seja p o comprimento de bombeamento dado pelo lema do bombeamento. Escolha s como sendo a cadeia a^{2^p}. Como s é um membro de A_1 e s é maior que p, o lema do bombeamento garante que s pode ser dividida em três partes, $s = xyz$, satisfazendo as três condições do lema do bombeamento.

A terceira condição nos diz que $|xy| \leq p$. Além disso, $p < 2^p$ e, portanto, $|y| < 2^p$. Conseqüentemente, $|xyyz| = |xyz| + |y| < 2^p + 2^p = 2^{p+1}$. A segunda condição requer que $|y| \geq 1$; portanto, $2^p < |xyyz| < 2^{p+1}$. O comprimento de $xyyz$ não pode ser uma potência de 2. Logo, $xyyz$ não é um membro de A_3, uma contradição. Conseqüentemente, A_3 não é regular.

1.40 Seja $M = (Q, \Sigma, \delta, q_0, F)$ um **AFN** reconhecendo A, sendo A uma linguagem regular. Construa $M' = (Q', \Sigma, \delta', q_0', F')$ reconhecendo NÃOPREFIXO(A) como segue:

1. $Q' = Q$.
2. Para $r \in Q'$ e $a \in \Sigma$ defina $\delta'(r, a) = \begin{cases} \delta(r, a) & \text{se } r \notin F \\ \emptyset & \text{se } r \in F. \end{cases}$
3. $q_0' = q_0$.
4. $F' = F$.

1.44 Seja $M_B = (Q_B, \Sigma, \delta_B, q_B, F_B)$ e $M_C = (Q_C, \Sigma, \delta_C, q_C, F_C)$ **AFD**s reconhecendo B e C, respectivamente. Construa o **AFN** $M = (Q, \Sigma, \delta, q_0, F)$ que reconhece $B \stackrel{1}{\leftarrow} C$ como segue. Para decidir se sua entrada w está em $B \stackrel{1}{\leftarrow} C$, a máquina M verifica se $w \in B$ e, em paralelo, não-deterministicamente conjectura uma cadeia y que contenha o mesmo número 1s que os contidos em w e verifica se $y \in C$.

1. $Q = Q_B \times Q_C$.

2. Para $(q, r) \in Q$ e $a \in \Sigma$ defina

$$\delta((q,r),a) = \begin{cases} \{(\delta_B(q,0),r)\} & \text{se } a = 0 \\ \{(\delta_B(q,1), \delta_C(r,1))\} & \text{se } a = 1 \\ \{(q, \delta_C(r,0))\} & \text{se } a = \varepsilon. \end{cases}$$

3. $q_0 = (q_B, q_C)$.
4. $F = F_B \times F_C$.

1.46 (b) Seja $B = \{0^m 1^n \mid m \neq n\}$. Observe que $\overline{B} \cap 0^*1^* = \{0^k 1^k \mid k \geq 0\}$. Se fosse B regular, então $\overline{B}$ seria regular e, assim, também o seria $\overline{B} \cap 0^*1^*$. Mas, já sabemos que $\{0^k 1^k \mid k \geq 0\}$ não é regular, e, portanto, B não pode ser regular.

Alternativamente, podemos provar que B não é regular usando o lema do bombeamento diretamente, embora seja mais complicado fazê-lo. Suponha que $B = \{0^m 1^n \mid m \neq n\}$ seja regular. Seja p o comprimento de bombeamento dado pelo lema do bombeamento. Observe que $p!$ é divisível por todos os inteiros de 1 até p, onde $p! = p(p-1)(p-2) \cdots 1$. A cadeia $s = 0^p 1^{p+p!} \in B$, e $|s| \geq p$. Logo, o lema do bombeamento implica que s pode ser dividida como xyz com $x = 0^a$, $y = 0^b$ e $z = 0^c 1^{p+p!}$, onde $b \geq 1$ e $a + b + c = p$. Seja s' a cadeia $xy^{i+1}z$, onde $i = p!/b$. Então $y^i = 0^{p!}$ e, assim, $y^{i+1} = 0^{b+p!}$ e, logo, $xyz = 0^{a+b+c+p!} 1^{p+p!}$. Isso dá $xyz = 0^{p+p!} 1^{p+p!} \notin B$, uma contradição.

1.50 Suponha, ao contrário, que algum TEF T dá como saída w^R sobre a entrada w. Considere as cadeias de entrada 00 e 01. Sobre a entrada 00, T deve dar como saída 00, e sobre a entrada 01, T deve dar como saída 10. Em ambos os casos, o primeiro bit da entrada é um 0, mas os primeiros bits das saídas diferem. Operar dessa maneira é impossível para um TEF porque ele produz seu primeiro bit de saída antes de ler seu segundo bit de entrada. Portanto, não pode existir tal TEF.

1.52 (a) Provamos essa asserção por contradição. Seja M um AFD de k estados que reconhece L. Suponha, para efeito de uma contradição, que L tem índice maior que k. Isso significa que algum conjunto X com mais que k elementos é distinguível duas-a-duas por L. Em razão de M ter k estados, o princípio da casa de pombos implica que X contém duas cadeias distintas x e y, onde $\delta(q_0, x) = \delta(q_0, y)$. Aqui $\delta(q_0, x)$ é o estado no qual M está após iniciar no estado q_0 e ler a cadeia de entrada x. Então, para qualquer cadeia $z \in \Sigma^*$, $\delta(q_0, xz) = \delta(q_0, yz)$. Conseqüentemente, ou ambas xz e yz estão em L ou nenhuma delas está em L. Mas então x e y não são distinguíveis por L, contradizendo nossa suposição de que X é distinguível duas-a-duas por L.

(b) Suponha que $X = \{s_1, \ldots, s_k\}$ seja distinguível duas-a-duas por L. Construímos um AFD $M = (Q, \Sigma, \delta, q_0, F)$ com k estados reconhecendo L. Seja $Q = \{q_1, \ldots, q_k\}$, e defina $\delta(q_i, a)$ como sendo q_j, onde $s_j \equiv_L s_i a$ (a relação $\equiv_L$ é definida no Problema 1.51). Note que $s_j \equiv_L s_i a$ para alguma $s_j \in X$; caso contrário, $X \cup s_i a$ teria $k + 1$ elementos e seria distinguível duas-a-duas por L, o que contradiria a suposição de que L tem índice k. Seja $F = \{q_i \mid s_i \in L\}$. Suponha que o estado inicial q_0 seja o q_i tal que $s_i \equiv_L \varepsilon$. M é construído de modo que, para qualquer estado q_i, $\{s \mid \delta(q_0, s) = q_i\} = \{s \mid s \equiv_L s_i\}$. Logo, M reconhece L.

(c) Suponha que L seja regular e suponha que k seja o número de estados em um AFD que reconhece L. Então do item (a) L tem índice no máximo k. Reciprocamente, se L tem índice k, então pelo item (b) ela é reconhecida por um AFD com k estados e, portanto, é regular. Para mostrar que o índice de L é o tamanho do menor AFD que a aceita, suponha que o índice de L é *exatamente* k. Então, pelo item (b), existe um AFD com k-estados que aceita L. Esse é o tal menor AFD porque se fosse algo menor, então poderíamos mostrar pelo item (a) que o índice de L é menor que k.

1.55 **(a)** O menor comprimento de bombeamento é 4. A cadeia 000 está na linguagem mas não pode ser bombeada, assim, 3 não é um comprimento de bombeamento para essa linguagem. Se s tem comprimento 4 ou mais, ela contém 1s. Dividindo s em xyz, onde x é 000, y é o primeiro 1 e z é o restante, satisfazemos as três condições do lema do bombeamento.

(b) O comprimento de bombeamento mínimo é 1. O comprimento de bombeamento não pode ser 0 porque a cadeia ε está na linguagem e não pode ser bombeada. Toda cadeia não vazia na linguagem pode ser dividida em xyz, onde $x = \varepsilon$, y é o primeiro símbolo e z é o resto. Essa divisão satisfaz as três condições.

(d) O menor comprimento de bombeamento é 3. O comprimento de bombeamento não pode ser 2 porque a cadeia 11 está na linguagem e não pode ser bombeada. Seja s uma cadeia na linguagem de comprimento no mínimo 3. Se s é gerada por 0*1⁺0⁺1*, podemos escrevê-la como xyz, onde x é a cadeia vazia, y é o primeiro símbolo de s e z é o resto de s. Partindo s dessa maneira mostra que ela não pode ser bombeada. Se s é gerada por 10*1, podemos escrevê-la como xyz, onde $x = 1$, $y = 0$ e z é o resto de s. Essa divisão dá uma maneira de bombear s.

LINGUAGENS
LIVRES-DO-CONTEXTO

No Capítulo 1 introduzimos dois métodos diferentes, embora equivalentes, de descrever linguagens: *autômatos finitos* e *expressões regulares*. Mostramos que muitas linguagens podem ser descritas dessa maneira, mas que algumas linguagens simples, como $\{0^n 1^n |\ n \geq 0\}$, não podem.

Neste capítulo, apresentamos **gramáticas livres-do-contexto**, um método mais poderoso de descrever linguagens. Tais gramáticas podem descrever certas características que têm uma estrutura recursiva, o que as torna úteis em uma variedade de aplicações.

Gramáticas livres-do-contexto foram primeiramente utilizadas no estudo de linguagens humanas. Uma maneira de entender o relacionamento de termos tais como *nome*, *verbo* e *preposição* e suas respectivas frases leva a uma recursão natural, porque frases nominais podem aparecer dentro de frases verbais e vice-versa. Gramáticas livres-do-contexto podem capturar aspectos importantes desses relacionamentos.

Uma aplicação importante de gramáticas livres-do-contexto ocorre na especificação e compilação de linguagens de programação. Uma gramática para uma linguagem de programação freqüentemente aparece como uma referência para pessoas tentando aprender a sintaxe da linguagem. Projetistas de compiladores e interpretadores para linguagens de programação freqüentemente começam obtendo uma gramática para a linguagem. A maioria dos compiladores e interpretadores contém um componente chamado **analisador** que extrai o significado de um programa antes de gerar o código compilado ou realizar a execução interpretada. Várias metodologias facilitam a construção de um analisador uma vez que uma gramática livre-do-contexto esteja disponível. Algumas ferramentas até geram automaticamente o analisador a partir da gramática.

A coleção de linguagens associadas com gramáticas livres-do-contexto são denominadas **linguagens livres-do-contexto**. Elas incluem todas as linguagens regulares e muitas linguagens adicionais. Neste capítulo, damos uma definição formal de gramáticas livres-do-contexto e estudamos as propriedades de linguagens livres-do-contexto. Também introduzimos **autômatos com pilha**, uma classe de máquinas que reconhecem as linguagens livres-do-contexto. Autômatos com pilha são úteis porque nos permitem ganhar melhor percepção sobre o poder de linguagens livres-do-contexto.

2.1
GRAMÁTICAS LIVRES-DO-CONTEXTO

Segue um exemplo de uma gramática livre-do-contexto, que chamamos G_1.

$$A \to 0A1$$
$$A \to B$$
$$B \to \#$$

Uma gramática consiste de uma coleção de **regras de substituição**, também denominadas **produções**. Cada regra aparece como uma linha na gramática, compreendendo um símbolo e uma cadeia separados por uma seta. O símbolo é chamado de uma **variável**. A cadeia é constituída de variáveis e outros símbolos chamados de **terminais**. Os símbolos de variáveis freqüentemente são representados por letras maiúsculas. Os terminais são análogos ao alfabeto de entrada e freqüentemente são representados por letras minúsculas, números ou símbolos especiais. Uma variável é designada como a **variável inicial**. Ela geralmente ocorre no lado esquerdo da primeira regra. Por exemplo, a gramática G_1 contém três regras. As variáveis de G_1 são A e B, e A é a variável inicial. Seus terminais são 0, 1, e #.

Você usa uma gramática para descrever uma linguagem gerando cada cadeia dessa linguagem da seguinte maneira.

1. Escreva a variável inicial. Ela é a variável no lado esquerdo da primeira regra, a menos que especificado em contrário.
2. Encontre uma variável que esteja escrita e uma regra que comece com essa variável. Substitua a variável escrita pelo lado direito dessa regra.
3. Repita o passo 2 até que não reste nenhuma variável.

Por exemplo, a gramática G_1 gera a cadeia 000#111. A seqüência de substituições para obter uma cadeia é denominada **derivação**. Uma derivação da cadeia

000#111 na gramática G_1 é

$$A \Rightarrow 0A1 \Rightarrow 00A11 \Rightarrow 000A111 \Rightarrow 000B111 \Rightarrow 000\#111$$

Você também pode representar a mesma informação pictorialmente com uma *árvore sintática*. Um exemplo de árvore sintática está mostrado na Figura 2.1.

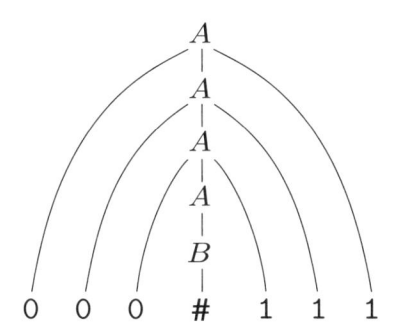

FIGURA 2.1
Árvore sintática para 000#111 na gramática G_1.

O conjunto de todas as cadeias geradas dessa maneira constitui a **linguagem da gramática**. Escrevemos $L(G_1)$ para a linguagem da gramática G_1. Alguma experimentação com a gramática G_1 nos mostra que $L(G_1)$ é $\{0^n\#1^n\mid n \geq 0\}$. Qualquer linguagem que pode ser gerada por alguma gramática livre-do-contexto é chamada uma **linguagem livre-do-contexto** (LLC). Por conveniência quando apresentamos uma gramática livre-do-contexto, abreviamos várias regras com a mesma variável no lado esquerdo, tais como $A \to 0A1$ e $A \to B$, em uma única linha $A \to 0A1 \mid B$, usando o símbolo " $\mid$ " como "ou."

O que vem a seguir é um segundo exemplo de gramática livre-do-contexto, chamada G_2, que descreve um fragmento da língua inglesa.

$$\begin{aligned}
\langle\text{SENTENCE}\rangle &\to \langle\text{NOUN-PHRASE}\rangle\langle\text{VERB-PHRASE}\rangle \\
\langle\text{NOUN-PHRASE}\rangle &\to \langle\text{CMPLX-NOUN}\rangle \mid \langle\text{CMPLX-NOUN}\rangle\langle\text{PREP-PHRASE}\rangle \\
\langle\text{VERB-PHRASE}\rangle &\to \langle\text{CMPLX-VERB}\rangle \mid \langle\text{CMPLX-VERB}\rangle\langle\text{PREP-PHRASE}\rangle \\
\langle\text{PREP-PHRASE}\rangle &\to \langle\text{PREP}\rangle\langle\text{CMPLX-NOUN}\rangle \\
\langle\text{CMPLX-NOUN}\rangle &\to \langle\text{ARTICLE}\rangle\langle\text{NOUN}\rangle \\
\langle\text{CMPLX-VERB}\rangle &\to \langle\text{VERB}\rangle \mid \langle\text{VERB}\rangle\langle\text{NOUN-PHRASE}\rangle \\
\langle\text{ARTICLE}\rangle &\to \texttt{a} \mid \texttt{the} \\
\langle\text{NOUN}\rangle &\to \texttt{boy} \mid \texttt{girl} \mid \texttt{flower} \\
\langle\text{VERB}\rangle &\to \texttt{touches} \mid \texttt{likes} \mid \texttt{sees} \\
\langle\text{PREP}\rangle &\to \texttt{with}
\end{aligned}$$

A gramática G_2 tem dez variáveis (os termos gramaticais em maiúsculas escritos dentro de colchetes); 27 terminais (o alfabeto inglês-padrão mais um caractere de espaço em branco); e 18 regras. As cadeias em $L(G_2)$ incluem os três exemplos seguintes.

```
a boy sees
the boy sees a flower
a girl with a flower likes the boy
```

Cada uma dessas cadeias tem uma derivação na gramática G_2. A seguir está uma derivação da primeira cadeia nessa lista.

$$\begin{aligned}
\langle \text{SENTENCE} \rangle &\Rightarrow \langle \text{NOUN-PHRASE} \rangle \langle \text{VERB-PHRASE} \rangle \\
&\Rightarrow \langle \text{CMPLX-NOUN} \rangle \langle \text{VERB-PHRASE} \rangle \\
&\Rightarrow \langle \text{ARTICLE} \rangle \langle \text{NOUN} \rangle \langle \text{VERB-PHRASE} \rangle \\
&\Rightarrow \text{a } \langle \text{NOUN} \rangle \langle \text{VERB-PHRASE} \rangle \\
&\Rightarrow \text{a boy } \langle \text{VERB-PHRASE} \rangle \\
&\Rightarrow \text{a boy } \langle \text{CMPLX-VERB} \rangle \\
&\Rightarrow \text{a boy } \langle \text{VERB} \rangle \\
&\Rightarrow \text{a boy sees}
\end{aligned}$$

DEFINIÇÃO FORMAL DE UMA GRAMÁTICA LIVRE-DO-CONTEXTO

Vamos formalizar nossa noção de gramática livre-do-contexto (GLC).

DEFINIÇÃO 2.2

Uma ***gramática livre-do-contexto*** é uma 4-upla (V, Σ, R, S), onde

1. V é um conjunto finito denonimado ***variáveis***,
2. Σ é um conjunto finito, disjunto de V, denominado ***terminais***,
3. R é um conjunto finito de ***regras***, com cada regra sendo uma variável e uma cadeia de variáveis e terminais, e
4. $S \in V$ é a variável inicial.

Se u, v e w são cadeias de variáveis e terminais, e $A \to w$ é uma regra da gramática, dizemos que uAv ***origina*** uwv, escrito $uAv \Rightarrow uwv$. Digamos que u ***deriva*** v, escrito $u \stackrel{*}{\Rightarrow} v$, se $u = v$ ou se existe uma seqüência $u_1, u_2, \ldots, u_k$ para $k \geq 0$ e

$$u \Rightarrow u_1 \Rightarrow u_2 \Rightarrow \ldots \Rightarrow u_k \Rightarrow v.$$

A ***linguagem da gramática*** é $\{w \in \Sigma^* |\ S \stackrel{*}{\Rightarrow} w\}$.

Na gramática G_1, $V = \{A, B\}$, $\Sigma = \{0, 1, \#\}$, $S = A$ e R é a coleção das três regras que aparecem na página 104. Na gramática G_2,

$$V = \{\langle \text{SENTENCE} \rangle, \langle \text{NOUN-PHRASE} \rangle, \langle \text{VERB-PHRASE} \rangle,$$
$$\langle \text{PREP-PHRASE} \rangle, \langle \text{CMPLX-NOUN} \rangle, \langle \text{CMPLX-VERB} \rangle,$$
$$\langle \text{ARTICLE} \rangle, \langle \text{NOUN} \rangle, \langle \text{VERB} \rangle, \langle \text{PREP} \rangle\},$$

e $\Sigma = \{\text{a, b, c}, \ldots, \text{z}, \text{" "}\}$. O símbolo " " é o símbolo para o espaço em branco, colocado invisivelmente após cada palavra (a, boy etc.), de modo que as palavras não vão se juntar.

Freqüentemente especificamos uma gramática escrevendo somente suas regras. Podemos identificar as variáveis como os símbolos que aparecem no lado esquerdo das regras e os terminais como os símbolos remanescentes. Por convenção, a variável inicial é a colocada no lado esquerdo da primeira regra.

EXEMPLOS DE GRAMÁTICAS LIVRES-DO-CONTEXTO

EXEMPLO 2.3

Considere a gramática $G_3 = (\{S\}, \{\text{a, b}\}, R, S)$. O conjunto de regras, R, é

$$S \to \text{a}S\text{b} \mid SS \mid \varepsilon.$$

Essa gramática gera cadeias tais como abab, aaabbb, e aababb. Você pode ver mais facilmente o que essa linguagem é se pensar em a como um parêntese à esquerda "(" e b como um parêntese à direita ")". Vista dessa forma, $L(G_3)$ é a linguagem de todas as cadeias de parênteses apropriadamente aninhados.

EXEMPLO 2.4

Considere a gramática $G_4 = (V, \Sigma, R, \langle \text{EXPR} \rangle)$.
V é $\{\langle \text{EXPR} \rangle, \langle \text{TERM} \rangle, \langle \text{FACTOR} \rangle\}$ e Σ é $\{\text{a}, +, \text{x}, (,)\}$. As regras são

$$\langle \text{EXPR} \rangle \to \langle \text{EXPR} \rangle + \langle \text{TERM} \rangle \mid \langle \text{TERM} \rangle$$
$$\langle \text{TERM} \rangle \to \langle \text{TERM} \rangle \text{x} \langle \text{FACTOR} \rangle \mid \langle \text{FACTOR} \rangle$$
$$\langle \text{FACTOR} \rangle \to (\langle \text{EXPR} \rangle) \mid \text{a}$$

As duas cadeias a+axa e (a+a)xa podem ser geradas com a gramática G_4. As árvores sintáticas são mostradas na Figura 2.5.

Um compilador traduz o código escrito em uma linguagem de programação para outra forma, usualmente mais adequada para a execução. Para fazer isso, o compilador extrai o significado do código a ser compilado em um processo chamado de **análise sintática**. Uma representação desse significado é a árvore sintática para o código, na gramática livre-do-contexto para a linguagem de programação. Discutiremos um algoritmo que faz análise sintática de linguagens livres-do-contexto adiante no Teorema 7.16 e no Problema 7.43.

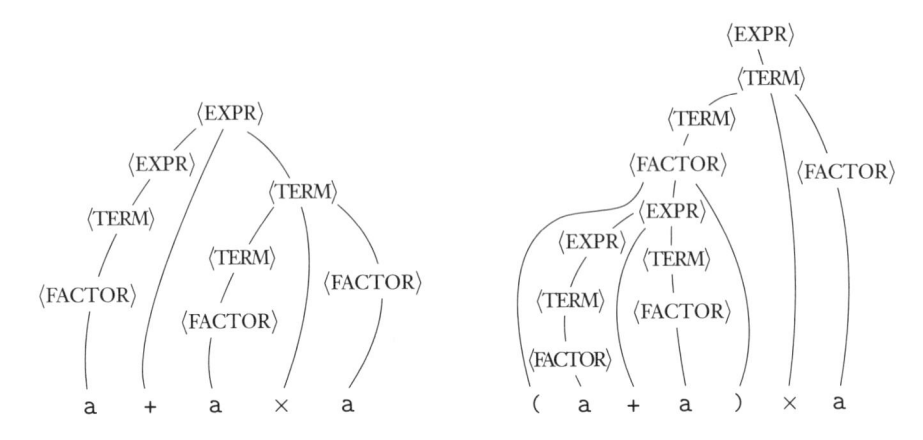

FIGURA 2.5
Árvores sintáticas para as cadeias a+a×a e (a+a)×a.

A gramática G_4 descreve um fragmento de uma linguagem de programação que lida com expressões aritméticas. Observe como as árvores sintáticas na Figura 2.5 "agrupam" as operações. A árvore para a+a×a agrupa o operador × e seus operandos (os dois últimos as) como um operando do operador +. Na árvore para (a+a)×a, o agrupamento é revertido. Esses agrupamentos estão de acordo com a precedência-padrão da multiplicação antes da adição e com o uso de parênteses para sobrepujar a precedência-padrão. A gramática G_4 é projetada para capturar essas relações de precedência.

PROJETANDO GRAMÁTICAS LIVRES-DO-CONTEXTO (GLC)

Tal qual com o projeto de autômatos finitos, discutido na Seção 1.1 (página 41), o projeto de gramáticas livres-do-contexto requer criatividade. De fato, gramáticas livres-do-contexto são ainda mais complicadas de construir que autômatos finitos porque estamos mais acostumados a programar uma máquina para tarefas específicas que a descrever linguagens com gramáticas. As técnicas seguintes são úteis, isoladamente ou em combinação, quando você se confronta com o problema de construir uma GLC.

Primeiro, muitas LLCs são a união de LLCs mais simples. Se você tem que construir uma GLC para uma LLC que você pode quebrar em partes mais simples, faça isso e aí então construa gramáticas individuais para cada parte. Essas gramáticas individuais podem ser facilmente reunidas em uma gramática para a linguagem original combinando suas regras e então adicionando a nova regra $S \to S_1 \mid S_2 \mid \cdots \mid S_k$, onde as variáveis S_i são as variáveis iniciais para as gramáticas individuais. Resolver vários problemas mais simples é freqüentemente mais fácil que resolver um problema complicado.

Por exemplo, para obter uma gramática para a linguagem $\{0^n1^n|\ n\geq 0\} \cup \{1^n0^n|\ n\geq 0\}$, primeiro construa a gramática

$$S_1 \to 0S_11\ |\ \varepsilon$$

para a linguagem $\{0^n1^n|\ n \geq 0\}$ e a gramática

$$S_2 \to 1S_20\ |\ \varepsilon$$

para a linguagem $\{1^n0^n|\ n \geq 0\}$ e então adicione a regra $S \to S_1\ |\ S_2$ para dar a gramática

$$\begin{aligned}S &\to S_1\ |\ S_2 \\ S_1 &\to 0S_11\ |\ \varepsilon \\ S_2 &\to 1S_20\ |\ \varepsilon\ .\end{aligned}$$

Segundo, construir uma GLC para uma linguagem que acontece de ser regular é fácil se você puder primeiro construir um AFD para essa linguagem. Você pode converter qualquer AFD numa GLC equivalente da seguinte maneira. Pegue uma variável R_i para cada estado q_i do AFD. Adicione a regra $R_i \to aR_j$ à GLC se $\delta(q_i, a) = q_j$ for uma transição no AFD. Adicione a regra $R_i \to \varepsilon$ se q_i for estado de aceitação do AFD. Faça R_0 a variável inicial da gramática, onde q_0 é o estado inicial da máquina. Verifique, por você mesmo, que a GLC resultante gera a mesma linguagem que o AFD reconhece.

Terceiro, certas linguagens livres-do-contexto contêm cadeias com duas subcadeias que são "ligadas" no sentido de que uma máquina para uma linguagem como essa precisaria memorizar uma quantidade ilimitada de informação sobre uma das subcadeias para verificar que ela corresponde apropriadamente à outra subcadeia. Essa situação ocorre na linguagem $\{0^n1^n|\ n \geq 0\}$, porque uma máquina precisaria memorizar o número de 0s de modo a verificar que ele é igual ao número de 1s. Você pode construir uma GLC para lidar com essa situação usando uma regra da forma $R \to uRv$, que gera cadeias nas quais a parte contendo os *u*s corresponde à parte contendo os *v*s.

Finalmente, em linguagens mais complexas, as cadeias podem conter certas estruturas que aparecem recursivamente como parte de outras estruturas (ou delas mesmas). Essa situação ocorre na gramática que gera expressões aritméticas no Exemplo 2.4. Sempre que o símbolo a aparece, em vez dele uma expressão parentizada inteira pode aparecer recursivamente. Para atingir esse efeito, coloque o símbolo da variável que gera a estrutura na posição das regras correspondente a onde aquela estrutura pode aparecer recursivamente.

AMBIGÜIDADE

Às vezes uma gramática pode gerar a mesma cadeia de várias maneiras diferentes. Tal cadeia terá várias árvores sintáticas diferentes e, portanto, vários significados diferentes. Esse resultado pode ser indesejável para certas aplicações, como em linguagens de programação, onde um dado programa deve ter uma única interpretação.

Se uma gramática gera a mesma cadeia de várias maneiras diferentes, dizemos que a cadeia é derivada *ambiguamente* nessa gramática. Se uma gramática gera alguma cadeia ambiguamente, dizemos que a gramática é *ambígua*.

Por exemplo, considere a gramática G_5:

$$\langle \text{EXPR} \rangle \to \langle \text{EXPR} \rangle + \langle \text{EXPR} \rangle \mid \langle \text{EXPR} \rangle \times \langle \text{EXPR} \rangle \mid (\langle \text{EXPR} \rangle) \mid \text{a}$$

Essa gramática gera a cadeia a+axa ambiguamente. A figura abaixo mostra as duas árvores sintáticas diferentes.

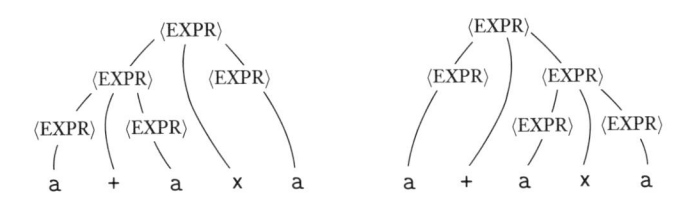

FIGURA 2.6
As duas árvores sintáticas para a cadeia a+axa na gramática G_5.

Essa gramática não captura as relações de precedência usuais e, portanto, pode agrupar o + antes do × ou vice-versa. Por outro lado, a gramática G_4 gera exatamente a mesma linguagem, mas toda cadeia gerada tem uma árvore sintática única. Logo, G_4 é não-ambígua, enquanto G_5 é ambígua.

A gramática G_2 (página 105) é um outro exemplo de uma gramática ambígua. A sentença `the girl touches the boy with the flower` tem duas derivações diferentes. No Exercício 2.8 pede-se que você dê as duas árvores sintáticas e observe sua correspondência com as duas maneiras diferentes de ler essa sentença.

Agora, formalizamos a noção de ambigüidade. Quando dizemos que uma gramática gera uma cadeia ambiguamente, queremos dizer que a cadeia tem duas árvores sintáticas diferentes, e não duas derivações diferentes. Duas derivações podem diferir meramente pela ordem na qual elas substituem variáveis e ainda assim não na sua estrutura geral. Para nos concentrarmos na estrutura, definimos um tipo de derivação que substitui variáveis em uma ordem fixa. Uma derivação de uma cadeia w em uma gramática G é uma ***derivação mais à esquerda*** se a cada passo a variável remanescente mais à esquerda é aquela que é substituída. A derivação que precede a Definição 2.2 (página 106) é uma derivação mais à esquerda.

DEFINIÇÃO 2.7

Uma cadeia w é derivada ***ambiguamente*** na gramática livre-do-contexto G se ela tem duas ou mais derivações mais à esquerda diferentes. A gramática G é ***ambígua*** se ela gera alguma cadeia ambiguamente.

Às vezes quando temos uma gramática ambígua podemos encontrar uma gramática não-ambígua que gera a mesma linguagem. Algumas linguagens livres-do-contexto, entretanto, podem ser geradas apenas por gramáticas ambíguas. Tais linguagens são chamadas ***inerentemente ambíguas***. O Problema 2.29 pede que você prove que a linguagem $\{a^i b^j c^k |\ i = j$ ou $j = k\}$ é inerentemente ambígua.

FORMA NORMAL DE CHOMSKY

Quando se trabalha com linguagens livres-do-contexto, é freqüentemente conveniente tê-las em forma simplificada. Uma das formas mais simples e mais úteis é chamada forma normal de Chomsky. A forma normal de Chomsky é útil quando se quer dar algoritmos para trabalhar com gramáticas livres-do-contexto, como fazemos nos Capítulos 4 e 7.

DEFINIÇÃO 2.8

Uma gramática livre-do-contexto está na ***forma normal de Chomsky*** se toda regra é da forma

$$A \to BC$$
$$A \to a$$

onde a é qualquer terminal e A, B e C são quaisquer variáveis — exceto que B e C não podem ser a variável inicial. Adicionalmente, permitimos a regra $S \to \varepsilon$, onde S é a variável inicial.

TEOREMA 2.9 ....

Qualquer linguagem livre-do-contexto é gerada por uma gramática livre-do-contexto na forma normal de Chomsky.

IDÉIA DA PROVA Podemos converter qualquer gramática G na forma normal de Chomsky. A conversão tem vários estágios nos quais as regras que violam as condições são substituídas por regras equivalentes que são satisfatórias. Primeiro, adicionamos uma nova variável inicial. Então, eliminamos todas as **regras** ε da forma $A \to \varepsilon$. Também eliminamos todas as **regras unitárias** da forma $A \to B$. Em ambos os casos, corrigimos a gramática para garantir que ela ainda gere a mesma linguagem. Finalmente, convertemos as regras remanescentes na forma apropriada.

PROVA Primeiro, adicionamos uma nova variável inicial S_0 e a regra $S_0 \to S$, na qual S era a variável inicial original. Essa mudança garante que a variável inicial não ocorre no lado direito de uma regra.

Segundo, cuidamos de todas as regras ε. Removemos uma regra ε, $A \to \varepsilon$, em que A não é a variável inicial. Então, para cada ocorrência de A no lado direito de uma regra, adicionamos uma nova regra com essa ocorrência apagada. Em outras palavras, se $R \to uAv$ é uma regra na qual u e v são cadeias de variáveis e terminais, adicionamos a regra $R \to uv$. Fazemos isso para cada *ocorrência* de A, de modo que a regra $R \to uAvAw$ nos leva a adicionar $R \to uvAw$, $R \to uAvw$ e $R \to uvw$. Se tivermos a regra $R \to A$, adicionamos $R \to \varepsilon$ a menos que tivéssemos previamente removido a regra $R \to \varepsilon$. Repetimos esses passos até que eliminemos todas as regras ε que não envolvem a variável inicial.

Terceiro, lidamos com todas as regras unitárias. Removemos uma regra unitária $A \to B$. Então, sempre que uma regra $B \to u$ aparece, adicionamos a regra $A \to u$, a menos que isso tenha sido uma regra unitária previamente removida. Como antes, u é uma cadeia de variáveis e terminais. Repetimos esses passos até que eliminemos todas as regras unitárias.

Finalmente, convertemos todas as regras remanescentes para a forma apropriada. Substituímos cada regra $A \to u_1 u_2 \cdots u_k$, onde $k \geq 3$ e cada u_i é uma variável ou símbolo terminal, pelas regras $A \to u_1 A_1$, $A_1 \to u_2 A_2$, $A_2 \to u_3 A_3$, $\ldots$, e $A_{k-2} \to u_{k-1} u_k$. Os A_is são novas variáveis. Se $k = 2$, substituímos qualquer terminal u_i na(s) regra(s) precedente(s) com a nova variável U_i e adicionamos a regra $U_i \to u_i$.

EXEMPLO 2.10

Suponha que G_6 seja a GLC abaixo e converta-a para a forma normal de Chomsky usando o procedimento de conversão que acaba de ser dado. A série de gramáticas apresentadas ilustra os passos na conversão. As regras mostradas em negrito acabaram de ser adicionadas. As regras mostradas em cinza (como em "$cinza$") acabaram de ser removidas.

1. A GLC original G_6 é mostrada à esquerda. O resultado de se aplicar o primeiro passo para introduzir uma nova variável inicial aparece à direita.

$S \to ASA \mid \text{a}B$
$A \to B \mid S$
$B \to \text{b} \mid \varepsilon$

$S_0 \to S$
$S \to ASA \mid \text{a}B$
$A \to B \mid S$
$B \to \text{b} \mid \varepsilon$

2. Remova as regras ε $B \to \varepsilon$, mostrado à esquerda, e $A \to \varepsilon$, mostrado à direita.

$S_0 \to S$
$S \to ASA \mid \text{a}B \mid \textbf{a}$
$A \to B \mid S \mid \boldsymbol{\varepsilon}$
$B \to \text{b} \mid \varepsilon$

$S_0 \to S$
$S \to ASA \mid \text{a}B \mid \textbf{a} \mid \boldsymbol{SA} \mid \boldsymbol{AS} \mid \boldsymbol{S}$
$A \to B \mid S \mid \boldsymbol{\varepsilon}$
$B \to \text{b}$

3a. Remova regras unitárias $S \to S$, mostrado à esquerda, e $S_0 \to S$, mostrado à direita.

$S_0 \to S$
$S \to ASA \mid \text{a}B \mid \text{a} \mid SA \mid AS \mid S$
$A \to B \mid S$
$B \to \text{b}$

$S_0 \to S \mid \boldsymbol{ASA} \mid \textbf{a}\boldsymbol{B} \mid \textbf{a} \mid \boldsymbol{SA} \mid \boldsymbol{AS}$
$S \to ASA \mid \text{a}B \mid \text{a} \mid SA \mid AS$
$A \to B \mid S$
$B \to \text{b}$

3b. Remova as regras unitárias $A \to B$ e $A \to S$.

$S_0 \to ASA \mid \text{a}B \mid \text{a} \mid SA \mid AS$
$S \to ASA \mid \text{a}B \mid \text{a} \mid SA \mid AS$
$A \to B \mid S \mid \textbf{b}$
$B \to \text{b}$

$S_0 \to ASA \mid \text{a}B \mid \text{a} \mid SA \mid AS$
$S \to ASA \mid \text{a}B \mid \text{a} \mid SA \mid AS$
$A \to S \mid \text{b} \mid \boldsymbol{ASA} \mid \textbf{a}\boldsymbol{B} \mid \textbf{a} \mid \boldsymbol{SA} \mid \boldsymbol{AS}$
$B \to \text{b}$

4. Converta as regras remanescentes para a forma apropriada acrescentando variáveis e regras adicionais. A gramática final em forma normal de Chomsky, a seguir, é equivalente a G_6. (Na realidade, o procedimento dado no Teorema 2.9 produz diversas variáveis U_i juntamente com várias regras $U_i \to \text{a}$. Simplificamos a gramática resultante usando uma única variável U e a regra $U \to \text{a}$.)

$S_0 \to AA_1 \mid UB \mid \text{a} \mid SA \mid AS$
$S \to AA_1 \mid UB \mid \text{a} \mid SA \mid AS$
$A \to \text{b} \mid AA_1 \mid UB \mid \text{a} \mid SA \mid AS$
$A_1 \to SA$
$U \to \text{a}$
$B \to \text{b}$

2.2

AUTÔMATO COM PILHA

Nesta seção introduzimos um novo tipo de modelo computacional denominado *autômato com pilha*. Esses autômatos são como autômatos finitos não-determinísticos, mas têm um componente extra chamado *pilha*. A pilha provê memória adicional além da quantidade finita disponível no controle. A pilha permite que o autômato com pilha reconheça algumas linguagens não-regulares.

Autômatos com pilha são equivalentes em poder a gramáticas livres-do-contexto. Essa equivalência é útil porque ela nos dá duas opções para provar que uma linguagem é livre-do-contexto. Podemos dar ou uma gramática livre-do-contexto que a gera ou um autômato com pilha que a reconhece. Certas linguagens são mais facilmente descritas em termos de geradores, enquanto outras são mais facilmente descritas em termos de reconhecedores.

A figura abaixo é uma representação esquemática de um autômato finito. O controle representa os estados e a função de transição, a fita contém a cadeia de entrada, e a seta representa a cabeça de entrada, apontando para o próximo símbolo de entrada a ser lido.

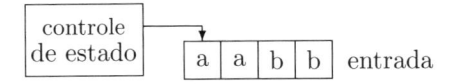

FIGURA 2.11
Esquemática de um autômato finito.

Com a adição de um componente pilha, obtemos uma representação esquemática de um autômato com pilha, como mostrado na figura a seguir.

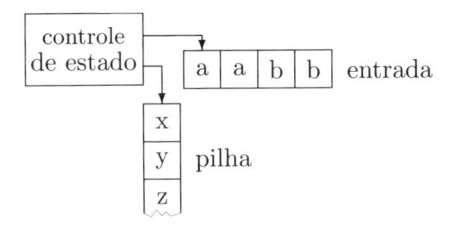

FIGURA 2.12
Esquemática de um autômato com pilha.

Um autômato com pilha (AP) pode escrever símbolos sobre a fita e lê-los de volta mais tarde. Escrever um símbolo "empurra para baixo" todos os outros símbolos sobre a pilha. Em qualquer momento, o símbolo no topo da pilha pode ser lido e removido. Os símbolos remanescentes então voltam a subir. Escrever um símbolo na pilha é freqüentemente referenciado como ***empilhar*** o símbolo, e remover um símbolo é referenciado como ***desempilhá-lo***. Note que todo acesso à pilha, tanto para ler como para escrever, pode ser feito somente no topo. Em outras palavras, uma pilha é um dispositivo de memória do tipo "o último que entra é o primeiro que sai". Se uma certa informação for escrita na pilha e uma informação adicional for escrita posteriormente, a informação anterior se torna inacessível até que a última informação seja removida.

Os pratos em um balcão de serviço de uma cafeteria ilustram uma pilha. A pilha de pratos repousa sobre uma mola, de tal forma que quando um novo prato é colocado no topo da pilha, os pratos abaixo dele descem. A pilha em um autômato com pilha é como uma pilha de pratos, com cada prato tendo um símbolo escrito nela.

Uma pilha tem muita utilidade porque ela pode conter uma quantidade ilimitada de informação. Lembremo-nos de que um autômato finito é incapaz de reconhecer a linguagem $\{0^n 1^n \mid n \geq 0\}$ porque ele não pode armazenar números muito grandes em sua memória finita. Um AP é capaz de reconhecer essa linguagem porque ele pode usar sua pilha para armazenar o número de 0s que ele já viu. Portanto, a natureza ilimitada de uma pilha permite ao AP armazenar números de tamanho ilimitado. A descrição informal que se segue mostra como o autômato para essa linguagem funciona.

> Leia os símbolos da entrada. À medida que cada 0 é lido, empilhe-o. Assim que os 1s forem vistos, desempilhe um 0 para cada 1 lido. Se a leitura da entrada for terminada exatamente quando a pilha fica vazia de 0s, aceite a entrada. Se a pilha fica vazia enquanto 1s permanecem ou se os 1s se acabam enquanto a pilha ainda contém 0s ou se quaisquer 0s aparecem na entrada após os 1s, rejeite a entrada.

Como mencionado anteriormente, os autômatos com pilha podem ser não-determinísticos. Autômatos com pilha determinísticos e não-determinísticos *não* são equivalentes em poder. Autômatos com pilha não-determinísticos reconhecem certas linguagens que nenhum autômato com pilha determinístico pode reconhecer, embora não provemos esse fato. Damos linguagens que requerem não-determinismo nos Exemplos 2.16 e 2.18. Lembremo-nos de que autômatos finitos determinísticos e não-determinísticos de fato reconhecem a mesma classe de linguagens, e portanto a situação dos autômatos com pilha é diferente. Focamos nos autômatos com pilha não-determinísticos porque esses autômatos são equivalentes em poder a gramáticas livres-do-contexto.

DEFINIÇÃO FORMAL DE UM AUTÔMATO COM PILHA

A definição formal de um autômato com pilha é similar àquela de um autômato finito, exceto pela pilha. A pilha é um dispositivo contendo símbolos provenientes de algum alfabeto. A máquina pode usar alfabetos diferentes para sua entrada e sua pilha, portanto, agora especificamos ambos, um alfabeto de entrada Σ e um alfabeto de pilha Γ.

No coração de qualquer definição formal de um autômato está a função de transição, que descreve seu comportamento. Lembremo-nos de que $\Sigma_\varepsilon = \Sigma \cup \{\varepsilon\}$ e $\Gamma_\varepsilon = \Gamma \cup \{\varepsilon\}$. O domínio da função de transição é $Q \times \Sigma_\varepsilon \times \Gamma_\varepsilon$. Portanto, o estado atual, o próximo símbolo lido e o símbolo no topo da pilha determinam o próximo movimento de um autômato com pilha. Qualquer dos símbolos pode ser ε, levando a máquina a se mover sem ler um símbolo da entrada ou sem ler um símbolo da pilha.

Para o contradomínio da função de transição, precisamos considerar o que permitir o autômato fazer quando ele está em uma situação específica. Ele pode entrar em algum novo estado e possivelmente escrever um símbolo no topo da pilha. A função δ pode indicar essa ação retornando um membro de Q juntamente com um membro de Γ_ε, ou seja, um membro de $Q \times \Gamma_\varepsilon$. Por permitirmos não-determinismo nesse modelo, uma situação pode ter vários próximos movimentos legítimos. A função de transição incorpora não-determinismo da maneira usual, retornando um conjunto de membros de $Q \times \Gamma_\varepsilon$, ou seja, um membro de $\mathcal{P}(Q \times \Gamma_\varepsilon)$. Colocando tudo junto, nossa função de transição δ toma a forma $\delta \colon Q \times \Sigma_\varepsilon \times \Gamma_\varepsilon \longrightarrow \mathcal{P}(Q \times \Gamma_\varepsilon)$.

DEFINIÇÃO 2.13

Um *autômato com pilha* é uma 6-upla $(Q, \Sigma, \Gamma, \delta, q_0, F)$, onde Q, Σ, Γ e F são todos conjuntos finitos, e

1. Q é o conjunto de estados,
2. Σ é o alfabeto de entrada,
3. Γ é o alfabeto de pilha,
4. $\delta \colon Q \times \Sigma_\varepsilon \times \Gamma_\varepsilon \longrightarrow \mathcal{P}(Q \times \Gamma_\varepsilon)$ é a função de transição,
5. $q_0 \in Q$ é o estado inicial, e
6. $F \subseteq Q$ é o conjunto de estados de aceitação.

Um autômato com pilha $M = (Q, \Sigma, \Gamma, \delta, q_0, F)$ computa da seguinte maneira. Ele aceita a entrada w se w puder ser escrita como $w = w_1 w_2 \cdots w_m$, onde cada $w_i \in \Sigma_\varepsilon$, e existem uma seqüência de estados $r_0, r_1, \ldots, r_m \in Q$ e cadeias $s_0, s_1, \ldots, s_m \in \Gamma^*$ que satisfazem as três condições a seguir. As cadeias s_i representam a seqüência de conteúdo da pilha que M tem no ramo de aceitação da computação.

1. $r_0 = q_0$ e $s_0 = \varepsilon$. Essa condição significa que M inicia apropriadamente, no estado inicial e com uma pilha vazia.
2. Para $i = 0, \ldots, m-1$, temos $(r_{i+1}, b) \in \delta(r_i, w_{i+1}, a)$, onde $s_i = at$ e $s_{i+1} = bt$ para algum $a, b \in \Gamma_\varepsilon$ e $t \in \Gamma^*$. Essa condição afirma que M se

move apropriadamente, conforme o estado, a pilha e o próximo símbolo de entrada.

3. $r_m \in F$. Essa condição afirma que um estado de aceitação ocorre ao final da entrada.

EXEMPLOS DE AUTÔMATOS COM PILHA

EXEMPLO 2.14

O que se segue é a descrição formal do AP (página 115) que reconhece a linguagem $\{0^n 1^n \mid n \geq 0\}$. Suponha que M_1 seja $(Q, \Sigma, \Gamma, \delta, q_1, F)$, onde

$Q = \{q_1, q_2, q_3, q_4\}$,

$\Sigma = \{0,1\}$,

$\Gamma = \{0, \$\}$,

$F = \{q_1, q_4\}$, e

δ é dada pela tabela abaixo, na qual entradas em branco significam $\emptyset$.

Entrada:	0			1			ε		
Pilha:	0	$\$$	ε	0	$\$$	ε	0	$\$$	ε
q_1									$\{(q_2,\$)\}$
q_2			$\{(q_2,0)\}$	$\{(q_3,\varepsilon)\}$					
q_3				$\{(q_3,\varepsilon)\}$				$\{(q_4,\varepsilon)\}$	
q_4									

Podemos também usar um diagrama de estados para descrever um AP, como mostrado nas Figuras 2.15, 2.17 e 2.19. Tais diagramas são semelhantes aos diagramas de estados usados para descrever autômatos finitos, modificados para mostrar como o AP usa sua pilha quando vai de estado para estado. Escrevemos "$a,b \to c$" para significar que quando a máquina está lendo a da entrada ela pode substituir o símbolo b no topo da pilha por um c. Qualquer um dentre a, b e c pode ser ε. Se a é ε, a máquina pode fazer essa transição sem ler qualquer símbolo da entrada. Se b é ε, a máquina pode fazer essa transição sem ler nem desempilhar qualquer símbolo da pilha. Se c é ε, a máquina não escreve nenhum símbolo na pilha ao fazer essa transição.

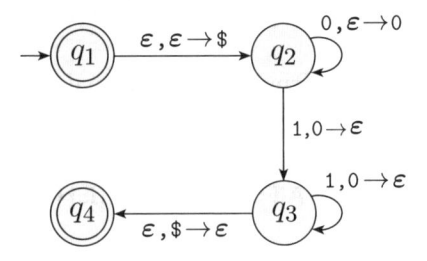

FIGURA 2.15
Diagrama de estados para o AP M_1 que reconhece $\{0^n 1^n \mid n \geq 0\}$.

A descrição formal de um AP não contém nenhum mecanismo explícito para permitir ao AP testar por pilha vazia. Esse AP é capaz de obter o mesmo efeito colocando inicialmente um símbolo especial $ na pilha. Então, se ele em algum momento futuro vê o $ novamente, ele sabe que a pilha está efetivamente vazia. Subseqüentemente, quando nos referimos a testar por pilha vazia em uma descrição informal de um AP, implementamos o procedimento dessa mesma maneira.

Similarmente, APs não podem testar explicitamente se atingiram o final da cadeia de entrada. Esse AP é capaz de conseguir o resultado desejado porque o estado de aceitação é atingido somente quando a máquina está no final da entrada. Portanto, de agora em diante, assumimos que APs podem testar pelo final da entrada e sabemos que podemos implementá-los dessa mesma maneira.

EXEMPLO 2.16

Este exemplo ilustra um autômato com pilha que reconhece a linguagem

$$\{a^i b^j c^k \mid i,j,k \geq 0 \text{ e } i = j \text{ ou } i = k\}.$$

Informalmente, o AP para essa linguagem funciona primeiro lendo e empilhando os as. Quando os as terminam, a máquina tem todos eles na pilha de modo que possa casá-los ou com os bs ou os cs. Essa manobra é um pouco complicada, porque a máquina não sabe antecipadamente se casa os as com os bs ou com os cs. O não-determinismo vem na hora certa aqui.

Usando seu não-determinismo, o AP pode adivinhar se casa os as com os bs ou com os cs, como mostrado na figura adiante. Pense na máquina como tendo dois ramos de seu não-determinismo, um para cada adivinhação possível. Se um deles casa, aquele ramo aceita e a máquina toda aceita. Na verdade, poderíamos mostrar, embora não façamos isso, que o não-determinismo é *essencial* para se reconhecer essa linguagem com um AP.

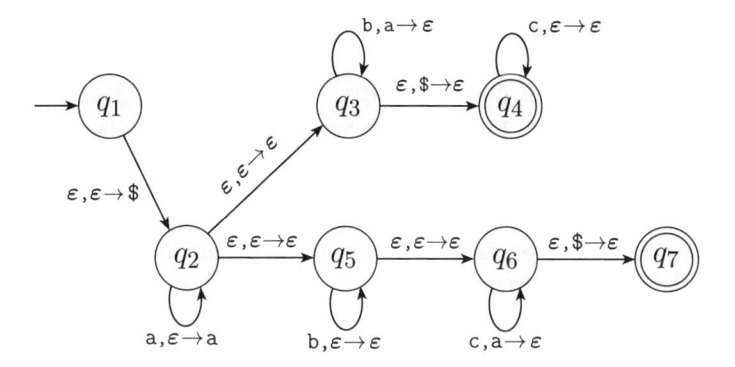

FIGURA 2.17
Diagrama de estados para o AP M_2 que reconhece
$\{a^i b^j c^k \mid i,j,k \geq 0 \text{ e } i = j \text{ ou } i = k\}$.

EXEMPLO 2.18

Nesse exemplo, damos um AP M_3 que reconhece a linguagem $\{ww^R \mid w \in \{0,1\}^*\}$. Lembremo-nos de que w^R significa w escrita de trás para a frente. Segue a descrição informal do AP.

> Comece empilhando os símbolos que são lidos. A cada ponto, adivinhe não-deterministicamente se o meio da cadeia foi atingido e, se tiver sido, passe a desempilhar um símbolo para cada símbolo lido, checando para garantir que eles sejam os mesmos. Se eles forem sempre os mesmos e a pilha esvaziar ao mesmo tempo em que a entrada terminar, aceite; caso contrário, rejeite.

A seguir, está o diagrama dessa máquina.

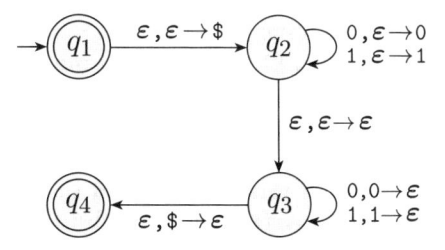

FIGURA 2.19
Diagrama de estados para o AP M_3 que reconhece $\{ww^R \mid w \in \{0,1\}^*\}$.

EQUIVALÊNCIA COM GRAMÁTICAS LIVRES-DO-CONTEXTO

Nesta seção mostraremos que gramáticas livres-do-contexto e autômatos com pilha são equivalentes em poder. Ambos são capazes de descrever a classe de linguagens livres-do-contexto. Mostramos como converter qualquer gramática livre-do-contexto num autômato com pilha que reconhece a mesma linguagem e vice-versa. Lembrando que definimos uma linguagem livre-do-contexto como qualquer linguagem que possa ser descrita com uma gramática livre-do-contexto, nosso objetivo é o seguinte teorema.

TEOREMA 2.20

Uma linguagem é livre-do-contexto se e somente se algum autômato com pilha a reconhece.

Como de costume, para teoremas "se e somente se", temos duas direções a provar. Neste teorema, ambas as direções são interessantes. Primeiro, fazemos a direção da ida, que é mais fácil.

LEMA 2.21

Se uma linguagem é livre-do-contexto, então algum autômato com pilha a reconhece.

IDÉIA DA PROVA Seja A uma LLC. Da definição, sabemos que A tem uma GLC, G, que a gera. Mostramos como converter G em um AP equivalente, que chamamos P.

O AP P que agora descrevemos funcionará aceitando sua entrada w, se G gera essa entrada, determinando se existe uma derivação para w. Lembre-se de que uma derivação é simplesmente a seqüência de substituições feitas na medida em que uma gramática gera uma cadeia. Cada passo da derivação origina uma *cadeia intermediária* de variáveis e terminais. Projetamos P para determinar se alguma série de substituições, usando as regras de G, pode levar da variável inicial para w.

Uma das dificuldades em se testar se existe uma derivação para w está em descobrir quais substituições fazer. O não-determinismo do AP lhe permite adivinhar a seqüência de substituições corretas. A cada passo da derivação, uma das regras para uma variável particular é selecionada não-deterministicamente e usada para substituir aquela variável.

O AP P começa escrevendo a variável inicial na sua pilha. Ele passa por uma série de cadeias intermediárias, fazendo uma substituição após a outra. Em algum momento ele pode chegar numa cadeia que contém somente símbolos terminais, o que significa que ele usou a gramática para derivar uma cadeia. Então, P aceita se essa cadeia for idêntica à cadeia que ele recebeu como entrada.

Implementar essa estratégia em um AP requer uma idéia adicional. Precisamos ver como o AP armazena as cadeias intermediárias à medida que ela passa de uma para a outra. Simplesmente usar a pilha para armazenar cada cadeia intermediária é tentador. Entretanto, isso na verdade não funciona porque o AP precisa encontrar as variáveis na cadeia intermediária e fazer as substituições. O AP pode acessar somente o símbolo no topo da pilha e esse pode ser um símbolo terminal ao invés de uma variável. A forma de contornar esse problema é manter somente *parte* da cadeia intermediária na pilha: os símbolos começando com a primeira variável na cadeia intermediária. Quaisquer símbolos terminais aparecendo antes da primeira variável são emparelhados imediatamente com símbolos na cadeia de entrada. A figura a seguir mostra o AP P.

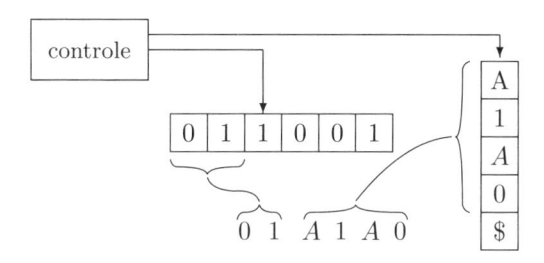

FIGURA 2.22
P representando a cadeia intermediária 01A1A0.

A seguir está uma descrição informal de P.

1. Coloque o símbolo marcador $ e a variável inicial na pilha.
2. Repita os seguintes passos para sempre.
   a. Se o topo da pilha é um símbolo de variável A, não-deterministicamente selecione uma das regras para A e substitua A pela cadeia do lado direito da regra.
   b. Se o topo da pilha é um símbolo terminal a, leia o próximo símbolo da entrada e compare-o com a. Se eles casam, repita. Se não casam, rejeite nesse ramo do não-determinismo.
   c. Se o topo da pilha é o símbolo $, entre no estado de aceitação. Fazendo isso, a entrada é aceita se ela tiver sido toda lida.

PROVA Agora damos os detalhes formais da construção do autômato com pilha $P = (Q, \Sigma, \Gamma, \delta, q_1, F)$. Para tornar a construção mais clara, usamos a notação abreviada para a função de transição. Essa notação provê uma maneira de escrever uma cadeia inteira na pilha em um passo da máquina. Podemos simular essa ação introduzindo estados adicionais para escrever a cadeia de um em um símbolo, como implementado na seguinte construção formal.

Sejam q e r estados do AP e suponha que a esteja em Σ_ε e s em Γ_ε. Digamos que queiramos que o AP vá de q para r quando ele lê a e desempilha s. Além do mais, queremos empilhar a cadeia inteira $u = u_1 \cdots u_l$ ao mesmo tempo. Podemos implementar essa ação introduzindo novos estados $q_1, \ldots, q_{l-1}$ e montando a tabela de transição da seguinte maneira

$$\delta(q, a, s) \text{ deve conter } (q_1, u_l),$$
$$\delta(q_1, \varepsilon, \varepsilon) = \{(q_2, u_{l-1})\},$$
$$\delta(q_2, \varepsilon, \varepsilon) = \{(q_3, u_{l-2})\},$$
$$\vdots$$
$$\delta(q_{l-1}, \varepsilon, \varepsilon) = \{(r, u_1)\}.$$

Usamos a notação $(r, u) \in \delta(q, a, s)$ para dizer que, quando q é o estado do autômato, a é o próximo símbolo de entrada e s o símbolo no topo da pilha, o AP pode ler o a e desempilhar o s, então empilhar a cadeia u e seguir para o estado r. A figura abaixo mostra essa implementação.

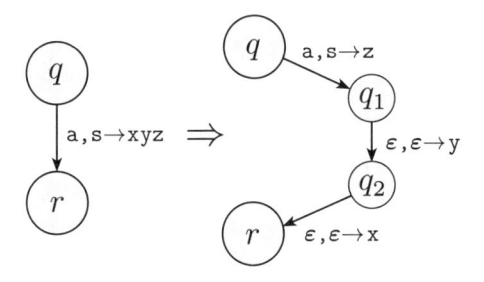

FIGURA 2.23
Implementando a abreviação $(r, xyz) \in \delta(q, a, s)$.

Os estados de P são $Q = \{q_{\text{início}}, q_{\text{laço}}, q_{\text{aceita}}\} \cup E$, onde E é o conjunto de estados que precisamos para implementar a abreviação que acaba de ser descrita. O estado inicial é $q_{\text{início}}$. O único estado de aceitação é q_{aceita}.

A função de transição é definida da seguinte forma. Começamos inicializando a pilha para conter os símbolos \$ e S, implementando o passo 1 na descrição informal: $\delta(q_{\text{início}}, \varepsilon, \varepsilon) = \{(q_{\text{laço}}, S\$)\}$. Então introduzimos as transições para o laço principal do passo 2.

Primeiro, tratamos o caso (a) no qual o topo da pilha contém uma variável. Seja $\delta(q_{\text{laço}}, \varepsilon, A) = \{(q_{\text{laço}}, w) |\ A \to w \text{ é uma regra em } R\}$.

Segundo, tratamos o caso (b) no qual o topo da pilha contém um terminal. Seja $\delta(q_{\text{laço}}, a, a) = \{(q_{\text{laço}}, \varepsilon)\}$.

Finalmente, lidamos com o caso (c) no qual o marcador de pilha vazia \$ está no topo da pilha. Seja $\delta(q_{\text{laço}}, \varepsilon, \$) = \{(q_{\text{aceita}}, \varepsilon)\}$.

O diagrama de estados é mostrado na Figura 2.24.

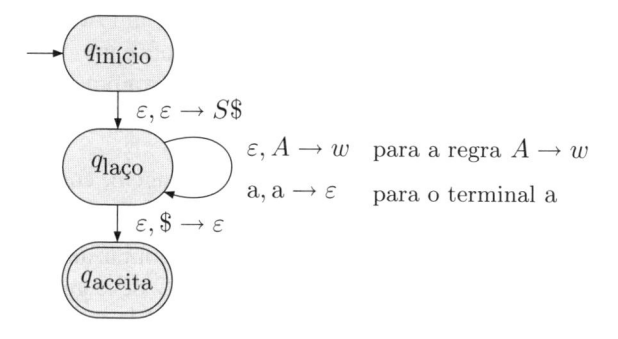

FIGURA 2.24
Diagrama de estados de P.

Isso completa a prova do Lema 2.21.

EXEMPLO 2.25

Usamos o procedimento desenvolvido no Lema 2.21 para construir um AP P_1 a partir da seguinte GLC G.

$$S \to \mathtt{a}T\mathtt{b} \mid \mathtt{b}$$
$$T \to T\mathtt{a} \mid \varepsilon$$

A função de transição é mostrada no próximo diagrama.

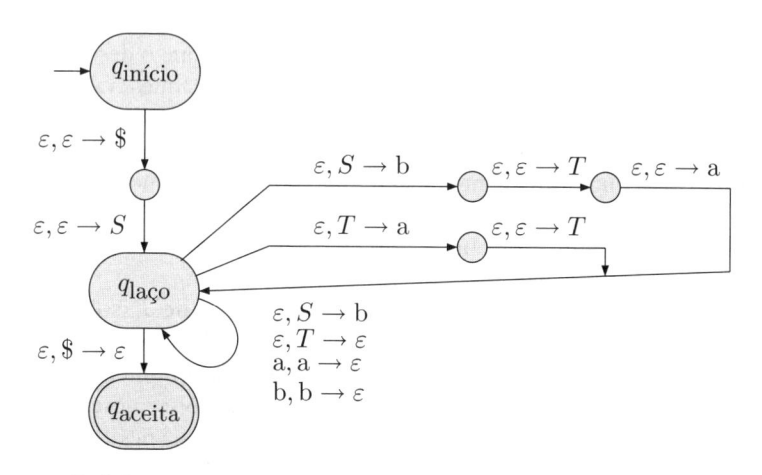

FIGURA 2.26
Diagrama de estados de P_1.

Agora provamos a direção reversa do Teorema 2.20. Para a direção de ida, demos um procedimento para converter uma GLC num AP. A idéia principal era projetar o autômato de modo que ele simulasse a gramática. Agora desejamos dar um procedimento para ir na outra direção: converter um AP numa GLC. Projetamos a gramática para simular o autômato. Essa tarefa é um pouco complicada, porque "programar" um autômato é mais fácil que "programar" uma gramática.

LEMA 2.27 ....

Se um autômato com pilha reconhece alguma linguagem, então ela é livre-do-contexto.

IDÉIA DA PROVA Temos um AP P e desejamos montar uma GLC G que gere todas as cadeias que P aceita. Em outras palavras, G deve gerar uma cadeia se essa cadeia faz o AP ir do estado inicial para um estado de aceitação.

Para alcançar esse resultado, projetamos uma gramática que faz um pouco mais. Para cada par de estados p e q em P, a gramática terá uma variável A_{pq}. Essa variável gera todas as cadeias que podem levar P de p com uma pilha vazia a q com uma pilha vazia. Observe que tais cadeias podem também levar P de p a q, independente do conteúdo da pilha em p, deixando a pilha em q nas mesmas condições em que ela se encontrava em p.

Primeiro, simplificamos nossa tarefa modificando P levemente para lhe dar as três características abaixo.

1. Ele tem um único estado de aceitação, q_{aceita}.
2. Ele esvazia sua pilha antes de aceitar.
3. Cada transição ou empilha um símbolo (um movimento de *empilha*) ou desempilha um símbolo (um movimento de *desempilha*), mas não faz ambas as coisas ao mesmo tempo.

Dar a P as características 1 e 2 é fácil. Para a característica 3, substituímos cada transição que, simultaneamente, desempilha e empilha, por uma seqüência de duas transições que passa por um novo estado e substituímos cada transição que nem desempilha nem empilha por uma seqüência de duas transições, uma que empilha um símbolo de pilha arbitrário e outra seguinte que o desempilha.

Para projetar G de modo que A_{pq} gere todas as cadeias que levam P de p a q, iniciando e terminando com uma pilha vazia, temos de entender como P opera sobre essas cadeias. Para quaisquer dessas cadeias x, o primeiro movimento de P sobre x tem de ser um movimento de empilhar, porque todo movimento é ou um empilha ou um desempilha e P não pode desempilhar uma pilha vazia. Similarmente, o último movimento sobre x tem de ser um movimento de desempilhar, porque a pilha termina vazia.

Duas possibilidades ocorrem durante a computação de P sobre x. Ou o símbolo desempilhado no final é aquele que foi empilhado no início, ou não. Se for, a pilha está vazia somente no início e no final da computação de P sobre x. Se não for, o símbolo inicialmente empilhado tem de ser desempilhado em algum ponto antes do final de x e, portanto, a pilha fica vazia nesse ponto. Simulamos a primeira possibilidade com a regra $A_{pq} \to aA_{rs}b$, onde a é a entrada lida no primeiro movimento, b é a entrada lida no último movimento, r é o estado seguinte a p e s o estado anterior a q. Simulamos a segunda possibilidade com a regra $A_{pq} \to A_{pr}A_{rq}$, onde r é o estado no qual a pilha fica vazia.

PROVA Digamos que $P = (Q, \Sigma, \Gamma, \delta, q_0, \{q_{\text{aceita}}\})$ e vamos construir G. As variáveis de G são $\{A_{pq}|\, p, q \in Q\}$. A variável inicial é $A_{q_0, q_{\text{aceita}}}$. Agora descrevemos as regras de G.

- Para cada $p, q, r, s \in Q$, $t \in \Gamma$ e $a, b \in \Sigma_\varepsilon$, se $\delta(p, a, \varepsilon)$ contém (r, t) e $\delta(s, b, t)$ contém (q, ε), ponha a regra $A_{pq} \to aA_{rs}b$ em G.
- Para cada $p, q, r \in Q$, ponha a regra $A_{pq} \to A_{pr}A_{rq}$ em G.
- Finalmente, para cada $p \in Q$, ponha a regra $A_{pp} \to \varepsilon$ em G.

Você pode adquirir uma maior percepção sobre essa construção a partir das figuras abaixo.

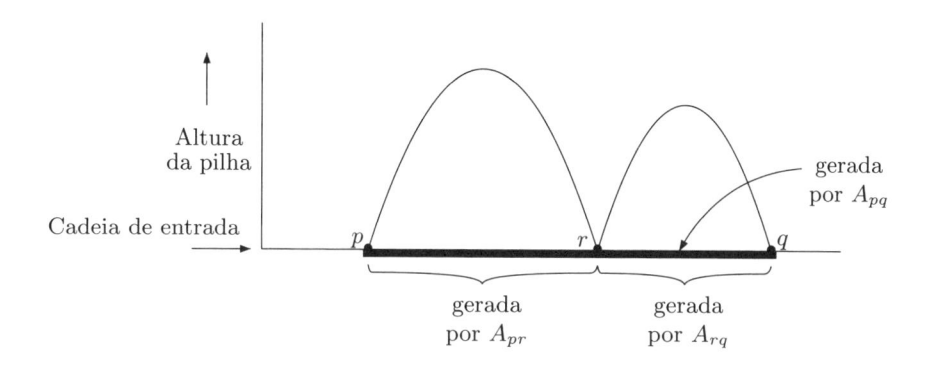

FIGURA 2.28
A computação do AP correspondendo à regra $A_{pq} \to A_{pr}A_{rq}$.

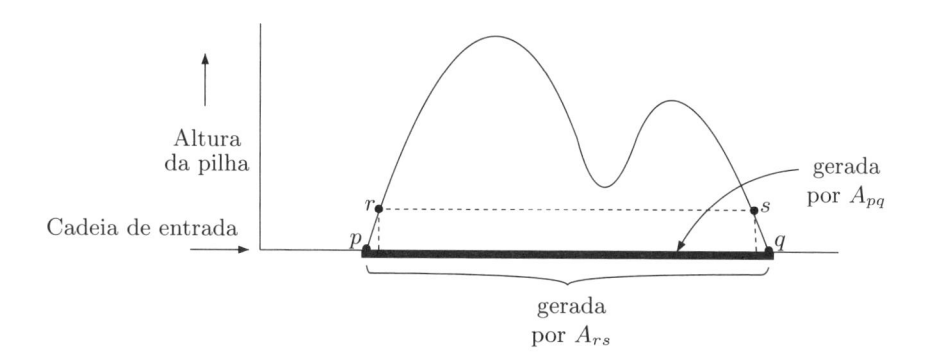

FIGURA 2.29
A computação do AP correspondendo à regra $A_{pq} \to aA_{rs}b$.

Agora provamos que essa construção funciona demonstrando que A_{pq} gera x se e somente se (sse) x pode levar P de p com pilha vazia a q com pilha vazia. Consideramos cada direção dos sse como uma afirmação separada.

AFIRMATIVA 2.30

Se A_{pq} gera x, então x pode levar P de p com pilha vazia a q com pilha vazia.

Provamos essa afirmação por indução sobre o número de passos na derivação de x a partir de A_{pq}.

Base: A derivação tem 1 passo.
Uma derivação com um único passo tem de usar uma regra cujo lado direito não contém variáveis. As únicas regras em G onde nenhuma variável ocorre no lado direito são $A_{pp} \to \varepsilon$. Claramente, a entrada ε leva P de p com pilha vazia a p com pilha vazia e, portanto, a base está provada.

Passo da Indução: Assuma verdadeiro para derivações de comprimento no máximo k, onde $k \geq 1$, e prove verdadeiro para derivações de comprimento $k+1$. Suponha que $A_{pq} \stackrel{*}{\Rightarrow} x$ com $k+1$ passos. O primeiro passo nessa derivação é ou $A_{pq} \Rightarrow a A_{rs} b$ ou $A_{pq} \Rightarrow A_{pr} A_{rq}$. Lidamos com esses dois casos separadamente.

No primeiro caso, considere a parte y de x que A_{rs} gera, de forma que $x = ayb$. Em razão do fato de que $A_{rs} \stackrel{*}{\Rightarrow} y$ com k passos, a hipótese da indução nos diz que P pode ir de r com pilha vazia para s com pilha vazia. Em razão do fato de que $A_{pq} \to a A_{rs} b$ é uma regra de G, $\delta(p, a, \varepsilon)$ contém (r, t) e $\delta(s, b, t)$ contém (q, ε), para algum símbolo de pilha t. Logo, se P começa em p com uma pilha vazia, após ler a ele pode ir para o estado r e empilhar t. Então, ler a cadeia y pode levá-lo a s e deixar t na pilha. E após ler b ele pode ir para o estado q e desempilhar t. Conseqüentemente, x pode levá-lo de p com pilha vazia para q com pilha vazia.

No segundo caso, considere as partes y e z de x que A_{pr} e A_{rq}, respectivamente, geram, de forma que $x = yz$. Como $A_{pr} \stackrel{*}{\Rightarrow} y$ em no máximo k passos e $A_{rq} \stackrel{*}{\Rightarrow} z$ em no máximo k passos, a hipótese da indução nos diz que y pode levar P de p para r e z pode levar P de r para q, com pilha vazia no início e no final. Logo, x pode levá-lo de p com pilha vazia para q com pilha vazia. Isso completa o passo da indução.

AFIRMATIVA 2.31

Se x pode levar P de p com pilha vazia para q com pilha vazia, A_{pq} gera x.

Provamos essa afirmação por indução sobre o número de passos na computação de P que vai de p para q com pilhas vazias sobre a entrada x.

Base: A computação tem 0 passos.
Se uma computação tem 0 passos, ela começa e termina no mesmo estado —

digamos, p. Portanto, temos de mostrar que $A_{pp} \stackrel{*}{\Rightarrow} x$. Em 0 passos, P só tem tempo de ler a cadeia vazia, portanto $x = \varepsilon$. Por construção, G tem a regra $A_{pp} \to \varepsilon$; portanto, a base está provada.

Passo da Indução: Assuma verdadeiro para computações de comprimento no máximo k, onde $k \geq 0$, e prove verdadeiro para computações de comprimento $k + 1$.

Suponha que P tenha uma computação na qual x leva de p para q com pilhas vazias em $k + 1$ passos. Ou a pilha está vazia apenas no início e no final dessa computação, ou ela se torna vazia em algum outro ponto também.

No primeiro caso, o símbolo que é empilhado no primeiro movimento tem que ser o mesmo que o símbolo que é desempilhado no último movimento. Chame esse símbolo t. Seja a a entrada lida no primeiro movimento, b a entrada lida no último movimento, r o estado após o primeiro movimento e s o estado antes do último movimento. Então $\delta(p, a, \varepsilon)$ contém (r, t) e $\delta(s, b, t)$ contém (q, ε) e, portanto, a regra $A_{pq} \to a A_{rs} b$ está em G.

Seja y a parte de x sem a e b, assim $x = ayb$. A entrada y pode trazer P de r para s sem tocar o símbolo t que está na pilha e, portanto, P pode ir de r com uma pilha vazia para s com uma pilha vazia sobre a entrada y. Removemos o primeiro e o último passos dos $k + 1$ passos na computação original sobre x e, assim, a computação sobre y tem $(k+1) - 2 = k - 1$ passos. Conseqüentemente, a hipótese da indução nos diz que $A_{rs} \stackrel{*}{\Rightarrow} y$. Logo, $A_{pq} \stackrel{*}{\Rightarrow} x$.

No segundo caso, seja r um estado onde a pilha se torna vazia que não seja no início ou no final da computação sobre x. Então, as partes da computação de p para r e de r para q contêm, cada uma, no máximo, k passos. Digamos que y seja a entrada lida durante a primeira parte e z seja a entrada lida durante a segunda parte. A hipótese da indução nos diz que $A_{pr} \stackrel{*}{\Rightarrow} y$ e $A_{rq} \stackrel{*}{\Rightarrow} z$. Em razão do fato de que a regra $A_{pq} \to A_{pr} A_{rq}$ pertence a G, $A_{pq} \stackrel{*}{\Rightarrow} x$, e a prova está completa.

Isso completa a prova do Lema 2.27 e do Teorema 2.20.

Acabamos de provar que autômatos com pilha reconhecem a classe de linguagens livres-do-contexto. Essa prova nos permite estabelecer um relacionamento entre as linguagens regulares e as linguagens livres-do-contexto. Como toda linguagem regular é reconhecida por um autômato finito e todo autômato finito é automaticamente um autômato com pilha que simplesmente ignora sua pilha, agora sabemos que toda linguagem regular é também uma linguagem livre-do-contexto.

COROLÁRIO 2.32

Toda linguagem regular é livre-do-contexto.

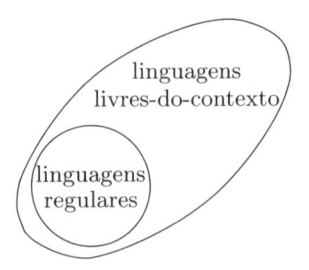

FIGURA 2.33
Relacionamento entre as linguagens regulares e livres-do-contexto.

2.3
LINGUAGENS NÃO-LIVRES-DO-CONTEXTO

Nesta seção apresentamos uma técnica para provar que certas linguagens não são livres-do-contexto. Lembre-se de que na Seção 1.4 introduzimos o lema do bombeamento para mostrar que certas linguagens não são regulares. Aqui apresentamos um lema do bombeamento similar para linguagens livres-do-contexto. Ele afirma que toda linguagem livre-do-contexto tem um valor especial chamado de *comprimento de bombeamento* de forma que todas as cadeias mais longas que estão na linguagem podem ser "bombeadas". Dessa vez o significado de *bombeada* é um pouco mais complexo. Significa que a cadeia pode ser dividida em cinco partes de modo que a segunda e a quarta partes podem ser repetidas juntas qualquer número de vezes e a cadeia resultante ainda permanece na linguagem.

O LEMA DO BOMBEAMENTO PARA LINGUAGENS LIVRES-DO-CONTEXTO

TEOREMA 2.34

Lema do bombeamento para linguagens livres-do-contexto Se A é uma linguagem livre-do-contexto, então existe um número p (o comprimento de bombeamento) onde, se s é uma cadeia qualquer em A de comprimento pelo menos p, então s pode ser dividida em cinco partes $s = uvxyz$ satisfazendo as condições

1. para cada $i \geq 0$, $uv^i xy^i z \in A$,
2. $|vy| > 0$, e
3. $|vxy| \leq p$.

Quando s está sendo dividido em $uvxyz$, a condição 2 diz que ou v ou y não é a cadeia vazia. Caso contrário, o teorema seria trivialmente verdadeiro. A condição 3 afirma que as partes v, x e y juntas têm comprimento no máximo p. Essa condição técnica, às vezes, é útil na prova de que certas linguagens não são livres-do-contexto.

IDÉIA DA PROVA Seja A uma LLC e suponha que G seja uma GLC que a gera. Temos de mostrar que qualquer cadeia suficientemente longa s em A pode ser bombeada e permanecer em A. A idéia por trás dessa abordagem é simples.

Seja s uma cadeia muito longa em A. (Tornamos claro adiante o que queremos dizer por "muito longa".) Em razão de s estar em A, ela é derivável de G e, portanto, tem uma árvore sintática. A árvore sintática para s tem que ser muito alta porque s é muito longa. Ou seja, a árvore sintática tem que conter algum caminho longo da variável inicial em sua raiz para um dos símbolos terminais numa folha. Nesse caminho longo algum símbolo de variável R tem que se repetir devido ao princípio da casa de pombos. Como a Figura 2.35 mostra, essa repetição nos permite substituir a subárvore sob a segunda ocorrência de R pela subárvore sob a primeira ocorrência de R e ainda obter uma árvore sintática legítima. Por conseguinte, podemos dividir s em cinco partes $uvxyz$, como a figura indica, e repetir a segunda e a quarta partes e obter uma cadeia ainda na linguagem. Em outras palavras, $uv^i xy^i z$ está em A para qualquer $i \geq 0$.

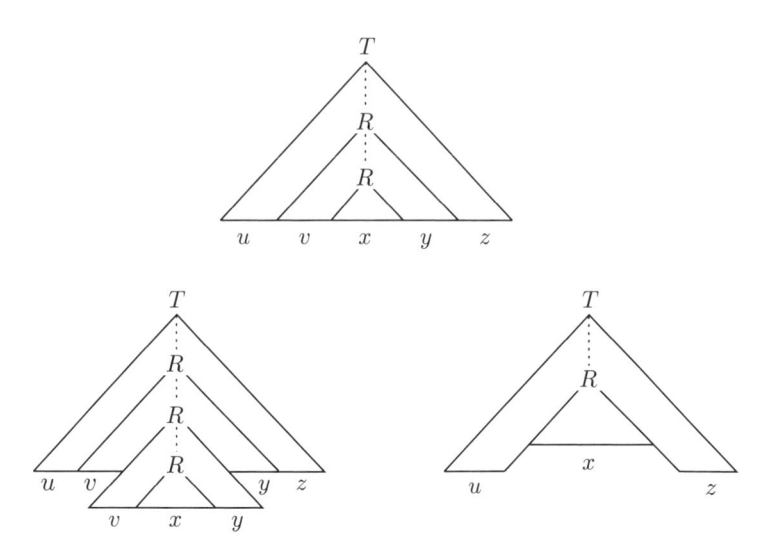

FIGURA 2.35
Cirurgia em árvore sintática.

Vamos nos voltar agora aos detalhes para obter todas as três condições do lema do bombeamento. Mostramos também como calcular o comprimento de bombeamento p.

PROVA Seja G uma GLC para a LLC A. Seja b o número máximo de símbolos no lado direito de uma regra. Em qualquer árvore sintática, usando essa gramática, sabemos que um nó pode ter não mais que b filhos. Em outras palavras, no máximo, b folhas estão a 1 passo da variável inicial; no máximo, b^2 folhas estão a 2 passos da variável inicial; e, no máximo, b^h folhas estão a h passos da variável inicial. Portanto, se a altura da árvore sintática é, no máximo, h, o comprimento de bombeamento da cadeia gerada é, no máximo, b^h. Reciprocamente, se uma cadeia gerada tem comprimento, no mínimo, $b^h + 1$, cada uma de suas árvores sintáticas tem que ter altura no mínimo $h + 1$.

Digamos que $|V|$ seja o número de variáveis em G. Fazemos p, o comprimento de bombeamento, ser $b^{|V|} + 1$. Agora, se s é uma cadeia em A e seu comprimento é p ou mais, sua árvore sintática tem que ter altura no mínimo $|V| + 1$.

Para ver como bombear qualquer dessas cadeias s, seja τ uma de suas árvores sintáticas. Se s tem diversas árvores sintáticas, escolha τ como uma árvore sintática que tem o menor número de nós. Sabemos que τ tem que ter altura, no mínimo, $|V|+1$, portanto ela tem que conter um caminho da raiz para uma folha de comprimento, no mínimo, $|V|+1$. Esse caminho tem pelo menos $|V|+2$ nós; um nó em um terminal, e os outros em variáveis. Daí, esse caminho tem pelo menos $|V| + 1$ variáveis. Com G tendo somente $|V|$ variáveis, alguma variável R aparece mais de uma vez naquele caminho. Por conveniência, selecionamos R como uma variável que se repete entre as $|V| + 1$ variáveis mais baixas nesse caminho.

Dividimos s em $uvxyz$ conforme a Figura 2.35. Cada ocorrência de R tem uma subárvore sob ela, gerando uma parte da cadeia s. A ocorrência mais alta de R tem uma subárvore maior e gera vxy, enquanto a ocorrência mais baixa gera somente x com uma subárvore menor. Ambas essas subárvores são geradas pela mesma variável, portanto, podemos substituir uma pela outra e ainda obter uma árvore sintática válida. Substituindo a menor pela maior repetidamente leva a árvores sintáticas para as cadeias uv^ixy^iz em cada $i > 1$. Substituindo a maior pela menor gera a cadeia uxz. Isso estabelece a condição 1 do lema. Agora nos voltamos para as condições 2 e 3.

Para obter a condição 2 temos de assegurar que tanto v quanto y não é ε. Se eles o fossem, a árvore sintática obtida substituindo-se a maior subárvore pela menor teria menos nós que τ tem e ainda geraria s. Esse resultado não é possível porque já tínhamos escolhido τ como uma árvore sintática para s com o menor número de nós. Essa é a razão para selecionar τ dessa maneira.

De modo a obter a condição 3, precisamos ter certeza de que vxy tem comprimento, no máximo, p. Na árvore sintática para s a ocorrência superior de R gera vxy. Escolhemos R de modo que ambas as ocorrências estejam dentre as $|V| + 1$ variáveis inferiores no caminho, e escolhemos o caminho mais longo na árvore sintática, de modo que a subárvore onde R gera vxy tenha altura, no máximo, $|V| + 1$. Uma árvore dessa altura pode gerar uma cadeia de comprimento de, no máximo, $b^{|V|+1} = p$.

2.3 LINGUAGENS NÃO-LIVRES-DO-CONTEXTO

Para algumas dicas sobre usar o lema do bombeamento para provar que linguagens não são livres-do-contexto, reveja o texto que precede o Exemplo 1.73 (página 82) onde discutimos o problema relacionado de provar não-regularidade com o lema do bombeamento para linguagens regulares.

EXEMPLO 2.36

Use o lema do bombeamento para mostrar que a linguagem $B = \{\mathtt{a}^n\mathtt{b}^n\mathtt{c}^n |\, n \geq 0\}$ não é livre-do-contexto.

Assumimos que B é uma LLC e obtemos uma contradição. Seja p o comprimento de bombeamento para B, que é garantido existir pelo lema do bombeamento. Selecione a cadeia $s = \mathtt{a}^p\mathtt{b}^p\mathtt{c}^p$. Claramente, s é um membro de B e de comprimento no mínimo p. O lema do bombeamento afirma que s pode ser bombeada, mas mostramos que ela não pode. Em outras palavras, mostramos que, independentemente de como dividimos s em $uvxyz$, uma das três condições do lema é violada.

Primeiro, a condição 2 estipula que v ou y é não-vazia. Então, consideramos um de dois casos, dependendo se as subcadeias v e y contêm mais que um tipo de símbolo de alfabeto.

1. Quando ambas v e y contêm apenas um tipo de símbolo de alfabeto, v não contém ambos as e bs ou ambos bs e cs, e o mesmo se verifica para y. Nesse caso, a cadeia uv^2xy^2z não contém o mesmo número de as, bs e cs. Conseqüentemente, ela não pode ser um membro de B. Isso viola a condição 1 do lema e, portanto, é uma contradição.

2. Quando v ou y contém mais que um tipo de símbolo, uv^2xy^2z pode conter quantidades iguais dos três símbolos de alfabeto, mas não na ordem correta. Logo, ela não pode ser um membro de B e uma contradição ocorre.

Um desses casos tem de ocorrer. Como ambos os casos resultam em uma contradição, uma contradição é inevitável. Portanto, a suposição de que B é uma LLC tem que ser falsa. Conseqüentemente, provamos que B não é uma LLC.

EXEMPLO 2.37

Seja $C = \{\mathtt{a}^i\mathtt{b}^j\mathtt{c}^k |\, 0 \leq i \leq j \leq k\}$. Usamos o lema do bombeamento para mostrar que C não é uma LLC. Essa linguagem é similar à linguagem B no Exemplo 2.36, mas provar que ela não é livre-do-contexto é um pouco mais complicado.

Suponha que C seja uma LLC e obtenha uma contradição. Seja p o comprimento de bombeamento dado pelo lema do bombeamento. Usamos a cadeia $s = \mathtt{a}^p\mathtt{b}^p\mathtt{c}^p$ que usamos anteriormente, mas dessa vez, temos que "bombear para baixo", assim como "bombear para cima". Seja $s = uvxyz$ e novamente considere os dois casos que ocorreram no Exemplo 2.36.

1. Quando ambas v e y contêm somente um tipo de símbolo de alfabeto, v não contém tanto as quanto bs ou ambos bs e cs, e o mesmo se verifica para

y. Note que o raciocínio usado previamente no caso 1 não mais se aplica. A razão é que C contém cadeias com quantidades desiguais de as, bs e cs desde que as quantidades não sejam decrescentes. Temos de analisar a situação mais cuidadosamente para mostrar que s não pode ser bombeada. Observe que em razão de v e y conterem somente um tipo de símbolo de alfabeto, um dos símbolos a, b ou c não aparece em v ou y. Subdividimos ainda mais esse caso em três subcasos de acordo com qual símbolo não aparece.

  a. *Os as não aparecem.* Então, tentamos bombear para baixo para obter a cadeia $uv^0xy^0z = uxz$. Essa contém o mesmo número de as que s, mas contém menos bs ou menos cs. Conseqüentemente, ela não é um membro de C, e uma contradição ocorre.

  b. *Os bs não aparecem.* Então, ou as ou cs têm que aparecer em v ou y porque não pode acontecer de ambas serem a cadeia vazia. Se as aparecem, a cadeia uv^2xy^2z contém mais as que bs, portanto, ela não está em C. Se cs aparecem, a cadeia uv^0xy^0z contém mais bs que cs, portanto, ela não está em C. De qualquer forma, uma contradição ocorre.

  c. *Os cs não aparecem.* Então a cadeia uv^2xy^2z contém mais as ou mais bs que cs, portanto, ela não está em C, e uma contradição ocorre.

2. Quando v ou y contém mais que um tipo de símbolo, uv^2xy^2z não conterá os símbolos na ordem correta. Logo, ela não pode ser um membro de C, e uma contradição ocorre.

Por conseguinte, mostramos que s não pode ser bombeada em violação do lema do bombeamento e que C não é livre-do-contexto. ■

EXEMPLO 2.38

Seja $D = \{ww|\ w \in \{0,1\}^*\}$. Use o lema do bombeamento para mostrar que D não é uma LLC. Assuma que D seja uma LLC e obtenha uma contradição. Seja p o comprimento de bombeamento dado pelo lema do bombeamento.

Dessa vez, escolher a cadeia s é menos óbvio. Uma possibilidade é a cadeia 0^p10^p1. Ela é um membro de D e tem comprimento maior que p, portanto ela parece ser uma boa candidata. Mas essa cadeia *pode* ser bombeada dividindo-a da forma a seguir, portanto ela não é adequada para nossos propósitos.

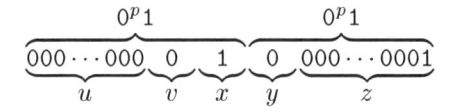

$$\underbrace{000\cdots000}_{u}\ \overbrace{\underbrace{0}_{v}\ \underbrace{1}_{x}\ \underbrace{0}_{y}}^{0^p1}\ \underbrace{\overbrace{000\cdots0001}^{0^p1}}_{z}$$

Vamos tentar outra candidata para s. Intuitivamente, a cadeia $0^p1^p0^p1^p$ parece capturar mais da "essência" da linguagem D que a candidata anterior. Na verdade, podemos mostrar que essa cadeia funciona, como segue.

Mostramos que a cadeia $s = 0^p 1^p 0^p 1^p$ não pode ser bombeada. Dessa vez, usamos a condição 3 do lema do bombeamento para restringir a forma pela qual s pode ser dividida. Ela diz que podemos bombear s pela divisão em $s = uvxyz$, sendo $|vxy| \leq p$.

Primeiro, mostramos que a subcadeia vxy deve passar da metade de s. Caso contrário, se a subcadeia ocorre somente na primeira metade de s, bombeando s para cima até uv^2xy^2z desloca 1 para a primeira posição da segunda metade e, portanto, ela não pode ser da forma ww. Similarmente, se vxy ocorre na segunda metade de s, bombeando s para cima até uv^2xy^2z desloca 0 na última posição da primeira metade e, portanto, ela não pode ser da forma ww.

Mas, se a subcadeia vxy passa da metade de s, quando tentamos bombear s para baixo até uxz ela tem a forma $0^p 1^i 0^j 1^p$, onde i e j não pode ser p. Essa cadeia não é da forma ww. Conseqüentemente, s não pode ser bombeada, e D não é uma LLC.

EXERCÍCIOS

2.1 Retomemos a GLC G_4 que demos no Exemplo 2.4. Por conveniência, vamos renomear suas variáveis com apenas uma letra da seguinte forma.

$$E \to E + T \mid T$$
$$T \to T \times F \mid F$$
$$F \to (E) \mid \mathtt{a}$$

Dê árvores sintáticas e derivações para cada cadeia abaixo.

   a. a
   b. a+a
   c. a+a+a
   d. ((a))

2.2   a. Use as linguagens $A = \{\mathtt{a}^m \mathtt{b}^n \mathtt{c}^n \mid m, n \geq 0\}$ e $B = \{\mathtt{a}^n \mathtt{b}^n \mathtt{c}^m \mid m, n \geq 0\}$ juntamente com o Exemplo 2.36 para mostrar que a classe das linguagens livres-do-contexto não é fechada sob interseção.
   b. Use a parte (a) e a lei de DeMorgan (Teorema 0.20) para mostrar que a classe de linguagens livres-do-contexto não é fechada sob complementação.

^{R}**2.3**   Responda a cada item para a seguinte gramática livre-do-contexto G.

$$R \to XRX \mid S$$
$$S \to \mathtt{a}T\mathtt{b} \mid \mathtt{b}T\mathtt{a}$$
$$T \to XTX \mid X \mid \varepsilon$$
$$X \to \mathtt{a} \mid \mathtt{b}$$

a. Quais são as variáveis de G?
b. Quais são os terminais de G?
c. Qual é a variável inicial de G?
d. Dê três cadeias em $L(G)$.
e. Dê três cadeias que *não* estão em $L(G)$.
f. Verdadeiro ou Falso: $T \Rightarrow$ aba.
g. Verdadeiro ou Falso: $T \stackrel{*}{\Rightarrow}$ aba.
h. Verdadeiro ou Falso: $T \Rightarrow T$.
i. Verdadeiro ou Falso: $T \stackrel{*}{\Rightarrow} T$.
j. Verdadeiro ou Falso: $XXX \stackrel{*}{\Rightarrow}$ aba.
k. Verdadeiro ou Falso: $X \stackrel{*}{\Rightarrow}$ aba.
l. Verdadeiro ou Falso: $T \stackrel{*}{\Rightarrow} XX$.
m. Verdadeiro ou Falso: $T \Rightarrow XXX$.
n. Verdadeiro ou Falso: $S \stackrel{*}{\Rightarrow} \varepsilon$.
o. Dê uma descrição em português de $L(G)$.

2.4 Dê gramáticas livres-do-contexto que gerem as seguintes linguagens. Em todos os itens o alfabeto Σ é $\{0,1\}$.

^Ra. $\{w|\ w$ contém pelo menos três 1s$\}$
b. $\{w|\ w$ começa e termina com o mesmo símbolo$\}$
c. $\{w|\ $o comprimento de w é ímpar$\}$
^Rd. $\{w|\ $o comprimento de w é ímpar e o símbolo do meio é um 0$\}$
e. $\{w|\ w = w^{\mathcal{R}}$, ou seja, w é um palíndromo$\}$
f. O conjunto vazio

2.5 Dê descrições informais e diagramas de estado de autômatos com pilha para as linguagens no Exercício 2.4.

2.6 Dê gramáticas livres-do-contexto gerando as seguintes linguagens.

^Ra. O conjunto de cadeias sobre o alfabeto $\{$a,b$\}$ com mais as que bs
b. O complemento da linguagem $\{\mathtt{a}^n\mathtt{b}^n|\ n \geq 0\}$
^Rc. $\{w\#x|\ w^{\mathcal{R}}$ é uma subcadeia de x para $w, x \in \{0,1\}^*\}$
d. $\{x_1\#x_2\#\cdots\#x_k|\ k \geq 1,$ cada $x_i \in \{\mathtt{a},\mathtt{b}\}^*,$ e para algum i e j, $x_i = x_j^{\mathcal{R}}\}$

^R**2.7** Dê descrições informais em português de APs para as linguagens no Exercício 2.6.

^R**2.8** Mostre que a cadeia `the girl touches the boy with the flower` tem duas derivações mais à esquerda diferentes na gramática G_2 da página 105. Descreva em português os dois significados diferentes dessa sentença.

2.9 Dê uma gramática livre-do-contexto que gere a linguagem
$$A = \{\mathtt{a}^i\mathtt{b}^j\mathtt{c}^k|\ i = j \text{ ou } j = k \text{ onde } i,j,k \geq 0\}.$$
Sua gramática é ambígua? Por que sim ou por que não?

2.10 Dê uma descrição informal de um autômato com pilha que reconheça a linguagem A do Exercício 2.9.

2.11 Converta a GLC G_4 dada no Exercício 2.1 para um AP equivalente, usando o procedimento dado no Teorema 2.20.

2.12 Converta a GLC G dada no Exercício 2.3 para um AP equivalente, usando o procedimento dado no Teorema 2.20.

2.13 Seja $G = (V, \Sigma, R, S)$ a seguinte gramática. $V = \{S,T,U\}$; $\Sigma = \{0,\#\}$; e R é o conjunto de regras:

$$S \rightarrow TT\ |\ U$$
$$T \rightarrow 0T\ |\ T0\ |\ \#$$
$$U \rightarrow 0U00\ |\ \#$$

- **a.** Descreva $L(G)$ em português.
- **b.** Prove que $L(G)$ não é regular.

2.14 Converta a seguinte GLC em uma GLC equivalente na forma normal de Chomsky, usando o procedimento dado no Teorema 2.9.

$$A \to BAB \mid B \mid \varepsilon$$
$$B \to 00 \mid \varepsilon$$

2.15 Dê um contra-exemplo para mostrar que a seguinte construção falha em provar que a classe das linguagens livres-do-contexto é fechada sob estrela. Seja A uma LLC que é gerada pela GLC $G = (V, \Sigma, R, S)$. Adicione a nova regra $S \to SS$ e chame a gramática resultante G'. Essa gramática é suposta gerar A^*.

2.16 Mostre que a classe de linguagens livres-do-contexto é fechada sob as operações regulares união, concatenação e estrela.

2.17 Use os resultados do Problema 2.16 para dar outra prova de que toda linguagem regular é livre-do-contexto, mostramos como converter uma expressão regular diretamente para uma gramática livre-do-contexto.

PROBLEMAS

^{R}**2.18**
- **a.** Seja C uma linguagem livre-do-contexto e R uma linguagem regular. Prove que a linguagem $C \cap R$ é livre-do-contexto.
- **b.** Use a parte (a) para mostrar que a linguagem $A = \{w \mid w \in \{\mathtt{a,b,c}\}^*$ e contém o mesmo número de as, bs e cs$\}$ não é uma LLC.

*2.19 Suponha que a GLC G seja

$$S \to \mathtt{a}S\mathtt{b} \mid \mathtt{b}Y \mid Y\mathtt{a}$$
$$Y \to \mathtt{b}Y \mid \mathtt{a}Y \mid \varepsilon$$

Dê uma descrição simples de $L(G)$ em português. Use essa descrição para dar uma GLC para $\overline{L(G)}$, o complemento de $L(G)$.

2.20 Seja $A/B = \{w \mid wx \in A$ para algum $x \in B\}$. Mostre que, se A é livre-do-contexto e B é regular, então A/B é livre-do-contexto.

*2.21 Seja $\Sigma = \{\mathtt{a,b}\}$. Dê uma GLC que gera a linguagem das cadeias com duas vezes mais as que bs. Prove que sua gramática é correta.

*2.22 Seja $C = \{x\mathtt{\#}y \mid x, y \in \{\mathtt{0,1}\}^*$ e $x \neq y\}$. Mostre que C é uma linguagem livre-do-contexto.

*2.23 Seja $D = \{xy \mid x, y \in \{\mathtt{0,1}\}^*$ e $|x| = |y|$ mas $x \neq y\}$. Mostre que D é uma linguagem livre-do-contexto.

*2.24 Seja $E = \{\mathtt{a}^i\mathtt{b}^j \mid i \neq j$ e $2i \neq j\}$. Mostre que E é uma linguagem livre-do-contexto.

2.25 Para qualquer linguagem A, seja $SUFIXO(A) = \{v \mid uv \in A$ para alguma cadeia $u\}$. Mostre que a classe de linguagens livres-do-contexto é fechada sob a operação $SUFIXO$.

2.26 Mostre que, se G for uma GLC na forma normal de Chomsky, então para qualquer cadeia $w \in L(G)$ de comprimento $n \geq 1$, exatamente $2n - 1$ passos são necessários para qualquer derivação de w.

*__2.27__ Seja $G = (V, \Sigma, R, \langle \text{STMT} \rangle)$ a seguinte gramática.

$$\langle \text{STMT} \rangle \to \langle \text{ASSIGN} \rangle \mid \langle \text{IF-THEN} \rangle \mid \langle \text{IF-THEN-ELSE} \rangle$$
$$\langle \text{IF-THEN} \rangle \to \texttt{if condition then } \langle \text{STMT} \rangle$$
$$\langle \text{IF-THEN-ELSE} \rangle \to \texttt{if condition then } \langle \text{STMT} \rangle \texttt{ else } \langle \text{STMT} \rangle$$
$$\langle \text{ASSIGN} \rangle \to \texttt{a:=1}$$

$$\Sigma = \{\texttt{if}, \texttt{condition}, \texttt{then}, \texttt{else}, \texttt{a:=1}\}.$$
$$V = \{\langle \text{STMT} \rangle, \langle \text{IF-THEN} \rangle, \langle \text{IF-THEN-ELSE} \rangle, \langle \text{ASSIGN} \rangle\}$$

G é uma gramática aparentemente natural para um fragmento de uma linguagem de programação, mas G é ambígua.

 a. Mostre que G é ambígua.
 b. Dê uma nova gramática não-ambígua para a mesma linguagem.

*__2.28__ Dê GLCs não-ambíguas para as linguagens a seguir.

 a. $\{w \mid$ em todo prefixo de w o número de **a**s é pelo menos igual ao número de **b**s$\}$
 b. $\{w \mid$ os números de **a**s e de **b**s em w são iguais$\}$
 c. $\{w \mid$ em w, o número de **a**s é pelo menos igual ao número de **b**s$\}$

*__2.29__ Mostre que a linguagem A do Exercício 2.9 é inerentemente ambígua.

2.30 Use o lema do bombeamento para mostrar que as seguintes linguagens não são livres-do-contexto.

 a. $\{0^n 1^n 0^n 1^n \mid n \geq 0\}$
 ^{R}**b.** $\{0^n \# 0^{2n} \# 0^{3n} \mid n \geq 0\}$
 ^{R}**c.** $\{w \# t \mid w$ é uma subcadeia de t, onde $w, t \in \{\texttt{a}, \texttt{b}\}^*\}$
 d. $\{t_1 \# t_2 \# \cdots \# t_k \mid k \geq 2,$ cada $t_i \in \{\texttt{a}, \texttt{b}\}^*,$ e $t_i = t_j$ para algum $i \neq j\}$

2.31 Seja B a linguagem de todos os palíndromos sobre $\{0,1\}$ contendo o mesmo número de 0s e 1s. Mostre que B não é livre-do-contexto.

*__2.32__ Seja $\Sigma = \{1, 2, 3, 4\}$ e $C = \{w \in \Sigma^* \mid$ em w, o número de 1s é igual ao número de 2s, e o número de 3s é igual ao número de 4s$\}$. Mostre que C não é livre-do-contexto.

2.33 Mostre que $F = \{\texttt{a}^i \texttt{b}^j \mid i \neq kj$ para algum inteiro positivo $k\}$ não é livre-do-contexto.

2.34 Considere a linguagem $B = L(G)$, onde G é a gramática dada no Exercício 2.13. O lema do bombeamento para linguagens livres-do-contexto, Teorema 2.34, enuncia a existência de um comprimento de bombeamento p para B. Qual é o valor mínimo de p que funciona no lema do bombeamento? Justifique sua resposta.

2.35 Seja G uma GLC na forma normal de Chomsky que contém b variáveis. Mostre que, se G gera alguma cadeia com uma derivação tendo no mínimo 2^b passos, $L(G)$ é infinita.

2.36 Dê um exemplo de uma linguagem que não é livre-do-contexto, mas que age como uma LLC no lema do bombeamento. Prove que seu exemplo funciona. (Veja o exemplo análogo para linguagens regulares no Problema 1.54.)

***2.37** Prove a seguinte forma mais forte do lema do bombeamento, na qual *ambas* as partes v e y devem ser não-vazias quando a cadeia s é dividida.

Se A for uma linguagem livre-do-contexto, então existe um número k onde, se s é uma cadeia qualquer em A de comprimento no mínimo k, então s pode ser dividida em cinco partes, $s = uvxyz$, satisfazendo as condições:

   a. para cada $i \geq 0$, $uv^i xy^i z \in A$,
   b. $v \neq \varepsilon$ e $y \neq \varepsilon$, e
   c. $|vxy| \leq k$.

^R**2.38** Remeta-se ao Problema 1.41 para a definição da operação de embaralhamento perfeito. Mostre que a classe de linguagens livres-do-contexto não é fechada sob embaralhamento perfeito.

2.39 Remeta-se ao Problema 1.42 para a definição da operação de embaralhamento. Mostre que a classe de linguagens livres-do-contexto não é fechada sob embaralhamento.

*2.40 Digamos que uma linguagem é **prefixo-fechada** se o prefixo de qualquer cadeia na linguagem também está na linguagem. Seja C uma linguagem livre-do-contexto, infinita e prefixo-fechada. Mostre que C contém um subconjunto regular infinito.

*2.41 Leia as definições de NÃOPREFIXO(A) e NÃOESTENDE(A) no Problema 1.40.

   a. Mostre que a classe de LLCs não é fechada sob a operação NÃOPREFIXO.
   b. Mostre que a classe de LLCs não é fechada sob a operação NÃOESTENDE.

2.42 Seja $\Sigma = \{1, \#\}$ e $Y = \{w|\ w = t_1 \# t_2 \# \cdots \# t_k$ para $k \geq 0$, cada $t_i \in 1^*$, e $t_i \neq t_j$ sempre que $i \neq j\}$. Prove que Y não é livre-do-contexto.

2.43 Para cadeias w e t, escreva $w \stackrel{\circ}{=} t$ se os símbolos de w são uma permutação dos símbolos de t. Em outras palavras, $w \stackrel{\circ}{=} t$ se t e w têm os mesmos símbolos nas mesmas quantidades, mas possivelmente em uma ordem diferente.

Para qualquer cadeia w, defina MISTURA(w) $= \{t|\ t \stackrel{\circ}{=} w\}$. Para qualquer linguagem A, seja MISTURA(A) $= \{t|\ t \in$ MISTURA(w) para algum $w \in A\}$.

   a. Mostre que, se $\Sigma = \{0, 1\}$, então uma MISTURA de uma linguagem regular é livre-do-contexto.
   b. O que acontece na parte (a) se Σ contém 3 ou mais símbolos? Prove sua resposta.

2.44 Se A e B são linguagens, defina $A \diamond B = \{xy|\ x \in A$ e $y \in B$ e $|x| = |y|\}$. Mostre que se A e B forem linguagens regulares, então $A \diamond B$ é uma LLC.

*2.45 Seja $A = \{wtw^\mathcal{R}|\ w, t \in \{0,1\}^*$ e $|w| = |t|\}$. Prove que A não é uma linguagem livre-do-contexto.

SOLUÇÕES SELECIONADAS

2.3 **(a)** R, X, S, T; **(b)** a, b; **(c)** R; **(d)** Três cadeias em G são ab, ba e aab; **(e)** Três cadeias que não estão em G são a, b e ε; **(f)** Falso; **(g)** Verdadeiro; **(h)** Falso; **(i)** Verdadeiro; **(j)** Verdadeiro; **(k)** Falso; **(l)** Verdadeiro; **(m)** Verdadeiro; **(n)** Falso; **(o)** $L(G)$ consiste de todas as cadeias sobre a e b que não são palíndromos.

2.4 **(a)** $S \to \texttt{R1R1R1R}$
$R \to \texttt{0}R \mid \texttt{1}R \mid \varepsilon$

(d) $S \to \texttt{0} \mid \texttt{0}S\texttt{0} \mid \texttt{0}S\texttt{1} \mid \texttt{1}S\texttt{0} \mid \texttt{1}S\texttt{1}$

2.6 **(a)** $S \to T\texttt{a}T$
$T \to TT \mid \texttt{a}T\texttt{b} \mid \texttt{b}T\texttt{a} \mid \texttt{a} \mid \varepsilon$

(c) $S \to TX$
$T \to \texttt{0}T\texttt{0} \mid \texttt{1}T\texttt{1} \mid \texttt{\#}X$
$X \to \texttt{0}X \mid \texttt{1}X \mid \varepsilon$

T gera todas as cadeias com pelo menos a mesma quantidade de as que bs, e S força um a extra.

2.7 **(a)** O AP usa sua pilha para contar o número de as menos o número de bs. Ele entra num estado de aceitação sempre que esse contador é positivo. Em mais detalhes, ele opera da seguinte maneira. O AP lê a entrada. Se ele vê um b e seu símbolo no topo da pilha é um a, ele desempilha. Similarmente, se ele lê um a e seu símbolo de topo de pilha é um b, ele desempilha. Em todos os outros casos, ele empilha o símbolo de entrada. Depois que o AP lê a entrada, se a estiver no topo da pilha, ele aceita. Caso contrário, ele rejeita.

(c) O AP faz uma varredura na cadeia de entrada e empilha todo símbolo que lê até que leia um #. Se # nunca for encontrado, ele rejeita. Então, o AP pula a parte da entrada, não-deterministicamente decidindo quando pára de pular. Nesse ponto, ele compara os próximos símbolos de entrada com os símbolos que ele desempilha. Em caso de qualquer desacordo, ou se a entrada terminar enquanto a pilha é não-vazia, esse ramo da computação rejeita. Se a pilha se torna vazia, a máquina lê o resto da entrada e aceita.

2.8 Aqui está uma derivação:
⟨SENTENCE⟩ ⇒ ⟨NOUN-PHRASE⟩⟨VERB-PHRASE⟩ ⇒
⟨CMPLX-NOUN⟩⟨VERB-PHRASE⟩ ⇒
⟨CMPLX-NOUN⟩⟨CMPLX-VERB⟩⟨PREP-PHRASE⟩ ⇒
⟨ARTICLE⟩⟨NOUN⟩⟨CMPLX-VERB⟩⟨PREP-PHRASE⟩ ⇒
The boy ⟨VERB⟩⟨NOUN-PHRASE⟩⟨PREP-PHRASE⟩ ⇒
The boy ⟨VERB⟩⟨NOUN-PHRASE⟩⟨PREP⟩⟨CMPLX-NOUN⟩ ⇒
The boy touches ⟨NOUN-PHRASE⟩⟨PREP⟩⟨CMPLX-NOUN⟩ ⇒
The boy touches ⟨CMPLX-NOUN⟩⟨PREP⟩⟨CMPLX-NOUN⟩ ⇒
The boy touches ⟨ARTICLE⟩⟨NOUN⟩⟨PREP⟩⟨CMPLX-NOUN⟩ ⇒
The boy touches the girl with ⟨CMPLX-NOUN⟩ ⇒
The boy touches the girl with ⟨ARTICLE⟩⟨NOUN⟩ ⇒
The boy touches the girl with the flower

Aqui está uma outra derivação:
⟨SENTENCE⟩ ⇒ ⟨NOUN-PHRASE⟩⟨VERB-PHRASE⟩ ⇒
⟨CMPLX-NOUN⟩⟨VERB-PHRASE⟩ ⇒ ⟨ARTICLE⟩⟨NOUN⟩⟨VERB-PHRASE⟩ ⇒
The boy ⟨VERB-PHRASE⟩ ⇒ The boy ⟨CMPLX-VERB⟩ ⇒
The boy ⟨VERB⟩⟨NOUN-PHRASE⟩ ⇒
The boy touches ⟨NOUN-PHRASE⟩ ⇒
The boy touches ⟨CMPLX-NOUN⟩⟨PREP-PHRASE⟩ ⇒

```
The boy touches ⟨ARTICLE⟩⟨NOUN⟩⟨PREP-PHRASE⟩ ⇒
The boy touches the girl ⟨PREP-PHRASE⟩ ⇒
The boy touches the girl ⟨PREP⟩⟨CMPLX-NOUN⟩ ⇒
The boy touches the girl with ⟨CMPLX-NOUN⟩ ⇒
The boy touches the girl with ⟨ARTICLE⟩⟨NOUN⟩ ⇒
The boy touches the girl with the flower
```

Cada uma dessas derivações corresponde a um significado diferente em inglês. Na primeira derivação, a sentença quer dizer que o garoto usou a flor para tocar a garota. Na segunda derivação, a garota está segurando a flor quando o garoto a toca.

2.18 **(a)** Seja C uma linguagem livre-do-contexto e R uma linguagem regular. Seja P o AP que reconhece C, e D o AFD que reconhece R. Se Q é o conjunto de estados de P e Q' é o conjunto de estados de D, construímos um AP P' que reconhece $C \cap R$ com o conjunto de estados $Q \times Q'$. P' fará o que P faz e também mantém registro dos estados de D. Ele aceita uma cadeia w se e somente se ele pára em um estado $q \in F_P \times F_D$, onde F_P é o conjunto de estados de aceitação de P e F_D é o conjunto de estados de aceitação de D. Como $C \cap R$ é reconhecida por P', ela é livre-do-contexto.

(b) Seja R a linguagem regular $\mathtt{a^*b^*c^*}$. Se A fosse uma LLC, então $A \cap R$ seria um LLC pela parte (a). No entanto, $A \cap R = \{\mathtt{a}^n\mathtt{b}^n\mathtt{c}^n|\, n \geq 0\}$, e o Exemplo 2.36 prova que $A \cap R$ não é livre-do-contexto. Por conseguinte, A não é uma LLC.

2.30 **(b)** Seja $B = \{\mathtt{0}^n\mathtt{\#0}^{2n}\mathtt{\#0}^{3n}|\, n \geq 0\}$. Seja p o comprimento de bombeamento dado pelo lema do bombeamento. Seja $s = \mathtt{0}^p\mathtt{\#0}^{2p}\mathtt{\#0}^{3p}$. Mostramos que $s = uvxyz$ não pode ser bombeada.

Nem v nem y pode conter #, caso contrário xv^2wy^2z contém mais que dois #s. Conseqüentemente, se dividirmos s em três segmentos por #s: 0^p, 0^{2p} e 0^{3p}, pelo menos um dos segmentos não está contido em v ou y. Logo, xv^2wy^2z não está em B porque a proporção $1 : 2 : 3$ entre os comprimentos dos segmentos não é mantida.

(c) Seja $C = \{w\mathtt{\#}t|\, w$ é uma subcadeia de t, onde $w, t \in \{\mathtt{a}, \mathtt{b}\}^*\}$. Seja p o comprimento de bombeamento dado pelo lema do bombeamento. Seja $s = \mathtt{a}^p\mathtt{b}^p\mathtt{\#a}^p\mathtt{b}^p$. Mostramos que a cadeia $s = uvxyz$ não pode ser bombeada.

Nem v nem y pode conter #, caso contrário uv^0xy^0z não contém # e, por conseguinte, não está em C. Se ambas v e y são não-vazias e ocorrem no lado esquerdo do #, a cadeia uv^2xy^2z não pode estar em C porque ela é mais longa no lado esquerdo do #. Similarmente, se ambas as cadeias ocorrem no lado direito do #, a cadeia uv^0xy^0z não pode estar em C porque ela é novamente mais longa no lado esquerdo do #. Se apenas uma das duas v e y é não-vazia (ambas não podem ser não-vazias), trate-as como se ambas ocorressem no mesmo lado do # como acima.

O único caso remanescente é aquele no qual ambas v e y são não-vazias e vão além do #. Mas, então v consiste de bs e y consiste de as devido à terceira condição do lema do bombeamento $|vxy| \leq p$. Logo, uv^2xy^2z contém mais bs no lado esquerdo do #, portanto ela não pode ser um membro de C.

2.38 Seja A a linguagem $\{\mathtt{0}^k\mathtt{1}^k|\, k \geq 0\}$ e suponha que B seja a linguagem $\{\mathtt{a}^k\mathtt{b}^{3k}|\, k \geq 0\}$. O embaralhamento perfeito de A e B é a linguagem $C = \{(\mathtt{0a})^k(\mathtt{0b})^k(\mathtt{1b})^{2k}|\, k \geq 0\}$. As linguagens A e B são facilmente vistas como sendo LLCs, mas C não é uma LLC, conforme o que segue. Se C fosse uma LLC, seja p o comprimento de bombeamento dado pelo lema do bombeamento, e suponha que

s seja a cadeia $(\mathtt{0a})^p(\mathtt{0b})^p(\mathtt{1b})^{2p}$. Em razão de s ser mais longa que p e $s \in C$, podemos dividir $s = uvxyz$ satisfazendo as três condições do lema do bombeamento. As cadeias em C contêm duas vezes mais 1s que as. Para que uv^2xy^2z tenha essa propriedade, a cadeia vxy tem que conter tanto 1s quanto as. Mas isso é impossível, porque elas são separadas por $2p$ símbolos e a terceira condição diz que $|vxy| \leq p$. Logo, C não é livre-do-contexto.

PARTE DOIS

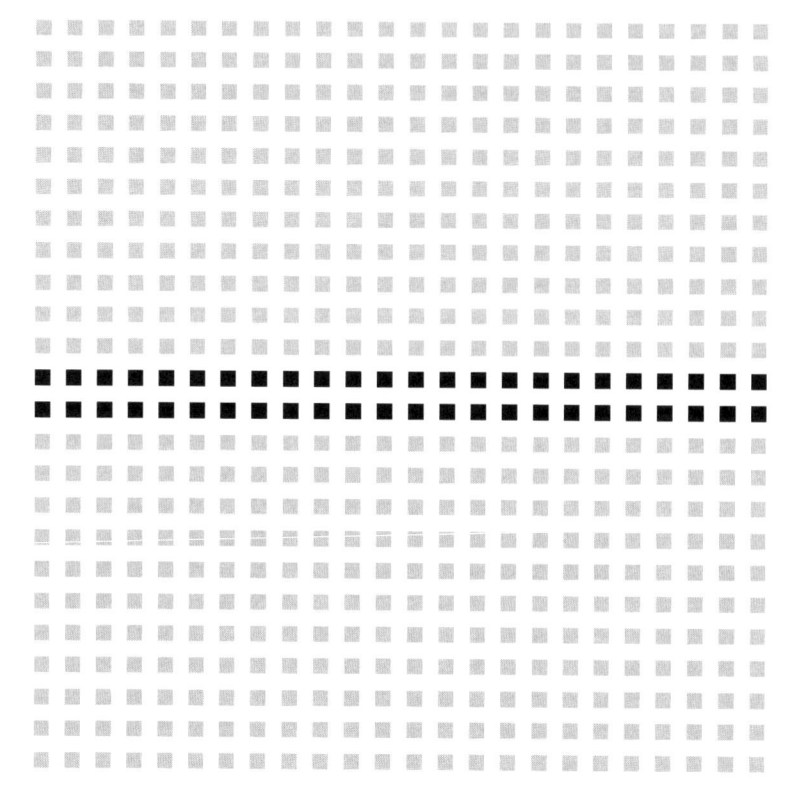

TEORIA DA COMPUTABILIDADE

3

A TESE DE CHURCH–TURING

Até agora, no nosso desenvolvimento da teoria da computação, apresentamos diversos modelos de dispositivos de computação. Autômatos finitos são bons modelos para dispositivos que têm uma quantidade pequena de memória. Autômatos com pilha são bons modelos para dispositivos que possuem uma memória ilimitada que é utilizável apenas da maneira "o último que entra é o primeiro que sai" inerente a uma pilha. Mostramos que algumas tarefas muito simples estão além das capacidades desses modelos. Portanto, eles são demasiado restritos para servir como modelos de computadores de propósito geral.

3.1
MÁQUINAS DE TURING

Agora nos voltamos para um modelo muito mais poderoso, primeiro proposto por Alan Turing em 1936, chamado *máquina de Turing*. Semelhante a um autômato finito, mas com uma memória ilimitada e irrestrita, uma máquina de Turing é um modelo muito mais acurado de um computador de propósito geral. Uma máquina de Turing pode fazer tudo que um computador real pode fazer. Entretanto, mesmo uma máquina de Turing não pode resolver certos problemas. Em um sentido muito real, esses problemas estão além dos limites teóricos da computação.

O modelo da máquina de Turing usa uma fita infinita como sua memória ilimitada. Ela tem uma cabeça de fita que pode ler e escrever símbolos e mover-se sobre a fita. Inicialmente, a fita contém apenas a cadeia de entrada e está em branco em todo o restante. Se a máquina precisa armazenar informação, ela pode escrevê-la sobre a fita. Para ler a informação escrita, a máquina pode mover sua cabeça de volta para a posição onde a informação foi escrita. A máquina continua a computar até que ela decida produzir uma saída. As saídas *aceite* e *rejeite* são obtidas entrando em estados designados de aceitação e de rejeição. Se não entrar num estado de aceitação ou de rejeição, ela continuará para sempre, nunca parando.

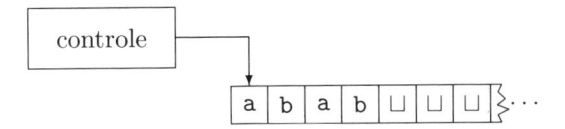

FIGURA 3.1
Esquema de uma máquina de Turing.

A seguinte lista resume as diferenças entre autômatos finitos e máquinas de Turing.

1. Uma máquina de Turing pode tanto escrever sobre a fita quanto ler a partir dela.
2. A cabeça de leitura-escrita pode mover-se tanto para a esquerda quanto para a direita.
3. A fita é infinita.
4. Os estados especiais para rejeitar e aceitar fazem efeito imediatamente.

Vamos introduzir uma máquina de Turing M_1 para testar a pertinência na linguagem $B = \{w\#w|\ w \in \{0,1\}^*\}$. Queremos que M_1 aceite se sua entrada é um membro de B e rejeite caso contrário. Para entender M_1 melhor, ponha-se no seu lugar imaginando que você está sobre uma entrada de 1 km de comprimento consistindo em milhões de caracteres. Seu objetivo é determinar se é um membro de B — ou seja, se a entrada compreende duas cadeias idênticas separadas por um símbolo #. A entrada é demasiado longa para você memorizá-la toda, mas lhe é permitido mover de-frente-para-trás e de-trás-para-a-frente sobre a entrada e deixar marcas sobre ela. A estratégia óbvia é ziguezaguear para as posições correspondentes nos dois lados do # e determinar se elas se casam. Coloque marcas para manter o registro de quais posições se correspondem.

Projetamos M_1 para funcionar daquela maneira. Ela realiza múltiplas varreduras sobre a cadeia de entrada com a cabeça de leitura-escrita. A cada passagem, ela emparelha um dos caracteres em cada lado do símbolo #. Para manter o registro de quais símbolos já foram verificados, M_1 deixa uma marca sobre cada símbolo à medida que ele é examinado. Se ela marca todos os símbolos, isso significa que tudo emparelhou de forma bem-sucedida, e M_1 vai para um estado de aceitação. Se descobre um descasamento, ela entra em um estado de rejeição. Em resumo, o algoritmo de M_1 é o seguinte.

$M_1 =$ "Sobre a cadeia de entrada w:

1. Faça um zigue-zague ao longo da fita checando posições correspondentes de ambos os lados do símbolo # para verificar se elas contêm o mesmo símbolo. Se elas não contêm, ou se nenhum # for encontrado, *rejeite*. Marque os símbolos à medida que eles são verificados para manter registro de quais símbolos têm correspondência.
2. Quando todos os símbolos à esquerda do # tiverem sido marcados, verifique a existência de algum símbolo remanescente à direita do #. Se resta algum símbolo, *rejeite*; caso contrário, *aceite*."

A Figura 3.2 contém várias fotografias instantâneas da fita de M_1 enquanto ela está computando nos estágios 2 e 3, quando iniciada sobre a entrada 011000#011000.

```
↓
0 1 1 0 0 0 # 0 1 1 0 0 0 ⊔ ···
  ↓
x 1 1 0 0 0 # 0 1 1 0 0 0 ⊔ ···
              ↓
x 1 1 0 0 0 # x 1 1 0 0 0 ⊔ ···
↓
x 1 1 0 0 0 # x 1 1 0 0 0 ⊔ ···
  ↓
x x 1 0 0 0 # x 1 1 0 0 0 ⊔ ···
                          ↓
x x x x x x # x x x x x x ⊔ ···
                           aceita
```

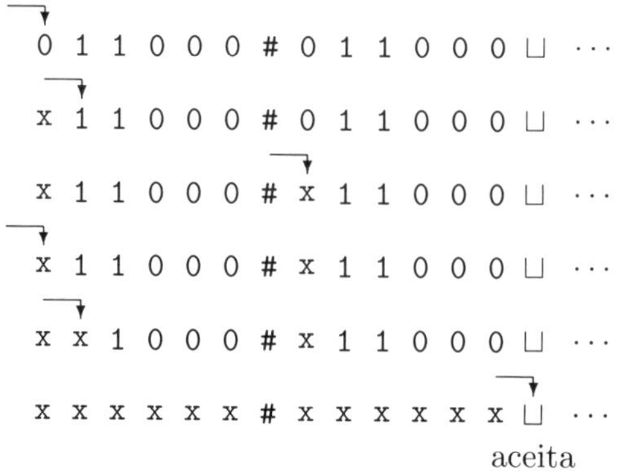

FIGURA 3.2
Fotografias instantâneas da máquina de Turing M_1 computando sobre a entrada 011000#011000.

Essa descrição da máquina de Turing M_1 esboça a maneira como ela funciona, mas não dá todos os seus detalhes. Podemos descrever máquinas de Turing em todos os detalhes, dando descrições formais análogas àquelas introduzidas para autômatos finitos e autômatos com pilha. As descrições formais especificam cada uma das partes da definição formal do modelo da máquina de Turing a ser apresentado em breve. Na realidade, quase nunca damos descrições formais de máquinas de Turing porque elas tendem a ser muito grandes.

DEFINIÇÃO FORMAL DE UMA MÁQUINA DE TURING

O coração da definição de uma máquina de Turing é a função de transição δ, pois ela nos diz como a máquina vai de um passo para o próximo. Para uma máquina de Turing, δ toma a forma: $Q \times \Gamma \longrightarrow Q \times \Gamma \times \{\text{E}, \text{D}\}$. Ou seja, quando a máquina está em um certo estado q e a cabeça está sobre uma célula da fita contendo um símbolo a e se $\delta(q, a) = (r, b, \text{E})$, a máquina escreve o símbolo b substituindo o a e vai para o estado r. O terceiro componente é E ou D e indica se a cabeça move para a esquerda ou direita após escrever. No caso, o E aponta um movimento para a esquerda.

DEFINIÇÃO 3.3

Uma ***máquina de Turing*** é uma 7-upla, $(Q, \Sigma, \Gamma, \delta, q_0, q_{\text{aceita}}, q_{\text{rejeita}})$, onde Q, Σ, Γ são todos conjuntos finitos e

1. Q é o conjunto de estados,
2. Σ é o alfabeto de entrada sem o ***símbolo em branco*** $\sqcup$,
3. Γ é o alfabeto de fita, onde $\sqcup \in \Gamma$ e $\Sigma \subseteq \Gamma$,
4. $\delta : Q \times \Gamma \longrightarrow Q \times \Gamma \times \{\text{E}, \text{D}\}$ é a função de transição,
5. $q_0 \in Q$ é o estado inicial,
6. $q_{\text{aceita}} \in Q$ é o estado de aceitação, e
7. $q_{\text{rejeita}} \in Q$ é o estado de rejeição, onde $q_{\text{rejeita}} \neq q_{\text{aceita}}$.

Uma máquina de Turing $M = (Q, \Sigma, \Gamma, \delta, q_0, q_{\text{aceita}}, q_{\text{rejeita}})$ computa da seguinte maneira. Inicialmente, M recebe sua entrada $w = w_1 w_2 \ldots w_n \in \Sigma^*$ sobre as n células mais à esquerda da fita, e o restante da fita está em branco (isto é, preenchido com símbolos em branco). A cabeça começa sobre a célula mais à esquerda da fita. Note que Σ não contém o símbolo em branco, portanto o primeiro branco aparecendo sobre a fita marca o fim da entrada. Uma vez que M tenha iniciado, a computação procede conforme as regras descritas pela função de transição. Se M em algum momento tentar mover sua cabeça para a esquerda além da extremidade esquerda da fita, a cabeça permanece no mesmo lugar para aquele movimento, muito embora a função de transição indique E. A computação continua até que ela entra ou no estado de aceitação ou de rejeição em cujo ponto ela pára. Se nenhum desses ocorre, M continua para sempre.

À medida que uma máquina de Turing computa, mudanças ocorrem no estado atual, no conteúdo atual da fita e na posição atual da cabeça. Um possível valor desses três itens é denominado ***configuração*** da máquina de Turing.

Configurações são freqüentemente representadas de uma maneira especial. Para um estado q e duas cadeias u e v sobre o alfabeto de fita Γ, escrevemos $u\,q\,v$ para a configuração na qual o estado atual é q, o conteúdo atual da fita é uv e a posição atual da cabeça é sobre o primeiro símbolo de v. A fita contém apenas brancos após o último símbolo de v. Por exemplo, $1011q_701111$ representa a configuração quando a fita é 101101111, o estado atual é q_7, e a cabeça está atualmente sobre o segundo 0. A Figura 3.4 mostra uma máquina de Turing com essa configuração.

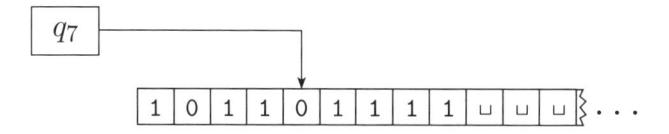

FIGURA **3.4**
Uma máquina de Turing com configuração $1011q_701111$.

Aqui formalizamos nosso entendimento intuitivo da maneira pela qual uma máquina de Turing computa. Digamos que a configuração C_1 ***origina*** a configuração C_2, se a máquina de Turing puder legitimamente ir de C_1 para C_2 em um único passo. Definimos essa noção formalmente da seguinte maneira.

Suponha que tenhamos a, b e c em Γ, assim como u e v em Γ^* e os estados q_i e q_j. Nesse caso $u a\, q_i\, b v$ e $u\, q_j\, a c v$ são duas configurações. Digamos que

$$u a\, q_i\, b v \quad \text{origina} \quad u\, q_j\, a c v$$

se na função de transição $\delta(q_i, b) = (q_j, c, \text{E})$. Isso cobre o caso em que a máquina de Turing se move para a esquerda. Para um movimento para a direita, digamos que

$$u a\, q_i\, b v \quad \text{origina} \quad u a c\, q_j\, v$$

se $\delta(q_i, b) = (q_j, c, \text{D})$.

Casos especiais ocorrem quando a cabeça estiver em uma das extremidades da configuração. No caso da extremidade esquerda, a configuração $q_i\, b v$ origina $q_j\, c v$ se a transição envolver um movimento para a esquerda (porque cuidamos para que a máquina não passe da extremidade esquerda da fita), e ela origina $c\, q_j v$ para a transição que envolve um movimento para a direita. Para a extremidade direita, a configuração $u a\, q_i$ é equivalente a $u a\, q_i\, \sqcup$ porque assumimos que brancos vêm após a parte da fita representada na configuração. Por conseguinte, podemos lidar com esse caso tal qual anteriormente, com a cabeça não mais na extremidade direita.

A ***configuração inicial*** de M sobre a entrada w é $q_0\, w$, que indica que a máquina está no estado inicial q_0 com sua cabeça na posição mais à esquerda sobre a fita. Em uma ***configuração de aceitação***, o estado da configuração é

q_{aceita}. Em uma *configuração de rejeição*, o estado da configuração é q_{rejeita}. Configurações de aceitação e de rejeição são **configurações de parada** e portanto não originam configurações adicionais. Dado que a máquina é definida para parar quando está nos estados q_{aceita} e q_{rejeita}, poderíamos equivalentemente ter definido a função de transição como tendo a forma mais complicada $\delta: Q' \times \Gamma \longrightarrow Q \times \Gamma \times \{\text{E}, \text{D}\}$, onde Q' é Q sem q_{aceita} e q_{rejeita}. Uma máquina de Turing M **aceita** a entrada w se uma seqüência de configurações $C_1, C_2, \ldots, C_k$ existe, onde

1. C_1 é a configuração inicial de M sobre a entrada w,
2. cada C_i origina C_{i+1} e
3. C_k é uma configuração de aceitação.

A coleção de cadeias que M aceita é *a linguagem de M*, ou *a linguagem reconhecida por M*, denotada $L(M)$.

DEFINIÇÃO 3.5

Chame uma linguagem de *Turing-reconhecível*, se alguma máquina de Turing a reconhece.[1]

Quando iniciamos uma máquina de Turing sobre uma entrada, três resultados são possíveis. A máquina pode *aceitar*, *rejeitar* ou *entrar em loop*. Por **entrar em loop** queremos dizer que a máquina simplesmente não pára. Entrar em loop pode acarretar qualquer comportamento simples ou complexo que nunca leva a um estado de parada.

Uma máquina de Turing M pode falhar em aceitar uma entrada, passando para o estado q_{rejeita} e rejeitando ou entrando em loop. Às vezes, distinguir uma máquina que está em loop de uma que está meramente levando um tempo longo é difícil. Por essa razão, preferimos máquinas de Turing que param sobre todas as entradas; tais máquinas nunca entram em loop. Essas máquinas são chamadas **decisores**, porque elas sempre tomam uma decisão de aceitar ou rejeitar. Um decisor que reconhece alguma linguagem também é dito **decidir** essa linguagem.

DEFINIÇÃO 3.6

Chame uma linguagem de *Turing-decidível* ou simplesmente *decidível* se alguma máquina de Turing a decide.[2]

---

[1] Ela é chamada de **linguagem recursivamente enumerável** em alguns outros livros-texto.
[2] Ela é chamada de **linguagem recursiva** em alguns outros livros-texto.

A seguir, damos exemplos de linguagens decidíveis. Toda linguagem decidível é Turing-reconhecível. Apresentamos exemplos de linguagens que são Turing-reconhecíveis, porém não decidíveis após desenvolvermos uma técnica para provar indecibilidade no Capítulo 4.

EXEMPLOS DE MÁQUINAS DE TURING

Como fizemos para autômatos finitos e autômatos com pilha, podemos descrever formalmente uma determinada máquina de Turing especificando cada uma de suas sete partes. Entretanto, descer a esse nível de detalhe seria enfadonho para toda máquina de Turing, exceto as minúsculas. Dessa forma, não gastaremos muito tempo dando tais descrições. Na maior parte das vezes damos apenas descrições de alto nível, pois elas são suficientemente precisas para nossos propósitos e são muito mais fáceis de entender. No entanto, é importante lembrar que toda descrição de alto nível é, na realidade, somente uma abreviação para sua contrapartida formal. Com paciência e cuidado poderíamos descrever qualquer das máquinas de Turing neste livro em completo detalhe formal.

Para ajudá-lo a fazer a conexão entre as descrições formais e as de alto nível, daremos diagramas de estado nos próximos dois exemplos. Você pode pulá-los se já se sente confortável com essa conexão.

EXEMPLO 3.7

Aqui descrevemos uma máquina de Turing (MT) M_2 que decide $A = \{0^{2^n} \mid n \geq 0\}$, a linguagem consistindo em todas as cadeias de 0s cujo comprimento é uma potência de 2.

$M_2 =$ "Sobre a cadeia de entrada w:
1. Faça uma varredura da esquerda para a direita na fita, marcando um 0 não, e outro, sim.
2. Se no estágio 1, a fita continha um único 0, *aceite*.
3. Se no estágio 1, a fita continha mais que um único 0 e o número de 0s era ímpar, *rejeite*.
4. Retorne a cabeça para a extremidade esquerda da fita.
5. Vá para o estágio 1."

Cada iteração do estágio 1 corta o número de 0s pela metade. Na medida em que a máquina faz uma varredura na fita no estágio 1, ela mantém registro de se o número de 0s vistos é par ou ímpar. Se esse número for ímpar e maior que 1, o número original de 0s na entrada não poderia ter sido uma potência de 2. Portanto, a máquina rejeita nessa instância. Porém, se o número de 0s visto for 1, o número original deve ter sido uma potência de 2. Assim, nesse caso, a máquina aceita.

Agora, damos a descrição formal de $M_2 = (Q, \Sigma, \Gamma, \delta, q_1, q_{\text{aceita}}, q_{\text{rejeita}})$:

- $Q = \{q_1, q_2, q_3, q_4, q_5, q_{\text{aceita}}, q_{\text{rejeita}}\}$,
- $\Sigma = \{0\}$ e
- $\Gamma = \{0, \text{x}, \sqcup\}$.
- Descrevemos δ com um diagrama de estados (veja a Figura 3.8).
- Os estados inicial, de aceitação e de rejeição são q_1, q_{aceita} e q_{rejeita}.

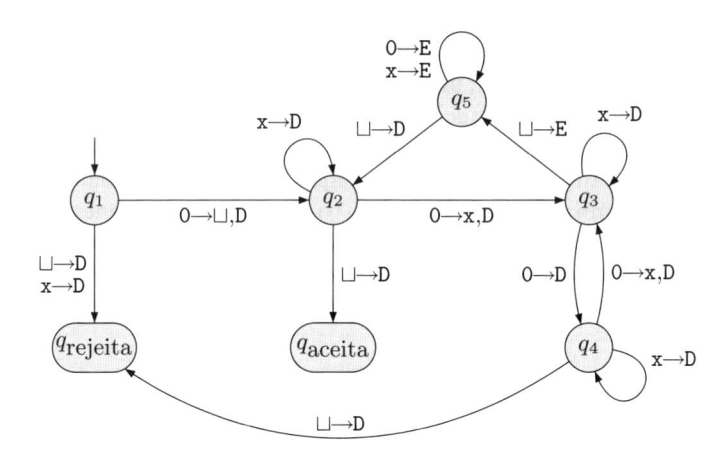

FIGURA 3.8
Diagrama de estados para a máquina de Turing M_2.

Nesse diagrama de estados, o rótulo 0→⊔,D aparece na transição de q_1 para q_2. Esse rótulo significa que, quando no estado q_1 com a cabeça lendo 0, a máquina vai para o estado q_2, escreve ⊔ e move a cabeça para a direita. Em outras palavras, $\delta(q_1, 0) = (q_2, \sqcup, D)$. Para maior clareza, usamos a abreviação 0→D na transição de q_3 para q_4, para indicar que a máquina move para a direita ao ler 0 no estado q_3, mas não altera a fita, portanto, $\delta(q_3, 0) = (q_4, 0, D)$.

Essa máquina começa escrevendo um símbolo em branco sobre o 0 mais à esquerda na fita, de modo que ela possa encontrar a extremidade esquerda da fita no estágio 4. Enquanto normalmente usaríamos um símbolo mais sugestivo tal como # para o delimitador da extremidade esquerda, utilizamos um branco aqui para manter o alfabeto de fita pequeno, e, assim, o diagrama de estados também pequeno. O Exemplo 3.11 dá outro método de se encontrar a extremidade esquerda da fita.

A seguir fornecemos uma amostra de execução dessa máquina sobre a entrada 0000. A configuração inicial é $q_1 0000$. A seqüência de configurações nas quais a máquina entra tem a aparência mostrada a seguir; leia de cima para baixo nas colunas e da esquerda para a direita.

$q_1 0000$	⊔q_5x0x⊔	⊔x$q_5$xx⊔
⊔$q_2 000$	q_5⊔x0x⊔	⊔$q_5$xxx⊔
⊔x$q_3 00$	⊔q_2x0x⊔	q_5⊔xxx⊔
⊔x0$q_4 0$	⊔x$q_2$0x⊔	⊔$q_2$xxx⊔
⊔x0xq_3⊔	⊔xxq_3x⊔	⊔x$q_2$xx⊔
⊔x0q_5x⊔	⊔xxxq_3⊔	⊔xxq_2x⊔
⊔x$q_5$0x⊔	⊔xxq_5x⊔	⊔xxxq_2⊔
		⊔xxx⊔q_aceita

EXEMPLO 3.9

O que segue é uma descrição formal de $M_1 = (Q, \Sigma, \Gamma, \delta, q_1, q_\text{aceita}, q_\text{rejeita})$, a máquina de Turing que descrevemos informalmente na página 145, para decidir a linguagem $B = \{w\#w|\ w \in \{0,1\}^*\}$.

- $Q = \{q_1, \ldots, q_{14}, q_\text{aceita}, q_\text{rejeita}\}$,
- $\Sigma = \{0,1,\#\}$, e $\Gamma = \{0,1,\#,\text{x},⊔\}$.
- Descrevemos δ com um diagrama de estados (veja a figura seguinte).
- Os estados inicial, de aceitação e de rejeição são q_1, q_aceita e q_rejeita.

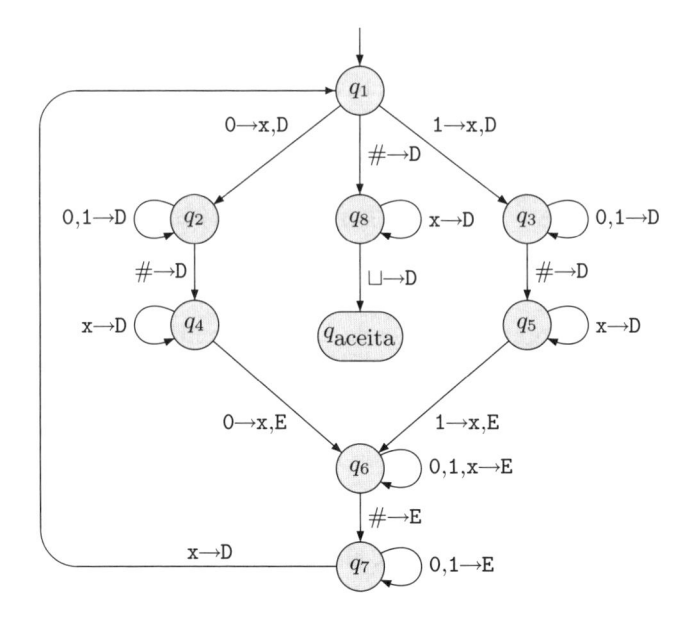

FIGURA 3.10
Diagrama de estados para a máquina de Turing M_1.

Na Figura 3.10, que mostra o diagrama de estados da MT M_1, você vai encontrar o rótulo 0,1→D na transição indo de q_3 para si próprio. Esse rótulo significa que a máquina permanece em q_3 e move para a direita quando ela lê um 0 ou um 1 no estado q_3. Ela não muda o símbolo sobre a fita.

O estágio 1 é implementado pelos estados q_1 a q_6, e o estágio 2 pelos estados remanescentes. Para simplificar a figura, não mostramos o estado de rejeição ou as transições indo para o estado de rejeição. Aquelas transições ocorrem implicitamente sempre que um estado não tem uma transição motivada por um símbolo específico. Portanto, em razão do fato de que no estado q_5 nenhuma seta de saída com um # está presente, se um # ocorre sob a cabeça quando a máquina está no estado q_5, ela vai para o estado q_rejeita. Em nome da completude, dizemos que a cabeça move para a direita em cada uma dessas transições para o estado de rejeição.

EXEMPLO 3.11

Aqui, uma MT M_3 está realizando um pouco de aritmética elementar. Ela decide a linguagem $C = \{\texttt{a}^i\texttt{b}^j\texttt{c}^k|\, i \times j = k \text{ e } i,j,k \geq 1\}$.

$M_3 =$ "Sobre a cadeia de entrada w:
1. Faça uma varredura na entrada da esquerda para a direita para determinar se ela é um membro de $\texttt{a}^+\texttt{b}^+\texttt{c}^+$ e *rejeite* se ela não o for.
2. Retorne a cabeça para a extremidade esquerda da fita.
3. Marque um a e faça uma varredura para a direita até que um b ocorra. Vá e volte entre os bs e os cs, marcando um de cada até que todos os bs tenham terminado. Se todos os cs tiverem sido marcados e alguns bs permanecem, *rejeite*.
4. Restaure os bs marcados e repita o estágio 3, se existe um outro a para marcar. Se todos os as tiverem sido marcados, determine se todos os cs também foram marcados. Se sim, *aceite*; caso contrário, *rejeite*."

Vamos examinar os quatro estágios de M_3 mais detalhadamente. No estágio 1 a máquina opera como um autômato finito. Nenhuma operação de escrever é necessária quando a cabeça se move da esquerda para a direita, mantendo registro através do uso de seus estados para determinar se a entrada está na forma apropriada.

O estágio 2 parece igualmente simples, mas contém uma sutileza. Como pode a MT encontrar a extremidade esquerda da fita de entrada? Encontrar a extremidade direita da entrada é fácil porque ela termina com um símbolo em branco. Mas a extremidade esquerda não tem nenhum terminador inicialmente. Uma técnica que permite que a máquina encontre a extremidade esquerda da fita é ela marcar o símbolo mais à esquerda de alguma maneira quando inicia com sua cabeça sobre esse símbolo. Então, a máquina pode fazer uma varredura para a esquerda até que ela encontre a marca quando ela deseja reinicializar sua cabeça para a extremidade esquerda. O Exemplo 3.7 ilustrou essa técnica; um símbolo em branco marca a extremidade esquerda.

Um método mais elaborado de se encontrar a extremidade esquerda da fita se aproveita da maneira pela qual definimos o modelo da máquina de Turing. Lembremo-nos de que, se a máquina tenta mover sua cabeça além da extremidade esquerda da fita, ela permanece no mesmo lugar. Podemos usar essa característica para fazer um detector de extremidade esquerda. Para detectar se a cabeça está em cima da extremidade esquerda, a máquina pode escrever um símbolo especial na posição corrente, enquanto guarda no controle o símbolo que foi substituído. Então, ela pode tentar mover a cabeça para a esquerda. Se ela ainda estiver sobre o símbolo especial, o movimento para a esquerda não foi bem-sucedido, e portanto a cabeça deve estar na extremidade esquerda. Se, ao invés disso, a cabeça está sobre um símbolo diferente, alguns símbolos permaneceram à esquerda daquela posição na fita. Antes de ir mais adiante, a máquina tem que garantir a restauração do símbolo modificado de volta ao original.

Os estágios 3 e 4 têm implementações imediatas e usam vários estados cada um.

EXEMPLO 3.12

Aqui, uma MT M_4 está resolvendo o que é chamado de *problema da distinção de elementos*. É dada uma lista de cadeias sobre {0,1} separadas por #s e sua tarefa é aceitar se todas as cadeias são diferentes. A linguagem é

$$E = \{\#x_1\#x_2\#\cdots\#x_l|\text{ cada } x_i \in \{0,1\}^* \text{ e } x_i \neq x_j \text{ para cada } i \neq j\}.$$

A máquina M_4 funciona comparando x_1 com x_2 a x_l, aí então comparando x_2 com x_3 a x_l, e assim por diante. Segue uma descrição informal da MT M_4 que decide essa linguagem.

$M_4 =$ "Sobre a entrada w:
  1. Coloque uma marca em cima do símbolo de fita mais à esquerda. Se esse símbolo era um branco, *aceite*. Se esse símbolo era um #, continue com o próximo estágio. Caso contrário, *rejeite*.
  2. Faça uma varredura procurando o próximo # e coloque uma segunda marca em cima dele. Se nenhum # for encontrado antes de um símbolo em branco, somente x_1 estava presente, portanto, *aceite*.
  3. Fazendo um zigue zague, compare as duas cadeias à direita dos #s marcados. Se elas forem iguais, *rejeite*.
  4. Mova a marca mais à direita das duas para o próximo símbolo # à direita. Se nenhum símbolo # for encontrado antes de um símbolo em branco, mova a marca mais à esquerda para o próximo # à sua direita e a marca mais à direita para o # depois desse. Dessa vez, se nenhum # estiver disponível para a

marca mais à direita, todas as cadeias foram comparadas; portanto, *aceite*.
5. Vá para o estágio 3."

Essa máquina ilustra a técnica de marcar símbolos de fita. No estágio 2, a máquina coloca uma marca sobre um símbolo, # nesse caso. Na implementação real, a máquina tem dois símbolos diferentes, # e #̇, no seu alfabeto de fita. Dizer que a máquina coloca uma marca sobre um # significa que ela escreve o símbolo #̇ nessa posição. Remover a marca significa que a máquina escreve o símbolo sem o ponto. Em geral podemos querer colocar marcas sobre vários símbolos na fita. Para fazer isso simplesmente incluímos versões de todos esses símbolos de fita com pontos no alfabeto de fita.

Concluímos, dos exemplos precedentes, que as linguagens descritas A, B, C e E são decidíveis. Todas as linguagens decidíveis são Turing-reconhecíveis, portanto, essas linguagens são também Turing-reconhecíveis. Exibir uma linguagem que seja Turing-reconhecível, mas não decidível, é mais difícil, o que fazemos no Capítulo 4.

3.2
VARIANTES DE MÁQUINAS DE TURING

Definições alternativas de máquinas de Turing abundam, incluindo versões com múltiplas fitas ou com não-determinismo. Elas são chamadas **variantes** do modelo da máquina de Turing. O modelo original e suas variantes razoáveis todos têm o mesmo poder — eles reconhecem a mesma classe de linguagens. Nesta seção descrevemos algumas dessas variantes e as provas de equivalência em poder. Chamamos essa invariância a certas mudanças na definição **robustez**. Tanto autômatos finitos quando autômatos com pilha são modelos um tanto robustos, mas máquinas de Turing têm um grau surpreendente de robustez.

Para ilustrar a robustez do modelo da máquina de Turing, vamos variar o tipo de função de transição permitida. Em nossa definição, a função de transição força a cabeça a mover para a esquerda ou direita após cada passo; a cabeça não pode simplesmente permanecer parada. Suponha que tivéssemos permitido à máquina de Turing a capacidade de permanecer parada. A função de transição teria então a forma $\delta: Q \times \Gamma \longrightarrow Q \times \Gamma \times \{E, D, P\}$. Essa característica poderia permitir a máquinas de Turing reconhecer linguagens adicionais, portanto, incrementando o poder do modelo? É claro que não, porque podemos converter qualquer MT com a característica "permaneça parada" para uma que não a tem. Fazemos isso substituindo cada transição com "permaneça parada" por duas transições, uma que move para a direita e a segunda que move de volta para a esquerda.

Esse pequeno exemplo contém a chave para mostrar a equivalência de variantes de MTs. Para mostrar que dois modelos são equivalentes, simplesmente precisamos mostrar que podemos simular um pelo outro.

MÁQUINAS DE TURING MULTIFITA

Uma *máquina de Turing multifita* é como uma máquina de Turing comum com várias fitas. Cada fita tem sua própria cabeça para leitura e escrita. Inicialmente a entrada aparece sobre a fita 1, e as outras iniciam em branco. A função de transição é modificada para permitir ler, escrever e mover as cabeças em algumas ou todas as fitas simultaneamente. Formalmente, ela é

$$\delta: Q \times \Gamma^k \longrightarrow Q \times \Gamma^k \times \{E, D, P\}^k,$$

onde k é o número de fitas. A expressão

$$\delta(q_i, a_1, \ldots, a_k) = (q_j, b_1, \ldots, b_k, E, D, \ldots, E)$$

significa que, se a máquina está no estado q_i e as cabeças 1 a k estão lendo símbolos a_1 a a_k, a máquina vai para o estado q_j, escreve os símbolos b_1 a b_k e direciona cada cabeça para mover à esquerda ou direita, ou permanecer parada, conforme especificado.

Máquinas de Turing multifita parecem ser mais poderosas que máquinas de Turing comuns, mas podemos mostrar que elas são equivalentes em poder. Lembremo-nos de que duas máquinas são equivalentes se elas reconhecem a mesma linguagem.

TEOREMA 3.13

Toda máquina de Turing multifita tem uma máquina de Turing de uma única fita que lhe é equivalente.

PROVA Mostramos como converter uma MT multifita M para uma MT equivalente S de uma única fita. A idéia-chave é mostrar como simular M com S.

Digamos que M tenha k fitas. Então S simula o efeito de k fitas armazenando sua informação na sua única fita. Ela usa o novo símbolo # como um delimitador para separar o conteúdo das diferentes fitas. Além do conteúdo dessas fitas, S tem de manter registro das posições das cabeças. Ela faz isso escrevendo um símbolo de fita com um ponto acima dele para marcar o local onde a cabeça estaria naquela fita. Pense nisso tudo como fitas e cabeças "virtuais". Tal qual antes, os símbolos de fita "marcados com um ponto" são simplesmente novos símbolos que foram adicionados ao alfabeto de fita. A seguinte figura ilustra como uma fita pode ser usada para representar três fitas.

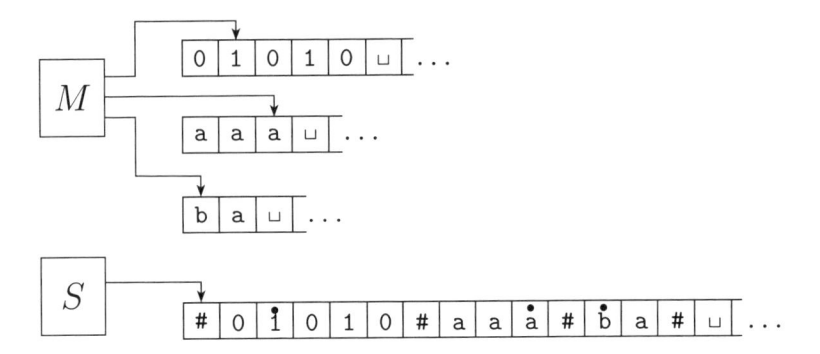

FIGURA 3.14
Representando três fitas com apenas uma.

$S =$ "Sobre a entrada $w = w_1 \cdots w_n$:

1. Primeiro S põe sua fita no formato que representa todas as k fitas de M. A fita formatada contém

$$\#\dot{w}_1 w_2 \cdots w_n \,\#\dot{\sqcup}\#\dot{\sqcup}\# \cdots \#$$

2. Para simular um único movimento, S faz uma varredura na sua fita desde o primeiro #, que marca a extremidade esquerda, até o $(k+1)$-ésimo #, que marca a extremidade direita, de modo a determinar os símbolos sob as cabeças virtuais. Então, S faz uma segunda passagem para atualizar as fitas conforme a maneira pela qual a função de transição de M estabelece.

3. Se em algum ponto S move uma das cabeças virtuais sobre um #, essa ação significa que M moveu a cabeça correspondente para a parte previamente não lida em branco daquela fita. Portanto, S escreve um símbolo em branco nessa célula da fita e desloca o conteúdo da fita, a partir dessa célula até o # mais à direita, uma posição para a direita. Então ela continua a simulação tal qual anteriormente."

COROLÁRIO 3.15

Uma linguagem é Turing-reconhecível se e somente se alguma máquina de Turing multifita a reconhece.

PROVA Uma linguagem Turing-reconhecível é reconhecida por uma máquina de Turing comum (com uma única fita), o que é um caso especial de uma máquina de Turing multifita. Isso prova uma direção desse corolário. A outra direção segue do Teorema 3.13.

MÁQUINAS DE TURING NÃO-DETERMINÍSTICAS

Uma máquina de Turing não-determinística é definida da maneira esperada. Em qualquer ponto em uma computação, a máquina pode proceder de acordo com várias possibilidades. A função de transição para uma máquina de Turing não-determinística tem a forma

$$\delta: Q \times \Gamma \longrightarrow \mathcal{P}(Q \times \Gamma \times \{E, D\}).$$

A computação de uma máquina de Turing não-determinística é uma árvore cujos ramos correspondem a diferentes possibilidades para a máquina. Se algum ramo da computação leva ao estado de aceitação, a máquina aceita sua entrada. Se você sente que há necessidade de revisar não-determinismo, volte para a Seção 1.2 (página 48). Agora mostramos que o não-determinismo não afeta o poder do modelo da máquina de Turing.

TEOREMA 3.16

Toda máquina de Turing não-determinística tem uma máquina de Turing determinística que lhe é equivalente.

IDÉIA DA PROVA Podemos simular qualquer MT não-determinística N com uma MT determinística D. A idéia por trás da simulação é fazer D tentar todos os possíveis ramos da computação não-determinística de N. Se D em algum momento encontra o estado de aceitação em algum desses ramos, D aceita. Caso contrário, a simulação de D não terminará.

Vemos a computação de N sobre uma entrada w como uma árvore. Cada ramo da árvore representa um dos ramos do não-determinismo. Cada nó da árvore é uma configuração de N. A raiz da árvore é a configuração inicial. A MT D busca nessa árvore uma configuração de aceitação. Conduzir essa busca cuidadosamente é crucial para que D não falhe em visitar toda a árvore. Uma idéia tentadora, porém ruim, é fazer D explorar a árvore usando busca em profundidade. A estratégia de busca em profundidade desce ao longo de todo um ramo antes de voltar a explorar outros ramos. Se D fosse explorar a árvore dessa maneira, D poderia descer para sempre em um ramo infinito e perder uma configuração de aceitação em algum outro ramo. Daí, projetamos D para explorar a árvore usando busca em largura, em vez de busca em profundidade. Essa estratégia explora todos os ramos na mesma profundidade antes de continuar a explorar qualquer ramo na próxima profundidade. Esse método garante que D visitará todo nó na árvore até que ela encontre uma configuração de aceitação.

PROVA A MT determinística simuladora D tem três fitas. Pelo Teorema 3.13, esse arranjo é equivalente a se ter uma única fita. A máquina D usa suas três fitas de uma maneira específica, como ilustrado na figura abaixo. A fita 1 sempre contém a cadeia de entrada e nunca é alterada. A fita 2 mantém uma cópia da fita de N em algum ramo de sua computação não-determinística. A fita 3 mantém o registro da posição de D na árvore de computação não-determinística de N.

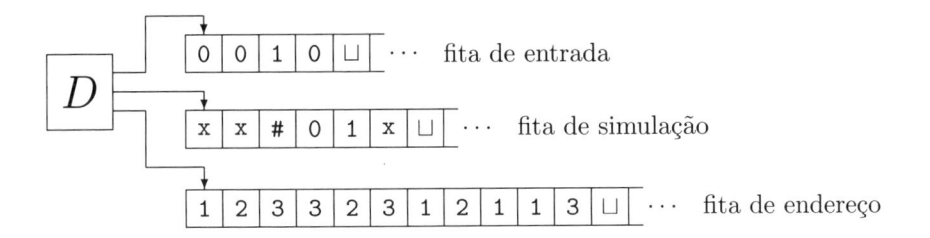

```
┌───┐     ┌───┬───┬───┬───┬───┐
│   │────▶│ 0 │ 0 │ 1 │ 0 │ ␣ │ ···   fita de entrada
│ D │     ├───┼───┼───┼───┼───┼───┐
│   │────▶│ x │ x │ # │ 0 │ 1 │ x │ ␣  ···   fita de simulação
│   │     ├───┼───┼───┼───┼───┼───┼───┬───┬───┬───┐
│   │────▶│ 1 │ 2 │ 3 │ 3 │ 2 │ 3 │ 1 │ 2 │ 1 │ 1 │ 3 │ ␣  ···   fita de endereço
└───┘     └───┴───┴───┴───┴───┴───┴───┴───┴───┴───┘
```

FIGURA 3.17
A MT determinística D simulando a MT não-determinística N.

Vamos primeiro considerar a representação de dados na fita 3. Todo nó na árvore pode ter no máximo b filhos, onde b é o tamanho do maior conjunto de possíveis escolhas dado pela função de transição de N. A cada nó na árvore associamos um endereço que é uma cadeia sobre o alfabeto $\Sigma_b = \{1, 2, \ldots, b\}$. Associamos o endereço 231 ao nó ao qual chegamos iniciando na raiz, indo para seu 2º filho, indo para o 3º filho desse nó, e, finalmente, para o 1º filho desse nó. Cada símbolo na cadeia nos diz que escolha fazer a seguir quando simulamos um passo em um ramo da computação não-determinística de N. Às vezes, um símbolo pode não corresponder a nenhuma escolha se muito poucas escolhas estão disponíveis para uma configuração. Nesse caso, o endereço é inválido e não corresponde a nenhum nó. A fita 3 contém uma cadeia sobre Σ_b. Ela representa o ramo da computação de N da raiz para o nó endereçado por essa cadeia, a menos que o endereço seja inválido. A cadeia vazia é o endereço da raiz da árvore. Agora estamos prontos para descrever D.

1. Inicialmente, a fita 1 contém a entrada w e as fitas 2 e 3 estão vazias.
2. Copie a fita 1 para a fita 2.
3. Use a fita 2 para simular N com a entrada w sobre um ramo de sua computação não-determinística. Antes de cada passo de N, consulte o próximo símbolo na fita 3 para determinar qual escolha fazer entre aquelas permitidas pela função de transição de N. Se não restam mais símbolos na fita 3 ou se essa escolha não-determinística for inválida, aborte esse ramo indo para o estágio 4. Também vá para o estágio 4 se uma configuração de rejeição for encontrada. Se uma configuração de aceitação for encontrada, *aceite* a entrada.
4. Substitua a cadeia na fita 3 pela próxima cadeia na ordem lexicográfica. Simule o próximo ramo da computação de N indo para o estágio 2.

COROLÁRIO 3.18

Uma linguagem é Turing-reconhecível se e somente se alguma máquina de Turing não-determinística a reconhece.

PROVA Qualquer MT determinística é automaticamente uma MT não-determinística, e, portanto, uma direção desse teorema segue imediatamente. A outra direção segue do Teorema 3.16.

Podemos modificar a prova do Teorema 3.16 de modo que se N sempre pára em todos os ramos de sua computação, D vai sempre parar. Chamamos uma máquina de Turing não-determinística de ***decisor*** se todos os ramos param sobre todas as entradas. O Exercício 3.3 pede que você modifique a prova dessa maneira para obter o seguinte corolário do Teorema 3.16.

COROLÁRIO 3.19

Uma linguagem é decidível se e somente se alguma máquina de Turing não-determinística a decide.

ENUMERADORES

Como mencionamos anteriormente, algumas pessoas usam o termo *linguagem recursivamente enumerável* para linguagem Turing-reconhecível. Esse termo se origina a partir de um tipo de variante de máquina de Turing denominada ***enumerador***. Vagamente definido, um enumerador é uma máquina de Turing com uma impressora anexa. A máquina de Turing pode usar essa impressora como um dispositivo de saída para imprimir cadeias. Toda vez que a máquina de Turing quiser adicionar uma cadeia à lista, ela envia a cadeia para a impressora. O Exercício 3.4 pede que você dê uma definição formal de um enumerador. A figura abaixo mostra uma esquemática desse modelo.

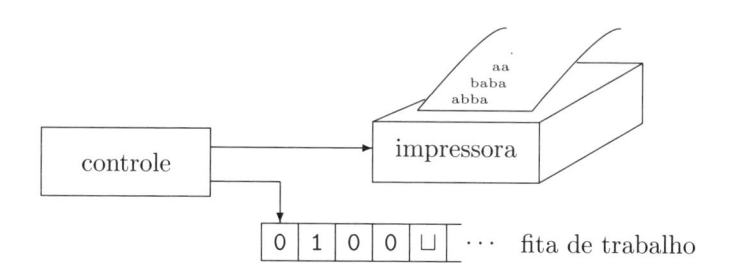

FIGURA 3.20
Esquemática de um enumerador.

Um enumerador E inicia com uma fita de entrada em branco. Se o enumerador não pára, ele pode imprimir uma lista infinita de cadeias. A linguagem enumerada por E é a coleção de todas as cadeias que ela em algum momento imprime. Além disso, E pode gerar as cadeias da linguagem em qualquer ordem, possivelmente com repetições. Agora estamos prontos para desenvolver a conexão entre enumeradores e linguagens Turing-reconhecíveis.

TEOREMA 3.21

Uma linguagem é Turing-reconhecível se e somente se algum enumerador a enumera.

PROVA Primeiro mostramos que, se tivermos um enumerador E que enumera uma linguagem A, uma MT M reconhece A. A MT M funciona da seguinte maneira.

M = "Sobre a entrada w:
1. Rode E. Toda vez que E dá como saída uma cadeia, compare-a com w.
2. Se w em algum momento aparece na saída de E, *aceite*."

Claramente, M aceita aquelas cadeias que aparecem na lista de E.

Agora, fazemos a outra direção. Se a MT M reconhece uma linguagem A, podemos construir o seguinte enumerador E para A. Digamos que $s_1, s_2, s_3, \ldots$ é uma lista de todas as possíveis cadeias em Σ^*.

E = "Ignore a entrada.
1. Repita o seguinte para $i = 1, 2, 3, \ldots$
2. Rode M por i passos sobre cada entrada, $s_1, s_2, \ldots, s_i$.
3. Se quaisquer computações aceitam, imprima a s_j correspondente."

Se M aceita uma cadeia específica s, em algum momento ela vai aparecer na lista gerada por E. Na verdade, ela vai aparecer na lista uma quantidade infinita de vezes porque M roda do início sobre cada cadeia para cada repetição do passo 1. Esse procedimento dá o efeito de se rodar M em paralelo sobre todas as possíveis cadeias de entrada.

EQUIVALÊNCIA COM OUTROS MODELOS

Até agora apresentamos diversas variantes do modelo da máquina de Turing e demonstramos que eles são equivalentes em poder. Muitos outros modelos de computação de propósito geral têm sido propostos. Alguns desses modelos são muito semelhantes a máquinas de Turing, mas outros são bastante diferentes. Todos compartilham a característica essencial de máquinas de Turing — a saber, acesso irrestrito à memória ilimitada — distinguindo-os de modelos mais fracos, tais como autômatos finitos e autômatos com pilha. Notavelmente, *todos* os modelos com essas características vêm a ser equivalentes em poder, desde que eles satisfaçam requisitos razoáveis.[3]

Para entender esse fenômeno, considere a situação análoga para linguagens de programação. Muitas, como Pascal e LISP, parecem bem diferentes umas das outras em estilo e estrutura. Será que algum algoritmo pode ser programado em uma delas e não nas outras? É claro que não — podemos compilar LISP para Pascal e Pascal para LISP, o que significa que as duas linguagens descrevem *exatamente* a mesma classe de algoritmos. O mesmo acontece com outras linguagens de programação razoáveis. A larga equivalência de modelos computacionais se verifica precisamente pela mesma razão. Quaisquer dois modelos computacionais que satisfaçam certos requisitos razoáveis podem simular um ao outro e, portanto, são equivalentes em poder.

Esse fenômeno da equivalência tem um corolário filosófico importante. Muito embora possamos imaginar muitos modelos computacionais diferentes, a classe de algoritmos que eles descrevem permanece a mesma. Enquanto cada modelo computacional específico tem uma certa arbitrariedade na sua definição, a classe subjacente de algoritmos que ele descreve é natural, porque os outros modelos chegam à mesma, e única, classe. Esse fenômeno tem tido implicações profundas para a matemática, como mostramos na próxima seção.

3.3
A DEFINIÇÃO DE ALGORITMO

Informalmente falando, um *algoritmo* é uma coleção de instruções simples para realizar alguma tarefa. Lugar-comum na vida cotidiana, algoritmos às vezes são chamados de *procedimentos* ou *receitas*. Algoritmos também desempenham um importante papel em matemática. A literatura matemática antiga contém descrições de algoritmos para uma variedade de tarefas, como encontrar números primos e máximos divisores comuns. Na matemática contemporânea, algoritmos abundam.

Muito embora algoritmos tenham tido uma longa história na matemática, a noção em si de algoritmo não foi definida precisamente até o século XX. Antes disso, os matemáticos tinham uma noção intuitiva do que eram algoritmos, e se baseavam naquela noção quando os usavam e descreviam. Mas aquela noção intuitiva era insuficiente para se chegar a um entendimento mais profundo de algoritmos. A história a seguir relata como a definição precisa de algoritmo foi crucial para um importante problema matemático.

---

[3] Por exemplo, um requisito é a capacidade de realizar somente uma quantidade finita de trabalho em um único passo.

OS PROBLEMAS DE HILBERT

Em 1900, o matemático David Hilbert proferiu uma agora-famosa palestra no Congresso Internacional de Matemáticos em Paris. Na sua apresentação, ele identificou 23 problemas matemáticos e colocou-os como um desafio para o século vindouro. O décimo problema na sua lista dizia respeito a algoritmos.

Antes de descrever esse problema, vamos discutir brevemente sobre polinômios. Um *polinômio* é uma soma de termos, em que cada *termo* é um produto de certas variáveis e uma constante chamada *coeficiente*. Por exemplo,

$$6 \cdot x \cdot x \cdot x \cdot y \cdot z \cdot z = 6x^3yz^2$$

é um termo com coeficiente 6, e

$$6x^3yz^2 + 3xy^2 - x^3 - 10$$

é um polinômio com quatro termos sobre as variáveis x, y e z. Para essa discussão, consideramos somente coeficientes que sejam inteiros. Uma *raiz* de um polinômio é uma atribuição de valores a suas variáveis de modo que o valor do mesmo seja 0. Esse polinômio tem uma raiz em $x = 5$, $y = 3$ e $z = 0$. Essa raiz é uma *raiz inteira*, pois todas as variáveis são substituídas por valores inteiros. Alguns polinômios têm uma raiz inteira e alguns não têm.

O décimo problema de Hilbert era conceber um algoritmo que testasse se um polinômio tinha uma raiz inteira. Ele não usou o termo *algoritmo*, mas sim "um processo com o qual ela possa ser determinada por um número finito de operações".[4] Interessantemente, da forma como fraseou esse problema, Hilbert explicitamente pedia que um algoritmo fosse "concebido". Conseqüentemente, ele aparentemente assumiu que um tal algoritmo tinha de existir — alguém só precisava encontrá-lo.

Como agora sabemos, nenhum algoritmo existe para tal tarefa; ela é algoritmicamente insolúvel. Para os matemáticos daquela época chegarem a essa conclusão, com seu conceito intuitivo de algoritmo, teria sido virtualmente impossível. O conceito intuitivo pode ter sido adequado para se provar algoritmos para certas tarefas, mas era inútil para mostrar que nenhum algoritmo existe para uma tarefa específica. Provar que um algoritmo não existe requer a posse de uma definição clara de algoritmo. Progresso no décimo problema teve de esperar por essa definição.

A definição veio nos artigos de 1936 de Alonzo Church e Alan Turing. Church usou um sistema notacional denominado λ-cálculo para definir algoritmos. Turing o fez com suas "máquinas". Essas duas definições foram demonstradas equivalentes. Essa conexão entre a noção informal de algoritmo e a definição precisa veio ser a chamada de *tese de Church-Turing*.

A tese de Church-Turing provê a definição de algoritmo necessária para resolver o décimo problema de Hilbert. Em 1970, Yuri Matijasevič, baseado no trabalho de Martin Davis, Hilary Putnam e Julia Robinson, mostrou que nenhum algoritmo existe para se testar se um polinômio tem raízes inteiras. No

---
[4] Traduzido do original em alemão.

Capítulo 4 desenvolvemos as técnicas que formam a base para se provar que esse e outros problemas são algoritmicamente insolúveis.

Noção intuitiva de algoritmos	é igual a	algoritmos de máquina de Turing

FIGURA 3.22
A tese de Church-Turing.

Vamos frasear o décimo problema de Hilbert em nossa terminologia. Fazer isso ajuda a introduzir alguns temas que exploramos nos Capítulos 4 e 5. Seja

$$D = \{p|\ p \text{ é um polinômio com uma raiz inteira}\}.$$

O décimo problema de Hilbert pergunta essencialmente se o conjunto D é decidível. A resposta é negativa. Em contraste, podemos mostrar que D é Turing-reconhecível. Antes de fazê-lo, vamos considerar um problema mais simples. É um análogo ao décimo problema de Hilbert para polinômios que têm apenas uma única variável, tais como $4x^3 - 2x^2 + x - 7$. Seja

$$D_1 = \{p|\ p \text{ é um polinômio sobre } x \text{ com uma raiz inteira}\}.$$

Aqui está uma MT M_1 que reconhece D_1:

M_1 = "A entrada é um polinômio p sobre a variável x.
  1. Calcule o valor de p com x substituída sucessivamente pelos valores $0, 1, -1, 2, -2, 3, -3, \ldots$ Se em algum ponto o valor do polinômio resulta em 0, *aceite*."

Se p tem uma raiz inteira, M_1 em algum momento vai encontrá-la e aceitar. Se p não tem uma raiz inteira, M_1 vai rodar para sempre. Para o caso multivariável, podemos apresentar uma MT similar, M, que reconhece D. Aqui, M passa por todas as possíveis valorações de suas variáveis a valores inteiros.

Tanto M_1 quanto M são reconhecedores, mas não decisores. Podemos converter M_1 para ser um decisor para D_1, porque podemos calcular limitantes dentro dos quais as raízes de um polinômio de uma única variável têm que residir, e restringir a busca a esses limitantes. No Problema 3.21 é pedido que você mostre que as raízes de um polinômio desses têm de residir entre os valores

$$\pm k \frac{c_{\text{máx}}}{c_1},$$

onde k é o número de termos no polinômio, $c_{\text{máx}}$ é o coeficiente com o maior valor absoluto, e c_1 é o coeficiente do termo de mais alta ordem. Se uma raiz não for encontrada dentro desses limitantes, a máquina *rejeita*. O teorema de Matijasevič mostra que calcular tais limitantes para polinômios multivariáveis é impossível.

TERMINOLOGIA PARA DESCREVER MÁQUINAS DE TURING

Chegamos a um momento decisivo no estudo da teoria da computação. Continuamos a falar de máquinas de Turing, mas nosso verdadeiro foco a partir de agora é em algoritmos. Ou seja, a máquina de Turing simplesmente serve como um modelo preciso para a definição de algoritmo. Omitimos a extensa teoria de máquinas de Turing propriamente ditas e não desperdiçamos muito tempo na programação de baixo nível de máquinas de Turing. Precisamos somente estarmos suficientemente confortáveis com máquinas de Turing para acreditar que elas capturam todos os algoritmos.

Com isso em mente, vamos padronizar a forma pela qual descrevemos algoritmos de máquinas de Turing. Inicialmente, perguntamos: qual é o nível de detalhes correto para se dar ao descrever tais algoritmos? Os estudantes comumente fazem essa pergunta, especialmente quando preparam soluções a exercícios e problemas. Vamos levar em conta três possibilidades. A primeira é a *descrição formal* que esmiúça em todos os detalhes os estados da máquina de Turing, a função de transição, e assim por diante. É o mais baixo, e o mais detalhado, nível de descrição. O segundo é um nível mais alto de descrição, denominado *descrição de implementação*, no qual usamos a língua natural escrita para descrever a maneira pela qual a máquina de Turing move sua cabeça e a forma como ela armazena os dados sobre a fita. Nesse nível não damos detalhes de estados ou função de transição. O terceiro é a *descrição de alto nível*, na qual usamos a língua natural para descrever um algoritmo, ignorando os detalhes de implementação. Nesse nível não precisamos mencionar como a máquina administra sua fita ou sua cabeça de leitura-escrita.

Neste capítulo demos descrições formais e de nível de implementação de vários exemplos de máquinas de Turing. A prática com descrições de máquinas de Turing de mais baixo nível ajuda a entender máquinas de Turing e ganhar confiança no uso delas. Uma vez que você se sente confiante, as descrições de alto nível são suficientes.

Agora fixamos um formato e uma notação para descrever máquinas de Turing. A entrada para uma máquina de Turing é sempre uma cadeia. Se desejamos fornecer como entrada um objeto que não uma cadeia, primeiro temos que representar esse objeto como uma cadeia. Cadeias podem facilmente representar polinômios, grafos, gramáticas, autômatos e qualquer combinação desses objetos. Uma máquina de Turing pode ser programada para decodificar a representação de modo que ela possa ser interpretada da forma que pretendemos. Nossa notação para a codificação de um objeto O na sua representação como uma cadeia é $\langle O \rangle$. Se tivermos vários objetos $O_1, O_2, \ldots, O_k$, denotamos sua codificação em uma única cadeia $\langle O_1, O_2, \ldots, O_k \rangle$. A codificação propriamente dita pode ser feita de muitas formas razoáveis. Não importa qual delas escolhemos, pois uma máquina de Turing pode sempre traduzir uma dessas codificações para outra.

Em nosso formato, descrevemos algoritmos de máquinas de Turing com um segmento indentado de texto dentro de aspas. Quebramos o algoritmo em estágios, cada um usualmente envolvendo muitos passos individuais da computação da máquina de Turing. Indicamos a estrutura em bloco do algoritmo com mais indentação. A primeira linha do algoritmo descreve a entrada para a máquina. Se a descrição da entrada for simplesmente w, a entrada é tomada como sendo uma cadeia. Se a descrição da entrada for a codificação de um objeto, como em $\langle A \rangle$, a máquina de Turing primeiro implicitamente testa se a entrada codifica apropriadamente um objeto da forma desejada e a rejeita se ela não o faz.

EXEMPLO 3.23

Seja A a linguagem consistindo em todas as cadeias representando grafos não-direcionados que são conexos. Lembre-se de que um grafo é **conexo** se todo nó pode ser atingido a partir de cada um dos outros nós passando pelas arestas do grafo. Escrevemos

$$A = \{\langle G \rangle | \ G \text{ é um grafo não-direcionado conexo}\}.$$

O que se segue é uma descrição de alto nível de uma MT M que decide A.

$M = $ "Sobre a entrada $\langle G \rangle$, a codificação de um grafo G:
   1. Selecione o primeiro nó de G e marque-o.
   2. Repita o seguinte estágio até que nenhum novo nó seja marcado:
   3. Para cada nó em G, marque-o, se ele estiver ligado por uma aresta a um nó que já esteja marcado.
   4. Faça uma varredura em todos os nós de G para determinar se eles estão todos marcados. Se estiverem, *aceite*; caso contrário, *rejeite*."

Para prática adicional, vamos examinar alguns detalhes de nível de implementação da máquina de Turing M. Geralmente não daremos esse nível de detalhe no futuro e você também não precisará dar, a menos que seja especificamente requisitado a fazê-lo em um exercício. Primeiro, temos de entender como $\langle G \rangle$ codifica o grafo G como uma cadeia. Considere uma codificação que é uma lista dos nós de G seguida de uma lista das arestas de G. Cada nó é um número decimal e cada aresta é o par de números decimais que representam os nós nas duas extremidades da aresta. A Figura 3.24 mostra esse grafo e sua codificação.

Quando M recebe a entrada $\langle G \rangle$, ela primeiro faz um teste para determinar se a entrada é a codificação apropriada de algum grafo. Para fazer isso, M faz uma varredura na fita para ter certeza de que existem duas listas e que elas estão na forma apropriada. A primeira deve ser uma lista de números decimais distintos e, a segunda, uma lista de pares de números decimais. Aí, então, M verifica diversas coisas. Primeiro, a lista de nós não deve conter repetições; segundo, todo nó da lista de arestas deve também aparecer na lista de nós. Para o primeiro caso, podemos usar o procedimento dado no Exemplo 3.12 para a MT M_4 que verifica a distinção de elementos. Um método similar funciona para a segunda verificação. Se a entrada passa nesses testes, ela é a codificação de algum grafo G. Essa verificação completa a verificação da entrada, e M continua para o estágio 1.

$G =$

$\langle G \rangle =$

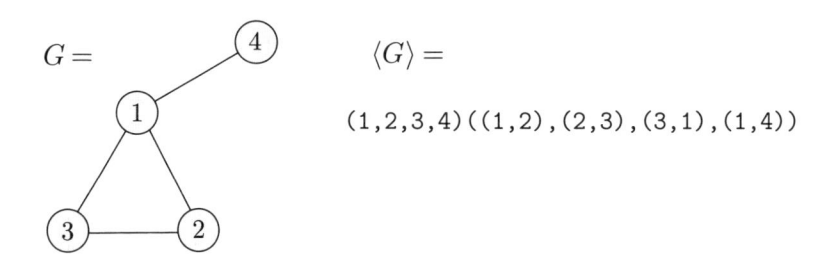

(1,2,3,4)((1,2),(2,3),(3,1),(1,4))

FIGURA 3.24
Um grafo G e sua codificação $\langle G \rangle$.

Para o estágio 1, M marca o primeiro nó com um ponto no dígito mais à esquerda.

Para o estágio 2, M faz uma varredura na lista de nós para encontrar um nó não marcado n_1 e marca-o colocando um sinal diferente — digamos, sublinhando o primeiro símbolo. Aí, então, M faz uma varredura na lista novamente para encontrar um nó marcado com um ponto n_2 e o sublinha também.

Agora M varre a lista de arestas. Para cada aresta, M testa se os dois nós sem marcação com ponto n_1 e n_2 são aqueles aparecendo nessa aresta. Se eles o são, M marca n_1 com um ponto, remove a marca de sublinhar e continua a partir do início do estágio 2. Se eles não o são, M faz a verificação para a próxima aresta na lista. Se não existem mais arestas, $\{n_1, n_2\}$ não é uma aresta de G. Então M move o sinal de sublinhar de n_2 para o próximo nó marcado com um ponto e agora chama esse nó n_2. Ela repete os passos neste parágrafo para checar, como anteriormente, se o novo par $\{n_1, n_2\}$ é uma aresta. Se não existem mais nós marcados com um ponto, n_1 não está ligado a nenhum nó marcado com um ponto. Então M põe a marca de sublinhar de modo que n_1 seja o próximo nó sem a marca de um ponto e n_2 seja o primeiro nó marcado com um ponto e repete os passos neste parágrafo. Se não existem mais nós sem a marca de um ponto, M não foi capaz de encontrar nenhum novo nó para marcar com ponto, portanto, ela passa para o estágio 4.

Para o estágio 4, M varre a lista de nós para determinar se todos estão marcados com um ponto. Se estiverem, ela entra no estado de aceitação; caso contrário, ela entra no estado de rejeição. Com isso, está completa a descrição da MT M.

EXERCÍCIOS

3.1 Este exercício concerne à MT M_2 cuja descrição e diagrama de estados aparecem no Exemplo 3.7. Em cada um dos itens a seguir, dê a seqüência de configurações nas quais M_2 entra quando iniciada sobre a cadeia de entrada indicada.

   a. 0.

   ^Rb. 00.

   c. 000.

   d. 000000.

3.2 Este exercício concerne à MT M_1 cuja descrição e diagrama de estados aparecem no Exemplo 3.9. Em cada um dos itens a seguir, dê a seqüência de configurações nas quais M_1 entra quando iniciada sobre a cadeia de entrada indicada.

   ^Ra. 11.

   b. 1#1.

   c. 1##1.

   d. 10#11.

   e. 10#10.

^R**3.3** Modifique a prova do Teorema 3.16 para obter o Corolário 3.19, mostrando que uma linguagem é decidível sse alguma máquina de Turing não-determinística a decide. (Você pode assumir o teorema seguinte sobre árvores. Se todo nó em uma árvore tem uma quantidade finita de filhos e todo ramo da árvore tem uma quantidade finita de nós, a árvore propriamente dita tem uma quantidade finita de nós.)

3.4 Dê uma definição formal de um enumerador. Considere-o como um tipo de máquina de Turing de duas fitas que usa sua segunda fita como a impressora. Inclua uma definição da linguagem enumerada.

^R**3.5** Examine a definição formal de uma máquina de Turing para responder às seguintes perguntas e explique seu raciocínio.

   a. Uma máquina de Turing pode alguma vez escrever o símbolo branco ␣ em sua fita?

   b. O alfabeto de fita Γ pode ser o mesmo que o alfabeto de entrada Σ?

   c. A cabeça de uma máquina de Turing pode *alguma vez* estar na mesma localização em dois passos sucessivos?

   d. Uma máquina de Turing pode conter apenas um único estado?

3.6 No Teorema 3.21 mostramos que uma linguagem é Turing-reconhecível sse algum enumerador a enumera. Por que não usamos o seguinte algoritmo mais simples para a direção de ida da prova? Tal qual anteriormente, $s_1, s_2, \ldots$ é uma lista de todas as cadeias em Σ^*.

$E =$ "Ignore a entrada.

   1. Repita o que se segue para $i = 1, 2, 3, \ldots$

2. Rode M sobre s_i.
3. Se ela aceita, imprima s_i."

3.7 Explique por que a descrição a seguir não é uma descrição de uma máquina de Turing legítima.

M_{ruim} = "A entrada é um polinômio p sobre as variáveis $x_1, \ldots, x_k$.
1. Tente todas as possíveis valorações de $x_1, \ldots, x_k$ para valores inteiros.
2. Calcule o valor de p sobre todas essas valorações.
3. Se alguma dessas valorações torna o valor de p igual a 0, *aceite*; caso contrário, *rejeite*."

3.8 Dê descrições no nível de implementação de máquinas de Turing que decidam as seguintes linguagens sobre o alfabeto {0,1}.
^R**a.** $\{w|\ w$ possui o mesmo número de 0s e 1s$\}$
b. $\{w|\ w$ contém duas vezes mais 0s que 1s$\}$
c. $\{w|\ w$ não contém duas vezes mais 0s que 1s$\}$

PROBLEMAS

3.9 Seja um k-AP um autômato com pilha que tem k pilhas. Portanto, um 0-AP é um AFN e um 1-AP é um AP convencional. Você já sabe que 1-APs são mais poderosos (reconhecem uma classe maior de linguagens) que 0-APs.

a. Mostre que 2-APs são mais poderosos que 1-APs.
b. Mostre que 3-APs não são mais poderosos que 2-APs.
(Dica: Simule uma fita de máquina de Turing com duas pilhas.)

^R**3.10** Digamos que uma **máquina de Turing de escrita-única** é uma MT de uma única fita que pode alterar cada célula de fita no máximo uma vez (incluindo a parte da entrada da fita). Mostre que essa variante do modelo da máquina de Turing é equivalente ao modelo comum da máquina de Turing. (Dica: Como um primeiro passo, considere o caso no qual a máquina de Turing pode alterar cada célula de fita no máximo duas vezes. Use bastante fita.)

3.11 Uma **máquina de Turing com fita duplamente infinita** é semelhante a uma máquina de Turing comum, mas sua fita é infinita para a esquerda assim como para a direita. A fita é inicialmente preenchida com brancos com exceção da parte que contém a entrada. A computação é definida como de costume, exceto que a cabeça nunca encontra um final da fita à medida que ela move para a esquerda. Mostre que esse tipo de máquina de Turing reconhece a classe de linguagens Turing-reconhecíveis.

3.12 Uma **máquina de Turing com reinicialização à esquerda** é semelhante a uma máquina de Turing comum, mas a função de transição tem a forma

$$\delta: Q \times \Gamma \longrightarrow Q \times \Gamma \times \{\text{D}, \text{REINICIA}\}.$$

Se $\delta(q,a) = (r, b, \text{REINICIA})$, quando a máquina está no estado q lendo um a, a sua cabeça salta para a extremidade esquerda da fita depois que ela escreve b na fita e entra no estado r. Note que essas máquinas não têm a capacidade usual de mover a cabeça um símbolo para a esquerda. Mostre que máquinas de Turing com reinicialização à esquerda reconhecem a classe de linguagens Turing-reconhecíveis.

3.13 Uma ***máquina de Turing com movimento nulo em vez de à esquerda*** é semelhante a uma máquina de Turing comum, mas a função de transição tem a forma

$$\delta\colon Q \times \Gamma \longrightarrow Q \times \Gamma \times \{\text{D}, \text{P}\}.$$

Em cada ponto a máquina pode mover sua cabeça para a direita ou deixá-la parada na mesma posição. Mostre que essa variante da máquina de Turing *não* é equivalente à versão usual. Que classe de linguagens essas máquinas reconhecem?

3.14 Um ***autômato com fila*** é como um um autômato com pilha, exceto que a pilha é substituída por uma fila. Uma ***fila*** é uma fita que permite que símbolos sejam escritos somente na extremidade esquerda e lidos somente da extremidade direita. Cada operação de escrita (denominá-la-emos *empurrar*) adiciona um símbolo na extremidade esquerda da fila e cada operação de leitura (denominá-la-emos *puxar*) lê e remove um símbolo na extremidade direita. Como com um AP, a entrada é colocada numa fita de entrada de somente-leitura separada, e a cabeça sobre a fita de entrada pode mover somente da esquerda para a direita. A fita de entrada contém uma célula com um símbolo em branco após a entrada, de modo que essa extremidade da entrada possa ser detectada. Um autômato com fila aceita sua entrada entrando num estado especial de aceitação em qualquer momento. Mostre que uma linguagem pode ser reconhecida por um autômato com fila determinístico sse a linguagem é Turing-reconhecível.

3.15 Mostre que a coleção de linguagens decidíveis é fechada sob a operação de
 ^R**a.** união.
 b. concatenação.
 c. estrela.
 d. complementação.
 e. interseção.

3.16 Mostre que a coleção de linguagens Turing-reconhecíveis é fechada sob a operação de
 ^R**a.** união.
 b. concatenação.
 c. estrela.
 d. interseção.

[*]**3.17** Seja $B = \{\langle M_1\rangle, \langle M_2\rangle, \dots\}$ uma linguagem Turing-reconhecível constituída de descrições de MTs. Mostre que existe uma linguagem decidível C também consistindo de descrições de MTs tal que toda máquina descrita em B tem uma máquina equivalente em C e vice-versa.

[*]**3.18** Mostre que uma linguagem é decidível sse algum enumerador enumera a linguagem em ordem lexicográfica.

[*]**3.19** Mostre que toda linguagem Turing-reconhecível infinita tem um subconjunto infinito decidível.

[*]**3.20** Mostre que MTs de uma única fita que não podem escrever na parte da fita contendo a cadeia de entrada reconhecem somente linguagens regulares.

3.21 Seja $c_1 x^n + c_2 x^{n-1} + \cdots + c_n x + c_{n+1}$ um polinômio com uma raiz em $x = x_0$. Suponha que $c_{\text{máx}}$ seja o maior valor absoluto de um c_i. Mostre que

$$|x_0| < (n+1)\frac{c_{\text{máx}}}{|c_1|}.$$

^R**3.22** Seja A a linguagem contendo uma única cadeia, s, onde

$$s = \begin{cases} 0 & \text{se vida nunca será encontrada em Marte.} \\ 1 & \text{se vida será encontrada em Marte algum dia.} \end{cases}$$

A é decidível? Por que sim ou por que não? Para os propósitos deste problema, assuma que a questão de se vida será encontrada em Marte tem uma resposta não ambígua SIM ou NÃO.

SOLUÇÕES SELECIONADAS

3.1 **(b)** $q_1 00$, $\sqcup q_2 0$, $\sqcup x q_3 \sqcup$, $\sqcup q_5 \mathtt{x} \sqcup$, $q_5 \sqcup \mathtt{x} \sqcup$, $\sqcup q_2 \mathtt{x} \sqcup$, $\sqcup \mathtt{x} q_2 \sqcup$, $\sqcup \mathtt{x} \sqcup q_{\text{aceita}}$

3.2 **(a)** $q_1 11$, $\mathtt{x} q_3 1$, $\mathtt{x} 1 q_3 \sqcup$, $\mathtt{x} 1 \sqcup q_{\text{rejeita}}$.

3.3 Provamos ambas as direções do "sse." Primeiro, se uma linguagem L for decidível, ela pode ser decidida por uma máquina de Turing determinística, e essa é automaticamente uma máquina de Turing não-determinística.

Segundo, se uma linguagem L for decidida por uma MT não-determinística N, construímos uma MT determinística D_2 que decide L. A máquina D_2 roda o mesmo algoritmo que aparece na MT D descrita na prova do Teorema 3.16, com um Estágio 5 adicional: *Rejeite* se todos os ramos do não-determinismo de N estão esgotados.

Argumentamos que D_2 é um decisor para L. Se N aceita sua entrada, D_2 em algum momento no futuro encontrará um ramo de aceitação e aceitará também. Se N rejeita sua entrada, todos os seus ramos param e rejeitam porque ela é um decisor. Logo, cada um dos ramos tem uma quantidade finita de nós, onde cada nó representa um passo da computação de N ao longo daquele ramo. Conseqüentemente, a árvore inteira da computação de N sobre essa entrada é finita, em virtude do teorema sobre árvores dado no enunciado do exercício. Portanto, D vai parar e rejeitar quando essa árvore inteira tiver sido explorada.

3.5 **(a)** Sim. O alfabeto de fita Γ contém $\sqcup$. Uma máquina de Turing pode escrever quaisquer caracteres em Γ na sua fita.

(b) Não. Σ nunca contém $\sqcup$, mas Γ sempre contém $\sqcup$. Portanto, eles nunca podem ser iguais.

(c) Sim. Se a máquina de Turing tenta mover sua cabeça para a esquerda da extremidade esquerda, ela permanece na mesma célula da fita.

(d) Não. Qualquer máquina de Turing tem que conter dois estados distintos q_{aceita} e q_{rejeita}. Portanto, uma máquina de Turing contém pelo menos dois estados.

3.8 **(a)** "Sobre a cadeia de entrada w:
1. Faça uma varredura na fita e marque o primeiro 0 que não foi marcado. Se nenhum 0 não marcado for encontrado, vá para o estágio 4. Caso contrário, mova a cabeça de volta para a frente da fita.
2. Faça uma varredura na fita e marque o primeiro 1 que não tiver sido marcado. Se nenhum 1 não marcado for encontrado, *rejeite*.
3. Mova a cabeça de volta para a frente da fita e vá para o estágio 1.
4. Mova a cabeça de volta para a frente da fita. Faça uma varredura na fita para ver se ainda resta algum 1 não marcado. Se nenhum for encontrado, *aceite*; caso contrário, *rejeite*."

3.10 Primeiro simulamos uma máquina de Turing comum por uma máquina de Turing escreve-duas-vezes. A máquina de Turing escreve-duas-vezes simula um único passo da máquina original copiando a fita inteira para uma parte nova da fita do lado direito da parte correntemente utilizada. O procedimento de cópia opera caracter a caracter, marcando um caracter à medida que ele é copiado. Esse procedimento altera cada célula de fita duas vezes, uma vez para escrever o caracter pela primeira vez e novamente para marcar que ele foi copiado. A posição da cabeça da máquina de Turing original é marcada na fita. Durante a cópia das células, na posição marcada ou em posições adjacentes, o conteúdo da fita é atualizado conforme as regras da máquina de Turing original.

Para realizar a simulação com uma máquina de escrita-única, opere como antes, exceto que cada célula da fita anterior é agora representada por duas células. A primeira delas contém o símbolo de fita da máquina original e a segunda é para a marca usada no procedimento de cópia. A entrada não é apresentada à máquina no formato com duas células por símbolo, portanto na primeira vez que a fita é copiada, as marcas de cópia são colocadas diretamente sobre os símbolos de entrada.

3.15 **(a)** Para quaisquer duas linguagens decidíveis L_1 e L_2, sejam M_1 e M_2 MTs que as decidem. Construímos uma MT M' que decide a união de L_1 e L_2:

"Sobre a entrada w:
1. Rode M_1 sobre w. Se ela aceita, *aceite*.
2. Rode M_2 sobre w. Se ela aceita, *aceite*. Caso contrário, *rejeite*."

M' aceita w se M_1 ou M_2 a aceita. Se ambas rejeitam, M' rejeita.

3.16 **(a)** Para quaisquer duas linguagens Turing-reconhecíveis L_1 e L_2, sejam M_1 e M_2 MTs que as reconhecem. Construímos uma MT M' que reconhece a união de L_1 e L_2:

"Sobre a entrada w:
1. Rode M_1 e M_2 alternadamente sobre w passo a passo. Se alguma aceita, *aceite*. Se ambas param e rejeitam, *rejeite*."

Se M_1 ou M_2 aceitam w, M' aceita w porque a MT que aceita chega a seu estado de aceitação após um número finito de passos. Note que se ambas M_1 e M_2 rejeitam e uma delas faz isso entrando em loop, então M' vai entrar em loop.

3.22 A linguagem A é uma das duas linguagens, {0} ou {1}. Em qualquer dos casos a linguagem é finita, e, portanto, decidível. Se você não é capaz de determinar qual dessas duas linguagens é A, você não será capaz de descrever o decisor para A, mas você pode dar duas máquinas de Turing, uma das quais é o decisor de A.

4

DECIDIBILIDADE

No Capítulo 3, introduzimos a máquina de Turing como um modelo de um computador de propósito geral e definimos a noção de algoritmo em termos de máquinas de Turing por meio da tese de Church-Turing.

Neste capítulo, começamos a investigar o poder de algoritmos para resolver problemas. Exibimos certos problemas que podem ser resolvidos algoritmicamente e outros que não podem. Nosso objetivo é explorar os limites da solubilidade algorítmica. Você está provavelmente familiarizado com solubilidade por algoritmos, pois muito da ciência da computação é dedicado a resolver problemas. A insolubilidade de certos problemas pode vir como uma surpresa.

Por que você deveria estudar insolubilidade? Afinal de contas, mostrar que um problema é insolúvel não parece ser de nenhuma utilidade se você tem de resolvê-lo. Você precisa estudar esse fenômeno por duas razões. Primeiro, saber quando um problema é algoritmicamente insolúvel *é* útil porque então você se dá conta de que o problema tem que ser simplificado ou alterado antes que possa encontrar uma solução algorítmica. Como qualquer ferramenta, os computadores têm capacidades e limitações que devem ser reconhecidas caso se queira que eles sejam bem usados. A segunda razão é cultural. Mesmo se você lidar com problemas que claramente são solúveis, um vislumbre do insolúvel pode estimular sua imaginação e ajudá-lo a ganhar uma perspectiva importante sobre computação.

4.1
LINGUAGENS DECIDÍVEIS

Nesta seção, damos alguns exemplos de linguagens que são decidíveis por algoritmos. Focamos em linguagens concernentes a autômatos e gramáticas. Por exemplo, apresentamos um algoritmo que testa se uma cadeia é um membro de uma linguagem livre-do-contexto (LLC). Essas linguagens são interessantes por várias razões. Primeiro, certos problemas desse tipo estão relacionados a aplicações. Esse problema de se testar se uma LLC gera uma cadeia está relacionado ao problema de se reconhecer e compilar programas em uma linguagem de programação. Segundo, alguns outros problemas concernentes a autômatos e gramáticas não são decidíveis por algoritmos. Começar com exemplos onde decidibilidade é possível ajuda a você apreciar os exemplos indecidíveis.

PROBLEMAS DECIDÍVEIS CONCERNENTES A LINGUAGENS REGULARES

Começamos com certos problemas computacionais concernentes a autômatos finitos. Damos algoritmos para testar se um autômato finito aceita uma cadeia, se a linguagem de um autômato finito é vazia e se dois autômatos finitos são equivalentes.

Note que escolhemos representar vários problemas computacionais por meio de linguagens. Fazer isso é conveniente porque temos já estabelecida uma terminologia para lidar com linguagens. Por exemplo, o ***problema da aceitação*** para AFDs de testar se um autômato finito determinístico específico aceita uma dada cadeia pode ser expresso como uma linguagem, A_{AFD}. Essa linguagem contém as codificações de todos os AFDs juntamente com cadeias que os AFDs aceitam. Seja

$$A_{AFD} = \{\langle B, w \rangle |\ B \text{ é um AFD que aceita a cadeia de entrada } w\}.$$

O problema de se testar se um AFD B aceita uma entrada w é o mesmo que o problema de se testar se $\langle B, w \rangle$ é um membro da linguagem A_{AFD}. Similarmente, podemos formular outros problemas computacionais em termos de testar a pertinência em uma linguagem. Mostrar que a linguagem é decidível é o mesmo que mostrar que o problema computacional é decidível.

No teorema a seguir, mostramos que A_{AFD} é decidível. Portanto, esse teorema mostra que o problema de se testar se um dado autômato finito aceita uma dada cadeia é decidível.

TEOREMA **4.1**

A_{AFD} é uma linguagem decidível.

4.1 LINGUAGENS DECIDÍVEIS 175

IDÉIA DA PROVA Simplesmente precisamos apresentar uma MT M que decide A_{AFD}.

M = "Sobre a entrada $\langle B, w \rangle$, onde B é um AFD, e w, uma cadeia:
1. Simule B sobre a entrada w.
2. Se a simulação termina em um estado de aceitação, *aceite*. Se ela termina em um estado de não-aceitação, *rejeite*."

PROVA Mencionamos apenas alguns poucos detalhes de implementação dessa prova. Para aqueles familiarizados em escrever programas em alguma linguagem de programação convencional, imagine como você escreveria um programa para realizar a simulação.

Primeiro, vamos examinar a entrada $\langle B, w \rangle$. Ela é uma representação de um AFD B juntamente com uma cadeia w. Uma representação razoável de B é simplesmente uma lista de seus cinco componentes, Q, Σ, δ, q_0 e F. Quando M recebe sua entrada, M primeiro determina se ela representa apropriadamente um AFD B e uma cadeia w. Se não, M rejeita.

Então, M realiza a simulação diretamente. Ela mantém registro do estado atual de B e da posição atual de B na entrada w escrevendo essa informação na sua fita. Inicialmente, o estado atual de B é q_0 e a posição atual de B sobre a entrada é o símbolo mais à esquerda de w. Os estados e a posição são atualizados conforme a função de transição especificada δ. Quando M termina de processar o último símbolo de w, M aceita a entrada se B estiver em um estado de aceitação; M rejeita a entrada se B estiver em um estado de não-aceitação.

Podemos provar um teorema similar para autômatos finitos não-determinísticos. Seja

$A_{\text{AFN}} = \{\langle B, w \rangle |\ B$ é um AFN que aceita a cadeia de entrada $w\}$.

TEOREMA 4.2

A_{AFN} é uma linguagem decidível.

PROVA Apresentamos uma MT N que decide A_{AFN}. Poderíamos projetar N para operar como M, simulando um AFN em vez de um AFD. Ao invés disso, faremos diferentemente para ilustrar uma nova idéia: fazemos N usar M como uma sub-rotina. Como M foi projetada para funcionar com AFDs, N primeiro converte o AFN que ela recebe como entrada para um AFD antes de passá-lo para M.

N = "Sobre a entrada $\langle B, w \rangle$ onde B é um AFN, e w, uma cadeia:
1. Converta AFN B para um AFD equivalente C, usando o procedimento para essa conversão dado no Teorema 1.39.

2. Rode a MT M do Teorema 4.1 sobre a entrada $\langle C, w \rangle$.
3. Se M aceita, *aceite*; caso contrário, *rejeite*."

Rodar a MT M no estágio 2 significa incorporar M no projeto de N como um subprocedimento.

Similarmente, podemos determinar se uma expressão regular gera uma dada cadeia. Seja $A_{\text{EXR}} = \{\langle R, w \rangle |\ R$ é uma expressão regular que gera a cadeia $w\}$.

TEOREMA 4.3

A_{EXR} é uma linguagem decidível.

PROVA A seguinte MT P decide A_{EXR}.

$P = $ "Sobre a entrada $\langle R, w \rangle$ onde R é uma expressão regular e w é uma cadeia:
1. Converta a expressão regular R para um AFN equivalente A usando o procedimento para essa conversão dado no Teorema 1.54.
2. Rode a MT N sobre a entrada $\langle A, w \rangle$.
3. Se N aceita, *aceite*; se N rejeita, *rejeite*."

Os Teoremas 4.1, 4.2 e 4.3 ilustram que, para os propósitos de decidibilidade, entregar à máquina de Turing um AFD, um AFN ou uma expressão regular, é tudo equivalente, pois a máquina é capaz de converter uma forma de codificação na outra.

Agora nos voltamos para um tipo diferente de problema concernente a autômatos finitos: *testar vacuidade* para a linguagem de um autômato finito. Nos três teoremas precedentes tivemos de determinar se um autômato finito aceita uma cadeia específica. Na próxima prova temos que determinar se um autômato finito aceita alguma cadeia. Seja

$$V_{\text{AFD}} = \{\langle A \rangle |\ A \text{ é um AFD e } L(A) = \emptyset\}.$$

TEOREMA 4.4

V_{AFD} é uma linguagem decidível.

PROVA Um AFD aceita alguma cadeia sse é possível atingir um estado de aceitação a partir do estado inicial passando pelas setas do AFD. Para testar essa condição, podemos projetar uma MT T que usa um algoritmo de marcação similar àquele utilizado no Exemplo 3.23.

$T =$ "Sobre a entrada $\langle A \rangle$ onde A é um AFD:
1. Marque o estado inicial de A.
2. Repita até que nenhum estado novo venha a ser marcado:
3.   Marque qualquer estado que tenha uma transição chegando nele a partir de qualquer estado que já está marcado.
4. Se nenhum estado de aceitação estiver marcado, *aceite*; caso contrário, *rejeite*."

O próximo teorema afirma que determinar se dois AFDs reconhecem a mesma linguagem é decidível. Seja

$$EQ_{\mathsf{AFD}} = \{\langle A, B \rangle |\ A \text{ e } B \text{ são AFDs e } L(A) = L(B)\}.$$

TEOREMA 4.5

EQ_{AFD} é uma linguagem decidível.

PROVA Para provar esse teorema, usamos o Teorema 4.4. Construímos um novo AFD C a partir de A e B, tal que C aceita somente aquelas cadeias que são aceitas ou por A ou por B, mas não por ambos. Conseqüentemente, se A e B reconhecem a mesma linguagem, C não aceitará nada. A linguagem de C é

$$L(C) = \left(L(A) \cap \overline{L(B)}\right) \cup \left(\overline{L(A)} \cap L(B)\right).$$

Essa expressão é, às vezes, chamada **diferença simétrica** de $L(A)$ e $L(B)$ e é ilustrada na Figura 4.6. Aqui $\overline{L(A)}$ é complemento de $L(A)$. A diferença simétrica é útil aqui porque $L(C) = \emptyset$ sse $L(A) = L(B)$. Podemos obter C a partir de A e B com as construções utilizadas para provar que a classe das linguagens regulares é fechada sob complementação, união e interseção. Essas construções são algoritmos que podem ser realizados por máquinas de Turing. Uma vez tendo construído C, podemos usar o Teorema 4.4 para testar se $L(C)$ é vazia. Se ela for vazia, $L(A)$ e $L(B)$ têm de ser iguais.

$F =$ "Sobre a entrada $\langle A, B \rangle$, onde A e B são AFDs:
1. Construa o AFD C conforme descrito.
2. Rode a MT T do Teorema 4.4 sobre a entrada $\langle C \rangle$.
3. Se T aceita, *aceite*. Se T rejeita, *rejeite*."

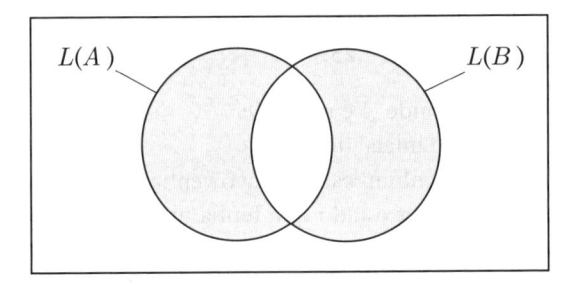

FIGURA 4.6
A diferença simétrica de $L(A)$ e $L(B)$.

PROBLEMAS DECIDÍVEIS CONCERNENTES A LINGUAGENS LIVRES-DO-CONTEXTO

Aqui, descrevemos algoritmos para determinar se uma GLC gera uma cadeia específica e para determinar se a linguagem de um GLC é vazia. Seja

$$A_{\text{GLC}} = \{\langle G, w\rangle|\ G \text{ é uma GLC que gera a cadeia } w\}.$$

TEOREMA 4.7

A_{GLC} é uma linguagem decidível.

IDÉIA DA PROVA Para a GLC G e a cadeia w, queremos determinar se G gera w. Uma idéia é usar G para passar por todas as derivações para determinar se alguma delas é uma derivação de w. Essa idéia não funciona, pois uma quantidade infinita de derivações pode ter que ser testada. Se G não gera w, esse algoritmo nunca pararia. Essa idéia leva a uma máquina de Turing que é um reconhecedor, mas não um decisor, para A_{GLC}.

Para tornar essa máquina de Turing um decisor, precisamos garantir que o algoritmo tenta somente uma quantidade finita de derivações. No Problema 2.26 (página 136), mostramos que, se G estivesse na forma normal de Chomsky, qualquer derivação de w teria $2n - 1$ passos, onde n é o comprimento de w. Nesse caso, verificar apenas as derivações com $2n - 1$ passos para determinar se G gera w seria suficiente. Existe somente uma quantidade finita de tais derivações. Podemos converter G para a forma normal de Chomsky, usando o procedimento dado na Seção 2.1.

PROVA A MT S para A_{GLC} segue.

$S = $ "Sobre a entrada $\langle G, w \rangle$, onde G é uma GLC, e w, uma cadeia:
1. Converta G para uma gramática equivalente na forma normal de Chomsky.
2. Liste todas as derivações com $2n - 1$ passos, onde n é o comprimento de w, exceto se $n = 0$; nesse último caso, liste todas as derivações com 1 passo.
3. Se alguma dessas derivações gera w, *aceite*; se não, *rejeite*."

O problema de se determinar se uma GLC gera uma cadeia específica está relacionado ao problema de compilar linguagens de programação. O algoritmo na MT S é muito ineficiente e nunca seria utilizado na prática, mas é fácil de descrever e não estamos preocupados com eficiência aqui. Na Parte Três deste livro, abordamos questões concernentes ao tempo de execução e ao uso de memória de algoritmos. Na prova do Teorema 7.16, descrevemos um algoritmo mais eficiente para reconhecer linguagens livres-do-contexto.

Lembre-se de que demos procedimentos para converter ida e volta entre GLCs e APs no Teorema 2.20. Logo, tudo que dizemos sobre a decidibilidade de problemas concernentes a GLCs se aplica igualmente bem a APs.

Vamos nos voltar agora para o problema de se testar vacuidade para a linguagem de uma GLC. Como fizemos para os AFDs, podemos mostrar que o problema de se determinar se uma GLC gera alguma cadeia é decidível. Seja

$$V_{\text{GLC}} = \{\langle G \rangle |\ G \text{ é uma GLC e } L(G) = \emptyset\}.$$

TEOREMA 4.8

V_{GLC} é uma linguagem decidível.

IDÉIA DA PROVA Para encontrar um algoritmo para esse problema, poderíamos tentar usar a MT S do Teorema 4.7. Ele afirma que podemos testar se uma GLC gera alguma cadeia específica w. Para determinar se $L(G) = \emptyset$, o algoritmo poderia tentar passar por todas as possíveis ws, uma por uma. Mas existe uma quantidade infinita de ws para se tentar; logo, esse método poderia terminar rodando para sempre. Precisamos tomar uma abordagem diferente.

Para determinar se a linguagem de uma gramática é vazia, precisamos testar se a variável inicial pode gerar uma cadeia de terminais. O algoritmo faz isso resolvendo um problema mais geral. Ele determina, *para cada variável*, se ela é capaz de gerar uma cadeia de terminais. Quando o algoritmo tiver determinado que uma variável pode gerar alguma cadeia de terminais, ele mantém registro dessa informação, colocando uma marca sobre essa variável.

Primeiro, o algoritmo marca todos os símbolos terminais na gramática. Então, ele faz uma varredura em todas as regras da gramática. Se por acaso encontrar uma regra que permite alguma variável ser substituída por alguma cadeia de símbolos dos quais todos já estejam marcados, o algoritmo sabe que essa variável pode ser marcada, também. O algoritmo continua dessa forma até que não possa marcar mais nenhuma variável. A MT R implementa esse algoritmo.

PROVA

$R =$ "Sobre a entrada $\langle G \rangle$, onde G é uma GLC:
1. Marque todos os símbolos terminais em G.
2. Repita até que nenhuma variável venha a ser marcada:
3.   Marque qualquer variável A onde G tem uma regra $A \to U_1 U_2 \cdots U_k$ e cada símbolo $U_1, \ldots, U_k$ já tenha sido marcado.
4. Se a variável inicial não está marcada, *aceite*; caso contrário, *rejeite*."

A seguir, consideramos o problema de se determinar se duas gramáticas livres-do-contexto geram a mesma linguagem. Seja

$$EQ_{\mathsf{GLC}} = \{\langle G, H \rangle |\ G \text{ e } H \text{ são GLCs e } L(G) = L(H)\}.$$

O Teorema 4.5 deu um algoritmo que decide a linguagem análoga EQ_{AFD} para autômatos finitos. Usamos o procedimento de decisão para V_{AFD} para provar que EQ_{AFD} é decidível. Como V_{GLC} também é decidível, você poderia então pensar que podemos usar uma estratégia similar para provar que EQ_{GLC} é decidível. Mas algo está errado com essa idéia! A classe de linguagens livres-do-contexto *não* é fechada sob complementação ou intersecção, como você provou no Exercício 2.2. Na verdade, EQ_{GLC} não é decidível. A técnica para provar isso é apresentada no Capítulo 5.

Agora mostramos que toda linguagem livre-do-contexto é decidível por uma máquina de Turing.

TEOREMA 4.9

Toda linguagem livre-do-contexto é decidível.

IDÉIA DA PROVA Seja A uma LLC. Nosso objetivo é mostrar que A é decidível. Uma (má) idéia é converter um AP para A diretamente em uma MT. Isso não é difícil de se fazer, porque simular uma pilha com a fita mais versátil de uma MT é fácil. O AP para A pode ser não-determinístico, mas isso parece não acarretar problemas, pois podemos convertê-lo em uma MT não-determinística e sabemos que qualquer MT não-determinística pode ser convertida em uma MT determinística equivalente. Ainda assim, existe uma dificuldade. Alguns ramos da computação do AP podem rodar para sempre, lendo e escrevendo na pilha sem nunca parar. A MT simuladora então também teria ramos não-terminantes em sua computação e, portanto, a MT não seria um decisor. Uma idéia diferente é necessária. Ao invés, provamos esse teorema com a MT S que projetamos no Teorema 4.7 para decidir A_{GLC}.

PROVA Seja G uma GLC para A e projetemos uma MT M_G que decide A. Construímos uma cópia de G dentro de M_G. Ela funciona da seguinte maneira.

$M_G =$ "Sobre a entrada w:
1. Rode a MT S sobre a entrada $\langle G, w \rangle$.
2. Se essa máquina aceita, *aceite*; se ela rejeita, *rejeite*."

O Teorema 4.9 provê a ligação final no relacionamento entre as quatro principais classes de linguagens que descrevemos até agora: regulares, livres-do-contexto, decidíveis e Turing-reconhecíveis. A Figura 4.10 mostra esse relacionamento.

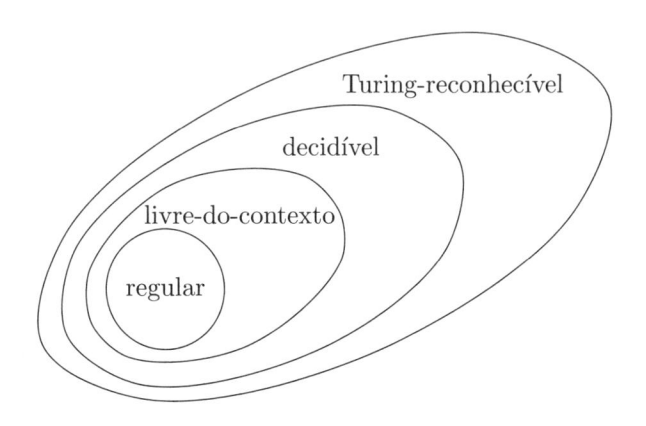

FIGURA 4.10
O relacionamento entre classes de linguagens.

4.2
O PROBLEMA DA PARADA

Nesta seção provamos um dos teoremas mais importantes filosoficamente da teoria da computação: existe um problema específico que é algoritmicamente insolúvel. Os computadores parecem ser tão poderosos que você acredita que todos os problemas em algum momento cederão a eles. O teorema apresentado aqui demonstra que computadores são limitados de uma maneira fundamental.

Que tipos de problemas são insolúveis por computador? São problemas esotéricos, residindo somente nas mentes dos teóricos? Não! Mesmo alguns problemas comuns que as pessoas desejam resolver acontecem de ser computacionalmente insolúveis.

Em um tipo de problema insolúvel, você recebe um programa de computador e uma especificação precisa do que aquele programa supostamente faz (por exemplo, ordenar uma lista de números). Você precisa verificar que o programa funciona conforme o especificado (isto é, que ele é correto). Como tanto o programa quanto a especificação são objetos matematicamente precisos, você espera automatizar o processo de verificação alimentando esses objetos a um computador apropriadamente programado. Entretanto, você ficará desapontado. O problema geral de verificação de software não é solúvel por computador.

Nesta seção e no Capítulo 5 você encontrará diversos problemas computacionalmente insolúveis. Nossos objetivos são ajudá-lo a desenvolver um sentimento dos tipos de problemas que são insolúveis e a aprender técnicas para provar a insolubilidade.

Agora nos voltemos para nosso primeiro teorema que estabelece a indecidibilidade de uma linguagem específica: o problema de se determinar se uma máquina de Turing aceita uma dada cadeia de entrada. Chamamo-lo A_{MT} por analogia com A_{AFD} e A_{GLC}. Mas, enquanto A_{AFD} e A_{GLC} eram decidíveis, A_{MT} não o é. Seja

$$A_{MT} = \{\langle M, w\rangle|\ M \text{ é uma MT e } M \text{ aceita } w\}.$$

TEOREMA 4.11

A_{MT} é indecidível.

Antes de chegar na prova, vamos primeiro observar que A_{MT} é Turing-reconhecível. Portanto, esse teorema afirma que reconhecedores *são* mais poderosos que decisores. Requerer que uma MT pare sobre todas as entradas restringe os tipos de linguagens que ela pode reconhecer. A máquina de Turing U a seguir reconhece A_{MT}.

$U =$ "Sobre a entrada $\langle M, w\rangle$, onde M é uma MT e w é uma cadeia:
  1. Simule M sobre a entrada w.
  2. Se M em algum momento entra no seu estado de aceitação,

aceite; se M em algum momento entra em seu estado de rejeição, *rejeite*."

Note que essa máquina entra em *loop* sobre a entrada $\langle M, w \rangle$ se M entra em *loop* sobre w, e é por isso que essa máquina não decide A_{MT}. Se o algoritmo tivesse alguma forma de determinar que M não iria parar sobre w, ele poderia dizer *rejeite*. Logo, A_{MT} é, às vezes, denominado **problema da parada**. Como vamos demonstrar, um algoritmo não tem como fazer essa determinação.

A máquina de Turing U é interessante em si mesma. Ela é um exemplo da *máquina de Turing universal* primeiro proposta por Turing. Essa máquina é chamada de universal porque é capaz de simular qualquer outra máquina de Turing a partir da descrição da mesma. A máquina de Turing universal desempenhou um importante papel inicial no estímulo ao desenvolvimento de computadores de programa-armazenado.

O MÉTODO DA DIAGONALIZAÇÃO

A prova da indecidibilidade do problema da parada usa uma técnica chamada *diagonalização*, descoberta pelo matemático Georg Cantor em 1873. Cantor estava preocupado com o problema de se medir os tamanhos de conjuntos infinitos. Se tivermos dois conjuntos infinitos, como podemos dizer se um é maior que o outro ou se eles têm o mesmo tamanho? Para os conjuntos finitos, é claro, responder a essas questões é fácil. Simplesmente contamos os elementos em um conjunto finito e o número resultante é seu tamanho. Mas, se tentarmos contar os elementos de um conjunto infinito, nunca terminaremos! Portanto, não podemos usar o método de contagem para determinar os tamanhos relativos de conjuntos infinitos.

Por exemplo, tome o conjunto dos inteiros pares e o conjunto de todas as cadeias sobre $\{0,1\}$. Ambos os conjuntos são infinitos e, portanto, maiores que qualquer conjunto finito, mas um dos dois é maior que o outro? Como podemos comparar seu tamanho relativo?

Cantor propôs uma solução elegante para esse problema. Ele observou que dois conjuntos finitos têm o mesmo tamanho se os elementos de um deles puderem ser emparelhados com os elementos do outro. Esse método compara os tamanhos sem recorrer a contagem. Podemos estender essa idéia para conjuntos infinitos. Vamos ver o que isso significa mais precisamente.

DEFINIÇÃO 4.12

Suponha que tenhamos os conjuntos A e B e uma função f de A para B. Digamos que f é **um-para-um** se ela nunca mapeia dois elementos diferentes para um mesmo lugar — ou seja, se $f(a) \neq f(b)$ sempre que $a \neq b$. Digamos que f é **sobrejetora** se ela atinge todo elemento de B — ou seja, se para todo $b \in B$ existe um $a \in A$ tal que $f(a) = b$. Digamos que A e B são de **mesmo tamanho** se existe uma função um-para-um e sobrejetora $f \colon A \longrightarrow B$. Uma função que é tanto um-para-um quanto sobrejetora é denominada uma **correspondência**. Em uma correspondência, todo elemento de A mapeia para um único elemento de B e cada elemento de B tem um único elemento de A mapeando para ele. Uma correspondência é simplesmente uma maneira de emparelhar os elementos de A com os elementos de B.

EXEMPLO 4.13

Seja $\mathcal{N}$ o conjunto de números naturais $\{1, 2, 3, \dots\}$ e suponha que $\mathcal{E}$ seja o conjunto dos números naturais pares $\{2, 4, 6, \dots\}$. Usando a definição de Cantor de tamanho podemos ver que $\mathcal{N}$ e $\mathcal{E}$ têm o mesmo tamanho. A correspondência f mapeando $\mathcal{N}$ para $\mathcal{E}$ é simplesmente $f(n) = 2n$. Podemos visualizar f mais facilmente com a ajuda de uma tabela.

n	$f(n)$
1	2
2	4
3	6
$\vdots$	$\vdots$

É claro que esse exemplo parece bizarro. Intuitivamente, $\mathcal{E}$ parece menor que $\mathcal{N}$ porque $\mathcal{E}$ é um subconjunto próprio de $\mathcal{N}$. Mas emparelhar cada membro de $\mathcal{N}$ com seu próprio membro de $\mathcal{E}$ é possível, portanto declaramos esses dois conjuntos como sendo de mesmo tamanho.

DEFINIÇÃO 4.14

Um conjunto A é **contável** se é finito ou tem o mesmo tamanho que $\mathcal{N}$.

EXEMPLO 4.15

Agora nos voltamos para um exemplo ainda mais estranho. Se $\mathcal{Q} = \{\frac{m}{n} \mid m, n \in \mathcal{N}\}$ for o conjunto de números racionais positivos, $\mathcal{Q}$ parece ser muito maior que $\mathcal{N}$. Ainda assim, esses dois conjuntos são do mesmo tamanho conforme nossa definição. Damos uma correspondência com $\mathcal{N}$ para mostrar que $\mathcal{Q}$ é contável. Uma maneira fácil de fazer isso é listar todos os elementos de $\mathcal{Q}$. Então emparelhamos o primeiro elemento na lista com o número 1 de $\mathcal{N}$, o segundo elemento na lista com o número 2 de $\mathcal{N}$, e assim por diante. Temos de garantir que todo membro de $\mathcal{Q}$ aparece somente uma vez na lista.

Para obter essa lista fazemos uma matriz infinita contendo todos os números racionais positivos, como mostrado na Figura 4.16. A i-ésima linha contém todos os números com numerador i e a j-ésima coluna tem todos os números com denominador j. Portanto, o número $\frac{i}{j}$ ocorre na i-ésima linha e j-ésima coluna.

Agora transformamos essa matriz em uma lista. Uma forma (ruim) de se tentar isso seria começar a lista com todos os elementos na primeira linha. Essa não é uma boa abordagem porque a primeira linha é infinita, portanto a lista nunca chegaria à segunda linha. Em vez disso, listamos os elementos nas diagonais, começando do canto, que estão sobrepostos no diagrama. A primeira diagonal contém o único elemento $\frac{1}{1}$, e a segunda diagonal contém os dois elementos $\frac{2}{1}$ e $\frac{1}{2}$. Logo, os primeiros três elementos na lista são $\frac{1}{1}$, $\frac{2}{1}$ e $\frac{1}{2}$. Na terceira diagonal uma complicação aparece. Ela contém $\frac{3}{1}$, $\frac{2}{2}$ e $\frac{1}{3}$. Se simplesmente adicionássemos esses à lista, repetiríamos $\frac{1}{1} = \frac{2}{2}$. Evitamos fazer isso saltando um elemento quando ele causasse uma repetição. Dessa forma, adicionamos apenas os dois novos elementos, $\frac{3}{1}$ e $\frac{1}{3}$. Continuando dessa maneira, obtemos uma lista de todos os elementos de $\mathcal{Q}$.

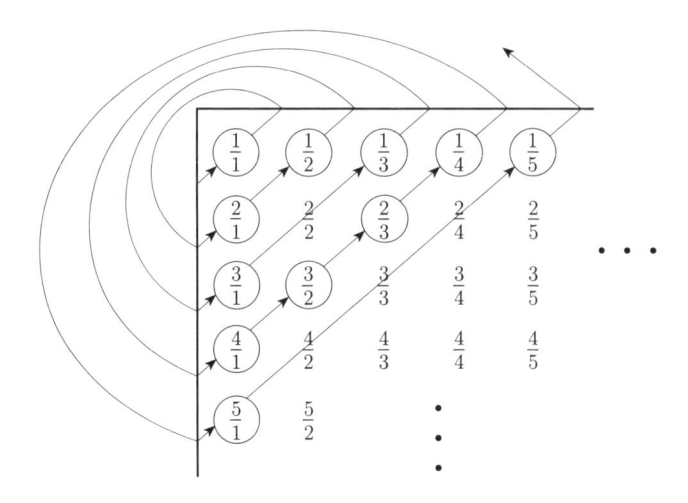

FIGURA 4.16
Uma correspondência de $\mathcal{N}$ e $\mathcal{Q}$.

Depois de ver a correspondência de $\mathcal{N}$ e $\mathcal{Q}$, você pode achar que quaisquer dois conjuntos infinitos podem ser mostrados como tendo o mesmo tamanho. Afinal de contas, você só precisa exibir uma correspondência, e esse exemplo revela que correspondências surpreendentes realmente existem. Entretanto, para alguns conjuntos infinitos, nenhuma correspondência com $\mathcal{N}$ existe. Esses conjuntos são simplesmente grandes demais. Tais conjuntos são chamados *incontáveis*.

O conjunto dos números reais é um exemplo de conjunto incontável. Um *número real* é aquele que tem uma representação decimal. Os números $\pi = 3{,}1415926\ldots$ e $\sqrt{2} = 1{,}4142135\ldots$ são exemplos de números reais. Seja $\mathcal{R}$ o conjunto dos números reais. Cantor provou que $\mathcal{R}$ é incontável. Ao fazer isso ele introduziu o método da diagonalização.

TEOREMA 4.17

$\mathcal{R}$ é incontável.

PROVA Para mostrar que $\mathcal{R}$ é incontável, mostramos que não existe correspondência entre $\mathcal{N}$ e $\mathcal{R}$. A prova é por contradição. Suponha que existisse uma correspondência f entre $\mathcal{N}$ e $\mathcal{R}$. Nossa tarefa é mostrar que f não funciona como deveria. Para ela ser uma correspondência, f deve emparelhar todos os membros de $\mathcal{N}$ com todos os membros de $\mathcal{R}$. Mas encontraremos um x em $\mathcal{R}$ que não é emparelhado com nada em $\mathcal{N}$, o que será nossa contradição.

A maneira pela qual encontramos esse x é verdadeiramente construindo-o. Escolhemos cada dígito de x para tornar x diferente de um dos números reais que está emparelhado com um elemento de $\mathcal{N}$. No final, asseguramos que x seja diferente de qualquer número real que esteja emparelhado.

Podemos ilustrar essa idéia dando um exemplo. Suponha que a correspondência f exista. Seja $f(1) = 3{,}14159\ldots$, $f(2) = 55{,}55555\ldots$, $f(3) = \ldots$, e assim por diante, só para dar alguns valores para f. Então f emparelha o número 1 com $3{,}14159\ldots$, o número 2 com $55{,}55555\ldots$, e assim por diante. A tabela abaixo mostra uns poucos valores de uma correspondência hipotética f entre $\mathcal{N}$ e $\mathcal{R}$.

n	$f(n)$
1	$3{,}14159\ldots$
2	$55{,}55555\ldots$
3	$0{,}12345\ldots$
4	$0{,}50000\ldots$
$\vdots$	$\vdots$

Construímos o x desejado dando sua representação decimal. Trata-se de um número entre 0 e 1, portanto, todos os seus dígitos significativos são dígitos fracionários posteriores à vírgula decimal. Nosso objetivo é assegurar que $x \neq f(n)$ para qualquer n. Para assegurar que $x \neq f(1)$, fazemos com que o primeiro dígito de x seja qualquer um diferente do primeiro dígito fracionário 1 de $f(1) = 3{,}\underline{1}4159\ldots$. Arbitrariamente, fazemos com que ele seja 4. Para assegurar que $x \neq f(2)$ fazemos com que o segundo dígito de x seja qualquer coisa diferente do segundo dígito fracionário 5 de $f(2) = 55{,}5\underline{5}555\ldots$. Arbitrariamente, fazemos com que ele seja 6. O terceiro dígito fracionário de $f(3) = 0\text{,}12\underline{3}45\ldots$ é 3, portanto fazemos com que x seja qualquer coisa diferente — digamos, 4. Continuando dessa maneira, ao longo da diagonal da tabela para f, obtemos todos os dígitos de x, como mostrado na tabela a seguir. Sabemos que x não é $f(n)$ para nenhum n, pois ele difere de $f(n)$ no n-ésimo dígito fracionário. (Um pequeno problema surge devido ao fato de que certos números, tais como $0\text{,}1999\ldots$ e $0\text{,}2000\ldots$, são iguais, muito embora suas representações decimais sejam diferentes. Evitamos esse problema nunca selecionando os dígitos 0 ou 9 quando construímos x.)

n	$f(n)$
1	$3\text{,}\underline{1}4159\ldots$
2	$55\text{,}5\underline{5}555\ldots$
3	$0\text{,}12\underline{3}45\ldots$
4	$0\text{,}500\underline{0}0\ldots$
$\vdots$	$\vdots$

$x = 0\text{,}4641\ldots$

O teorema precedente tem uma aplicação importante para a teoria da computação. Ele mostra que algumas linguagens não são decidíveis ou mesmo Turing-reconhecíveis, pela razão de que existe uma quantidade incontável de linguagens e somente uma quantidade contável de máquinas de Turing. Visto que cada máquina de Turing pode reconhecer uma única linguagem e que existem mais linguagens que máquinas de Turing, algumas linguagens não são reconhecidas por nenhuma máquina de Turing. Tais linguagens não são Turing-reconhecíveis, como enunciamos no corolário seguinte.

COROLÁRIO 4.18

Algumas linguagens não são Turing-reconhecíveis.

PROVA Para mostrar que o conjunto de todas as máquinas de Turing é contável, primeiro observamos que o conjunto de todas as cadeias Σ^* é contável, para qualquer alfabeto Σ. Com apenas uma quantidade finita de cadeias de cada comprimento, podemos formar uma lista de Σ^* listando todas as cadeias comprimento 0, comprimento 1, comprimento 2, e assim por diante.

O conjunto de todas as máquinas de Turing é contável porque cada máquina de Turing M tem uma codificação em uma cadeia $\langle M \rangle$. Se simplesmente omitirmos aquelas cadeias que não são codificações legítimas de máquinas de Turing, podemos obter uma lista de todas as máquinas de Turing.

Para mostrar que o conjunto de todas as linguagens é incontável, primeiro observamos que o conjunto de todas as seqüências binárias infinitas é incontável. Uma *seqüência binária infinita* é uma seqüência interminável de 0s e 1s. Seja $\mathcal{B}$ o conjunto de todas as seqüências binárias infinitas. Podemos mostrar que $\mathcal{B}$ é incontável usando uma prova por diagonalização similar àquela que utilizamos no Teorema 4.17 para provar que $\mathcal{R}$ é incontável.

Seja $\mathcal{L}$ o conjunto de todas as linguagens sobre o alfabeto Σ. Mostramos que $\mathcal{L}$ é incontável dando uma correspondência com $\mathcal{B}$, conseqüentemente mostrando que os dois conjuntos são do mesmo tamanho. Seja $\Sigma^* = \{s_1, s_2, s_3, \dots\}$. Cada linguagem $A \in \mathcal{L}$ tem uma seqüência única em $\mathcal{B}$. O i-ésimo bit dessa seqüência é 1 se $s_i \in A$ e é 0 se $s_i \notin A$, o que é chamado de **seqüência característica** de A. Por exemplo, se A fosse a linguagem de todas as cadeias começando com 0 sobre o alfabeto $\{0,1\}$, sua seqüência característica χ_A seria

$$\Sigma^* = \{\ \varepsilon\ ,\ 0\ ,\ 1\ ,\ 00\ ,\ 01\ ,\ 10\ ,\ 11\ ,\ 000\ ,\ 001\ ,\ \cdots\ \}\ ;$$
$$A = \{\qquad\quad\ 0\ ,\qquad\ 00\ ,\ 01\ ,\qquad\qquad 000\ ,\ 001\ ,\ \cdots\ \}\ ;$$
$$\chi_A =\qquad 0\quad 1\quad 0\quad 1\quad 1\quad 0\quad 0\quad 1\quad 1\quad \cdots\quad .$$

A função $f: \mathcal{L} \longrightarrow \mathcal{B}$, onde $f(A)$ é igual à seqüência característica de A, é um-para-um e sobrejetora e, portanto, uma correspondência. Conseqüentemente, como $\mathcal{B}$ é incontável, $\mathcal{L}$ também é incontável.

Assim, mostramos que o conjunto de todas as linguagens não pode ser posto em correspondência com o conjunto de todas as máquinas de Turing. Concluímos que algumas linguagens não são reconhecidas por nenhuma máquina de Turing.

O PROBLEMA DA PARADA É INDECIDÍVEL

Agora estamos prontos para provar o Teorema 4.11, a indecidibilidade da linguagem

$$A_{\mathsf{MT}} = \{\langle M, w\rangle|\ M \text{ é uma MT e } M \text{ aceita } w\}.$$

PROVA Supomos que A_{MT} seja decidível e obtemos uma contradição. Suponha que H seja um decisor para A_{MT}. Sobre a entrada $\langle M, w\rangle$, na qual M é uma MT, e w, é uma cadeia, H pára e aceita se M aceita w. Além disso, H pára e rejeita se M falha em aceitar w. Em outras palavras, assumimos que H seja uma MT, onde

$$H(\langle M, w\rangle) = \begin{cases} aceite & \text{se } M \text{ aceita } w \\ rejeite & \text{se } M \text{ não aceita } w. \end{cases}$$

Agora construímos uma nova máquina de Turing D com H como uma sub-rotina. Essa nova MT chama H para determinar o que M faz quando a entrada para M é sua própria descrição $\langle M\rangle$. Uma vez que D tenha determinado essa informação, ela faz o oposto. Ou seja, ela rejeita se M aceita e aceita se M não aceita. O que segue é uma descrição de D.

$D =$ "Sobre a entrada $\langle M\rangle$, onde M é uma MT:
  1. Rode H sobre a entrada $\langle M, \langle M\rangle\rangle$.
  2. Dê como saída o oposto do que H dá como saída; ou seja, se H aceita, *rejeite* e se H rejeita, *aceite*."

Não se atrapalhe com a idéia de rodar uma máquina sobre sua própria descrição! Trata-se de rodar um programa consigo próprio como entrada, algo que de fato ocorre ocasionalmente na prática. Por exemplo, um compilador é um programa que traduz outros programas. Um compilador para a linguagem Pascal pode, ele próprio, ser escrito em Pascal, portanto rodar esse programa sobre si próprio faria sentido. Em resumo,

$$D(\langle M \rangle) = \begin{cases} aceite & \text{se } M \text{ não aceita } \langle M \rangle \\ rejeite & \text{se } M \text{ aceita } \langle M \rangle. \end{cases}$$

O que acontece quando rodamos D com sua própria descrição $\langle D \rangle$ como entrada? Nesse caso, obtemos

$$D(\langle D \rangle) = \begin{cases} aceite & \text{se } D \text{ não aceita } \langle D \rangle \\ rejeite & \text{se } D \text{ aceita } \langle D \rangle. \end{cases}$$

Independentemente do que D faz, ela é forçada a fazer o oposto, o que é obviamente uma contradição. Conseqüentemente, nem a MT D nem a MT H podem existir.

Vamos revisar os passos dessa prova. Suponha que uma MT H decida A_{MT}. Então use H para construir uma MT D que, quando recebe uma dada entrada $\langle M \rangle$, aceita exatamente quando M não aceita a entrada $\langle M \rangle$. Finalmente, rode D sobre si própria. As máquinas tomam as seguintes ações, com a última linha sendo a contradição.

- H aceita $\langle M, w \rangle$ exatamente quando M aceita w.

- D rejeita $\langle M \rangle$ exatamente quando M aceita $\langle M \rangle$.

- D rejeita $\langle D \rangle$ exatamente quando D aceita $\langle D \rangle$.

Onde está a diagonalização na prova do Teorema 4.11? Ela se torna aparente quando você examina as tabelas de comportamento para as MTs H e D. Nessas tabelas listamos todas as MTs nas linhas, $M_1, M_2, \ldots$ e todas as suas descrições nas colunas, $\langle M_1 \rangle, \langle M_2 \rangle, \ldots$ As entradas dizem se a máquina em uma dada linha aceita a entrada em uma dada coluna. A entrada é *aceite* se a máquina aceita a entrada, mas é branco se ela rejeita ou entra em *loop* sobre aquela entrada. Montamos as entradas na Figura 4.19 para ilustrar a idéia.

Na Figura 4.20, as entradas são os resultados de se rodar H sobre as entradas correspondentes da Figura 4.19. Portanto, se M_3 não aceita a entrada $\langle M_2 \rangle$, a entrada para a linha M_3 e a coluna $\langle M_2 \rangle$ é *rejeite*, porque H rejeita a entrada $\langle M_3, \langle M_2 \rangle \rangle$.

	⟨M_1⟩	⟨M_2⟩	⟨M_3⟩	⟨M_4⟩	⋯
M_1	aceite		aceite		
M_2	aceite	aceite	aceite	aceite	
M_3					⋯
M_4	aceite	aceite			
⋮		⋮			

FIGURA 4.19
A entrada i, j é *aceite* se M_i aceita ⟨M_j⟩.

	⟨M_1⟩	⟨M_2⟩	⟨M_3⟩	⟨M_4⟩	⋯
M_1	aceite	rejeite	aceite	rejeite	
M_2	aceite	aceite	aceite	aceite	⋯
M_3	rejeite	rejeite	rejeite	rejeite	
M_4	aceite	aceite	rejeite	rejeite	
⋮		⋮			

FIGURA 4.20
A entrada i, j é o valor de H sobre a entrada ⟨M_i, ⟨M_j⟩⟩.

Na figura a seguir, adicionamos D à Figura 4.20. Por nossa hipótese, H é uma MT e o mesmo acontece com D. Conseqüentemente, essa última tem que ocorrer na lista $M_1, M_2, \ldots$ de todas as MTs. Note que D computa o oposto das entradas na diagonal. A contradição ocorre no ponto de interrogação, onde a entrada tem de ser o oposto de si mesma.

	⟨M_1⟩	⟨M_2⟩	⟨M_3⟩	⟨M_4⟩	⋯	⟨D⟩	⋯
M_1	<u>aceite</u>	rejeite	aceite	rejeite		aceite	
M_2	aceite	<u>aceite</u>	aceite	aceite	⋯	aceite	⋯
M_3	rejeite	rejeite	<u>rejeite</u>	rejeite		rejeite	
M_4	aceite	aceite	rejeite	<u>rejeite</u>		aceite	
⋮		⋮			⋱		
D	rejeite	rejeite	aceite	aceite		<u>?</u>	
⋮		⋮					⋱

FIGURA 4.21
Se D estiver na figura, uma contradição ocorre em "?".

UMA LINGUAGEM TURING-IRRECONHECÍVEL

Na seção precedente, exibimos uma linguagem — a saber, A_{MT} — que é indecidível. Agora exibimos uma linguagem que não é sequer Turing-reconhecível. Note que A_{MT} não servirá para esse propósito, porque mostramos que A_{MT} é Turing-reconhecível (página 182). O teorema a seguir mostra que, se uma linguagem e seu complemento forem ambos Turing-reconhecíveis, a linguagem é decidível. Logo, para qualquer linguagem indecidível, ou ela ou seu complemento não é Turing-reconhecível. Lembre-se de que o complemento de uma linguagem é a linguagem consistituída de todas as cadeias que não estão nela. Dizemos que uma linguagem é *co-Turing-reconhecível* se ela for o complemento de uma linguagem Turing-reconhecível.

TEOREMA 4.22

Uma linguagem é decidível sse ela é Turing-reconhecível e co-Turing-reconhecível.

Em outras palavras, uma linguagem é decidível exatamente quando ela e seu complemento são ambas Turing-reconhecíveis.

PROVA Temos duas direções a provar. Primeiro, se A for decidível, podemos facilmente ver que tanto A quanto seu complemento $\overline{A}$ são Turing-reconhecíveis. Qualquer linguagem decidível é Turing-reconhecível, e o complemento de uma linguagem decidível também é decidível.

Para a outra direção, se tanto A quanto $\overline{A}$ são Turing-reconhecíveis, fazemos M_1 ser o reconhecedor para A e M_2 o reconhecedor para $\overline{A}$. A máquina de Turing M a seguir é um decisor para A.

M = "Sobre a entrada w:
   1. Rode ambas, M_1 e M_2, sobre a entrada w em paralelo.
   2. Se M_1 aceita, *aceite*; se M_2 aceita, *rejeite*."

Rodar as duas máquinas em paralelo significa que M tem duas fitas, uma para simular M_1 e a outra para simular M_2. Nesse caso, M alternativamente simula um passo de cada máquina, o que continua até que uma delas aceite.

Agora, mostramos que M decide A. Toda cadeia w ou está em A ou em $\overline{A}$. Conseqüentemente, ou M_1 ou M_2 tem de aceitar w. Uma vez que M pára sempre que M_1 ou M_2 aceita, M sempre pára e, portanto, é um decisor. Além disso, ela aceita todas as cadeias em A e rejeita todas as cadeias que não estão em A. Logo, M é um decisor para A e, conseqüentemente, A é decidível.

COROLÁRIO 4.23

$\overline{A_{MT}}$ não é Turing-reconhecível.

PROVA Sabemos que A_{MT} é Turing-reconheível. Se $\overline{A_{MT}}$ também fosse Turing-reconhecível, A_{MT} seria decidível. O Teorema 4.11 nos diz que A_{MT} não é decidível, portanto $\overline{A_{MT}}$ não pode ser Turing-reconhecível.

EXERCÍCIOS

^{R}**4.1** Responda a cada um dos itens abaixo para o AFD M e dê razões para suas respostas.

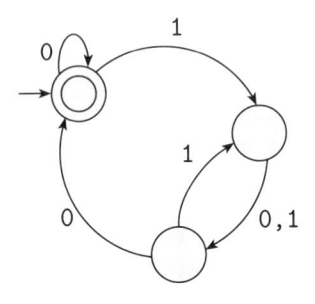

a. $\langle M, 0100 \rangle \in A_{\mathsf{AFD}}$?
b. $\langle M, 011 \rangle \in A_{\mathsf{AFD}}$?
c. $\langle M \rangle \in A_{\mathsf{AFD}}$?
d. $\langle M, 0100 \rangle \in A_{\mathsf{EXR}}$?
e. $\langle M \rangle \in V_{\mathsf{AFD}}$?
f. $\langle M, M \rangle \in EQ_{\mathsf{AFD}}$?

4.2 Considere o problema de se determinar se um AFD e uma expressão regular são equivalentes. Expresse esse problema como uma linguagem e mostre que ele é decidível.

4.3 Seja $TODAS_{\mathsf{AFD}} = \{\langle A \rangle |\ A$ é um AFD e $L(A) = \Sigma^*\}$. Mostre que $TODAS_{\mathsf{AFD}}$ é decidível.

4.4 Seja $A\varepsilon_{\mathsf{GLC}} = \{\langle G \rangle |\ G$ é uma GLC que gera $\varepsilon\}$. Mostre que $A\varepsilon_{\mathsf{GLC}}$ é decidível.

4.5 Seja X o conjunto $\{1, 2, 3, 4, 5\}$ e Y o conjunto $\{6, 7, 8, 9, 10\}$. Descrevemos as funções $f: X \longrightarrow Y$ e $g: X \longrightarrow Y$ nas tabelas abaixo. Responda a cada item e dê uma razão para cada resposta negativa.

n	$f(n)$
1	6
2	7
3	6
4	7
5	6

n	$g(n)$
1	10
2	9
3	8
4	7
5	6

^R**a.** f é um-para-um?   ^R**d.** g é um-para-um?
b. f é sobrejetora?   **e.** g é sobrejetora?
c. f é uma correspondência?   **f.** g é uma correspondência?

4.6 Seja $\mathcal{B}$ o conjunto de todas as seqüências infinitas sobre $\{0,1\}$. Mostre que $\mathcal{B}$ é incontável, usando uma prova por diagonalização.

4.7 Seja $T = \{(i,j,k)|\ i,j,k \in \mathcal{N}\}$. Mostre que T é contável.

4.8 Revise a maneira pela qual definimos conjuntos como sendo do mesmo tamanho na Definição 4.12 (página 184). Mostre que "é do mesmo tamanho" é uma relação de equivalência.

PROBLEMAS

^R**4.9** Seja $INFINITA_{AFD} = \{\langle A \rangle|\ A$ é um AFD e $L(A)$ é uma linguagem infinita$\}$. Mostre que $INFINITA_{AFD}$ é decidível.

4.10 Seja $INFINITA_{AP} = \{\langle M \rangle|\ M$ é um AP e $L(M)$ é uma linguagem infinita$\}$. Mostre que $INFINITA_{AP}$ é decidível.

^R**4.11** Seja $A = \{\langle M \rangle|\ M$ é um AFD que não aceita nenhuma cadeia contendo um número ímpar de 1s$\}$. Mostre que A é decidível.

4.12 Seja $A = \{\langle R,S \rangle|\ R$ e S são expressões regulares e $L(R) \subseteq L(S)\}$. Mostre que A é decidível.

^R**4.13** Seja $\Sigma = \{0,1\}$. Mostre que o problema de se determinar se uma GLC gera alguma cadeia em 1^* é decidível. Em outras palavras, mostre que

$$\{\langle G \rangle|\ G \text{ é uma GLC sobre } \{0,1\} \text{ e } 1^* \cap L(G) \neq \emptyset\}$$

é uma linguagem decidível.

*__**4.14**__* Mostre que o problema de se determinar se uma GLC gera todas as cadeias em 1^* é decidível. Em outras palavras, mostre que $\{\langle G \rangle|\ G$ é uma GLC sobre $\{0,1\}$ e $1^* \subseteq L(G)\}$ é uma linguagem decidível.

4.15 Seja $A = \{\langle R \rangle|\ R$ é uma expressão regular que descreve uma linguagem contendo pelo menos uma cadeia w que tem 111 como uma subcadeia (isto é, $w = x111y$ para alguma x e alguma $y)\}$. Mostre que A é decidível.

4.16 Prove que EQ_{AFD} é decidível testando os dois AFDs sobre todas as cadeias até um certo tamanho. Calcule um tamanho que funcione.

*__**4.17**__* Seja C uma linguagem. Prove que C é Turing-reconhecível sse existe uma linguagem decidível D tal que $C = \{x|\ \exists y\ (\langle x,y \rangle \in D)\}$.

4.18 Sejam A e B duas linguagens disjuntas. Digamos que a linguagem C **separa** A e B se $A \subseteq C$ e $B \subseteq \overline{C}$. Mostre que quaisquer duas linguagens co-Turing-reconhecíveis disjuntas são separáveis por alguma linguagem decidível.

4.19 Seja $S = \{\langle M \rangle|\ M$ é um AFD que aceita $w^\mathcal{R}$ sempre que ele aceita $w\}$. Mostre que S é decidível.

4.20 Uma linguagem é *livre-de-prefixo* se nenhum membro é um prefixo próprio de um outro membro. Seja LIVRE-DE-PREFIXO$_{EXR}$ = {R| R é uma expressão regular onde L(R) é livre-de-prefixo}. Mostre que LIVRE-DE-PREFIXO$_{EXR}$ é decidível. Por que uma abordagem similar falha em mostrar que LIVRE-DE-PREFIXO$_{GLC}$ é decidível?

R*4.21 Digamos que um AFN é *ambíguo* se ele aceita alguma cadeia ao longo de dois ramos diferentes da computação. Seja $AMBIG_{AFN}$ = {⟨N⟩| N é um AFN ambíguo}. Mostre que $AMBIG_{AFN}$ é decidível. (Sugestão: Uma maneira elegante de resolver este problema é construir um AFD apropriado e aí então rodar E_{AFD} sobre ele.)

4.22 Um *estado inútil* em um autômato com pilha nunca é atingido sobre qualquer cadeia de entrada. Considere o problema de se determinar se um autômato com pilha tem quaisquer estados inúteis. Formule esse problema como uma linguagem e mostre que ele é decidível.

R*4.23 Seja BAL_{AFD} = {⟨M⟩| M é um AFD que aceita alguma cadeia contendo igual número de 0s e 1s}. Mostre que BAL_{AFD} é decidível. (Dica: Os teoremas sobre LLCs são úteis aqui.)

*4.24 Seja PAL_{AFD} = {⟨M⟩| M é um AFD que aceita algum palíndromo}. Mostre que PAL_{AFD} é decidível. (Dica: Os teoremas sobre LLCs são úteis aqui.)

*4.25 Seja E = {⟨M⟩| M é um AFD que aceita alguma cadeia com mais 1s que 0s}. Mostre que E é decidível. (Dica: Os teoremas sobre LLCs são úteis aqui.)

4.26 Seja C = {⟨G, x⟩| G é uma GLC que gera alguma cadeia w, onde x é uma subcadeia de w}. Mostre que C é decidível. (Sugestão: Uma solução elegante para esse problema usa o decisor para V_{GLC}.)

4.27 Seja C_{GLC} = {⟨G, k⟩| L(G) contém exatamente k cadeias, onde k ≥ 0, ou então k = ∞}. Mostre que C_{GLC} é decidível.

4.28 Seja A uma linguagem Turing-reconhecível consistindo de descrições de máquinas de Turing, {⟨M_1⟩, ⟨M_2⟩, ... }, onde toda M_i é um decisor. Prove que alguma linguagem decidível D não é decidida por nenhum decisor M_i cuja descrição aparece em A. (Dica: Você pode achar útil considerar um enumerador para A.)

SOLUÇÕES SELECIONADAS

4.1 (a) Sim. O AFD M aceita 0100.

(b) Não. M não aceita 011.

(c) Não. Essa entrada tem apenas um único componente e, portanto, não é da forma correta.

(d) Não. O primeiro componente não é uma expressão regular e por isso a entrada não é da forma correta.

(e) Não. A linguagem de M não é vazia.

(f) Sim. M aceita a mesma linguagem que si própria.

4.5 (a) Não, f não é um-para-um porque f(1) = f(3).

(d) Sim, g é um-para-um.

4.9 A seguinte MT I decide $INFINITA_{AFD}$.

I = "Sobre a entrada $\langle A \rangle$ onde A é um AFD:
1. Seja k o número de estados de A.
2. Construa um AFD D que aceite todas as cadeias de comprimento k ou mais.
3. Construa um AFD M tal que $L(M) = L(A) \cap L(D)$.
4. Teste $L(M) = \emptyset$, usando o decisor T de V_{AFD} do Teorema 4.4.
5. Se T aceita, *rejeite*; se T rejeita, *aceite*."

Esse algoritmo funciona porque um AFD que aceita uma quantidade infinita de cadeias tem que aceitar cadeias arbitrariamente longas. Por conseguinte, esse algoritmo aceita tais AFDs. Reciprocamente, se o algoritmo aceita um AFD, o AFD aceita alguma cadeia de comprimento k ou mais, onde k é o número de estados do AFD. Essa cadeia pode ser bombeada da maneira prescrita pelo lema do bombeamento para linguagens regulares para se obter uma quantidade infinita de cadeias aceitas.

4.11 A seguinte MT decide A.

"Sobre a entrada $\langle M \rangle$:
1. Construa um AFD O que aceite toda cadeia contendo um número ímpar de 1s.
2. Construa o AFD B tal que $L(B) = L(M) \cap L(O)$.
3. Teste se $L(B) = \emptyset$, usando o decisor T de V_{AFD} do Teorema 4.4.
4. Se T aceita, *aceite*; se T rejeita, *rejeite*."

4.13 Você mostrou no Problema 2.18 que, se C for uma linguagem livre-do-contexto e R uma linguagem regular, então $C \cap R$ é livre-do-contexto. Conseqüentemente, $1^* \cap L(G)$ é livre-do-contexto. A seguinte MT decide A.

"Sobre a entrada $\langle G \rangle$:
1. Construa a GLC H tal que $L(H) = 1^* \cap L(G)$.
2. Teste se $L(H) = \emptyset$, usando o decisor R de V_{GLC} do Teorema 4.8.
3. Se R aceita, *rejeite*; se R rejeita, *aceite*."

4.21 O seguinte procedimento decide $AMBIG_{AFN}$. Dado um AFN N, construímos um AFD D que simula N e aceita uma cadeia sse ela for aceita por N ao longo de dois ramos de computação diferentes. Aí, então, usamos um decisor para V_{AFD} para determinar se D aceita quaisquer cadeias.

Nossa estratégia para construir D é similar à da conversão de AFN para AFD na prova do Teorema 1.39. Simulamos N mantendo uma pedra sobre cada estado ativo. Começamos colocando uma pedra vermelha sobre o estado inicial e sobre cada estado atingível a partir do inicial ao longo de transições ε. Movemos, adicionamos e removemos pedras de acordo com as transições de N, preservando a cor das pedras. Sempre que duas ou mais pedras são movidas para o mesmo estado, substituímos suas pedras por uma pedra azul. Após ler a entrada, aceitamos se uma pedra azul estiver sobre um estado de aceitação de N.

O AFD D tem um estado correspondente a cada posição possível de pedras. Para cada estado de N, três possibilidades ocorrem: ele pode conter uma pedra vermelha, uma pedra azul ou nenhuma pedra. Por conseguinte, se N tiver n estados,

D terá 3^n estados. Seu estado inicial, seus estados de aceitação e sua função de transição são definidas de modo a realizar a simulação.

4.23 A linguagem de todas as cadeias com igual número de 0s e 1s é uma linguagem livre-do-contexto, gerada pela gramática $S \to 1S0S \mid 0S1S \mid \varepsilon$. Seja P o AP que reconhece essa linguagem. Construa uma MT M para BAL_{AFD}, que opera da seguinte forma. Sobre a entrada $\langle B \rangle$, onde B é um AFD, use B e P para construir um novo AP R que reconheça a interseção das linguagens de B e P. Aí então, teste se a linguagem de R é vazia. Se sua linguagem for vazia, *rejeite*; caso contrário, *aceite*.

5

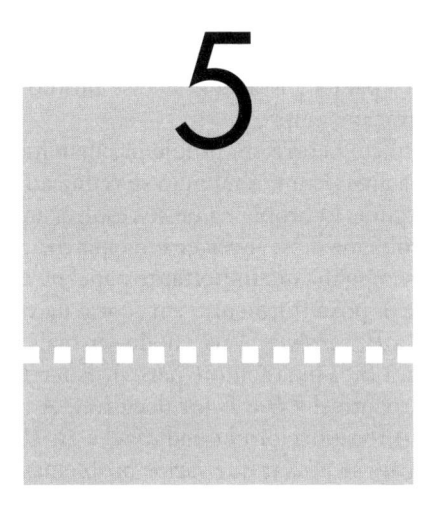

REDUTIBILIDADE

No Capítulo 4, estabelecemos a máquina de Turing como nosso modelo de um computador de propósito geral. Apresentamos diversos exemplos de problemas que são solúveis por máquinas de Turing e demos um exemplo de um problema, A_{MT}, que é computacionalmente insolúvel. Neste capítulo examinaremos vários problemas insolúveis adicionais. Ao fazer isso, introduzimos o método principal de provar que problemas são computacionalmente insolúveis. Ele é chamado *redutibilidade*.

Uma *redução* é uma maneira de converter um problema em outro de forma que uma solução para o segundo problema possa ser usada para resolver o primeiro. Essas redutibilidades aparecem freqüentemente no dia-a-dia, mesmo que em geral não nos refiramos a elas desssa forma.

Por exemplo, suponha que você deseje se orientar em uma nova cidade. Você sabe que seria fácil fazer isso se tivesse um mapa. Conseqüentemente, você pode reduzir o problema de se orientar na cidade ao problema de se obter um mapa da cidade.

A redutibilidade sempre envolve dois problemas, que denominamos A e B. Se A se reduz a B, podemos usar uma solução para B para resolver A. Assim, em nosso exemplo, A é o problema de se orientar na cidade e B é o problema de se obter um mapa. Note que redutibilidade não diz nada sobre resolver A ou B sozinhos, mas somente sobre a solubilidade de A na presença de uma solução para B.

O que se segue são exemplos adicionais de redutibilidades. O problema de se viajar de Boston a Paris se reduz ao problema de se comprar uma passagem aérea entre as duas cidades. Esse problema, por sua vez, se reduz ao problema de se ganhar o dinheiro para a passagem. E esse último problema se reduz ao problema de se encontrar um emprego.

A redutibilidade também ocorre em problemas matemáticos. Por exemplo, o problema de se medir a área de um retângulo se reduz ao problema de se medir seu comprimento e largura. O problema de se resolver um sistema de equações lineares se reduz ao problema de se inverter uma matriz.

A redutibilidade desempenha um importante papel na classificação de problemas por decidibilidade e, posteriormente, em teoria da complexidade também. Quando A é redutível a B, resolver A não pode ser mais difícil que resolver B, porque uma solução para B dá uma solução para A. Em termos de teoria da computabilidade, se A for redutível a B e B for decidível, A também será decidível. Equivalentemente, se A for indecidível e redutível a B, B será indecidível. Essa última versão é chave para se provar que vários problemas são indecidíveis.

Em resumo, nosso método para provar que um problema é indecidível será mostrar que algum outro problema já conhecido como sendo indecidível se reduz a ele.

5.1
PROBLEMAS INDECIDÍVEIS DA TEORIA DE LINGUAGENS

Já estabelecemos a indecidibilidade de A_{MT}, o problema de se determinar se uma máquina de Turing aceita uma dada entrada. Vamos considerar um problema relacionado, $PARA_{MT}$, o problema de se determinar se uma máquina de Turing pára (aceitando ou rejeitando) sobre uma dada entrada.[1] Usamos a indecidibilidade de A_{MT} para provar a indecidibilidade de $PARA_{MT}$ reduzindo A_{MT} a $PARA_{MT}$. Seja

$$PARA_{MT} = \{\langle M, w\rangle|\ M \text{ é uma MT e } M \text{ pára sobre a entrada } w\}.$$

TEOREMA 5.1

$PARA_{MT}$ é indecidível.

---

[1] Na Seção 4.2, usamos o termo *problema da parada* para a linguagem A_{MT}, muito embora $PARA_{MT}$ seja o real problema da parada. Daqui em diante, distinguiremos entre os dois chamando A_{MT} de *problema da aceitação*.

IDÉIA DA PROVA Essa prova é por contradição. Supomos que $PARA_{MT}$ seja decidível e usamos essa suposição para mostrar que A_{MT} é decidível, contradizendo o Teorema 4.11. A idéia-chave é mostrar que A_{MT} é redutível a $PARA_{MT}$.

Vamos supor que temos uma MT R que decide $PARA_{MT}$. Então usamos R para construir S, uma MT que decide A_{MT}. Para ter uma idéia da forma de construir S, faça de conta que você seja S. Sua tarefa é decidir A_{MT}. Você recebe uma entrada da forma $\langle M, w \rangle$. Você tem de dar como resposta *aceite* se M aceita w e deve responder *rejeite* se M entra em *loop* ou rejeita sobre w. Tente simular M sobre w. Se ela aceita ou rejeita, faça o mesmo. Mas você pode não ser capaz de determinar se M está em *loop* e, nesse caso, sua simulação não terminará. Isso é ruim, pois você é um decisor e, portanto, nunca lhe é permitido entrar em *loop*. Assim, essa idéia, por si só, não funciona.

Em vez disso, use a suposição de que você tem a MT R que decide $PARA_{MT}$. Com R, você pode testar se M pára sobre w. Se R indica que M não pára sobre w, rejeite, porque $\langle M, w \rangle$ não está em A_{MT}. Entretanto, se R indica que M pára sobre w, você pode fazer a simulação sem qualquer perigo de entrar em *loop*.

Conseqüentemente, se a MT R existe, podemos decidir A_{MT}; mas sabemos que A_{MT} é indecidível. Em virtude dessa contradição, podemos concluir que R não existe. Logo, $PARA_{MT}$ é indecidível.

PROVA Vamos supor, para os propósitos de obter uma contradição, que a MT R decida $PARA_{MT}$. Construímos a MT S para decidir A_{MT}, com S operando da seguinte forma.

S = "Sobre a entrada $\langle M, w \rangle$, uma codificação de uma MT M e uma cadeia w:
1. Rode MT R sobre a entrada $\langle M, w \rangle$.
2. Se R rejeita, *rejeite*.
3. Se R aceita, simule M sobre w até que ela pare.
4. Se M aceitou, *aceite*; se M rejeitou, *rejeite*."

Claramente, se R decide $PARA_{MT}$, então S decide A_{MT}. Como A_{MT} é indecidível, $PARA_{MT}$ também deve ser indecidível.

O Teorema 5.1 ilustra nossa estratégia para provar que um problema é indecidível. Essa estratégia é comum à maioria das provas de indecidibilidade, exceto no caso da indecidibilidade da própria A_{MT}, que é provada diretamente através do método da diagonalização.

Agora, apresentamos vários outros teoremas e suas provas como exemplos adicionais do método da redutibilidade para provar indecidibilidade. Seja

$$V_{MT} = \{\langle M \rangle |\ M \text{ é uma MT e } L(M) = \emptyset\}.$$

TEOREMA 5.2

V_{MT} é indecidível.

IDÉIA DA PROVA Seguimos o padrão adotado no Teorema 5.1. Supomos, para o propósito de obter uma contradição, que V_{MT} é decidível e, aí então, mostramos que A_{MT} é decidível — uma contradição. Seja R uma MT que decide V_{MT}. Usamos R para construir a MT S que decide A_{MT}. Como S funcionará quando ela receber a entrada $\langle M, w \rangle$?

Uma idéia é S rodar R sobre a entrada $\langle M \rangle$ e ver se ela aceita. Se aceita, sabemos que $L(M)$ é vazia e, por conseguinte, que M não aceita w. Mas, se R rejeita $\langle M \rangle$, tudo o que sabemos é que $L(M)$ não é vazia e, conseqüentemente, que M aceita alguma cadeia, porém, ainda não sabemos se M aceita a cadeia específica w. Dessa forma, precisamos usar uma idéia diferente.

Em vez de rodar R sobre $\langle M \rangle$, rodamos R sobre uma modificação de $\langle M \rangle$. Modificamos $\langle M \rangle$ para garantir que M rejeite todas as cadeias, exceto w, mas que sobre a entrada w ela funcione normalmente. Então usamos R para determinar se a máquina modificada reconhece a linguagem vazia. A única cadeia que a máquina agora aceita é w, e, portanto, sua linguagem será não vazia sse ela aceita w. Se R aceita quando é alimentada com uma descrição da máquina modificada, sabemos que a máquina modificada não aceita nada e que M não aceita w.

PROVA Vamos escrever a máquina modificada descrita na idéia da prova utilizando nossa notação-padrão. Chamemo-la M_1.

$M_1 =$ "Sobre a entrada x:
  1. Se $x \neq w$, *rejeite*.
  2. Se $x = w$, rode M sobre a entrada w e *aceite* se M aceita."

Essa máquina tem a cadeia w como parte de sua descrição. Ela conduz o teste $x = w$ da maneira óbvia, fazendo uma varredura na entrada e comparando-a caractere por caractere com w para determinar se elas são iguais.

Juntando tudo, supomos que a MT R decide V_{MT} e construímos a MT S que decide A_{MT} da seguinte forma.

$S =$ "Sobre a entrada $\langle M, w \rangle$, uma codificação de uma MT M e uma cadeia w:
  1. Use a descrição de M e w para construir a MT M_1 descrita anteriormente.
  2. Rode R sobre a entrada $\langle M_1 \rangle$.
  3. Se R aceita, *rejeite*; se R rejeita, *aceite*."

Note que S, na realidade, tem de ser capaz de computar uma descrição de M_1 a partir de uma descrição de M e w. Ela é capaz de fazê-lo, porque só precisa adicionar novos estados a M que realizem o teste $x = w$.

Se R fosse um decisor para V_{MT}, S seria um decisor para A_{MT}. Um decisor para A_{MT} não pode existir, portanto sabemos que V_{MT} deve ser indecidível.

Outro problema computacional interessante concernente a máquinas de Turing diz respeito a determinar se uma dada máquina de Turing reconhece uma linguagem que também pode ser reconhecida por um modelo computacional mais simples. Por exemplo, seja $REGULAR_{\mathsf{MT}}$ o problema de se determinar se uma dada máquina de Turing tem um autômato finito equivalente. Esse problema é o mesmo que determinar se a máquina de Turing reconhece uma linguagem regular. Seja

$$REGULAR_{\mathsf{MT}} = \{\langle M\rangle|\ M \text{ é uma MT e } L(M) \text{ é uma linguagem regular}\}.$$

TEOREMA 5.3

$REGULAR_{\mathsf{MT}}$ é indecidível.

IDÉIA DA PROVA Como de costume para teoremas de indecidibilidade, esta prova é por redução a partir de A_{MT}. Supomos que $REGULAR_{\mathsf{MT}}$ seja decidível por uma MT R e usamos essa suposição para construir uma MT S que decide A_{MT}. Menos óbvio agora é como usar a capacidade de R para auxiliar S na sua tarefa. Não obstante, podemos fazê-lo.

A idéia é S tomar sua entrada $\langle M, w\rangle$ e modificar M de modo que a MT resultante reconheça uma linguagem regular se e somente se M aceita w. Chamamos a máquina modificada M_2. Projetamos M_2 para reconhecer a linguagem não-regular $\{0^n 1^n |\ n \geq 0\}$ se M não aceita w, e para reconhecer a linguagem regular Σ^* se M aceita w. Temos de especificar como S pode construir tal M_2 a partir de M e w. Aqui, M_2 funciona aceitando automaticamente todas as cadeias em $\{0^n 1^n | n \geq 0\}$. Adicionalmente, se M aceita w, M_2 aceita todas as outras cadeias.

PROVA Supomos que R seja uma MT que decide $REGULAR_{\mathsf{MT}}$ e construímos a MT S para decidir A_{MT}. Então, S funciona da seguinte maneira.

$S =$ "Sobre a entrada $\langle M, w\rangle$, onde M é uma MT e w é uma cadeia:
  1. Construa a seguinte MT M_2.
     $M_2 =$ "Sobre a entrada x:
       1. Se x tem a forma $0^n 1^n$, *aceite*.
       2. Se x não tem essa forma, rode M sobre a entrada w e *aceite* se M aceita w."
  2. Rode R sobre a entrada $\langle M_2\rangle$.
  3. Se R aceita, *aceite*; se R rejeita, *rejeite*."

Similarmente, os problemas de se testar se a linguagem de uma máquina é uma linguagem livre-do-contexto, uma linguagem decidível ou mesmo uma linguagem finita podem ser mostrados indecidíveis com provas similares. Na verdade, um resultado geral, chamado teorema de Rice, afirma que testar *qualquer propriedade* das linguagens reconhecidas por máquinas de Turing é indecidível. Daremos o teorema de Rice no Problema 5.28.

Até o momento, nossa estratégia para provar a indecibilidade de linguagens envolve uma redução a partir de A_{MT}. Às vezes, reduzir a partir de alguma outra linguagem indecidível, tal como V_{MT}, é mais conveniente quando estamos mostrando que certas linguagens são indecidíveis. O teorema a seguir mostra que testar a equivalência de duas máquinas de Turing é um problema indecidível. Poderíamos prová-lo por uma redução a partir de A_{MT}, mas usamos essa oportunidade para dar um exemplo de uma prova de indecidibilidade por redução a partir de V_{MT}. Seja

$$EQ_{MT} = \{\langle M_1, M_2\rangle |\ M_1 \text{ e } M_2 \text{ são MTs e } L(M_1) = L(M_2)\}.$$

TEOREMA 5.4

EQ_{MT} é indecidível.

IDÉIA DA PROVA Mostre que, se EQ_{MT} fosse decidível, V_{MT} também seria, dando uma redução de V_{MT} para EQ_{MT}. A idéia é simples. V_{MT} é o problema de se determinar se a linguagem de uma MT é vazia. EQ_{MT} é o problema de se determinar se as linguagens de duas MTs são iguais. Se uma dessas linguagens acontece de ser $\emptyset$, vamos dar no problema de se determinar se a linguagem da outra máquina é vazia — ou seja, o problema V_{MT}. Dessa forma, em um certo sentido, o problema V_{MT} é um caso especial do problema EQ_{MT} no qual uma das máquinas é fixada para reconhecer a linguagem vazia. Essa idéia faz com que a redução seja fácil de ser feita.

PROVA Supomos que a MT R decide EQ_{MT} e construímos a MT S para decidir V_{MT} da seguinte forma.

$S =$ "Sobre a entrada $\langle M \rangle$, onde M é uma MT:
  1. Rode R sobre a entrada $\langle M, M_1 \rangle$, onde M_1 é uma MT que rejeita todas as entradas.
  2. Se R aceita, *aceite*; se R rejeita, *rejeite*."

Se R decide EQ_{MT}, S decide V_{MT}. Mas V_{MT} é indecidível pelo Teorema 5.2, portanto EQ_{MT} também tem de ser indecidível.

REDUÇÕES VIA HISTÓRIAS DE COMPUTAÇÃO

O método da história de computação é uma técnica importante para provar que A_{MT} é redutível a certas linguagens. Esse método é freqüentemente útil quando o problema a ser mostrado como indecidível envolve testar a existência de algo. Por exemplo, esse método é usado para mostrar a indecidibilidade do décimo problema de Hilbert, testar a existência de raízes inteiras em um polinômio.

A história de computação para uma máquina de Turing sobre uma entrada é simplesmente a seqüência de configurações pelas quais a máquina passa à medida que processa a entrada. É um registro completo da computação dessa máquina.

DEFINIÇÃO 5.5

Seja M uma máquina de Turing e w uma cadeia de entrada. Uma *história de computação de aceitação* para M sobre w é uma seqüência de configurações, $C_1, C_2, \ldots, C_l$, onde C_1 é a configuração inicial de M sobre w, C_l é uma configuração de aceitação de M, e cada C_i segue legitimamente de C_{i-1} conforme as regras de M. Uma *história de computação de rejeição* para M sobre w é definida similarmente, exceto que C_l é uma configuração de rejeição.

As histórias de computação são seqüências finitas. Se M não pára sobre w, nenhuma história de computação de aceitação ou de rejeição existe para M sobre w. As máquinas determinísticas têm no máximo uma história de computação sobre qualquer dada entrada. E as máquinas não-determinísticas podem ter muitas histórias de computação sobre uma única entrada, correspondendo aos vários ramos de computação. Por ora, continuamos a focar em máquinas determinísticas. Nossa primeira prova de indecidibilidade usando o método de história de computação concerne a um tipo de máquina chamado autômato linearmente limitado.

DEFINIÇÃO 5.6

Um *autômato linearmente limitado* é um tipo restrito de máquina de Turing na qual à cabeça de leitura-escrita não é permitido mover-se para fora da parte da fita contendo a entrada. Se a máquina tentar mover sua cabeça para além de qualquer uma das extremidades da entrada, a cabeça permanecerá onde está, da mesma maneira que a cabeça não se movimentará para além da extremidade esquerda da fita de uma máquina de Turing ordinária.

Um autômato linearmente limitado é uma máquina de Turing com uma quantidade limitada de memória, como mostrado esquematicamente na figura a seguir. Ele só pode resolver problemas que requerem memória que possa caber dentro da fita usada para a entrada. A utilização de um alfabeto de fita maior que o alfabeto de entrada permite que a memória disponível seja incrementada de, no máximo, um fator constante. Logo, dizemos que para uma entrada de comprimento n, a quantidade de memória disponível é linear em n — daí o nome desse modelo.

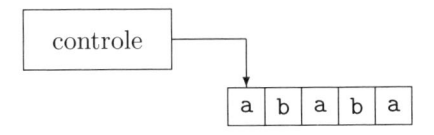

FIGURA **5.7**
Esquemática de um autômato linearmente limitado.

A despeito de sua restrição de memória, autômatos linearmente limitados (ALLs) são bastante poderosos. Por exemplo, os decisores para A_{AFD}, A_{GLC}, V_{AFD} e V_{GLC} são todos ALLs. Toda LLC pode ser decidida por um ALL. Na verdade, chegar numa linguagem decidível que não possa ser decidida por um ALL dá algum trabalho. Desenvolvemos as técnicas para fazê-lo no Capítulo 9.

Aqui, A_{ALL} é o problema de se determinar se um ALL aceita sua entrada. Muito embora A_{ALL} seja o mesmo que o problema indecidível A_{MT} onde a máquina de Turing é restrita a ser um ALL, podemos mostrar que A_{ALL} é decidível. Seja

$$A_{\mathsf{ALL}} = \{\langle M, w\rangle |\ M \text{ é um ALL que aceita a cadeia } w\}.$$

Antes de provar a decidibilidade de A_{ALL}, achamos que o lema a seguir é útil. Ele diz que um ALL pode ter somente um número limitado de configurações quando uma cadeia de comprimento n é a entrada.

LEMA **5.8**

Seja M um ALL com q estados e g símbolos no alfabeto de fita. Existem exatamente qng^n configurações distintas de M para uma fita de comprimento n.

PROVA Lembre-se de que uma configuração de M é como uma fotografia instantânea no meio de sua computação. Uma configuração é constituída do estado do controle, posição da cabeça e conteúdo da fita. Aqui, M tem q estados. O comprimento de sua fita é n, portanto, a cabeça pode estar em uma das n posições e g^n cadeias possíveis de símbolos de fita aparecem sobre a fita. O produto dessas três quantidades é o número total de configurações diferentes de M com uma fita de comprimento n.

TEOREMA 5.9

A_{ALL} é decidível.

IDÉIA DA PROVA De forma a decidir se ALL M aceita a entrada w, simulamos M sobre w. Durante o curso da simulação, se M pára e aceita ou rejeita, aceitamos ou rejeitamos em conformidade com M. A dificuldade ocorre se M entra em *loop* sobre w. Precisamos ser capazes de detectar a entrada em *loop* de modo que possamos parar e rejeitar.

A idéia para detectar quando M está em *loop* é que, à medida que M computa sobre w, ela vai de configuração a configuração. Se M em algum momento repetir uma configuração, ela irá repetir essa configuração continuamente e, conseqüentemente, estará em *loop*. Pelo fato de M ser um ALL, a quantidade de fita disponível para ela é limitada. Pelo Lema 5.8, M pode estar em apenas um número limitado de configurações sobre essa quantidade de fita. Conseqüentemente, apenas uma quantidade limitada de tempo estará disponível para M antes que ela vá entrar em alguma configuração na qual ela tenha entrado previamente. É possível detectar que M está em *loop* simulando M pelo número de passos dado pelo Lema 5.8. Se M não tiver parado até então, ela tem que estar em *loop*.

PROVA O algoritmo que decide A_{ALL} é como segue.

$L =$ "Sobre a entrada $\langle M, w \rangle$, onde M é um ALL e w é uma cadeia:
1. Simule M sobre w por qng^n passos ou até que ela pare.
2. Se M parou, *aceite* se ela aceitou e *rejeite* se ela rejeitou. Se ela não parou, *rejeite*."

Se M sobre w não parou dentro de qng^n passos, ela tem de estar repetindo uma configuração conforme o Lema 5.8 e, conseqüentemente, estar em *loop*. É por isso que nosso algoritmo rejeita nessa instância.

O Teorema 5.9 mostra que ALLs e MTs diferem de uma maneira essencial: para ALLs o problema da aceitação é decidível, mas para MTs ele não o é. Entretanto, alguns outros problemas envolvendo ALLs permanecem indecidíveis. Um deles é o problema da vacuidade $V_{\mathsf{ALL}} = \{\langle M \rangle |\ M$ é um ALL onde $L(M) = \emptyset\}$. Para provar que V_{ALL} é indecidível, damos uma redução que usa o método da história de computação.

TEOREMA 5.10

V_{ALL} é indecidível.

IDÉIA DA PROVA Essa prova é por redução a partir de A_{MT}. Mostramos que, se V_{ALL} fosse decidível, A_{MT} também seria. Suponha que V_{ALL} seja decidível.

Como podemos usar essa suposição para decidir A_{MT}?

Para uma MT M e uma entrada w, podemos determinar se M aceita w construindo um certo ALL B e então testando se $L(B)$ é vazia. A linguagem que B reconhece compreende todas as histórias de computação de aceitação para M sobre w. Se M aceita w, essa linguagem contém uma cadeia e, portanto, é não-vazia. Se M não aceita w, essa linguagem é vazia. Se pudermos determinar se a linguagem de B é vazia, claramente podemos determinar se M aceita w.

Agora descrevemos como construir B a partir de M e w. Note que precisamos mostrar mais que a mera existência de B. Temos de mostrar como uma máquina de Turing pode obter uma descrição de B, dadas as descrições de M e w.

Construímos B para aceitar sua entrada x se x for uma história de computação de aceitação para M sobre w. Lembre-se de que uma história de computação de aceitação é a seqüência de configurações, $C_1, C_2, \ldots, C_l$ pela qual M passa quando ela aceita alguma cadeia w. Para os propósitos dessa prova, supomos que a história de computação de aceitação seja apresentada como uma única cadeia, com as configurações separadas umas das outras pelo símbolo #, como mostrado na Figura 5.11.

$$\#\underbrace{\qquad}_{C_1}\#\underbrace{\qquad}_{C_2}\#\underbrace{\qquad}_{C_3}\#\cdots\#\underbrace{\qquad}_{C_l}\#$$

FIGURA 5.11
Uma possível entrada para B.

O ALL B funciona da seguinte maneira. Quando ele recebe uma entrada x, espera-se que B aceite se x for uma computação de aceitação para M sobre w. Primeiro, B quebra x, conforme os delimitadores, em cadeias $C_1, C_2, \ldots, C_l$. Aí, então, B determina se C_i satisfaz as três condições de uma história de computação de aceitação.

1. C_1 é a configuração inicial para M sobre w.
2. Cada C_{i+1} segue legitimamente de C_i.
3. C_l é uma configuração de aceitação para M.

A configuração inicial C_1 para M sobre w é a cadeia $q_0 w_1 w_2 \cdots w_n$, onde q_0 é o estado inicial para M sobre w. Aqui, B tem essa cadeia diretamente embutida, de modo que ela é capaz de verificar a primeira condição. Uma configuração de aceitação é aquela que contém o estado de aceitação q_{aceita}, portanto, B pode verificar a terceira condição procurando por q_{aceita} em C_l. A segunda condição é a mais difícil de verificar. Para cada par de configurações adjacentes, B verifica se C_{i+1} legitimamente segue de C_i. Esse passo envolve verificar que C_i e C_{i+1} são idênticas, exceto pelas posições sob e adjacentes à cabeça em C_i. Essas posições têm de ser atualizadas conforme a função de transição de M. Então B verifica se a atualização foi feita apropriadamente zigue zagueando entre as posições correspondentes de C_i e C_{i+1}. Para manter o registro das posições correntes durante o zigue zague, B marca a posição corrente com pontos sobre a fita. Finalmente, se as condições 1, 2 e 3 forem satisfeitas, B aceita sua entrada.

Note que o ALL B *não* é construído para os propósitos de realmente rodá-lo sobre alguma entrada — uma confusão comum. Construímos B apenas para o propósito de alimentar uma descrição de B no decisor para V_{ALL} que pressupomos existir. Uma vez que esse decisor retorne sua resposta, podemos invertê-la para obter a resposta a se M aceita w. Por conseguinte, podemos decidir A_{MT}, uma contradição.

PROVA Agora estamos prontos para enunciar a redução de A_{MT} para V_{ALL}. Suponha que MT R decide V_{ALL}. Construa a MT S que decide A_{MT} da seguinte forma.

$S = $ "Sobre a entrada $\langle M, w \rangle$, onde M é uma MT e w, uma cadeia:
1. Construa o ALL B a partir de M e w, conforme descrito na idéia da prova.
2. Rode R sobre a entrada $\langle B \rangle$.
3. Se R rejeita, *aceite*; se R aceita, *rejeite*."

Se R aceita $\langle B \rangle$, então $L(B) = \emptyset$. Por conseguinte, M não tem nenhuma história de computação de aceitação sobre w e M não aceita w. Conseqüentemente, S rejeita $\langle M, w \rangle$. Similarmente, se R rejeita $\langle B \rangle$, a linguagem de B é não-vazia. A única cadeia que B pode aceitar é uma história de computação de aceitação para M sobre w. Portanto, M deve aceitar w. Como conseqüência, S aceita $\langle M, w \rangle$. A Figura 5.12 ilustra o ALL B.

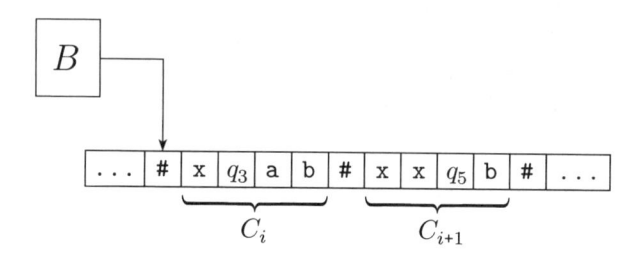

FIGURA 5.12
O ALL B verificando uma história de computação de uma MT.

Podemos também usar a técnica de redução via histórias de computação para estabelecer a indecidibilidade de certos problemas relacionados a gramáticas livres-do-contexto e autômatos com pilha. Lembre-se de que no Teorema 4.8 apresentamos um algoritmo para decidir se uma gramática livre-do-contexto gera alguma cadeia — ou seja, se $L(G) = \emptyset$. Agora, mostramos que um problema relacionado é indecidível. É o problema de se determinar se uma gramática livre-do-contexto gera todas as cadeias possíveis. Provar que esse problema é indecidível é o principal passo na demonstração de que o problema da equivalência para gramáticas livres-do-contexto é indecidível. Seja

$$TODAS_{\text{GLC}} = \{\langle G\rangle|\ G \text{ é uma GLC e } L(G) = \Sigma^*\}.$$

TEOREMA 5.13 ....

$TODAS_{\text{GLC}}$ é indecidível.

PROVA Essa prova é por contradição. Para obter a contradição, supomos que $TODAS_{\text{GLC}}$ seja decidível e usamos essa suposição para mostrar que A_{MT} é decidível. Essa prova é similar àquela do Teorema 5.10, mas com um pequeno truque adicional: ela é uma redução a partir de A_{MT} via histórias de computação, mas temos de modificar um pouco a representação das histórias de computação por uma razão técnica que explicaremos adiante.

Agora, descrevemos como usar um procedimento de decisão para $TODAS_{\text{GLC}}$ para decidir A_{MT}. Para uma MT M e uma entrada w, construímos uma GLC G que gera todas as cadeias se e somente se M não aceita w. Portanto, se M de fato aceita w, G *não* gera uma certa cadeia específica. Essa cadeia é — adivinhe — a história de computação de aceitação para M sobre w. Ou seja, G é projetada para gerar todas as cadeias que *não* são histórias de computação de aceitação para M sobre w.

Para fazer a GLC G gerar todas as cadeias que falham em ser uma história de computação de aceitação para M sobre w, utilizamos a seguinte estratégia. Uma cadeia pode falhar em ser uma história de computação de aceitação por várias razões. Uma história de computação de aceitação para M sobre w aparece como $\#C_1\#C_2\#\cdots\#C_l\#$, onde C_i é a configuração de M sobre o i-ésimo passo da computação sobre w. Então, G gera todas as cadeias que

1. *não* começam com C_1,
2. *não* terminam com uma configuração de aceitação, ou
3. onde alguma C_i *não* origina apropriadamente C_{i+1} sob as regras de M.

Se M não aceita w, nenhuma história de computação de aceitação existe, portanto, *todas* as cadeias falham de alguma maneira ou de outra. Conseqüentemente, G geraria todas as cadeias, como desejado.

Agora, vamos à real construção de G. Em vez de construir G, construímos um AP D. Sabemos que podemos usar a construção dada no Teorema 2.20 (página 120) para converter D em uma GLC. Fazemos isso porque, para nossos propósitos, projetar um AP é mais fácil que projetar uma GLC. Nessa instância, D iniciará não-deterministicamente ramificando para adivinhar qual das três condições precedentes verificar. Um ramo verifica se o início da cadeia de entrada é C_1 e aceita se não o é. Outro ramo verifica se a cadeia de entrada termina com uma configuração contendo o estado de aceitação q_{aceita}, e aceita se não for este o caso.

O terceiro ramo deve aceitar se alguma C_i não origina apropriadamente C_{i+1}. Ele funciona varrendo a entrada até que não-deterministicamente decide que chegou em C_i. A seguir, empilha C_i até quando ela chega ao fim conforme marcado pelo símbolo #. Aí então, D desempilha para comparar com C_{i+1}. Elas devem casar, exceto com relação à posição da cabeça onde a diferença é ditada pela função de transição de M. Finalmente, D aceita se trata-se de um descasamento ou uma atualização inapropriada.

O problema com essa idéia é que, quando D desempilha C_i, ela está na ordem reversa e não adequada para a comparação com C_{i+1}. Nesse ponto aparece o truque na prova: escrevemos a história de computação de aceitação diferentemente. Alternadamente, as configurações aparecerão em ordem reversa. As posições ímpares permanecem escritas na ordem normal, mas as posições pares são escritas de trás para frente. Dessa forma, uma história de computação de aceitação apareceria como mostrado na figura abaixo.

$$\# \underbrace{\longrightarrow}_{C_1} \# \underbrace{\longleftarrow}_{C_2^{\mathcal{R}}} \# \underbrace{\longrightarrow}_{C_3} \# \underbrace{\longleftarrow}_{C_4^{\mathcal{R}}} \# \cdots \# \underbrace{}_{C_l} \#$$

FIGURA 5.14
Alternadamente, as configurações escritas em ordem reversa.

Nessa forma modificada, o AP é capaz de empilhar uma configuração de modo que, quando ela for desempilhada, a ordem está adequada para comparação com a próxima. Projetamos D para aceitar qualquer cadeia que não seja uma história de computação de aceitação na forma modificada.

No Exercício 5.1 você pode usar o Teorema 5.13 para mostrar que EQ_{GLC} é indecidível.

5.2
UM PROBLEMA INDECIDÍVEL SIMPLES

Nesta seção, mostraremos que o fenômeno da indecidibilidade não está confinado a problemas concernentes a autômatos. Daremos um exemplo de um problema indecidível concernente a manipulações simples de cadeias. É chamado o **problema da correspondência de Post**, ou **PCP**.

Podemos descrever esse problema facilmente como um tipo de charada. Começamos com uma coleção de dominós, cada um contendo duas cadeias, uma

em cada lado. Um dominó individual tem a seguinte aparência
$$\left[\frac{a}{ab}\right]$$
e uma coleção de dominós se assemelha a
$$\left\{\left[\frac{b}{ca}\right], \left[\frac{a}{ab}\right], \left[\frac{ca}{a}\right], \left[\frac{abc}{c}\right]\right\}$$

A tarefa é fazer uma lista desses dominós (repetições permitidas) de modo que a cadeia que obtemos ao ler os símbolos em cima seja a mesma que a cadeia de símbolos embaixo. Essa lista é denominada *emparelhamento*. Por exemplo, a seguinte lista é um emparelhamento para essa charada.
$$\left[\frac{a}{ab}\right]\left[\frac{b}{ca}\right]\left[\frac{ca}{a}\right]\left[\frac{a}{ab}\right]\left[\frac{abc}{c}\right].$$

Lendo a cadeia de cima obtemos abcaaabc, que é a mesma que se lê embaixo. Podemos também ilustrar esse emparelhamento deformando os dominós de modo que os símbolos correspondentes de cima e de baixo se alinhem.

Para algumas coleções de dominós, encontrar um emparelhamento pode não ser possível. Por exemplo, a coleção
$$\left\{\left[\frac{abc}{ab}\right], \left[\frac{ca}{a}\right], \left[\frac{acc}{ba}\right]\right\}$$
não pode conter um emparelhamento porque toda cadeia de cima é maior que a cadeia correspondente de baixo.

O problema da correspondência de Post é determinar se uma coleção de dominós tem um emparelhamento. Esse problema é insolúvel por algoritmos.

Antes de chegar ao enunciado formal desse teorema e sua prova, vamos enunciar o problema precisamente e aí, então, expressá-lo como uma linguagem. Uma instância do PCP é uma coleção P de dominós:
$$P = \left\{\left[\frac{t_1}{b_1}\right], \left[\frac{t_2}{b_2}\right], \ldots, \left[\frac{t_k}{b_k}\right]\right\},$$
e um emparelhamento é uma seqüência $i_1, i_2, \ldots, i_l$, onde $t_{i_1} t_{i_2} \cdots t_{i_l} = b_{i_1} b_{i_2} \cdots b_{i_l}$. O problema é determinar se P tem um emparelhamento. Seja

$PCP = \{\langle P \rangle |\ P$ é uma instância do problema da correspondência de Post com um emparelhamento$\}$.

TEOREMA 5.15

PCP é indecidível.

IDÉIA DA PROVA Conceitualmente essa prova é simples, embora ela envolva muitos detalhes técnicos. A técnica principal é a redução a partir de A_{MT} via histórias de computação de aceitação. Mostramos que, de qualquer MT M e entrada w, podemos construir uma instância P onde um emparelhamento é uma história de computação de aceitação para M sobre w. Se pudéssemos determinar se a instância tem um emparelhamento, seríamos capazes de decidir se M aceita w.

Como podemos construir P de modo que um emparelhamento seja uma história de computação de aceitação para M sobre w? Escolhemos os dominós em P de modo que fazer um emparelhamento force a ocorrência de uma simulação de M. No emparelhamento, cada dominó conecta uma posição ou posições em uma configuração à(s) correspondente(s) na próxima configuração.

Antes de chegar na construção lidamos com três pequenos pontos técnicos. (Não se preocupe demais com eles na sua leitura inicial sobre essa construção.) Primeiro, por conveniência ao construir P, supomos que M sobre w nunca tenta mover sua cabeça para além da extremidade esquerda da fita. Isso requer, primeiramente, alterar M para evitar esse comportamento. Segundo, se $w = \varepsilon$, usamos a cadeia ␣ no lugar de w na construção. Terceiro, modificamos o PCP para exigir que um emparelhamento comece com o primeiro dominó,

$$\left[\frac{t_1}{b_1}\right].$$

Adiante mostramos como eliminar esse requisito. Denominamos esse problema de problema da correspondência de Post modificado (PCPM). Seja

$PCPM = \{\langle P \rangle |\ P$ é uma instância do problema da correspondência de Post com um emparelhamento que começa com o primeiro dominó$\}$.

Agora, vamos passar para os detalhes da prova e projetar P para simular M sobre w.

PROVA Supomos que a MT R decide o PCP e construímos S que decide A_{MT}. Seja

$$M = (Q, \Sigma, \Gamma, \delta, q_0, q_{\text{aceita}}, q_{\text{rejeita}}),$$

onde Q, Σ, Γ e δ são o conjunto de estados, alfabeto de entrada, alfabeto de fita e a função de transição de M, respectivamente.

Nesse caso, S constrói uma instância do PCP P que tem um emparelhamento sse M aceita w. Para fazer isso, S primeiro constrói uma instância P' do PCPM. Descrevemos a construção em sete partes, cada uma das quais cuida de um aspecto específico da simulação de M sobre w. Para explicar o que estamos fazendo, intercalamos a construção com um exemplo da construção em ação.

Parte 1. A construção começa da seguinte maneira.

Ponha $\left[\dfrac{\#}{\#q_0w_1w_2\cdots w_n\#}\right]$ em P' como o primeiro dominó $\left[\dfrac{t_1}{b_1}\right]$.

Como P' é uma instância do PCPM, o emparelhamento tem de começar com esse dominó. Portanto, a cadeia de baixo começa corretamente com $C_1 = q_0w_1w_2\cdots w_n$, a primeira configuração na história de computação de aceitação para M sobre w, como mostrado na figura a seguir.

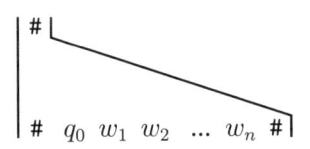

FIGURA 5.16
Início do emparelhamento do PCPM.

Nesse desenho do emparelhamento parcial atingido até então, a cadeia inferior consiste em $\#q_0w_1w_2\cdots w_n\#$ e a cadeia superior é composta apenas por #. Para obter um emparelhamento, precisamos estender a cadeia superior para casar com a cadeia inferior. Fornecemos dominós adicionais para permitir essa extensão. Os dominós adicionais fazem com que a próxima configuração de M apareça na extensão da cadeia inferior forçando uma simulação de um único passo de M.

Nas partes 2, 3 e 4, adicionamos a P' dominós que realizam a parte principal da simulação. A parte 2 lida com os movimentos da cabeça para a direita; a parte 3, com os movimentos da cabeça para a esquerda; e a parte 4, com as células da fita não adjacentes à cabeça.

Parte 2. Para todo $a, b \in \Gamma$ e todo $q, r \in Q$ onde $q \neq q_{\text{rejeita}}$,

se $\delta(q,a) = (r, b, \text{D})$, ponha $\left[\dfrac{qa}{br}\right]$ em P'.

Parte 3. Para todo $a, b, c \in \Gamma$ e todo $q, r \in Q$ onde $q \neq q_{\text{rejeita}}$,

se $\delta(q,a) = (r, b, \text{E})$, ponha $\left[\dfrac{cqa}{rcb}\right]$ em P'.

Parte 4. Para todo $a \in \Gamma$,

ponha $\left[\dfrac{a}{a}\right]$ em P'.

Agora, montamos um exemplo hipotético para ilustrar o que construímos até então. Seja $\Gamma = \{0, 1, 2, \sqcup\}$. Digamos que w seja a cadeia 0100 e que o estado inicial de M seja q_0. No estado q_0, ao ler 0, vamos dizer que a função de transição dita que M entra no estado q_7, escreve um 2 na fita e move sua cabeça para a direita. Em outras palavras, $\delta(q_0, 0) = (q_7, 2, \text{D})$.

A parte 1 coloca o dominó
$$\left[\frac{\#}{\#q_00100\#}\right] = \left[\frac{t_1}{b_1}\right]$$
em P', e o emparelhamento começa:

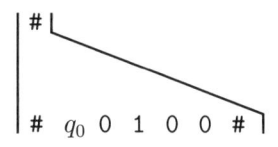

![diagrama de emparelhamento inicial: # sobre # q_0 0 1 0 0 #]

Adicionalmente, a parte 2 coloca o dominó
$$\left[\frac{q_0 0}{2 q_7}\right]$$
pois $\delta(q_0, 0) = (q_7, 2, \text{D})$ e a parte 4 coloca os dominós
$$\left[\frac{0}{0}\right], \left[\frac{1}{1}\right], \left[\frac{2}{2}\right], \text{ e } \left[\frac{\sqcup}{\sqcup}\right]$$
em P', pois 0, 1, 2 e ⊔ são os membros de Γ. Isso, junto com a parte 5, nos permite estender o emparelhamento para

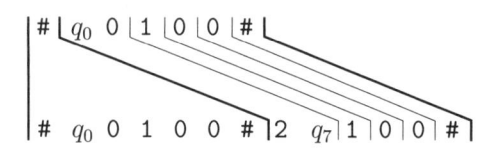

![diagrama de emparelhamento estendido: # q_0 0 1 0 0 # sobre # q_0 0 1 0 0 # 2 q_7 1 0 0 #]

Portanto, os dominós das partes 2, 3 e 4 nos deixam estender o emparelhamento adicionando a segunda configuração após a primeira. Queremos que esse processo continue, adicionando a terceira configuração e aí a quarta, e assim por diante. Para que isso aconteça, precisamos adicionar um dominó a mais para copiar o símbolo #.

Parte 5.

Ponha $\left[\frac{\#}{\#}\right]$ e $\left[\frac{\#}{\sqcup\#}\right]$ em P'.

O primeiro desses dominós nos permite copiar o símbolo # que marca a separação das configurações. Além disso, o segundo dominó nos possibilita adicionar um símbolo em branco ␣ no final da configuração para simular a quantidade infinita de brancos à direita que são suprimidos quando escrevemos a configuração.

Continuando com o exemplo, vamos dizer que, no estado q_7, ao ler 1, M vai para o estado q_5, escreve 0 e move a cabeça para a direita. Ou seja, $\delta(q_7, 1) = (q_5, 0, D)$. Então temos o dominó

$$\left[\frac{q_7 1}{0 q_5}\right] \text{ em } P'.$$

Portanto, o último emparelhamento parcial se estende para

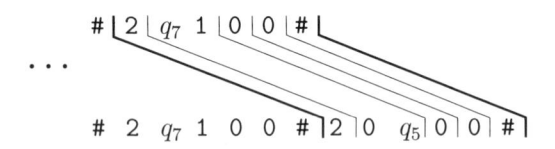

```
          # ⌊2⌊q₇ 1 ⌊0 ⌊0 ⌊# ⌊
  ...
          # 2  q₇ 1 0 0 # ⌊2 ⌊0  q₅⌊0 ⌊0 ⌊# ⌋
```

Então, suponha que no estado q_5, ao ler 0, M vai para o estado q_9, escreve 2 e move sua cabeça para a esquerda. Assim, $\delta(q_5, 0) = (q_9, 2, E)$. Daí, temos os dominós

$$\left[\frac{0 q_5 0}{q_9 0 2}\right], \left[\frac{1 q_5 0}{q_9 1 2}\right], \left[\frac{2 q_5 0}{q_9 2 2}\right] \text{ e } \left[\frac{\textvisiblespace q_5 0}{q_9 \textvisiblespace 2}\right].$$

O primeiro é o relevante para o exemplo, porque o símbolo à esquerda da cabeça é 0. O emparelhamento parcial precedente se estende para

```
          # ⌊2 ⌊0  q₅⌊0 ⌊0 ⌊# ⌊
  ...
          # 2 0  q₅ 0 0 # ⌊2 ⌊ q₉ 0 2 ⌊0 ⌊# ⌋
```

Note que, à medida que construímos um emparelhamento, somos forçados a simular M sobre a entrada w. Esse processo continua até que M atinja um estado de parada. Se um estado de aceitação ocorrer, queremos fazer que a parte superior do emparelhamento parcial "acompanhe" a parte inferior de modo que o emparelhamento fique completo. Podemos arranjar para que isso aconteça adicionando mais dominós.

Parte 6. Para todo $a \in \Gamma$,

$$\text{ponha } \left[\frac{a\, q_{\text{aceita}}}{q_{\text{aceita}}}\right] \text{ e } \left[\frac{q_{\text{aceita}}\, a}{q_{\text{aceita}}}\right] \text{ em } P'.$$

Esse passo tem o efeito de adicionar "pseudopassos" da máquina de Turing depois que ela parou, onde a cabeça "come" os símbolos adjacentes até que não reste mais nenhum. Continuando com o exemplo, se o emparelhamento parcial até o ponto no qual a máquina pára em um estado de aceitação for

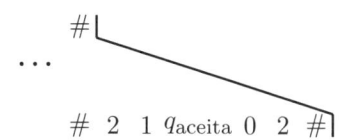

$$\cdots \begin{array}{c} \#\phantom{\ 2\ 1\ q_{\text{aceita}}\ 0\ 2\ \#} \\ \#\ 2\ 1\ q_{\text{aceita}}\ 0\ 2\ \# \end{array}$$

os dominós que acabamos de adicionar permitem que o emparelhamento continue:

$$\cdots \begin{array}{c} \#\ 2\ 1\ q_{\text{aceita}}\ 0\ 2\ \#\cdots\# \\ \#\ 2\ 1\ q_{\text{aceita}}\ 0\ 2\ \#\ 2\ 1\ q_{\text{aceita}}\ 2\ \#\ \cdots\ \#\ q_{\text{aceita}}\ \# \end{array}$$

Parte 7. Finalmente, adicionamos o dominó

$$\left[\frac{q_{\text{aceita}}\#\#}{\#} \right]$$

e completamos o emparelhamento:

$$\cdots \begin{array}{c} \#\ q_{\text{aceita}}\ \#\ \# \\ \#\ q_{\text{aceita}}\ \#\ \# \end{array}$$

Isso conclui a construção de P'. Lembre-se de que P' é uma instância do PCPM na qual o emparelhamento simula a computação de M sobre w. Para concluir a prova, lembramos que o PCPM difere do PCP no sentido de que o emparelhamento deve começar com o primeiro dominó na lista. Se vemos P' como uma instância do PCP em vez do PCPM, ele obviamente tem um emparelhamento, independente de se M pára sobre w ou não. Você pode encontrá-lo? (Dica: É muito curto.)

Agora, mostramos como converter P' em P, uma instância do PCP que ainda simula M sobre w. Fazemos isso com um truque um tanto técnico. A idéia é construir o requisito de começar com o primeiro dominó diretamente dentro do problema de modo que se torne desnecessário enunciar explicitamente o requisito. Precisamos introduzir alguma notação para esse propósito.

Seja $u = u_1 u_2 \cdots u_n$ uma cadeia qualquer de comprimento n. Defina $\star u$, $u\star$ e $\star u \star$ como as três cadeias

$$\star u = *u_1 * u_2 * u_3 * \cdots * u_n$$
$$u\star = u_1 * u_2 * u_3 * \cdots * u_n *$$
$$\star u \star = *u_1 * u_2 * u_3 * \cdots * u_n *.$$

Aqui, $\star u$ adiciona o símbolo $*$ antes de todo caractere em u; $u\star$ acrescenta um após cada caractere em u; e $\star u \star$ coloca um tanto antes como depois de cada caractere em u.

Para converter P' em P, uma instância do PCP, procedemos da seguinte forma. Se P' for a coleção

$$\left\{ \left[\frac{t_1}{b_1}\right], \left[\frac{t_2}{b_2}\right], \left[\frac{t_3}{b_3}\right], \ldots, \left[\frac{t_k}{b_k}\right] \right\},$$

fazemos com que P seja a coleção

$$\left\{ \left[\frac{\star t_1}{\star b_1 \star}\right], \left[\frac{\star t_1}{b_1 \star}\right], \left[\frac{\star t_2}{b_2 \star}\right], \left[\frac{\star t_3}{b_3 \star}\right], \ldots, \left[\frac{\star t_k}{b_k \star}\right], \left[\frac{*\diamond}{\diamond}\right] \right\}.$$

Considerando P como uma instância do PCP, vemos que o único dominó que poderia começar um emparelhamento é o primeiro,

$$\left[\frac{\star t_1}{\star b_1 \star}\right],$$

porque ele é o único que começa, tanto na parte superior quanto na parte inferior, com o mesmo símbolo — a saber, $*$. Além de forçar o emparelhamento a começar com o primeiro dominó, a presença dos $*$s não afeta possíveis emparelhamentos, pois eles simplesmente se intercalam com os símbolos originais. Os símbolos originais agora ocorrem nas posições pares do emparelhamento. O dominó

$$\left[\frac{*\diamond}{\diamond}\right]$$

está aí para permitir que a parte superior adicione o $*$ extra no final do emparelhamento.

5.3
REDUTIBILIDADE POR MAPEAMENTO

Mostramos como usar a técnica da redutibilidade para provar que vários problemas são indecidíveis. Nesta seção formalizaremos a noção de redutibilidade.

Fazer isso nos permite usar redutibilidade de maneiras mais refinadas, tais como para provar que certas linguagens não são Turing-reconhecíveis e para aplicações em teoria da complexidade.

A noção de reduzir um problema a outro pode ser definida formalmente de várias maneiras. A escolha de qual delas usar depende da aplicação. Nossa escolha é um tipo simples de redutibilidade chamado **redutibilidade por mapeamento**.[2]

Grosso modo, ser capaz de reduzir o problema A ao problema B usando uma redução por mapeamento significa que existe uma função computável que converte instâncias do problema A para instâncias do problema B. Se tivermos tal função de conversão, denominada *redução*, podemos resolver A com um solucionador para B. A razão é que qualquer instância de A pode ser resolvida primeiro utilizando a redução para convertê-la em uma instância de B e aí, então, aplicando o solucionador para B. Uma definição precisa de redutibilidade por mapeamento segue logo mais.

FUNÇÕES COMPUTÁVEIS

Uma máquina de Turing computa uma função iniciando com a entrada para a função sobre a fita e parando com a saída da função sobre a fita.

DEFINIÇÃO 5.17

Uma função $f: \Sigma^* \longrightarrow \Sigma^*$ é uma ***função computável*** se alguma máquina de Turing M, sobre toda entrada w, pára com exatamente $f(w)$ sobre sua fita.

EXEMPLO 5.18

Todas as operações aritméticas usuais sobre inteiros são funções computáveis. Por exemplo, podemos construir uma máquina que toma a entrada $\langle m, n \rangle$ e retorna $m+n$, a soma de m e n. Não daremos quaisquer detalhes aqui, deixando-os como exercícios.

EXEMPLO 5.19

Funções computáveis podem ser transformações de descrições de máquinas. Por exemplo, uma função computável f toma como entrada w e retorna a descrição de uma máquina de Turing $\langle M' \rangle$ se $w = \langle M \rangle$ for uma codificação de uma máquina de Turing M. M' é uma máquina que reconhece a mesma linguagem que M, mas nunca tenta mover sua cabeça para além da extremidade esquerda de sua

---

[2] É denominado **redutibilidade muitos-para-um** em alguns outros livros-texto.

fita. A função f realiza essa tarefa adicionando vários estados à descrição de M. A função retorna ε se w não for uma codificação legítima de uma máquina de Turing.

DEFINIÇÃO FORMAL DE REDUTIBILIDADE POR MAPEAMENTO

A seguir, definimos redutibilidade por mapeamento. Como de costume, representamos problemas computacionais por meio de linguagens.

DEFINIÇÃO 5.20

A linguagem A é **redutível por mapeamento** à linguagem B, escrito $A \leq_m B$, se existe uma função computável $f: \Sigma^* \longrightarrow \Sigma^*$, onde para toda w,

$$w \in A \iff f(w) \in B.$$

A função f é denominada a **redução** de A para B.

A Figura 5.21 ilustra a redutibilidade por mapeamento.

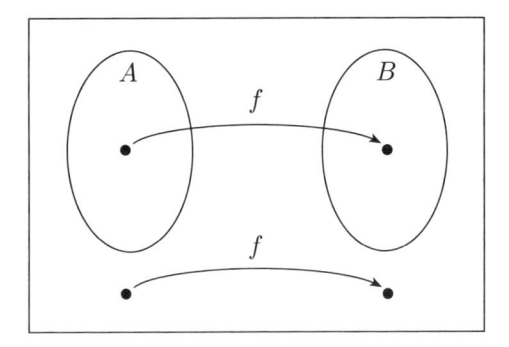

FIGURA 5.21
A função f reduzindo A para B.

Uma redução por mapeamento de A para B provê uma maneira de converter questões sobre pertinência em A para teste de pertinência em B. Para testar se $w \in A$, usamos a redução f para mapear w para $f(w)$ e testamos se $f(w) \in B$. O termo *redução por mapeamento* vem da função ou mapeamento que provê os meios de se fazer a redução.

5.3 REDUTIBILIDADE POR MAPEAMENTO 219

Se um problema for redutível por mapeamento a um segundo problema previamente resolvido, podemos então obter uma solução para o problema original. Capturamos essa idéia no teorema a seguir.

TEOREMA 5.22

Se $A \leq_m B$ e B é decidível, então A é decidível.

PROVA Fazemos M ser o decisor para B e f a redução de A para B. Descrevemos um decisor N para A da seguinte forma.

$N =$ "Sobre a entrada w:
1. Compute $f(w)$.
2. Rode M sobre a entrada $f(w)$ e dê como saída o que M der como saída."

Claramente, se $w \in A$, então $f(w) \in B$, porque f é uma redução de A para B. Portanto, M aceita $f(w)$ sempre que $w \in A$. Conseqüentemente, N funciona como desejado.

O corolário seguinte do Teorema 5.22 tem sido nossa principal ferramenta para provar a indecidibilidade.

COROLÁRIO 5.23

Se $A \leq_m B$ e A é indecidível, então B é indecidível.

Agora revisitamos algumas de nossas provas anteriores que usaram o método da redutibilidade para obter exemplos de redutibilidade por mapeamento.

EXEMPLO 5.24

No Teorema 5.1 utilizamos uma redução de A_{MT} para provar que $PARA_{MT}$ é indecidível. Essa redução mostrou como um decisor para $PARA_{MT}$ poderia ser usado para dar um decisor para A_{MT}. Podemos exibir uma redução por mapeamento de A_{MT} para $PARA_{MT}$ da seguinte forma. Para fazer isso, temos de apresentar uma função computável f que toma entradas da forma $\langle M, w \rangle$ e retorna saídas da forma $\langle M', w' \rangle$, onde

$\langle M, w \rangle \in A_{MT}$ se e somente se $\langle M', w' \rangle \in PARA_{MT}$.

A seguinte máquina F computa uma redução f.

$F =$ "Sobre a entrada $\langle M, w \rangle$:
1. Construa a seguinte máquina M'.
   $M' =$ "Sobre a entrada x:

1. Rode M sobre x.
   2. Se M aceita, *aceite*.
   3. Se M rejeita, entre em *loop*."
2. Dê como saída $\langle M', w \rangle$."

Uma questão menor surge aqui concernente a cadeias de entrada formadas inapropriadamente. Se a MT F determina que sua entrada não está na forma correta como especificado na linha de entrada "Sobre a entrada $\langle M, w \rangle$:" e, portanto, que a entrada não está em A_{MT}, a MT dá como saída uma cadeia que não está em $PARA_{MT}$. Qualquer cadeia que não esteja em $PARA_{MT}$ serve. Em geral, quando descrevemos uma máquina de Turing que computa uma redução de A para B, entradas inapropriadamente formadas são supostas mapearem para cadeias fora de B.

EXEMPLO 5.25

A prova da indecidibilidade do problema da correspondência de Post no Teorema 5.15 contém duas reduções por mapeamento. Primeiro, ela mostra que $A_{MT} \leq_m PCPM$ e aí então ela mostra que $PCPM \leq_m PCP$. Em ambos os casos, podemos facilmente obter a função de redução e mostrar que ela é uma redução por mapeamento. Como o Exercício 5.6 mostra, a redutibilidade por mapeamento é transitiva, e portanto essas duas reduções juntas implicam que $A_{MT} \leq_m PCP$.

EXEMPLO 5.26

Uma redução por mapeamento de V_{MT} para EQ_{MT} está por trás da prova do Teorema 5.4. Nesse caso, a redução f mapeia a entrada $\langle M \rangle$ para a saída $\langle M, M_1 \rangle$, onde M_1 é a máquina que rejeita todas as cadeias.

EXEMPLO 5.27

A prova do Teorema 5.2, mostrando que V_{MT} é indecidível, ilustra a diferença entre a noção formal de redutibilidade por mapeamento que definimos nesta seção e a noção informal de redutibilidade que usamos anteriormente neste capítulo. A prova mostra que V_{MT} é indecidível reduzindo A_{MT} a ele. Vamos ver se podemos converter essa redução numa redução por mapeamento.

Da redução original, podemos facilmente construir uma função f que toma como entrada $\langle M, w \rangle$ e produz como saída $\langle M_1 \rangle$, onde M_1 é a máquina de Turing descrita naquela prova. Mas M aceita w sse $L(M_1)$ *não* for vazia, portanto, f é uma redução por mapeamento de A_{MT} para $\overline{V_{MT}}$. Ela ainda mostra que V_{MT} é indecidível, porque a decidibilidade não é afetada por complementação, todavia, ela não dá uma redução por mapeamento de A_{MT} para V_{MT}. Na verdade, nenhuma redução dessas existe, como lhe é pedido mostrar no Exercício 5.5.

A sensibilidade da redutibilidade por mapeamento à complementação é importante no uso da redutibilidade para provar não-reconhecibilidade de certas linguagens. Podemos também usar a redutibilidade por mapeamento para mostrar que problemas não são Turing-reconhecíveis. O teorema seguinte é análogo ao Teorema 5.22.

TEOREMA 5.28

Se $A \leq_m B$ e B é Turing-reconhecível, então A é Turing-reconhecível.

A prova é a mesma que aquela do Teorema 5.22, exceto que M e N são reconhecedores em vez de decisores.

COROLÁRIO 5.29

Se $A \leq_m B$ e A não é Turing-reconhecível, então B não é Turing-reconhecível.

Em uma aplicação típica desse corolário, fazemos A ser $\overline{A_{\text{MT}}}$, o complemento de A_{MT}. Sabemos que $\overline{A_{\text{MT}}}$ não é Turing-reconhecível do Corolário 4.23. A definição de redutibilidade por mapeamento implica que $A \leq_m B$ significa o mesmo que $\overline{A} \leq_m \overline{B}$. Para provar que B não é reconhecível, podemos mostrar que $A_{\text{MT}} \leq_m \overline{B}$. Podemos também usar a redutibilidade por mapeamento para mostrar que certos problemas não são nem Turing-reconhecíveis nem co-Turing-reconhecíveis, como no teorema seguinte.

TEOREMA 5.30

EQ_{MT} não é nem Turing-reconhecível nem co-Turing-reconhecível.

PROVA Primeiro mostramos que EQ_{MT} não é Turing-reconhecível. Fazemos isso mostrando que A_{MT} é redutível a $\overline{EQ_{\text{MT}}}$. A função redutora f funciona da seguinte forma.

$F =$ "Sobre a entrada $\langle M, w \rangle$ onde M é uma MT e w, uma cadeia:
    1. Construa as seguintes máquinas M_1 e M_2.
        $M_1 =$ "Sobre qualquer entrada:
            1. *Rejeite*."
        $M_2 =$ "Sobre qualquer entrada:
            1. Rode M sobre w. Se ela aceita, *aceite*."
    2. Dê como saída $\langle M_1, M_2 \rangle$."

Aqui, M_1 não aceita nada. Se M aceita w, M_2 aceita tudo e, portanto, as duas máquinas não são equivalentes. Reciprocamente, se M não aceita w, M_2 não aceita nada e elas são equivalentes. Por conseguinte, f reduz A_{MT} a $\overline{EQ_{\text{MT}}}$, como desejado.

Para mostrar que $\overline{EQ_{\text{MT}}}$ não é Turing-reconhecível, damos uma redução de A_{MT} para o complemento de $\overline{EQ_{\text{MT}}}$— a saber, EQ_{MT}. Logo, mostramos que

$A_{\text{MT}} \leq_m EQ_{\text{MT}}$. A seguinte MT G computa a função redutora g.

$G = $ "A entrada é $\langle M, w \rangle$ onde M é uma MT e w, uma cadeia:
1. Construa as duas máquinas seguintes M_1 e M_2.
    $M_1 = $ "Sobre qualquer entrada:
    1. *Aceite*."
    $M_2 = $ "Sobre qualquer entrada:
    1. Rode M sobre w.
    2. Se ela aceita, *aceite*."
2. Dê como saída $\langle M_1, M_2 \rangle$."

A única diferença entre f e g está na máquina M_1. Em f, a máquina M_1 sempre rejeita, enquanto em g ela sempre aceita. Em ambas f e g, M aceita w sse M_2 sempre aceita. Em g, M aceita w sse M_1 e M_2 são equivalentes. Essa é a razão pela qual g é uma redução de A_{MT} para EQ_{MT}.

EXERCÍCIOS

5.1 Mostre que EQ_{GLC} é indecidível.

5.2 Mostre que EQ_{GLC} é co-Turing-reconhecível.

5.3 Encontre um emparelhamento na seguinte instância do Problema da Correspondência de Post.

$$\left\{ \left[\frac{ab}{abab}\right], \left[\frac{b}{a}\right], \left[\frac{aba}{b}\right], \left[\frac{aa}{a}\right] \right\}$$

5.4 Se $A \leq_m B$ e B é uma linguagem regular, isso implica que A seja uma linguagem regular? Por que ou por que não?

^R **5.5** Mostre que A_{MT} não é redutível por mapeamento a V_{MT}. Em outras palavras, mostre que nenhuma função computável reduz A_{MT} a V_{MT}. (Dica: Use uma prova por contradição e fatos que você já conhece sobre A_{MT} e V_{MT}.)

^R **5.6** Mostre que $\leq_m$ é uma relação transitiva.

^R **5.7** Mostre que se A é Turing-reconhecível e $A \leq_m \overline{A}$, então A é decidível.

^R **5.8** Na prova do Teorema 5.15 modificamos a máquina de Turing M de modo que ela nunca tente mover sua cabeça além da extremidade esquerda da fita. Suponha que não fizéssemos essa modificação a M. Modifique a construção do PCP para lidar com esse caso.

PROBLEMAS

5.9 Seja $T = \{\langle M \rangle |\ M$ é uma MT que aceita $w^\mathcal{R}$ sempre que ela aceita $w\}$. Mostre que T é indecidível.

^R**5.10** Considere o problema de se determinar se uma máquina de Turing de duas fitas em algum momento escreve um símbolo não-branco sobre sua segunda fita quando ela é executada sobre a entrada w. Formule esse problema como uma linguagem e mostre que ele é indecidível.

^R**5.11** Considere o problema de se determinar se uma máquina de Turing de duas fitas em algum momento escreve um símbolo não-branco sobre sua segunda fita durante o curso de sua computação sobre qualquer cadeia de entrada. Formule esse problema como uma linguagem e mostre que ele é indecidível.

5.12 Considere o problema de se determinar se uma máquina de Turing de uma única fita em algum momento escreve um símbolo branco sobre um símbolo não-branco durante o curso de sua computação sobre qualquer cadeia. Formule esse problema como uma linguagem e mostre que ele é indecidível.

5.13 Um *estado inútil* em uma máquina de Turing é um estado no qual a máquina nunca entra sobre qualquer que seja a entrada. Considere o problema de se determinar se uma máquina de Turing possui algum estado inútil. Formule esse problema como uma linguagem e mostre que ele é indecidível.

5.14 Considere o problema de se determinar se uma máquina de Turing M sobre uma entrada w, em algum momento, tenta mover sua cabeça para a esquerda, quando ela está sobre a célula de fita mais à esquerda. Formule esse problema como uma linguagem e mostre que ele é indecidível.

5.15 Considere o problema de se determinar se uma máquina de Turing M sobre uma entrada w tenta mover sua cabeça para a esquerda, em algum ponto, durante sua computação sobre w. Formule esse problema como uma linguagem e mostre que ele *é* decidível.

5.16 Seja $\Gamma = \{0, 1, \sqcup\}$ o alfabeto de fita para todas as MTs neste problema. Defina a *função do castor atarefado*[3] $CA\colon \mathcal{N} \longrightarrow \mathcal{N}$ como segue. Para cada valor de k, considere todas as MTs de k estados que param quando iniciadas com uma fita em branco. Seja $CA(k)$ o número máximo de 1s que ficam na fita dentre todas essas máquinas. Mostre que CA não é uma função computável.

5.17 Mostre que o Problema da Correspondência de Post é decidível sobre o alfabeto unário $\Sigma = \{1\}$.

5.18 Mostre que o Problema da Correspondência de Post é indecidível sobre o alfabeto binário $\Sigma = \{0,1\}$.

5.19 No *Problema da Correspondência de Post Bobo*, *PCPB*, em cada par, a cadeia superior tem o mesmo comprimento que a cadeia inferior. Mostre que o *PCPB* é decidível.

5.20 Prove que existe um subconjunto indecidível de $\{1\}^*$.

5.21 Seja $AMBIG_{\mathsf{GLC}} = \{\langle G \rangle |\ G$ é uma GLC ambígua $\}$. Mostre que $AMBIG_{\mathsf{GLC}}$ é indecidível. (Dica: Use uma redução a partir do *PCP*. Dada uma instância

$$P = \left\{ \left[\frac{t_1}{b_1}\right], \left[\frac{t_2}{b_2}\right], \ldots, \left[\frac{t_k}{b_k}\right] \right\},$$

---

[3] N.R.T.: em inglês, ***busy beaver function***.

do Problema da Correspondência de Post, construa uma GLC G com as regras

$$S \to T \mid B$$
$$T \to t_1 T \mathsf{a}_1 \mid \cdots \mid t_k T \mathsf{a}_k \mid t_1 \mathsf{a}_1 \mid \cdots \mid t_k \mathsf{a}_k$$
$$B \to b_1 B \mathsf{a}_1 \mid \cdots \mid b_k B \mathsf{a}_k \mid b_1 \mathsf{a}_1 \mid \cdots \mid b_k \mathsf{a}_k \ ,$$

onde $\mathsf{a}_1, \ldots, \mathsf{a}_k$ são novos símbolos terminais. Prove que essa redução funciona.)

5.22 Mostre que A é Turing-reconhecível sse $A \leq_\mathrm{m} A_\mathsf{MT}$.

5.23 Mostre que A é decidível sse $A \leq_\mathrm{m} 0^*1^*$.

5.24 Seja $J = \{w | \text{ou } w = 0x \text{ para alguma } x \in A_\mathsf{MT}, \text{ou } w = 1y \text{ para alguma } y \in \overline{A_\mathsf{MT}}\}$. Mostre que nem J nem $\overline{J}$ é Turing-reconhecível.

5.25 Apresente um exemplo de uma linguagem indecidível B tal que $B \leq_\mathrm{m} \overline{B}$.

5.26 Defina um *autômato finito de duas cabeças* (2AFD) como um autômato finito determinístico que possui duas cabeças de somente-leitura, bidirecionais, que começam na extremidade esquerda da fita de entrada e podem ser controladas independentemente para mover em qualquer direção. A fita de um 2AFD é finita e é longa apenas o suficiente para conter a entrada mais duas células em branco adicionais, uma na extremidade esquerda e outra na extremidade direita, que servem como delimitadores. Um 2AFD aceita sua entrada entrando em um estado de aceitação especial. Por exemplo, um 2AFD pode reconhecer a linguagem $\{\mathsf{a}^n \mathsf{b}^n \mathsf{c}^n \mid n \geq 0\}$.

    a. Seja $A_\mathsf{2AFD} = \{\langle M, x \rangle \mid M$ é um 2AFD e M aceita $x\}$. Mostre que A_2AFD é decidível.

    b. Seja $V_\mathsf{2AFD} = \{\langle M \rangle \mid M$ é um 2AFD e $L(M) = \emptyset\}$. Mostre que V_2AFD não é decidível.

5.27 Um *autômato finito bidimensional* (AFD-2DIM) é definido como a seguir. A entrada é um retângulo $m \times n$, para quaisquer $m, n \geq 2$. Os quadrados ao longo da fronteira do retângulo contêm o símbolo # e os quadrados internos contêm símbolos sobre o alfabeto de entrada Σ. A função de transição é um mapeamento $Q \times \Sigma \to Q \times \{\mathrm{E, D, C, B}\}$ para indicar o próximo estado e a nova posição da cabeça (esquerda, direita, em cima, embaixo). A máquina aceita quando ela entra em um dos estados de aceitação. E rejeita se ela tenta mover para fora do retângulo de entrada ou se ela nunca pára. Duas dessas máquinas são equivalentes se elas aceitam os mesmos retângulos. Considere o problema de determinar se duas dessas máquinas são equivalentes. Formule esse problema como uma linguagem e mostre que ele é indecidível.

R* **5.28** **Teorema de Rice**. Seja P qualquer propriedade não-trivial da linguagem de uma máquina de Turing. Prove que o problema de determinar se a linguagem de uma dada máquina de Turing tem a propriedade P é indecidível.

Em termos mais formais, seja P uma linguagem constituída de descrições de máquinas de Turing, em que P satisfaz duas condições. Primeiro, P é não-trivial — ela contém alguma descrição, mas não todas as descrições de MTs. Segundo, P é uma propriedade da linguagem da MT — quando $L(M_1) = L(M_2)$, temos que $\langle M_1 \rangle \in P$ sse $\langle M_2 \rangle \in P$. No caso, M_1 e M_2 são quaisquer MTs. Prove que P é uma linguagem indecidível.

5.29 Mostre que ambas as condições no Problema 5.28 são necessárias para provar que P é indecidível.

5.30 Use o teorema de Rice, que aparece no Problema 5.28, para provar a indecidibilidade de cada uma das seguintes linguagens.
  ^R**a.** *INFINITA*$_{TM}$ = {⟨M⟩| M é uma MT e $L(M)$ é uma linguagem infinita}.
  b. {⟨M⟩| M é uma MT e $1011 \in L(M)$}.
  c. *TUDO*$_{TM}$ = {⟨M⟩| M é uma MT e $L(M) = \Sigma^*$}.

5.31 Seja
$$f(x) = \begin{cases} 3x+1 & \text{para } x \text{ ímpar} \\ x/2 & \text{para } x \text{ par} \end{cases}$$
para qualquer número natural x. Se começar com um inteiro x e iterar f, você produz uma seqüência $x, f(x), f(f(x)), \ldots$ que termina se produzir 1. Por exemplo, se $x = 17$, você obtém a seqüência 17, 52, 26, 13, 40, 20, 10, 5, 16, 8, 4, 2, 1. Extensivos testes por computador mostraram que todo ponto de partida entre 1 e um grande inteiro positivo dá uma seqüência que termina em 1. No entanto, a questão de se todos os pontos de partida positivos propiciam o término em 1 não foi solucionada; ela é denominada o problema $3x + 1$.
Suponha que A_{MT} fosse decidível por uma MT H. Use H para descrever uma MT que seja garantida apresentar a resposta para o problema $3x + 1$.

5.32 Prove que as duas linguagens seguintes são indecidíveis.
  a. *SOBREP*$_{GLC}$ = {⟨G, H⟩| G e H são GLCs tais que $L(G) \cap L(H) \neq \emptyset$}. (Dica: Adapte a dica do Problema 5.21.)
  b. *LIVRE-PREF*$_{GLC}$ = {G| G é uma GLC onde $L(G)$ é livre-de-prefixo}.

5.33 Seja $S = \{⟨M⟩|\ M$ é uma MT e $L(M) = \{⟨M⟩\}\}$. Mostre que nem S, nem $\overline{S}$ é Turing-reconhecível.

5.34 Considere o problema de determinar se um AP aceita alguma cadeia da forma $\{ww|\ w \in \{0,1\}^*\}$. Use o método da história de computação para mostrar que esse problema é indecidível.

5.35 Seja $X = \{⟨M, w⟩|\ M$ é uma MT de uma única fita que nunca modifica a porção da fita que contém a entrada $w\}$. X é decidível? Prove sua resposta.

SOLUÇÕES SELECIONADAS

5.5 Suponha, para o propósito de obter uma contradição, que $A_{MT} \leq_m V_{MT}$ via a redução f. Segue-se pela definição de redução por mapeamento que $\overline{A_{MT}} \leq_m \overline{V_{MT}}$ via a mesma função de redução f. Entretanto, $\overline{V_{MT}}$ é Turing-reconhecível e $\overline{A_{MT}}$ não é Turing-reconhecível, contradizendo o Teorema 5.28.

5.6 Suponha que $A \leq_m B$ e $B \leq_m C$. Então, existem funções computáveis f e g tais que $x \in A \iff f(x) \in B$ e $y \in B \iff g(y) \in C$. Considere a função composta $h(x) = g(f(x))$. Podemos construir uma MT que computa h como segue: primeiro, simule uma MT para f (tal MT existe porque supusemos que f é computável) sobre a entrada x e chame a saída de y. Então, simule uma MT para g sobre y. A saída é $h(x) = g(f(x))$. Portanto, h é uma função computável. Além disso, $x \in A \iff h(x) \in C$. Logo, $A \leq_m C$ via a função de redução h.

5.7 Suponha que $A \leq_m \overline{A}$. Então, $\overline{A} \leq_m A$ via a mesma função de redução. Como A é Turing-reconhecível, o Teorema 5.28 implica que $\overline{A}$ é Turing-reconhecível e, com isso, o Teorema 4.22 implica que A é decidível.

5.8 Você tem que lidar com o caso em que a cabeça está na célula da extremidade esquerda da fita e tenta mover para a esquerda. Para fazer isso, acrescente dominós

$$\begin{bmatrix} \#qa \\ \#rb \end{bmatrix}$$

para todo $q, r \in Q$ e $a, b \in \Gamma$, onde $\delta(q, a) = (r, b, \mathrm{E})$.

5.10 Seja $B = \{\langle M, w\rangle|\ M$ é uma MT de duas fitas que escreve um símbolo não-branco na sua segunda fita quando roda $w\}$. Mostre que A_{MT} se reduz a B. Suponha, para o propósito de obter uma contradição, que a MT R decide B. Então, construa a MT S que usa R para decidir A_{MT}.

$S =$ "Sobre a entrada $\langle M, w\rangle$:
1. Use M para construir a seguinte MT de duas fitas, T.
   $T =$ "Sobre a entrada x:
   1. Simule M sobre x usando a primeira fita.
   2. Se a simulação indicar que M aceita, escreva um símbolo não-branco na segunda fita."
2. Execute R sobre $\langle T, w\rangle$ para determinar se T sobre a entrada w escreve um símbolo não-branco na sua segunda fita.
3. Se R aceita, M aceita w; portanto, *aceite*. Caso contrário, *rejeite*."

5.11 Seja $C = \{\langle M\rangle|\ M$ é uma MT de duas fitas que escreve um símbolo não-branco na sua segunda fita quando roda sobre alguma entrada$\}$. Mostre que A_{MT} se reduz a C. Suponha, para o propósito de obter uma contradição, que a MT R decide C. Então, construa a MT S que usa R para decidir A_{MT}.

$S =$ "Sobre a entrada $\langle M, w\rangle$:
1. Use M e w para construir a seguinte MT de duas fitas, T_w.
   $T_w =$ "Sobre qualquer entrada:
   1. Simule M sobre w usando a primeira fita.
   2. Se a simulação indicar que M aceita, escreva um símbolo não-branco na segunda fita."
2. Execute R sobre $\langle T_w\rangle$ para determinar se T_w, em algum momento, escreve um símbolo não-branco na sua segunda fita.
3. Se R aceita, M aceita w; portanto, *aceite*. Caso contrário, *rejeite*."

5.28 Suponha, para o propósito de obter uma contradição, que P é uma linguagem decidível satisfazendo as propriedades, e R_P uma MT que decide P. Mostramos como decidir A_{MT} usando R_P através da construção da MT S. Primeiro, seja $T_\emptyset$ uma MT que sempre rejeite; assim, $L(T_\emptyset) = \emptyset$. Você pode supor que $\langle T_\emptyset\rangle \notin P$ sem perda de generalidade, visto que pode prosseguir com $\overline{P}$ em vez de P se $\langle T_\emptyset\rangle \in P$. Como P não é trivial, existe uma MT T tal que $\langle T\rangle \in P$. Conceba S para decidir A_{MT} usando a capacidade de R_P de distinguir entre $T_\emptyset$ e T.

$S =$ "Sobre a entrada $\langle M, w \rangle$:
1. Use M e w para construir a seguinte MT M_w.
   $M_w =$ "Sobre a entrada x:
   1. Simule M sobre w. Se ela pára e rejeita, *rejeite*.
      Se ela aceita, prossiga no estágio 2.
   2. Simule T sobre x. Se ela aceita, *aceite*."
2. Use a MT R_P para determinar se $\langle M_w \rangle \in P$. Se SIM, *aceite*.
   Se NÃO, *rejeite*."

A MT M_w simula T se M aceita w. Logo, $L(M_w)$ é igual a $L(T)$ se M aceita w e é igual a $\emptyset$, em caso contrário. Portanto, $\langle M, w \rangle \in P$ sse M aceita w.

5.30 **(a)** *INFINITA*~TM~ é uma linguagem de descrições de MTs. Ela satisfaz as duas condições do teorema de Rice. Primeiro, ela é não-trivial porque algumas MTs têm linguagens infinitas e outras não têm. Segundo, ela depende apenas da linguagem. Se duas MTs reconhecem a mesma linguagem, então ou ambas têm descrições em *INFINITA*~TM~ ou nenhuma delas tem. Conseqüentemente, o teorema de Rice implica que *INFINITA*~TM~ é indecidível.

TÓPICOS AVANÇADOS EM TEORIA DA COMPUTABILIDADE

Neste capítulo mergulhamos em quatro aspectos mais profundos da teoria da computabilidade: (1) o teorema da recursão, (2) teorias lógicas, (3) Turing-redutibilidade e (4) complexidade descritiva. O tópico coberto em cada seção é, sobretudo, independente dos outros, exceto por uma aplicação do teorema da recursão no final da seção sobre teorias lógicas. A Parte Três deste livro não depende de nenhum material deste capítulo.

6.1
O TEOREMA DA RECURSÃO

O teorema da recursão é um resultado matemático que desempenha um importante papel em trabalhos avançados na teoria da computabilidade. Ele tem conexões com lógica matemática, com a teoria de sistemas auto-reprodutivos e até com vírus de computador.

Para introduzir o teorema da recursão, consideramos um paradoxo que surge no estudo da vida. Concerne à possibilidade de se fazer máquinas que podem construir réplicas de si próprias. O paradoxo pode ser resumido da seguinte maneira.

1. Coisas vivas são máquinas.
2. Coisas vivas podem se auto-reproduzir.
3. Máquinas não podem se auto-reproduzir.

A afirmação 1 é um dogma da biologia moderna. Acreditamos que organismos operam de uma maneira mecanicista. A afirmação 2 é óbvia. A capacidade de se auto-reproduzir é uma característica essencial de toda espécie biológica.

Para a afirmação 3, fazemos a seguinte argumentação de que máquinas não podem se auto-reproduzir. Considere uma máquina que constrói outras máquinas, tal como uma fábrica automatizada que produz carros. A matéria-prima entra por um lado, os robôs-manufaturadores seguem um conjunto de instruções, e aí veículos prontos saem do outro lado.

Afirmamos que a fábrica deve ser mais complexa que os carros produzidos, no sentido de que projetar a fábrica seria mais difícil que projetar um carro. Essa afirmação deve ser verdadeira porque a própria fábrica tem o projeto do carro dentro dela, além do projeto de todos os robôs-manufaturadores. O mesmo raciocínio se aplica a qualquer máquina A que constrói uma máquina B: A deve ser *mais* complexa que B. Mas uma máquina não pode ser mais complexa que si própria. Conseqüentemente, nenhuma máquina pode construir a si mesma e, portanto, a auto-reprodução é impossível.

Como podemos resolver esse paradoxo? A resposta é simples: a afirmação 3 está incorreta. Fazer máquinas que reproduzem a si próprias *é* possível. O teorema da recursão demonstra como.

AUTO-REFERÊNCIA

Vamos começar construindo uma máquina de Turing que ignora sua entrada e imprime uma cópia de sua própria descrição. Chamamos essa máquina $AUTO$. Para ajudar a descrever $AUTO$, precisamos do seguinte lema.

LEMA 6.1

Existe uma função computável $q: \Sigma^* \longrightarrow \Sigma^*$, onde se w é uma cadeia qualquer, $q(w)$ é a descrição de uma máquina de Turing P_w que imprime w e pára.

PROVA Uma vez que entendemos o enunciado desse lema, a prova é fácil. Obviamente, podemos tomar qualquer cadeia w e construir a partir dela uma máquina de Turing que tem w construída em uma tabela de modo que a máquina possa simplesmente dar como saída w quando iniciada. A seguinte MT Q computa $q(w)$.

$Q = $ "Sobre a cadeia de entrada w:
   1. Construa a seguinte máquina de Turing P_w.
      $P_w = $ "Sobre qualquer entrada:
         1. Apague a entrada.
         2. Escreva w na fita.
         3. Pare."
   2. Dê como saída $\langle P_w \rangle$."

A máquina de Turing $AUTO$ é composta por duas partes, A e B. Pensamos em A e B como dois procedimentos separados que andam juntos para montar $AUTO$. Desejamos que $AUTO$ imprima $\langle AUTO \rangle = \langle AB \rangle$.

A parte A roda primeiro e após seu término passa o controle para B. A tarefa de A é imprimir uma descrição de B e, reciprocamente, a tarefa de B é imprimir uma descrição de A. O resultado é a descrição desejada de $AUTO$. As tarefas são semelhantes, contudo, são desempenhadas diferentemente. Mostraremos como obter a parte A primeiro.

Para A, usamos a máquina $P_{\langle B \rangle}$, descrita por $q(\langle B \rangle)$, que é o resultado de se aplicar a função q a $\langle B \rangle$. Por conseguinte, a parte A é uma máquina de Turing que imprime $\langle B \rangle$. Nossa descrição de A depende de se ter uma descrição de B. Portanto, não podemos completar a descrição de A até que construamos B.

Agora, a parte B. Poderíamos ser tentados a definir B com $q(\langle A \rangle)$, mas isso não faz sentido! Fazendo dessa forma, definir-se-ia B em termos de A, que, por sua vez, é definida em termos de B. Isso seria uma definição *circular* de um objeto em termos de si próprio, uma transgressão lógica. Ao invés disso, definimos B de modo que ela imprima A usando uma estratégia diferente: B computa A a partir da saída que A produz.

Definimos $\langle A \rangle$ como $q(\langle B \rangle)$. Agora vem a parte complicada: se B pode obter $\langle B \rangle$, ela pode aplicar q a essa última e obter $\langle A \rangle$. Mas como é que B obtém $\langle B \rangle$? Ela foi deixada na fita quando A terminou! Assim, B somente precisa olhar na fita para obter $\langle B \rangle$. Aí, então, depois que B computa $q(\langle B \rangle) = \langle A \rangle$, ela combina A e B em uma única máquina e escreve sua descrição $\langle AB \rangle = \langle AUTO \rangle$ na fita. Em resumo, temos:

$A = P_{\langle B \rangle}$, e

$B =$ "Sobre a entrada $\langle M \rangle$, onde M é uma porção de uma MT:
  1. Compute $q(\langle M \rangle)$.
  2. Combine o resultado com $\langle M \rangle$ para montar uma MT completa.
  3. Imprima a descrição dessa MT e pare."

Isso completa a construção de $AUTO$, para a qual um diagrama esquemático é apresentado na figura seguinte.

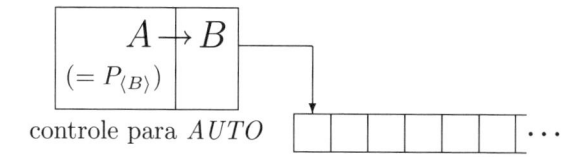

FIGURA 6.2
Diagrama esquemático de $AUTO$, uma MT que imprime sua própria descrição.

Se rodarmos $AUTO$, observamos o seguinte comportamento.

1. Primeiro A roda. Ela imprime $\langle B \rangle$ na fita.
2. B começa. Ela olha para a fita e encontra sua entrada, $\langle B \rangle$.
3. B calcula $q(\langle B \rangle) = \langle A \rangle$ e combina isso com $\langle B \rangle$ na descrição de uma MT, $\langle AUTO \rangle$.
4. B imprime essa descrição e pára.

Podemos facilmente implementar essa construção em qualquer linguagem de programação para obter um programa que dá como saída uma cópia de si mesmo. Podemos até fazer isso em puro português. Suponha que desejemos construir uma sentença em português que peça ao leitor para imprimir uma cópia dela mesma. Uma maneira de se fazer isso é dizer:

Imprima esta sentença.

Esta sentença tem o significado desejado porque direciona o leitor para imprimir uma cópia dela. Entretanto, ela não tem uma tradução óbvia em uma linguagem de programação, pois a palavra auto-referencial "esta" na sentença geralmente não tem contrapartida. Porém, nenhuma auto-referência é necessária para fazer tal sentença. Considere a seguinte alternativa.

Imprima duas cópias do seguinte, a segunda entre aspas:
"Imprima duas cópias do seguinte, a segunda entre aspas:"

Nessa sentença, a auto-referência é substituída pela mesma construção usada para fazer a MT $AUTO$. A parte B da construção é a cláusula:

Imprima duas cópias do seguinte, a segunda entre aspas:

A parte A é a mesma coisa, com aspas em torno dela. A provê uma cópia de B para B de maneira que B pode processar aquela cópia como a MT o faz.

O teorema da recursão provê a capacidade de implementar o auto-referencial *este* em qualquer linguagem de programação. Com ele, qualquer programa tem a capacidade de se referir à sua própria descrição, o que tem certas aplicações, como você verá. Antes de chegar a isso enunciamos o próprio teorema da recursão. O teorema da recursão estende a técnica que empregamos ao construir $AUTO$ de modo que um programa possa obter sua própria descrição e então prosseguir computando com ela, em vez de simplesmente imprimi-la.

TEOREMA 6.3

Teorema da recursão Seja T uma máquina de Turing que computa uma função $t: \Sigma^* \times \Sigma^* \longrightarrow \Sigma^*$. Então existe uma máquina de Turing R que computa uma função $r: \Sigma^* \longrightarrow \Sigma^*$, onde para toda w,

$$r(w) = t(\langle R \rangle, w).$$

O enunciado desse teorema parece um pouco técnico, mas na verdade representa algo bastante simples. Para montar uma máquina de Turing que pode obter sua própria descrição e então computar com ela, precisamos apenas montar uma máquina, chamada T no enunciado, que recebe a descrição da máquina como uma entrada extra. Então o teorema da recursão produz uma nova máquina R, que opera exatamente como T o faz, mas com a descrição de R preenchida automaticamente.

PROVA A prova é semelhante à construção de $AUTO$. Construímos uma MT R nas três partes, A, B e T, onde T é dada pelo enunciado do teorema; um diagrama esquemático é apresentado na figura seguinte.

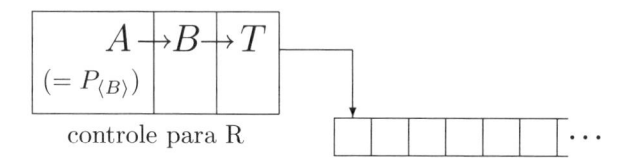

FIGURA 6.4
Esquema de R.

Aqui, A é a máquina de Turing $P_{\langle BT \rangle}$ descrita por $q(\langle BT \rangle)$. Para preservar a entrada w, redesenhamos q de forma que $P_{\langle BT \rangle}$ escreva sua saída seguindo qualquer cadeia preexistente na fita. Depois que A roda, a fita contém $w\langle BT \rangle$.

Novamente, B é um procedimento que examina sua fita e aplica q a seu conteúdo. O resultado é $\langle A \rangle$. Então, B combina A, B e T em uma única máquina e obtém sua descrição $\langle ABT \rangle = \langle R \rangle$. Finalmente, ele codifica essa descrição juntamente com w, coloca a cadeia resultante $\langle R, w \rangle$ na fita e passa o controle para T.

TERMINOLOGIA PARA O TEOREMA DA RECURSÃO

O teorema da recursão afirma que máquinas de Turing podem obter sua própria descrição e, em seguida, computar com ela. À primeira vista essa capacidade pode parecer útil somente para tarefas frívolas, tais como montar uma máquina que imprime uma cópia de si mesma. Mas, como demonstramos, o teorema da recursão é uma ferramenta útil para resolver certos problemas relativos à teoria de algoritmos.

Você pode usar o teorema da recursão da seguinte maneira quando está projetando algoritmos para máquinas de Turing. Se estiver projetando uma máquina M, você pode incluir a frase "obtenha a própria descrição $\langle M \rangle$" na descrição informal do algoritmo de M. Tendo obtido sua própria descrição, M pode então prosseguir para usá-la como utilizaria qualquer outro valor computado. Por exemplo, M poderia simplesmente imprimir $\langle M \rangle$, como na MT $AUTO$, ou poderia contar o número de estados em $\langle M \rangle$ ou, possivelmente, até simular $\langle M \rangle$. Para ilustrar esse método, usamos o teorema da recursão para descrever a máquina $AUTO$.

$AUTO$ = "Sobre qualquer entrada:
1. Obtenha, por meio do teorema da recursão, a própria descrição $\langle AUTO \rangle$.
2. Imprima $\langle AUTO \rangle$."

O teorema da recursão mostra como implementar a construção "obtenha a própria descrição". Para produzir a máquina $AUTO$, primeiro escrevemos a seguinte máquina T.

T = "Sobre a entrada $\langle M, w \rangle$:
1. Imprima $\langle M \rangle$ e pare."

A MT T recebe uma descrição de uma MT M e uma cadeia w como entrada, e imprime a descrição de M. Então, o teorema da recursão mostra como obter uma MT R, que sobre a entrada w opera como T sobre a entrada $\langle R, w \rangle$. Conseqüentemente, R imprime a descrição de R, exatamente o que é requerido da máquina $AUTO$.

APLICAÇÕES

Um ***vírus de computador*** é um programa projetado para se espalhar entre computadores. Apropriadamente denominado, ele tem muito em comum com um vírus biológico. Vírus de computador estão inativos quando se encontram sozinhos como uma peça de código, mas quando colocados apropriadamente em um computador hospedeiro, dessa forma "infectando-o", eles se tornam ativos e transmitem cópias de si próprios para outras máquinas acessíveis. Vários meios podem transmitir vírus, incluindo a Internet e discos transferíveis. Para realizar sua tarefa principal de auto-replicação, um vírus pode conter a construção descrita na prova do teorema da recursão.

Vamos agora considerar três teoremas cujas provas usam o teorema da recursão. Uma aplicação adicional aparece na prova do Teorema 6.17 na Seção 6.2.

Primeiro retornamos à prova da indecidibilidade de A_{MT}. Relembremos que, antes, a provamos no Teorema 4.11, usando o método da diagonal de Cantor. O teorema da recursão nos dá uma prova nova e mais simples.

TEOREMA 6.5

A_{MT} é indecidível.

PROVA Assumimos que a máquina de Turing H decide A_{MT}, para os propósitos de se obter uma contradição. Construímos a seguinte máquina B.

B = "Sobre a entrada w:
1. Obtenha, por meio do teorema da recursão, sua própria descrição $\langle B \rangle$.

2. Rode H sobre a entrada $\langle B, w \rangle$.
3. Faça o oposto do que H diz. Ou seja, *aceite* se H rejeita e *rejeite* se H aceita."

Rodar B sobre a entrada w faz o oposto do que H declara fazer. Por conseguinte, H não pode estar decidindo A_{MT}. Feito!

O teorema a seguir relativo a máquinas de Turing mínimas é outra aplicação do teorema da recursão.

DEFINIÇÃO 6.6

Se M é uma máquina de Turing, então dizemos que o *comprimento* da descrição $\langle M \rangle$ de M é o número de símbolos na cadeia que descreve M. Dizemos que M é **mínima** se não existe máquina de Turing equivalente a M que tenha uma descrição mais curta. Seja

$$MIN_{MT} = \{\langle M \rangle \mid M \text{ é uma MT mínima}\}.$$

TEOREMA 6.7

MIN_{MT} não é Turing-reconhecível.

PROVA Suponha que alguma MT E enumera MIN_{MT} e obtenha uma contradição. Construímos a seguinte MT C.

C = "Sobre a entrada w:
1. Obtenha, através do teorema da recursão, sua própria descrição $\langle C \rangle$.
2. Rode o enumerador E até que uma máquina D apareça com uma descrição mais longa que aquela de C.
3. Simule D sobre a entrada w."

Pelo fato de MIN_{MT} ser infinita, a lista de E tem de conter uma MT com uma descrição mais longa que a de C. Portanto, o passo 2 de C em algum momento termina com alguma MT D que é mais longa que C. Aí C simula D e, portanto, é equivalente a ela. Visto que C é mais curta que D e equivalente a ela, D não pode ser mínima. Mas D aparece na lista que E produz. Por conseguinte, temos uma contradição.

Nossa última aplicação do teorema da recursão é um tipo de teorema do ponto fixo. Um **ponto fixo** de uma função é um valor que não é modificado pela aplicação da função. No presente caso, consideramos funções que são transformações computáveis de descrições de máquinas de Turing. Mostramos que, para quaisquer transformações dessas, existe alguma máquina de Turing cujo comportamento não é modificado pela transformação. Esse teorema é, às vezes, chamado a versão do ponto fixo do teorema da recursão.

TEOREMA 6.8

Seja $t: \Sigma^* \longrightarrow \Sigma^*$ uma função computável. Então existe uma máquina de Turing F para a qual $t(\langle F \rangle)$ descreve uma máquina de Turing equivalente a F. Aqui assumiremos que se a cadeia não for uma codificação legítima de uma máquina de Turing, ela descreve uma máquina de Turing que sempre rejeita imediatamente.

Neste teorema, t desempenha o papel da transformação, e F é o ponto fixo.

PROVA Seja F a seguinte máquina de Turing.

$F = $ "Sobre a entrada w:
  1. Obtenha, como no teorema da recursão, sua própria descrição $\langle F \rangle$.
  2. Compute $t(\langle F \rangle)$ para obter a descrição de uma MT G.
  3. Simule G sobre w."

Claramente, $\langle F \rangle$ e $t(\langle F \rangle) = \langle G \rangle$ descrevem máquinas de Turing equivalentes porque F simula G.

6.2
DECIDIBILIDADE DE TEORIAS LÓGICAS

A lógica matemática é o ramo da matemática que investiga a própria matemática. Ela lida com questões tais como: o que é um teorema? O que é uma prova? O que é verdade? Um algoritmo pode decidir quais enunciados são verdadeiros? Todos os enunciados verdadeiros são demonstráveis? Tocaremos em alguns desses tópicos em nossa breve introdução a esse rico e fascinante assunto.

Enfocaremos o problema de se determinar se enunciados matemáticos são verdadeiros ou falsos e investigaremos a decidibilidade desse problema. A resposta depende do domínio da matemática a partir do qual os enunciados são obtidos. Examinamos dois domínios: um para o qual podemos dar um algoritmo para decidir a verdade e outro para o qual esse problema é indecidível.

Primeiro, temos que fixar uma linguagem precisa para formular esses problemas. Nossa intenção é ser capaz de considerar enunciados matemáticos tais como

  1. $\forall q\, \exists p\, \forall x,y\, [\, p > q \land (x,y > 1 \to xy \neq p)\,]$,

6.2 DECIDIBILIDADE DE TEORIAS LÓGICAS

2. $\forall a,b,c,n \; [(a,b,c{>}0 \land n{>}2) \to a^n+b^n{\neq}c^n \,]$ e
3. $\forall q \, \exists p \, \forall x,y \; [p{>}q \land (x,y{>}1 \to (xy{\neq}p \land xy{\neq}p{+}2))\,]$.

O enunciado 1 diz que há uma quantidade infinita de números primos, o que se sabe ser verdadeiro desde o tempo de Euclides, cerca de 2300 anos atrás. O enunciado 2 é o *último teorema de Fermat*, que se sabe ser verdadeiro somente depois que Andrew Wiles o provou alguns anos atrás. Finalmente, o enunciado 3 diz que existe uma quantidade infinita de pares primos.[1] Conhecida como a *conjectura dos pares gêmeos*, ela continua sem solução.

Para considerar se poderíamos automatizar o processo de se determinar quais desses enunciados são verdadeiros, tratamos tais enunciados meramente como cadeias e definimos uma linguagem consistindo daqueles enunciados que são verdadeiros. Daí, perguntamos se essa linguagem é decidível.

Para tornar isso um pouco mais preciso, vamos descrever a forma do alfabeto dessa linguagem:

$$\{\land, \lor, \neg, (,), \forall, x, \exists, R_1, \ldots, R_k\}.$$

Os símbolos $\land$, $\lor$ e $\neg$ são chamados **operações booleanas**; "(" e ")" são os **parênteses**; os símbolos $\forall$ e $\exists$ são denominados **quantificadores**; o símbolo x é usado para denotar **variáveis**;[2] e os símbolos $R_1, \ldots, R_l$ são chamados **relações**.

Uma *fórmula* é uma cadeia bem-formada sobre esse alfabeto. Para a completude, esboçaremos aqui a definição técnica, porém óbvia, de uma *fórmula bem-formada*, mas sinta-se livre para pular esta parte e prosseguir para o próximo parágrafo. Uma cadeia da forma $R_i(x_1, \ldots, x_j)$ é uma *fórmula atômica*. O valor j é a *aridade* do símbolo de relação R_i. Todas as ocorrências do mesmo símbolo de relação em uma fórmula bem-formada têm a mesma aridade. Sujeita a esse requisito, uma cadeia ϕ é uma fórmula se ela

1. é uma fórmula atômica,
2. tem a forma $\phi_1 \land \phi_2$ ou $\phi_1 \lor \phi_2$ ou $\neg\phi_1$, onde ϕ_1 e ϕ_2 são fórmulas menores, ou
3. tem a forma $\exists x_i \, [\,\phi_1\,]$ ou $\forall x_i \, [\,\phi_1\,]$, onde ϕ_1 é uma fórmula menor.

Um quantificador pode aparecer em qualquer lugar em um enunciado matemático. Seu *escopo* é o fragmento do enunciado que aparece dentro do par de parênteses ou colchetes emparelhados após a variável quantificada. Assumimos que todas as fórmulas estão na *forma normal prenex*, na qual todos os quantificadores aparecem na frente da fórmula. Uma variável que não está ligada dentro

---

[1] **Pares primos** são primos cuja diferença é 2.
[2] Se precisarmos escrever diversas variáveis em uma fórmula, usamos os símbolos w, y, z ou x_1, x_2, x_3 e assim por diante. Não listamos todas as variáveis possíveis, em número infinito, no alfabeto para mantê-lo finito. Em vez disso, listamos somente o símbolo de variável x e utilizamos cadeias de xs para indicar outras variáveis, como em xx para x_2, xxx para x_3 e assim por diante.

do escopo de um quantificador é chamada ***variável livre***. Uma fórmula sem variáveis livres é chamada ***sentença*** ou ***enunciado***.

EXEMPLO 6.9

Entre os seguintes exemplos de fórmulas, somente a última é uma sentença.

1. $R_1(x_1) \wedge R_2(x_1, x_2, x_3)$
2. $\forall x_1 \left[R_1(x_1) \wedge R_2(x_1, x_2, x_3) \right]$
3. $\forall x_1 \exists x_2 \exists x_3 \left[R_1(x_1) \wedge R_2(x_1, x_2, x_3) \right]$.

Tendo estabelecido a sintaxe de fórmulas, vamos discutir seus significados. As operações booleanas e os quantificadores têm seus significados usuais, mas, para determinarmos o significado das variáveis e símbolos de relação, precisamos especificar dois itens. Um é o ***universo*** sobre o qual as variáveis pode tomar valores. O outro é uma atribuição de relações específicas aos símbolos de relação. Conforme descrevemos na Seção 0.2 (página 9), uma relação é uma função de k-uplas sobre o universo para {VERDADEIRO, FALSO}. A aridade de um símbolo de relação tem que coincidir com a da relação atribuída a ele.

Um universo juntamente com uma atribuição de relações a símbolos de relação é chamado ***modelo***.[3] Formalmente, dizemos que um modelo $\mathcal{M}$ é uma upla $(U, P_1, \ldots, P_k)$, onde U é o universo e P_1 até P_k são as relações atribuídas aos símbolos R_1 até R_k. Às vezes nos referimos à ***linguagem de um modelo*** como a coleção de fórmulas que usam apenas os símbolos de relação que o modelo atribui e que utilizam cada símbolo de relação com a aridade correta. Se ϕ é uma sentença na linguagem de um modelo, ϕ é ou verdadeira ou falsa naquele modelo. Se ϕ é verdadeira em um modelo $\mathcal{M}$, dizemos que $\mathcal{M}$ é um modelo de ϕ.

Se você se sente inundado por essas definições, concentre-se em nosso objetivo em enunciá-los. Desejamos fixar uma linguagem precisa de enunciados matemáticos de modo que possamos perguntar se um algoritmo pode determinar quais são verdadeiros e quais são falsos. Os dois exemplos seguintes podem ajudá-lo.

EXEMPLO 6.10

Seja ϕ a sentença $\forall x \forall y \left[R_1(x, y) \vee R_1(y, x) \right]$. Suponha que $\mathcal{M}_1 = (\mathcal{N}, \leq)$ seja o modelo cujo universo é o conjunto dos números naturais e que atribui a relação "menor ou igual" ao símbolo R_1. Obviamente, ϕ é verdadeira no modelo $\mathcal{M}_1$ porque ou $a \leq b$ ou $b \leq a$ para quaisquer dois números naturais a e b. Entretanto, se $\mathcal{M}_1$ atribuísse "menor que" em vez de "menor ou igual" a R_1, então ϕ não seria verdadeira porque falharia quando x e y fossem iguais.

Se sabemos de antemão qual relação será atribuída a R_i, podemos usar o símbolo costumeiro para aquela relação no lugar de R_i com notação infixa em

---

[3] Um modelo é também chamado às vezes de ***interpretação*** ou de ***estrutura***.

vez da notação prefixa se for o usual para aquele símbolo. Portanto, com o modelo $\mathcal{M}_1$ em mente, poderíamos escrever ϕ como $\forall x\, \forall y\, [\, x\leq y \lor y\leq x\,]$.

EXEMPLO 6.11

Agora suponha que $\mathcal{M}_2$ seja o modelo cujo universo é o conjunto dos números reais $\mathcal{R}$ e que atribui a relação *MAIS* a R_1, onde $MAIS(a,b,c) = \text{VERDADEIRO}$ sempre que $a+b=c$. Então, $\mathcal{M}_2$ é um modelo de $\psi = \forall y\, \exists x\, [\, R_1(x,x,y)\,]$. Entretanto, se $\mathcal{N}$ fosse usado como universo em vez de $\mathcal{R}$ em $\mathcal{M}_2$, a sentença seria falsa.

Como no Exemplo 6.10, podemos escrever ψ como $\forall y\, \exists x\, [\, x+x=y\,]$ no lugar de $\forall y\, \exists x\, [\, R_1(x,x,y)\,]$ quando sabemos de antemão que estaremos atribuindo a relação de adição a R_1.

Como o Exemplo 6.11 ilustra, podemos representar funções tais como a função adição por relações. Igualmente, podemos representar constantes como 0 e 1 por relações.

Agora, damos uma definição final em preparação para a próxima seção. Se $\mathcal{M}$ é um modelo, fazemos que a ***teoria de*** $\mathcal{M}$, escrita $\text{Th}(\mathcal{M})$, seja a coleção de sentenças verdadeiras na linguagem daquele modelo.

UMA TEORIA DECIDÍVEL

A teoria dos números é um dos ramos mais antigos da matemática e também um dos mais difíceis. Muitos enunciados aparentemente inocentes sobre os números naturais com as operações de mais e vezes têm confundido matemáticos durante séculos, tais como a conjectura dos primos gêmeos mencionada anteriormente.

Em um dos desenvolvimentos célebres em lógica matemática, Alonzo Church, tomando por base o trabalho de Kurt Gödel, mostrou que nenhum algoritmo pode decidir em geral se os enunciados em teoria dos números são verdadeiros ou falsos. Formalmente, escrevemos $(\mathcal{N}, +, \times)$ como o modelo cujo universo é o conjunto dos números naturais[4] com as relações usuais $+$ e $\times$. Church mostrou que $\text{Th}(\mathcal{N}, +, \times)$, a teoria desse modelo, é indecidível.

Antes de olharmos para essa teoria indecidível, vamos examinar uma que é decidível. Seja $(\mathcal{N}, +)$ o mesmo modelo, sem a relação $\times$. Sua teoria é $\text{Th}(\mathcal{N}, +)$. Por exemplo, a fórmula $\forall x\, \exists y\, [\, x+x=y\,]$ é verdadeira e é, portanto, um membro de $\text{Th}(\mathcal{N}, +)$, mas a fórmula $\exists y\, \forall x\, [\, x+x=y\,]$ é falsa e, assim, não é um membro.

TEOREMA 6.12

$\text{Th}(\mathcal{N}, +)$ é decidível.

---

[4] Por conveniência, neste capítulo, mudamos nossa definição usual de $\mathcal{N}$ para $\{0, 1, 2, \ldots\}$.

IDÉIA DA PROVA Essa prova é uma aplicação interessante e não-trivial da teoria dos autômatos finitos que apresentamos no Capítulo 1. Um fato sobre autômatos finitos que usamos aparece no Problema 1.32 (página 91) onde lhe foi solicitado mostrar que eles são capazes de fazer adição se a entrada for apresentada em uma forma especial. A entrada descreve três números em paralelo, representando um bit de cada número em um único símbolo de um alfabeto de oito símbolos. Aqui utilizamos uma generalização desse método para apresentar i-uplas de números em paralelo usando um alfabeto com 2^i símbolos.

Damos um algoritmo que pode determinar se sua entrada, uma sentença ϕ na linguagem de $(\mathcal{N}, +)$, é verdadeira nesse modelo. Seja

$$\phi = Q_1 x_1 \, Q_2 x_2 \, \cdots \, Q_l x_l \, [\psi],$$

onde cada um dos símbolos $Q_1, \ldots, Q_l$ representa $\exists$ ou $\forall$ e ψ é uma fórmula sem quantificadores que contém as variáveis $x_1, \ldots, x_l$. Para cada i de 0 a l, defina a fórmula ϕ_i como

$$\phi_i = Q_{i+1} x_{i+1} \, Q_{i+2} x_{i+2} \, \cdots \, Q_l x_l \, [\psi].$$

Portanto, $\phi_0 = \phi$ e $\phi_l = \psi$.

A fórmula ϕ_i tem i variáveis livres. Para $a_1, \ldots, a_i \in \mathcal{N}$ escreva $\phi_i(a_1, \ldots, a_i)$ como a sentença obtida após substituir as variáveis $x_1, \ldots, x_i$ pelas constantes $a_1, \ldots, a_i$ em ϕ_i.

Para cada i de 0 a l, o algoritmo constrói um autômato finito A_i que reconhece a coleção de cadeias representando i-uplas de números que tornam ϕ_i verdadeira. O algoritmo começa construindo A_l diretamente, usando uma generalização do método da solução para o Problema 1.32. Então, para cada i de l para 1, ele usa A_i para construir A_{i-1}. Finalmente, uma vez que o algoritmo tem A_0, ele testa se A_0 aceita a cadeia vazia. Se aceita, ϕ é verdadeira e o algoritmo aceita.

PROVA Para $i > 0$ defina o alfabeto

$$\Sigma_i = \left\{ \begin{bmatrix} 0 \\ \vdots \\ 0 \\ 0 \end{bmatrix}, \begin{bmatrix} 0 \\ \vdots \\ 0 \\ 1 \end{bmatrix}, \begin{bmatrix} 0 \\ \vdots \\ 1 \\ 0 \end{bmatrix}, \begin{bmatrix} 0 \\ \vdots \\ 1 \\ 1 \end{bmatrix}, \ldots, \begin{bmatrix} 1 \\ \vdots \\ 1 \\ 1 \end{bmatrix} \right\}.$$

Ou seja, Σ_i contém todas as colunas de tamanho i de 0s e 1s. Uma cadeia sobre Σ_i representa i inteiros binários (lendo pelas linhas). Também definimos $\Sigma_0 = \{[\,]\}$, onde $[\,]$ é um símbolo.

Agora, apresentamos um algoritmo que decide $\text{Th}(\mathcal{N}, +)$. Sobre a entrada ϕ, onde ϕ é uma sentença, o algoritmo opera da seguinte maneira. Escreva ϕ e defina ϕ_i para cada i de 0 para l, como na idéia da prova. Para cada i destes, construa um autômato finito A_i a partir de ϕ_i que aceita cadeias sobre Σ_i^* correspondentes a i-uplas $a_1, \ldots, a_i$ sempre que $\phi_i(a_1, \ldots, a_i)$ é verdadeira, como se segue.

Para construir a primeira máquina A_l, observe que $\phi_l = \psi$ é uma combinação booleana de fórmulas atômicas. Uma fórmula atômica na linguagem de $\text{Th}(\mathcal{N}, +)$ é uma única adição. Autômatos finitos podem ser construídos para computar quaisquer dessas relações específicas correspondentes a uma única adição e depois combinados para obter o autômato A_l. Fazer isso envolve o uso das construções de fecho das linguagens regulares para união, interseção e complementação para computar combinações booleanas das fórmulas atômicas.

A seguir, mostramos como construir A_i a partir de A_{i+1}. Se $\phi_i = \exists x_{i+1}\ \phi_{i+1}$, construímos A_i para operar como A_{i+1}, exceto que ele não-deterministicamente adivinha o valor de a_{i+1} em vez de recebê-lo como parte da entrada.

Mais precisamente, A_i contém um estado para cada estado de A_{i+1} e um novo estado inicial. Toda vez que A_i lê um símbolo

$$\begin{bmatrix} b_1 \\ \vdots \\ b_{i-1} \\ b_i \end{bmatrix},$$

onde todo $b_i \in \{0,1\}$ é um bit do número a_i, ele não-deterministicamente adivinha o valor $z \in \{0,1\}$ e simula A_{i+1} sobre o símbolo de entrada

$$\begin{bmatrix} b_1 \\ \vdots \\ b_{i-1} \\ b_i \\ z \end{bmatrix}.$$

Inicialmente, A_i não-deterministicamente adivinha os bits à esquerda de z correspondentes aos 0s à esquerda suprimidos em b_1 até b_i ramificando não-deterministicamente de seu novo estado inicial para todos os estados que A_{i+1} poderia atingir a partir do seu estado inicial com cadeias de entrada dos símbolos

$$\left\{ \begin{bmatrix} 0 \\ \vdots \\ 0 \\ 0 \end{bmatrix}, \begin{bmatrix} 0 \\ \vdots \\ 0 \\ 1 \end{bmatrix} \right\}$$

em Σ_{i+1}. Claramente, A_i aceita sua entrada $(a_1, \ldots, a_i)$ se algum a_{i+1} existe onde A_{i+1} aceita $(a_1, \ldots, a_{i+1})$.

Se $\phi_i = \forall x_{i+1}\ \phi_{i+1}$, ela é equivalente a $\neg \exists x_{i+1} \neg\ \phi_{i+1}$. Por conseguinte, podemos construir o autômato finito que reconhece o complemento da linguagem de A_{i+1}, depois aplicar a construção precedente para o quantificador existencial $\exists$ e, finalmente, aplicar a complementação uma vez mais para obter A_i.

O autômato finito A_0 aceita qualquer entrada sse ϕ_0 é verdadeiro. Portanto, o passo final do algoritmo testa se A_0 aceita ε. Se aceita, ϕ é verdadeiro e o algoritmo aceita; caso contrário, rejeita.

UMA TEORIA INDECIDÍVEL

Conforme mencionamos anteriormente, $\text{Th}(\mathcal{N}, +, \times)$ é uma teoria indecidível. Nenhum algoritmo existe para decidir a veracidade ou falsidade de enunciados matemáticos, mesmo quando restrito à linguagem de $(\mathcal{N}, +, \times)$. Esse teorema tem grande importância filosoficamente porque ele demonstra que a matemática não pode ser mecanizada. Enunciamos esse teorema, mas damos somente um breve esboço de sua prova.

TEOREMA 6.13

Th($\mathcal{N}, +, \times$) é indecidível.

Embora contenha muitos detalhes, a prova desse teorema não é difícil conceitualmente. Ela segue o padrão das outras provas de indecidibilidade apresentadas no Capítulo 4. Mostramos que Th($\mathcal{N}, +, \times$) é indecidível reduzindo A_{MT} para ele, usando o método da história de computação descrito previamente (página 203). A existência da redução depende do seguinte lema.

LEMA 6.14

Seja M uma máquina de Turing e w uma cadeia. Podemos construir a partir de M e w uma fórmula $\phi_{M,w}$ na linguagem de Th($\mathcal{N}, +, \times$) que contém uma única variável livre x, de forma que a sentença $\exists x \, \phi_{M,w}$ é verdadeira sse M aceita w.

IDÉIA DA PROVA A fórmula $\phi_{M,w}$ "diz" que x é uma história de computação de aceitação (apropriadamente codificada) de M sobre w. Obviamente, x na verdade é apenas um inteiro bastante grande, mas ele representa uma história de computação em uma forma que pode ser verificada usando-se as operações $+$ e $\times$.

A construção em detalhes de $\phi_{M,w}$ é demasiado complicada para apresentar aqui. Ela extrai símbolos individuais na história de computação com as operações $+$ e $\times$ para verificar: a configuração inicial para M sobre w; que cada configuração segue legitimamente daquela que a precede; e, finalmente, que a última configuração é de aceitação.

PROVA DO TEOREMA 6.13 Damos uma redução por mapeamento a partir de A_{MT} para Th($\mathcal{N}, +, \times$). A redução constrói a fórmula $\phi_{M,w}$ a partir da entrada $\langle M, w \rangle$, usando o Lema 6.14. E, então, ela dá como saída a sentença $\exists x \, \phi_{M,w}$.

A seguir, esboçamos a prova do celebrado *teorema da incompletude* de Kurt Gödel. Informalmente, esse teorema diz que, em qualquer sistema razoável de formalização da noção de demonstrabilidade em teoria dos números, alguns enunciados verdadeiros são indemonstráveis.

Vagamente falando, a ***prova formal*** π de um enunciado ϕ é uma seqüência de enunciados, $S_1, S_2, \ldots, S_l$, onde $S_l = \phi$. Cada S_i segue dos enunciados precedentes e certos axiomas básicos sobre números, usando regras simples e precisas de implicação. Não temos espaço para definir o conceito de prova, mas, para nossos propósitos, será suficiente assumir as duas propriedades razoáveis seguintes.

1. A correção de uma prova de um enunciado pode ser verificada por uma máquina. Formalmente, $\{\langle \phi, \pi \rangle | \ \pi$ é uma prova de $\phi\}$ é decidível.

2. O sistema de provas é *correto*. Ou seja, se um enunciado é demonstrável (isto é, tem uma prova), ele é verdadeiro.

Se um sistema de demonstrabilidade satisfaz essas duas condições, os três seguintes teoremas se verificam.

TEOREMA 6.15

A coleção de enunciados demonstráveis em $\text{Th}(\mathcal{N}, +, \times)$ é Turing-reconhecível.

PROVA O seguinte algoritmo P aceita sua entrada ϕ se ϕ é demonstrável. O algoritmo P testa cada cadeia como um candidato a uma prova π de ϕ, usando o verificador de provas que se supõe existir na propriedade de demonstrabilidade 1. Se ele determinar que quaisquer desses candidatos é uma prova, ele aceita.

Agora podemos usar o teorema precedente para provar nossa versão do teorema da incompletude.

TEOREMA 6.16

Algum enunciado verdadeiro em $\text{Th}(\mathcal{N}, +, \times)$ não é demonstrável.

PROVA Damos uma prova por contradição. Assumimos, ao contrário, que todos os enunciados verdadeiros são demonstráveis. Usando essa suposição, descrevemos um algoritmo D que decide se os enunciados são verdadeiros, contradizendo o Teorema 6.13.

Para a entrada ϕ, o algoritmo D opera rodando o algoritmo P dado na prova do Teorema 6.15 em paralelo sobre as entradas ϕ e $\neg\phi$. Um desses dois enunciados é verdadeiro e, portanto, por suposição, é demonstrável. Por conseguinte, P deve parar quando roda sobre uma das duas entradas. Pela propriedade da demonstrabilidade 2, se ϕ for demonstrável, então ϕ é verdadeiro, e se $\neg\phi$ for demonstrável, ϕ é falso. Portanto, o algoritmo D pode decidir a veracidade ou falsidade de ϕ.

No teorema final desta seção, utilizamos o teorema da recursão para dar uma sentença explícita na linguagem de $(\mathcal{N}, +, \times)$ que é verdadeira, mas não demonstrável. No Teorema 6.16 demonstramos a existência de tal sentença, mas não descrevemos verdadeiramente uma, como o fazemos agora.

TEOREMA 6.17

A sentença $\psi_{\text{indemonstrável}}$, como descrita na prova deste teorema, é indemonstrável.

IDÉIA DA PROVA Construa uma sentença que diz: "Esta sentença não é demonstrável," usando o teorema da recursão para obter a auto-referência.

PROVA Seja S uma MT que opera da seguinte forma.

$S = $ "Sobre qualquer entrada:
1. Obtenha a própria descrição $\langle S \rangle$ por meio do teorema da recursão.
2. Construa a sentença $\psi = \neg \exists c \, [\phi_{S,0}]$, usando o Lema 6.14.
3. Rode o algoritmo P da prova do Teorema 6.15 sobre a entrada ψ.
4. Se o estágio 3 aceita, *aceite*. Se ele pára e rejeita, *rejeite*."

Seja $\psi_{\text{indemonstrável}}$ a sentença ψ descrita no estágio 2 do algoritmo S. Aquela sentença é verdadeira sse S não aceita 0 (a cadeia 0 foi selecionada arbitrariamente).

Se S encontra uma prova de $\psi_{\text{indemonstrável}}$, S aceita 0, e a sentença seria, portanto, falsa. Uma sentença falsa não pode ser demonstrável e, logo, essa situação não pode ocorrer. A única possibilidade remanescente é que S falha em encontrar uma prova de $\psi_{\text{indemonstrável}}$ e, dessa forma, S não aceita 0. Mas, então, $\psi_{\text{indemonstrável}}$ é verdadeira, como afirmamos.

6.3
TURING-REDUTIBILIDADE

Introduzimos o conceito de redutibilidade no Capítulo 5 como uma maneira de usar uma solução de um problema para resolver outros problemas. Por conseguinte, se A é redutível a B, e encontramos uma solução para B, podemos obter uma solução para A. Subseqüentemente, descrevemos *redutibilidade por mapeamento*, uma forma específica de redutibilidade. Mas será que redutibilidade por mapeamento captura nosso conceito intuitivo de redutibilidade da maneira mais geral? Não, não captura.

Por exemplo, considere as duas linguagens A_{MT} e $\overline{A_{\text{MT}}}$. Intuitivamente, elas são redutíveis uma a outra porque uma solução para qualquer uma delas poderia ser usada para resolver a outra simplesmente invertendo a resposta. Entretanto, sabemos que $\overline{A_{\text{MT}}}$ *não* é redutível por mapeamento a A_{MT}, pois A_{MT} é Turing-reconhecível, mas $\overline{A_{\text{MT}}}$ não o é. Apresentamos aqui uma forma muito geral de redutibilidade, chamada **Turing-redutibilidade**, que captura nosso conceito intuitivo de redutibilidade mais precisamente.

DEFINIÇÃO 6.18

Um *oráculo* para uma linguagem B é um dispositivo externo capaz de reportar se qualquer cadeia w é um membro de B. Uma *máquina de Turing oráculo* é uma máquina de Turing modificada que tem a capacidade adicional de consultar um oráculo. Escrevemos M^B para descrever uma máquina de Turing oráculo que possui um oráculo para a linguagem B.

Não estamos preocupados com a forma pela qual o oráculo determina suas respostas. Usamos o termo oráculo para conotar uma habilidade mágica e considerar oráculos para linguagens que não são decidíveis por algoritmos ordinários, como o exemplo a seguir mostra.

EXEMPLO 6.19

Considere um oráculo para A_{MT}. Uma máquina de Turing oráculo com um oráculo para A_{MT} pode decidir mais linguagens do que uma máquina de Turing ordinária. Tal máquina pode (obviamente) decidir o próprio A_{MT}, consultando o oráculo sobre a entrada. Ela pode também decidir V_{MT}, o problema de se testar vacuidade para MTs com o seguinte procedimento chamado $T^{A_{MT}}$.

$T^{A_{MT}}$ = "Sobre a entrada $\langle M \rangle$, onde M é uma MT:
  1. Construa a seguinte MT N.
     N = "Sobre qualquer entrada:
       1. Rode M em paralelo sobre todas as cadeias em Σ^*.
       2. Se M aceita quaisquer dessas cadeias, *aceite*."
  2. Consulte o oráculo para determinar se $\langle N, 0 \rangle \in A_{MT}$.
  3. Se o oráculo responde NÃO, *aceite*; se SIM, *rejeite*."

Se a linguagem de M não for vazia, N aceitará toda entrada e, em particular, a entrada 0. Daí, o oráculo responderá SIM, e $T^{A_{MT}}$ rejeitará. Reciprocamente, se a linguagem de M for vazia, $T^{A_{MT}}$ aceitará. Por conseguinte, $T^{A_{MT}}$ decide V_{MT}. Dizemos que V_{MT} é *decidível relativo a* A_{MT}. Isso nos leva à definição de Turing-redutibilidade.

DEFINIÇÃO 6.20

A linguagem A é *Turing-redutível* à linguagem B, escrito $A \leq_T B$, se A é decidível relativo a B.

O Exemplo 6.19 mostra que V_{MT} é Turing-redutível a A_{MT}. Turing-redutibilidade satisfaz nosso conceito intuitivo de redutibilidade, como mostrado pelo teorema seguinte.

TEOREMA 6.21

Se $A \leq_T B$ e B é decidível, então A é decidível.

PROVA Se B é decidível, podemos substituir o oráculo para B por um procedimento real que decide B. Conseqüentemente, podemos substituir a máquina de Turing oráculo que decide A por uma máquina de Turing ordinária que decide A.

Turing-redutibilidade é uma generalização da redutibilidade por mapeamento. Se $A \leq_m B$, então $A \leq_T B$, porque a redução por mapeamento pode ser usada para dar uma máquina de Turing oráculo que decide A relativo a B.

Uma máquina de Turing oráculo com um oráculo para A_{MT} é muito poderosa. Ela pode resolver muitos problemas que não são solúveis por máquinas de Turing ordinárias. Mas mesmo tal máquina poderosa não pode decidir todas as linguagens (veja o Problema 6.4).

6.4
UMA DEFINIÇÃO DE INFORMAÇÃO

Os conceitos de *algoritmo* e de *informação* são fundamentais em ciência da computação. Enquanto a tese de Church–Turing dá uma definição universalmente aplicável de algoritmo, nenhuma definição igualmente abrangente de informação é conhecida. Em vez de uma definição de informação única e universal, diversas definições são usadas — dependendo da aplicação. Nesta seção apresentamos uma forma de definir informação, empregando a teoria da computabilidade.

Começamos com um exemplo. Considere o conteúdo de informação das duas seqüências binárias a seguir:

$$A = 0101010101010101010101010101010101010101$$
$$B = 1110010110100011101010000111010011010111$$

Intuitivamente, a seqüência A contém pouca informação, pois ela é meramente uma repetição vinte vezes do padrão 01. Diferentemente, a seqüência B parece conter mais informação.

Podemos usar esse exemplo simples para ilustrar a idéia por trás da definição de informação que apresentaremos. Definimos a quantidade de informação contida em um objeto como o tamanho da menor representação ou descrição daquele objeto. Por uma descrição de um objeto queremos dizer uma caracterização precisa não ambígua do objeto de modo que possamos recriá-lo a partir da descrição unicamente. Assim, a seqüência A contém pouca informação porque ela tem uma descrição pequena, enquanto a seqüência B aparentemente contém mais informação, pois ela não parece ter qualquer descrição concisa.

Por que consideramos somente a descrição *mais curta* na determinação da quantidade de informação de um objeto? Podemos sempre descrever um objeto, tal como uma cadeia, colocando uma cópia dele diretamente na descrição. Por conseguinte, podemos obviamente descrever a cadeia precedente B com uma tabela que tem comprimento de quarenta bits contendo uma cópia de B. Esse tipo de descrição nunca é mais curta que o próprio objeto e não nos diz nada sobre sua quantidade de informação. Entretanto, uma descrição significativamente mais curta que o objeto implica que a informação contida nele pode ser comprimida em um pequeno volume e, portanto, a quantidade de informação não pode ser muito grande. Logo, o tamanho da descrição mais curta determina a quantidade de informação.

Agora formalizamos essa idéia intuitiva. Fazer isso não é tão difícil, mas temos de fazer um trabalho preliminar. Primeiro, restringimos nossa atenção a objetos que são cadeias binárias. Outros objetos podem ser representados como cadeias binárias, portanto essa restrição não limita o escopo da teoria. Segundo, consideramos apenas descrições que são, elas próprias, cadeias binárias. Impondo esse requisito, podemos facilmente comparar o comprimento do objeto com o comprimento de sua descrição. Na próxima seção, consideramos o tipo de descrição que permitimos.

DESCRIÇÕES DE COMPRIMENTO MÍNIMO

Muitos tipos de linguagem de descrição podem ser usados na definição de informação. Selecionar qual linguagem usar afeta as características da definição. A nossa linguagem de descrição é baseada em algoritmos.

Uma maneira de usar algoritmos para descrever cadeias é construir uma máquina de Turing que imprima a cadeia quando ela for inicializada sobre uma fita em branco e, então, representar aquela própria máquina de Turing como uma cadeia. Dessa forma, a cadeia representando a máquina de Turing é uma descrição da cadeia original. Uma limitação dessa abordagem é que uma máquina de Turing não pode representar uma tabela de informação concisamente com sua função de transição. Representar uma cadeia de n bits pode usar n estados e n linhas na tabela da função de transição. Isso resultaria em uma descrição que é excessivamente longa para nosso propósito. Em vez disso, usamos a seguinte linguagem de descrição mais concisa.

Descrevemos uma cadeia binária x com uma máquina de Turing M e uma entrada binária w para M. O comprimento da descrição é o comprimento combinado de representar M e w. Escrevemos essa descrição com nossa notação usual para codificar diversos objetos em uma única cadeia binária $\langle M, w \rangle$. Mas aqui temos de prestar atenção adicional à operação de codificação $\langle \cdot, \cdot \rangle$ porque precisamos produzir um resultado conciso. Definimos a cadeia $\langle M, w \rangle$ como $\langle M \rangle w$, onde simplesmente concatenamos a cadeia binária w no final da codificação binária de M. A codificação $\langle M \rangle$ de M pode ser feita de qualquer forma padronizada, a não ser pela sutileza que descrevemos no próximo parágrafo. (Não se preocupe com esse ponto sutil na sua primeira leitura deste material. Por enquanto, pode pular o próximo parágrafo e a figura a seguir.)

Concatenar w no final de $\langle M \rangle$ para produzir uma descrição de x pode esbarrar em problemas se o ponto no qual $\langle M \rangle$ termina e w começa não é discernível da própria descrição. Por outro lado, pode haver diversas maneiras de particionar a descrição $\langle M \rangle w$ em uma MT sintaticamente correta e uma entrada, e neste caso a descrição seria ambígua e, portanto, inválida. Evitamos esse problema assegurando que podemos localizar a separação entre $\langle M \rangle$ e w em $\langle M \rangle w$. Uma maneira de fazê-lo é escrever cada bit de $\langle M \rangle$ duas vezes, escrevendo 0 como 00 e 1 como 11, e então segui-la com 01 para marcar o ponto de separação. Ilustramos essa idéia na figura a seguir, mostrando a descrição $\langle M, w \rangle$ de uma cadeia x.

$$\langle M, w \rangle = \underbrace{11001111001100\cdots1100}_{\langle M \rangle}\overbrace{01}^{\text{delimitador}}\underbrace{01101011\cdots010}_{w}$$

FIGURA 6.22
Exemplo do formato da descrição $\langle M, w \rangle$ de uma cadeia x.

Agora que fixamos nossa linguagem de descrição, estamos prontos para definir nossa medida da quantidade de informação em uma cadeia.

DEFINIÇÃO 6.23

Seja x uma cadeia binária. A ***descrição mínima*** de x, escrita $d(x)$, é a menor cadeia $\langle M, w \rangle$ tal que a MT M sobre a entrada w pára com x sobre sua fita. Se existem várias dessas cadeias, escolha a primeira lexicograficamente entre elas. A ***complexidade descritiva***[5] de x, escrita $\mathrm{K}(x)$, é

$$\mathrm{K}(x) = |d(x)|.$$

---

[5] A ***complexidade descritiva*** é chamada ***complexidade de Kolmogorov*** ou ***complexidade de Kolmogorov-Chaitin*** em alguns tratamentos.

Em outras palavras, K(x) é o comprimento da descrição mínima de x. A definição de K(x) tem o objetivo de capturar nossa intuição para a quantidade de informação na cadeia x. A seguir estabelecemos alguns resultados simples sobre complexidade descritiva.

TEOREMA 6.24

$\exists c \forall x \left[K(x) \leq |x| + c \right]$.

Esse teorema diz que a complexidade descritiva de uma cadeia é, no máximo, uma constante fixa a mais que seu comprimento. A constante é universal, não dependente da cadeia.

PROVA Para provar um limitante superior sobre K(x), como afirmado por esse teorema, precisamos apenas demonstrar alguma descrição de x que não seja maior que o limitante enunciado. Então, a descrição mínima de x poderá ser mais curta que a descrição demonstrada, mas não mais longa.

Considere a seguinte descrição da cadeia x. Seja M uma máquina de Turing que pára assim que é iniciada. Essa máquina computa a função identidade — sua saída é o mesmo que sua entrada. Uma descrição de x é simplesmente $\langle M \rangle x$. Fazendo c ser o comprimento de $\langle M \rangle$ completa a prova.

O Teorema 6.24 ilustra como utilizamos a entrada para a máquina de Turing para representar uma informação que demandaria uma descrição significativamente maior se fosse armazenada usando a função de transição da máquina. Ela está de acordo com nossa intuição de que a quantidade de informação presente em uma cadeia não pode ser (substancialmente) maior que seu comprimento. Similarmente, a intuição diz que a informação contida na cadeia xx não é significativamente mais que a informação contida em x. O teorema seguinte verifica esse fato.

TEOREMA 6.25

$\exists c \forall x \left[K(xx) \leq K(x) + c \right]$.

PROVA Considere a seguinte máquina de Turing M, que espera uma entrada da forma $\langle N, w \rangle$, onde N é uma máquina de Turing e w, uma entrada para ela.

$M =$ "Sobre a entrada $\langle N, w \rangle$ onde N é uma MT e w é uma cadeia:
  1. Rode N sobre w até que ela pára e produz uma cadeia de saída s.
  2. Dê como saída a cadeia ss."

Uma descrição de xx é $\langle M \rangle d(x)$. Lembre-se de que $d(x)$ é uma descrição mínima de x. O comprimento de sua descrição é $|\langle M \rangle| + |d(x)|$, que é $c + K(x)$ onde c é o comprimento de $\langle M \rangle$.

A seguir, examinamos como a complexidade descritiva da concatenação xy de duas cadeias x e y é relacionada a suas complexidades individuais. O Teorema 6.24 pode nos levar a acreditar que a complexidade da concatenação é, no máximo, a soma das complexidades individuais (mais uma constante fixa), mas o custo de combinar duas descrições leva a um limitante maior, como descrito no teorema a seguir.

TEOREMA 6.26

$\exists c \, \forall x,y \, [\, K(xy) \leq 2K(x) + K(y) + c \,]$.

PROVA Construímos uma MT M que quebra sua entrada w em duas descrições separadas. Os bits da primeira descrição $d(x)$ são todos duplicados e terminados com a cadeia 01 antes que a segunda descrição $d(y)$ apareça, como descrito no texto que precede a Figura 6.22. Uma vez que ambas as descrições tenham sido obtidas, elas são executadas para se obter as cadeias x e y, e a saída xy é produzida.

O comprimento dessa descrição de xy é claramente duas vezes a complexidade de x mais a complexidade de y mais uma constante fixa para descrever M. Essa soma é

$$2K(x) + K(y) + c,$$

e a prova está completa.

Podemos melhorar um tanto esse teorema usando um método mais eficiente de indicar a separação entre as duas descrições. Um deles evita duplicar os bits de $d(x)$. Em vez disso, acrescentamos o comprimento de $d(x)$ como um inteiro binário duplicado para diferenciá-lo de $d(x)$. A descrição ainda contém suficiente informação para decodificá-la nas duas descrições de x e y, e ela agora tem comprimento no máximo

$$2\log_2(K(x)) + K(x) + K(y) + c.$$

Pequenos melhoramentos adicionais são possíveis. Entretanto, como o Problema 6.25 pede que você mostre, não podemos atingir o limitante $K(x) + K(y) + c$.

OTIMALIDADE DA DEFINIÇÃO

Agora que estabelecemos algumas das propriedades elementares da complexidade descritiva e você teve uma oportunidade de desenvolver alguma intuição, discutimos algumas características das definições.

Nossa definição de $K(x)$ tem uma propriedade de otimalidade dentre todas as maneiras possíveis de se definir complexidade descritiva com algoritmos. Suponha que consideremos uma **linguagem de descrição** geral como podendo ser qualquer função computável $p: \Sigma^* \longrightarrow \Sigma^*$ e defina a descrição mínima de x com respeito a p, escrita $d_p(x)$, como a cadeia lexicograficamente mais curta s tal que $p(s) = x$. Defina $K_p(x) = |d_p(x)|$.

Por exemplo, considere uma linguagem de programação tal como LISP (codificada em binário) como a linguagem de descrição. Então, $d_{\text{LISP}}(x)$ seria o programa LISP mínimo que dá como saída x, e $K_{\text{LISP}}(x)$ seria o comprimento do programa mínimo.

O teorema a seguir mostra que qualquer linguagem de descrição desse tipo não é significativamente mais conciso que a linguagem de máquinas de Turing e entradas que originalmente definimos.

TEOREMA 6.27

Para qualquer linguagem de descrição p, existe uma constante fixa c que depende somente de p, onde

$$\forall x \left[K(x) \leq K_p(x) + c \right].$$

IDÉIA DA PROVA Ilustramos a idéia dessa prova usando o exemplo em LISP. Suponha que x tenha uma descrição curta w em LISP. Seja M uma MT que pode interpretar LISP e usar o programa em LISP para x como a entrada w de M. Então, $\langle M, w \rangle$ é uma descrição de x que é somente uma quantidade fixa maior que a descrição em LISP de x. O comprimento extra é para o interpretador LISP, M.

PROVA Tome qualquer linguagem de descrição p e considere a seguinte máquina de Turing M.

$M =$ "Sobre a entrada w:
 1. Dê como saída $p(w)$."

Então $\langle M \rangle d_p(x)$ é uma descrição de x cujo comprimento é, no máximo, uma constante fixa maior que $K_p(x)$. A constante é o comprimento de $\langle M \rangle$.

CADEIAS INCOMPRESSÍVEIS E ALEATORIEDADE

O Teorema 6.24 mostra que a descrição mínima de uma cadeia nunca é muito maior que ela própria. É claro que, para algumas cadeias, a descrição mínima pode ser mais curta se a informação na cadeia aparece esparsa ou redundantemente. Existem cadeias que carecem de descrições curtas? Em outras palavras, a descrição mínima de algumas cadeias é, na verdade, tão longa quanto a própria cadeia? Mostramos que tais cadeias existem. Essas cadeias não podem ser descritas de forma mais concisa do que simplesmente escrevendo-as explicitamente.

> **DEFINIÇÃO 6.28**
>
> Seja x uma cadeia. Digamos que x é ***c-compressível*** se
>
> $$K(x) \leq |x| - c.$$
>
> Se x não é c-compressível, dizemos que x é ***incompressível por c***.
> Se x é incompressível por 1, dizemos que x é ***incompressível***.

Em outras palavras, se x tem uma descrição que é c bits mais curta que seu comprimento, x é c-compressível. Se não, x é incompressível por c. Finalmente, se x não tem qualquer descrição mais curta que si própria, x é incompressível. Primeiro, mostraremos que existem cadeias incompressíveis e, então, discutiremos suas propriedades interessantes. Em particular, mostraremos que as cadeias incompressíveis se parecem com cadeias que são obtidas a partir de arremessos aleatórios de moedas.

TEOREMA 6.29

Existem cadeias incompressíveis de todo comprimento.

IDÉIA DA PROVA O número de cadeias de comprimento n é maior que o número de descrições de comprimento menor que n. Cada descrição descreve, no máximo, uma cadeia. Por conseguinte, alguma cadeia de comprimento n não é descrita por qualquer que seja a descrição de comprimento menor que n. Ela é incompressível.

PROVA O número de cadeias binárias de comprimento n é 2^n. Cada descrição é uma cadeia binária, portanto o número de descrições de comprimento menor que n é, no máximo, a soma do número de cadeias de cada comprimento até $n-1$, ou

$$\sum_{0 \leq i \leq n-1} 2^i = 1 + 2 + 4 + 8 + \cdots + 2^{n-1} = 2^n - 1.$$

O número de descrições curtas é menor que o número de cadeias de comprimento n. Assim, no mínimo uma cadeia de comprimento n é incompressível.

COROLÁRIO 6.30

No mínimo $2^n - 2^{n-c+1} + 1$ cadeias de comprimento n são incompressíveis por c.

PROVA Como na prova do Teorema 6.29, no máximo $2^{n-c+1} - 1$ cadeias de comprimento n são c-compressíveis, pois esse é o limite do número de descrições de comprimento máximo $n-c$. As $2^n-(2^{n-c+1}-1)$ restantes são incompressíveis por c.

As cadeias incompressíveis têm muitas propriedades que esperaríamos encontrar em cadeias aleatoriamente escolhidas. Por exemplo, podemos mostrar que qualquer cadeia incompressível de comprimento n tem aproximadamente um número igual de 0s e 1s, e que o comprimento de sua seqüência máxima de 0s é aproximadamente $\log_2 n$, como esperaríamos encontrar em uma cadeia aleatória daquele comprimento. Provar tais enunciados nos levaria para muito longe em combinatória e probabilidade, mas provaremos um teorema que forma a base para esses enunciados.

Esse teorema mostra que qualquer propriedade computável que se verifica para "quase todas" as cadeias também se verifica para todas as cadeias incompressíveis suficientemente longas. Como mencionamos na Seção 0.2, uma *propriedade* de cadeias é simplesmente uma função f que mapeia cadeias para {VERDADEIRO, FALSO}. Dizemos que uma propriedade *se verifica para quase todas as cadeias* se a fração de cadeias de comprimento n que ela mapeia para FALSO se aproxima de 0 à medida que n cresce. Uma cadeia longa aleatoriamente escolhida tende a satisfazer uma propriedade computável que se verifica para quase todas as cadeias. Por conseguinte, as cadeias aleatórias e as incompressíveis compartilham tais propriedades.

TEOREMA 6.31

Seja f uma propriedade computável que se verifica para quase todas as cadeias. Então, para qualquer $b > 0$, a propriedade f mapeia para FALSO apenas uma quantidade finita de cadeias que são incompressíveis por b.

PROVA Seja M o seguinte algoritmo.

$M =$ "Sobre a entrada i, um inteiro binário:
1. Encontre a i-ésima cadeia s tal que $f(s) =$ FALSO, considerando as cadeias ordenadas lexicograficamente.
2. Dê como saída a cadeia s."

Podemos usar M para obter descrições curtas de cadeias que falham em ter a propriedade f da seguinte maneira. Para qualquer cadeia dessas, x, seja i_x a posição ou o *índice* de x sobre uma lista de todas as cadeias que falham em ter a propriedade f, ordenadas por comprimento e lexicograficamente dentro de cada comprimento. Então $\langle M, i_x \rangle$ é uma descrição de x. O comprimento dessa descrição é $|i_x| + c$, onde c é o comprimento de $\langle M \rangle$. Visto que poucas cadeias falham em ter a propriedade f, o índice de x é pequeno e sua descrição é correspondentemente pequena.

Fixe qualquer número $b > 0$. Selecione n tal que, no máximo, uma fração $1/2^{b+c+1}$ de cadeias de comprimento n ou menos falhem em ter a propriedade f. Todo n suficientemente grande satisfaz essa condição porque f se verifica para quase todas as cadeias. Seja x uma cadeia de comprimento n que falha em ter a propriedade f. Temos $2^{n+1} - 1$ cadeias de comprimento n ou menos, portanto

$$i_x \leq \frac{2^{n+1} - 1}{2^{b+c+1}} \leq 2^{n-b-c}.$$

Por conseguinte, $|i_x| \leq n - b - c$, de modo que o comprimento de $\langle M, i_x \rangle$ é no máximo $(n - b - c) + c = n - b$, o que implica que

$$K(x) \leq n - b.$$

Assim, toda x suficientemente longa que falha em ter a propriedade f é compressível por b. Portanto, somente uma quantidade finita de cadeias que falham em ter a propriedade f são incompressíveis por b, e o teorema está provado.

Neste ponto, seria apropriado exibir alguns exemplos de cadeias incompressíveis. Entretanto, como o Problema 6.22 pede a você para mostrar, a medida K de complexidade não é computável. Além do mais, nenhum algoritmo pode decidir, em geral, se cadeias são incompressíveis, pelo Problema 6.23. De fato, pelo Problema 6.24, nenhum subconjunto infinito delas é Turing-reconhecível. Portanto, não temos maneiras de obter cadeias incompressíveis longas e não teríamos uma forma de determinar se uma cadeia é incompressível, mesmo se tivéssemos uma. O teorema a seguir descreve certas cadeias que são quase incompressíveis, embora ele não apresente uma maneira de exibi-las explicitamente.

TEOREMA 6.32

Para alguma constante b, para toda cadeia x, a descrição mínima $d(x)$ de x é incompressível por b.

PROVA Considere a seguinte MT M:

$M =$ "Sobre a entrada $\langle R, y \rangle$, onde R é uma MT e y é uma cadeia:
1. Rode R sobre y e *rejeite* se sua saída não é da forma $\langle S, z \rangle$.
2. Rode S sobre z e pare com sua saída sobre a fita."

Suponha que b seja $|\langle M \rangle| + 1$. Mostramos que b satisfaz o teorema. Suponha, ao contrário, que $d(x)$ é b-compressível para alguma cadeia x. Então

$$|d(d(x))| \leq |d(x)| - b.$$

Mas então $\langle M \rangle d(d(x))$ é uma descrição de x cujo comprimento é no máximo

$$|\langle M \rangle| + |d(d(x))| \leq (b-1) + (|d(x)| - b) = |d(x)| - 1.$$

Essa descrição de x é mais curta que $d(x)$, contradizendo a minimalidade desta última.

EXERCÍCIOS

6.1 Dê um exemplo no espírito do teorema da recursão de um programa em uma linguagem de programação real (ou uma aproximação razoável disso) que imprima a si próprio.

6.2 Mostre que qualquer subconjunto infinito de MIN_{MT} não é Turing-reconhecível.

R6.3 Mostre que se $A \leq_T B$ e $B \leq_T C$, então $A \leq_T C$.

6.4 Seja $A_{MT}' = \{\langle M, w\rangle|\ M$ é uma MT oráculo e $M^{A_{MT}}$ aceita $w\}$. Mostre que A_{MT}' é indecidível relativo a A_{MT}.

R6.5 O enunciado $\exists x\, \forall y\, \bigl[\,x+y=y\,\bigr]$ é um membro de $\text{Th}(\mathcal{N}, +)$? Por que sim ou por que não? Que tal o enunciado $\exists x\, \forall y\, \bigl[\,x+y=x\,\bigr]$?

PROBLEMAS

6.6 Descreva duas máquinas de Turing diferentes, M e N, que, quando iniciadas sobre qualquer entrada, M dá como saída $\langle N\rangle$ e N dá como saída $\langle M\rangle$.

6.7 Na versão de ponto fixo do teorema da recursão (Teorema 6.8), suponha que a transformação t seja uma função que intercambia os estados q_{aceita} e q_{rejeita} em descrições de máquinas de Turing. Dê um exemplo de um ponto fixo para t.

*6.8 Mostre que $EQ_{\text{TM}} \not\leq_m \overline{EQ_{\text{TM}}}$.

R6.9 Use o teorema da recursão para dar uma prova alternativa do teorema de Rice no Problema 5.28.

R6.10 Dê um modelo da sentença

$$\begin{aligned}
\phi_{\text{eq}} = \quad & \forall x\, \bigl[\,R_1(x,x)\,\bigr] \\
& \wedge\, \forall x,y\, \bigl[\,R_1(x,y) \leftrightarrow R_1(y,x)\,\bigr] \\
& \wedge\, \forall x,y,z\, \bigl[\,(R_1(x,y) \wedge R_1(y,z)) \to R_1(x,z)\,\bigr].
\end{aligned}$$

*6.11 Suponha que ϕ_{eq} seja definida como no Problema 6.10. Dê um modelo da sentença

$$\begin{aligned}\phi_{lt} = \quad & \phi_{eq} \\ \wedge\ & \forall x,y\ \big[\ R_1(x,y) \to \neg R_2(x,y)\ \big] \\ \wedge\ & \forall x,y\ \big[\ \neg R_1(x,y) \to (R_2(x,y) \oplus R_2(y,x))\ \big] \\ \wedge\ & \forall x,y,z\ \big[\ (R_2(x,y) \wedge R_2(y,z)) \to R_2(x,z)\ \big] \\ \wedge\ & \forall x\ \exists y\ \big[\ R_2(x,y)\ \big].\end{aligned}$$

^{R}**6.12** Seja $(\mathcal{N}, <)$ o modelo com universo $\mathcal{N}$ e a relação "menor que". Mostre que $\text{Th}(\mathcal{N}, <)$ é decidível.

6.13 Para cada $m > 1$ seja $\mathcal{Z}_m = \{0, 1, 2, \ldots, m-1\}$ e suponha que $\mathcal{F}_m = (\mathcal{Z}_m, +, \times)$ seja o modelo cujo universo é $\mathcal{Z}_m$ e que tenha relações correspondendo às relações $+$ e $\times$ computadas módulo m. Mostre que, para cada m, a teoria $\text{Th}(\mathcal{F}_m)$ é decidível.

6.14 Mostre que, para quaisquer duas linguagens A e B, existe uma linguagem J tal que $A \leq_T J$ e $B \leq_T J$.

6.15 Mostre que, para qualquer linguagem A, existe uma linguagem B tal que $A \leq_T B$ e $B \not\leq_T A$.

*6.16 Prove que existem duas linguagens A e B que são Turing-incomparáveis — isto é, onde $A \not\leq_T B$ e $B \not\leq_T A$.

*6.17 Sejam A e B duas linguagens disjuntas. Digamos que a linguagem C *separa* A e B se $A \subseteq C$ e $B \subseteq \overline{C}$. Descreva duas linguagens Turing-reconhecíveis disjuntas que não são separáveis por nenhuma linguagem decidível.

6.18 No Corolário 4.18 mostramos que o conjunto de todas as linguagens é incontável. Use esse resultado para provar que existem linguagens que não são reconhecíveis por uma máquina de Turing oráculo com oráculo para A_{MT}.

6.19 Recorde-se do problema da correspondência de Post que definimos na Seção 5.2 e sua linguagem associada PCP. Mostre que PCP é decidível relativo a A_{MT}.

6.20 Mostre como computar a complexidade descritiva de cadeias $K(x)$ com um oráculo para A_{MT}.

6.21 Use o resultado do Problema 6.20 para dar uma função f que é computável com um oráculo para A_{MT}, onde para cada n, $f(n)$ é uma cadeia incompressível de comprimento n.

6.22 Mostre que a função $K(x)$ não é uma função computável.

6.23 Mostre que o conjunto de cadeias incompressíveis é indecidível.

6.24 Mostre que o conjunto de cadeias incompressíveis não contém nenhum subconjunto infinito que é Turing-reconhecível.

*6.25 Mostre que para qualquer c, exsitem algumas cadeias x e y tais que $K(xy) > K(x) + K(y) + c$.

SOLUÇÕES SELECIONADAS

6.3 Digamos que M_1^B decide A e M_2^C decide B. Use uma MT oráculo M_3, onde M_3^C decide A. A máquina M_3 simula M_1. Toda vez que M_1 consulta seu oráculo sobre alguma cadeia x, a máquina M_3 testa se $x \in B$ e fornece a resposta a M_1. Como a máquina M_3 não tem um oráculo para B e não pode realizar aquele teste diretamente, ela simula M_2 sobre a entrada x para obter aquela informação. A máquina M_3 pode obter a resposta para as consultas de M_2 diretamente porque essas duas máquinas usam o mesmo oráculo, C.

6.5 O enunciado $\exists x \, \forall y \, [x+y=y]$ é um membro de $\text{Th}(\mathcal{N}, +)$, pois esse enunciado é verdadeiro para a interpretação-padrão de $+$ sobre o universo $\mathcal{N}$. Lembre-se de que usamos $\mathcal{N} = \{0, 1, 2, \ldots\}$ neste capítulo e, portanto, podemos usar $x = 0$. O enunciado $\exists x \, \forall y \, [x+y=x]$ não é um membro de $\text{Th}(\mathcal{N}, +)$ porque esse enunciado não é verdadeiro nesse modelo. Para qualquer valor de x, fazendo-se $y = 1$ provoca a falha de $x+y=x$.

6.9 Suponha, para os propósitos de se chegar a uma contradição, que alguma MT X decide uma propriedade P, e que P satisfaz as condições do teorema de Rice. Uma dessas condições diz que existem MTs A e B tais que $\langle A \rangle \in P$ e $\langle B \rangle \notin P$. Use A e B para construir MT R:

$R =$ "Sobre a entrada w:
1. Obtenha sua própria descrição $\langle R \rangle$ usando o teorema da recursão.
2. Rode X sobre $\langle R \rangle$.
3. Se X aceita $\langle R \rangle$, simule B sobre w.
   Se X rejeita $\langle R \rangle$, simule A sobre w."

Se $\langle R \rangle \in P$, então X aceita $\langle R \rangle$ e $L(R) = L(B)$. Mas $\langle B \rangle \notin P$, contradizendo $\langle R \rangle \in P$, porque P concorda sobre MTs que têm a mesma linguagem. Chegamos a uma contradição semelhante se $\langle R \rangle \notin P$. Por conseguinte, nossa suposição original é falsa. Toda propriedade satisfazendo as condições do teorema de Rice é indecidível.

6.10 O enunciado ϕ_{eq} dá as três condições de uma relação de equivalência. Um modelo (A, R_1), onde A é um universo qualquer e R_1 é uma relação de equivalência qualquer sobre A, é um modelo de ϕ_{eq}. Por exemplo, suponha que A seja os inteiros $\mathcal{Z}$ e faça $R_1 = \{(i, i) \mid i \in \mathcal{Z}\}$.

6.12 Reduza $\text{Th}(\mathcal{N}, <)$ a $\text{Th}(\mathcal{N}, +)$, que já mostramos ser decidível. Para fazer isso, mostre como converter uma sentença ϕ_1 sobre a linguagem de $\text{Th}(\mathcal{N}, <)$, para uma sentença ϕ_2 sobre a linguagem de $\text{Th}(\mathcal{N}, +)$ preservando a veracidade ou a falsidade nos modelos respectivos. Substitua toda ocorrência de $i < j$ em ϕ_1 pela fórmula $\exists k \, [(i+k=j) \land (k+k \neq k)]$ em ϕ_2, onde k é uma nova variável diferente a cada vez.

A sentença ϕ_2 é equivalente a ϕ_1 porque "i é menor que j" significa que podemos adicionar um valor não-zero a i e obter j. Colocar ϕ_2 na forma normal prenex, como requerido pelo algoritmo para decidir $\text{Th}(\mathcal{N}, +)$, requer um pouco de trabalho adicional. Os novos quantificadores existenciais são trazidos para a frente da sentença. Para fazer isso, esses quantificadores têm de passar por operações booleanas que aparecem na sentença. Quantificadores podem ser trazidos através das operações de $\wedge$ e $\vee$ sem modificação. Passar através de $\neg$ modifica $\exists$ para $\forall$ e vice-versa. Assim, $\neg \exists k\, \psi$ torna-se a expressão equivalente $\forall k\, \neg\psi$, e $\neg \forall k\, \psi$ torna-se $\exists k\, \neg\psi$.

PARTE TRÊS

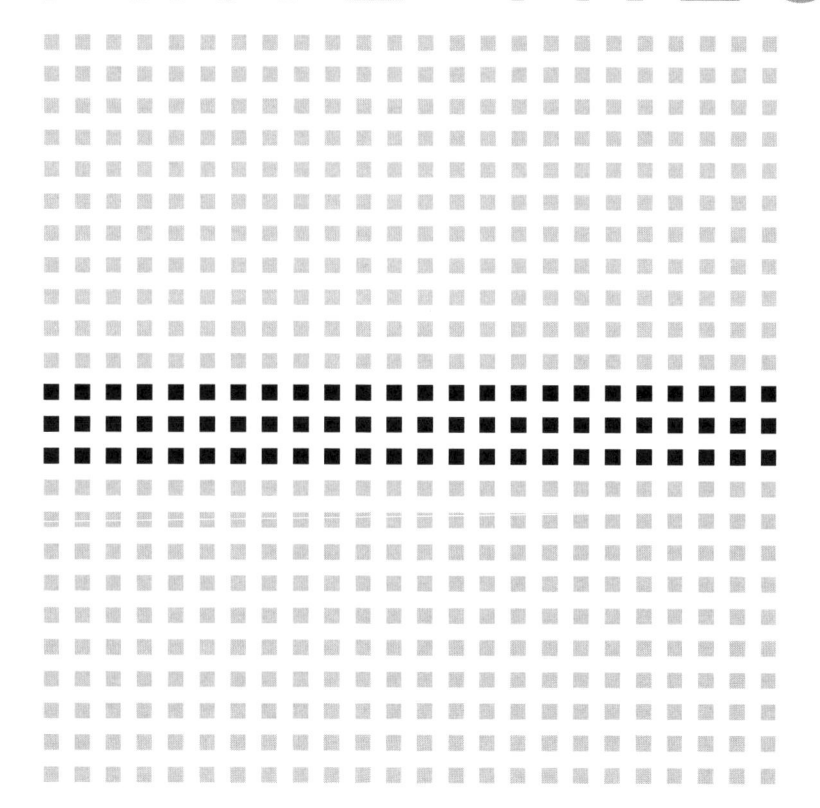

TEORIA DA COMPLEXIDADE

7

COMPLEXIDADE DE TEMPO

Mesmo quando um problema é decidível e, portanto, computacionalmente solúvel em princípio, ele pode não ser solúvel na prática se a solução requer uma quantidade excessiva de tempo ou memória. Nesta parte final do livro, introduzimos a teoria da complexidade computacional — uma investigação do tempo, memória ou outros recursos requeridos para resolver problemas computacionais. Começamos com o tempo.

Nosso objetivo neste capítulo é apresentar os fundamentos da teoria da complexidade de tempo. Primeiro introduzimos uma maneira de medir o tempo usado para resolver um problema. Então, mostramos como classificar problemas de acordo com a quantidade de tempo necessária. Depois disso, discutimos a possibilidade de certos problemas decidíveis requererem quantidades enormes de tempo e como determinar quando você está diante de um problema desses.

7.1
MEDINDO COMPLEXIDADE

Vamos começar com um exemplo. Seja a linguagem $A = \{0^k 1^k | \ k \geq 0\}$. Obviamente, A é uma linguagem decidível. Quanto tempo uma máquina de Turing de uma única fita precisa para decidir A? Examinamos a seguinte MT de uma única fita, M_1, para A. Damos a descrição da máquina de Turing em um nível baixo, incluindo a própria movimentação da cabeça sobre a fita, de modo que possamos contar o número de passos que M_1 usa quando ela executa.

$M_1 = $ "Sobre a cadeia de entrada w:
1. Faça uma varredura na fita e *rejeite* se for encontrado algum 0 à direita de algum 1.
2. Repita se existem ambos, 0s e 1s, na fita:
3. Faça uma varredura na fita, cortando um único 0 e um único 1.
4. Se ainda permanecerem 0s após todos os 1s tiverem sido cortados ou se ainda permanecerem 1s após todos os 0s tiverem sido cortados, *rejeite*. Caso contrário, se não houver 0s nem 1s sobre a fita, *aceite*."

Analisamos o algoritmo para a MT M_1 que decide A para determinar quanto tempo ela usa.

O número de passos que um algoritmo usa sobre uma entrada específica pode depender de vários parâmetros. Por exemplo, se a entrada for um grafo, o número de passos pode depender do número de nós, do número de arestas e do grau máximo do grafo ou de alguma combinação desses e/ou outros fatores. Por simplicidade, computamos o tempo de execução de um algoritmo puramente como uma função do comprimento da cadeia representando a entrada e não consideramos quaisquer outros parâmetros. Na **análise do pior caso**, a forma que consideramos aqui, levamos em conta o tempo de execução mais longo dentre os gastos para todas as entradas de um comprimento específico. Na **análise do caso médio**, consideramos a média dos tempos de execução para todas as entradas de um comprimento específico.

DEFINIÇÃO 7.1

Seja M uma máquina de Turing determinística que pára sobre todas as entradas. O **tempo de execução** ou **complexidade de tempo** de M é a função $f: \mathcal{N} \longrightarrow \mathcal{N}$, ond $f(n)$ é o número máximo de passos que M usa sobre entradas de comprimento n. Se $f(n)$ for o tempo de execução de M, dizemos que M roda em tempo $f(n)$ e que M é uma máquina de Turing de tempo $f(n)$. É um costume generalizado usar n para representar o comprimento da entrada.

NOTAÇÃO O-GRANDE E O-PEQUENO

Como o tempo exato de execução de um algoritmo é freqüentemente uma expressão complexa, geralmente apenas o estimamos. Em uma forma conveniente de estimativa, chamada **análise assintótica**, buscamos entender o tempo de execução do algoritmo quando ele é executado sobre entradas grandes. Fazemos isso considerando apenas o termo de mais alta ordem da expressão para o tempo de execução do algoritmo, desconsiderando tanto o coeficiente daquele termo quanto quaisquer termos de ordem mais baixa, porque o termo de mais alta ordem domina os outros termos sobre entradas grandes.

Por exemplo, a função $f(n) = 6n^3 + 2n^2 + 20n + 45$ tem quatro termos, e o termo de mais alta ordem é $6n^3$. Desconsiderando o coeficiente 6, dizemos que f é assintoticamente no, máximo, n^3. A **notação assintótica** ou **notação O-grande** para descrever esse relacionamento é $f(n) = O(n^3)$. Formalizamos essa noção na definição a seguir. Seja $\mathcal{R}^+$ o conjunto de números reais não negativos.

DEFINIÇÃO 7.2

Sejam f e g funções $f, g: \mathcal{N} \longrightarrow \mathcal{R}^+$. Digamos que $\boldsymbol{f(n) = O(g(n))}$ se existem inteiros positivos c e n_0 tais que para todo inteiro $n \geq n_0$

$$f(n) \leq c\, g(n).$$

Quando $f(n) = O(g(n))$ dizemos que $g(n)$ é um **limitante superior** para $f(n)$ ou, mais precisamente, que $g(n)$ é um **limitante superior assintótico** para $f(n)$, para enfatizar que estamos suprimindo fatores constantes.

Intuitivamente, $f(n) = O(g(n))$ significa que f é menor ou igual a g se desconsiderarmos as diferenças até um fator constante. Você pode pensar em O como representando uma constante suprimida. Na prática, a maioria das funções f que você tende a encontrar tem um termo óbvio de mais alta ordem h. Nesse caso, escrevemos $f(n) = O(g(n))$, onde g é h sem seu coeficiente.

EXEMPLO 7.3

Seja $f_1(n)$ a função $5n^3 + 2n^2 + 22n + 6$. Então, selecionando o termo de mais alta ordem $5n^3$ e desconsiderando seu coeficiente 5 dá $f_1(n) = O(n^3)$.

Vamos verificar que esse resultado satisfaz a definição formal. Fazemos isso tornando c igual a 6 e n_0 igual a 10. Então, $5n^3 + 2n^2 + 22n + 6 \leq 6n^3$ para todo $n \geq 10$.

Adicionalmente, $f_1(n) = O(n^4)$ porque n^4 é maior que n^3 e, portanto, é ainda um limitante superior assintótico sobre f_1.

Entretanto, $f_1(n)$ não é $O(n^2)$. Independentemente dos valores que atribuamos a c e n_0, a definição permanece insatisfeita nesse caso.

EXEMPLO 7.4

O O-grande interage com logaritmos de uma maneira peculiar. Normalmente, quando usamos logaritmos, temos de especificar a base, como em $x = \log_2 n$. A base 2 aqui indica que essa igualdade é equivalente à igualdade $2^x = n$. Mudando o valor da base b, muda o valor de $\log_b n$ por um fator constante, devido à identidade $\log_b n = \log_2 n / \log_2 b$. Por conseguinte, quando escrevemos $f(n) = O(\log n)$, especificar a base não é mais necessário, já que, de qualquer forma, estaremos suprimindo fatores constantes.

Seja $f_2(n)$ a função $3n \log_2 n + 5n \log_2 \log_2 n + 2$. Nesse caso, temos $f_2(n) = O(n \log n)$ porque $\log n$ domina $\log \log n$.

A notação O-grande também aparece em expressões aritméticas, tais como a expressão $f(n) = O(n^2) + O(n)$. Nesse caso, cada ocorrência do símbolo O representa uma constante suprimida diferente. Como o termo $O(n^2)$ domina o termo $O(n)$, essa expressão é equivalente a $f(n) = O(n^2)$. Quando o símbolo O ocorre em um expoente, como na expressão $f(n) = 2^{O(n)}$, a mesma idéia se aplica. Essa expressão representa um limitante superior de 2^{cn} para alguma constante c.

A expressão $f(n) = 2^{O(\log n)}$ ocorre em algumas análises. Usando a identidade $n = 2^{\log_2 n}$ e, portanto, que $n^c = 2^{c \log_2 n}$, vemos que $2^{O(\log n)}$ representa um limitante superior de n^c para alguma c. A expressão $n^{O(1)}$ representa o mesmo limitante de uma maneira diferente, porque a expressão $O(1)$ representa um valor que nunca é mais que uma constante fixa.

Com freqüência, derivamos limitantes da forma n^c para c maior que 0. Tais limitantes são chamados **limitantes polinomiais**. Os limitantes da forma $2^{(n^\delta)}$ são denominados **limitantes exponenciais** quando δ é um número real maior que 0.

A notação O-grande tem uma companheira chamada **notação o-pequeno**. A notação O-grande diz que uma função é assintoticamente *não mais que* outra. Para dizer que uma função é assintoticamente *menor que* outra, usamos a notação o-pequeno. A diferença entre as notações O-grande e o-pequeno é análoga àquela entre $\leq$ e $<$.

DEFINIÇÃO 7.5

Sejam f e g funções $f, g \colon \mathcal{N} \longrightarrow \mathcal{R}^+$. Digamos que $\boldsymbol{f(n) = o(g(n))}$ se
$$\lim_{n \to \infty} \frac{f(n)}{g(n)} = 0.$$
Em outras palavras, $f(n) = o(g(n))$ significa que, para qualquer número real $c > 0$, existe um número n_0, onde $f(n) < c\,g(n)$ para todo $n \geq n_0$.

EXEMPLO 7.6

O que se segue é fácil de verificar.

1. $\sqrt{n} = o(n)$.
2. $n = o(n \log \log n)$.
3. $n \log \log n = o(n \log n)$.
4. $n \log n = o(n^2)$.
5. $n^2 = o(n^3)$.

Entretanto, $f(n)$ nunca é $o(f(n))$.

ANALISANDO ALGORITMOS

Vamos analisar o algoritmo da MT que demos para a linguagem $A = \{0^k 1^k | \, k \geq 0\}$. Repetimos o algoritmo aqui por conveniência.

$M_1 = $ "Sobre a cadeia de entrada w:

1. Faça uma varredura na fita e *rejeite* se for encontrado algum 0 à direita de algum 1.
2. Repita se existem ambos, 0s e 1s, na fita:
3. Faça uma varredura na fita, cortando um único 0 e um único 1.
4. Se ainda permanecerem 0s após todos os 1s tiverem sido cortados ou se ainda permanecerem 1s após todos os 0s tiverem sido cortados, *rejeite*. Caso contrário, se não houver 0s nem 1s sobre a fita, *aceite*."

Para analisar M_1, consideramos cada um dos seus quatro estágios separadamente. No estágio 1, a máquina faz uma varredura na fita para verificar se a entrada é da forma 0*1*. Ao realizar essa varredura, usa-se n passos. Como mencionamos anteriormente, tipicamente usamos n para representar o comprimento da entrada. Para reposicionar a cabeça na extremidade esquerda da fita, usa-se outros n passos. Assim, o total utilizado nesse estágio é de $2n$ passos. Na notação O-grande, dizemos que esse estágio usa $O(n)$ passos. Note que não mencionamos o reposicionamento da cabeça da fita na descrição da máquina. A utilização de uma notação assintótica nos permite omitir detalhes da descrição da máquina que afetam o tempo de execução por, no máximo, um fator constante.

Nos estágios 2 e 3, a máquina repetidamente faz varreduras na fita e corta um 0 e um 1 em cada uma. Cada varredura usa $O(n)$ passos. Como cada uma delas corta dois símbolos, podem ocorrer, no máximo, $n/2$ varreduras. Assim, o tempo total tomado pelos estágios 2 e 3 é $(n/2)O(n) = O(n^2)$ passos.

No estágio 4 a máquina faz uma única varredura para decidir se aceita ou rejeita. O tempo tomado nesse estágio é no máximo $O(n)$.

Portanto, o tempo total de M_1 sobre uma entrada de comprimento n é $O(n) + O(n^2) + O(n)$, ou $O(n^2)$. Em outras palavras, seu tempo de execução é $O(n^2)$, o que completa a análise de tempo dessa máquina.

Vamos fixar um pouco de notação para classificar linguagens conforme seus requisitos de tempo.

DEFINIÇÃO 7.7

Seja $t\colon \mathcal{N} \longrightarrow \mathcal{R}^+$ uma função. Defina a *classe de complexidade de tempo*, **TIME**$(t(n))$, como a coleção de todas as linguagens que são decidíveis por uma máquina de Turing de tempo $O(t(n))$.

Retomemos a linguagem $A = \{0^k 1^k \mid k \geq 0\}$. A análise precedente mostra que $A \in \text{TIME}(n^2)$, pois M_1 decide A em tempo $O(n^2)$ e $\text{TIME}(n^2)$ contém todas as linguagens que podem ser decididas em tempo $O(n^2)$.

Existe uma máquina que decide A assintoticamente com maior rapidez? Em outras palavras, A está em $\text{TIME}(t(n))$ para $t(n) = o(n^2)$? Podemos melhorar o tempo de execução cortando dois 0s e dois 1s em cada varredura, em vez de apenas um, porque fazendo isso corta-se o número de varreduras pela metade. Mas isso melhora o tempo de execução apenas por um fator de 2 e não afeta o tempo de execução assintótico. A máquina seguinte, M_2, usa um método diferente para decidir A assintoticamente mais rápido. Ela mostra que $A \in \text{TIME}(n \log n)$.

$M_2 = $ "Sobre a cadeia de entrada w:
1. Faça uma varredura na fita e *rejeite* se algum 0 for encontrado à direita de algum 1.
2. Repita enquanto alguns 0s e alguns 1s permanecerem sobre a fita:
3.   Faça uma varredura na fita, verificando se o número total de 0s e 1s remanescentes é par ou ímpar. Se for ímpar, *rejeite*.
4.   Faça uma varredura novamente na fita, cortando alternadamente um 0 sim e outro não começando com o primeiro 0, e, então, cortando alternadamente um 1 sim e outro não começando com o primeiro 1.
5. Se nenhum 0 e nenhum 1 permanecerem na fita, *aceite*. Caso contrário, *rejeite*."

Antes de analisar M_2, vamos verificar que ela realmente decide A. Em toda varredura realizada no estágio 4, o número total de 0s remanescentes é cortado pela metade e qualquer resto é descartado. Por conseguinte, se começarmos com 13 0s, após o estágio 4 ser executado uma única vez, apenas 6 0s permanecem. Após as execuções subseqüentes desse estágio, 3, então 1, e depois 0 permanecem. Esse estágio tem o mesmo efeito sobre o número de 1s.

Agora, examinamos a paridade par/ímpar do número de 0s e do número de 1s em cada execução do estágio 3. Considere novamente começar com 13 0s e 13 1s. A primeira execução do estágio 3 encontra um número ímpar de 0s (porque 13 é um número ímpar) e um número ímpar de 1s. Em execuções subseqüentes um número par (6) ocorre, então um número ímpar (3) e um número ímpar (1). Não executamos esse estágio sobre 0 0s ou 0 1s por causa da condição do *loop* especificada no estágio 2. Para a seqüência de paridades encontradas (ímpar, par, ímpar, ímpar), se substituirmos as pares por 0s e as ímpares por 1s e revertermos a seqüência, obtemos 1101, a representação binária de 13, o número de 0s e de 1s no início. A seqüência de paridades sempre dá o reverso da representação binária.

Quando o estágio 3 verifica se o número total de 0s e 1s remanescentes é par, na verdade está checando a concordância entre a paridade dos 0s e a paridade dos 1s. Se todas as paridades estão de acordo, as representações binárias dos números de 0s e de 1s concordam e, portanto, os dois números são iguais.

Para analisar o tempo de execução de M_2, primeiro observamos que todo estágio leva um tempo $O(n)$. Então determinamos o número de vezes que cada um é executado. Os estágios 1 e 5 são executados uma vez, levando um total de tempo de $O(n)$. O estágio 4 corta pelo menos a metade dos 0s e 1s a cada vez que é executado e, assim, ocorrem no máximo $1 + \log_2 n$ iterações do *loop* antes que todos sejam cortados. Por conseguinte, o tempo total dos estágios 2, 3 e 4 é $(1 + \log_2 n)O(n)$, ou seja, $O(n \log n)$. O tempo de execução de M_2 é $O(n) + O(n \log n) = O(n \log n)$.

Anteriormente, mostramos que $A \in \text{TIME}(n^2)$, mas, agora, temos um limitante melhor — a saber, $A \in \text{TIME}(n \log n)$. Esse resultado não pode ser melhorado ainda mais em máquinas de Turing de uma única fita. Na realidade, qualquer linguagem que pode ser decidida em tempo $o(n \log n)$ em uma máquina de Turing de uma única fita é regular, como o Problema 7.47 pede para você mostrar.

Podemos decidir a linguagem A em tempo $O(n)$ (também chamado ***tempo linear***) se a máquina de Turing tiver uma segunda fita. A seguinte MT de duas fitas M_3 decide A em tempo linear. A máquina M_3 opera diferentemente das máquinas anteriores para A. Ela simplesmente copia os 0s para sua segunda fita e então os confronta com os 1s.

$M_3 = $ "Sobre a cadeia de entrada w:
1. Faça uma varredura na fita e *rejeite* se algum 0 for encontrado à direita de algum 1.
2. Faça uma varredura nos 0s sobre a fita 1 até o primeiro 1. Ao mesmo tempo, copie os 0s para a fita 2.
3. Faça uma varredura nos 1s sobre a fita 1 até o final da entrada. Para cada 1 lido sobre a fita 1, corte um 0 sobre a fita 2. Se todos os 0s estiverem cortados antes que todos os 1s sejam lidos, *rejeite*.
4. Se todos os 0s tiverem sido cortados, *aceite*. Se restar algum 0, *rejeite*."

Essa máquina é simples de analisar. Cada um dos quatro estágios usa $O(n)$ passos, portanto o tempo total de execução é $O(n)$ e, assim, é linear. Note que esse tempo de execução é o melhor possível, porque são necessários n passos apenas para ler a entrada.

Vamos resumir o que mostramos sobre a complexidade de tempo de A, a quantidade de tempo requerido para se decidir A. Produzimos uma MT de uma única fita M_1 que decide A em tempo $O(n^2)$ e uma MT de uma única fita mais rápida M_2 que decide A em tempo $O(n \log n)$. A solução para o Problema 7.47 implica que nenhuma MT de uma única fita pode fazê-lo mais rapidamente. Então exibimos uma MT de duas fitas M_3 que decide A em tempo $O(n)$. Logo, a complexidade de tempo de A em uma MT de uma única fita é $O(n \log n)$ e em uma MT de duas fitas é $O(n)$. Observe que a complexidade de A depende do modelo de computação escolhido.

Essa discussão destaca uma importante diferença entre a teoria da complexidade e a teoria da computabilidade. Na teoria da computabilidade, a tese de Church-Turing implica que todos os modelos razoáveis de computação são equivalentes — ou seja, todos eles decidem a mesma classe de linguagens. Na teoria da complexidade, a escolha do modelo afeta a complexidade de tempo das linguagens. Linguagens que são decidíveis em, digamos, tempo linear em um modelo não são necessariamente decidíveis em tempo linear em um outro.

Na teoria da complexidade, classificamos problemas computacionais conforme sua complexidade de tempo. Mas com qual modelo medimos tempo? A mesma linguagem pode ter requisitos de tempo diferentes em modelos diferentes.

Felizmente, requisitos de tempo não diferem enormemente para os modelos determinísticos típicos. Assim, se nosso sistema de classificação não for muito sensível a diferenças relativamente pequenas em complexidade, a escolha do modelo determinístico não será crucial. Discutimos essa idéia ainda mais nas próximas seções.

RELACIONAMENTOS DE COMPLEXIDADE ENTRE MODELOS

Aqui examinamos como a escolha do modelo computacional pode afetar a complexidade de tempo de linguagens. Consideramos três modelos: a máquina de Turing de uma única fita, a máquina de Turing multifita e a máquina de Turing não-determinística.

TEOREMA 7.8

Seja $t(n)$ uma função, onde $t(n) \geq n$. Então toda máquina de Turing multifita de tempo $t(n)$ tem uma máquina de Turing de uma única fita equivalente de tempo $O(t^2(n))$.

IDÉIA DA PROVA A idéia por trás da prova desse teorema é bastante simples. Lembre-se de que no Teorema 3.13 mostramos como converter qualquer MT multifita em uma MT de uma única fita que a simula. Agora, analisamos aquela simulação para determinar quanto tempo adicional ela requer. Mostramos que simular cada passo da máquina multifita usa, no máximo, $O(t(n))$ passos na máquina de uma única fita. Logo, o tempo total usado é $O(t^2(n))$ passos.

PROVA Seja M uma MT de k fitas que roda em tempo $t(n)$. Construímos uma MT de uma única fita S que roda em tempo $O(t^2(n))$.

A máquina S opera simulando M, como descrito no Teorema 3.13. Para revisar aquela simulação, lembramos que S usa sua única fita para representar o conteúdo sobre todas as k fitas de M. As fitas são armazenadas consecutivamente, com as posições das cabeças de M marcadas sobre as células apropriadas.

Inicialmente, S coloca sua fita no formato que representa todas as fitas de M e aí, então, simula os passos de M. Para simular um passo, S faz uma varredura em toda a informação armazenada na sua fita para determinar os símbolos sob as cabeças das fitas de M. Então, S faz uma outra passagem sobre sua fita para atualizar o conteúdo da mesma e as posições das cabeças. Se uma das cabeças de M move-se para a direita sobre a porção anteriormente não lida de sua fita, S tem de aumentar a quantidade de espaço alocado para essa fita. Ela faz isso deslocando uma porção de sua própria fita uma célula para a direita.

Agora analisamos essa simulação. Para cada passo de M, a máquina S faz duas passagens sobre a porção ativa de sua fita. A primeira obtém a informação necessária para determinar o próximo movimento e a segunda o realiza. O comprimento da porção ativa da fita de S determina quanto tempo S leva para varrê-la, por isso devemos determinar um limitante superior para esse comprimento. Para fazer isso, tomamos a soma dos comprimentos das porções ativas das k fitas de M. Cada uma dessas porções ativas tem comprimento no máximo $t(n)$, pois M usa $t(n)$ células de fita em $t(n)$ passos, se a cabeça move-se para a direita em todo passo, e menos do que isso se uma cabeça mover-se para a esquerda em algum momento. Assim, uma varredura da porção ativa da fita de S usa $O(t(n))$ passos.

Para simular cada um dos passos de M, S realiza duas varreduras e até k deslocamentos para a direita. Cada uma usa um tempo $O(t(n))$; logo, o tempo total para S simular um dos passos de M é $O(t(n))$.

Agora limitamos o tempo total usado pela simulação. O estágio inicial, onde S coloca sua fita no formato apropriado, usa $O(n)$ passos. Depois disso, S simula cada um dos $t(n)$ passos de M, utilizando $O(t(n))$ passos, assim, essa parte da simulação usa $t(n) \times O(t(n)) = O(t^2(n))$ passos. Dessa forma, a simulação inteira de M usa $O(n) + O(t^2(n))$ passos.

Assumimos que $t(n) \geq n$ (uma suposição razoável porque M não poderia nem mesmo ler a entrada toda em menos tempo). Portanto, o tempo de execução de S é $O(t^2(n))$ e a prova está completa.

A seguir, consideramos o teorema análogo para máquinas de Turing não-determinísticas de uma única fita. Mostramos que qualquer linguagem que é decidível sobre uma dessas máquinas é decidível sobre uma máquina de Turing determinística de uma única fita, que requer significativamente mais tempo. Antes de fazê-lo, temos de definir o tempo de execução de uma máquina de Turing não-determinística. Lembre-se de que uma máquina de Turing não-determinística é um decisor se todos os ramos de sua computação param sobre todas as entradas.

DEFINIÇÃO 7.9

Seja N uma máquina de Turing não-determinística decisora. O *tempo de execução* de N é a função $f: \mathcal{N} \rightarrow \mathcal{N}$, onde $f(n)$ é o número máximo de passos que N usa sobre qualquer ramo de sua computação sobre qualquer entrada de comprimento n, como mostrado na Figura 7.10.

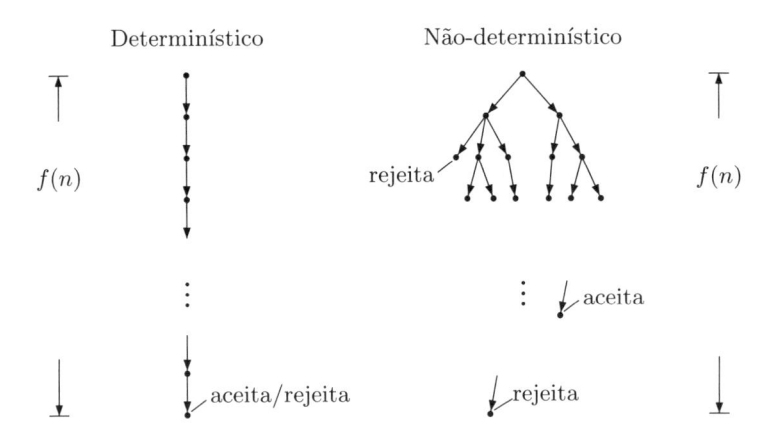

FIGURA 7.10
Medindo tempo determinístico e não-determinístico.

A definição do tempo de execução de uma máquina de Turing não-determinística não tem o objetivo de corresponder a nenhum dispositivo de computação do mundo real. Ao contrário, ela é uma definição matemática útil que ajuda na caracterização da complexidade de uma classe importante de problemas computacionais, como demonstramos brevemente.

TEOREMA 7.11

Seja $t(n)$ uma função, onde $t(n) \geq n$. Então para toda máquina de Turing não-determinística de uma única fita de tempo $t(n)$ existe uma máquina de Turing determinística de uma única fita equivalente de tempo $2^{O(t(n))}$.

PROVA Seja N uma MT não-determinística rodando em tempo $t(n)$. Construímos uma MT determinística D que simula N como na prova do Teorema 3.16 fazendo uma busca na árvore de computação não-determinística de N. Agora, analisamos essa simulação.

Sobre uma entrada de comprimento n, todo ramo da árvore de computação não-determinística de N tem um comprimento no máximo $t(n)$. Todo nó na árvore pode ter, no máximo, b filhos, onde b é o número máximo de escolhas legais dado pela função de transição de N. Portanto, o número total de folhas na árvore é, no máximo, $b^{t(n)}$.

A simulação prossegue explorando essa árvore na disciplina de busca por largura. Em outras palavras, ela visita todos os nós de profundidade d antes de visitar qualquer nó na profundidade $d+1$. O algoritmo dado na prova do Teorema 3.16 ineficientemente começa na raiz e desce para um nó sempre que ele o visita, mas eliminar essa ineficiência não altera o enunciado do teorema corrente; portanto, deixamos como está. O número total de nós na árvore é menor que duas vezes o número máximo de folhas, assim, limitamo-lo por $O(b^{t(n)})$. O tempo gasto para iniciar da raiz e descer a um nó é $O(t(n))$. Conseqüentemente, o tempo de execução de D é $O(t(n)b^{t(n)}) = 2^{O(t(n))}$.

Conforme descrito no Teorema 3.16, a MT D tem três fitas. Converter para uma MT de uma única fita, no máximo eleva ao quadrado o tempo de execução, pelo Teorema 7.8. Logo, o tempo de execução do simulador de uma única fita é $\left(2^{O(t(n))}\right)^2 = 2^{O(2t(n))} = 2^{O(t(n))}$ e o teorema está provado.

7.2
A CLASSE P

Os Teoremas 7.8 e 7.11 ilustram uma importante distinção. Por um lado, demonstramos uma diferença de, no máximo, uma potência quadrática ou *polinomial* entre a complexidade de tempo de problemas medida em máquinas de Turing determinísticas de uma única fita e multifita. Por outro, mostramos uma diferença no máximo *exponencial* entre a complexidade de tempo de problemas em máquinas de Turing determinísticas e não-determinísticas.

TEMPO POLINOMIAL

Para nossos propósitos, diferenças polinomiais em tempo de execução são consideradas pequenas, enquanto diferenças exponenciais são consideradas grandes. Vamos ver por que escolhemos fazer essa separação entre polinômios e exponenciais em vez de entre algumas outras classes de funções.

Primeiro, note a dramática diferença entre a taxa de crescimento de polinômios que ocorrem tipicamente, tais como n^3, e exponenciais típicas, como 2^n. Por exemplo, suponha que n seja 1.000, o tamanho de uma entrada razoável para um algoritmo. Nesse caso, n^3 é 1 bilhão, um número grande, porém administrável, ao passo que 2^n é um número muito maior que o de átomos no universo. Os algoritmos de tempo polinomial são suficientemente rápidos para muitos propósitos, mas os algoritmos de tempo exponencial raramente são úteis.

Algoritmos de tempo exponencial surgem tipicamente quando resolvemos problemas por meio de busca exaustiva em um espaço de soluções, a denominada **busca pela força bruta**. Por exemplo, uma maneira de fatorar um número em seus primos constituintes é buscar por todos os potenciais divisores. O tamanho do espaço de busca é exponencial, e portanto essa busca usa tempo exponencial. Às vezes, a busca por força bruta pode ser evitada através de um entendimento mais profundo de um problema, que pode revelar um algoritmo de tempo polinomial de utilidade maior.

Todos os modelos computacionais determinísticos razoáveis são **polinomialmente equivalentes**. Ou seja, qualquer um deles pode simular outro com apenas um aumento polinomial no tempo de execução. Quando dizemos que todos os modelos determinísticos razoáveis são polinomialmente equivalentes, não tentamos definir *razoável*. Entretanto, temos em mente uma noção suficientemente ampla para incluir modelos que aproximam de perto os tempos de execução em computadores reais. Por exemplo, o Teorema 7.8 mostra que os modelos de máquinas de Turing determinística de uma única fita e multifita são polinomialmente equivalentes.

Daqui por diante focalizaremos em aspectos da teoria da complexidade de tempo que não são afetados por diferenças polinomiais em tempo de execução. Consideramos tais diferenças como insignificantes e as ignoramos. Fazer isso nos permite desenvolver a teoria de uma maneira que não dependa da escolha de um modelo específico de computação. Lembre-se de que nosso objetivo é apresentar as propriedades fundamentais da *computação*, e não das máquinas de Turing ou de qualquer outro modelo especial.

Você pode achar que desconsiderar diferenças polinomiais em tempo de execução é absurdo. Os programadores reais certamente se preocupam com tais diferenças e trabalham duro somente para fazer com que seus programas rodem duas vezes mais rápido. Entretanto, desconsideramos fatores constantes pouco tempo atrás quando introduzimos a notação assintótica. Agora, propomos desconsiderar as diferenças polinomiais, que são muito maiores, tais como aquela entre tempo n e tempo n^3.

Nossa decisão de desconsiderar diferenças polinomiais não implica que consideramos tais diferenças desimportantes. Ao contrário, certamente consideramos a diferença entre tempo n e tempo n^3 como uma importante diferença. Mas algumas questões, como a polinomialidade ou não-polinomialidade do problema da fatoração, não dependem das diferenças polinomiais e são importantes também. Meramente escolhemos focar nesse tipo de questão aqui. Ignorar as árvores para ver a floresta não significa que uma é mais importante que a outra — isso simplesmente dá uma perspectiva diferente.

Neste ponto, chegamos a uma importante definição em teoria da complexidade.

DEFINIÇÃO 7.12

P é a classe de linguagens que são decidíveis em tempo polinomial sobre uma máquina de Turing determinística de uma única fita. Em outras palavras,

$$\mathrm{P} = \bigcup_k \mathrm{TIME}(n^k).$$

A classe P tem um papel central em nossa teoria e é importante porque

1. P é invariante para todos os modelos de computação polinomialmente equivalentes à máquina de Turing determinística de uma única fita; e
2. P corresponde aproximadamente à classe de problemas que são realisticamente solúveis em um computador.

O item 1 indica que P é uma classe matematicamente robusta. Ela não é afetada pelos pormenores do modelo de computação que estamos usando.

O item 2 indica que P é relevante de um ponto de vista prático. Quando um problema está em P, temos um método de resolvê-lo que roda em tempo n^k para alguma constante k. Se esse tempo de execução é prático, depende de k e da aplicação. É claro que é improvável que um tempo de execução de n^{100} tenha qualquer uso prático. Não obstante, chamar de tempo polinomial o limiar da solubilidade prática tem provado ser útil. Uma vez que um algoritmo de tempo polinomial tenha sido encontrado para um problema que anteriormente parecia requerer tempo exponencial, alguma percepção-chave sobre ele terá sido obtida, e geralmente se seguem reduções adicionais na sua complexidade, muitas vezes a ponto de atingir uma real utilidade prática.

EXEMPLOS DE PROBLEMAS EM P

Quando apresentamos um algoritmo de tempo polinomial, damos uma descrição de alto nível sem referência a características de um modelo computacional específico. Isso evita detalhes tediosos de fitas e movimentos de cabeças. Precisamos seguir certas convenções ao descrever um algoritmo, de modo que possamos analisá-lo com vistas à polinomialidade.

Descrevemos os algoritmos com estágios numerados. A noção de um estágio de um algoritmo é análoga à de um passo de uma máquina de Turing, embora seja evidente que implementar um estágio de um algoritmo em uma máquina de Turing vai requerer, em geral, muitos passos de máquina de Turing.

Quando analisamos um algoritmo para mostrar que ele roda em tempo polinomial, precisamos fazer duas coisas. Primeiro, devemos dar um limitante superior polinomial (geralmente em notação O-grande) para o número de estágios que o algoritmo usa quando roda sobre uma entrada de comprimento n. Então, temos de examinar os estágios individuais na descrição do algoritmo para assegurar que cada um possa ser implementado em tempo polinomial em um modelo determinístico razoável. Escolhemos os estágios, quando descrevemos o algoritmo, para tornar essa segunda parte da análise fácil de fazer. Quando ambas as tarefas tiverem sido completadas, podemos concluir que o algoritmo roda em tempo polinomial, porque demonstramos que ele roda por um número polinomial de estágios, cada um dos quais podendo ser feito em tempo polinomial, e a composição de polinômios é um polinômio.

Um ponto que requer atenção é o método de codificação usado para os problemas. Continuamos a usar a notação entre parênteses angulares $\langle \cdot \rangle$ para indicar uma codificação razoável de um ou mais objetos em uma cadeia, sem apontar qualquer método de codificação específico. Agora, um método razoável é aquele que permite codificação e decodificação de objetos em tempo polinomial em representações internas naturais ou em outras codificações razoáveis. Métodos de codificação familiares para grafos, autômatos e coisas do gênero são razoáveis. Mas observe que a notação unária para codificar números (como o número 17 sendo codificado pela cadeia unária 11111111111111111) não é razoável, pois é exponencialmente maior que codificações verdadeiramente razoáveis, como a notação na base k para qualquer $k \geq 2$.

Muitos problemas computacionais que você encontra neste capítulo contêm codificações de grafos. Uma codificação razoável de um grafo é uma lista de seus nós e arestas. Outra é a **matriz de adjacência**, em que a (i,j)-ésima entrada é 1 se existe uma aresta do nó i para o nó j e 0, caso contrário. Quando analisamos algoritmos sobre grafos, o tempo de execução pode ser calculado em termos do número de nós em vez do tamanho da representação do grafo. Em representações razoáveis de grafos, o tamanho da representação é um polinômio no número de nós. Por conseguinte, se analisamos um algoritmo e mostramos que seu tempo de execução é polinomial (ou exponencial) no número de nós, sabemos que ele é polinomial (ou exponencial) no tamanho da entrada.

O primeiro problema diz respeito a grafos direcionados. Um grafo direcionado G contém os nós s e t, como mostrado na Figura 7.13. O problema CAM é determinar se existe um caminho direcionado de s para t. Seja

$CAM = \{\langle G, s, t\rangle|\ G$ é um grafo direcionado

que tem um caminho direcionado de s para $t\}$.

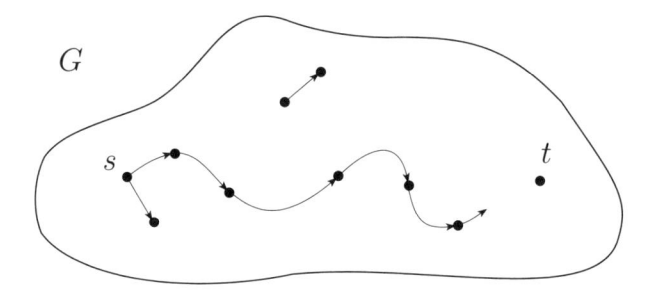

FIGURA **7.13**
O problema CAM: existe um caminho de s para t?

TEOREMA **7.14**

$CAM \in$ P.

IDÉIA DA PROVA Provamos esse teorema apresentando um algoritmo de tempo polinomial que decide CAM. Antes de descrever esse algoritmo, vamos observar que um algoritmo de força bruta para esse problema não é suficientemente rápido.

Um algoritmo de força bruta para CAM procede examinando todos os caminhos potenciais em G e determinando se algum é um caminho direcionado de s para t. Um caminho potencial é uma seqüência de nós em G tendo um comprimento de no máximo m, onde m é o número de nós em G. (Se existe algum caminho direcionado de s para t, existe um tendo um comprimento de no máximo m, porque nunca é necessário repetir um nó.) Mas o número de tais caminhos potenciais é aproximadamente m^m, exponencial no número de nós em G. Por conseguinte, esse algoritmo de força bruta usa tempo exponencial.

Para obter um algoritmo de tempo polinomial para CAM, temos de fazer algo que evite a força bruta. Uma alternativa é usar um método de busca em grafo como a busca por largura. Aqui, marcamos sucessivamente todos os nós em G que são atingíveis a partir de s por caminhos direcionados de comprimento 1, então 2, depois 3, até m. Limitar o tempo de execução dessa estratégia por um polinômio é fácil.

PROVA Um algoritmo de tempo polinomial M para CAM opera da seguinte forma.

$M =$ "Sobre a entrada $\langle G, s, t \rangle$ onde G é um grafo direcionado com nós s e t:
  1. Ponha uma marca sobre o nó s.
  2. Repita o seguinte até que nenhum nó adicional seja marcado:

3. Faça uma varredura em todas as arestas de G. Se uma aresta (a, b) for encontrada indo de um nó marcado a para um nó não marcado b, marque o nó b.
4. Se t estiver marcado, *aceite*. Caso contrário, *rejeite*."

Agora analisamos esse algoritmo para mostrar que ele roda em tempo polinomial. Obviamente, os estágios 1 e 4 são executados apenas uma vez. O estágio 3 roda no máximo m vezes, pois em cada vez, exceto a última, ele marca um nó adicional em G. Por conseguinte, o número total de estágios usados é no máximo $1 + 1 + m$, dando um tempo polinomial no tamanho de G.

Os estágios 1 e 4 de M são facilmente implementados em tempo polinomial em qualquer modelo determinístico razoável. O estágio 3 envolve uma varredura da entrada e um teste para ver se certos nós estão marcados, o que também é facilmente implementado em tempo polinomial. Logo, M é um algoritmo de tempo polinomial para *CAM*.

Vamos nos voltar para outro exemplo de algoritmo de tempo polinomial. Vamos dizer que dois números são **primos entre si** se 1 é o maior inteiro que divide ambos. Por exemplo, 10 e 21 são primos entre si, muito embora nenhum deles seja um número primo por si só, enquanto 10 e 22 não são primos entre si porque ambos são divisíveis por 2. Seja *PRIM-ES* o problema de se testar se dois números são primos entre si. Portanto,

$$PRIM\text{-}ES = \{\langle x, y \rangle |\ x \text{ e } y \text{ são primos entre si}\}.$$

TEOREMA 7.15

PRIM-ES $\in$ P.

IDÉIA DA PROVA Um algoritmo que resolve esse problema busca entre todos os possíveis divisores de ambos os números e aceita se nenhum deles é maior que 1. Entretanto, a magnitude de um número representado em binário, ou em qualquer outra notação na base k para $k \geq 2$, é exponencial no comprimento de sua representação. Conseqüentemente, esse algoritmo de força bruta busca entre um número exponencial de divisores potenciais e tem um tempo de execução exponencial.

Em vez disso, resolvemos esse problema com um procedimento numérico antigo, chamado **algoritmo euclideano**, para computar o máximo divisor comum. O **máximo divisor comum** de números naturais x e y, escrito $\gcd(x, y)$, é o maior inteiro que divide ambos x e y. Por exemplo, $\gcd(18, 24) = 6$. Obviamente que x e y são primos entre si sse $\gcd(x, y) = 1$. Descrevemos o algoritmo euclideano como o algoritmo E na prova. Ele usa a função mod, onde $x \bmod y$ é o resto da divisão inteira de x por y.

PROVA   O algoritmo euclideano E é como segue.

$E = $ "Sobre a entrada $\langle x, y \rangle$, onde x e y são números naturais em binário:
   1. Repita até que $y = 0$:
   2.   Atribua $x \leftarrow x \bmod y$.
   3.   Intercambie x e y.
   4. Dê como saída x."

O algoritmo R resolve *PRIM-ES*, usando E como uma sub-rotina.

$R = $ "Sobre a entrada $\langle x, y \rangle$, onde x e y são números naturais em binário:
   1. Rode E sobre $\langle x, y \rangle$.
   2. Se o resultado for 1, *aceite*. Caso contrário, *rejeite*."

Claramente, se E roda corretamente em tempo polinomial, assim também o faz R; portanto, precisamos apenas analisar E com relação a tempo e correção. A correção desse algoritmo é bem conhecida, por isso não a discutiremos aqui.

Para analisar a complexidade de tempo de E, primeiro mostramos que toda execução do estágio 2 (exceto possivelmente a primeira) corta o valor de x por no mínimo a metade. Após o estágio 2 ser executado, $x < y$ em decorrência da natureza da função mod. Após o estágio 3, $x > y$ porque os dois números terão sido trocados. Daí, quando o estágio 2 for subseqüentemente executado, $x > y$. Se $x/2 \geq y$, então $x \bmod y < y \leq x/2$ e x cai no mínimo pela metade. Se $x/2 < y$, então $x \bmod y = x - y < x/2$ e x cai no mínimo pela metade.

Os valores de x e y são intercambiados toda vez que o estágio 3 é executado, portanto cada um dos valores originais de x e y são reduzidos no mínimo pela metade uma vez não e outra sim através do *loop*. Assim, o número máximo de vezes que os estágios 2 e 3 são executados é o menor entre $2 \log_2 x$ e $2 \log_2 y$. Esses logaritmos são proporcionais aos comprimentos das representações, dando o número de estágios executados como $O(n)$. Cada estágio de E usa somente tempo polinomial, logo, o tempo de execução total é polinomial.

O exemplo final de um algoritmo de tempo polinomial mostra que toda linguagem livre-do-contexto é decidível em tempo polinomial.

TEOREMA 7.16

Toda linguagem livre-do-contexto é um membro de P.

IDÉIA DA PROVA   No Teorema 4.9 provamos que toda LLC é decidível. Para fazer isso demos um algoritmo para cada LLC que a decide. Se esse algoritmo roda em tempo polinomial, o teorema corrente segue como um corolário. Vamos relembrar aquele algoritmo e descobrir se ele roda suficientemente rápido.

Seja L uma LLC gerada por uma GLC G que está na forma normal de Chomsky. Do Problema 2.26, qualquer derivação de uma cadeia w tem $2n - 1$ passos, onde

n é o comprimento de w, porque G está na forma normal de Chomsky. O decisor para L funciona tentando todas as derivações possíveis com $2n-1$ passos quando sua entrada é uma cadeia de comprimento n. Se alguma dessas for uma derivação de w, o decisor aceita; caso contrário, rejeita.

Uma análise rápida desse algoritmo mostra que ele não roda em tempo polinomial. O número de derivações com k passos pode ser exponencial em k, portanto esse algoritmo pode requerer tempo exponencial.

Para obter um algoritmo de tempo polinomial introduzimos uma técnica poderosa chamada ***programação dinâmica***. Essa técnica usa a acumulação de informação sobre subproblemas menores para resolver problemas maiores. Guardamos a solução para qualquer subproblema de modo que precisamos resolvê-lo somente uma vez. Fazemos isso montando uma tabela de todos os subproblemas e entrando com suas soluções sistematicamente à medida que as encontramos.

Nesse caso, consideramos os subproblemas de se determinar se cada variável em G gera cada subcadeia de w. O algoritmo entra com a solução para os subproblemas em uma tabela $n \times n$. Para $i \leq j$ a (i,j)-ésima entrada da tabela contém a coleção de variáveis que geram a subcadeia $w_i w_{i+1} \cdots w_j$. Para $i > j$, as entradas na tabela não são usadas.

O algoritmo preenche as entradas na tabela para cada subcadeia de w. Primeiro ele preenche as entradas para as subcadeias de comprimento 1, depois para aquelas de comprimento 2, e assim por diante. Ele usa as entradas para comprimentos mais curtos para auxiliar na determinação das entradas para comprimentos mais longos.

Por exemplo, suponha que o algoritmo já tenha determinado quais variáveis geram todas as subcadeias até o comprimento k. Para determinar se uma variável A gera uma subcadeia específica de comprimento $k+1$, o algoritmo divide a subcadeia em duas partes não vazias nas k maneiras possíveis. Para cada divisão, o algoritmo examina cada regra $A \to BC$ para determinar se B gera a primeira parte e C gera a segunda parte, usando entradas previamente computadas na tabela. Se ambas, B e C, geram as partes respectivas, A gera a subcadeia e, portanto, é adicionada à entrada associada na tabela. O algoritmo inicia o processo com as cadeias de comprimento 1 examinando a tabela para as regras $A \to \mathtt{b}$.

PROVA O seguinte algoritmo D implementa a idéia da prova. Seja G uma GLC na forma normal de Chomsky gerando a LLC L. Suponha que S seja a variável inicial. (Lembre-se que a cadeia vazia é trabalhada de forma especial em uma gramática na forma normal de Chomsky. O algoritmo lida com o caso especial no qual $w = \varepsilon$ no estágio 1.) Os comentários aparecem dentro de colchetes duplos.

$D =$ "Sobre a entrada $w = w_1 \cdots w_n$:
1. Se $w = \varepsilon$ e $S \to \varepsilon$ for uma regra, *aceite*. 〚 trata o caso $w = \varepsilon$ 〛
2. Para $i = 1$ até n: 〚 examina cada subcadeia de comprimento 1 〛

3. Para cada variável A:
4. Teste se $A \to \mathtt{b}$ é uma regra, onde $\mathtt{b} = w_i$.
5. Se for, coloque A em $tabela(i,i)$.
6. Para $l = 2$ até n: 〚 l é o comprimento da subcadeia 〛
7. Para $i = 1$ até $n - l + 1$: 〚 i é a posição inicial da subcadeia 〛
8. Faça $j = i + l - 1$, 〚 j é a posição final da subcadeia 〛
9. Para $k = i$ até $j - 1$: 〚 k é a posição em que ocorre a divisão 〛
10. Para cada regra $A \to BC$:
11. Se $tabela(i,k)$ contém B e $tabela(k+1,j)$ contém C, ponha A em $tabela(i,j)$.
12. Se S estiver em $tabela(1,n)$, *aceite*. Caso contrário, *rejeite*."

Agora analisamos D. Cada estágio é facilmente implementado para rodar em tempo polinomial. Os estágios 4 e 5 rodam no máximo nv vezes, onde v é o número de variáveis em G e é uma constante fixa independente de n; logo, esses estágios rodam $O(n)$ vezes. O estágio 6 roda no máximo n vezes. Cada vez que o estágio 6 roda, o estágio 7 roda no máximo n vezes. Cada vez que o estágio 7 roda, os estágios 8 e 9 rodam no máximo n vezes. Cada vez que o estágio 9 roda, o estágio 10 roda r vezes, onde r é o número de regras de G e é outra constante fixa. Portanto, o estágio 11, o *loop* mais interno do algoritmo, roda $O(n^3)$ vezes. Fazendo-se a soma, o total mostra que D executa $O(n^3)$ estágios.

7.3

A CLASSE NP

Como observamos na Seção 7.2, podemos evitar a busca por força bruta em muitos problemas e obter soluções de tempo polinomial. Entretanto, tentativas de evitar a força bruta em alguns outros problemas, incluindo muitos interessantes e úteis, não têm sido bem-sucedidas e não se sabe se existem algoritmos de tempo polinomial que os resolvem.

Por que não temos tido sucesso em encontrar algoritmos de tempo polinomial para esses problemas? Não sabemos a resposta para essa importante questão. Talvez esses problemas tenham algoritmos de tempo polinomial que ainda não tenham sido descobertos e que se baseiem em princípios desconhecidos. Ou possivelmente alguns desses problemas simplesmente *não podem* ser resolvidos em tempo polinomial. Eles podem ser intrinsecamente difíceis.

Uma descoberta notável concernente a essa questão mostra que as complexidades de muitos problemas estão interligadas. Um algoritmo de tempo polinomial para um desses problemas pode ser usado para resolver uma classe inteira de problemas. Para entender esse fenômeno, vamos começar com um exemplo.

Um *caminho hamiltoniano* em um grafo direcionado G é um caminho direcionado que passa por cada nó exatamente uma vez. Vamos considerar o problema de se testar se um grafo direcionado contém um caminho hamiltoniano conectando dois nós especificados, como mostrado na figura abaixo. Seja

$CAMHAM = \{\langle G, s, t\rangle|\ G$ é um grafo direcionado

com um caminho hamiltoniano de s para $t\}$.

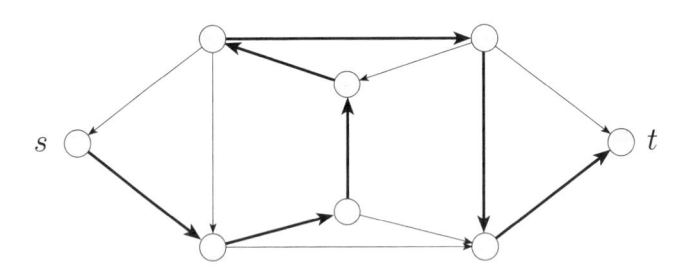

FIGURA 7.17
Um caminho hamiltoniano passa por cada nó exatamente uma vez.

Podemos facilmente obter um algoritmo de tempo exponencial para o problema $CAMHAM$ modificando o algoritmo de força bruta para CAM dado no Teorema 7.14. Precisamos apenas adicionar um teste para verificar que o caminho potencial é hamiltoniano. Ninguém sabe se $CAMHAM$ é solúvel em tempo polinomial.

O problema $CAMHAM$ de fato tem uma característica chamada ***verificabilidade polinomial*** que é importante para entender sua complexidade. Muito embora não conheçamos uma forma rápida (isto é, de tempo polinomial) de determinar se um grafo contém um caminho hamiltoniano, se este fosse descoberto de alguma forma (talvez usando o algoritmo de tempo exponencial), poderíamos facilmente convencer uma outra pessoa de sua existência, simplesmente apresentando-o. Em outras palavras, *verificar* a existência de um caminho hamiltoniano pode ser muito mais fácil que *determinar* sua existência.

Outro problema polinomialmente verificável é a compostura. Lembre-se de que um número natural é ***composto*** se ele é o produto de dois números inteiros maiores que 1 (isto é, um número composto é aquele que não é um número primo). Seja

$COMPOSTOS = \{x|\ x = pq,$ para inteiros $p, q > 1\}$.

Podemos facilmente verificar que um número é composto — tudo o que é necessário é um divisor desse número. Recentemente, um algoritmo de tempo polinomial para testar se um número é primo ou composto foi descoberto, mas ele é consideravelmente mais complicado que o método precedente para verificar compostura.

Alguns problemas podem não ser polinomialmente verificáveis. Por exemplo, tome $\overline{CAMHAM}$, o complemento do problema $CAMHAM$. Mesmo se pudéssemos determinar (de alguma forma) se um grafo realmente *não* tem um caminho hamiltoniano, não conhecemos uma maneira de permitir a alguém verificar sua não existência sem usar o mesmo algoritmo de tempo exponencial para fazer a determinação. Segue uma definição formal.

DEFINIÇÃO 7.18

Um ***verificador*** para uma linguagem A é um algoritmo V, onde

$A = \{w|\ V \text{ aceita } \langle w, c \rangle \text{ para alguma cadeia } c\}.$

Medimos o tempo de um verificador em termos apenas do comprimento de w, portanto um ***verificador de tempo polinomial*** roda em tempo polinomial no comprimento de w. Uma linguagem A é ***polinomialmente verificável*** se ela tem um verificador de tempo polinomial.

Um verificador usa informação adicional, representada pelo símbolo c na Definição 7.18, para verificar que uma cadeia w é um membro de A. Essa informação é chamada ***certificado***, ou ***prova***, da pertinência a A. Observe que, para verificadores polinomiais, o certificado tem comprimento polinomial (no comprimento de w), porque isso é tudo que o verificador pode acessar no seu limitante de tempo. Vamos aplicar essa definição às linguagens $CAMHAM$ e $COMPOSTOS$.

Para o problema $CAMHAM$, um certificado para uma cadeia $\langle G, s, t \rangle \in CAMHAM$ é simplesmente o caminho hamiltoniano de s a t. Para o problema $COMPOSTOS$, um certificado para o número composto x é simplesmente um de seus divisores. Em ambos os casos, o verificador pode checar em tempo polinomial que a entrada está na linguagem quando ele recebe o certificado.

DEFINIÇÃO 7.19

NP é a classe das linguagens que têm verificadores de tempo polinomial.

A classe NP é importante porque contém muitos problemas de interesse prático. Da discussão precedente, ambos, $CAMHAM$ e $COMPOSTOS$, são membros de NP. Como mencionamos, $COMPOSTOS$ é também um membro de P que é um subconjunto de NP, mas provar esse resultado mais forte é muito mais difícil. O termo NP vem de ***tempo polinomial não-determinístico*** e é derivado de uma caracterização alternativa usando máquinas de Turing não-determinísticas de tempo polinomial. Problemas em NP são às vezes chamados problemas NP.

A seguir está uma máquina de Turing não-determinística (MTN) que decide o problema *CAMHAM* em tempo polinomial não-determinístico. Lembre-se de que na Definição 7.9 especificamos o tempo de uma máquina não-determinística como o tempo usado pelo ramo de computação mais longo.

N_1 = "Sobre a entrada $\langle G, s, t \rangle$, onde G é um grafo direcionado com nós s e t:
1. Escreva uma lista de m números, $p_1, \ldots, p_m$, onde m é o número de nós em G. Cada número na lista é selecionado não-deterministicamente entre os números 1 a m.
2. Verifique se há repetições na lista. Se alguma for encontrada, *rejeite*.
3. Teste se $s = p_1$ e $t = p_m$. Se um dos testes falhar, *rejeite*.
4. Para cada i entre 1 e $m-1$, verifique se (p_i, p_{i+1}) é uma aresta de G. Se alguma não for, *rejeite*. Caso contrário, todos os testes foram positivos, portanto, *aceite*."

Para analisar esse algoritmo e verificar que ele roda em tempo polinomial não-determinístico, examinamos cada um de seus estágios. No estágio 1, a escolha não-determinística claramente roda em tempo polinomial. Nos estágios 2 e 3, cada parte é uma simples verificação, portanto, juntos eles rodam em tempo polinomial. Finalmente, o estágio 4 também claramente roda em tempo polinomial. Por conseguinte, esse algoritmo roda em tempo polinomial não-determinístico.

TEOREMA 7.20

Uma linguagem está em NP sse ela é decidida por alguma máquina de Turing não-determinística de tempo polinomial.

IDÉIA DA PROVA Mostramos como converter um verificador de tempo polinomial para uma MTN de tempo polinomial equivalente e vice-versa. A MTN simula o verificador adivinhando o certificado. O verificador simula a MTN usando o ramo de computação de aceitação como o certificado.

PROVA Para a direção para a frente desse teorema, suponha que $A \in$ NP e mostre que A é decidida por uma MTN de tempo polinomial N. Seja V o verificador de tempo polinomial para A que existe pela definição de NP. Suponha que V seja uma MT que roda em tempo n^k e construa N da seguinte maneira.

N = "Sobre a entrada w de comprimento n:
1. Não-deterministicamente selecione uma cadeia c de comprimento no máximo n^k.
2. Rode V sobre a entrada $\langle w, c \rangle$.
3. Se V aceita, *aceite*; caso contrário, *rejeite*."

Para provar a outra direção do teorema, assuma que A seja decidida por uma MTN de tempo polinomial N e construa um verificador de tempo polinomial V da seguinte maneira.

$V =$ "Sobre a entrada $\langle w, c \rangle$, onde w e c são cadeias:
1. Simule N sobre a entrada w, tratando cada símbolo de c como uma descrição da escolha não-determinística a fazer a cada passo (como na prova do Teorema 3.16).
2. Se esse ramo da computação de N aceita, *aceite*; caso contrário, *rejeite*."

Definimos a classe de complexidade de tempo não-determinístico NTIME($t(n)$) como análoga à classe de complexidade de tempo determinístico TIME($t(n)$).

DEFINIÇÃO 7.21

NTIME*(t(n))* = {$L|$ L é uma linguagem decidida por uma máquina de Turing não-determinística de tempo $O(t(n))$}.

COROLÁRIO 7.22

NP $= \bigcup_k$ NTIME(n^k).

A classe NP é insensível à escolha do modelo computacional não-determinístico razoável, pois todos esses modelos são polinomialmente equivalentes. Ao descrever e analisar algoritmos de tempo polinomial não-determinísticos, seguimos as convenções precedentes para algoritmos determinísticos de tempo polinomial. Cada estágio de um algoritmo não-determinístico de tempo polinomial deve ter uma implementação óbvia em tempo polinomial não-determinístico em um modelo computacional não-determinístico razoável. Analisamos o algoritmo para mostrar que todo ramo usa, no máximo, uma quantidade polinomial de estágios.

EXEMPLOS DE PROBLEMAS EM NP

Um ***clique*** em um grafo não-direcionado é um subgrafo no qual todo par de nós está conectado por uma aresta. Um ***k-clique*** é um clique que contém k nós. A Figura 7.23 ilustra um grafo tendo um 5-clique.

O problema do clique é determinar se um grafo contém um clique de um tamanho especificado. Seja

CLIQUE = {$\langle G, k \rangle |$ G é um grafo não-direcionado com um k-clique}.

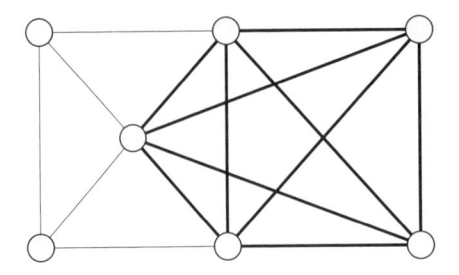

FIGURA 7.23
Um grafo com um 5-clique.

TEOREMA 7.24

CLIQUE está em NP.

IDÉIA DA PROVA O clique é o certificado.

PROVA Aqui está um verificador V para *CLIQUE*.

$V =$ "Sobre a entrada $\langle\langle G, k\rangle, c\rangle$:
1. Teste se c é um conjunto de k nós em G
2. Teste se G contém todas as arestas conectando nós em c.
3. Se ambos os testes retornam positivo, *aceite*; caso contrário, *rejeite*."

PROVA ALTERNATIVA Se você preferir pensar em NP em termos de máquinas de Turing não-determinísticas de tempo polinomial, você pode provar esse teorema fornecendo uma que decida *CLIQUE*. Observe a similaridade entre as duas provas.

$N =$ "Sobre a entrada $\langle G, k\rangle$, onde G é um grafo:
1. Não-deterministicamente selecione um subconjunto c de k nós de G.
2. Teste se G contém todas as arestas conectando nós em c.
3. Se sim, *aceite*; caso contrário, *rejeite*."

A seguir, consideramos o problema *SOMA-SUBC* concernente a aritmética de inteiros. Nesse problema, temos uma coleção de números $x_1, \ldots, x_k$ e um número-alvo t. Desejamos determinar se a coleção contém uma subcoleção que soma t. Assim,

$$\textit{SOMA-SUBC} = \{\langle S, t\rangle \mid S = \{x_1, \ldots, x_k\} \text{ e para algum} $$
$$\{y_1, \ldots, y_l\} \subseteq \{x_1, \ldots, x_k\}, \text{ temos } \Sigma y_i = t\}.$$

Por exemplo, $\langle\{4, 11, 16, 21, 27\}, 25\rangle \in$ *SOMA-SUBC* porque $4+21 = 25$. Note que $\{x_1, \ldots, x_k\}$ e $\{y_1, \ldots, y_l\}$ são considerados como **multiconjuntos** e, portanto, permitem repetição de elementos.

TEOREMA 7.25

SOMA-SUBC está em NP.

IDÉIA DA PROVA O subconjunto é o certificado.

PROVA O que segue é um verificador V para *SOMA-SUBC*.

$V =$ "Sobre a entrada $\langle\langle S, t\rangle, c\rangle$:
  1. Teste se c é uma coleção de números que somam t.
  2. Teste se S contém todos os números em c.
  3. Se ambos os testes retornem positivo, *aceite*; caso contrário, *rejeite*."

PROVA ALTERNATIVA Podemos também provar esse teorema dando uma máquina de Turing não-determinística de tempo polinomial para *SOMA-SUBC* da seguinte forma.

$N =$ "Sobre a entrada $\langle S, t\rangle$:
  1. Não-deterministicamente selecione um subconjunto c dos números em S.
  2. Teste se c é uma coleção de números que somam t.
  3. Se o teste der positivo, *aceite*; caso contrário, *rejeite*."

Observe que os complementos desses conjuntos, $\overline{CLIQUE}$ e $\overline{SOMA\text{-}SUBC}$, não são membros óbvios de NP. Verificar que algo *não* está presente parece ser mais difícil que verificar que *está* presente. Construímos uma classe de complexidade separada, chamada coNP, que contém as linguagens que são complementos das linguagens em NP. Não sabemos se coNP é diferente de NP.

A QUESTÃO P VERSUS NP

Como temos insistido, NP é a classe de linguagens que são solúveis em tempo polinomial em uma máquina de Turing não-determinística ou, equivalentemente, é a classe das linguagens para as quais a pertinência pode ser verificada em tempo polinomial. P é a classe das linguagens para as quais a pertinência pode ser testada em tempo polinomial. Resumimos essa informação da seguinte forma, onde nos referimos frouxamente a solúvel em tempo polinomial como solúvel "rapidamente".

> P = a classe das linguagens
> para as quais pertinência pode ser *decidida* rapidamente.
>
> NP = a classe das linguagens
> para as quais pertinência pode ser *verificada* rapidamente.

Apresentamos exemplos de linguagens, como *CAMHAM* e *CLIQUE*, que são membros de NP, mas que não se sabe se estão em P. O poder de verificabilidade polinomial parece ser muito maior que aquele da decidibilidade polinomial. No entanto, por mais difícil que seja de imaginar, P e NP poderiam ser iguais. Somos incapazes de *provar* a existência de uma única linguagem em NP que não esteja em P.

A questão de se P = NP é um dos maiores problemas não resolvidos em ciência da computação teórica e matemática contemporânea. Se essas classes fossem iguais, qualquer problema polinomialmente verificável seria polinomialmente decidível. A maioria dos pesquisadores acreditam que as duas classes não são iguais porque as pessoas investiram esforços enormes para encontrar algoritmos de tempo polinomial para certos problemas em NP, sem sucesso. Os pesquisadores também têm tentado provar que as classes são diferentes, mas isso acarretaria mostrar que não existe algoritmo rápido para substituir a força bruta. Fazer isso está, atualmente, além do alcance científico. A seguinte figura mostra as duas possibilidades.

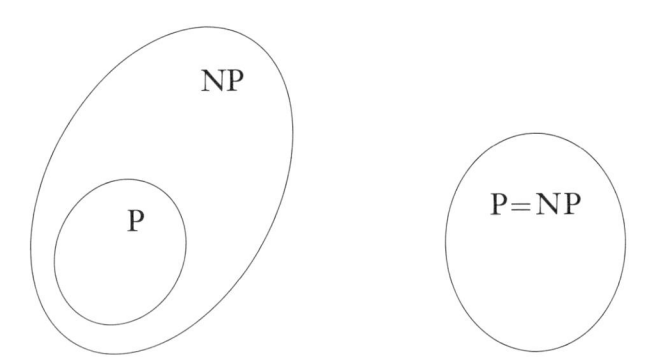

FIGURA **7.26**
Uma dessas possibilidades é correta.

O melhor método conhecido para resolver as linguagens em NP deterministicamente usa tempo exponencial. Em outras palavras, podemos provar que

$$\text{NP} \subseteq \text{EXPTIME} = \bigcup_k \text{TIME}(2^{n^k}),$$

mas não sabemos se NP está contida em uma classe de complexidade de tempo determinístico menor.

7.4
NP-COMPLETUDE

Um avanço importante na questão P *versus* NP veio no início dos anos 1970 com o trabalho de Stephen Cook e Leonid Levin. Eles descobriram certos problemas em NP cuja complexidade individual está relacionada àquela da classe inteira. Se existe um algoritmo de tempo polinomial para quaisquer desses problemas, todos os problemas em NP seriam solúveis em tempo polinomial. Esses problemas são chamados **NP-completos**. O fenômeno da NP-completude é importante por razões tanto teóricas quanto práticas.

No lado teórico, um pesquisador tentando mostrar que P é diferente de NP pode focar sobre um problema NP-completo. Se algum problema em NP requer mais que tempo polinomial, um NP-completo também requer. Além disso, um pesquisador tentando provar que P é igual a NP precisa apenas encontrar um algoritmo de tempo polinomial para um problema NP-completo para atingir seu objetivo.

No lado prático, o fenômeno da NP-completude pode evitar que se desperdice tempo buscando um algoritmo de tempo polinomial não existente para resolver um problema específico. Muito embora possamos não ter a matemática necessária para provar que o problema é insolúvel em tempo polinomial, acreditamos que P é diferente de NP, portanto provar que um problema é NP-completo é forte evidência de sua não-polinomialidade.

O primeiro problema NP-completo que apresentamos é chamado **problema da satisfazibilidade**. Lembre-se de que variáveis que podem tomar os valores VERDADEIRO ou FALSO são chamadas **variáveis booleanas** (veja a Seção 0.2). Geralmente, representamos VERDADEIRO por 1 e FALSO por 0. As **operações booleanas** E, OU e NÃO, representadas pelos símbolos $\wedge$, $\vee$ e $\neg$, respectivamente, são descritas na lista seguinte. Usamos a barra superior como uma abreviação para o símbolo $\neg$, portanto $\overline{x}$ significa $\neg x$.

$$0 \wedge 0 = 0 \quad\quad 0 \vee 0 = 0 \quad\quad \overline{0} = 1$$
$$0 \wedge 1 = 0 \quad\quad 0 \vee 1 = 1 \quad\quad \overline{1} = 0$$
$$1 \wedge 0 = 0 \quad\quad 1 \vee 0 = 1$$
$$1 \wedge 1 = 1 \quad\quad 1 \vee 1 = 1$$

Uma **fórmula booleana** é uma expressão envolvendo variáveis booleanas e operações. Por exemplo,

$$\phi = (\overline{x} \wedge y) \vee (x \wedge \overline{z})$$

é uma fórmula booleana. Uma fórmula booleana é **satisfazível** se alguma atribuição de 0s e 1s às variáveis faz a fórmula ter valor 1. A fórmula precedente é satisfazível porque a atribuição $x = 0$, $y = 1$ e $z = 0$ faz ϕ ter valor 1. Dizemos que a atribuição *satisfaz* ϕ. O **problema da satisfazibilidade** é testar se uma fórmula booleana é satisfazível. Seja

$$SAT = \{\langle\phi\rangle|\ \phi \text{ é uma fórmula booleana satisfazível}\}.$$

Agora enunciamos o teorema de Cook-Levin, que relaciona a complexidade do problema *SAT* às complexidades de todos os problemas em NP.

TEOREMA 7.27 ....

Teorema de Cook-Levin $SAT \in P$ sse $P = NP$.

A seguir, desenvolvemos o método que é central para a prova do teorema de Cook-Levin.

REDUTIBILIDADE EM TEMPO POLINOMIAL

No Capítulo 5, definimos o conceito de reduzir um problema a um outro. Quando o problema A se reduz ao problema B, uma solução para B pode ser usada para resolver A. Agora, definimos uma versão da redutibilidade que leva em consideração a eficiência da computação. Quando o problema A é *eficientemente* redutível ao problema B, uma solução eficiente para B pode ser utilizada para resolver A eficientemente.

DEFINIÇÃO 7.28

Uma função $f: \Sigma^* \longrightarrow \Sigma^*$ é uma ***função computável em tempo polinomial*** se existe alguma máquina de Turing de tempo polinomial M que pára com exatamente $f(w)$ na sua fita, quando iniciada sobre qualquer entrada w.

DEFINIÇÃO 7.29

A linguagem A é ***redutível por mapeamento em tempo polinomial***,[1] ou simplesmente ***redutível em tempo polinomial***, à linguagem B, em símbolos $A \leq_P B$, se existe uma função computável em tempo polinomial $f: \Sigma^* \longrightarrow \Sigma^*$, onde para toda w,

$$w \in A \iff f(w) \in B.$$

A função f é denominada ***redução de tempo polinomial*** de A para B.

---

[1] Ela é chamada ***redutibilidade de tempo polinomial muitos-para-um*** em alguns outros livros-texto.

A redutibilidade em tempo polinomial é a análoga eficiente à redutibilidade por mapeamento como definida na Seção 5.3. Outras formas de redutibilidade eficiente estão disponíveis, mas a redutibilidade de tempo polinomial é uma forma simples que é adequada a nossos propósitos, portanto, não discutiremos as outras aqui. A figura abaixo ilustra a redutibilidade de tempo polinomial.

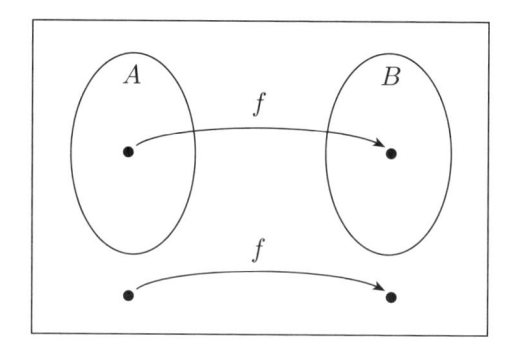

FIGURA 7.30
A função de tempo polinomial f reduzindo A a B.

Da mesma forma que uma redução por mapeamento comum, uma redução de tempo polinomial de A para B provê uma maneira de converter o teste de pertinência em A para um teste de pertinência em B, mas agora a conversão é feita eficientemente. Para testar se $w \in A$, usamos a redução f para mapear w para $f(w)$ e testamos se $f(w) \in B$.

Se uma linguagem for redutível em tempo polinomial a uma linguagem já sabidamente solúvel em tempo polinomial, obtemos uma solução polinomial para a linguagem original, como no teorema seguinte.

TEOREMA 7.31

Se $A \leq_P B$ e $B \in P$, então $A \in P$.

PROVA Seja M o algoritmo de tempo polinomial que decide B e f a redução de tempo polinomial de A para B. Descrevemos um algoritmo de tempo polinomial N que decide A da seguinte forma.

N = "Sobre a entrada w:
1. Compute $f(w)$.
2. Rode M sobre a entrada $f(w)$ e dê como saída o que M der como saída."

Temos $w \in A$ sempre que $f(w) \in B$ porque f é uma redução de A para B. Por conseguinte, M aceita $f(w)$ sempre que $w \in A$. Além do mais, N roda em tempo polinomial, pois cada um de seus dois estágios roda em tempo polinomial. Note que o estágio 2 roda em tempo polinomial porque a composição de polinômios é um polinômio.

Antes de exibir uma redução de tempo polinomial, introduzimos *3SAT*, um caso especial do problema da satisfizibilidade no qual todas as fórmulas estão em uma forma especial. Um ***literal*** é uma variável booleana ou uma variável booleana negada, como em x ou $\overline{x}$. Uma ***cláusula*** é uma fórmula composta de vários literais conectados por $\vee$s, como em $(x_1 \vee \overline{x_2} \vee \overline{x_3} \vee x_4)$. Uma fórmula booleana está na ***forma normal conjuntiva***, chamada ***fnc-fórmula***, se ela compreende várias cláusulas conectadas por $\wedge$s, como em

$$(x_1 \vee \overline{x_2} \vee \overline{x_3} \vee x_4) \wedge (x_3 \vee \overline{x_5} \vee x_6) \wedge (x_3 \vee \overline{x_6}).$$

Ela é uma ***3fnc-fórmula*** se todas as cláusulas tiverem três literais, como em

$$(x_1 \vee \overline{x_2} \vee \overline{x_3}) \wedge (x_3 \vee \overline{x_5} \vee x_6) \wedge (x_3 \vee \overline{x_6} \vee x_4) \wedge (x_4 \vee x_5 \vee x_6).$$

Seja $3SAT = \{\langle\phi\rangle|\ \phi$ é uma 3fnc-fórmula satisfazível$\}$. Em uma fnc-fórmula satisfazível, cada cláusula deve conter pelo menos um literal a que é atribuído o valor 1.

O teorema seguinte apresenta uma redução de tempo polinomial do problema *3SAT* para o problema *CLIQUE*.

TEOREMA 7.32

3SAT é redutível em tempo polinomial a *CLIQUE*.

IDÉIA DA PROVA   A redução de tempo polinomial f que mostramos de *3SAT* para *CLIQUE* converte fórmulas para grafos. Nos grafos construídos, os cliques de um dado tamanho correspondem a atribuições que satisfazem à fórmula. Estruturas dentro do grafo são projetadas para imitar o comportamento das variáveis e cláusulas.

PROVA   Seja ϕ uma fórmula com k cláusulas tal como

$$\phi = (a_1 \vee b_1 \vee c_1) \wedge (a_2 \vee b_2 \vee c_2) \wedge \cdots \wedge (a_k \vee b_k \vee c_k).$$

A redução f gera a cadeia $\langle G, k\rangle$, onde G é um grafo não-direcionado definido da seguinte forma.

Os nós em G são organizados em k grupos de três nós cada um chamados de ***triplas***, $t_1, \ldots, t_k$. Cada tripla corresponde a uma das cláusulas em ϕ, e cada nó

em uma tripla corresponda a um literal na cláusula associada. Rotule cada nó de
G com seu literal correspondente em ϕ.

As arestas de G conectam todos os pares de nós em G, exceto dois tipos de
pares. Nenhuma aresta está presente entre nós na mesma tripla e nenhuma aresta
está presente entre dois nós com rótulos contraditórios, como x_2 e $\overline{x_2}$. A figura
a seguir ilustra essa construção quando $\phi = (x_1 \lor x_1 \lor x_2) \land (\overline{x_1} \lor \overline{x_2} \lor \overline{x_2}) \land (\overline{x_1} \lor x_2 \lor x_2)$.

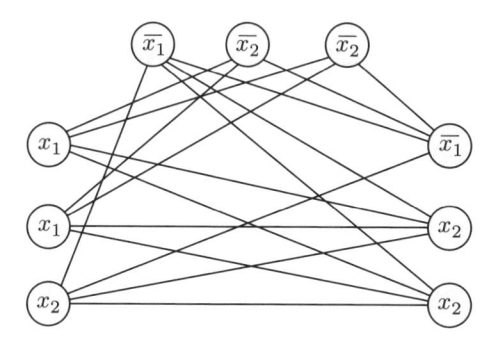

FIGURA **7.33**
O grafo que a redução produz a partir de
$\phi = (x_1 \lor x_1 \lor x_2) \land (\overline{x_1} \lor \overline{x_2} \lor \overline{x_2}) \land (\overline{x_1} \lor x_2 \lor x_2)$.

Agora, demonstramos por que essa construção funciona. Mostramos que ϕ é
satisfazível sse G tem um k-clique.

Suponha que ϕ tenha uma atribuição que a satisfaz. Nessa atribuição, pelo
menos um literal é verdadeiro em cada cláusula. Em cada tripla de G, selecionamos
um nó correspondendo a um literal verdadeiro na atribuição que satisfaz
a fórmula. Se mais que um literal for verdadeiro em uma cláusula específica,
escolhemos um deles arbitrariamente. Os nós que acabam de ser selecionados
formam um k-clique. O número de nós selecionado é k, porque escolhemos
um para cada uma das k triplas. Cada par de nós selecionados é ligado por uma
aresta porque nenhum par se encaixa em uma das exceções descritas anteriormente.
Eles não poderiam ser da mesma tripla, porque selecionamos somente
um nó por tripla. Eles não poderiam ter rótulos contraditórios porque os literais
associados eram ambos verdadeiros na atribuição que satisfaz a fórmula. Por
conseguinte, G contém um k-clique.

Suponha que G tenha um k-clique. Nenhum par de nós do clique ocorre
na mesma tripla, porque nós na mesma tripla não são conectados por arestas.
Conseqüentemente, cada uma das k triplas contém exatamente um dos k nós do
clique. Atribuímos valores-verdade às variáveis de ϕ de modo que cada literal
que rotula um nó do clique torne-se verdadeiro. Fazer isso é sempre possível,
pois dois nós rotulados de maneira contraditória não são conectados por uma

aresta e, portanto, não podem estar ambos no clique. Essa atribuição às variáveis satisfaz ϕ porque cada tripla contém um nó do clique e, assim, cada cláusula contém um literal ao qual é atribuído VERDADEIRO. Logo, ϕ é satisfazível.

Os Teoremas 7.31 e 7.32 nos dizem que, se *CLIQUE* for solúvel em tempo polinomial, o mesmo acontece com *3SAT*. À primeira vista, essa conexão entre esses dois problemas parece um tanto impressionante porque, superficialmente, eles são bastante diferentes. Mas a redutibilidade de tempo polinomial nos permite relacionar suas complexidades. Agora nos voltamos para uma definição que nos permitirá similarmente relacionar as complexidades de uma classe inteira de problemas.

DEFINIÇÃO DE NP-COMPLETUDE

DEFINIÇÃO 7.34

Uma linguagem B é **NP-completa** se satisfaz duas condições:

1. B está em NP, e
2. toda A em NP é redutível em tempo polinomial a B.

TEOREMA 7.35

Se B for NP-completa e $B \in$ P, então P $=$ NP.

PROVA Esse teorema segue diretamente da definição de redutibilidade de tempo polinomial.

TEOREMA 7.36

Se B for NP-completa e $B \leq_\text{P} C$ para C em NP, então C é NP-completa.

PROVA Já sabemos que C está em NP, portanto devemos mostrar que toda A em NP é redutível em tempo polinomial a C. Como B é NP-completa, toda linguagem em NP é redutível em tempo polinomial a B e B, por sua vez, é redutível em tempo polinomial a C. Reduções em tempo polinomial se compõem; ou seja, se A for redutível em tempo polinomial a B e B for redutível em tempo polinomial a C, então A é redutível em tempo polinomial a C. Logo, toda linguagem em NP é redutível em tempo polinomial a C.

O TEOREMA DE COOK-LEVIN

Uma vez que temos um problema NP-completo, podemos obter outros por redução de tempo polinomial a partir dele. Entretanto, estabelecer o primeiro problema NP-completo é mais difícil. A seguir, fazemos isso provando que *SAT* é NP-completo.

TEOREMA 7.37

SAT é NP-completo.[2]

Esse teorema reenuncia o Teorema 7.27, o teorema de Cook-Levin, em outra forma.

IDÉIA DA PROVA   Mostrar que *SAT* está em NP é fácil, e vamos fazer isso em breve. A parte difícil da prova é mostrar que qualquer linguagem em NP é redutível em tempo polinomial a *SAT*.

Para fazer isso construímos uma redução de tempo polinomial para cada linguagem A em NP para *SAT*. A redução para A toma uma cadeia w e produz uma fórmula booleana ϕ que simula a máquina NP para A sobre a entrada w. Se a máquina aceita, ϕ tem uma atribuição que a satisfaz que corresponde à computação de aceitação. Se a máquina não aceita, nenhuma atribuição satisfaz ϕ. Conseqüentemente, w está em A se e somente se ϕ é satisfazível.

Construir realmente a redução para funcionar dessa maneira é uma tarefa conceitualmente simples, embora devamos lidar com muitos detalhes. Uma fórmula booleana pode conter as operações booleanas E, OU e NÃO e essas operações formam a base para os circuitos usados em computadores eletrônicos. Logo, o fato de que podemos projetar uma fórmula booleana para simular uma máquina de Turing não é surpreendente. Os detalhes estão na implementação dessa idéia.

PROVA   Primeiro, mostramos que *SAT* está em NP. Uma máquina de tempo polinomial não-determinístico pode adivinhar uma atribuição para uma dada fórmula ϕ e aceitar se a atribuição satisfaz ϕ.

A seguir, tomamos qualquer linguagem A em NP e mostramos que A é redutível em tempo polinomial a *SAT*. Seja N uma máquina de Turing não-determinística que decide A em tempo n^k para alguma constante k. (Por conveniência, assumimos, na verdade, que N roda em tempo $n^k - 3$, mas apenas aqueles leitores interessados em detalhes deveriam se preocupar com essa questão menor.) A seguinte noção ajuda a descrever a redução.

Um ***tableau*** para N sobre w é uma tabela $n^k \times n^k$ cujas linhas são as configurações de um ramo da computação de N sobre a entrada w, como mostrado na Figura 7.38.

---

[2] Uma prova alternativa desse teorema aparece na Seção 9.3 na página 373.

```
      #  q₀ w₁ w₂  ···  wₙ ⊔  ···  ⊔ #   configuração inicial
      #                              #   segunda configuração
      #                              #
                         janela
nᵏ
                        [janela]

      #                              #   nᵏ-ésima configuração
      ←——————— nᵏ ———————→
```

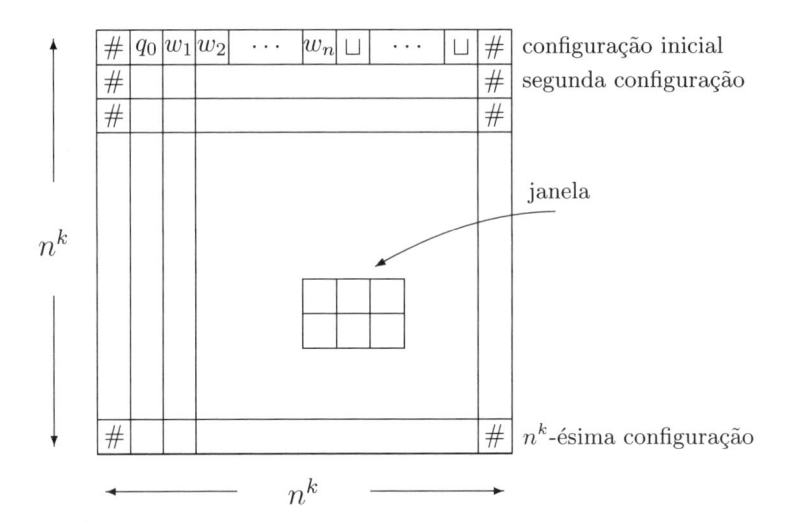

FIGURA 7.38
Um *tableau* é uma tabela $n^k \times n^k$ de configurações.

Por conveniência, adiante supomos que cada configuração começa e termina com um símbolo #, de modo que a primeira e a última colunas de um *tableau* são todas de #s. A primeira linha do *tableau* é a configuração inicial de N sobre w, e cada linha segue da anterior conforme a função de transição de N. Um *tableau* é de **aceitação** se qualquer linha dele for uma configuração de aceitação.

Todo *tableau* de aceitação para N sobre w corresponde a um ramo de computação de aceitação de N sobre w. Portanto, o problema de se determinar se N aceita w é equivalente ao problema de se determinar se existe um *tableau* de aceitação para N sobre w.

Neste instante, chegamos à descrição da redução em tempo polinomial f de A para SAT. Sobre a entrada w, a redução produz uma fórmula ϕ. Começamos descrevendo as variáveis de ϕ. Digamos que Q e Γ sejam o conjunto de estados e o alfabeto de fita de N. Seja $C = Q \cup \Gamma \cup \{\#\}$. Para cada i e j entre 1 e n^k e para cada s em C, temos uma variável $x_{i,j,s}$.

Cada uma das $(n^k)^2$ entradas de um *tableau* é chamada **célula**. A célula na linha i e coluna j é denominada $célula[i, j]$ e contém um símbolo de C. Representamos o conteúdo das células com as variáveis de ϕ. Se $x_{i,j,s}$ toma o valor 1, isso significa que $célula[i, j]$ contém um s.

Agora projetamos ϕ de modo que uma atribuição às variáveis que satisfaça ϕ corresponda a um *tableau* de aceitação para N sobre w. A fórmula ϕ é o E de quatro partes $\phi_{célula} \wedge \phi_{início} \wedge \phi_{movimento} \wedge \phi_{aceita}$. Descrevemos cada parte por vez.

Como mencionamos anteriormente, ligar a variável $x_{i,j,s}$ corresponde a colocar o símbolo s na $célula[i, j]$. A primeira coisa que devemos garantir de modo a obter uma correspondência entre uma atribuição e um *tableau* é que a atribuição ligue exatamente uma variável para cada célula. A fórmula $\phi_{célula}$ garante esse requisito expressando-o em termos de operações booleanas:

$$\phi_{\text{célula}} = \bigwedge_{1 \leq i,j \leq n^k} \left[\left(\bigvee_{s \in C} x_{i,j,s} \right) \wedge \left(\bigwedge_{\substack{s,t \in C \\ s \neq t}} (\overline{x_{i,j,s}} \vee \overline{x_{i,j,t}}) \right) \right].$$

Os símbolos $\bigwedge$ e $\bigvee$ significam E e OU iterados. Por exemplo, a expressão na fórmula precedente

$$\bigvee_{s \in C} x_{i,j,s}$$

é uma abreviação para

$$x_{i,j,s_1} \vee x_{i,j,s_2} \vee \cdots \vee x_{i,j,s_l}$$

onde $C = \{s_1, s_2, \ldots, s_l\}$. Logo, $\phi_{\text{célula}}$ é, na realidade, uma expressão grande que contém um fragmento para cada célula no *tableau*, porque i e j variam de 1 a n^k. A primeira parte de cada fragmento diz que pelo menos uma variável é ligada na célula correspondente. A segunda parte de cada fragmento diz que não mais que uma variável é ligada (literalmente, ela diz que em cada par de variáveis, pelo menos uma é desligada) na célula correspondente. Esses fragmentos são conectados por operações $\wedge$.

A primeira parte de $\phi_{\text{célula}}$ dentro dos parênteses estipula que pelo menos uma variável que está associada a cada célula está ligada, enquanto a segunda parte estipula que não mais que uma variável está ligada para cada célula. Qualquer atribuição às variáveis que satisfaça ϕ (e, portanto, $\phi_{\text{célula}}$) deve ter exatamente uma variável ligada para toda célula. Por conseguinte, qualquer atribuição satisfeitora especifica um símbolo em cada célula da tabela. As partes $\phi_{\text{início}}$, $\phi_{\text{movimento}}$ e ϕ_{aceita} garantem que esses símbolos realmente correspondam a um *tableau* de aceitação da seguinte forma.

A fórmula $\phi_{\text{início}}$ garante que a primeira linha da tabela é a configuração inicial de N sobre w estipulando explicitamente que as variáveis correspondentes estão ligadas:

$$\phi_{\text{início}} = x_{1,1,\#} \wedge x_{1,2,q_0} \wedge$$
$$x_{1,3,w_1} \wedge x_{1,4,w_2} \wedge \ldots \wedge x_{1,n+2,w_n} \wedge$$
$$x_{1,n+3,\sqcup} \wedge \ldots \wedge x_{1,n^k-1,\sqcup} \wedge x_{1,n^k,\#}.$$

A fórmula ϕ_{aceita} garante que uma configuração de aceitação ocorre no *tableau*. Ela garante que q_{aceita}, o símbolo para o estado de aceitação, aparece em uma das células do *tableau*, estipulando que uma das variáveis correspondentes está ligada:

$$\phi_{\text{aceita}} = \bigvee_{1 \leq i,j \leq n^k} x_{i,j,q_{\text{aceita}}}.$$

Finalmente, a fórmula $\phi_{\text{movimento}}$ assegura que cada linha da tabela corresponde a uma configuração que segue legalmente da configuração da linha precedente conforme as regras de N. Ela faz isso assegurando que cada janela 2×3 de células seja legal. Dizemos que uma janela 2×3 é *legal* se essa janela não viola as ações especificadas pela função de transição de N. Em outras palavras, uma janela é legal se ela pode aparecer quando uma configuração corretamente segue outra.[3]

Por exemplo, digamos que a, b e c sejam membros do alfabeto de fita e que q_1 e q_2 sejam estados de N. Assuma que, quando no estado q_1 com a cabeça lendo um a, N escreva um b, permaneça no estado q_1 e mova para a direita, e que quando no estado q_1 com a cabeça lendo um b, N não-deterministicamente

1. escreva um c, entre em q_2 e mova para a esquerda, ou
2. escreva um a, entre em q_2 e mova para a direita.

Expresso formalmente, $\delta(q_1, \text{a}) = \{(q_1,\text{b},\text{D})\}$ e $\delta(q_1, \text{b}) = \{(q_2,\text{c},\text{E}),(q_2,\text{a},\text{D})\}$. Exemplos de janelas legais para essa máquina são mostradas na Figura 7.39.

	a	q_1	b
(a)	q_2	a	c

	a	q_1	b
(b)	a	a	q_2

	a	a	q_1
(c)	a	a	b

	#	b	a
(d)	#	b	a

	a	b	a
(e)	a	b	q_2

	b	b	b
(f)	c	b	b

FIGURA 7.39
Exemplos de janelas legais.

Na Figura 7.39, as janelas (a) e (b) são legais porque a função de transição permite a N mover da maneira indicada. A janela (c) é porque, com q_1 aparecendo no lado direito da linha superior, não sabemos sobre que símbolo a cabeça está. Esse símbolo poderia ser um a, e q_1 pode modificá-lo para um b e mover para a direita. Essa possibilidade daria origem a essa janela, portanto ela não viola as regras de N. A janela (d) é obviamente legal porque as partes superior e inferior são idênticas, o que ocorreria se a cabeça não estivesse adjacente à localização da janela. Note que # pode aparecer à esquerda ou à direita das linhas superior e inferior em uma janela legal. A janela (e) é legal porque o estado q_1 lendo um b poderia ter estado imediatamente à direita da linha superior, e teria então movido para a esquerda no estado q_2 para aparecer no lado direito da linha inferior. Finalmente, a janela (f) é legal porque o estado q_1 poderia ter estado imediatamente à esquerda da linha superior e poderia ter modificado o b para um c e movido para a esquerda.

As janelas mostradas na Figura 7.40 não são legais para a máquina N.

---

[3] Poderíamos dar uma definição precisa de *janela legal* aqui, em termos da função de transição. Mas fazer isso também é bastante cansativo e nos desviaria da principal linha do argumento de prova. Qualquer um que deseje mais precisão deve se reportar à análise relacionada na prova do Teorema 5.15, a indecidibilidade do problema da Correspondência de Post.

(a)
a	b	a
a	a	a

(b)
a	q_1	b
q_1	a	a

(c)
b	q_1	b
q_2	b	q_2

FIGURA 7.40
Exemplos de janelas ilegais.

Na janela (a) o símbolo central na linha superior não pode mudar porque um estado não estava adjacente a ele. A janela (b) não é legal porque a função de transição especifica que o b é modificado para um c, mas não para um a. A janela (c) não é legal porque dois estados aparecem na linha inferior.

AFIRMATIVA 7.41

Se a linha superior da tabela for a configuração inicial e toda janela na tabela for legal, cada linha da tabela é uma configuração que segue legalmente da precedente.

Provamos essa afirmação considerando quaisquer duas configurações adjacentes na tabela, chamadas configuração superior e configuração inferior. Na configuração superior, toda célula que não é adjacente a um símbolo de estado e que não contém o símbolo de fronteira #, é a célula central superior em uma janela cuja linha superior não contém nenhum estado. Por conseguinte, esse símbolo deve aparecer imutável na posição central inferior da janela. Logo, ele aparece na mesma posição na configuração inferior.

A janela contendo o símbolo de estado na célula central superior garante que as três posições correspondentes sejam atualizadas consistentemente com a função de transição. Conseqüentemente, se a configuração superior for uma configuração legal, o mesmo acontece com a configuração inferior, e a inferior segue a superior conforme as regras de N. Note que essa prova, embora fácil, depende crucialmente de nossa escolha de um tamanho de janela de 2×3, como mostra o Exercício 7.39.

Agora voltamos à construção de $\phi_{\text{movimento}}$. Ela estipula que todas as janelas no *tableau* são legais. Cada janela contém seis células, que podem ser inicializadas de um número fixo de maneiras para originar uma janela legal. A fórmula $\phi_{\text{movimento}}$ diz que as inicializações daquelas seis células devem ser uma dessas maneiras, ou

$$\phi_{\text{movimento}} = \bigwedge_{1 < i \leq n^k,\, 1 < j < n^k} (\text{a janela } (i,j) \text{ é legal})$$

Nessa fórmula, substituímos o texto "a janela (i,j) é legal" pela fórmula a seguir. Escrevemos o conteúdo de seis células de uma janela como $a_1, \ldots, a_6$.

$$\bigvee_{\substack{a_1,\ldots,a_6 \\ \text{é uma janela legal}}} \left(x_{i,j-1,a_1} \wedge x_{i,j,a_2} \wedge x_{i,j+1,a_3} \wedge x_{i+1,j-1,a_4} \wedge x_{i+1,j,a_5} \wedge x_{i+1,j+1,a_6} \right)$$

A seguir, analisamos a complexidade da redução para mostrar que ela opera em tempo polinomial. Para fazer isso, examinamos o tamanho de ϕ. Primeiro, estimamos o número de variáveis que ela tem. Lembre-se de que o *tableau* é uma tabela $n^k \times n^k$, portanto ele contém n^{2k} células. Cada célula tem l variáveis associadas a ela, onde l é o número de símbolos em C. Como l depende somente da MT N e não do comprimento da entrada n, o número total de variáveis é $O(n^{2k})$.

Estimamos o tamanho de cada uma das partes de ϕ. A fórmula $\phi_{\text{célula}}$ possui um fragmento de tamanho fixo da fórmula para cada célula do *tableau*, logo, seu tamanho é $O(n^{2k})$. A fórmula $\phi_{\text{início}}$ tem um fragmento para cada célula na linha superior, assim seu tamanho é $O(n^k)$. As fórmulas $\phi_{\text{movimento}}$ e ϕ_{aceita} cada uma contém um fragmento de tamanho fixo da fórmula para cada célula do *tableau* e, portanto, seu tamanho é $O(n^{2k})$. Conseqüentemente, o tamanho total de ϕ é $O(n^{2k})$. Esse limitante é suficiente para nossos propósitos, porque ele mostra que o tamanho de ϕ é polinomial em n. Se fosse mais que polinomial, a redução não teria nenhuma chance de gerá-la em tempo polinomial. (Na verdade, nossas estimativas são baixas por um fator de $O(\log n)$, pois cada variável tem índices que podem ir até n^k e, portanto, podem requerer $O(\log n)$ símbolos para escrever na fórmula, mas esse fator adicional não modifica a polinomialidade do resultado.)

Para ver que podemos gerar a fórmula em tempo polinomial, observe sua natureza altamente repetitiva. Cada componente da fórmula é composto de muitos fragmentos quase idênticos, que diferem apenas nos índices de uma maneira simples. Conseqüentemente, podemos facilmente construir uma redução que produz ϕ em tempo polinomial a partir da entrada w.

Assim, concluímos a prova do teorema de Cook-Levin, mostrando que *SAT* é NP-completa. Mostrar a NP-completude de outras linguagens geralmente não requer uma prova tão longa. Ao contrário, a NP-completude pode ser provada com uma redução de tempo polinomial a partir de uma linguagem que já se sabe que é NP-completa. Podemos usar *SAT* para esse propósito, mas usar *3SAT*, o caso especial de *SAT* que definimos na página 290, é geralmente mais fácil. Lembre-se de que as fórmulas em *3SAT* estão na forma normal conjuntiva (fnc) com três literais por cláusula. Primeiro, temos de mostrar que *3SAT* propriamente dita é NP-completa. Provamos essa asserção como um corolário do Teorema 7.37.

COROLÁRIO 7.42

3SAT é NP-completa.

PROVA Obviamente *3SAT* está em NP, portanto somente precisamos provar que todas as linguagens em NP se reduzem a *3SAT* em tempo polinomial. Uma maneira de fazê-lo é mostrar que *SAT* se reduz em tempo polinomial a *3SAT*.

Em vez disso, modificamos a prova do Teorema 7.37 de tal forma que ele produza diretamente uma fórmula na forma normal conjuntiva com três literais por cláusula.

O Teorema 7.37 produz uma fórmula que já está quase na forma normal conjuntiva. A fórmula $\phi_{\text{célula}}$ é um grande E de subfórmulas, cada uma das quais contendo um grande OU e um grande E de OUs. Por conseguinte, $\phi_{\text{célula}}$ é um E de cláusulas e, por isso, já está na fnc. A fórmula $\phi_{\text{início}}$ é um grande E de variáveis. Tomando cada uma dessas variáveis como uma cláusula de tamanho 1, vemos que $\phi_{\text{início}}$ está na fnc. A fórmula ϕ_{aceita} é um grande OU de variáveis e é, assim, uma única cláusula. A fórmula $\phi_{\text{movimento}}$ é a única que ainda não está na fnc, mas podemos facilmente convertê-la numa fórmula está na fnc da seguinte forma.

Lembre-se de que $\phi_{\text{movimento}}$ é um grande E de subfórmulas, cada uma das quais é um OU de Es, que descreve todas as janelas legais possíveis. As leis distributivas, como descritas no Capítulo 0, afirmam que podemos substituir um OU de Es por um E de OUs equivalente. Isso pode aumentar significativamente o tamanho de cada subfórmula, mas pode aumentar o tamanho total de $\phi_{\text{movimento}}$ somente de um fator constante, porque o tamanho de cada subfórmula depende apenas de N. O resultado é uma fórmula que está na forma normal conjuntiva.

Agora que escrevemos a fórmula na fnc, convertemo-la a uma fórmula com três literais por cláusula. Em cada cláusula que correntemente tem um ou dois literais, replicamos um dos literais até que o número total seja três. Em cada cláusula que tem mais de três literais, dividimo-la em várias cláusulas e acrescentamos variáveis extras para preservar a satisfazibilidade ou não-satisfazibilidade da original.

Por exemplo, substituímos a cláusula $(a_1 \vee a_2 \vee a_3 \vee a_4)$, na qual cada a_i é um literal, pela expressão de duas cláusulas $(a_1 \vee a_2 \vee z) \wedge (\overline{z} \vee a_3 \vee a_4)$, na qual z é uma nova variável. Se alguma valoração de a_is satisfaz a cláusula original, podemos encontrar alguma valoração de z de modo que as duas novas cláusulas sejam satisfeitas. Em geral, se a cláusula contém l literais,

$$(a_1 \vee a_2 \vee \cdots \vee a_l),$$

podemos substituí-la pelas $l - 2$ cláusulas

$$(a_1 \vee a_2 \vee z_1) \wedge (\overline{z_1} \vee a_3 \vee z_2) \wedge (\overline{z_2} \vee a_4 \vee z_3) \wedge \cdots \wedge (\overline{z_{l-3}} \vee a_{l-1} \vee a_l).$$

Podemos facilmente verificar que a nova fórmula é satisfazível sse a fórmula original o era, portanto, a prova está completa.

7.5
PROBLEMAS NP-COMPLETOS ADICIONAIS

O fenômeno da NP-completude está espalhado. Problemas NP-completos aparecem em muitas áreas. Por razões que não são bem entendidas, a maioria dos problemas NP que ocorrem naturalmente está em P ou é NP-completa. Se você busca um algoritmo de tempo polinomial para um novo problema NP, é sensato gastar parte de seu esforço tentando provar que ele é NP-completo, pois isso pode evitar que você trabalhe para encontrar um algoritmo de tempo polinomial que não existe.

Nesta seção apresentamos teoremas adicionais mostrando que várias linguagens são NP-completas. Esses teoremas provêm exemplos das técnicas que são usadas em provas desse tipo. Nossa estratégia geral é exibir uma redução de tempo polinomial a partir de *3SAT* para a linguagem em questão, embora às vezes reduzamos a partir de outras linguagens NP-completas quando é mais conveniente.

Quando construímos uma redução de tempo polinomial a partir de *3SAT* para uma linguagem, procuramos por estruturas naquela linguagem que possam simular as variáveis e cláusulas nas fórmulas booleanas. Essas estruturas são às vezes chamadas ***engrenagens***. Por exemplo, na redução de *3SAT* para *CLIQUE* apresentada no Teorema 7.32, os nós individuais simulam variáveis e triplas de nós simulam cláusulas. Um nó individual pode ou não ser um membro do clique, o que corresponde a uma variável que pode ou não ser verdadeira em uma atribuição que satisfaz a fórmula. Cada cláusula deve conter um literal a que é atribuído VERDADEIRO e que corresponde à forma pela qual cada tripla deve conter um nó no clique se o tamanho alvo é para ser atingido. O seguinte corolário do Teorema 7.32 afirma que *CLIQUE* é NP-completa.

COROLÁRIO 7.43

CLIQUE é NP-completa.

O PROBLEMA DA COBERTURA DE VÉRTICES

Se G é um grafo não-direcionado, uma ***cobertura de vértices*** de G é um subconjunto dos nós onde toda aresta de G toca um dos nós. O problema da cobertura de vértices pergunta se um grafo contém uma cobertura de vértices de um tamanho especificado:

$$COB\text{-}VERT = \{\langle G, k\rangle|\ G \text{ é um grafo não-direcionado que}$$
$$\text{tem uma cobertura de vértices de } k\text{-nós}\}.$$

TEOREMA 7.44

COB-VERT é NP-completo.

IDÉIA DA PROVA Para mostrar que *COB-VERT* é NP-completo temos de mostrar que ele está em NP e que todos os problemas NP são redutíveis em tempo polinomial a ele. A primeira parte é fácil; um certificado é simplesmente uma cobertura de vértices de tamanho k. Para provar a segunda parte, mostramos que *3SAT* é redutível em tempo polinomial a *COB-VERT*. A redução converte uma 3fnc-fórmula ϕ em um grafo G e um número k, de modo que ϕ seja satisfazível sempre que G tenha uma cobertura de vértices com k nós. A conversão é feita sem saber se ϕ é satisfazível. Com efeito, G simula ϕ. O grafo contém engrenagens que imitam as variáveis e as cláusulas da fórmula. Projetar essas engrenagens requer um pouco de engenhosidade.

Para a engrenagem das variáveis, procuramos por uma estrutura em G que possa participar da cobertura de vértices em uma das duas maneiras possíveis, correspondendo às duas possíveis atribuições de verdade à variável. Dois nós conectados por uma aresta é uma estrutura que funciona, porque um desses nós tem que aparecer na cobertura de vértices. Arbitrariamente, atribuímos VERDADEIRO e FALSO a esses dois nós.

Para a engrenagem das cláusulas, buscamos uma estrutura que induza a cobertura de vértices a incluir nós nas engrenagens de variáveis correspondendo a pelo menos um literal verdadeiro na cláusula. A engrenagem contém três nós e arestas adicionais de modo que qualquer cobertura de vértices tenha que incluir pelo menos dois dos nós ou possivelmente todos os três. Somente dois nós seriam necessários se um dos nós da engrenagem de vértices ajudasse cobrindo uma aresta, como aconteceria se o literal associado satisfaz essa cláusula. Caso contrário, três nós seriam necessários. Finalmente, escolhemos k de modo que a cobertura de vértices procurada tem um nó por engrenagem de variáveis e dois nós por engrenagem de cláusulas.

PROVA Aqui estão os detalhes de uma redução de *3SAT* para *COB-VERT* que opera em tempo polinomial. A redução mapeia uma fórmula booleana ϕ para um grafo G e um valor k. Para cada variável x em ϕ, produzimos uma aresta conectando dois nós. Rotulamos os dois nós nessa engrenagem x e $\overline{x}$. Fazer x VERDADEIRO corresponde a selecionar o nó esquerdo para a cobertura de vértices, enquanto que FALSO corresponde ao nó direito.

As engrenagens para as cláusulas são um pouco mais complexas. Cada engrenagem de cláusulas é uma tripla de três nós que são rotulados com três literais da cláusula. Esses três nós são conectados um ao outro e aos nós nas engrenagens de variáveis que têm os rótulos idênticos. Por conseguinte, o número total de nós que aparecem em G é $2m + 3l$, onde ϕ tem m variáveis e l cláusulas. Faça k igual a $m + 2l$.

Por exemplo, se $\phi = (x_1 \vee x_1 \vee x_2) \wedge (\overline{x_1} \vee \overline{x_2} \vee \overline{x_2}) \wedge (\overline{x_1} \vee x_2 \vee x_2)$, a redução produz $\langle G, k \rangle$ a partir de ϕ, onde $k = 8$ e G toma a forma mostrada na Figura 7.45.

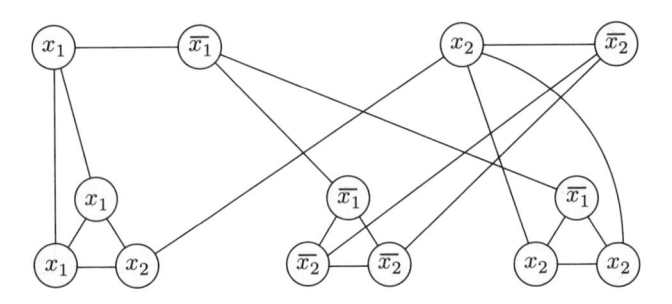

FIGURA 7.45
O grafo que a redução produz a partir de
$\phi = (x_1 \vee x_1 \vee x_2) \wedge (\overline{x_1} \vee \overline{x_2} \vee \overline{x_2}) \wedge (\overline{x_1} \vee x_2 \vee x_2)$.

Para provar que essa redução funciona, precisamos mostrar que ϕ é satisfazível se e somente se G tem uma cobertura de vértices com k nós. Começamos com uma atribuição que satisfaz a fórmula. Primeiro colocamos os nós das engrenagens de variáveis que correspondem aos literais verdadeiros na atribuição na cobertura de vértices. Então, selecionamos um literal verdadeiro em toda cláusula e colocamos os dois nós remanescentes de toda engrenagem de cláusulas na cobertura de vértices. Agora, temos um total de k nós. Eles cobrem todas as arestas porque toda engrenagem de variáveis é claramente coberta, todas as três dentro de toda engrenagem de cláusulas são cobertas, e todas as arestas entre as engrenagens de variáveis e de cláusulas são cobertas. Logo, G tem uma cobertura de vértices com k nós.

Segundo, se G tem uma cobertura de vértices com k nós, mostramos que ϕ é satisfazível construindo a atribuição que a satisfaz. A cobertura de vértices tem que conter um nó em cada engrenagem de variáveis e dois em toda engrenagem de cláusulas de forma a cobrir as arestas das engrenagens de variáveis e as três arestas dentro das engrenagens de cláusulas. Isso dá conta de todos os nós, portanto, não sobra nenhum. Tomamos os nós das engrenagens de variáveis que estão na cobertura de vértices e atribuímos VERDADEIRO aos literais correspondentes. Essa atribuição satisfaz ϕ porque cada uma das três arestas conectando as engrenagens de variáveis com cada engrenagem de cláusulas é coberta e somente dois nós da engrenagem de cláusulas estão na cobertura de vértices. Conseqüentemente, uma das arestas tem que ser coberta por um nó de uma engrenagem de variáveis e, portanto, essa atribuição satisfaz a cláusula correspondente.

O PROBLEMA DO CAMINHO HAMILTONIANO

Lembre-se de que o problema do caminho hamiltoniano pergunta se o grafo de entrada contém um caminho de s para t que passa por todo nó exatamente uma vez.

TEOREMA 7.46

CAMHAM é NP-completo.

IDÉIA DA PROVA Mostramos que *CAMHAM* está em NP na Seção 7.3. Para mostrar que todo problema NP é redutível em tempo polinomial a *CAMHAM*, mostramos que *3SAT* é redutível em tempo polinomial a *CAMHAM*. Damos uma maneira de converter 3fnc-fórmulas para grafos na qual caminhos hamiltonianos correspondem a atribuições que satisfazem às fórmulas. Os grafos contêm engrenagens que imitam variáveis e cláusulas. A engrenagem de variáveis é uma estrutura em formato de diamante que pode ser percorrida em uma de duas maneiras, correspondendo a duas atribuições de valores-verdade. A engrenagem de cláusulas é um nó. Assegurar que o caminho passa por cada engrenagem de cláusulas corresponde a assegurar que cada cláusula seja satisfeita.

PROVA Anteriormente, demonstramos que *CAMHAM* está em NP, portanto tudo o que resta a ser feito é mostrar que *3SAT* $\leq_P$ *CAMHAM*. Para cada 3fnc-fórmula ϕ, mostramos como construir um grafo direcionado G com dois nós, s e t, tal que existe um caminho hamiltoniano entre s e t sse ϕ é satisfazível.

Começamos a construção com uma 3fnc-fórmula ϕ contendo k cláusulas:

$$\phi = (a_1 \vee b_1 \vee c_1) \wedge (a_2 \vee b_2 \vee c_2) \wedge \cdots \wedge (a_k \vee b_k \vee c_k),$$

onde cada a, b e c é um literal x_i ou $\overline{x_i}$. Sejam $x_1, \ldots, x_l$ as l variáveis de ϕ.

Agora mostramos como converter ϕ em um grafo G. O grafo G que construímos tem várias partes para representar as variáveis e cláusulas que aparecem em ϕ.

Represente cada variável x_i como uma estrutura em formato de diamante que contém uma linha horizontal de nós, como mostrado na Figura 7.47. Adiante, especificaremos o número de nós que aparecem na linha horizontal.

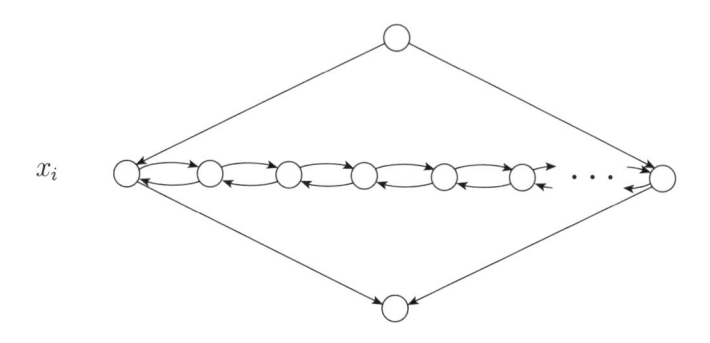

FIGURA 7.47
Representando a variável x_i como uma estrutura no formato de diamante.

Representamos cada cláusula de ϕ como um único nó, como segue.

$$c_j \bigcirc$$

FIGURA 7.48
Representando a cláusula c_j como um nó.

A Figura 7.49 exibe a estrutura global de G. Ela mostra todos os elementos de G e seus relacionamentos, exceto as arestas que representam o relacionamento das variáveis com as cláusulas que as contêm.

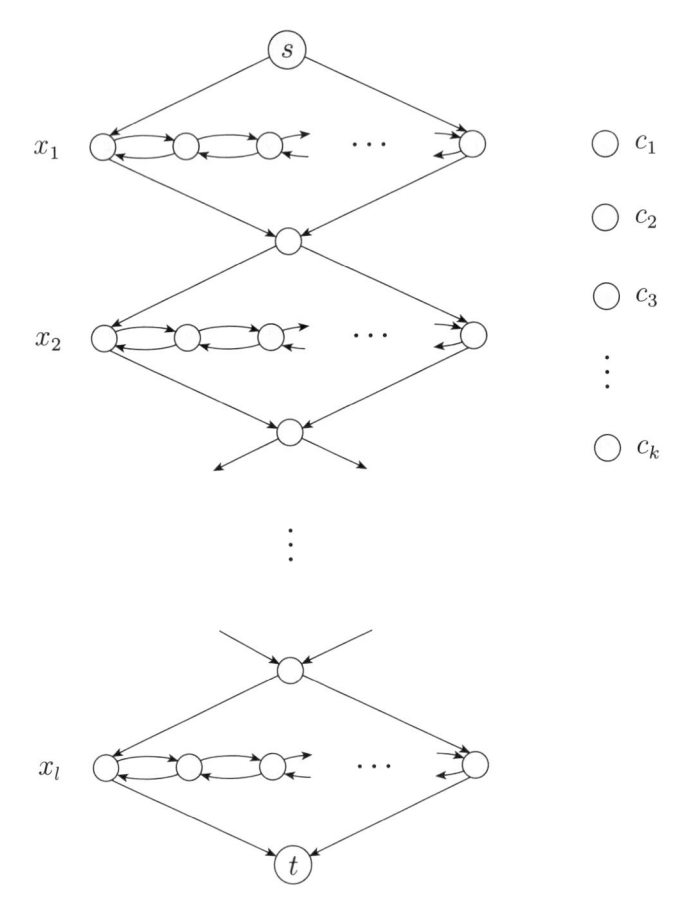

FIGURA 7.49
A estrutura de alto nível de G.

A seguir, mostramos como conectar os diamantes representando as variáveis aos nós que representam as cláusulas. Cada estrutura de diamante contém uma linha horizontal de nós conectados por arestas correndo em ambas as direções.

A linha horizontal contém $3k + 1$ nós, além dos dois nós nas extremidades pertencentes ao diamante. Esses nós são agrupados em pares adjacentes, um para cada cláusula, com nós separadores extras em seguida aos pares, como mostrado na Figura 7.50.

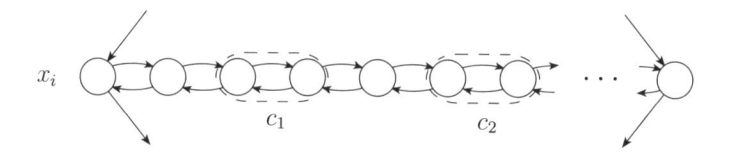

FIGURA 7.50
Os nós horizontais em uma estrutura em formato de diamante.

Se a variável x_i aparece na cláusula c_j, adicionamos as duas arestas mostradas a seguir, do j-ésimo par no i-ésimo diamante ao j-ésimo nó cláusula.

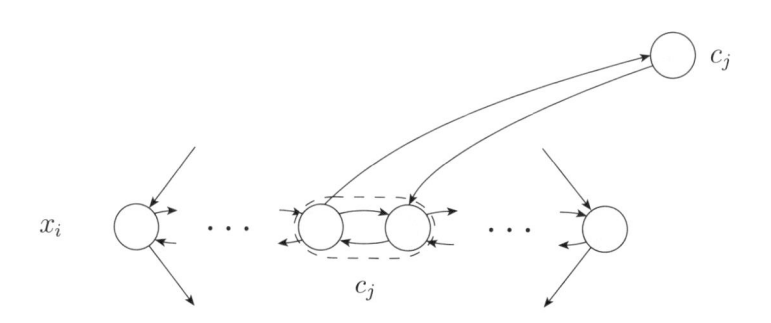

FIGURA 7.51
As arestas adicionais quando a cláusula c_j contém x_i.

Se $\overline{x_i}$ aparece na cláusula c_j, adicionamos duas arestas do j-ésimo par no i-ésimo diamante ao j-ésimo nó cláusula, como mostrado na Figura 7.52.

Depois que adicionamos todas as arestas correspondentes a cada ocorrência de x_i ou $\overline{x_i}$ em cada cláusula, a construção de G está completa. Para mostrar que essa construção funciona, argumentamos que, se ϕ é satisfazível, existe um caminho hamiltoniano de s para t e, reciprocamente, se tal caminho existe, ϕ é satisfazível.

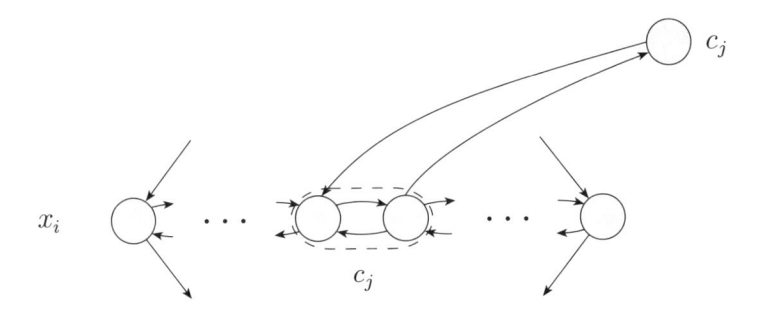

FIGURA **7.52**
As arestas adicionais quando a cláusula c_j contém $\overline{x_i}$.

Suponha que ϕ seja satisfazível. Para exibir um caminho hamiltoniano de s para t, primeiro ignoramos os nós cláusula. O caminho começa em s, passa por cada diamante por sua vez e termina em t. Para atingir os nós horizontais em um diamante, o caminho ou ziguezagueia da esquerda para a direita ou zaguezigueia da direita para a esquerda, a atribuição que satisfaz ϕ determina um dos caminhos. Se for atribuído VERDADEIRO a x_i, o caminho ziguezagueia através do diamante correspondente. Se for atribuído FALSO a x_i, o caminho zaguezigueia. Mostramos ambas as possibilidades na Figura 7.53.

ziguezague   zaguezigue

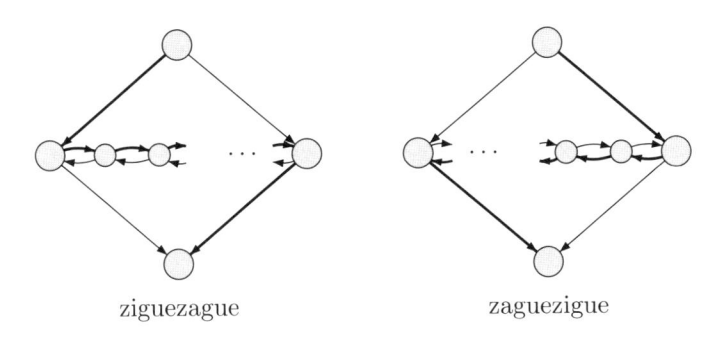

FIGURA **7.53**
Ziguezagueando e zaguezigueando através de um diamante, como determinado pela atribuição que satisfaz a fórmula.

Até agora esse caminho cobre todos os nós em G, exceto os nós cláusula. Podemos facilmente incluí-los adicionando desvios nos nós horizontais. Em cada cláusula, selecionamos um dos literais a que foi atribuído VERDADEIRO.

Se selecionarmos x_i na cláusula c_j, podemos desviar no j-ésimo par no i-ésimo diamante. Isso é possível porque x_i deve ser VERDADEIRO e, portanto, o caminho ziguezagueia da esquerda para a direita pelo diamante correspondente. Logo, as arestas para o nó c_j estão na ordem correta para permitir um desvio e retorno.

Similarmente, se selecionarmos $\overline{x_i}$ na cláusula c_j, podemos desviar no j-ésimo par no i-ésimo diamante porque x_i deve ser FALSO e, portanto, o caminho zaguezigueia da direita para a esquerda pelo diamante correspondente. Logo, as arestas para o nó c_j novamente estão na ordem correta para permitir um desvio e retorno. (Note que cada literal verdadeiro em uma cláusula provê uma *opção* de um desvio para atingir o nó cláusula. Como resultado, se vários literais em uma cláusula são verdadeiros, somente um desvio é tomado.) Por conseguinte, construímos o caminho hamiltoniano desejado.

Para a direção reversa, se G tem um caminho hamiltoniano de s para t, exibimos uma atribuição que satisfaz ϕ. Se o caminho hamiltoniano é *normal* — passa pelos diamantes na ordem do superior para o inferior, exceto pelos desvios para os nós cláusula — podemos facilmente obter a atribuição que satisfaz ϕ. Se o caminho ziguezagueia pelo diamante, atribuímos à variável correspondente VERDADEIRO, e se ele zaguezigueia, atribuímos FALSE. Visto que cada nó cláusula aparece no caminho, observando como o desvio para ele é tomado, podemos determinar qual dos literais na cláusula correspondente é VERDADEIRO.

Tudo o que resta para ser mostrado é que um caminho hamiltoniano deve ser normal. Normalidade pode falhar somente se o caminho entra em uma cláusula a partir de um diamante, mas retorna para um outro, como na Figura 7.54.

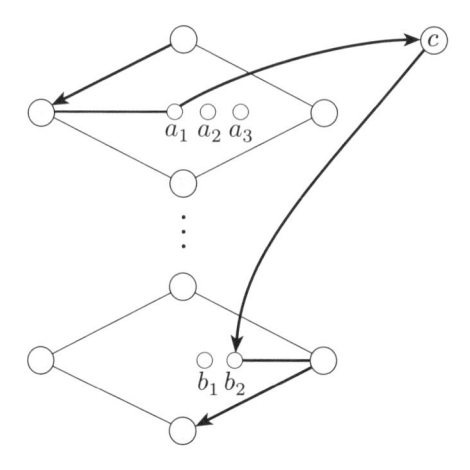

FIGURA 7.54
Essa situação não pode ocorrer.

O caminho vai do nó a_1 para c, mas em vez de retornar para a_2 no mesmo diamante, ele retorna para b_2 em um diamante diferente. Se isso ocorre, ou a_2 ou a_3 tem de ser nó separador. Se a_2 fosse um nó separador, as únicas arestas entrando em a_2 seriam de a_1 e a_3. Se a_3 fosse um nó separador, a_1 e a_2 estariam no mesmo par de cláusulas e, portanto, as únicas arestas entrando em a_2 seriam de a_1, a_3 e c. Em qualquer dos casos, o caminho não poderia conter o nó a_2. O caminho não pode entrar em a_2 de c ou a_1, porque o caminho vai para outros lugares a partir desses nós. O caminho não pode entrar em a_2 a partir de a_3, porque a_3 é o único nó disponível para o qual a_2 aponta, assim, o caminho deve deixar a_2 via a_3. Logo, um caminho hamiltoniano tem de ser normal. Essa redução obviamente opera em tempo polinomial, e a prova está completa.

A seguir, consideramos uma versão não-direcionada do problema do caminho hamiltoniano, chamado *CAMHAMN*. Para mostrar que *CAMHAMN* é NP-completo, damos uma redução de tempo polinomial a partir da versão direcionada do problema.

TEOREMA 7.55

CAMHAMN é NP-completo.

PROVA A redução toma um grafo direcionado G com nós s e t e constrói um grafo não-direcionado G' com nós s' e t'. O grafo G tem um caminho hamiltoniano de s para t sse G' tem um caminho hamiltoniano de s' para t'. Descrevemos G' da seguinte forma.

Cada nó u de G, excetuados s e t, é substituído por uma tripla de nós u^{entra}, u^{meio} e u^{sai} em G'. Os nós s e t em G são substituídos por nós s^{sai} e t^{entra} em G'. Aparecem arestas de dois tipos em G'. Primeiro, arestas conectam u^{meio} com u^{entra} e este com u^{sai}. Segundo, uma aresta conecta u^{sai} com v^{entra} se uma aresta vai de u para v em G. Isso completa a construção de G'.

Podemos demonstrar que essa construção funciona mostrando que G tem um caminho hamiltoniano de s para t sse G' tem um caminho hamiltoniano de s^{sai} para t^{entra}. Para mostrar uma direção, observamos que um caminho hamiltoniano P em G,

$$s, u_1, u_2, \ldots, u_k, t,$$

tem um caminho hamiltoniano P' em G',

$$s^{\text{sai}}, u_1^{\text{entra}}, u_1^{\text{meio}}, u_1^{\text{sai}}, u_2^{\text{entra}}, u_2^{\text{meio}}, u_2^{\text{sai}}, \ldots, t^{\text{entra}}.$$

Para mostrar a outra direção, afirmamos que qualquer caminho hamiltoniano em G' de s^{sai} para t^{entra} em G' deve ir de uma tripla de nós para uma tripla de nós, exceto pelo início e o fim, como faz o caminho P' que acabamos de descrever. Isso completaria a prova porque qualquer desses caminhos tem um caminho hamiltoniano correspondente em G. Provamos a afirmação seguindo o caminho começando no nó s^{sai}. Observe que o nó seguinte no caminho deve ser u_i^{entra} para algum i, pois somente aqueles nós são conectados a s^{sai}. O nó seguinte deve ser u_i^{meio}, porque não há outra maneira disponível para incluir u_i^{meio} no caminho hamiltoniano. Após u_i^{meio}, vem u_i^{sai}, porque esse é o único outro ao qual u_i^{meio} está conectado. O nó seguinte deve ser u_j^{entra}, para algum j, pois nenhum outro nó disponível está conectado a u_i^{sai}. O argumento então se repete até que t^{entra} seja atingido.

7.5 PROBLEMAS NP-COMPLETOS ADICIONAIS

O PROBLEMA DA SOMA DE SUBCONJUNTOS

Retomemos o problema *SOMA-SUBC* definido na página 284. Naquele problema, nos era dada uma coleção de números $x_1, \ldots, x_k$ juntamente com um número alvo t, e tínhamos que determinar se a coleção contém uma subcoleção cuja soma é t. Agora mostramos que esse problema é NP-completo.

TEOREMA 7.56

SOMA-SUBC é NP-completo.

IDÉIA DA PROVA Já mostramos que *SOMA-SUBC* está em NP no Teorema 7.25. Provamos que todas as linguagens em NP são redutíveis em tempo polinomial a *SOMA-SUBC* reduzindo a linguagem NP-completa *3SAT* a ela. Dada uma 3fnc-fórmula ϕ construímos uma instância do problema *SOMA-SUBC* que contém uma subcoleção cuja soma é o alvo t se e somente se ϕ é satisfazível. Chame essa subcoleção T.

Para conseguir essa redução, encontramos estruturas do problema *SOMA-SUBC* que representem variáveis e cláusulas. A instância do problema *SOMA-SUBC* que construímos contém números de grande magnitude apresentados em notação decimal. Representamos variáveis por pares de números e cláusulas por certas posições nas representações decimais dos números.

Representamos a variável x_i por dois números, y_i e z_i. Provamos que ou y_i ou z_i deve estar em T para cada i, o que estabelece a codificação para o valor-verdade de x_i na atribuição que satisfaz a fórmula.

Cada posição de cláusula contém um certo valor no alvo t, o que impõe um requisito no subconjunto T. Provamos que esse requisito é o mesmo que aquele na cláusula correspondente — a saber, que a um dos literais nessa cláusula é atribuído VERDADEIRO.

PROVA Já sabemos que *SOMA-SUBC* $\in$ NP, portanto, agora mostramos que *3SAT* $\leq_\mathrm{P}$ *SOMA-SUBC*.

Seja ϕ uma fórmula booleana com as variáveis $x_1, \ldots, x_l$ e as cláusulas $c_1, \ldots, c_k$. A redução converte ϕ para uma instância do problema *SOMA-SUBC* $\langle S, t \rangle$, na qual os elementos de S e o número t são as linhas na tabela na Figura 7.57, expressos na notação decimal ordinária. As linhas acima da linha dupla são rotuladas

$$y_1, z_1, y_2, z_2, \ldots, y_l, z_l \quad \text{e} \quad g_1, h_1, g_2, h_2, \ldots, g_k, h_k$$

e compreende os elementos de S. A linha abaixo da linha dupla é t.

Assim, S contém um par de números, y_i, z_i, para cada variável x_i em ϕ. A representação decimal desses números está dada em duas partes, como indicado na tabela. A parte da esquerda compreende um 1 seguido de $l - i$ 0s. A parte da direita contém um dígito para cada cláusula, onde o j-ésimo dígito de y_i é 1 se a cláusula c_j contém o literal x_i e o j-ésimo dígito de z_i é 1 se a cláusula c_j contém o literal $\overline{x_i}$. Os dígitos não especificados como sendo 1 são 0.

A tabela está parcialmente preenchida para ilustrar as cláusulas amostra, c_1, c_2 e c_k:

$$(x_1 \vee \overline{x_2} \vee x_3) \wedge (x_2 \vee x_3 \vee \cdots) \wedge \cdots \wedge (\overline{x_3} \vee \cdots \vee \cdots).$$

Adicionalmente, S contém um par de números, g_j, h_j, para cada cláusula c_j. Esses dois números são iguais e consistem de um 1 seguido por $k - j$ 0s.

Finalmente, o número alvo t, na linha inferior da tabela, consiste de l 1s seguidos por k 3s.

	1	2	3	4	$\cdots$	l	c_1	c_2	$\cdots$	c_k
y_1	1	0	0	0	$\cdots$	0	1	0	$\cdots$	0
z_1	1	0	0	0	$\cdots$	0	0	0	$\cdots$	0
y_2		1	0	0	$\cdots$	0	0	1	$\cdots$	0
z_2		1	0	0	$\cdots$	0	1	0	$\cdots$	0
y_3			1	0	$\cdots$	0	1	1	$\cdots$	0
z_3			1	0	$\cdots$	0	0	0	$\cdots$	1
$\vdots$					$\ddots$	$\vdots$	$\vdots$		$\vdots$	$\vdots$
y_l						1	0	0	$\cdots$	0
z_l						1	0	0	$\cdots$	0
g_1							1	0	$\cdots$	0
h_1							1	0	$\cdots$	0
g_2								1	$\cdots$	0
h_2								1	$\cdots$	0
$\vdots$									$\ddots$	$\vdots$
g_k										1
h_k										1
t	1	1	1	1	$\cdots$	1	3	3	$\cdots$	3

FIGURA 7.57
Reduzindo *3SAT* a *SOMA-SUBC*.

Agora mostramos por que essa construção funciona. Demonstramos que ϕ é satisfazível sse algum subconjunto de S soma t.

Suponha que ϕ seja satisfazível. Construímos um subconjunto de S da seguinte forma. Selecionamos y_i se a x_i é atribuído VERDADEIRO na atribuição que satisfaz a fórmula ou z_i se a x_i é atribuído FALSO. Se somarmos o que selecionamos até então, obtemos um 1 em cada um dos primeiros l dígitos, porque selecionamos ou y_i ou z_i para cada i. Além disso, cada um dos últimos k dígitos é um número entre 1 e 3, porque cada cláusula é satisfeita e, portanto, contém entre 1 e 3 literais verdadeiros. Agora selecionamos ainda uma quantidade suficiente dos números g e h para trazer cada um dos últimos k dígitos para 3, portanto, atingindo o alvo.

Suponha que um subconjunto de S tenha t como soma. Construímos uma atribuição que satisfaz ϕ após fazer várias observações. Primeiro, todos os dígitos de membros de S são 0 ou 1. Além disso, cada coluna da tabela que descreve S contém no máximo cinco 1s. Logo, nunca ocorre um "vai-um" para a próxima coluna quando um subconjunto de S é somado. Para obter um 1 em cada uma das l primeiras colunas, o subconjunto deve ter y_i ou z_i para cada i, mas não ambos.

Agora, construímos a atribuição que satisfaz a fórmula. Se o subconjunto contém y_i, atribuímos VERDADEIRO a x_i; caso contrário, atribuímos FALSO. Essa atribuição deve satisfazer ϕ, porque em cada uma das k colunas finais a soma é sempre 3. Na coluna c_j, pode vir no máximo 2 de g_j e h_j; logo, pelo menos 1 nesta coluna deve vir de algum y_i ou z_i do subconjunto. Se for y_i, então aparece x_i em c_j e é atribuído o valor VERDADEIRO, de forma que c_j é satisfeita. Se for z_i, então $\overline{x_i}$ ocorre in c_j e é atribuído FALSO a x_i, e assim c_j é satisfeita. Portanto, ϕ é satisfeita.

Finalmente, devemos estar certos de que a redução possa ser feita em tempo polinomial. A tabela tem um tamanho em torno de $(k+l)^2$, e cada entrada pode ser facilmente calculada para qualquer ϕ. Assim, o tempo total é $O(n^2)$ estágios fáceis.

EXERCÍCIOS

7.1 Responda VERDADEIRO ou FALSO para cada parte.
  a. $2n = O(n)$.
  b. $n^2 = O(n)$.
  ^{R}c. $n^2 = O(n \log^2 n)$.
  ^{R}d. $n \log n = O(n^2)$.
  e. $3^n = 2^{O(n)}$.
  f. $2^{2^n} = O(2^{2^n})$.

7.2 Responda VERDADEIRO ou FALSO para cada parte.
  a. $n = o(2n)$.
  b. $2n = o(n^2)$.
  ^{R}c. $2^n = o(3^n)$.
  ^{R}d. $1 = o(n)$.
  e. $n = o(\log n)$.
  f. $1 = o(1/n)$.

7.3 Quais dos seguintes pares de números são primos entre si? Mostre os cálculos que levaram às suas conclusões.
  a. 1274 e 10505
  b. 7289 e 8029

7.4 Preencha a tabela descrita no algoritmo de tempo polinomial para reconhecimento de linguagem livre-do-contexto do Teorema 7.16 para a cadeia $w = \mathtt{baba}$ e a GLC G:
$$S \to RT$$
$$R \to TR \mid \mathtt{a}$$
$$T \to TR \mid \mathtt{b}$$

7.5 A fórmula a seguir é satisfazível?
$$(x \vee y) \wedge (x \vee \overline{y}) \wedge (\overline{x} \vee y) \wedge (\overline{x} \vee \overline{y})$$

7.6 Mostre que P é fechada sob união, concatenação e complementação.

7.7 Mostre que NP é fechada sob união e concatenação.

7.8 Seja $CONEXO = \{\langle G \rangle \mid G$ é um grafo não-direcionado conexo$\}$. Analise o algoritmo dado na página 165 para mostrar que essa linguagem está em P.

7.9 Um ***triângulo*** em um grafo não-direcionado é um 3-clique. Mostre que $TRI\hat{A}NGULO \in$ P, onde $TRI\hat{A}NGULO = \{\langle G \rangle \mid G$ contém um triângulo$\}$.

7.10 Mostre que $TODAS_{\mathrm{AFD}}$ está em P.

7.11 Chame os grafos G e H ***isomorfos*** se os nós de G podem ser reordenados de modo que ele fique idêntico a H. Seja $ISO = \{\langle G, H \rangle \mid G$ e H são grafos isomorfos$\}$. Mostre que $ISO \in$ NP.

PROBLEMAS

7.12 Seja
$$EXPMOD = \{\langle a,b,c,p \rangle \mid a,b,c \text{ e } p \text{ são inteiros em binário}$$
$$\text{tais que } a^b \equiv c \pmod{p}\}.$$

Mostre que $EXPMOD \in$ P. (Note que o algoritmo mais óbvio não roda em tempo polinomial. Dica: Tente primeiro com b sendo uma potência de 2.)

7.13 Uma ***permutação*** sobre o conjunto $\{1, \ldots, k\}$ é uma função bijetora sobre o mesmo. Quando p é uma permutação, p^t denota a composição de p com si mesma t vezes. Seja
$$POT\text{-}PERM = \{\langle p,q,t \rangle \mid p = q^t \text{ onde } p \text{ e } q \text{ são permutações}$$
$$\text{sobre } \{1, \ldots, k\} \text{ e } t \text{ é um inteiro em binário}\}.$$

Mostre que $POT\text{-}PERM \in$ P. (Note que o algoritmo mais óbvio não roda em tempo polinomial. Dica: Tente primeiro com t sendo uma potência de 2.)

7.14 Mostre que P é fechada sob a operação estrela. (Dica: Use programação dinâmica. Sobre uma entrada $y = y_1 \cdots y_n$ for $y_i \in \Sigma$, construa uma tabela que indique, para cada $i \leq j$, se a subcadeia $y_i \cdots y_j \in A^*$ para qualquer $A \in$ P.)

^R**7.15** Mostre que NP é fechada sob a operação estrela.

7.16 Seja *SOMA-SUBCU* o problema da soma de subconjuntos no qual todos os números são representados em unário. Por que a prova de NP-completude para *SOMA-SUBC* falha em mostrar que *SOMA-SUBCU* é NP-completa? Mostre que *SOMA-SUBCU* ∈ P.

7.17 Mostre que, se P = NP, então toda linguagem $A \in$ P, exceto $A = \emptyset$ e $A = \Sigma^*$, é NP-completa.

⋆7.18 Mostre que *PRIMOS* = $\{m|\ m$ é um número primo em binário$\} \in$ NP. (Dica: Para $p > 1$ o grupo multiplicativo $Z_p^* = \{x|\ x$ e p são primos entre si e $1 \le x < p\}$ é, ambos, cíclico e de ordem $p - 1$ sse p é primo. Você pode usar esse fato sem justicá-lo. A afirmativa mais forte *PRIMOS* ∈ P é atualmente conhecida como verdadeira, mas é mais difícil de provar.)

7.19 Em geral, acredita-se que *CAM* não é NP-completa. Explique a razão por trás dessa crença. Mostre que provar que *CAM* não é NP-completa provaria que P ≠ NP.

7.20 Suponha que G represente um grafo não-direcionado. Seja também

$$CAMMÁX = \{\langle G, a, b, k\rangle|\ G \text{ contém um caminho simples de} \\ \text{comprimento no máximo } k \text{ de } a \text{ para } b\},$$

e

$$CAMMIN = \{\langle G, a, b, k\rangle|\ G \text{ contém um caminho simples de} \\ \text{comprimento no mínimo } k \text{ de } a \text{ para } b\}.$$

    a. Mostre que *CAMMÁX* ∈ P.
    b. Mostre que *CAMMIN* é NP-completa. Pode assumir a NP-completude de *CAMHAMN*, o problema do caminho hamiltoniano para grafos não-direcionados.

7.21 Seja *DUPLO-SAT* = $\{\langle\phi\rangle|\ \phi$ tem pelo menos duas atribuições que a satisfazem$\}$. Mostre que *DUPLO-SAT* é NP-completa.

R7.22 Seja *MEIO-CLIQUE* = $\{\langle G\rangle|\ G$ é um grafo não-direcionado que tem um subgrafo completo com pelo menos $m/2$ nós, onde m é o número de nós em $G\}$. Mostre que *MEIO-CLIQUE* é NP-completa.

7.23 Seja $FNC_k = \{\langle\phi\rangle|\ \phi$ é uma fnc-fórmula satisfazível em que cada variável ocorre em, no máximo, k posições$\}$.

    a. Mostre que $FNC_2 \in$ P.
    b. Mostre que FNC_3 é NP-completa.

7.24 Seja ϕ uma 3fnc-fórmula. Uma **≠-atribuição** às variáveis de ϕ é aquela em que cada cláusula contém dois literais com diferentes valores-verdade. Em outras palavras, uma ≠-atribuição satisfaz ϕ sem atribuir verdadeiro a três literais em qualquer cláusula.

    a. Mostre que a negação de qualquer ≠-atribuição a ϕ é também uma ≠-atribuição.
    b. Seja ≠*SAT* a coleção de 3fnc-fórmulas que têm uma ≠-atribuição. Mostre que obtemos uma redução em tempo polinomial de *3SAT* para ≠*SAT* substituindo cada cláusula c_i

$$(y_1 \lor y_2 \lor y_3)$$

pelas duas cláusulas

$$(y_1 \vee y_2 \vee z_i) \quad \text{e} \quad (\overline{z_i} \vee y_3 \vee b),$$

onde z_i é uma nova variável para cada cláusula c_i e b é uma única variável adicional.

c. Conclua que $\neq SAT$ é NP-completa.

7.25 Um *corte* em um grafo não-direcionado é uma separação dos vértices V em dois subconjuntos disjuntos S e T. O tamanho de um corte é o número de arestas que têm uma extremidade em S e a outra em T. Seja

$$\text{MÁX-CORTE} = \{\langle G, k\rangle|\ G \text{ tem um corte de tamanho } k \text{ ou mais}\}.$$

Mostre que MÁX-CORTE é NP-completa. Você pode assumir o resultado do Problema 7.24. (Dica: Mostre que $\neq SAT \leq_P \text{MÁX-CORTE}$. A engrenagem da variável x é uma coleção de $3c$ nós rotulados com x e outros $3c$ nós rotulados com $\overline{x}$, onde c é o número de cláusulas. Todos os nós rotulados com x são conectados a todos os nós rotulados com $\overline{x}$. A engrenagem de cláusula é um triângulo de três arestas conectando três nós rotulados com os literais que ocorrem na cláusula. Não use o mesmo nó em mais de uma engrenagem de cláusula. Prove que essa redução funciona.)

7.26 Você recebe uma caixa e uma coleção de cartões, como ilustrado na figura a seguir. Por causa das hastes na caixa e das fendas nos cartões, cada cartão só poderá ser introduzido na caixa em uma de duas maneiras. Cada cartão contém duas colunas de furos, alguns tapados e outros não. O quebra-cabeças é solucionado colocando-se todos os cartões na caixa de forma a cobrir completamente o fundo da caixa (isto é, cada posição em que há um furo é bloqueada por pelo menos um cartão que não tem furo naquela posição). Seja $CHARADA = \{\langle c_1, \ldots, c_k\rangle|\ \text{cada } c_i \text{ representa um cartão e essa coleção de cartões tem uma solução}\}$. Mostre que $CHARADA$ é NP-completa.

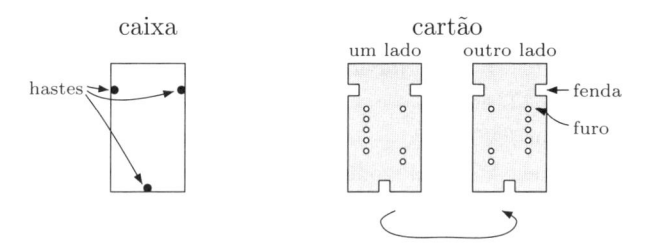

7.27 Uma *coloração* de um grafo é uma atribuição de cores a seus nós de forma que não seja atribuída a mesma cor a nenhum par de nós adjacentes. Seja

$$3CORES = \{\langle G\rangle|\ \text{os nós de } G \text{ podem ser coloridos com três cores de forma que}$$
$$\text{nenhum par de nós unidos por uma aresta tenha a mesma cor}\}.$$

Mostre que $3CORES$ é NP-completa. (Dica: Use os três grafos a seguir.)

paleta   variável   engrenagem-OU

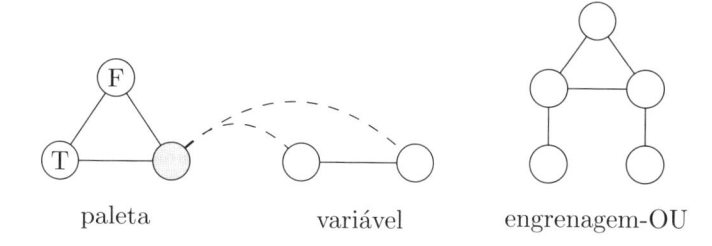

7.28 Seja $CONJ\text{-}PART = \{\langle S, C \rangle | \ S$ é um conjunto finito e $C = \{C_1, \ldots, C_k\}$ é uma coleção de subconjuntos de S, para algum $k > 0$, tal que os elementos de S podem ser coloridos *vermelho* ou *azul* de forma que nenhum C_i tenha todos os seus elementos coloridos com a mesma cor$\}$. Mostre que $CONJ\text{-}PART$ é NP-completa.

7.29 Considere o seguinte problema de escalonamento. É dada uma lista de exames finais $F_1, \ldots, F_k$, a serem escalonados, e uma lista de estudantes $S_1, \ldots, S_l$. Cada estudante deve fazer um certo subconjunto desses exames. Você deve escalonar os exames em períodos, de maneira que a nenhum estudante seja requerido fazer dois deles no mesmo período. O problema é determinar se existe um escalonamento que utilize apenas h períodos. Formule este problema como uma linguagem e mostre que a mesma é NP-completa.

7.30 Este problema é inspirado no jogo de um único jogador *campo minado*, generalizado para um grafo arbitrário. Seja G um grafo não-direcionado em que cada nó contém uma única *mina* ou está vazio. O jogador escolhe nós, um a um. Se ele escolher um nó que contém uma mina, ele perde. Se escolher um nó vazio, o jogador descobre o número de nós vizinhos que contêm minas. (Um nó vizinho é aquele que está conectado ao nó escolhido por uma aresta.) O jogador vence se e quando todos os nós vazios tiverem sido escolhidos.

No *problema da consistência das minas* é dado um grafo G, juntamente com números rotulando alguns nós de G. Deve-se determinar se é possível uma colocação de minas nos nós restantes, de forma que qualquer nó v que receba o rótulo m tenha exatamente m nós vizinhos contendo minas. Formule este problema como uma linguagem e mostre que ele é NP-completo.

^R**7.31** No seguinte jogo de paciência, é dado um tabuleiro $n \times n$. Em cada uma das suas n^2 posições está colocada uma pedra, azul ou vermelha, ou nenhuma pedra. Você joga removendo pedras do tabuleiro até que cada coluna contenha apenas pedras de uma única cor e cada linha contenha pelo menos uma pedra. Você vence se atingir esse objetivo. Vencer pode ser possível ou não, dependendo da configuração inicial. Seja $PACIÊNCIA = \{\langle G \rangle | \ G$ é uma configuração de vitória possível$\}$. Prove que $PACIÊNCIA$ é NP-completa.

7.32 Seja $U = \{\langle M, x, \texttt{\#}^t\rangle | \ $a MT M aceita a entrada x, em no máximo t passos, sobre pelo menos um ramo$\}$. Mostre que U is NP-completa.

7.33 Lembre-se que, em nossa discussão da tese de Church-Turing, introduzimos a linguagem $D = \{\langle p \rangle | \ p$ é um polinômio sobre várias variáveis com uma raiz inteira$\}$. Afirmamos, mas não provamos, que D é indecidível. Nesse problema, pede-se que você prove uma propriedade diferente de D — qual seja, que D é NP-difícil. Um problema é **NP-difícil** se todos os problemas em NP são redutíveis a ele em tempo polinomial, mesmo que ele próprio possa não estar em NP. Logo, você deve mostrar que todos os problemas em NP são redutíveis a D em tempo polinomial.

7.34 Um subconjunto dos nós de um grafo G é um ***conjunto dominante*** se todo outro nó de G é adjacente a algum nó do subconjunto. Seja

$$CONJ\text{-}DOM = \{\langle G,k\rangle|\ G \text{ tem um conjunto dominante com } k \text{ nós}\}.$$

Mostre que ela é NP-completa fazendo uma redução a partir de *COB-VERT*.

7.35 Mostre que o seguinte problema é NP-completo. É dado um conjunto de estados $Q = \{q_0, q_1, \ldots, q_l\}$ e uma coleção de pares $\{(s_1, r_1), \ldots, (s_k, r_k)\}$ em que s_i são cadeias distintas sobre $\Sigma = \{0, 1\}$, e os r_i são membros (não necessariamente distintos) de Q. Determine se existe um AFD $M = (Q, \Sigma, \delta, q_0, F)$ em que $\delta(q_0, s_i) = r_i$ para cada i. Aqui, $\delta(q, s)$ é o estado que M atinge após ler s, começando no estado q. (Note que F é irrelevante aqui).

7.36 Mostre que se P = NP, existe um algoritmo de tempo polinomial que produz uma atribuição que satisfaz uma fórmula booleana dada quando a mesma for satisfazível. (Nota: O algoritmo pedido computa uma função, mas NP contém linguagens, não funções. A suposição P = NP implica que *SAT* está em P e, assim, testar por satisfazibilidade é solúvel em tempo polinomial. Mas a suposição não diz como esse teste é feito, e o teste pode não revelar atribuições que satisfazem as fórmulas. Você deve mostrar que pode encontrá-las de alguma forma. Dica: Use o testador de satisfazibilidade repetidamente para encontrar a atribuição bit-por-bit.)

7.37 Mostre que se P = NP, você consegue fatorar inteiros em tempo polinomial. (Veja a nota no Problema 7.36.)

R*7.38 Mostre que se P = NP, existe um algoritmo de tempo polinomial que recebe um grafo não-direcionado como entrada e encontra um maior clique contido no grafo. (Veja a nota no Problema 7.36.)

7.39 Na prova do teorema de Cook-Levin, uma janela é um retângulo 2×3 de células. Mostre porque a prova falharia se, em vez disso, tivéssemos usado janelas 2×2.

7.40 Considere o algoritmo *MINIMIZA*, que recebe um AFD M como entrada e dá como saída um AFD M'.

$MINIMIZA = $ "Sobre a entrada $\langle M \rangle$, onde $M = (Q, \Sigma, \delta, q_0, A)$ é um AFD:

1. Remova todos os estados de M que são inalcançáveis a partir do estado inicial.
2. Construa o seguinte grafo não-direcionado G cujos nós são os estados de M.
3. Coloque uma aresta em G conectando todo estado de aceitação com todo estado de não-aceitação. Adicione novas arestas como segue.
4. Repita até que nenhuma nova aresta seja adicionada G:
5. Para cada par de estados distintos q e r de M e todo $a \in \Sigma$:
6. Adicione a aresta (q, r) a G se $(\delta(q, a), \delta(r, a))$ for uma aresta de G.
7. Para cada estado q, seja $[q]$ a coleção de estados
$[q] = \{r \in Q|\ \text{nenhuma aresta une } q \text{ e } r \text{ em } G\}$.
8. Forme um novo AFD $M' = (Q', \Sigma, \delta', {q_0}', A')$ em que
$Q' = \{[q]|\ q \in Q\}$, (se $[q] = [r]$, apenas um deles está em Q'),

$\delta'([q], a) = [\delta(q, a)]$, para todo $q \in Q$ e $a \in \Sigma$,
$q_0' = [q_0]$, e
$A' = \{[q] \mid q \in A\}$.

9. Dê como saída $\langle M' \rangle$."

  a. Mostre que M e M' são equivalentes.
  b. Mostre que M' é mínimo — isto é, nenhum AFD com menos estados reconhece a mesma linguagem. Você pode utilizar o resultado do Problema 1.52 sem prova.
  c. Mostre que $MINIMIZA$ opera em tempo polinomial.

7.41 Para uma fnc-fórmula ϕ com m variáveis e c cláusulas, mostre que pode construir, em tempo polinomial, um AFN com $O(cm)$ estados que aceita todas as atribuições que não satisfazem ϕ representadas como cadeias booleanas de comprimento m. Conclua que AFNs não podem ser minimizados em tempo polinomial, a menos que P = NP.

*7.42 Uma **2fnc-fórmula** é um E de cláusulas em que cada uma é um OU de no máximo dois literais. Seja $2SAT = \{\langle \phi \rangle \mid \phi$ é uma 2fnc-fórmula satisfazível$\}$. Mostre que $2SAT \in P$.

7.43 Modifique o algoritmo para reconhecimento de linguagens livres-do-contexto da prova do Teorema 7.16 para dar um algoritmo de tempo polinomial que produza uma árvore sintática para uma cadeia, dadas uma cadeia e uma GLC, se a gramática gerar a cadeia.

7.44 Digamos que duas fórmulas booleanas são **equivalentes** se têm o mesmo conjunto de variáveis e são verdadeiras para o mesmo conjunto de atribuições às variáveis (isto é, elas descrevem a mesma função booleana). Uma fórmula booleana é **mínima** se nenhuma fórmula booleana menor é equivalente a ela. Seja $FÓRMULA$-$MÍN$ a coleção de fórmulas booleanas mínimas. Mostre que, se P = NP, então $FÓRMULA$-$MÍN \in P$.

7.45 A **hierarquia de diferenças** $D_i P$ é definida recursivamente como
  a. $D_1 P = NP$ e
  b. $D_i P = \{A \mid A = B \setminus C$ para B em NP e C em $D_{i-1} P\}$.
     (Aqui, $B \setminus C = B \cap \overline{C}$.)

Por exemplo, uma linguagem em $D_2 P$ é a diferença entre duas linguagens NP. Algumas vezes, $D_2 P$ é denominada DP (e pode ser escrita D^P). Seja

$$Z = \{\langle G_1, k_1, G_2, k_2 \rangle \mid G_1 \text{ tem um } k_1\text{-clique e } G_2 \text{ não tem um } k_2\text{-clique}\}.$$

Mostre que Z é completa para DP. Em outras palavras, mostre que toda linguagem em DP é redutível em tempo polinomial a Z.

*7.46 Seja $MÁX$-$CLIQUE = \{\langle G, k \rangle \mid$ o maior clique em G é de tamanho $k\}$. Use o resultado do Problema 7.45 para mostrar que $MÁX$-$CLIQUE$ é DP-completa.

*7.47 Seja $f \colon \mathcal{N} \longrightarrow \mathcal{N}$ qualquer função tal que $f(n) = o(n \log n)$. Mostre que $\text{TIME}(f(n))$ contém apenas as linguagens regulares.

*7.48 Chame uma expressão regular **livre-de-estrela** se ela não contém quaisquer operações estrela. Seja $EQ_{ER-LE} = \{\langle R, S \rangle \mid R$ e S são expressões regulares livres-de-estrela equivalentes$\}$. Mostre que EQ_{ER-LE} está em coNP. Por que o seu argumento falha para expressões regulares em geral?

*7.49 Este problema investiga ***resolução***, um método para provar a insatisfazibilidade de fnc-fórmulas. Seja $\phi = C_1 \wedge C_2 \wedge \cdots \wedge C_m$ uma fórmula em fnc, onde os C_i são suas cláusulas. Seja $\mathcal{C} = \{C_i | \ C_i$ é uma cláusula de $\phi\}$. Em um *passo de resolução*, tomamos duas cláusulas C_a e C_b de $\mathcal{C}$ que tenham uma variável x em comum, que ocorre positivamente em uma delas e negativamente na outra. Assim, $C_a = (x \vee y_1 \vee y_2 \vee \cdots \vee y_k)$ e $C_b = (\overline{x} \vee z_1 \vee z_2 \vee \cdots \vee z_l)$, onde os y_i e z_i são literais. Formamos a nova cláusula $(y_1 \vee y_2 \vee \cdots \vee y_k \vee z_1 \vee z_2 \vee \cdots \vee z_l)$ e removemos literais repetidos. Acrescente essa nova cláusula a $\mathcal{C}$. Repita os passos de resolução até que não possam ser obtidas cláusulas adicionais. Se a cláusula vazia ( ) está em $\mathcal{C}$, então declare ϕ insatisfazível.

Digamos que resolução é ***correta*** se nunca declara uma fórmula satisfazível como sendo insatisfazível. E digamos que resolução é ***completa*** se todas as fórmulas insatisfazíveis são declaradas como sendo insatisfazíveis.

  a. Mostre que resolução é correta e completa.
  b. Use a parte (a) para mostrar que $2SAT \in$ P.

SOLUÇÕES SELECIONADAS

7.1 (c) FALSO; (d) VERDADEIRO.

7.2 (c) VERDADEIRO; (d) VERDADEIRO.

7.15 Seja $A \in$ NP. Construa a MTN M para decidir A em tempo polinomial não-determinístico.

$M = $ "Sobre a entrada w:
  1. Não-deterministicamente divida w em pedaços $w = x_1 x_2 \cdots x_k$.
  2. Para cada x_i, adivinhe não-deterministicamente os certificados que mostrem que $x_i \in A$.
  3. Verifique todos os certificados se possível e, então, *aceite*. Caso contrário, se a verificação falhar, *rejeite*."

7.22 Vamos dar uma redução por mapeamento polinomial de *CLIQUE* para *MEIO-CLIQUE*. A entrada para a redução é um par $\langle G, k \rangle$ e a redução produz o grafo $\langle H \rangle$ como saída, onde H é como segue. Se G tem m nós e $k = m/2$, então $H = G$. Se $k < m/2$, então H é o grafo obtido de G pelo acréscimo de j nós, cada um conectado a todos os nós originais e aos outros $j - 1$, onde $j = m - 2k$. Assim, H tem $m + j = 2m - 2k$ nós. Observe que G tem um k-clique sse H tem um clique de tamanho $k + j = m - k$ e, portanto, $\langle G, k \rangle \in$ *CLIQUE* sse $\langle H \rangle \in$ *MEIO-CLIQUE*. Se $k > 2m$, então H é o grafo obtido pela adição de j nós a G sem quaisquer arestas adicionais, onde $j = 2k - m$. Assim, H tem $m + j = 2k$ nós e, logo, G tem um k-clique sse H tem um clique de tamanho k. Portanto, $\langle G, k_k \rangle \in$ *CLIQUE* sse $\langle H \rangle \in$ *MEIO-CLIQUE*. Precisamos mostrar também que *MEIO-CLIQUE* $\in$ NP. O certificado é simplesmente o clique.

7.31 Em primeiro lugar, *PACIÊNCIA* ∈ NP, pois podemos verificar que uma solução funciona em tempo polinomial. Segundo, mostramos que *3SAT* $\leq_P$ *PACIÊNCIA*. Dado ϕ com m variáveis $x_1, \ldots, x_m$ e k cláusulas $c_1, \ldots, c_k$, construa o seguinte jogo G de dimensões $k \times m$. Supomos que ϕ não tem cláusulas que contêm, ambos, x_i e $\overline{x_i}$, porque tais cláusulas podem ser removidas sem afetar a satisfazibilidade.

Se x_i estiver na cláusula c_j, coloque uma pedra azul na linha c_j, coluna x_i. Se $\overline{x_i}$ estiver na cláusula c_j, coloque uma pedra vermelha na linha c_j, coluna x_i. Podemos fazer com que o tabuleiro fique quadrado repetindo uma linha ou adicionando uma coluna em branco, enquanto necessário, sem afetar a solubilidade. Vamos mostrar que ϕ é satisfazível sse G tem uma solução.

($\rightarrow$) Tome uma atribuição que satisfaz ϕ. Se x_i for verdadeira (falsa), remova as pedras vermelhas (azuis) da coluna correspondente. Com isso, pedras correspondentes a literais verdadeiros permanecem. Como toda cláusula tem um literal verdadeiro, toda linha tem uma pedra.

($\leftarrow$) Tome uma solução do jogo. Se as pedras vermelhas (azuis) foram removidas de uma coluna, faça a variável correspondente verdadeira (falsa). Toda linha tem uma pedra remanescente e, assim, toda cláusula tem um literal verdadeiro. Portanto, ϕ é satisfeita.

7.38 Se você supor que P = NP, então *CLIQUE* ∈ P, e você pode testar se G contém um clique de tamanho k em tempo polinomial, para qualquer valor de k. Testando se G contém um clique de cada tamanho, de 1 ao número de nós em G, você pode determinar o tamanho t de um clique máximo em G em tempo polinomial. Assim que você conhecer t, você pode encontrar um clique com t nós como segue. Para cada nó x de G, remova x e calcule o tamanho máximo de clique resultante. Se o tamanho resultante diminuir, substitua x e continue com o próximo nó. Se o tamanho resultante é ainda t, considere x permanentemente removido e continue com o próximo nó. Quando tiver considerado todos os nós dessa forma, os nós restantes são um t-clique.

8
COMPLEXIDADE DE ESPAÇO

Neste capítulo consideramos a complexidade de problemas computacionais em termos da quantidade de espaço, ou memória, que eles requerem. Tempo e espaço são duas das mais importantes considerações quando buscamos soluções práticas para muitos problemas computacionais. A complexidade de espaço compartilha muitas das características da complexidade de tempo e serve como uma maneira adicional de se classificar problemas conforme sua dificuldade computacional.

Como fizemos com a complexidade de tempo, precisamos selecionar um modelo para medir o espaço usado por um algoritmo. Continuamos com o modelo da máquina de Turing pela mesma razão que o utilizamos para medir tempo. Máquinas de Turing são matematicamente simples e suficientemente próximas a computadores reais para dar resultados significativos.

DEFINIÇÃO 8.1

Seja M uma máquina de Turing determinística que pára sobre todas as entradas. A ***complexidade de espaço*** de M é a função $f: \mathcal{N} \longrightarrow \mathcal{N}$, onde $f(n)$ é o número máximo de células de fita que M visita sobre qualquer entrada de comprimento n. Se a complexidade de espaço de M é $f(n)$, também dizemos que M roda em espaço $f(n)$.

Se M é uma máquina de Turing não-determinística na qual todos os ramos param sobre todas as entradas, definimos sua complexidade de espaço $f(n)$ como o número máximo de células de fita que M visita sobre qualquer ramo de sua computação para qualquer entrada de comprimento n.

Tipicamente estimamos a complexidade de espaço de máquinas de Turing usando notação assintótica.

DEFINIÇÃO 8.2

Seja $f: \mathcal{N} \longrightarrow \mathcal{R}^+$ uma função. As ***classes de complexidade de espaço***, **SPACE($f(n)$)** e **NSPACE($f(n)$)**, são definidas da seguinte forma.

$\text{SPACE}(f(n)) = \{L|\ L$ é uma linguagem decidida por uma máquina de Turing determinística de espaço $O(f(n))\}$.

$\text{NSPACE}(f(n)) = \{L|\ L$ é uma linguagem decidida por uma máquina de Turing não-determinística de espaço $O(f(n))\}$.

EXEMPLO 8.3

No Capítulo 7 introduzimos o problema NP-completo *SAT*. Aqui, mostraremos que *SAT* pode ser resolvido com um algoritmo de espaço linear. Acreditamos que *SAT* não pode ser resolvido com algoritmo de tempo polinomial, muito menos com um algoritmo de tempo linear, porque *SAT* é NP-completo. Espaço parece ser mais poderoso que tempo porque pode ser reusado, enquanto o tempo, não.

M_1 = "Sobre a entrada $\langle \phi \rangle$, onde ϕ é uma fórmula booleana:
1. Para cada atribuição de verdade às variáveis $x_1, \ldots, x_m$ de ϕ:
2. Calcule o valor de ϕ naquela atribuição de verdade.
3. Se ϕ alguma vez teve valor 1, *aceite*; se não, *rejeite*."

A máquina M_1 claramente roda em espaço linear porque cada iteração do *loop* pode reusar a mesma porção da fita. A máquina precisa armazenar somente a atribuição de verdade corrente, o que pode ser feito com espaço $O(m)$. O número de variáveis m é, no máximo, n, o comprimento da entrada, portanto essa máquina roda em espaço $O(n)$.

EXEMPLO 8.4

Aqui, ilustramos a complexidade de espaço não-determinístico de uma linguagem. Na próxima seção mostraremos como determinar a complexidade de espaço não-determinístico pode ser útil na determinação de sua complexidade de espaço determinístico. Considere o problema de se testar se um autômato finito não-determinístico aceita todas as cadeias. Seja

$$TODAS_{\text{AFN}} = \{\langle A \rangle|\ A \text{ é um AFN e } L(A) = \Sigma^*\}.$$

Damos um algoritmo de espaço linear não-determinístico que decide o complemento dessa linguagem, $\overline{TODAS_{\text{AFN}}}$. A idéia por trás desse algoritmo é usar o não-determinismo para adivinhar uma cadeia que é rejeitada pelo AFN e utilizar espaço linear para guardar em quais estados o AFN poderia estar em um dado momento. Note que não se sabe se essa linguagem está em NP ou em coNP.

N = "Sobre a entrada $\langle M \rangle$ onde M é um AFN:
1. Coloque um marcador sobre o estado inicial do AFN.
2. Repita 2^q vezes, onde q é o número de estados de M:
3. Escolha não deterministicamente um símbolo de entrada e modifique as posições dos marcadores sobre os estados de M para simular a leitura daquele símbolo.
4. Se um marcador, em algum momento, for colocado sobre um estado de aceitação, *rejeite*; caso contrário, *aceite*."

Se M aceita quaisquer cadeias, ele deve aceitar uma de comprimento, no máximo, 2^q, porque, em qualquer cadeia mais longa que seja aceita, as localizações dos marcadores descritas no algoritmo se repetiriam. A parte da cadeia entre as repetições pode ser removida para obter uma cadeia aceita mais curta. Logo, N decide $TODAS_{\text{AFN}}$.

O espaço requerido por esse algoritmo é somente aquele necessário para armazenar a localização dos marcadores e do contador de repetição do *loop*, e isso pode ser feito com espaço linear. Portanto, o algoritmo roda em espaço não-determinístico $O(n)$. A seguir, provamos um teorema que fornece informação sobre a complexidade de espaço determinístico de $TODAS_{\text{AFN}}$.

8.1

TEOREMA DE SAVITCH

O teorema de Savitch é um dos resultados mais antigos a respeito da complexidade de espaço. Ele mostra que máquinas determinísticas podem simular máquinas não-determinísticas usando uma quantidade surpreendentemente pequena de espaço. Para a complexidade de tempo, a simulação parece requerer um acréscimo exponencial no tempo. Para a complexidade de espaço, o teorema de Savitch mostra que qualquer MT não-determinística que usa $f(n)$ espaço pode ser convertida em uma MT determinística que utiliza somente $f^2(n)$ espaço.

TEOREMA 8.5

Teorema de Savitch Para qualquer[1] função $f: \mathcal{N} \longrightarrow \mathcal{R}^+$, onde $f(n) \geq n$,

$$\text{NSPACE}(f(n)) \subseteq \text{SPACE}(f^2(n)).$$

IDÉIA DA PROVA Precisamos simular uma MTN de espaço $f(n)$ deterministicamente. Uma abordagem ingênua é tentar todos os ramos da computação da MTN, um por um. A simulação precisa guardar qual ramo ela está explorando em dado momento de modo que ela seja capaz de passar para o próximo. Mas um ramo que usa espaço $f(n)$ pode rodar por $2^{O(f(n))}$ passos, e cada passo pode ser uma escolha não-determinística. Explorar os ramos seqüencialmente demandaria registrar todas as escolhas utilizadas em um ramo específico de modo a ser capaz de encontrar o próximo ramo. Por conseguinte, essa abordagem pode usar espaço $2^{O(f(n))}$, excedendo nosso objetivo de espaço $O(f^2(n))$.

Em vez disso, tomamos uma abordagem diferente considerando o seguinte problema mais geral. Recebemos duas configurações da MTN, c_1 e c_2, juntamente com um número t, e devemos testar se a MTN pode ir de c_1 a c_2 dentro de t passos. Chamamos esse problema o ***problema da originabilidade***. Resolvendo o problema da originabilidade, onde c_1 é a configuração inicial, c_2 a configuração de aceitação e t o número máximo de passos que a máquina não-determinística pode usar, podemos determinar se a máquina aceita sua entrada.

Damos um algoritmo determinístico, recursivo, que resolve o problema da originabilidade. Ele opera buscando por uma configuração intermediária c_m, e testando recursivamente se (1) c_1 pode chegar a c_m dentro de $t/2$ passos e (2) se c_m pode chegar a c_2 dentro de $t/2$ passos. A reutilização do espaço para cada um dos dois testes recursivos permite uma economia significativa de espaço.

Esse algoritmo precisa de espaço para armazenar a pilha de recursão. Cada nível da recursão utiliza espaço $O(f(n))$ para armazenar uma configuração. A profundidade da recursão é $\log t$, onde t é o tempo máximo que a máquina

---

[1] Na página 343, mostramos que o teorema de Savitch também se verifica sempre que $f(n) \geq \log n$.

não-determinística pode usar em qualquer ramo. Temos $t = 2^{O(f(n))}$, portanto $\log t = O(f(n))$. Logo, a simulação determinística usa espaço $O(f^2(n))$.

PROVA Seja N uma MTN que decide uma linguagem A em espaço $f(n)$. Construímos uma MT determinística M que decide A. A máquina M utiliza o procedimento PODEORIGINAR, que testa se uma das configurações de N pode originar outra dentro de um número especificado de passos. Esse procedimento resolve o problema da originabilidade descrito na idéia da prova.

Seja w uma cadeia considerada como entrada para N. Para configurações c_1 e c_2 de N sobre w, e um inteiro t, PODEORIGINAR(c_1, c_2, t) dá como saída *aceite* se N pode ir da configuração c_1 para a configuração c_2 em t ou menos passos ao longo de algum caminho não-determinístico. Se não, PODEORIGINAR dá como saída *rejeite*. Por conveniência, assumimos que t é uma potência de 2.

PODEORIGINAR = "Sobre a entrada c_1, c_2 e t:
1. Se $t = 1$, então teste diretamente se $c_1 = c_2$ ou se c_1 origina c_2 em um passo conforme as regras de N. *Aceite* se um dos testes for bem-sucedido; *rejeite* se ambos falharem.
2. Se $t > 1$, então para cada configuração c_m de N sobre w usando espaço $f(n)$:
3.   Rode PODEORIGINAR$(c_1, c_m, \frac{t}{2})$.
4.   Rode PODEORIGINAR$(c_m, c_2, \frac{t}{2})$.
5.   Se ambos os passos 3 e 4 aceitam, então *aceite*.
6. Se não houve aceitação, *rejeite*."

Agora definimos M para simular N da seguinte maneira. Primeiro modificamos N de modo que quando ela aceite, ela limpe sua fita e mova a cabeça para a célula mais à esquerda, dessa forma entrando em uma configuração chamada c_{aceita}. Fazemos que $c_{\text{início}}$ seja a configuração inicial de N sobre w. Escolhemos uma constante d de forma que N não tenha mais que $2^{df(n)}$ configurações usando $f(n)$ de fita, onde n é o comprimento de w. Então sabemos que $2^{df(n)}$ fornece um limitante superior no tempo de execução de qualquer ramo de N sobre w.

M = "Sobre a entrada w:
1. Dê como saída o resultado de PODEORIGINAR$(c_{\text{início}}, c_{\text{aceita}}, 2^{df(n)})$."

O algoritmo PODEORIGINAR obviamente resolve o problema da originabilidade e, portanto, M corretamente simula N. Precisamos analisá-lo para verificar que M funciona dentro de $O(f^2(n))$ de espaço.

Sempre que PODEORIGINAR invoca a si próprio recursivamente, ele armazena o número do estágio corrente e os valores de c_1, c_2 e t em uma pilha de modo que esses valores possam ser restaurados no retorno da invocação recursiva. Cada nível da recursão usa, assim, $O(f(n))$ espaço adicional. Além disso, cada nível da recursão divide o tamanho de t pela metade. Inicialmente t começa igual a $2^{df(n)}$, e, assim, a profundidade da recursão é $O(\log 2^{df(n)})$, ou $O(f(n))$. Por conseguinte, o espaço total usado é $O(f^2(n))$, como afirmado.

Uma dificuldade técnica surge nesse argumento porque o algoritmo M precisa conhecer o valor de $f(n)$ quando ele chama PODEORIGINAR. Podemos lidar com essa dificuldade modificando M de modo que ela tente $f(n) = 1, 2, 3, \ldots$ Para cada valor $f(n) = i$, o algoritmo modificado usa PODEORIGINAR para determinar se a configuração de aceitação é atingível. Adicionalmente, ele usa PODEORIGINAR para determinar se N usa pelo menos espaço $i + 1$ testando se N pode atingir qualquer das configurações de comprimento $i + 1$ da configuração inicial. Se a configuração de aceitação é atingível, M aceita; se nenhuma configuração de comprimento $i + 1$ for atingível, M rejeita; e, caso contrário, M continua com $f(n) = i + 1$. (Poderíamos ter lidado com essa dificuldade de uma maneira supondo que M pode computar $f(n)$ no espaço $O(f(n))$, mas então precisaríamos adicionar essa suposição ao enunciado do teorema.)

8.2
A CLASSE PSPACE

Por analogia com a classe P, definimos a classe PSPACE para complexidade de espaço.

DEFINIÇÃO 8.6

PSPACE é a classe de linguagens que são decidíveis em espaço polinomial em uma máquina de Turing determinística. Em outras palavras,

$$\text{PSPACE} = \bigcup_k \text{SPACE}(n^k).$$

Definimos NPSPACE, a contrapartida não-determinística de PSPACE, em termos das classes NSPACE. Entretanto, PSPACE = NPSPACE em virtude do teorema de Savitch, porque o quadrado de qualquer polinômio é ainda um polinômio.

Nos Exemplos 8.3 e 8.4 mostramos que SAT está em SPACE(n) e que $TODAS_{\text{AFN}}$ está em coNSPACE(n) e, portanto, pelo teorema de Savitch, em

SPACE(n^2), pois as classes de espaço determinístico são fechadas sob complemento. Por conseguinte, ambas as linguagens estão em PSPACE.

Vamos examinar o relacionamento de PSPACE com P e NP. Observamos que P $\subseteq$ PSPACE porque uma máquina que roda rapidamente não pode usar uma grande quantidade de espaço. Mais precisamente, para $t(n) \geq n$, qualquer máquina que opera em tempo $t(n)$ pode usar no máximo espaço $t(n)$, pois uma máquina pode explorar no máximo uma célula nova a cada passo de sua computação. Similarmente, NP $\subseteq$ NPSPACE e, assim, NP $\subseteq$ PSPACE.

Reciprocamente, podemos limitar a complexidade de tempo de uma máquina de Turing em termos de sua complexidade de espaço. Para $f(n) \geq n$, uma MT que usa espaço $f(n)$ pode ter no máximo $f(n)\, 2^{O(f(n))}$ configurações diferentes, por uma generalização simples da prova do Lema 5.8 na página 204. Uma computação de MT que pára não pode repetir uma configuração. Dessa forma, uma MT[2] que usa espaço $f(n)$ deve rodar em tempo $f(n)\, 2^{O(f(n))}$, portanto PSPACE $\subseteq$ EXPTIME $= \bigcup_k$ TIME(2^{n^k}).

Resumimos nosso conhecimento dos relacionamentos entre as classes de complexidade definidas até agora na série de inclusões

$$P \subseteq NP \subseteq PSPACE = NPSPACE \subseteq EXPTIME.$$

Não sabemos se quaisquer dessas inclusões são, na realidade, uma igualdade. Alguém pode ainda descobrir uma simulação como a do teorema de Savitch que junta algumas dessas classes na mesma classe. Entretanto, no Capítulo 9 provamos que P $\neq$ EXPTIME. Assim, pelo menos uma das inclusões precedentes é própria, mas somos incapazes de dizer quais! De fato, a maioria dos pesquisadores acredita que todas as inclusões são próprias. O seguinte diagrama mostra os relacionamentos entre essas classes, supondo que todas são diferentes.

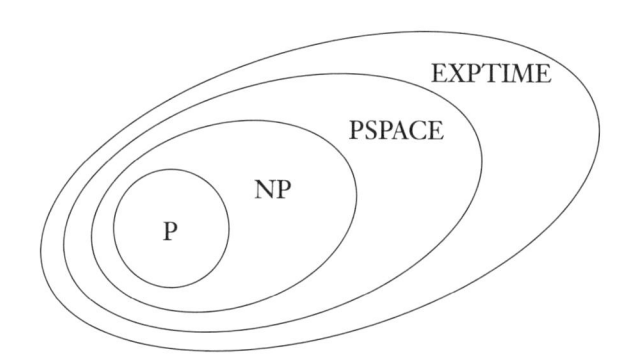

FIGURA 8.7
Relacionamentos conjecturados entre P, NP, PSPACE e EXPTIME.

---

[2] O requisito aqui de que $f(n) \geq n$ é generalizado adiante para $f(n) \geq \log n$, quando introduzimos MTs que usam espaço sublinear na página 342.

8.3

PSPACE-COMPLETUDE

Na Seção 7.4 introduzimos a categoria de linguagens NP-completas como representando as linguagens mais difíceis em NP. Demonstrar que uma linguagem é NP-completa fornece forte evidência de que a linguagem não está em P. Se ela estivesse, P e NP seriam iguais. Nesta seção introduzimos a noção análoga, PSPACE-completude, para a classe PSPACE.

DEFINIÇÃO 8.8

Uma linguagem B é **PSPACE-completa** se ela satisfaz duas condições:

1. B está em PSPACE, e
2. toda A em PSPACE é redutível em tempo polinomial a B.

Se B meramente satisfaz a condição 2, dizemos que ela é **PSPACE-difícil**.

Ao definir PSPACE-completude, usamos a redutibilidade em tempo polinomial como dada na Definição 7.29. Por que não definimos uma noção de redutibilidade em *espaço* polinomial e usamos esta em vez de redutibilidade em *tempo* polinomial? Para entender a resposta a essa importante questão, considere nossa motivação original para definir problemas completos.

Problemas completos são importantes porque são exemplos daqueles mais difíceis em uma classe de complexidade. Um problema completo é mais difícil porque qualquer outro problema na classe é facilmente reduzido a ele, portanto, se encontrarmos uma maneira simples de resolvê-lo, podemos facilmente resolver todos os outros problemas na classe. A redução tem de ser *fácil*, relativa à complexidade dos problemas típicos na classe, para que esse raciocínio se aplique. Se a própria redução fosse difícil de computar, uma solução fácil para o problema completo não necessariamente originaria uma solução fácil para os problemas que se reduzissem a ele.

Por conseguinte, a regra é: sempre que definimos problemas completos para uma classe de complexidade, o modelo de redução deve ser mais limitado que o modelo usado para definir a classe propriamente dita.

O PROBLEMA TQBF

Nosso primeiro exemplo de um problema PSPACE-completo envolve uma generalização do problema da satisfatibilidade. Lembre-se de que uma *fórmula booleana* é uma expressão que contém variáveis booleanas, as constantes 0 e 1, e as operações booleanas ∧, ∨ e ¬. Agora introduzimos um tipo mais geral de fórmula booleana.

Os **quantificadores** ∀ (para todo) e ∃ (existe) aparecem freqüentemente em enunciados matemáticos. Escrever o enunciado ∀x φ significa que, para *todo* valor para a variável x, o enunciado φ é verdadeiro. Similarmente, escrever o enunciado ∃x φ significa que, para *algum* valor da variável x, o enunciado φ é verdadeiro. Às vezes, ∀ é referenciado como o **quantificador universal** e ∃ como o **quantificador existencial**. Dizemos que a variável x imediatamente após o quantificador é **ligada** ao quantificador.

Por exemplo, considerando os números naturais, o enunciado ∀x [x + 1 > x] significa que o sucessor x + 1 de todo número natural x é maior que o próprio número. Obviamente, esse enunciado é verdadeiro. Entretanto, o enunciado ∃y [y + y = 3] obviamente é falso. Na interpretação do significado de enunciados envolvendo quantificadores, temos de levar em conta o **universo** do qual os valores são provenientes. Nos casos precedentes, o universo compreendia os números naturais, mas se tomássemos, em vez destes, os números reais, o enunciado existencialmente quantificado se tornaria verdadeiro.

Enunciados podem conter vários quantificadores, como em ∀x ∃y [y > x]. Para o universo dos números naturais, esse enunciado diz que todo número natural tem outro número natural maior que ele. A ordem dos quantificadores é importante. Invertendo a ordem, como no enunciado ∃y ∀x [y > x], dá um significado inteiramente diferente — a saber, que algum número natural é maior que todos os outros. Certamente, o primeiro enunciado é verdadeiro e o segundo é falso.

Um quantificador pode aparecer em qualquer lugar em um enunciado matemático. Ele se aplica ao fragmento do enunciado aparecendo dentro do par emparelhado de parênteses ou colchetes após as variáveis quantificadas. Esse fragmento é chamado **escopo** do quantificador. Com freqüência é conveniente requerer que todos os quantificadores apareçam no início do enunciado e que o escopo de cada quantificador seja tudo que vem depois dele. Esses enunciados são ditos estar na **forma normal prenex**. Qualquer enunciado pode ser colocado na forma normal *prenex* facilmente. Consideramos enunciados apenas nessa forma, a menos que seja indicado ao contrário.

Fórmulas booleanas com quantificadores são denominadas **fórmulas booleanas quantificadas**. Para tais fórmulas, o universo é $\{0, 1\}$. Por exemplo,

$$\phi = \forall x \, \exists y \, \left[(x \lor y) \land (\overline{x} \lor \overline{y}) \right]$$

é uma fórmula booleana quantificada. Aqui, φ é verdadeiro, mas seria falso se os quantificadores ∀x e ∃y fossem trocados.

Quando cada variável de uma fórmula aparece dentro do escopo de algum quantificador, a fórmula é dita estar **completamente quantificada**. Uma fórmula booleana completamente quantificada é, às vezes, chamada **sentença** e é sempre verdadeira ou falsa. Por exemplo, a fórmula precedente φ é completamente quantificada. Entretanto, se a parte inicial, ∀x, de φ fosse removida, a fórmula não mais seria completamente quantificada e nem verdadeira nem falsa.

O problema *TQBF* consiste em determinar se uma fórmula booleana completamente quantificada é verdadeira ou falsa. Definimos a linguagem

$TQBF = \{\langle \phi \rangle | \ \phi$ é uma fórmula booleana completamente quantificada verdadeira$\}$.

TEOREMA 8.9

TQBF é PSPACE-completo.

IDÉIA DA PROVA Para mostrar que *TQBF* está em PSPACE, damos um algoritmo simples que atribui valores às variáveis e calcula recursivamente a veracidade da fórmula para aqueles valores. A partir dessa informação, o algoritmo pode determinar a veracidade da fórmula quantificada original.

Para mostrar que toda linguagem A em PSPACE se reduz a *TQBF* em tempo polinomial, começamos com uma máquina de Turing limitada por espaço polinomial para A. E, então, damos uma redução de tempo polinomial que mapeia uma cadeia para uma fórmula booleana quantificada ϕ que codifica uma simulação da máquina sobre aquela entrada. A fórmula é verdadeira sse a máquina aceita.

Como uma primeira tentativa nessa construção, vamos procurar imitar a prova do teorema de Cook–Levin, Teorema 7.37. Podemos construir uma fórmula ϕ que simula M sobre uma entrada w expressando os requisitos para um *tableau* de aceitação. Um *tableau* para M sobre w tem largura $O(n^k)$, o espaço usado por M, mas sua altura é exponencial em n^k porque M pode rodar por tempo exponencial. Por conseguinte, se fôssemos representar o *tableau* com uma fórmula diretamente, terminaríamos com uma fórmula de tamanho exponencial. Entretanto, uma redução de tempo polinomial não pode produzir um resultado de tamanho exponencial, portanto essa tentativa falha em mostrar que $A \leq_P TQBF$.

Em vez disso, usamos uma técnica relacionada à prova do teorema de Savitch para construir a fórmula. A fórmula divide o *tableau* em metades e emprega o quantificador universal para representar cada metade com a mesma parte da fórmula. O resultado é uma fórmula muito mais curta.

PROVA Primeiro, damos um algoritmo de espaço polinomial que decide *TQBF*.

$T =$ "Sobre a entrada $\langle \phi \rangle$, uma fórmula booleana completamente quantificada:

1. Se ϕ não contém quantificadores, então ela é uma expressão com apenas constantes, portanto calcule ϕ e *aceite* se for verdadeira; caso contrário, *rejeite*.
2. Se ϕ é igual a $\exists x \ \psi$, chame recursivamente T sobre ψ, primeiro com 0 substituindo x, e depois com 1 substituindo x. Se qualquer dos resultados for aceite, então *aceite*; caso contrário, *rejeite*.

3. Se ϕ for igual a $\forall x\ \psi$, chame recursivamente T sobre ψ, primeiro com 0 substituindo x, e depois com 1 substituindo x. Se ambos os resultados são aceite, então *aceite*; caso contrário, *rejeite*."

O algoritmo T obviamente decide *TQBF*. Para analisar sua complexidade de espaço, observamos que a profundidade da recursão é, no máximo, o número de variáveis. Em cada nível precisamos apenas armazenar o valor de uma variável, de modo que o espaço total usado é $O(m)$, onde m é o número de variáveis que aparecem em ϕ. Por conseguinte, T roda em espaço linear.

A seguir, mostramos que *TQBF* é PSPACE-difícil. Seja A uma linguagem decidida por uma MT M em espaço n^k para alguma constante k. Damos uma redução de tempo polinomial de A para *TQBF*.

A redução mapeia uma cadeia w para uma fórmula booleana quantificada ϕ que é verdadeira sse M aceita w. Para mostrar como construir ϕ resolvemos um problema mais geral. Usando duas coleções de variáveis denotadas c_1 e c_2, representando duas configurações, e um número $t > 0$, construímos uma fórmula $\phi_{c_1,c_2,t}$. Se atribuirmos c_1 e c_2 a configurações reais, a fórmula é verdadeira sse M pode ir de c_1 para c_2 em no máximo t passos. Então, fazemos que ϕ seja a fórmula $\phi_{c_{\text{início}},c_{\text{aceita}},h}$, onde $h = 2^{df(n)}$ para uma constante d, escolhida de modo que M não tenha mais que $2^{df(n)}$ configurações possíveis sobre uma entrada de comprimento n. Aqui, faça $f(n) = n^k$. Por conveniência, assumimos que t é uma potência de 2.

A fórmula codifica o conteúdo das células de fita como na prova do teorema de Cook-Levin. Cada célula tem diversas variáveis associadas a ela, uma para cada símbolo de fita e estado, correspondendo aos possíveis conteúdos daquela célula. Cada configuração tem n^k células e, portanto, é codificada por $O(n^k)$ variáveis.

Se $t = 1$, podemos facilmente construir $\phi_{c_1,c_2,t}$. Concebemos a fórmula para dizer que, ou c_1 é igual a c_2, ou c_2 segue de c_1 em um único passo de M. Expressamos a igualdade escrevendo uma expressão booleana dizendo que cada uma das variáveis representando c_1 contém o mesmo valor booleano que a variável correspondente representando c_2. Expressamos a segunda possibilidade usando a técnica apresentada na prova do teorema de Cook-Levin. Ou seja, podemos expressar que c_1 origina c_2 em um único passo de M escrevendo expressões booleanas enunciando que o conteúdo de cada tripla de células de c_1 corretamente origina o conteúdo da tripla correspondente das células de c_2.

Se $t > 1$, construímos $\phi_{c_1,c_2,t}$ recursivamente. Como um aquecimento, vamos tentar uma idéia que não chega a funcionar e aí a consertamos. Seja

$$\phi_{c_1,c_2,t} = \exists m_1\ \left[\phi_{c_1,m_1,\frac{t}{2}} \wedge \phi_{m_1,c_2,\frac{t}{2}}\right].$$

O símbolo m_1 representa uma configuração de M. Escrever $\exists m_1$ é uma abreviação de $\exists x_1, \ldots, x_l$, onde $l = O(n^k)$ e $x_1, \ldots, x_l$ são as variáveis que codificam m_1. Portanto, essa construção de $\phi_{c_1,c_2,t}$ diz que M pode ir de c_1 a c_2 em, no máximo, t passos se existe alguma configuração intermediária m_1, através da qual M pode ir de c_1 a m_1 em, no máximo, $\frac{t}{2}$ passos e, então, de m_1 a c_2 em, no máximo, $\frac{t}{2}$ passos. Daí, construímos as duas fórmulas $\phi_{c_1,m_1,\frac{t}{2}}$ e $\phi_{m_1,c_2,\frac{t}{2}}$ recursivamente.

A fórmula $\phi_{c_1,c_2,t}$ tem o valor correto; ou seja, ela é VERDADEIRA sempre que M pode ir de c_1 a c_2 dentro de t passos. Entretanto, ela é grande demais. Todo nível da recursão envolvida na construção corta t pela metade, mas aproximadamente duplica o tamanho da fórmula. Assim, terminamos com uma fórmula de tamanho aproximadamente t. Inicialmente $t = 2^{df(n)}$, portanto, esse método dá uma fórmula exponencialmente grande.

Para reduzir o tamanho da fórmula, usamos o quantificador $\forall$ além do quantificador $\exists$. Seja

$$\phi_{c_1,c_2,t} = \exists m_1 \, \forall (c_3,c_4) \in \{(c_1,m_1), (m_1,c_2)\} \, \left[\phi_{c_3,c_4,\frac{t}{2}}\right].$$

A introdução das novas variáveis representando as configurações c_3 e c_4 nos permite "dobrar" as duas subfórmulas recursivas em uma única subfórmula, ao mesmo tempo que preserva o significado original. Escrevendo $\forall (c_3,c_4) \in \{(c_1,m_1), (m_1,c_2)\}$, indicamos que as variáveis representando as configurações c_3 e c_4 podem tomar os valores das variáveis de c_1 e m_1 ou de m_1 e c_2, respectivamente, e que a fórmula resultante $\phi_{c_3,c_4,\frac{t}{2}}$ é verdadeira em qualquer caso. Podemos substituir a construção $\forall x \in \{y,z\} \, [\ldots]$ pela construção equivalente $\forall x \, [(x=y \lor x=z) \to \ldots]$ para obter uma fórmula booleana quantificada sintaticamente correta. Lembre-se de que na Seção 0.2 mostramos que a implicação booleana ($\to$) e a igualdade booleana ($=$) podem ser expressas em termos de E e NÃO. Aqui, em nome da clareza, empregamos o símbolo $=$ para igualdade booleana em vez do símbolo equivalente $\leftrightarrow$ usado na Seção 0.2.

Para calcular o tamanho da fórmula $\phi_{c_{\text{início}},c_{\text{aceita}},h}$, onde $h = 2^{df(n)}$, notamos que cada nível da recursão adiciona uma parte da fórmula que é linear no tamanho das configurações e é, por conseguinte, de tamanho $O(f(n))$. O número de níveis da recursão é $\log(2^{df(n)})$, ou seja, $O(f(n))$. Portanto, o tamanho da fórmula resultante é $O(f^2(n))$.

ESTRATÉGIAS VENCEDORAS PARA JOGOS

Para os propósitos desta seção, um *jogo* é frouxamente definido como uma competição na qual partes opostas tentam atingir algum objetivo conforme regras pré-especificadas. Jogos aparecem em muitas formas, de jogos de tabuleiro, como xadrez, a jogos econômicos e de guerra, que modelam conflito corporativo ou de sociedades.

Jogos são intimamente relacionados a quantificadores. Um enunciado quantificado tem um jogo correspondente; reciprocamente, um jogo freqüentemente tem um enunciado quantificado correspondente. Essas correspondências são úteis de diversas maneiras. Em uma delas, expressar um enunciado matemático que usa muitos quantificadores em termos do jogo correspondente pode dar uma percepção sobre o significado do enunciado. Em outra, expressar um jogo em termos de um enunciado quantificado ajuda a entender a complexidade do mesmo. Para ilustrar a correspondência entre jogos e quantificadores, voltamo-nos para um jogo artificial chamado ***jogo da fórmula***.

Seja $\phi = \exists x_1\, \forall x_2\, \exists x_3\, \cdots\, Qx_k\, [\psi]$ uma fórmula booleana quantificada em forma normal *prenex*. Aqui Q representa ou um quantificador $\forall$ ou um quantificador $\exists$. Associamos um jogo com ϕ da seguinte maneira. Dois jogadores, chamados Jogador A e Jogador E, alternam-se escolhendo os valores das variáveis $x_1, \ldots, x_k$. O Jogador A escolhe valores para as variáveis ligadas a quantificadores $\forall$ e o Jogador E faz o mesmo para as variáveis ligadas a quantificadores $\exists$. A ordem de jogada é a dos quantificadores no início da fórmula. No final da jogada usamos os valores que os jogadores escolheram para as variáveis e declaramos que o Jogador E venceu o jogo se ψ, a parte da fórmula com os quantificadores removidos, for VERDADEIRA. O Jogador A vence se ψ for FALSA.

EXEMPLO 8.10

Digamos que ϕ_1 seja a fórmula

$$\exists x_1\, \forall x_2\, \exists x_3\, \left[(x_1 \vee x_2) \wedge (x_2 \vee x_3) \wedge (\overline{x_2} \vee \overline{x_3})\right].$$

No jogo da fórmula para ϕ_1, o Jogador E escolhe o valor de x_1, em seguida, o Jogador A escolhe o valor de x_2 e, finalmente, o Jogador E escolhe o valor de x_3.

Para ilustrar uma amostra de jogada, começamos representando o valor booleano VERDADEIRO com 1 e o FALSO com 0, como de costume. Vamos dizer que o Jogador E escolhe $x_1 = 1$, o Jogador A $x_2 = 0$ e, por fim, o Jogador E escolhe $x_3 = 1$. Com esses valores para x_1, x_2 e x_3, a subfórmula

$$(x_1 \vee x_2) \wedge (x_2 \vee x_3) \wedge (\overline{x_2} \vee \overline{x_3})$$

é 1, portanto, o Jogador E vence o jogo. Na realidade, o Jogador E pode sempre vencer esse jogo escolhendo $x_1 = 1$ e depois escolhendo x_3 como a negação do que quer que o Jogador A tenha escolhido para x_2. Dizemos que o Jogador E tem uma **estratégia vencedora** para esse jogo. Um jogador tem uma estratégia vencedora para um jogo se ele vence quando ambos os lados jogam de forma ótima.

Agora, vamos mudar a fórmula levemente para obter um jogo no qual o Jogador A tenha uma estratégia vencedora. Seja ϕ_2 a fórmula

$$\exists x_1\, \forall x_2\, \exists x_3\, \left[(x_1 \vee x_2) \wedge (x_2 \vee x_3) \wedge (x_2 \vee \overline{x_3})\right].$$

O Jogador A tem desta vez uma estratégia vencedora porque, independentemente do que o Jogador E escolher para x_1, o Jogador A pode escolher $x_2 = 0$, tornando falsa a parte da fórmula após os quantificadores, qualquer que possa ser o último movimento do Jogador E.

A seguir, consideramos o problema de se determinar qual jogador tem uma estratégia vencedora no jogo da fórmula associado a uma fórmula específica. Seja

$$\textit{JOGO-DA-FÓRMULA} = \{\langle\phi\rangle\mid \text{o Jogador E tem uma estratégia vencedora no}$$
$$\text{jogo da fórmula associado com } \phi\}.$$

TEOREMA 8.11

JOGO-DA-FÓRMULA é PSPACE-completo.

IDÉIA DA PROVA *JOGO-DA-FÓRMULA* é PSPACE-completo por uma simples razão. Ele é o mesmo que *TQBF*. Para ver que *JOGO-DA-FÓRMULA* = *TQBF*, observe que uma fórmula é VERDADEIRA exatamente quando o Jogador E tem uma estratégia vencedora no jogo da fórmula associado. Os dois enunciados são maneiras diferentes de se dizer a mesma coisa.

PROVA A fórmula $\phi = \exists x_1 \forall x_2 \exists x_3 \cdots [\psi]$ é VERDADEIRA quando existe alguma valoração para x_1 tal que, para qualquer valoração de x_2, existe uma valoração de x_3 tal que e assim por diante ..., onde ψ é VERDADEIRA sob as valorações das variáveis. Similarmente, o Jogador E tem uma estratégia vencedora no jogo associado com ϕ quando o Jogador E pode fazer alguma atribuição a x_1 tal que, para qualquer valoração de x_2, o Jogador E pode fazer uma atribuição a x_3 tal que e assim por diante ..., ψ é VERDADEIRA sob essas valorações das variáveis.

O mesmo raciocínio se aplica quando a fórmula não se alterna entre quantificadores existenciais e universais. Se ϕ tem a forma $\forall x_1, x_2, x_3 \exists x_4, x_5 \forall x_6 [\psi]$, o Jogador A faria os primeiros três movimentos no jogo da fórmula para atribuir valores a x_1, x_2 e x_3; em seguida, o Jogador E faria dois movimentos para atribuir x_4 e x_5; e, finalmente, o Jogador A atribuiria um valor a x_6.

Portanto $\phi \in TQBF$ exatamente quando $\phi \in$ *JOGO-DA-FÓRMULA*, e o teorema segue do Teorema 8.9.

GEOGRAFIA GENERALIZADA

Agora que você sabe que o jogo da fórmula é PSPACE-completo, podemos estabelecer a PSPACE-completude ou PSPACE-dificuldade de alguns outros jogos mais facilmente. Começaremos com uma generalização do jogo da geografia e mais tarde discutiremos jogos como xadrez, damas e GO.

Geografia é um jogo infantil no qual os jogadores se alternam nomeando cidades de qualquer parte do mundo. Cada cidade escolhida deve começar com a letra pela qual o nome da última cidade terminou. A repetição não é permitida. O jogo começa com alguma cidade designada como inicial e termina quando algum jogador perde porque ele (ou ela) é incapaz de continuar. Por exemplo, se o jogo começa com Peoria, então Amherst poderia legitimamente seguir (pois Peoria termina com a letra *a*, e Amherst começa com a letra *a*), então Tucson, depois Nashua e assim por diante até que um jogador não consiga prosseguir e, por isso, perca.

Podemos modelar esse jogo com um grafo direcionado cujos nós são as cidades do mundo. Desenhamos uma seta de uma cidade para outra se a primeira pode levar à segunda conforme as regras do jogo. Em outras palavras, o grafo contém uma aresta de uma cidade X para uma cidade Y se a cidade X termina com a mesma letra com a qual a cidade Y começa. Ilustramos uma parte do grafo da geografia na Figura 8.12.

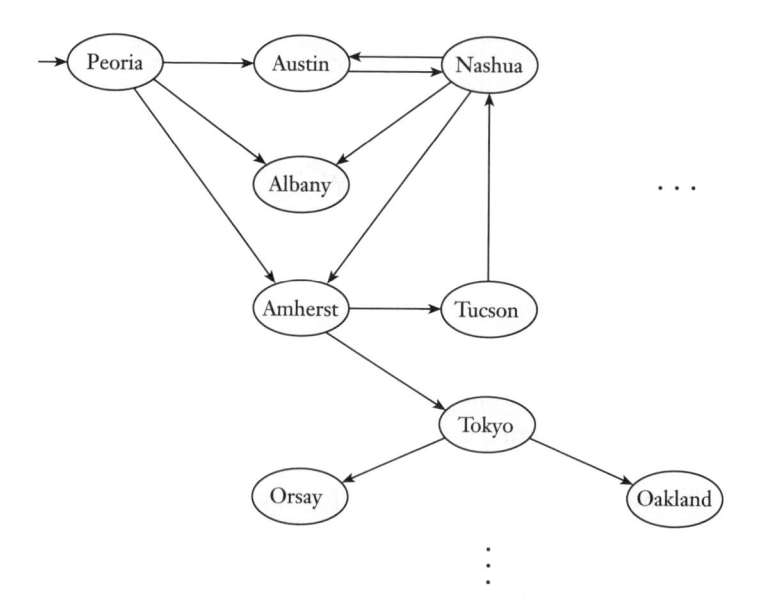

FIGURA 8.12
Parte do grafo representando o jogo da geografia.

Quando as regras da geografia são interpretadas para essa representação gráfica, um jogador começa selecionando o nó inicial designado e então os jogadores se alternam selecionando nós que formam um caminho simples no grafo. O requisito de que o caminho seja simples (isto é, não use nenhum nó mais de uma vez) corresponde ao requisito de que uma cidade não pode ser repetida. O primeiro jogador incapaz de estender o caminho perde o jogo.

Na *geografia generalizada* tomamos um grafo direcionado arbitrário com um nó especificado como inicial, em vez do grafo associado a cidades reais. Por exemplo, o grafo da Figura 8.13 é um exemplo de um jogo de geografia generalizada.

Digamos que o Jogador I seja aquele que joga primeiro e o Jogador II o que joga depois. Nesse exemplo, o Jogador I tem uma estratégia vencedora da seguinte forma. Ele começa no nó 1, o nó designado como inicial. O nó 1 aponta somente para os nós 2 e 3, portanto a primeira jogada do Jogador I tem de ser uma dessas duas escolhas. Ele escolhe o 3. Agora, o Jogador II deve jogar, mas o nó 3 aponta somente para o nó 5, portanto, ele é forçado a selecionar o nó 5. Então o Jogador I seleciona o 6, dentre as escolhas 6, 7 e 8. Em seguida, o Jogador II deve jogar no nó 6, mas ele aponta somente para o nó 3, e o 3 já foi previamente selecionado. O Jogador II fica sem opção e, assim, o Jogador I vence.

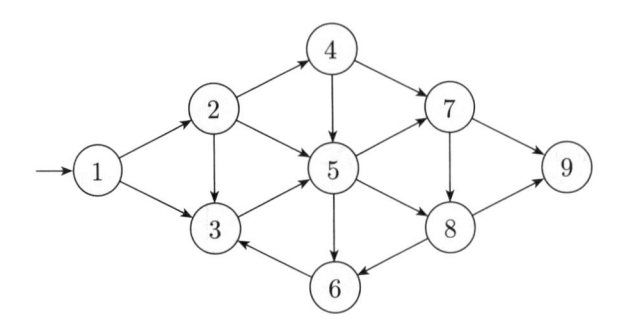

FIGURA 8.13
Uma amostra do jogo de geografia generalizada.

Se mudarmos o exemplo invertendo a direção da aresta entre os nós 3 e 6, o Jogador II tem uma estratégia vencedora. Você pode vê-la? Se o Jogador I começa com o nó 3 como antes, o Jogador II responde com o 6 e vence imediatamente, portanto a única esperança para o Jogador I é começar com o 2. Nesse caso, entretanto, o Jogador II responde com o 4. Se o Jogador I agora toma o 5, o Jogador II vence com o 6. Se o Jogador I toma o 7, o Jogador II vence com o 9. Independentemente do que o Jogador I fizer, o Jogador II pode encontrar uma maneira de vencer, portanto o Jogador II tem uma estratégia vencedora.

O problema de se determinar qual jogador tem uma estratégia vencedora em um jogo de geografia generalizada é PSPACE-completo. Seja

$GG = \{\langle G, b \rangle |$ Jogador I tem uma estratégia vencedora para o jogo da geografia generalizada jogado sobre o grafo G começando no nó $b\}$.

TEOREMA 8.14 ....

GG é PSPACE-completo.

IDÉIA DA PROVA Um algoritmo recursivo similar àquele usado para *TQBF* no Teorema 8.9 determina qual jogador tem uma estratégia vencedora. Esse algoritmo roda em espaço polinomial e, portanto, $GG \in$ PSPACE.

Para provar que GG é PSPACE-difícil, damos uma redução de tempo polinomial a partir de *JOGO-DA-FÓRMULA* para GG. Essa redução converte um jogo da fórmula para um grafo de geografia generalizada, de modo que jogar sobre o grafo imita jogar no jogo da fórmula. Com efeito, os jogadores no jogo da geografia generalizada estão, na verdade, jogando uma forma codificada do jogo da fórmula.

PROVA O seguinte algoritmo decide se o Jogador I tem uma estratégia vencedora em instâncias da geografia generalizada; em outras palavras, ele decide GG. Mostramos que ele roda em espaço polinomial.

$M =$ "Sobre a entrada $\langle G, b \rangle$, onde G é um grafo direcionado e b é um nó de G:
  1. Se b tem grau de saída 0, *rejeite*, porque o Jogador I perde imediatamente.
  2. Remova o nó b e todas as setas conectadas para obter um novo grafo G_1.
  3. Para cada um dos nós $b_1, b_2, \ldots, b_k$ para os quais b originalmente apontava, chame recursivamente M sobre $\langle G_1, b_i \rangle$.
  4. Se todos esses aceitam, o Jogador II tem uma estratégia vencedora no jogo original, portanto, *rejeite*. Caso contrário, o Jogador II não tem uma estratégia vencedora, logo, o Jogador I tem que tê-la; por conseguinte, *aceite*."

O único espaço requerido por esse algoritmo é para armazenar a pilha de recursão. Cada nível da recursão adiciona um único nó à pilha e ocorrem, no máximo, m níveis, onde m é o número de nós em G. Logo, o algoritmo roda em espaço linear.

Para estabelecer a PSPACE-dificuldade de GG, mostramos que o *JOGO-DA-FÓRMULA* é redutível em tempo polinomial a GG. A redução mapeia a fórmula

$$\phi = \exists x_1\, \forall x_2\, \exists x_3\, \cdots\, Q x_k\, [\psi]$$

para uma instância $\langle G, b \rangle$ da geografia generalizada. Aqui assumimos por simplicidade que os quantificadores de ϕ começam e terminam com $\exists$ e que eles se alternam estritamente entre $\exists$ e $\forall$. Uma fórmula que não respeita essa suposição pode ser convertida para uma um pouco maior que respeita, por meio da adição de quantificadores extras ligando variáveis não usadas para outros propósitos ou "nulas". Assumimos também que ψ está na forma normal conjuntiva (veja o Problema 8.12).

A redução constrói um jogo de geografia sobre um grafo G em que uma jogada ótima imita uma jogada ótima do jogo da fórmula sobre ϕ. O Jogador I no jogo da geografia faz o papel do Jogador E no jogo da fórmula, e o Jogador II, o papel do Jogador A.

A estrutura do grafo G está parcialmente mostrada na figura a seguir. A jogada começa no nó b, que aparece no canto superior esquerdo de G. Embaixo de b, aparece uma seqüência de estruturas tipo diamante, uma para cada uma das variáveis de ϕ. Antes de chegar ao lado direito de G, vamos ver como a jogada prossegue no lado esquerdo.

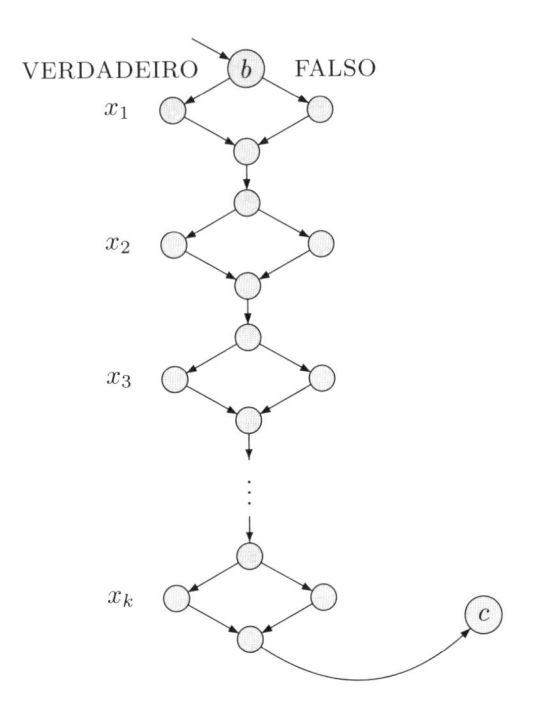

FIGURA 8.15
Estrutura parcial do jogo da geografia simulando o jogo da fórmula.

A jogada começa em b. O Jogador I deve selecionar uma das duas arestas saindo de b. Essas arestas correspondem às escolhas possíveis do Jogador E no início do jogo da fórmula. A escolha esquerda para o Jogador I corresponde a VERDADEIRO para o Jogador E no jogo da fórmula e a escolha direita a FALSO. Após o Jogador I ter selecionado uma dessas arestas — digamos, aquela da esquerda —, o Jogador II joga. Somente uma aresta saindo está presente, portanto, essa jogada é forçada. Similarmente, a próxima jogada do Jogador I é forçada e o jogo continua do topo do segundo diamante. Agora duas arestas estão presentes novamente, mas o Jogador II tem a escolha. Essa escolha corresponde à primeira jogada do Jogador A no jogo da fórmula. À medida que o jogo continua dessa maneira, os Jogadores I e II escolhem um caminho para a direita ou para a esquerda em cada um dos diamantes.

Depois que a partida passa por todos os diamantes, o ponto atual do caminho é o nó inferior do último diamante e é a vez do Jogador I, porque assumimos que o último quantificador é $\exists$. A próxima jogada do Jogador I é forçada. Então eles estão no nó c, mostrado na Figura 8.15, e o Jogador II faz a próxima jogada.

Esse ponto no jogo da geografia corresponde ao final da partida no jogo da fórmula. O caminho escolhido ao longo dos diamantes corresponde a uma atribuição às variáveis de ϕ. Nessa atribuição, se ψ for VERDADEIRO, o Jogador E vence o jogo da fórmula, e se ψ for FALSO, o Jogador A vence. A estrutura no lado direito da figura a seguir garante que o Jogador I pode vencer se o Jogador E venceu e que o Jogador II pode vencer se o Jogador A venceu.

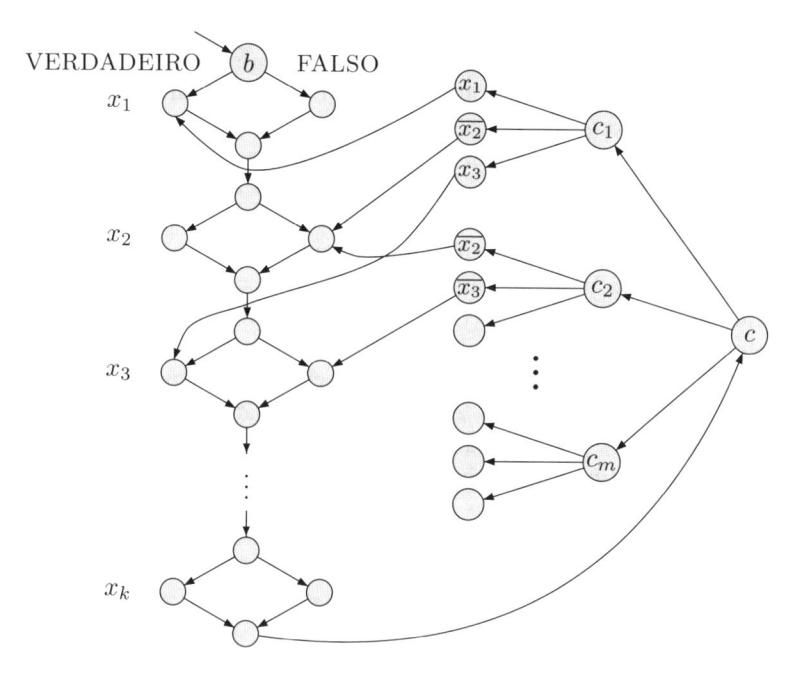

FIGURA 8.16
Estrutura completa do jogo da geografia simulando o jogo da fórmula, onde
$\phi = \exists x_1 \forall x_2 \cdots Q x_k \, [(x_1 \vee \overline{x_2} \vee x_3) \wedge (\overline{x_2} \vee \overline{x_3} \vee \cdots) \wedge \cdots \wedge (\quad)]$.

No nó c, o Jogador II pode escolher um nó correspondendo a uma das cláusulas de ψ. Em seguida, o Jogador I pode escolher um nó correspondendo a um literal naquela cláusula. Os nós correspondentes a literais não negados estão conectados aos lados esquerdos (VERDADEIRO) do diamante para as variáveis associadas, e similarmente para literais negados e os lados direitos (FALSO), como mostrado na Figura 8.16.

Se ϕ for FALSO, o Jogador II pode vencer selecionando a cláusula não satisfeita. Qualquer literal que o Jogador I pode pegar em seguida é FALSO e está conectado ao lado do diamante que ainda não foi jogado. Por conseguinte, o Jogador II pode jogar no nó, mas aí o Jogador I é incapaz de jogar e perde. Se ϕ for VERDADEIRO, qualquer cláusula que o Jogador II escolher contém um literal VERDADEIRO. O Jogador I seleciona aquele literal após a jogada do Jogador II. Como o literal é VERDADEIRO, ele está conectado ao lado do diamante que já foi jogado, portanto o Jogador II é incapaz de jogar e perde.

No Teorema 8.14 mostramos que não existe algoritmo de tempo polinomial para uma jogada ótima em geografia generalizada a menos que P = PSPACE.

Gostaríamos de provar um teorema similar com relação à dificuldade de se computar a jogada ótima em jogos de tabuleiro, tais como o xadrez, mas surge um obstáculo. Somente um número finito de posições de jogo diferentes pode ocorrer no tabuleiro-padrão de xadrez 8 × 8. Em princípio, todas essas posições podem ser colocadas em uma tabela, juntamente com a melhor jogada em cada posição. A tabela seria demasiado grande para caber dentro de nossa galáxia mas, sendo finita, poderia ser armazenada no controle de uma máquina de Turing (ou mesmo no de um autômato finito!). Conseqüentemente, a máquina seria capaz de jogar otimamente em tempo linear, fazendo uma busca na tabela. Talvez, em algum momento no futuro, sejam desenvolvidos métodos que possam quantificar a complexidade de problemas finitos, porém, os métodos atuais são assintóticos e, portanto, se aplicam apenas à taxa de crescimento da complexidade à medida que o tamanho do problema aumenta — e não para qualquer tamanho fixo. Entretanto, podemos dar alguma evidência para a dificuldade de se computar a jogada ótima para muitos jogos de tabuleiro generalizando-os para um tabuleiro $n \times n$. Essas generalizações de xadrez, damas e GO foram demonstradas como sendo PSPACE-difícil ou difícil para classes de complexidade até mesmo maiores, dependendo dos detalhes da generalização.

8.4
AS CLASSES L E NL

Até este momento, consideramos apenas limitantes de complexidade de tempo e espaço que são pelo menos lineares — ou seja, limitantes onde $f(n)$ é, no mínimo, n. Agora examinaremos limitantes de espaço menores, *sublineares*. Em complexidade de tempo, limitantes sublineares são insuficientes para se ler a entrada inteira, portanto não os consideraremos aqui. Em complexidade de espaço sublinear a máquina é capaz de ler a entrada inteira, mas não tem espaço suficiente para armazenar a entrada. Para considerar essa situação de forma significativa, temos de modificar nosso modelo computacional.

Introduzimos uma máquina de Turing com duas fitas: uma de entrada de somente-leitura e uma de trabalho de leitura/escrita. Na fita de somente-leitura, a cabeça de entrada pode detectar símbolos, mas não modificá-los. Fornecemos uma maneira pela qual a máquina detecta quando a cabeça está nas extremidades esquerda e direita da entrada. A cabeça de entrada deve permanecer na parte da fita que contém a entrada. A fita de trabalho pode ser lida e escrita da maneira usual. Somente as células visitadas na fita de trabalho contribuem para a complexidade de espaço desse tipo de máquina de Turing.

Pense em uma fita de somente-leitura como um CD-ROM, um dispositivo usado para entrada em muitos computadores pessoais. Freqüentemente, o CD-ROM contém mais dados do que o computador pode armazenar em sua memória principal. Algoritmos de espaço sublinear permitem que o computador manipule os dados sem armazená-los todos em sua memória principal.

Para limitantes de espaço que são, no mínimo, lineares, o modelo de MT de duas fitas é equivalente ao modelo-padrão de uma fita (veja o Exercício 8.1). Para limitantes de espaço sublinear, usamos apenas o modelo de duas fitas.

DEFINIÇÃO 8.17

L é a classe de linguagens que são decidíveis em espaço logarítmico em uma máquina de Turing determinística. Em outras palavras,

$$L = \text{SPACE}(\log n).$$

NL é a classe de linguagens que são decidíveis em espaço logarítmico em uma máquina de Turing não-determinística. Em outras palavras,

$$NL = \text{NSPACE}(\log n).$$

Concentramo-nos em espaço $\log n$ em vez de, digamos, espaço $\sqrt{n}$ ou $\log^2 n$, por várias razões que são similares àquelas para a nossa escolha de limitantes de tempo e espaço polinomiais. Espaço logarítmico é justamente grande o suficiente para resolver um número de problemas computacionais interessantes, e tem propriedades matemáticas atrativas, como robustez, mesmo quando o modelo de máquina e o método de codificação da entrada mudam. Apontadores na entrada podem ser representados em espaço logarítmico e, portanto, uma maneira de se pensar sobre o poder de algoritmos de espaço log é considerar o poder de um número fixo de apontadores de entrada.

EXEMPLO 8.18 ....

A linguagem $A = \{0^k 1^k \mid k \geq 0\}$ é um membro de L. Na Seção 7.1 na página 261 descrevemos uma máquina de Turing que decide A zigue zagueando para a frente e para trás sobre a entrada, cortando os 0s e 1s à medida que eles emparelham. Aquele algoritmo usa espaço linear para registrar quais posições foram cortadas, mas pode ser modificado para usar somente espaço log.

A MT de espaço log para A não pode cortar os 0s e 1s que foram emparelhados sobre a fita de entrada porque esta é somente-leitura. Em vez disso, a máquina conta o número de 0s e, separadamente, o número de 1s em binário sobre a fita de trabalho. O único espaço requerido é aquele usado para registrar os dois contadores. Em binário, cada contador utiliza somente espaço logarítmico e, assim, o algoritmo roda em espaço $O(\log n)$. Por conseguinte, $A \in L$.

EXEMPLO 8.19

Retomemos a linguagem

$CAM = \{\langle G, s, t \rangle |\ G$ é um grafo direcionado que tem um caminho direcionado de s para $t\}$

definido na Seção 7.2. O Teorema 7.14 mostra que CAM está em P, mas o algoritmo dado usa espaço linear. Não sabemos se CAM pode ser resolvido em espaço logarítmico deterministicamente, mas conhecemos um algoritmo de espaço log não-determinístico para CAM.

A máquina de Turing de espaço log não-determinístico que decide CAM opera começando no nó s e adivinhando não deterministicamente os nós de um caminho de s para t. A máquina registra somente a posição do nó atual a cada passo na fita de trabalho, e não o caminho inteiro (que excederia o requisito de espaço logarítmico). A máquina seleciona não deterministicamente o próximo nó dentre aqueles apontados pelo nó atual. Então, ele repete essa ação até que atinja o nó t e *aceita* ou até que rode por m passos e *rejeita*, onde m é o número de nós no grafo. Conseqüentemente, CAM está em NL.

Nossa afirmação anterior de que qualquer máquina de Turing de espaço limitado por $f(n)$ também roda em tempo $2^{O(f(n))}$ não é mais verdadeira para limitantes de espaço muito pequenos. Por exemplo, uma máquina de Turing que usa espaço $O(1)$ (isto é, constante) pode rodar por n passos. Para obter um limitante no tempo de execução que se aplica para todo limitante de espaço $f(n)$, damos a seguinte definição.

DEFINIÇÃO 8.20

Se M é uma máquina de Turing que tem uma fita de entrada somente-leitura separada e w é uma entrada, uma **configuração de M sobre w** é composta do estado, a fita de trabalho, e as posições das duas cabeças de fita. A entrada w não faz parte da configuração de M sobre w.

Se M roda em espaço $f(n)$ e w é uma entrada de comprimento n, o número de configurações de M sobre w é $n2^{O(f(n))}$. Para explicar esse resultado, vamos dizer que M tenha c estados e g símbolos de fita. O número de cadeias que podem aparecer sobre a fita de trabalho é $g^{f(n)}$. A cabeça de leitura de entrada pode estar em uma das n posições e a cabeça da fita de trabalho pode estar em uma das $f(n)$ posições. Por conseguinte, o número total de configurações de M sobre w, que é um limitante superior sobre o tempo de execução de M sobre w, é $cnf(n)g^{f(n)}$, ou $n2^{O(f(n))}$.

Concentramo-nos quase exclusivamente em limitantes de espaço $f(n)$ que são, no mínimo, $\log n$. Nossa afirmação anterior de que a complexidade de tempo de uma máquina é, no máximo, exponencial em sua complexidade de espaço permanece verdadeira para tais limitantes porque $n2^{O(f(n))}$ é $2^{O(f(n))}$ quando $f(n) \geq \log n$.

Lembre-se que o teorema de Savitch mostra que podemos converter MTs não-determinísticas para MTs determinísticas e aumentar a complexidade de espaço $f(n)$ de apenas uma elevação quadrática, desde que $f(n) \geq n$. Podemos estender o teorema de Savitch para que ele se verifique para limitantes de espaço sublineares até $f(n) \geq \log n$. A prova é idêntica à original que demos na página 324, exceto que usamos as máquinas de Turing com uma fita de entrada de somente-leitura e, em vez de nos referirmos a configurações de N, nos referimos a configurações de N sobre w. Para armazenar uma configuração de N sobre w, utiliza-se espaço $\log(n2^{O(f(n))}) = \log n + O(f(n))$. Se $f(n) \geq \log n$, a memória usada é $O(f(n))$ e o restante da prova continua o mesmo.

8.5
NL-COMPLETUDE

Como mencionamos no Exemplo 8.19, o problema *CAM* pertence a NL, mas não se sabe se ele está em L. Acreditamos que *CAM* não pertence a L, porém, não sabemos como provar essa conjectura. Na verdade, não conhecemos nenhum problema em NL que possa ser provado estar fora de L. Análoga à questão de se P = NP, temos a questão de se L = NL.

Como um passo em direção à solução da questão L *versus* NL, podemos exibir certas linguagens que são NL-completas. Como no caso de linguagens completas para outras classes de complexidade, as linguagens NL-completas são exemplos de linguagens que são, em um certo sentido, as linguagens mais difíceis em NL. Se L e NL forem diferentes, nenhuma linguagem NL-completa pertence a L.

Como nas nossas definições anteriores de completude, definimos uma linguagem NL-completa como aquela que está em NL e para a qual qualquer outra linguagem em NL é redutível. Entretanto, não usamos a redutibilidade em tempo polinomial aqui porque, como você verá, todos os problemas em NL são solúveis em tempo polinomial. Conseqüentemente, cada dois problemas em NL, exceto ∅ e Σ^*, são redutíveis em tempo polinomial um ao outro (veja a discussão de redutibilidade em tempo polinomial na definição de PSPACE-completude na página 328). Logo, a redutibilidade em tempo polinomial é forte demais para diferenciar problemas em NL um do outro. Em vez disso, usamos um novo tipo de redutibilidade chamado *redutibilidade em espaço log*.

DEFINIÇÃO 8.21

Um *transdutor de espaço log* é uma máquina de Turing com uma fita de entrada somente-leitura, uma fita de saída somente-escrita e uma fita de trabalho de leitura/escrita. A fita de trabalho pode conter $O(\log n)$ símbolos. Um transdutor de espaço log, M, computa uma função $f\colon \Sigma^* \longrightarrow \Sigma^*$, onde $f(w)$ é a cadeia remanescente na fita de saída após M parar quando ela é iniciada com w sobre sua fita de entrada. Denominamos f uma *função computável em espaço log*. A linguagem A é *redutível em espaço log* à linguagem B, escrito como $A \leq_L B$, se A é redutível por mapeamento a B por meio de uma função computável em espaço log f.

Agora estamos prontos para definir NL-completude.

DEFINIÇÃO 8.22

Uma linguagem B é *NL-completa* se

1. $B \in \mathrm{NL}$, e
2. toda A em NL é redutível em espaço log a B.

Se uma linguagem é redutível em espaço log a outra linguagem já conhecida como pertencendo a L, a linguagem original está também em L, como o teorema seguinte demonstra.

TEOREMA 8.23

Se $A \leq_L B$ e $B \in \mathrm{L}$, então $A \in \mathrm{L}$.

PROVA Uma abordagem tentadora à prova desse teorema é seguir o modelo apresentado no Teorema 7.31, o resultado análogo para redutibilidade em tempo polinomial. Naquela abordagem, um algoritmo de espaço log para A primeiro mapeia sua entrada w para $f(w)$, usando a redução de espaço log f e, então, aplica o algoritmo de espaço log para B. Entretanto, a memória requerida para $f(w)$ pode ser grande demais para caber em um limitante de espaço log e, portanto, precisamos modificar essa abordagem.

Em vez disso, a máquina M_A de A computa símbolos individuais de $f(w)$ conforme requisitado pela máquina M_B de B. Na simulação, M_A mantém registro de onde a cabeça de entrada de M_B estaria sobre $f(w)$. Toda vez que M_B se move, M_A reinicia a computação de f sobre w a partir do início e ignora toda a saída, exceto a localização desejada de $f(w)$. Fazer isso pode requerer recomputação ocasional de partes de $f(w)$ e, portanto, é ineficiente em sua complexidade de tempo. A vantagem desse método é que somente um único símbolo de $f(w)$ precisa ser armazenado em qualquer ponto, na realidade trocando tempo por espaço.

COROLÁRIO 8.24

Se qualquer linguagem NL-completa está em L, então L = NL.

BUSCA EM GRAFOS

TEOREMA 8.25

CAM é NL-completa.

IDÉIA DA PROVA O Exemplo 8.19 mostra que CAM está em NL, portanto, precisamos somente mostrar que CAM é NL-difícil. Em outras palavras, devemos mostrar que toda linguagem A em NL é redutível em espaço log a CAM.

A idéia por trás da redução em espaço log de A a CAM é construir um grafo que representa a computação da máquina de Turing não-determinística de espaço log para A. A redução mapeia uma cadeia w para um grafo cujos nós correspondem às configurações da MTN sobre a entrada w. Um nó aponta para um segundo nó se a primeira configuração correspondente pode produzir a segunda configuração em um único passo da MTN. Portanto, a máquina aceita w sempre que algum caminho do nó correspondente à configuração inicial leva ao nó correspondente à configuração de aceitação.

PROVA Mostramos como dar uma redução em espaço log de qualquer linguagem A em NL para CAM. Vamos dizer que a MTN M decide A em espaço $O(\log n)$. Dada uma entrada w, construímos $\langle G, s, t \rangle$ em espaço log, onde G é um grafo direcionado que contém um caminho de s para t se e somente se M aceita w.

Os nós de G são as configurações de M sobre w. Para as configurações c_1 e c_2 de M sobre w, o par (c_1, c_2) é uma aresta de G se c_2 é uma das possíveis próximas configurações de M começando de c_1. Mais precisamente, se a função de transição de M indica que o estado de c_1, juntamente com os símbolos de fita sob as cabeças das suas fitas de entrada e de trabalho, podem produzir o próximo estado e as ações da cabeça para transformar c_1 em c_2, então (c_1, c_2) é uma aresta de G. O nó s é a configuração inicial de M sobre w. A máquina M é modificada para ter uma única configuração de aceitação e designamos essa configuração como o nó t.

Esse mapeamento reduz A para CAM porque, sempre que M aceita sua entrada, algum ramo de sua computação aceita, o que corresponde a um caminho da configuração inicial s para a configuração de aceitação t em G. Reciprocamente, se existe algum caminho de s para t em G, algum ramo da computação aceita quando M roda sobre a entrada w e M aceita w.

Para mostrar que a redução opera em espaço log, damos um transdutor de espaço log que, sobre a entrada w, dá como saída uma descrição de G. Essa descrição compreende duas listas: os nós de G e as arestas de G. Listar os nós é fácil, pois cada nó é uma configuração de M sobre w e pode ser representado em espaço $c \log n$ para alguma constante c. O transdutor passa seqüencialmente por todas as cadeias possíveis de comprimento $c \log n$, testa se cada uma delas é uma configuração legal de M sobre w, e dá como saída aquelas que passam no teste. O transdutor lista as arestas similarmente. Espaço log é suficiente para se verificar que uma configuração c_1 de M sobre w pode produzir a configuração c_2 porque o transdutor precisa apenas examinar o conteúdo da fita sob as localizações de cabeças dadas em c_1 para determinar que a função de transição de M daria a configuração c_2 como resultado. O transdutor tenta todos os pares (c_1, c_2) a cada vez para encontrar quais se qualificam como arestas de G. Aquelas que se qualificam são adicionadas à fita de saída.

Um resultado imediato do Teorema 8.25 é o seguinte corolário que afirma que NL é um subconjunto de P.

COROLÁRIO 8.26

NL $\subseteq$ P.

PROVA O Teorema 8.25 mostra que qualquer linguagem em NL é redutível em espaço log a *CAM*. Lembre-se de que uma máquina de Turing que usa espaço $f(n)$ roda em tempo $n \, 2^{O(f(n))}$, portanto um redutor que roda em espaço log também roda em tempo polinomial. Por conseguinte, qualquer linguagem em NL é redutível em tempo polinomial a *CAM*, que, por sua vez, está em P, pelo Teorema 7.14. Sabemos que toda linguagem que é redutível em tempo polinomial a uma linguagem em P está também em P; logo, a prova está completa.

Embora redutibilidade em espaço log pareça ser altamente restritiva, ela é adequada para a maioria das reduções em teoria da complexidade, pois essas são geralmente computacionalmente simples. Por exemplo, no Teorema 8.9 mostramos que todo problema PSPACE é redutível em tempo polinomial a *TQBF*. As fórmulas altamente repetitivas que essas reduções produzem podem ser computadas usando-se apenas espaço log, e, por conseguinte, podemos concluir que *TQBF* é PSPACE-completa com respeito a redutibilidade em espaço log. Essa conclusão é importante porque o Corolário 9.6 mostra que NL $\subsetneq$ PSPACE. Essa separação e redutibilidade em espaço log implicam que *TQBF* $\notin$ NL.

8.6
NL É IGUAL A CONL

Esta seção contém um dos resultados conhecidos mais surpreendentes relativo aos relacionamentos entre classes de complexidade. De forma geral, acredita-se que as classes NP e coNP sejam diferentes. À primeira vista, o mesmo parece se verificar para as classes NL e coNL. O fato de que NL é igual a coNL, como estamos em vias de provar, mostra que nossa intuição sobre computação ainda tem muitas lacunas.

TEOREMA 8.27

NL = coNL.

IDÉIA DA PROVA Mostramos que $\overline{CAM}$ está em NL e, portanto, estabelecemos que todo problema em coNL está também em NL, porque CAM é NL-completa. O algoritmo NL M que apresentamos para $\overline{CAM}$ deve ter uma computação de aceitação sempre que o grafo de entrada G *não* contiver um caminho de s para t.

Primeiro, vamos atacar um problema mais fácil. Seja c o número de nós em G que são atingíveis a partir de s. Assumimos que c é fornecido como entrada para M e mostramos como usar c para resolver $\overline{CAM}$. Adiante, mostramos como computar c.

Dados G, s, t e c, a máquina M opera da seguinte forma. Um por um, M passa por todos os m nós de G e não deterministicamente adivinha se cada um é atingível a partir de s. Sempre que tenta adivinhar se um nó u é atingível, M verifica essa adivinhação escolhendo um caminho de comprimento m ou menos de s para u. Se um ramo da computação falha em verificar essa adivinhação, ela rejeita. Além do mais, se um ramo adivinha que t é atingível, ela rejeita. A máquina M conta o número de nós que foram verificados como atingíveis. Quando um ramo passou por todos os nós de G, ela certifica-se de que o número de nós que ela verificou como atingíveis de s seja igual a c, o número de nós que realmente são atingíveis, e rejeita, se não. Caso contrário, esse ramo aceita.

Em outras palavras, se M não deterministicamente seleciona exatamente c nós atingíveis de s, não incluindo t, e prova que cada um é atingível de s adivinhando o caminho, M sabe que os nós remanescentes, incluindo t, *não* são atingíveis, portanto ela pode aceitar.

A seguir, mostramos como calcular c, o número de nós atingíveis de s. Descrevemos um procedimento não determinístico de espaço log por meio do qual pelo menos um ramo da computação tem o valor correto para c e todos os outros ramos rejeitam.

Para cada i de 0 a m, definimos A_i como a coleção de nós que estão a uma distância de i ou menos de s (isto é, que têm um caminho de comprimento no máximo i de s). Portanto, $A_0 = \{s\}$, cada $A_i \subseteq A_{i+1}$ e A_m contém todos os nós que são atingíveis de s. Seja c_i o número de nós em A_i. A seguir, descrevemos um procedimento que calcula c_{i+1} a partir de c_i. Repetidas aplicações desse procedimento produz o valor desejado de $c = c_m$.

Calculamos c_{i+1} a partir de c_i, usando uma idéia similar àquela apresentada anteriormente neste esboço de prova. O algoritmo passa por todos os nós de G, determina se cada um é membro de A_{i+1} e conta os membros.

Para determinar se um nó v está em A_{i+1}, utilizamos um laço interno para visitar todos os nós de G e adivinhar se cada um está em A_i. Cada adivinhação positiva é verificada adivinhando-se o caminho de comprimento no máximo i a partir de s. Para cada nó u verificado como estando em A_i, o algoritmo testa se (u, v) é uma aresta de G. Se o par for uma aresta, v está em A_{i+1}. Adicionalmente, o número de nós verificados como estando em A_i é contado. Ao término do laço interno, se o número total de nós verificados como estando em A_i não for c_i, não foi encontrado todo A_i, portanto esse ramo da computação rejeita. Se o contador é igual a c_i e v ainda não foi mostrado estar em A_{i+1}, concluímos que ele não está em A_{i+1}. Então, continuamos para o próximo v no laço externo.

PROVA Aqui está um algoritmo para $\overline{CAM}$. Seja m o número de nós de G.

$M = $ "Sobre a entrada $\langle G, s, t \rangle$:

1. Faça $c_0 = 1$. 〚 $A_0 = \{s\}$ tem 1 nó 〛
2. Para $i = 0$ até $m - 1$: 〚 compute c_{i+1} a partir de c_i 〛
3.   Faça $c_{i+1} = 1$. 〚 c_{i+1} conta nós em A_{i+1} 〛
4.   Para cada nó $v \neq s$ em G: 〚 verifique se $v \in A_{i+1}$ 〛
5.   Faça $d = 0$. 〚 d reconta A_i 〛
6.   Para cada nó u em G: 〚 verifique se $u \in A_i$ 〛
7.   Não deterministicamente, execute ou salte esses passos:
8.   Não deterministicamente siga um caminho de comprimento no máximo i a partir de s e *rejeite* se ele não termina em u.
9.   Incremente d. 〚 verificou que $u \in A_i$ 〛
10.   Se (u,v) é uma aresta de G, incremente c_{i+1} e vá para o Estágio 5 com o próximo v. 〚 verificou que $v \in A_{i+1}$ 〛
11.   Se $d \neq c_i$, então *rejeite*. 〚 verifique se encontrou todo A_i 〛
12.   Faça $d = 0$. 〚 c_m agora conhecido; d reconta A_m 〛
13.   Para cada nó u em G: 〚 verifique se $u \in A_m$ 〛
14.   Não deterministicamente, ou realize, ou pule esses passos:
15.   Não deterministicamente siga um caminho de comprimento no máximo m a partir de s e *rejeite* se ele não termina em u.
16.   Se $u = t$, então *rejeite*. 〚 encontrou caminho de s para t 〛
17.   Incremente d. 〚 verificou que $u \in A_m$ 〛
18.   Se $d \neq c_m$, então *rejeite*. 〚 verifica que encontrou todo A_m 〛
       Caso contrário, *aceite*."

Esse algoritmo somente precisa armazenar u, v, c_i, c_{i+1}, d, i e um apontador para a cabeça de um caminho, em qualquer tempo dado. Logo, ele roda em espaço log.

Resumimos nosso conhecimento presente dos relacionamentos entre diversas classes de complexidade da seguinte forma:

$$L \subseteq NL = coNL \subseteq P \subseteq PSPACE.$$

Não sabemos se quaisquer dessas inclusões são próprias, embora provemos $NL \subsetneq PSPACE^3$ no Corolário 9.6. Conseqüentemente, ou $coNL \subsetneq P$ ou $P \subsetneq PSPACE$ deve se verificar, mas não sabemos qual! A maioria dos pesquisadores conjectura que todas essas inclusões são próprias.

EXERCÍCIOS

8.1 Mostre que para qualquer função $f: \mathcal{N} \longrightarrow \mathcal{R}^+$, onde $f(n) \geq n$, a complexidade de espaço $\text{SPACE}(f(n))$ é a mesma se você define a classe usando o modelo de MT de fita única ou o modelo de MT de duas fitas somente-leitura.

8.2 Considere a seguinte posição no jogo-da-velha tradicional.

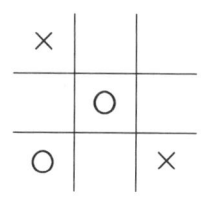

Vamos dizer que é a vez do jogador X fazer sua jogada. Descreva a estratégia vencedora para esse jogador. (Lembre-se de que uma estratégia vencedora não é meramente a melhor jogada a fazer na posição corrente. Ela também inclui todas as respostas que esse jogador deve dar de modo a vencer, qualquer que seja a jogada do oponente.)

8.3 Considere o seguinte jogo da geografia generalizada no qual o nó inicial é aquele com a seta apontando para ele a partir do nada. O Jogador I tem uma estratégia vencedora? E o Jogador II? Dê razões para suas respostas.

---

[3] Escrevemos $A \subsetneq B$ para dizer que A é um subconjunto próprio (isto é, não igual) de B.

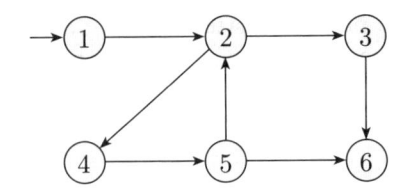

8.4 Mostre que PSPACE é fechada sob as operações de união, complementação e estrela.

^R8.5 Mostre que NL é fechada sob as operações de união, interseção e estrela.

8.6 Mostre que qualquer linguagem PSPACE-difícil é também NP-difícil.

^R8.7 Mostre que $A_{\text{AFD}} \in \text{L}$.

PROBLEMAS

8.8 Seja $EQ_{\text{EXR}} = \{\langle R, S \rangle |\ R\ e\ S$ são expressões regulares equivalentes$\}$. Mostre que $EQ_{\text{EXR}} \in \text{PSPACE}$.

8.9 Uma *escada* é uma seqüência de cadeias $s_1, s_2, \ldots, s_k$, na qual toda cadeia difere da precedente em exatamente um caractere. Por exemplo, a seguir vem uma escada de palavras em inglês, começando com "head" e terminando com "free":

head, hear, near, fear, bear, beer, deer, deed, feed, feet, fret, free.

Seja $ESCADA_{\text{AFD}} = \{\langle M, s, t \rangle |\ M$ é um AFD e $L(M)$ contém uma escada de cadeias, começando com s e terminando com $t\}$. Mostre que $ESCADA_{\text{AFD}}$ está em PSPACE.

8.10 O jogo japonês *go-moku* é jogado por dois jogadores, "X" e "O," sobre uma grade 19×19. Os jogadores se alternam colocando marcadores, e o primeiro jogador a atingir 5 de seus marcadores consecutivamente em uma linha, coluna, ou diagonal é o vencedor. Considere esse jogo generalizado para um tabuleiro $n \times n$. Seja

$GM = \{\langle B \rangle |\ B$ é uma posição no *go-moku* generalizado em que o jogador "X" tem uma estratégia vencedora$\}$.

Por uma *posição* queremos dizer um tabuleiro com marcadores colocados sobre ele, tal como pode ocorrer no meio de uma partida do jogo, juntamente com uma indicação de qual jogador tem a vez de jogar. Mostre que $GM \in \text{PSPACE}$.

8.11 Mostre que, se toda linguagem NP-difícil é também PSPACE-difícil, então PSPACE = NP.

8.12 Mostre que $TQBF$ restrita a fórmulas em que a parte seguinte aos quantificadores está na forma normal conjuntiva é ainda PSPACE-completa.

8.13 Defina $A_{\text{ALL}} = \{\langle M, w \rangle |\ M$ é um ALL que aceita a entrada $w\}$. Mostre que A_{ALL} é PSPACE-completa.

8.14 Considere a seguinte versão para duas pessoas da linguagem *CHARADA* que foi descrita no Problema 7.26. Cada jogador começa com uma pilha ordenada de cartas de charada. Os jogadores se alternam colocando as cartas em ordem na caixa e podem escolher qual lado fica para cima. O Jogador I vence se, na pilha final, todas as posições de buraco estão bloqueadas, e o Jogador II vence se alguma posição de buraco permanece desbloqueada. Mostre que o problema de se determinar qual jogador tem uma estratégia vencedora para uma dada configuração inicial das cartas é PSPACE-completo.

*8.15** O jogo gato-e-rato é jogado por dois adversários, "Gato" e "Rato," sobre um grafo não-direcionado arbitrário. Em um dado ponto, cada jogador ocupa um nó do grafo. Os jogadores se alternam movendo-se para um nó adjacente àquele que eles ocupam no momento. Há um nó especial no grafo denominado "Buraco." O Gato vence se os dois jogadores, em algum momento do jogo, ocupam o mesmo nó. O Rato vence se atinge o Buraco antes disso acontecer. O jogo empata se uma situação se repete (ou seja, os dois jogadores simultaneamente ocupam posições que eles ocuparam simultaneamente antes e o mesmo jogador tem a vez de jogar).

$GATO\text{-}FELIZ = \{\langle G, c, m, h\rangle|\ G, c, m, h,$ são respectivamente um grafo, e posições do Gato, Rato e Buraco, sendo que o Gato tem uma estratégia vencedora se joga primeiro$\}$.

Mostre que *GATO-FELIZ* está em P. (Dica: A solução não é complicada e não depende de detalhes sutis da forma em que o jogo é definido. Considere a árvore do jogo inteira. Ela é exponencialmente grande, mas você pode fazer busca nela em tempo polinomial.)

8.16 Leia a definição de *FÓRMULA-MÍN* no Problema 7.44.

    a. Mostre que *FÓRMULA-MÍN* $\in$ PSPACE.

    b. Explique por que esse argumento falha em mostrar que *FÓRMULA-MÍN* $\in$ coNP: Se $\phi \notin$ *FÓRMULA-MÍN*, então ϕ tem uma fórmula menor equivalente. Uma MTN pode verificar que $\phi \in$ *FÓRMULA-MÍN* adivinhando essa fórmula.

8.17 Seja A a linguagem de parênteses apropriadamente aninhados. Por exemplo, (()) e (()(()))() estão em A, mas)(não está. Mostre que A está em L.

*8.18** Seja B a linguagem de parênteses e colchetes apropriadamente aninhados. Por exemplo, ([()()]()[]) está em B, mas ([)] não está. Mostre que B está em L.

*8.19** O jogo de **Nim** é jogado com uma coleção de pilhas de palitos. Em uma jogada, um jogador pode remover qualquer número não-zero de palitos de uma única pilha. Os jogadores se alternam fazendo jogadas. O jogador que remove o último palito perde. Digamos que temos uma posição do jogo em Nim com k pilhas contendo $s_1, \ldots, s_k$ palitos. Chame a posição **balanceada** se, quando cada um dos números s_i for escrito em binário e os números binários forem escritos como linhas de uma matriz alinhada nos bits de mais baixa ordem, então cada coluna de bits contém um número par de 1s. Prove os dois fatos seguintes.

    a. Começando em uma posição desbalanceada, há uma única jogada que muda a posição para uma posição balanceada.

b. Começando em uma posição balanceada, toda jogada de um movimento muda a posição para uma posição desbalanceada.

Seja $NIM = \{\langle s_1, \ldots, s_k \rangle |$ cada s_i é um número binário e o Jogador I tem uma estratégia vencedora no jogo Nim começando nessa posição$\}$. Use os fatos precedentes sobre posições balanceadas para mostrar que $NIM \in L$.

8.20 Seja $MULT = \{a\#b\#c|$ onde a, b, c são números naturais binários e $a \times b = c\}$. Mostre que $MULT \in L$.

8.21 Para qualquer inteiro positivo x, seja $x^{\mathcal{R}}$ o inteiro cuja representação binária é o reverso da representação binária de x. (Assuma a inexistência de 0s à esquerda na representação binária de x.) Defina a função $\mathcal{R}^+: \mathcal{N} \longrightarrow \mathcal{N}$ onde $\mathcal{R}^+(x) = x + x^{\mathcal{R}}$.

    a. Seja $A_2 = \{\langle x,y \rangle | \mathcal{R}^+(x) = y\}$. Mostre que $A_2 \in L$.
    b. Seja $A_3 = \{\langle x,y \rangle | \mathcal{R}^+(\mathcal{R}^+(x)) = y\}$. Mostre que $A_3 \in L$.

8.22 **a.** Seja $SOMA = \{\langle x,y,z \rangle | x,y,z > 0$ são inteiros binários e $x + y = z\}$. Mostre que $SOMA \in L$.

    b. Seja $SOMA\text{-}PAL = \{\langle x,y \rangle | x, y > 0$ são inteiros binários onde $x + y$ é um inteiro cuja representação binária é um palíndromo$\}$. (Note que a representação binária da soma é suposta não ter zeros à esquerda. Um palíndromo é uma cadeia igual a seu reverso). Mostre que $SOMA\text{-}PAL \in L$.

*8.23** Defina $CICLO\text{-}ND = \{\langle G \rangle | G$ é um grafo não-direcionado que contém um ciclo simples$\}$. Mostre que $CICLO\text{-}ND \in L$. (Nota: G pode ser um grafo não conexo.)

*8.24** Para cada n, exiba duas expressões regulares, R e S, de comprimento $poly(n)$, onde $L(R) \neq L(S)$, mas onde a primeira cadeia sobre a qual eles diferem é exponencialmente longa. Em outras palavras, $L(R)$ e $L(S)$ têm de ser diferentes e, ainda assim, concordam em todas as cadeias de comprimento $2^{\epsilon n}$ para alguma constante $\epsilon > 0$.

8.25 Um grafo não-direcionado é **bipartido** se seus nós podem ser divididos em dois conjuntos de modo que todas as arestas vão de um nó em um conjunto para um nó no outro conjunto. Mostre que um grafo é bipartido se e somente se ele não contém um ciclo que tenha um número ímpar de nós. Seja $BIPARTIDO = \{\langle G \rangle | G$ é um grafo bipartido$\}$. Mostre que $BIPARTIDO \in NL$.

8.26 Defina $CAM\text{-}ND$ como a contrapartida de CAM para grafos não-direcionados. Mostre que $BIPARTIDO \leq_L CAM\text{-}ND$. (Nota: No momento em que esta edição ia ao prelo, O. Reingold [60] anunciou que $CAM\text{-}ND \in L$. Conseqüentemente, $BIPARTIDO \in L$, mas o algoritmo é um pouco complicado.)

8.27 Lembre-se de que um grafo direcionado é **fortemente conexo** se cada dois nós são conectados por um caminho direcionado em cada direção. Seja

$$FORTEMENTE\text{-}CONEXO = \{\langle G \rangle | G \text{ é um grafo fortemente conexo}\}.$$

Mostre que $FORTEMENTE\text{-}CONEXO$ é NL-completa.

8.28 Seja $AMBOS_{\mathsf{AFN}} = \{\langle M_1, M_2 \rangle | M_1$ e M_2 são AFNs onde $L(M_1) \cap L(M_2) \neq \emptyset\}$. Mostre que $AMBOS_{\mathsf{AFN}}$ é NL-completa.

8.29 Mostre que A_{AFN} é NL-completo.

8.30 Mostre que V_{AFD} é NL-completo.

*8.31** Mostre que $2SAT$ é NL-completo.

*8.32** Dê um exemplo de uma linguagem livre-do-contexto NL-completa.

R*8.33 Defina $CICLO = \{\langle G \rangle |\ G$ é um grafo direcionado que contém um ciclo direcionado$\}$. Mostre que $CICLO$ é NL-completa.

SOLUÇÕES SELECIONADAS

8.5 Sejam A_1 e A_2 linguagens que são decididas por NL-máquinas N_1 e N_2. Construa três máquinas de Turing: $N_\cup$ decidindo $A_1 \cup A_2$; $N_\circ$ decidindo $A_1 \circ A_2$; e N_* decidindo A_1^*. Cada uma dessas máquinas recebe a entrada w.

A máquina $N_\cup$ não deterministicamente ramifica para simular N_1 ou para simular N_2. Em qualquer dos casos, $N_\cup$ aceita se a máquina simulada aceita.

A máquina $N_\circ$ não deterministicamente seleciona uma posição sobre a entrada para dividi-la em duas subcadeias. Somente um apontador para aquela posição é armazenado sobre a fita de trabalho — o espaço disponível é insuficiente para armazenar as próprias subcadeias. Então $N_\circ$ simula N_1 sobre a primeira subcadeia, ramificando não deterministicamente para simular o não-determinismo de N_1. Sobre qualquer ramo que atinge o estado de aceitação de N_1, $N_\circ$ simula N_2 sobre a segunda subcadeia. Sobre qualquer ramo que atinge o estado de aceitação de N_2, $N_\circ$ aceita.

A máquina N_* tem um algoritmo mais complexo, portanto descrevemos seus estágios.

$N_* =$ "Sobre a entrada w:
1. Inicialize dois apontadores de posição sobre a entrada, p_1 e p_2, para 0, a posição que precede o primeiro símbolo de entrada.
2. *Aceite* se não há nenhum símbolo de entrada após p_2.
3. Mova p_2 para a frente para uma posição de entrada não-deterministicamente selecionada.
4. Simule N_1 sobre a subcadeia de w da posição seguinte a p_1 para a posição em p_2, ramificando não-deterministicamente para simular o não-determinismo de N_1.
5. Se esse ramo da simulação atinge o estado de aceitação de N_1, copie p_2 em p_1 e vá para o estágio 2."

8.7 Construa uma MT M para decidir A_{AFD}. Quando M recebe a entrada $\langle A, w \rangle$, um AFD e uma cadeia, M simula A sobre w mantendo registro do estado corrente de A e a posição corrente de sua cabeça, e atualizando-os apropriadamente. O espaço requerido para realizar essa simulação é $O(\log n)$ porque M pode gravar cada um desses valores armazenando um apontador na sua entrada.

8.33 Reduza CAM a $CICLO$. A idéia por trás da redução é modificar a instância $\langle G, s, t \rangle$ do problema CAM adicionando uma aresta de t para s em G. Se há um caminho de s para t em G, haverá um ciclo direcionado no G modificado. Entretanto, podem existir outros ciclos no G modificado porque eles podem já estar presentes em G. Para lidar com esse problema, primeiro modifique G de modo que ele não contenha ciclos. Um **grafo direcionado nivelado** é aquele onde os nós são divididos em grupos, $A_1, A_2, \ldots, A_k$, chamados *níveis*, e somente arestas de um nível para o próximo nível acima são permitidas. Observe que um grafo nivelado é acíclico. O problema CAM para grafos nivelados é ainda NL-completo, como mostra a seguinte redução do problema CAM irrestrito. Dado um grafo G com dois nós s e t, e m nós no total, produza o grafo nivelado G' cujos níveis são m cópias dos nós de G. Desenhe uma aresta do nó i em cada nível para o nó j no próximo nível se G contém uma aresta de i para j. Adicionalmente, desenhe uma aresta do nó i em cada nível para o nó i no próximo nível. Seja s' o nó s no primeiro nível e t' o nó t no último nível. O grafo G contém um caminho de s para t sse G' contém um caminho de s' para t'. Se você modificar G' adicionando uma aresta de t' para s', obterá uma redução de CAM para $CICLO$. A redução é computacionalmente simples, e sua implementação espaço log é rotina. Além disso, um procedimento fácil mostra que $CICLO \in$ NL. Logo, $CICLO$ é NL-completa.

9

INTRATABILIDADE

Certos problemas computacionais são solúveis em princípio, mas as soluções requerem tanto tempo ou espaço que elas não podem ser usadas na prática. Tais problemas são chamados **intratáveis**.

Nos Capítulos 7 e 8, introduzimos diversos problemas que se acreditavam serem intratáveis, porém nenhum que tenha sido demonstrado como intratável. Por exemplo, a maioria das pessoas acredita que o problema *SAT* e todos os outros problemas NP-completos são intratáveis, embora não saibamos como provar que eles o são. Neste capítulo damos exemplos de problemas que podemos demonstrar serem intratáveis.

De modo a apresentar esses exemplos, desenvolvemos vários teoremas que relacionam o poder de máquinas de Turing à quantidade de tempo ou espaço disponível para a computação. Concluímos o capítulo com uma discussão sobre a possibilidade de se provar que aqueles problemas em NP são intratáveis, resolvendo-se assim a questão P *versus* NP. Primeiro, introduzimos a técnica de relativização e a usamos para argumentar que certos métodos não nos permitirão atingir esse objetivo. Então, discutimos a teoria da complexidade de circuitos, uma abordagem seguida por pesquisadores que tem mostrado alguma promessa.

9.1
TEOREMAS DE HIERARQUIA

O senso comum sugere que dar a uma máquina de Turing mais tempo ou mais espaço deve aumentar a classe de problemas que ela pode resolver. Por exemplo, máquinas de Turing deveriam ser capazes de decidir mais linguagens em tempo n^3 que em tempo n^2. Os **teoremas de hierarquia** provam que essa intuição está correta, sujeita a certas condições descritas a seguir. Usamos o termo *teorema de hierarquia* porque esses teoremas provam que as classes de complexidade de tempo e de espaço não são todas iguais — elas formam uma hierarquia na qual as classes com limitantes maiores contêm mais linguagens que as classes com limitantes menores.

O teorema de hierarquia para a complexidade de espaço é um pouco mais simples que aquele para a complexidade de tempo, portanto apresentamo-lo primeiro. Começamos com a seguinte definição técnica.

DEFINIÇÃO 9.1

Uma função $f\colon \mathcal{N} \longrightarrow \mathcal{N}$, onde $f(n)$ é pelo menos $O(\log n)$, é chamada **espaço construtível** se a função que mapeia a cadeia 1^n para a representação binária de $f(n)$ é computável em espaço $O(f(n))$. [1]

Em outras palavras, f é espaço construtível se existe alguma MT M de espaço $O(f(n))$ que sempre pára com a representação binária de $f(n)$ sobre sua fita quando iniciada sobre a entrada 1^n. Funções fracionárias tais como $n \log_2 n$ e $\sqrt{n}$ são aproximadas para o próximo inteiro abaixo para os propósitos de construtibilidade de tempo e de espaço.

EXEMPLO 9.2

Todas as funções que ocorrem comumente, que sejam pelo menos $O(\log n)$, são espaço construtíveis, incluindo as funções $\log_2 n$, $n \log_2 n$ e n^2.

Por exemplo, n^2 é espaço construtível porque uma máquina pode tomar sua entrada 1^n, obter n em binário contando o número de 1s, e dar como saída n^2 usando qualquer método tradicional para multiplicar n por si próprio. O espaço total usado é $O(n)$, que é certamente $O(n^2)$.

Quando mostramos que funções $f(n)$ que são $o(n)$ são espaço construtíveis, utilizamos uma fita de entrada somente-leitura, como fizemos quando definimos complexidade de espaço sublinear na Seção 8.4. Por exemplo, tal máquina pode computar a função que mapeia 1^n à representação binária de $\log_2 n$ da seguinte forma. Ela primeiro conta o número de 1s na sua entrada em binário, usando sua

---

[1] Lembre-se de que 1^n significa uma cadeia de n 1s.

fita de trabalho à medida que ela move sua cabeça ao longo da fita de entrada. Então, com n em binário sobre sua fita de trabalho, ela pode computar $\log_2 n$ contando o número de bits na representação binária de n.

O papel de espaço construtibilidade no teorema de hierarquia de espaço pode ser entendido a partir da seguinte situação. Se $f(n)$ e $g(n)$ são dois limitantes de espaço, onde $f(n)$ é assintoticamente maior que $g(n)$, esperaríamos que uma máquina fosse capaz de computar mais linguagens em espaço $f(n)$ do que em espaço $g(n)$. Entretanto, suponha que $f(n)$ exceda $g(n)$ em apenas uma quantidade muito pequena e difícil de computar. Então, a máquina pode não ser capaz de usar o espaço extra proveitosamente, porque, mesmo computar a quantidade de espaço extra, pode requerer mais espaço do que há disponível. Nesse caso, uma máquina pode não ser capaz de computar mais linguagens em espaço $f(n)$ do que ela pode em espaço $g(n)$. Estipulando que $f(n)$ é espaço construtível evita essa situação e nos permite provar que uma máquina pode computar mais do que ela seria capaz em qualquer limitante assintoticamente menor, como mostra o teorema seguinte.

TEOREMA 9.3

Teorema da hierarquia de espaço Para qualquer função espaço construtível $f: \mathcal{N} \longrightarrow \mathcal{N}$, existe uma linguagem A que é decidível em espaço $O(f(n))$, mas não em espaço $o(f(n))$.

IDÉIA DA PROVA Devemos mostrar uma linguagem A que tenha duas propriedades. A primeira diz que A é decidível em espaço $O(f(n))$. A segunda, que A não é decidível em espaço $o(f(n))$.

Descrevemos A dando um algoritmo D que a decide. O algoritmo D roda em espaço $O(f(n))$, daí assegurando a primeira propriedade. Além disso, D garante que A é diferente de qualquer linguagem que é decidível em espaço $o(f(n))$, portanto, assegurando a segunda propriedade. A linguagem A é diferente das linguagens que discutimos anteriormente no sentido de que lhe falta uma definição não-algorítmica. Por conseguinte, não podemos oferecer uma imagem mental simples de A.

De modo a assegurar que A não é decidível em espaço $o(f(n))$, concebemos D para implementar o método da diagonalização que usamos para provar insolubilidade do problema da parada A_{MT} no Teorema 4.11 na página 182. Se M é uma MT que decide uma linguagem em espaço $o(f(n))$, D garante que A difere da linguagem de M em pelo menos um lugar. Qual? O lugar correspondente a uma descrição da própria M.

Vamos observar a maneira pela qual D opera. *Grosso modo*, D toma como entrada a descrição de uma MT M. (Se a entrada não for a descrição de alguma MT, então a ação de D não tem conseqüências sobre ela, portanto fazemos arbitrariamente D rejeitar.) Então, D roda M sobre a mesma entrada — a saber,

$\langle M \rangle$ — dentro do limitante de espaço $f(n)$. Se M pára dentro dessa quantidade limitada de espaço, D aceita sse M rejeita. Se M não pára, D simplesmente rejeita. Portanto, se M roda dentro da limitação de espaço $f(n)$, D tem espaço suficiente para assegurar que sua linguagem seja diferente da de M. Se não, D não tem espaço suficiente para descobrir o que M faz, mas felizmente D não tem nenhum requisito para agir diferentemente das máquinas que não rodam em espaço $o(f(n))$, assim, a ação de D sobre essa entrada é inconseqüente.

Essa descrição captura a essência da prova, mas omite vários detalhes importantes. Se M roda em espaço $o(f(n))$, D tem de garantir que sua linguagem seja diferente da linguagem de M. Mas, mesmo quando M roda em espaço $o(f(n))$, ela pode usar mais que espaço $f(n)$ para n pequeno, quando o comportamento assintótico ainda não "disparou." Possivelmente, D pode não ter espaço suficiente para rodar M até o fim sobre a entrada $\langle M \rangle$ e, portanto, D vai perder sua única oportunidade de evitar a linguagem de M. Logo, se não formos cuidadosos, D poderá terminar decidindo a mesma linguagem que M, e o teorema não terá sido provado.

Podemos consertar esse problema modificando D para lhe dar oportunidades adicionais de evitar a linguagem de M. Em vez de rodar M somente quando D recebe a entrada $\langle M \rangle$, ele roda M sempre que recebe uma entrada da forma $\langle M \rangle 10^*$, ou seja, uma entrada da forma $\langle M \rangle$ seguida por 1 e algum número de 0s. Então, se M realmente está rodando em espaço $o(f(n))$, D terá espaço suficiente para rodar até o fim sobre a entrada $\langle M \rangle 10^k$ para algum valor grande de k, porque o comportamento assintótico tem que disparar em algum momento.

Um último ponto técnico surge. Quando D roda M sobre alguma cadeia, M pode entrar em um laço infinito ao mesmo tempo em que usa somente uma quantidade finita de espaço. Mas D supostamente é um decisor, portanto temos de assegurar que D não entre em *loop* enquanto simula M. Qualquer máquina que roda em espaço $o(f(n))$ usa somente $2^{o(f(n))}$ de tempo. Modificamos D de modo que ele conte o número de passos usados na simulação de M. Se essa contagem em algum momento exceder $2^{f(n)}$, então D rejeita.

PROVA O seguinte algoritmo de espaço $O(f(n))$ D decide uma linguagem A que não é decidível em espaço $o(f(n))$.

$D =$ "Sobre a entrada w:
1. Seja n o comprimento de w.
2. Compute $f(n)$ usando espaço construtibilidade, e marque essa quantidade de fita. Se estágios posteriores tentarem usar mais, *rejeite*.
3. Se w não é da forma $\langle M \rangle 10^*$ para alguma MT M, *rejeite*.
4. Simule M sobre w contando, ao mesmo tempo, o número de passos empregados na simulação. Se a contagem em algum momento excede $2^{f(n)}$, *rejeite*.
5. Se M aceita, *rejeite*. Se M rejeita, *aceite*."

No estágio 4, precisamos dar detalhes adicionais da simulação para que possamos determinar a quantidade de espaço usada. A MT M simulada tem um alfabeto de fita arbitrário e D um alfabeto fixo, portanto representamos cada célula da fita de M com várias células sobre a fita de D. Por conseguinte, a simulação introduz um fator constante de excesso no espaço usado. Em outras palavras, se M roda em espaço $g(n)$, então D usa $d\,g(n)$ de espaço para simular M para alguma constante d que depende de M.

A máquina D é um decisor porque cada um dos seus estágios pode rodar por um tempo limitado. Seja A a linguagem que D decide. Claramente, A é decidível em espaço $O(f(n))$ porque D assim o faz. A seguir, mostramos que A não é decidível em espaço $o(f(n))$.

Assuma, ao contrário, que alguma máquina de Turing M decide A em espaço $g(n)$, onde $g(n)$ é $o(f(n))$. Como mencionado anteriormente, D pode simular M, usando espaço $d\,g(n)$ para alguma constante d. Como $g(n)$ é $o(f(n))$, existe uma constante n_0 tal que $d\,g(n) < f(n)$ para todo $n \geq n_0$. Conseqüentemente, a simulação de M por D rodará até o fim desde que a entrada tenha comprimento n_0 ou mais. Considere o que acontece quando D roda sobre a entrada $\langle M \rangle 10^{n_0}$. Essa entrada é mais longa que n_0, portanto a simulação no estágio 4 irá até o fim. Por conseguinte, D fará o oposto de M sobre a mesma entrada. Logo, M não decide A, o que contradiz nossa suposição. Logo, A não é decidível em espaço $o(f(n))$.

COROLÁRIO 9.4

Para quaisquer duas funções $f_1, f_2 : \mathcal{N} \longrightarrow \mathcal{N}$, onde $f_1(n)$ é $o(f_2(n))$ e f_2 é espaço construtível, $\text{SPACE}(f_1(n)) \subsetneq \text{SPACE}(f_2(n))$.[2]

Esse corolário nos permite separar várias classes de complexidade de espaço. Por exemplo, podemos mostrar que a função n^c é espaço construtível para qualquer número natural c. Logo, para quaisquer dois números naturais $c_1 < c_2$ podemos provar que $\text{SPACE}(n^{c_1}) \subsetneq \text{SPACE}(n^{c_2})$. Com um pouco mais de trabalho podemos mostrar que n^c é espaço construtível para qualquer número racional $c > 0$ e dessa forma estender a inclusão precedente para se verificar para quaisquer números racionais $0 \leq c_1 < c_2$. Observando que sempre existem dois números racionais c_1 e c_2 entre quaisquer dois números reais $\epsilon_1 < \epsilon_2$ tais que $\epsilon_1 < c_1 < c_2 < \epsilon_2$, obtemos o seguinte corolário adicional demonstrando uma hierarquia fina dentro da classe PSPACE.

---

[2] A expressão $A \subsetneq B$ significa que A é um subconjunto próprio (isto é, não igual) de B.

COROLÁRIO 9.5

Para quaisquer dois números reais $0 \leq \epsilon_1 < \epsilon_2$,
$$\text{SPACE}(n^{\epsilon_1}) \subsetneq \text{SPACE}(n^{\epsilon_2}).$$

Podemos também usar o teorema da hierarquia de espaço para separar duas classes de complexidade de espaço que encontramos anteriormente.

COROLÁRIO 9.6

NL $\subsetneq$ PSPACE.

PROVA O teorema de Savitch mostra que NL $\subseteq$ SPACE($\log^2 n$), e o teorema da hierarquia de espaço mostra que SPACE($\log^2 n$) $\subsetneq$ SPACE(n). Logo, o corolário segue. Como observamos na página 346, essa separação nos permite concluir que *TQBF* $\notin$ NL porque *TQBF* é PSPACE-completo com respeito a redutibilidade de espaço log.

Agora, estabelecemos o principal objetivo deste capítulo: provar a existência de problemas que são decidíveis em princípio, mas não na prática — ou seja, problemas que são decidíveis, porém intratáveis. Cada uma das classes SPACE(n^k) está contida na classe SPACE($n^{\log n}$), que, por sua vez, está estritamente contida na classe SPACE(2^n). Por conseguinte, obtemos o seguinte corolário adicional separando PSPACE de EXPSPACE $= \bigcup_k \text{SPACE}(2^{n^k})$.

COROLÁRIO 9.7

PSPACE $\subsetneq$ EXPSPACE.

Esse corolário estabelece a existência de problemas decidíveis que são intratáveis, no sentido de que seus procedimentos de decisão têm de usar mais que espaço polinomial. As linguagens em si são um tanto artificiais — interessantes somente para o propósito de separar classes de complexidade. Usamos essas linguagens para provar a intratabilidade de outras linguagens mais naturais, depois de discutirmos o teorema da hierarquia de tempo.

DEFINIÇÃO 9.8

Uma função $t\colon \mathcal{N} \longrightarrow \mathcal{N}$, onde $t(n)$ é pelo menos $O(n \log n)$, é chamada **tempo construtível** se a função que mapeia a cadeia 1^n para a representação binária de $t(n)$ é computável em tempo $O(t(n))$.

Em outras palavras, t é tempo construtível se existe alguma MT M de tempo $O(t(n))$ que sempre pára com a representação binária de $t(n)$ sobre sua fita quando iniciada sobre a entrada 1^n.

EXEMPLO 9.9

Todas as funções que ocorrem com freqüência, e que são pelo menos $n \log n$, são tempo construtíveis, incluindo as funções $n \log n$, $n\sqrt{n}$, n^2 e 2^n.

Por exemplo, para mostrar que $n\sqrt{n}$ é tempo construtível, primeiro concebemos uma MT para contar o número de 1s em binário. Para fazer isso a MT move um contador binário ao longo da fita, incrementando-o de 1 para toda posição da entrada, até que ele atinja o final da entrada. Essa parte usa $O(n \log n)$ passos porque $O(\log n)$ passos são utilizados para cada uma das n posições da entrada. Então, computamos $\lfloor n\sqrt{n} \rfloor$ em binário a partir da representação binária de n. Qualquer método razoável de se fazer isso funcionará em tempo $O(n \log n)$, pois o comprimento dos números envolvidos é $O(\log n)$.

O teorema da hierarquia de tempo é um análogo, para a complexidade de tempo, do Teorema 9.3. Por razões técnicas que aparecerão na sua prova, o teorema da hierarquia de tempo é um pouco mais fraco que aquele que provamos para espaço. Enquanto *qualquer* acréscimo assintótico espaço construtível no limitante de espaço aumenta a classe de linguagens assim decidíveis, para tempo devemos aumentar ainda o limitante de tempo de um fator logarítmico para garantir que podemos obter linguagens adicionais. Concebivelmente, um teorema mais forte da hierarquia de tempo é verdadeiro, mas no momento não sabemos como prová-lo. Esse aspecto do teorema da hierarquia de tempo surge porque medimos a complexidade de tempo com máquinas de Turing de uma única fita. Podemos provar teoremas mais fortes da hierarquia de tempo para outros modelos de computação.

TEOREMA 9.10

Teorema da hierarquia de tempo Para qualquer função tempo construtível $t: \mathcal{N} \longrightarrow \mathcal{N}$, existe uma linguagem A que é decidível em tempo $O(t(n))$, mas não decidível em tempo $o(t(n)/\log t(n))$.

IDÉIA DA PROVA Essa prova é similar à do Teorema 9.3. Construímos uma MT D que decide uma linguagem A em tempo $O(t(n))$, a partir da qual A não pode ser decidida em tempo $o(t(n)/\log t(n))$. Aqui, D toma uma entrada w da forma $\langle M \rangle 10^*$ e simula M sobre a entrada w, garantindo que não usa mais que tempo $t(n)$. Se M pára dentro dessa limitação de tempo, D dá a saída oposta.

A importante diferença na prova concerne ao custo de se simular M enquanto, ao mesmo tempo, se conta o número de passos que a simulação está usando. A máquina D tem de realizar essa simulação temporizada eficientemente de modo que D rode em tempo $O(t(n))$, ao mesmo tempo em que atinge o objetivo de evitar todas as linguagens decidíveis em tempo $o(t(n)/\log t(n))$. Para a complexidade de espaço, a simulação introduziu um fator constante de excesso, como observamos na prova do Teorema 9.3. Já para a complexidade de tempo, a simulação introduz um fator logarítmico de excesso. O maior excesso para tempo é a razão do aparecimento do fator $1/\log t(n)$ no enunciado desse teorema. Se tivéssemos uma maneira de simular uma MT de uma única fita por outra MT de uma única fita por um número pré-especificado de passos, usando somente um fator constante de excesso em tempo, seríamos capazes de fortalecer esse teorema mudando $o(t(n)/\log t(n))$ para $o(t(n))$. Nenhuma simulação com tal eficiência é conhecida.

PROVA O seguinte algoritmo D de tempo $O(t(n))$ decide uma linguagem A que não é decidível em tempo $o(t(n)/\log t(n))$.

$D = $ "Sobre a entrada w:
1. Seja n o comprimento de w.
2. Compute $t(n)$ usando tempo construtibilidade, e armazene o valor $\lceil t(n)/\log t(n) \rceil$ em um contador binário. Decremente esse contador antes de cada passo usado para realizar os estágios 3, 4 e 5. Se o contador em algum momento atinge 0, *rejeite*.
3. Se w não é da forma $\langle M \rangle 10^*$ para alguma MT M, *rejeite*.
4. Simule M sobre w.
5. Se M aceita, então *rejeite*. Se M rejeita, então *aceite*."

Examinamos cada um dos estágios desse algoritmo para determinar seu tempo de execução. Obviamente, os estágios 1, 2 e 3 podem ser realizados em tempo $O(t(n))$.

No estágio 4, toda vez que D simula um passo de M, ela toma o estado corrente de M juntamente com o símbolo de fita sob a cabeça da fita de M e busca a próxima ação de M na sua função de transição, de modo que possa atualizar a fita de M apropriadamente. Todos esses três objetos (estado, símbolo de fita e função de transição) são armazenados em algum lugar na fita de D. Se eles forem armazenados distantes um do outro, D vai precisar de muitos passos para juntar essa informação a cada vez que ela simula um dos passos de M. Em vez disso, D sempre mantém essas informações juntas.

Podemos pensar na única fita de D como organizada em *trilhas*. Uma maneira de se obter duas trilhas é armazenar uma trilha nas posições ímpares e a outra nas posições pares. Alternativamente, o efeito duas trilhas pode ser obtido aumentando-se o alfabeto de fita de D para incluir cada par de símbolos, um da trilha superior e o segundo da fita inferior. Podemos obter o efeito das trilhas adicionais de modo semelhante. Note que trilhas múltiplas introduzem somente um fator constante de excesso em tempo, desde que somente um número fixo de trilhas seja usado. Aqui, D tem três trilhas.

Uma das trilhas contém a informação sobre a fita de M, e uma segunda contém o estado corrente e uma cópia da função de transição de M. Durante a simulação, D mantém a informação sobre a segunda trilha próxima à posição corrente da cabeça de M sobre a primeira trilha. Toda vez que a posição da cabeça de M se move, D desloca toda a informação na segunda trilha para mantê-la próxima à cabeça. Como o tamanho da informação sobre a segunda trilha depende somente de M e não do comprimento da entrada para M, o deslocamento adiciona apenas um fator constante ao tempo de simulação. Além disso, dado que a informação requerida é mantida próxima, o custo de buscar a próxima ação de M na sua função de transição e atualizar sua fita é só uma constante. Logo, se M roda em tempo $g(n)$, D pode simulá-la em tempo $O(g(n))$.

Em todo passo nos estágios 3 e 4, D tem de decrementar o contador de passos originalmente calculado no estágio 2. Aqui, D pode fazer isso sem aumentar excessivamente o tempo de simulação mantendo o contador em binário sobre uma terceira trilha e movendo-o para junto da posição corrente da cabeça. Esse contador tem uma magnitude de cerca de $t(n)/\log t(n)$, portanto seu comprimento é $\log(t(n)/\log t(n))$, que é $O(\log t(n))$. Logo, o custo de atualizá-lo e movê-lo a cada passo adiciona um fator de $\log t(n)$ ao tempo de simulação, portanto trazendo o tempo total de execução para $O(t(n))$. Por conseguinte, A é decidível em tempo $O(t(n))$.

Para mostrar que A não é decidível em tempo $o(t(n)/\log t(n))$ usamos um argumento similar ao utilizado na prova do Teorema 9.3. Suponha, ao contrário, que a MT M decide A em tempo $g(n)$, onde $g(n)$ é $o(t(n)/\log t(n))$. Aqui, D pode simular M em tempo $d\,g(n)$ para alguma constante d. Se o tempo total de simulação (não contando o tempo de atualizar o contador de passos) é, no máximo, $t(n)/\log t(n)$, a simulação rodará até o fim. Como $g(n)$ é $o(t(n)/\log t(n))$, existe uma constante n_0 tal que $d\,g(n) < t(n)/\log t(n)$ para todo $n \geq n_0$. Assim, a simulação de M realizada por D rodará até o fim desde que a entrada tenha comprimento n_0 ou mais. Considere o que acontece quando rodamos D sobre a entrada $\langle M \rangle 10^{n_0}$. Essa entrada é mais longa que n_0, assim, a simulação no estágio 4 vai até o fim. Por conseguinte, D fará o oposto de M sobre a mesma entrada. Logo, M não decide A, o que contradiz nossa suposição. Portanto, A não é decidível em tempo $o(t(n)/\log t(n))$.

Agora podemos estabelecer análogos aos Corolários 9.4, 9.5 e 9.7 para a complexidade de tempo.

COROLÁRIO 9.11

Para quaisquer duas funções $t_1, t_2 : \mathcal{N} \longrightarrow \mathcal{N}$, onde $t_1(n)$ é $o(t_2(n)/\log t_2(n))$ e t_2 é tempo construtível, $\text{TIME}(t_1(n)) \subsetneq \text{TIME}(t_2(n))$.

COROLÁRIO 9.12

Para quaisquer dois números reais $1 \leq \epsilon_1 < \epsilon_2$,
$$\text{TIME}(n^{\epsilon_1}) \subsetneq \text{TIME}(n^{\epsilon_2}).$$

COROLÁRIO 9.13

P $\subsetneq$ EXPTIME.

COMPLETUDE DE ESPAÇO EXPONENCIAL

Podemos usar os resultados precedentes para demonstrar que uma linguagem específica é realmente intratável. Fazemos isso em dois passos. Primeiro, os teoremas de hierarquia nos dizem que uma máquina de Turing pode decidir mais linguagens em EXPSPACE do que ela pode em PSPACE. Depois, mostramos que uma linguagem particular concernente a expressões regulares generalizadas é completa para EXPSPACE e, portanto, não pode ser decidida em tempo polinomial ou mesmo em espaço polinomial.

Antes de chegar na sua generalização, vamos revisar brevemente a maneira pela qual introduzimos expressões regulares na Definição 1.52. Elas são construídas a partir das expressões atômicas $\emptyset$, ε e os membros do alfabeto, usando as operações regulares união, concatenação e estrela, denotadas $\cup$, $\circ$ e *, respectivamente. Do Problema 8.8 sabemos que podemos testar a equivalência de duas expressões regulares em espaço polinomial.

Mostramos que, permitindo expressões regulares com mais operações que as operações regulares usuais, a complexidade de analisar as expressões pode crescer drasticamente. Seja $\uparrow$ a ***operação de exponenciação***. Se R é uma expressão regular e k é um inteiro não negativo, escrever $R \uparrow k$ é equivalente à concatenação de R com si mesma k vezes. Também escrevemos R^k como abreviação para $R \uparrow k$. Em outras palavras,

$$R^k = R \uparrow k = \overbrace{R \circ R \circ \cdots \circ R}^{k}.$$

Expressões regulares generalizadas permitem a operação de exponenciação em adição às operações regulares usuais. Obviamente, essas expressões regulares generalizadas ainda geram a mesma classe de linguagens que as expressões regulares-padrão porque podemos eliminar a operação de exponenciação repetindo a expressão-base. Seja

$$EQ_{\mathsf{EXR\uparrow}} = \{\langle Q, R \rangle |\ Q \text{ e } R \text{ são expressões regulares}$$
$$\text{equivalentes com exponenciação}\}.$$

Para mostrar que $EQ_{\mathsf{EXR\uparrow}}$ é intratável, demonstramos que ela é completa para a classe EXPSPACE. Nenhum problema EXPSPACE-completo pode estar em PSPACE, muito menos em P. Caso contrário, EXPSPACE seria igual a PSPACE, contradizendo o Corolário 9.7.

DEFINIÇÃO 9.14

Uma linguagem B é **EXPSPACE-completa** se
1. $B \in$ EXPSPACE, e
2. toda A em EXPSPACE é redutível em tempo polinomial a B.

TEOREMA 9.15

$EQ_{\text{EXR}\uparrow}$ é EXPSPACE-completa.

IDÉIA DA PROVA Ao medir a complexidade de se decidir $EQ_{\text{EXR}\uparrow}$ assumimos que todos os expoentes são escritos como inteiros binários. O comprimento de uma expressão é o número total de símbolos que ela contém.

Esboçamos um algoritmo EXPSPACE para $EQ_{\text{EXR}\uparrow}$. Para testar se duas expressões com exponenciação são equivalentes, primeiro usamos a repetição para eliminar a exponenciação, aí convertemos as expressões resultantes para AFNs. Finalmente, usamos um procedimento de teste de equivalência de AFNs similar àquele utilizado para decidir o complemento de $TODAS_{\text{AFN}}$ no Exemplo 8.4.

Para mostrar que uma linguagem A em EXPSPACE é redutível em tempo polinomial a $EQ_{\text{EXR}\uparrow}$, utilizamos a técnica da redução via histórias de computação que introduzimos na Seção 5.1. A construção é similar à construção dada na prova do Teorema 5.13.

Dada uma MT M para A, concebemos uma redução em tempo polinomial mapeando uma entrada w a um par de expressões, R_1 e R_2, que são equivalentes exatamente quando M aceita w. As expressões R_1 e R_2 simulam a computação de M sobre w. A expressão R_1 simplesmente gera todas as cadeias sobre o alfabeto constituídas de símbolos que podem aparecer em histórias de computação. A expressão R_2 gera todas as cadeias que não são histórias de computação de rejeição. Portanto, se a MT aceita sua entrada, nenhuma história de computação de rejeição existe, e as expressões R_1 e R_2 geram a mesma linguagem. Lembre-se de que uma história de computação de rejeição é a seqüência de configurações em que a máquina entra em uma computação de rejeição sobre a entrada. Veja página 203 na Seção 5.1 para uma revisão de histórias de computação.

A dificuldade nessa prova é que o tamanho das expressões construídas deve ser polinomial em n (de modo que a redução possa rodar em tempo polinomial), enquanto a computação simulada pode ter comprimento exponencial. A operação de exponenciação é útil aqui para representar a computação longa com um expressão relativamente curta.

PROVA Primeiro apresentamos um algoritmo não-determinístico para testar se dois AFNs são inequivalentes.

$N = $ "Sobre a entrada $\langle N_1, N_2 \rangle$, onde N_1 e N_2 são AFNs:
1. Coloque um marcador sobre cada um dos estados iniciais de N_1 e N_2.
2. Repita $2^{q_1+q_2}$ vezes, onde q_1 e q_2 são os números de estados em N_1 e N_2:
3. Não deterministicamente, selecione um símbolo de entrada e mude as posições dos marcadores sobre os estados de N_1 e de N_2 para simular a leitura daquele símbolo.
4. Se em algum ponto, um marcador foi colocado sobre um estado de aceitação de um dos autômatos finitos e não sobre qualquer estado de aceitação do outro autômato finito, *aceite*. Caso contrário, *rejeite*."

Se os autômatos N_1 e N_2 são equivalentes, N claramente rejeita porque ele somente aceita quando determina que uma máquina aceita uma cadeia que o outro não aceita. Se os autômatos não são equivalentes, alguma cadeia é aceita por uma máquina e não pela outra. Alguma cadeia dessas deve ser de comprimento no máximo $2^{q_1+q_2}$. Caso contrário, considere usar a menor dessas cadeias como a seqüência de escolhas não determinísticas. Somente $2^{q_1+q_2}$ maneiras diferentes existem de colocar marcadores sobre os estados de N_1 e N_2, portanto em uma cadeia mais longa as posições dos marcadores se repetiriam. Removendo a parte da cadeia entre as repetições, uma cadeia mais curta seria obtida. Daí, o algoritmo N adivinharia essa cadeia entre suas escolhas não determinísticas e aceitaria. Por conseguinte, N opera corretamente.

O algoritmo N roda em espaço linear não determinístico e, portanto, aplicando o teorema de Savitch, obtemos um algoritmo determinístico de espaço $O(n^2)$ para esse problema. A seguir, usamos a forma determinística desse algoritmo para conceber o algoritmo E que decide $EQ_{\mathsf{EXR\uparrow}}$.

$E = $ "Sobre a entrada $\langle R_1, R_2 \rangle$ onde R_1 e R_2 são expressões regulares com exponenciação:
1. Converta R_1 e R_2 para expressões regulares equivalentes B_1 e B_2 que usam repetição em vez de exponenciação.
2. Converta B_1 e B_2 para AFNs equivalentes N_1 e N_2, usando o procedimento de conversão dado na prova do Lema 1.55.
3. Use a versão determinística do algoritmo N para determinar se N_1 se N_2 são equivalentes."

O algoritmo E obviamente está correto. Para analisar sua complexidade de espaço, observamos que usar repetição para substituir exponenciação pode aumentar o comprimento de uma expressão de um fator de 2^l, onde l é a soma dos comprimentos dos expoentes. Por conseguinte, as expressões B_1 e B_2 têm um comprimento de, no máximo, $n2^n$, onde n é o comprimento da entrada. O procedimento de conversão do Lema 1.55 aumenta o comprimento linearmente e, portanto, os AFNs N_1 e N_2 têm no máximo $O(n2^n)$ estados. Por conseguinte, com o tamanho da entrada $O(n2^n)$, a versão determinística do algoritmo N usa espaço $O((n2^n)^2) = O(n^2 2^{2n})$. Logo, $EQ_{\mathsf{EXR}\uparrow}$ é decidível em espaço exponencial.

A seguir, mostramos que $EQ_{\mathsf{EXR}\uparrow}$ é EXPSPACE-difícil. Seja A uma linguagem que é decidida por uma MT M rodando em espaço $2^{(n^k)}$ para alguma constante k. A redução mapeia uma entrada w para um par de expressões regulares, R_1 e R_2. A expressão R_1 é Δ^* onde, se Γ e Q são símbolos de fita e estados de M, $\Delta = \Gamma \cup Q \cup \{\#\}$ é o alfabeto constituído de todos os símbolos que podem aparecer em uma história de computação. Construímos a expressão R_2 para gerar todas as cadeias que não são histórias de computação de rejeição de M sobre w. É claro que M aceita w sse M sobre w não tem nenhuma história de computação de rejeição. Conseqüentemente as duas expressões são equivalentes sse M aceita w. A construção é da seguinte forma.

Uma história de computação de rejeição para M sobre w é uma seqüência de configurações separadas por símbolos #. Usamos nossa codificação-padrão para configurações na qual um símbolo correspondendo ao estado corrente é colocado à esquerda da posição corrente da cabeça. Assumimos que todas as configurações têm comprimento $2^{(n^k)}$ e são preenchidas à direita por brancos, se necessário, para não ficarem mais curtas. A primeira configuração em uma história de computação de rejeição é a configuração inicial de M sobre w. A última configuração é uma configuração de rejeição. Cada configuração deve seguir da precedente conforme as regras especificadas na função de transição.

Uma cadeia pode falhar em ser uma computação de rejeição de várias maneiras: ela pode falhar em iniciar ou terminar apropriadamente, ou pode estar incorreta em algum lugar no meio. A expressão R_2 é igual a $R_{\text{início-ruim}} \cup R_{\text{janela-ruim}} \cup R_{\text{rejeição-ruim}}$, onde cada subexpressão corresponde a uma das três maneiras pelas quais uma cadeia pode falhar.

Construímos a expressão $R_{\text{início-ruim}}$ para gerar todas as cadeias que falham em iniciar com a configuração inicial C_1 de M sobre w, da seguinte forma. A configuração C_1 é algo como $q_0 w_1 w_2 \cdots w_n \sqcup \sqcup \cdots \sqcup \#$. Escrevemos $R_{\text{início-ruim}}$ como a união de várias subexpressões para lidar com cada parte de C_1:

$$R_{\text{início-ruim}} = S_0 \cup S_1 \cup \cdots \cup S_n \cup S_b \cup S_\#.$$

A expressão S_0 gera todas as cadeias que não começam com q_0. Fazemos S_0 ser a expressão $\Delta_{-q_0} \Delta^*$. A notação Δ_{-q_0} é uma abreviação para escrever a união de todos os símbolos em Δ, exceto q_0.

A expressão S_1 dá todas as cadeias que não contêm w_1 na segunda posição. Fazemos S_1 ser $\Delta \Delta_{-w_1} \Delta^*$. Em geral, para $1 \leq i \leq n$ a expressão S_i é $\Delta^i \Delta_{-w_i} \Delta^*$. Conseqüentemente, S_i gera todas as cadeias que contêm quaisquer símbolos nas primeiras i posições, qualquer símbolo exceto w_i na posição $i+1$ e qualquer cadeia de símbolos após a posição $i+1$. Note que usamos a operação de exponenciação aqui. Na realidade, nesse ponto a exponenciação é mais uma conveniência que uma necessidade, porque, em vez dela, poderíamos ter repetido o símbolo Δ i vezes sem aumentarmos excessivamente o comprimento da expressão. Mas, na próxima subexpressão a exponenciação é crucial para manter o tamanho polinomial.

A expressão S_b produz todas as cadeias que falham em conter um símbolo branco em alguma posição entre $n+2$ e $2^{(n^k)}$. Poderíamos introduzir subexpressões S_{n+2} até $S_{2^{(n^k)}}$ para esse propósito, mas então a expressão $R_{\text{início-ruim}}$ teria comprimento exponencial. Em vez disso, fazemos

$$S_b = \Delta^{n+1} (\Delta \cup \varepsilon)^{2^{(n^k)}-n-2} \Delta_{-\sqcup} \Delta^*.$$

Conseqüentemente, S_b gera cadeias que contêm quaisquer símbolos nas primeiras $n+1$ posições, quaisquer símbolos nas próximas t posições, onde t pode variar de 0 a $2^{(n^k)} - n - 2$, e qualquer símbolo, exceto branco, na posição seguinte.

Finalmente, $S_\#$ dá todas as cadeias que não têm um símbolo # na posição $2^{(n^k)} + 1$. Seja $S_\# \Delta^{(2^{(n^k)})} \Delta_{-\#} \Delta^*$.

Agora que completamos a construção de $R_{\text{início-ruim}}$, nos voltamos para a próxima parte, $R_{\text{rejeição-ruim}}$. Ela gera todas as cadeias que não terminam apropriadamente — ou seja, cadeias que falham em conter uma configuração de rejeição. Qualquer configuração de rejeição contém o estado q_{rejeita}, portanto, fazemos

$$R_{\text{rejeição-ruim}} = \Delta^*_{-q_{\text{rejeita}}}.$$

Conseqüentemente, $R_{\text{rejeição-ruim}}$ gera todas as cadeias que não contêm q_{rejeita}.

Finalmente, construímos $R_{\text{janela-ruim}}$, a expressão que gera todas as cadeias nas quais uma configuração não leva legitimamente à próxima configuração. Lembre-se de que na prova do teorema de Cook-Levin, determinamos que uma configuração legalmente origina outra sempre que todos os três símbolos consecutivos na primeira configuração originam corretamente os três símbolos correspondentes na segunda configuração conforme a função de transição. Logo, se uma configuração falha em originar outra, o erro ficará aparente a partir de um exame dos seis símbolos apropriados. Usamos essa idéia para construir $R_{\text{janela-ruim}}$:

$$R_{\text{janela-ruim}} = \bigcup_{\text{ruim}(abc,def)} \Delta^* abc \Delta^{(2^{(n^k)}-2)} def \Delta^*,$$

onde ruim(abc, def) significa que abc não origina def em conformidade com a função de transição. A união é tomada somente sobre tais símbolos a, b, c, d, e e f em Δ. A figura a seguir ilustra a colocação desses símbolos em uma história de computação.

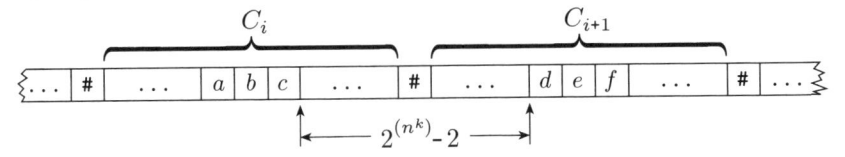

FIGURA 9.16
Lugares correspondentes em configurações adjacentes.

Para calcular o comprimento de R, precisamos determinar o comprimento dos expoentes que aparecem nela. Vários expoentes de magnitude aproximadamente $2^{(n^k)}$ aparecem, e seu comprimento total em binário é $O(n^k)$. Conseqüentemente o comprimento de R é polinomial em n.

9.2
RELATIVIZAÇÃO

A prova de que $EQ_{\mathsf{EXR}\uparrow}$ é intratável baseia-se no método da diagonalização. Por que não mostramos que SAT é intratável da mesma maneira? Possivelmente poderíamos usar a diagonalização para mostrar que uma MT não-determinística de tempo polinomial pode decidir uma linguagem que se possa demonstrar como não estando em P. Nesta seção introduzimos o método da *relativização* para dar forte evidência contra a possibilidade de se revolver a questão P *versus* NP usando uma prova por diagonalização.

No método da relativização, modificamos nosso modelo de computação dando à máquina de Turing uma certa informação essencialmente "de graça". Dependendo de qual informação é fornecida, a MT pode ser capaz de resolver alguns problemas mais facilmente que antes. Por exemplo, suponha que atribuamos à MT a capacidade de resolver o problema da satisfazibilidade em um único passo, para fórmulas booleanas de qualquer tamanho. Não importa como esse feito pode ser conseguido — imagine uma "caixa-preta" anexada que dá à máquina essa capacidade. Chamamos a caixa-preta *oráculo* para enfatizar que ela não necessariamente corresponde a algum dispositivo físico. Obviamente, a máquina poderia utilizar o oráculo para resolver qualquer problema NP em tempo polinomial, independentemente de se P é igual a NP, porque todo problema NP é redutível em tempo polinomial ao problema da satisfazibilidade. Tal MT é dita estar computando *relativa ao* problema da satisfazibilidade; daí o termo *relativização*.

Em geral, um oráculo pode corresponder a qualquer linguagem específica, não apenas ao problema da satisfazibilidade. O oráculo permite à MT testar pertinência na linguagem sem de fato ter de computar a resposta por si própria. Formalizaremos essa noção em breve. Você pode se lembrar de que introduzimos oráculos na Seção 6.3. Lá, definimo-los para o propósito de classificar problemas de acordo com o grau insolubilidade. Aqui, usamos oráculos para entender melhor o poder do método da diagonalização.

DEFINIÇÃO 9.17

Um *oráculo* para uma linguagem A é um dispositivo que é capaz de reportar se qualquer cadeia w é um membro de A. Uma *máquina de Turing oráculo* M^A é uma máquina de Turing modificada que tem a capacidade adicional de fazer consultas a um oráculo. Sempre que M^A escreve uma cadeia sobre uma *fita oráculo* especial, ela é informada se aquela cadeia é um membro de A, em um único passo de computação.

Seja P^A a classe de linguagens decidíveis com um máquina de Turing oráculo de tempo polinomial que usa o oráculo A. Defina NP^A similarmente.

EXEMPLO 9.18

Como mencionamos anteriormente, as computações de tempo polinomial relativas ao problema da satisfabilidade contêm toda a classe NP. Em outras palavras, $NP \subseteq P^{SAT}$. Além disso, $coNP \subseteq P^{SAT}$ porque P^{SAT}, sendo uma classe de complexidade determinística, é fechada sob complementação.

EXEMPLO 9.19

Da mesma forma que P^{SAT} contém linguagens que acreditamos não estar em P, a classe NP^{SAT} contém linguagens que acreditamos estar em NP. Por exemplo, vamos dizer que duas fórmulas booleanas ϕ e ψ sobre as variáveis $x_1, \ldots, x_l$ são *equivalentes* se as fórmulas têm o mesmo valor sobre qualquer atribuição às variáveis. Vamos dizer ainda que uma fórmula é *mínima* se nenhuma fórmula menor lhe é equivalente. Seja

$FÓRMULA\text{-}NÃOMÍN = \{\langle \phi \rangle |\ \phi$ não é uma fórmula booleana mínima$\}$.

$FÓRMULA\text{-}NÃOMÍN$ não parece estar em NP (embora não se saiba se ela realmente pertence a NP). Entretanto, $FÓRMULA\text{-}NÃOMÍN$ está em NP^{SAT}, porque uma máquina de Turing oráculo não-determinística de tempo polinomial com um oráculo SAT pode testar se ϕ é um membro, da seguinte forma. Primeiro, o problema da inequivalência para duas fórmulas booleanas é solúvel em NP e, conseqüentemente, o problema da equivalência está em coNP, pois uma máquina não-determinística pode adivinhar a atribuição sobre a qual as duas fórmulas têm valores diferentes. Então, a máquina oráculo não-determinística para $FÓRMULA\text{-}NÃOMÍN$ não-deterministicamente adivinha a menor fórmula equivalente, testa se ela realmente é equivalente, usando o oráculo SAT, e aceita se ela for.

LIMITES DO MÉTODO DA DIAGONALIZAÇÃO

O próximo teorema exibe oráculos A e B para os quais P^A e NP^A são demonstravelmente diferentes e P^B e NP^B são demonstravelmente iguais. Esses dois oráculos são importantes porque sua existência indica que é improvável que resolvamos a questão P *versus* NP usando o método da diagonalização.

No seu núcleo, o método da diagonalização é uma simulação de uma máquina de Turing por outra. A simulação é feita de modo que a máquina que simula pode determinar o comportamento da outra máquina e então se comportar diferentemente. Suponha que a ambas essas máquinas de Turing fossem dados oráculos idênticos. Então, sempre que a máquina simulada consulta o oráculo, assim pode fazer o simulador e, portanto, a simulação pode proceder como antes. Por conseguinte, qualquer teorema provado sobre máquinas de Turing utilizando somente o método da diagonalização ainda se verificaria se a ambas as máquinas fossem dados o mesmo oráculo.

Em particular, se pudéssemos provar que P e NP fossem diferentes diagonalizando, poderíamos concluir que elas são diferentes também relativas a qualquer oráculo. Mas P^B e NP^B são iguais, portanto essa conclusão é falsa. Logo, a diagonalização não é suficiente para separar essas duas classes. Similarmente, nenhuma prova que se baseie em uma simples simulação poderia mostrar que as duas classes são a mesma, pois isso mostraria que elas seriam a mesma relativas a qualquer oráculo, mas, na verdade, P^A e NP^A são diferentes.

TEOREMA **9.20** ....

1. Existe um oráculo A por meio do qual $P^A \neq NP^A$.
2. Existe um oráculo B por meio do qual $P^B = NP^B$.

IDÉIA DA PROVA Exibir um oráculo B é fácil. Seja B qualquer problema PSPACE-completo, como *TQBF*.

Exibimos o oráculo A por construção. Concebemos A de modo que uma certa linguagem L_A em NP^A demonstravelmente requeira busca por força-bruta, e portanto L_A não pode estar P^A. Logo, podemos concluir que $P^A \neq NP^A$. A construção considera toda máquina oráculo de tempo polinomial por vez e garante que cada uma falha em decidir a linguagem L_A.

PROVA Seja B o *TQBF*. Temos a série de inclusões

$$NP^{TQBF} \stackrel{1}{\subseteq} NPSPACE \stackrel{2}{\subseteq} PSPACE \stackrel{3}{\subseteq} P^{TQBF}.$$

A inclusão 1 se verifica porque podemos converter a MT oráculo não-determinística de tempo polinomial para uma máquina não-determinística de espaço polinomial que computa as respostas a consultas a respeito de *TQBF* em vez de usar o oráculo. A inclusão 2 segue do teorema de Savitch. A inclusão 3 se verifica porque *TQBF* é PSPACE-completa. Logo, concluímos que $P^{TQBF} = NP^{TQBF}$.

A seguir, mostramos como construir o oráculo A. Para qualquer oráculo A, seja L_A a coleção de todas as cadeias para as quais uma cadeia de igual comprimento aparece em A. Conseqüentemente

$$L_A = \{w|\ \exists x \in A\ [\ |x|=|w|\ ]\}.$$

Obviamente, para qualquer A, a linguagem L_A está em NP^A.

Para mostrar que L_A não está em P^A, concebemos A da seguinte forma. Seja $M_1, M_2, \ldots$ uma lista de todas as MTs oráculo de tempo polinomial. Podemos assumir por simplicidade que M_i roda em tempo n^i. A construção procede em estágios, onde o estágio i constrói uma parte de A, o que garante que M_i^A não decide L_A. Construímos A declarando que certas cadeias estão em A e outras não estão em A. Cada estágio determina o *status* de apenas um número finito de cadeias. Inicialmente, não temos nenhuma informação sobre A. Começamos com o estágio 1.

Estágio i. Até agora, um número finito de cadeias foi declarado como estando dentro ou fora de A. Escolhemos n maior que o comprimento de qualquer dessas cadeias e suficientemente grande para que 2^n seja maior que n^i, o tempo de execução de M_i. Mostramos como estender nossa informação sobre A de modo que M_i^A aceite 1^n sempre que essa cadeia não esteja em L_A.

Rodamos M_i sobre a entrada 1^n e respondemos a suas consultas ao oráculo da seguinte forma. Se M_i consulta uma cadeia y cujo *status* já foi determinado, respondemos consistentemente. Se o *status* de y é indeterminado, respondemos NÃO à consulta e declaramos y como estando fora de A. Continuamos a simulação de M_i até que ela pare.

Considere a situação da perspectiva de M_i. Se ela encontra uma cadeia de comprimento n em A, ela deve aceitar porque sabe que 1^n está em L_A. Se M_i determina que todas as cadeias de comprimento n não estão em A, ela deve rejeitar, pois sabe que 1^n não está em L_A. Entretanto, ela não tem tempo suficiente para perguntar sobre todas as cadeias de comprimento n, e teremos respondido NÃO para cada uma das consultas que ela fez. Logo, quando M_i pára e tem de decidir se aceita ou rejeita, ela não tem informação suficiente para estar segura de que sua decisão é a correta.

Nosso objetivo é garantir que sua decisão *não* seja correta. Fazemos isso observando sua decisão e então estendendo A de modo que o reverso seja verdadeiro. Especificamente, se M_i aceita 1^n, declare todas as cadeias remanescentes de comprimento n como estando fora de A e, dessa forma, determine que 1^n não está em L_A. Se M_i rejeita 1^n, encontramos uma cadeia de comprimento n que M_i não consultou e declaramos essa cadeia como estando em A para garantir que 1^n está em L_A. Tal cadeia deve existir porque M_i roda por n^i passos, que é menos que 2^n, o número total de cadeias de comprimento n. Em qualquer caso, asseguramos que M_i^A não decide L_A. O estágio i está completo e procedemos com o estágio $i+1$.

Após concluir todos os estágios, completamos a construção de A arbitrariamente declarando que qualquer cadeia cujo *status* permanece indeterminado por todos os estágios está fora de A. Nenhuma MT oráculo de tempo polinomial decide L_A com o oráculo A, estando provado o teorema.

Em resumo, o método da relativização nos diz que, para resolver a questão P *versus* NP, temos de *analisar* computações, não apenas simulá-las. Na Seção 9.3, introduzimos uma abordagem que pode levar a tal análise.

9.3
COMPLEXIDADE DE CIRCUITOS

Computadores são construídos de dispositivos eletrônicos interligados em um arranjo denominado *circuito digital*. Podemos também simular modelos teóricos, como máquinas de Turing, com a contrapartida teórica para circuitos digitais, os chamados *circuitos booleanos*. Dois propósitos são servidos ao se estabelecer a conexão entre MTs e circuitos booleanos. Primeiro, os pesquisadores acreditam que circuitos provêem um modelo computacional conveniente para se atacar a questão P versus NP e questões relacionadas. Segundo, os circuitos fornecem uma prova alternativa do teorema de Cook-Levin de que *SAT* é NP-completo. Cobrimos ambos os tópicos nesta seção.

DEFINIÇÃO 9.21

Um *circuito booleano* é uma coleção de **portas** e **entradas** conectadas por **fios**. Ciclos não são permitidos. As portas tomam três formas: portas E, portas OU e portas NÃO, como mostrado esquematicamente na figura a seguir.

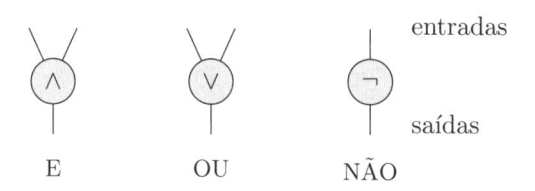

FIGURA 9.22
Uma porta E, uma porta OU e uma porta NÃO.

Os fios em um circuito booleano transportam os valores booleanos 0 e 1. As portas são processadores simples que computam as funções booleanas E, OU e NÃO. A função E dá como saída 1 se ambas as suas entradas forem 1 e dá como saída 0 caso contrário. A função OU dá como saída 0 se ambas as suas entradas forem 0 e dá como saída 1 caso contrário. A função NÃO dá como saída o oposto de sua entrada; em outras palavras, ela dá como saída um 1 se sua entrada for 0 e um 0 se sua entrada for 1. As entradas são rotuladas $x_1, \ldots, x_n$. Uma das portas é designada como a **porta de saída**. A figura a seguir mostra um circuito booleano.

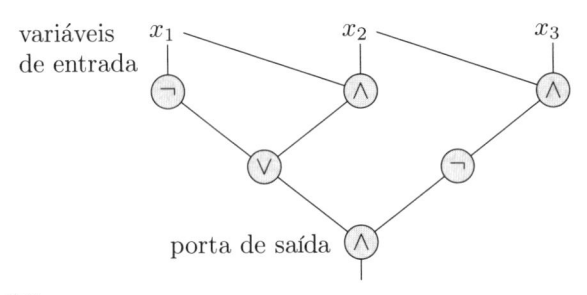

FIGURA 9.23
Um exemplo de um circuito booleano.

Um circuito booleano computa um valor de saída a partir de uma valoração das entradas propagando valores ao longo dos fios e computando as funções associadas com as respectivas portas até que seja atribuído um valor à porta de saída. A figura a seguir mostra um circuito booleano computando um valor a partir de uma atribuição de valores a suas entradas.

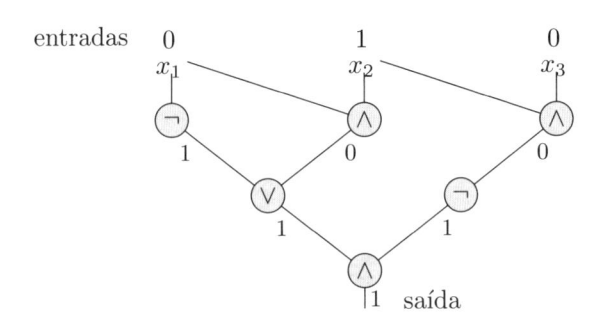

FIGURA 9.24
Um exemplo da computação de um circuito booleano.

Usamos funções para descrever o comportamento de entrada/saída de circuitos booleanos. A um circuito booleano C com n variáveis de entrada, associamos uma função $f_C \colon \{0,1\}^n \longrightarrow \{0,1\}$ tal que, se C dá como saída b quando suas entradas $x_1, \ldots, x_n$ são valoradas em $a_1, \ldots, a_n$, escrevemos $f_C(a_1, \ldots, a_n) = b$.

Dizemos que C computa a função f_C. Às vezes consideramos circuitos booleanos que têm múltiplas portas de saída. Uma função com k bits de saída computa uma função cujo contradomínio é $\{0,1\}^k$.

EXEMPLO 9.25

A *função paridade* de n-entradas $paridade_n\colon \{0,1\}^n \longrightarrow \{0,1\}$ dá como saída 1 se um número ímpar de 1s aparece nas variáveis de entrada. O circuito na Figura 9.26 computa $paridade_4$, a função paridade sobre quatro variáveis.

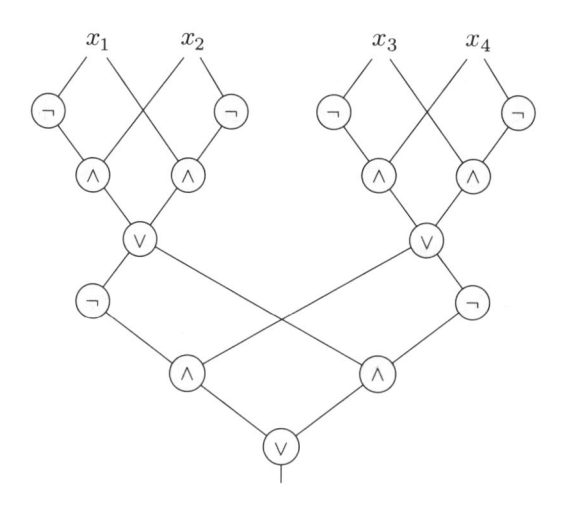

FIGURA 9.26
Um circuito booleano que computa a função paridade sobre quatro variáveis.

Planejamos utilizar circuitos para testar a pertinência em linguagens, uma vez que elas tenham sido adequadamente codificadas em $\{0,1\}$. Um problema que ocorre é que qualquer circuito específico pode lidar somente com entradas de algum comprimento fixo, enquanto uma linguagem pode conter cadeias de comprimentos diferentes. Assim, em vez de usar um único circuito para testar a pertinência em uma linguagem, utilizamos uma *família* inteira de circuitos, um para cada comprimento da entrada, para realizar essa tarefa. Formalizamos essa noção na definição a seguir.

DEFINIÇÃO 9.27

Uma *família de circuitos* C é uma lista infinita de circuitos, $(C_0, C_1, C_2, \ldots)$, onde C_n tem n variáveis de entrada. Dizemos que C decide uma linguagem A sobre $\{0,1\}$ se, para toda cadeia w,

$$w \in A \quad \text{sse} \quad C_n(w) = 1,$$

onde n é o comprimento de w.

O *tamanho* de um circuito é o número de portas que ele contém. Dois circuitos são equivalentes se eles possuem as mesmas variáveis de entrada e dão como saída o mesmo valor sobre toda atribuição de entrada. Um circuito é *mínimo em tamanho* se nenhum circuito menor lhe é equivalente. O problema de se minimizar circuitos tem aplicações óbvias em engenharia, mas é muito difícil de resolver em geral. Até mesmo testar se um circuito específico é mínimo não parece ser solúvel em P ou em NP. Uma família de circuitos para uma linguagem é mínima se todo C_i na lista é um circuito mínimo. A *complexidade de tamanho* de uma família de circuitos $(C_0, C_1, C_2, \dots)$ é a função $f: \mathcal{N} \rightarrow \mathcal{N}$, onde $f(n)$ é o tamanho de C_n.

A *profundidade* de um circuito é o comprimento (número de fios) do maior caminho de uma variável de entrada para a porta de saída. Definimos circuitos e famílias de circuitos *mínimos em profundidade*, e a *complexidade de profundidade* de famílias de circuitos, como o fizemos com tamanho de circuitos. Complexidade de profundidade de circuito é de particular interesse na Seção 10.5 concernente a computação paralela.

DEFINIÇÃO 9.28

A *complexidade de tamanho de circuito* de uma linguagem é a complexidade de tamanho de uma família de circuitos mínima para aquela linguagem. A *complexidade de profundidade de circuito* de uma linguagem é definida similarmente, usando profundidade em vez de tamanho.

EXEMPLO 9.29

Podemos facilmente generalizar o Exemplo 9.25 para dar circuitos que computam a função paridade sobre n variáveis com $O(n)$ portas. Uma maneira de fazer isso é construir uma árvore binária de portas que compute a função XOR, em que a função XOR é a mesma que a função *paridade 2*, e então implementar cada porta XOR com 2 NÃOs, 2 Es e 1 OU, como o fizemos naquele exemplo anterior.

Seja A a linguagem de cadeias que contêm um número ímpar de 1s. Então A tem complexidade de circuito $O(n)$.

A complexidade de circuito de uma linguagem está relacionada à sua complexidade de tempo. Qualquer linguagem com pequena complexidade de tempo também apresenta pequena complexidade de circuito, como mostra o teorema a seguir.

TEOREMA 9.30

Seja $t: \mathcal{N} \rightarrow \mathcal{N}$ uma função, onde $t(n) \geq n$. Se $A \in \text{TIME}(t(n))$, então A tem complexidade de circuito $O(t^2(n))$.

Esse teorema dá uma abordagem para provar que P $\neq$ NP por meio da qual tentamos mostrar que alguma linguagem em NP tem complexidade de circuito mais que polinomial.

IDÉIA DA PROVA   Seja M uma MT que decide A em tempo $t(n)$. (Por simplicidade, ignoramos o fator constante em $O(t(n))$, o real tempo de execução de M.) Para cada n construímos um circuito C_n que simula M sobre entradas de comprimento n. As portas de C_n são organizadas em linhas, uma para cada um dos $t(n)$ passos na computação de M sobre uma entrada de comprimento n. Cada linha de portas representa a configuração de M no passo correspondente. Cada linha é ligada à anterior de modo que ela possa calcular sua configuração a partir da configuração da linha anterior. Modificamos M de modo que a entrada seja codificada em $\{0,1\}$. Além disso, quando M está prestes a aceitar, ela move sua cabeça sobre a célula de fita mais à esquerda e escreve o símbolo ␣ sobre aquela célula antes de entrar no estado de aceitação. Dessa maneira podemos designar uma porta na linha final do circuito como a porta de saída.

PROVA   Suponha que $M = (Q, \Sigma, \Gamma, \delta, q_0, q_{\text{aceita}}, q_{\text{rejeita}})$ decide A em tempo $t(n)$ e assuma que w seja uma entrada de comprimento n para M. Defina um *tableau* para M sobre w como uma tabela $t(n) \times t(n)$ cujas linhas são configurações de M. A primeira linha do *tableau* contém a configuração inicial de M sobre w. A i-ésima linha contém a configuração no i-ésimo passo da computação.

Por conveniência, modificamos o formato de representação para configurações nessa prova. Em vez do formato antigo, descrito na página 147, onde o estado aparece à esquerda do símbolo que a cabeça está lendo, representamos ambos o estado e o símbolo sob a cabeça da fita por um único caractere composto. Por exemplo, se M está no estado q e sua fita contém a cadeia 1011 com a cabeça lendo o segundo símbolo a partir da esquerda, o formato antigo seria 1q011 e o formato novo seria 1$\boxed{q0}$11, onde o caractere composto $\boxed{q0}$ representa ambos q, o estado, e 0, o símbolo sob a cabeça.

Cada entrada do *tableau* pode conter um símbolo de fita (membro de Γ) ou uma combinação de um estado e um símbolo de fita (membro de $Q \times \Gamma$). A entrada na i-ésima linha e j-ésima coluna do *tableau* é $célula[i,j]$. A primeira linha do *tableau* é então $célula[1,1], \ldots, célula[1,t(n)]$ e contém a configuração inicial.

Fazemos duas suposições sobre a MT M ao definir a noção de *tableau*. Primeiro, como mencionamos na idéia da prova, M aceita somente quando sua cabeça está sobre a célula de fita mais à esquerda e essa célula contém o símbolo ␣. Segundo, uma vez que M tenha parado, ela permanece na mesma configuração para todos os passos futuros. Assim, olhando para a célula mais à esquerda na linha final do *tableau*, $célula[t(n),1]$, podemos determinar se M aceitou. A Figura 9.31 mostra parte de um *tableau* para M sobre a entrada 0010.

```
                1  2  3        · · ·      t(n)
célula[1,1]—→ q₀0  0  1  0  ⊔  ⊔  ⊔  ⊔  · · ·  ⊔    configuração inicial
                                                      segunda configuração
```

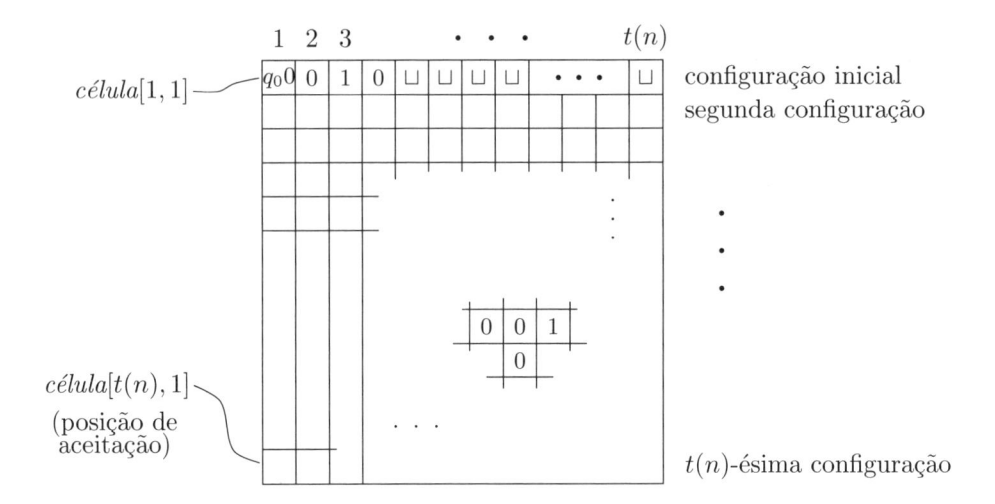

FIGURA 9.31
Um *tableau* para M sobre a entrada 0010.

O conteúdo de cada célula é determinado por certas células na linha precedente. Se conhecemos os valores em $célula[i-1, j-1]$, $célula[i-1, j]$ e $célula[i-1, j+1]$, podemos obter o valor em $célula[i, j]$ com a função de transição de M. Por exemplo, a figura a seguir amplia uma porção do *tableau* na Figura 9.31. Os três símbolos no topo, 0, 0 e 1, são símbolos de fita sem estados, portanto o símbolo do meio deve permanecer 0 na linha seguinte, como mostrado.

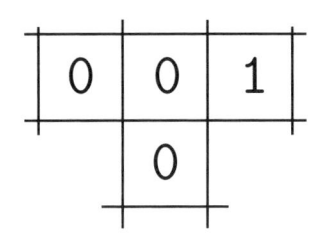

Agora, podemos começar a construir o circuito C_n. Ele tem várias portas para cada célula no *tableau*. Essas portas computam o valor em uma célula a partir dos valores das três células que a afetam.

Para tornar a construção mais fácil de descrever, adicionamos luzes que mostram a saída de algumas das portas no circuito. As luzes são para propósitos ilustrativos apenas e não afetam a operação do circuito.

Seja k o número de elementos em $\Gamma \cup (\Gamma \times Q)$. Criamos k luzes para cada célula no *tableau*, uma luz para cada membro de Γ e uma luz para cada membro de $(\Gamma \times Q)$, ou um total de $kt^2(n)$ luzes. Chamamos essas luzes $luz[i, j, s]$, onde $1 \leq i,j \leq t(n)$ e $s \in \Gamma \cup (\Gamma \times Q)$. A condição das luzes em uma célula indica o conteúdo daquela célula. Se $luz[i,j,s]$ está acesa, a $célula[i,j]$ contém o símbolo s. É claro que se o circuito for construído apropriadamente, somente uma luz estará acesa por célula.

Vamos pegar uma das luzes — digamos, $luz[i,j,s]$ em $célula[i,j]$. Essa luz deve estar acesa se a célula contiver o símbolo s. Consideramos as três células que podem afetar $célula[i,j]$ e determinamos quais de suas valorações fazem $célula[i,j]$ conter s. Essa determinação pode ser feita examinando-se a função de transição δ.

Suponha que, se as células $célula[i-1,j-1]$, $célula[i-1,j]$ e $célula[i-1,j+1]$ contiverem a, b e c, respectivamente, $célula[i,j]$ contém s, de acordo com δ. Ligamos o circuito de modo que, se $luz[i-1,j-1,a]$, $luz[i-1,j,b]$ e $luz[i-1,j+1,c]$ estiverem acesas, então $luz[i,j,s]$ também estará. Fazemos isso conectando as três luzes no nível $i-1$ a uma porta E cuja saída é conectada a $luz[i,j,s]$.

Em geral, diversas valorações diferentes (a_1,b_1,c_1), (a_2,b_2,c_2), ..., (a_l,b_l,c_l) de $célula[i-1,j-1]$, $célula[i-1,j]$ e $célula[i-1,j+1]$ podem fazer $célula[i,j]$ conter s. Nesse caso, ligamos o circuito de modo que, para cada valoração a_i, b_i, c_i, as respectivas luzes são conectadas a uma porta E, e todas as portas E são conectadas com uma porta OU. Essa circuitaria é ilustrada na figura a seguir.

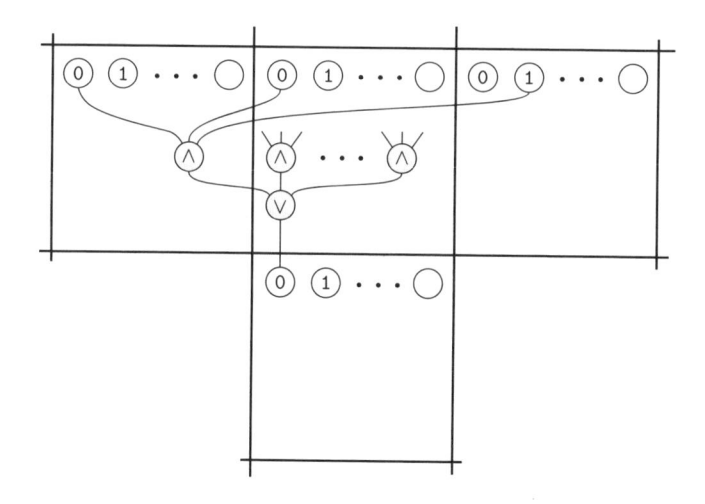

FIGURA 9.32
Circuitaria para uma luz.

A circuitaria que acaba de ser descrita é repetida para cada luz, com umas poucas exceções nas fronteiras. Cada célula na fronteira esquerda do *tableau*, ou seja, $célula[i,1]$, para $1 \leq i \leq t(n)$, tem somente duas células precedentes que afetam seu conteúdo. As células na fronteira direita são similares. Nesses casos, modificamos a circuitaria para simular o comportamento da MT M nessa situação.

As células na primeira linha não têm predecessores e são tratadas de uma maneira especial. Essas células contêm a configuração inicial, e duas luzes são ligadas a variáveis de entrada. Assim, $luz[1,1,\boxed{q_0 1}]$ é conectada à entrada w_1, porque a configuração inicial começa com o símbolo de estado inicial q_0 e a cabeça começa sobre w_1. Similarmente, $luz[1,1,\boxed{q_0 0}]$ é conectada por meio de uma porta NÃO à entrada w_1. Além disso, $luz[1,2,1], \ldots, luz[1,n,1]$ são conectadas às entradas $w_2, \ldots, w_n$, e $luz[1,2,0], \ldots, luz[1,n,0]$ são conectadas por meio de portas NÃO às entradas $w_2, \ldots, w_n$ porque a cadeia de entrada w determina esses valores. Adicionalmente, $luz[1, n+1, \sqcup], \ldots, luz[1, t(n), \sqcup]$ estão acesas porque as células remanescentes na primeira linha correspondem a posições sobre a fita que inicialmente estão em branco ($\sqcup$). Finalmente, todas as outras luzes na primeira linha são apagadas.

Até agora, construímos um circuito que simula M até seu $t(n)$-ésimo passo. Tudo o que resta a ser feito é assinalar uma das portas para ser a porta de saída do circuito. Sabemos que M aceita w se ela está em um estado de aceitação q_{aceita} sobre uma célula contendo $\sqcup$ na extremidade esquerda da fita no passo $t(n)$. Portanto designamos a porta de saída como aquela ligada a $luz[t(n), 1, \boxed{q_{aceita} 0}]$. Isso completa a prova do teorema.

Além de ligar a complexidade de circuito com a complexidade de tempo, o Teorema 9.30 dá origem a uma prova alternativa do Teorema 7.27, o teorema de Cook-Levin, da seguinte forma. Dizemos que um circuito booleano é *satisfazível* se alguma valoração das entradas faz o circuito dar 1 como saída. O problema da **circuito-satisfazibilidade** testa se um circuito é satisfazível. Seja

$$CIRCUIT\text{-}SAT = \{\langle C\rangle|\ C \text{ é um circuito booleano satisfazível}\}.$$

O Teorema 9.30 mostra que circuitos booleanos são capazes de simular máquinas de Turing. Usamos esse resultado para mostrar que $CIRCUIT\text{-}SAT$ é NP-completo.

TEOREMA 9.33

$CIRCUIT\text{-}SAT$ é NP-completo.

PROVA Para provar esse teorema, temos de mostrar que $CIRCUIT\text{-}SAT$ está em NP e que qualquer linguagem A em NP é redutível a $CIRCUIT\text{-}SAT$. A primeira é óbvia. Para mostrar a segunda devemos fazer uma redução em tempo polinomial f que mapeia cadeias a circuitos, onde

$$f(w) = \langle C \rangle$$

implica que

$$w \in A \iff \text{o circuito booleano } C \text{ é satisfazível.}$$

Visto que A está em NP, ela tem um verificador de tempo polinomial V cuja entrada tem a forma $\langle x, c \rangle$, onde c pode ser o certificado mostrando que x está em A. Para construir f, obtemos o circuito que simula V usando o método no Teorema 9.30. Alimentamos as entradas para o circuito que correspondem a x com os símbolos de w. As únicas entradas remanescentes para o circuito correspondem ao certificado c. Chamamos esse circuito C e o damos como saída.

Se C é satisfazível, existe um certificado, portanto w está em A. Reciprocamente, se w está em A, existe um certificado, portanto C é satisfazível.

Para mostrar que essa redução roda em tempo polinomial, observamos que na prova do Teorema 9.30, a construção do circuito pode ser feita em tempo que é polinomial em n. O tempo de execução do verificador é n^k para algum k, assim, o tamanho do circuito construído é $O(n^{2k})$. A estrutura do circuito é bastante simples (na verdade, ela é altamente repetitiva), logo, o tempo de execução da redução é $O(n^{2k})$.

Agora, mostramos que *3SAT* é NP-completo, completando a prova alternativa do teorema de Cook-Levin.

TEOREMA 9.34

3SAT é NP-completo.

IDÉIA DA PROVA *3SAT* está obviamente em NP. Mostramos que todas as linguagens em NP reduzem para *3SAT* em tempo polinomial. Fazemos isso reduzindo *CIRCUIT-SAT* para *3SAT* em tempo polinomial. A redução converte um circuito C para uma fórmula ϕ, na qual C é satisfazível sse ϕ é satisfazível. A fórmula contém uma variável para cada variável e cada porta do circuito.

Conceitualmente, a fórmula simula o circuito. Uma atribuição que satisfaz ϕ contém uma atribuição que satisfaz C. Ela também contém os valores em cada uma das portas de C na computação de C sobre a atribuição que o satisfaz. Com efeito, a atribuição que satisfaz ϕ "adivinha" uma computação de C inteira na atribuição que o satisfaz, e as cláusulas de ϕ verificam a corretude dessa computação. Adicionalmente, ϕ contém uma cláusula estipulando que a saída de C é 1.

PROVA Damos uma redução em tempo polinomial f de *CIRCUIT-SAT* para *3SAT*. Seja C be um circuito contendo as entradas $x_1, \ldots, x_l$ e as portas $g_1, \ldots, g_m$. A redução constrói a partir de C uma fórmula ϕ com as variáveis

$x_1, \ldots, x_l, g_1, \ldots, g_m$. Cada uma das variáveis de ϕ corresponde a um fio em C. As variáveis x_i correspondem aos fios de entrada, e as variáveis g_i, aos fios nas saídas das portas. Re-rotulamos as variáveis de ϕ como $w_1, \ldots, w_{l+m}$.

Agora descrevemos as cláusulas de ϕ. Escrevemos as cláusulas de ϕ mais intuitivamente usando implicações. Lembre-se de que podemos converter a operação da implicação $(P \to Q)$ para a cláusula $(\overline{P} \lor Q)$. Cada porta NÃO em C com fio de entrada w_i e fio de saída w_j é equivalente à expressão

$$(\overline{w_i} \to w_j) \land (w_i \to \overline{w_j}),$$

que, por sua vez, dá origem às duas cláusulas

$$(w_i \lor w_j) \land (\overline{w_i} \lor \overline{w_j}).$$

Observe que ambas as cláusulas são satisfeitas sse uma atribuição é feita às variáveis w_i e w_j correspondendo ao funcionamento correto da porta NÃO.

Cada porta E em C com as entradas w_i e w_j e saída w_k é equivalente a

$$((\overline{w_i} \land \overline{w_j}) \to \overline{w_k}) \land ((\overline{w_i} \land w_j) \to \overline{w_k}) \land ((w_i \land \overline{w_j}) \to \overline{w_k}) \land ((w_i \land w_j) \to w_k),$$

que, por sua vez, dá origem às quatro cláusulas

$$(w_i \lor w_j \lor \overline{w_k}) \land (w_i \lor \overline{w_j} \lor \overline{w_k}) \land (\overline{w_i} \lor w_j \lor \overline{w_k}) \land (\overline{w_i} \lor \overline{w_j} \lor w_k).$$

Similarmente, cada porta OU em C com as entradas w_i e w_j e a saída w_k é equivalente a

$$((\overline{w_i} \land \overline{w_j}) \to \overline{w_k}) \land ((\overline{w_i} \land w_j) \to w_k) \land ((w_i \land \overline{w_j}) \to w_k) \land ((w_i \land w_j) \to w_k),$$

que, por sua vez, dá origem às quatro cláusulas

$$(w_i \lor w_j \lor \overline{w_k}) \land (w_i \lor \overline{w_j} \lor w_k) \land (\overline{w_i} \lor w_j \lor w_k) \land (\overline{w_i} \lor \overline{w_j} \lor w_k).$$

Em cada caso, todas as quatro cláusulas são satisfeitas quando uma atribuição é feita às variáveis w_i, w_j, e w_k, correspondendo ao funcionamento correto da porta. Adicionalmente, acrescentamos a cláusula (w_m) a ϕ, onde w_m é a porta de saída de C.

Algumas das cláusulas descritas contêm menos que três literais. Podemos facilmente expandi-las para o tamanho desejado repetindo literais. Conseqüentemente, a cláusula (w_m) é expandida para a cláusula equivalente $(w_m \lor w_m \lor w_m)$, o que completa a construção.

Argumentamos brevemente que a construção funciona. Se existe uma atribuição satisfazendo C, obtemos uma atribuição satisfazendo ϕ atribuindo valores às variáveis g_i conforme a computação de C nessa atribuição. Reciprocamente, se existe uma atribuição satisfazendo ϕ, ela dá uma atribuição para C porque descreve a computação de C inteira onde o valor de saída é 1. A redução pode ser feita em tempo polinomial, pois ela é simples de computar e o tamanho da saída é polinomial (na verdade, linear) no tamanho da entrada.

EXERCÍCIOS

[R]**9.1** Prove que $\text{TIME}(2^n) = \text{TIME}(2^{n+1})$.

[R]**9.2** Prove que $\text{TIME}(2^n) \subsetneq \text{TIME}(2^{2n})$.

[R]**9.3** Prove que $\text{NTIME}(n) \subsetneq \text{PSPACE}$.

9.4 Mostre como o circuito exibido na Figura 9.26 computa sobre a entrada 0110 indicando os valores computados por todas as portas, como o fizemos na Figura 9.24.

9.5 Dê um circuito que computa a função paridade sobre três variáveis de entrada e mostre como ela computa sobre a entrada 011.

9.6 Prove que se $A \in \text{P}$ então $\text{P}^A = \text{P}$.

9.7 Dê expressões regulares com exponenciação que geram as seguintes linguagens sobre o alfabeto {0,1}.

[R]**a.** Todas as cadeias de comprimento 500
[R]**b.** Todas as cadeias de comprimento 500 ou menos
[R]**c.** Todas as cadeias de comprimento 500 ou mais
[R]**d.** Todas as cadeias de comprimento diferente de 500
  e. Todas as cadeias que contêm exatamente 500 1s
  f. Todas as cadeias que contêm pelo menos 500 1s
  g. Todas as cadeias que contêm no máximo 500 1s
  h. Todas as cadeias de comprimento 500 ou mais que contêm um 0 na 500-ésima posição
  i. Todas as cadeias que contêm dois 0s que têm pelo menos 500 símbolos entre eles

9.8 Se R é uma expressão regular, suponha que $R^{\{m,n\}}$ represente a expressão

$$R^m \cup R^{m+1} \cup \cdots \cup R^n.$$

Mostre como implementar o operador $R^{\{m,n\}}$, usando o operador de exponenciação ordinário, mas sem "$\cdots$".

9.9 Mostre que se $\text{NP} = \text{P}^{SAT}$, então $\text{NP} = \text{coNP}$.

9.10 O Problema 8.13 mostrou que A_{ALL} é PSPACE-completo.

  a. Sabemos se $A_{\text{ALL}} \in \text{NL}$? Explique sua resposta.
  b. Sabemos se $A_{\text{ALL}} \in \text{P}$? Explique sua resposta.

9.11 Mostre que a linguagem *MÁX-CLIQUE* do Problema 7.46 está em P^{SAT}.

PROBLEMAS

9.12 Descreva o erro na seguinte "prova" falaciosa de que P≠NP. Suponha que P=NP e obtenha uma contradição. Se P=NP, então $SAT \in P$ e, portanto, para algum k, $SAT \in \text{TIME}(n^k)$. Como toda linguagem em NP é redutível em tempo polinomial a SAT, você tem NP $\subseteq \text{TIME}(n^k)$. Por conseguinte, P $\subseteq \text{TIME}(n^k)$. Mas, pelo teorema da hierarquia de tempo, $\text{TIME}(n^{k+1})$ contém uma linguagem que não está em $\text{TIME}(n^k)$, o que contradiz P $\subseteq \text{TIME}(n^k)$. Conseqüentemente P $\neq$ NP.

9.13 Considere a função $pad \colon \Sigma^* \times \mathcal{N} \longrightarrow \Sigma^* \#^*$ que é definida da seguinte forma. Seja $pad(s,l) = s\#^j$, onde $j = \text{máx}(0, l - m)$ e m é o comprimento de s. Portanto, $pad(s,l)$ simplesmente adiciona um número suficiente de cópias do novo símbolo # ao final de s de modo que o comprimento do resultado seja no mínimo l. Para qualquer linguagem A e função $f \colon \mathcal{N} \longrightarrow \mathcal{N}$, defina a linguagem $pad(A, f(m))$ como

$$pad(A, f(m)) = \{pad(s, f(m)) \mid s \in A \text{ e } m \text{ é o comprimento de } s\}.$$

Prove que, se $A \in \text{TIME}(n^6)$, então $pad(A, n^2) \in \text{TIME}(n^3)$.

9.14 Prove que, se NEXPTIME $\neq$ EXPTIME, então P $\neq$ NP. Pode ser que a função *pad*, definida no Problema 9.13, seja de utilidade.

^R**9.15** Defina *pad* como no Problema 9.13.

    a. Prove que, para toda A e todo número natural k, $A \in P$ sse $pad(A, n^k) \in P$.

    b. Prove que P $\neq$ SPACE(n).

9.16 Prove que $TQBF \notin \text{SPACE}(n^{1/3})$.

⋆**9.17** Leia a definição de 2AFD (autômato finito de duas cabeças) dada no Problema 5.26. Prove que P contém uma linguagem que não é reconhecível por um 2AFD.

9.18 Seja $E_{\text{REG}\uparrow} = \{\langle R\rangle \mid R \text{ é uma expressão regular com exponenciação e } L(R) = \emptyset\}$. Mostre que $E_{\text{REG}\uparrow} \in P$.

9.19 Defina o problema **unique-sat** como

$$USAT = \{\langle \phi \rangle \mid \phi \text{ é uma fórmula booleana com uma única atribuição que a satisfaz}\}.$$

Mostre que $USAT \in P^{SAT}$.

9.20 Prove que existe um oráculo C para o qual NP$^C \neq$ coNP^C.

9.21 Uma **máquina de Turing oráculo de k-consultas** é uma máquina de Turing oráculo a qual é permitido fazer no máximo k consultas sobre cada entrada. Uma MT de k-consultas M com um oráculo para A é escrita $M^{A,k}$ e P^{A,k} é a coleção de linguagens que são decidíveis por MTs de k-consultas de tempo polinomial com um oráculo para A.

    a. Mostre que NP $\cup$ coNP $\subseteq$ P^{SAT,1}.

    b. Assuma que NP $\neq$ coNP. Mostre que P $\cup$ coNP $\subsetneq$ P^{SAT,1}.

9.22 Suponha que A e B sejam dois oráculos. Um deles é um oráculo para $TQBF$, mas você não sabe qual. Dê um algoritmo que tenha acesso a ambos A e B e que seja garantido resolver $TQBF$ em tempo polinomial.

9.23 Defina a função $paridade_n$ como no Exemplo 9.25. Mostre que $paridade_n$ pode ser computada com circuitos de tamanho $O(n)$.

9.24 Lembre-se de que você pode considerar circuitos que dão como saída cadeias sobre $\{0,1\}$ designando diversas portas de saída. Suponha que $soma_n \colon \{0,1\}^{2n} \longrightarrow \{0,1\}^{n+1}$ tome a soma de dois inteiros binários de n bits e produza o resultado de $n+1$ bits. Mostre que você pode computar a função $soma_n$ com circuitos de tamanho $O(n)$.

9.25 Defina a função $maioria_n \colon \{0,1\}^n \longrightarrow \{0,1\}$ como

$$maioria_n(x_1, \ldots, x_n) = \begin{cases} 0 & \sum x_i < n/2; \\ 1 & \sum x_i \geq n/2. \end{cases}$$

Conseqüentemente, a função $maioria_n$ retorna a votação majoritária das entradas. Mostre que $maioria_n$ pode ser computada com

  a. Circuitos de tamanho $O(n^2)$.

  b. Circuitos de tamanho $O(n \log n)$. (Dica: Divida recursivamente o número de entradas pela metade e use o resultado do Problema 9.24.)

⋆9.26 Defina o problema $maioria_n$ como no Problema 9.25. Mostre que ele pode ser computado com circuitos de tamanho $O(n)$.

SOLUÇÕES SELECIONADAS

9.1 As classes de complexidade de tempo são definidas em termos da notação O-grande, portanto fatores constantes não têm efeito. A função 2^{n+1} é $O(2^n)$ e conseqüentemente $A \in \text{TIME}(2^n)$ sse $A \in \text{TIME}(2^{n+1})$.

9.2 A inclusão $\text{TIME}(2^n) \subseteq \text{TIME}(2^{2n})$ se verifica porque $2^n \leq 2^{2n}$. A inclusão é própria em virtude do teorema da hierarquia de tempo. A função 2^{2n} é tempo construtível, porque uma MT pode escrever o número 1 seguido por $2n$ 0s em tempo $O(2^{2n})$. Logo, o teorema garante que existe uma linguagem A que pode ser decidida em tempo $O(2^{2n})$, mas não em tempo $O(2^{2n}/\log 2^{2n}) = O(2^{2n}/2n)$. Conseqüentemente, $A \in \text{TIME}(2^{2n})$, porém, $A \notin \text{TIME}(2^n)$.

9.3 $\text{NTIME}(n) \subseteq \text{NSPACE}(n)$ porque qualquer máquina de Turing que opera em tempo $t(n)$ sobre todo ramo da computação pode usar, no máximo, $t(n)$ células de fita sobre todo ramo. Além disso, $\text{NSPACE}(n) \subseteq \text{SPACE}(n^2)$ devido ao teorema de Savitch. Entretanto, $\text{SPACE}(n^2) \subsetneq \text{SPACE}(n^3)$ devido ao teorema da hierarquia de espaço. O resultado segue porque $\text{SPACE}(n^3) \subseteq \text{PSPACE}$.

9.7 **(a)** Σ^{500}; **(b)** $(\Sigma \cup \varepsilon)^{500}$; **(c)** $\Sigma^{500}\Sigma^*$; **(d)** $(\Sigma \cup \varepsilon)^{499} \cup \Sigma^{501}\Sigma^*$.

9.15 **(a)** Seja A uma linguagem qualquer e $k \in \mathcal{N}$. Se $A \in \text{P}$, então $pad(A, n^k) \in \text{P}$ porque você pode determinar se $w \in pad(A, n^k)$ escrevendo w como $s\#^l$ onde s não contém o símbolo #, e então testando se $|w| = |s|^k$, e finalmente testando se $s \in A$. Implementar o primeiro teste em tempo polinomial é imediato. O segundo teste roda em tempo $\text{poly}(|w|)$, e em razão de $|w|$ ser $\text{poly}(|s|)$, o teste roda em tempo $\text{poly}(|s|)$ e daí está em tempo polinomial. Se $pad(A, n^k) \in \text{P}$, então $A \in \text{P}$ porque você pode determinar se $w \in A$ preenchendo w com símbolos # até que ele tenha comprimento $|w|^k$ e então testando se o resultado está em $pad(A, n^k)$. Ambos esses testes requerem somente tempo polinomial.

(b) Suponha que $\text{P} = \text{SPACE}(n)$. Seja A uma linguagem em $\text{SPACE}(n^2)$, mas não em $\text{SPACE}(n)$, como mostrado que existe no teorema de hierarquia de espaço. A linguagem $pad(A, n^2) \in \text{SPACE}(n)$, pois você tem espaço suficiente para rodar o algoritmo de espaço $O(n^2)$ para A usando espaço que é linear na linguagem preenchida. Por causa da suposição, $pad(A, n^2) \in \text{P}$, logo, $A \in \text{P}$ pela parte (a) e, portanto, $A \in \text{SPACE}(n)$, em decorrência da suposição uma vez mais. Mas isso é uma contradição.

10

TÓPICOS AVANÇADOS EM TEORIA DA COMPLEXIDADE

Neste capítulo, introduzimos brevemente alguns poucos tópicos adicionais em teoria da complexidade. Esse assunto é um campo ativo de pesquisa, e tem uma extensa literatura. Este capítulo é uma amostra de desenvolvimentos mais avançados, mas não é um apanhado exaustivo. Em particular, dois importantes tópicos, que estão além do escopo deste livro, são computação quântica e provas verificáveis probabilisticamente. *The Handbook of Theoretical Computer Science* [74] apresenta um apanhado de trabalhos mais antigos em teoria da complexidade.

Este capítulo contém seções sobre algoritmos de aproximação, algoritmos probabilísticos, sistemas de prova interativa, computação paralela e criptografia. Essas seções são independentes, exceto que algoritmos probabilísticos são utilizados nas seções sobre sistemas de prova interativa e criptografia.

10.1
ALGORITMOS DE APROXIMAÇÃO

Em certos problemas, chamados **problemas de otimização**, buscamos a melhor solução entre uma coleção de possíveis soluções. Por exemplo, desejamos encontrar um clique de maior tamanho em um grafo, uma menor cobertura de vértices, ou um menor caminho conectando dois nós. Quando um problema de otimização é NP-difícil, como é o caso dos dois primeiros tipos de problema, nenhum algoritmo de tempo polinomial existe que encontre a melhor solução, a menos que P = NP.

Na prática, podemos não precisar da solução absolutamente melhor ou *ótima* para um problema. Uma solução quase ótima pode ser suficientemente boa e pode ser mais fácil de se encontrar. Como seu nome implica, um **algoritmo de aproximação** é concebido para encontrar tais soluções aproximadamente ótimas.

Por exemplo, tome o problema da cobertura de vértices que introduzimos na Seção 7.5. Nessa seção, apresentamos o problema como a linguagem *COB-VERT* representando um **problema de decisão** — aquele que tem uma resposta sim/não. Na versão de otimização desse problema, denominada *COB-VERT-MÍN*, objetivamos produzir uma das menores coberturas de vértices entre todas as possíveis coberturas de vértices no grafo de entrada. O seguinte algoritmo de tempo polinomial resolve aproximadamente esse problema de otimização. Ele produz uma cobertura de vértices que nunca é mais que duas vezes o tamanho de uma das menores coberturas de vértices.

A = "Sobre a entrada $\langle G \rangle$, onde G é um grafo não-direcionado:
1. Repita o seguinte até que todas as arestas em G toquem uma aresta marcada:
2. Encontre uma aresta em G não tocada por nenhuma aresta marcada.
3. Marque essa aresta.
4. Dê como saída todos os nós que são extremidades de arestas marcadas."

TEOREMA 10.1

A é um algoritmo de tempo polinomial que produz uma cobertura de vértices de G que é não mais que duas vezes maior que uma menor cobertura de vértices.

PROVA A obviamente roda em tempo polinomial. Seja X o conjunto de nós que ele dá como saída. Seja H o conjunto de arestas que ele marca. Sabemos que X é uma cobertura de vértices porque H contém ou toca toda aresta em G, e, portanto, X toca todas as arestas em G.

Para provar que X é no máximo duas vezes tão grande quanto uma menor cobertura de vértices Y, estabelecemos dois fatos: X é duas vezes tão grande quanto H; e H não é maior que Y. Primeiro, toda aresta em H contribui com dois nós para X, logo, X é duas vezes tão grande quanto H. Segundo, Y é uma cobertura de vértices, assim, toda aresta em H é tocada por algum nó em Y. Nenhum desses nós toca duas arestas em H porque as arestas em H não se tocam. Conseqüentemente, a cobertura de vértices Y é, no mínimo, tão grande quanto H porque Y contém um nó diferente que toca toda aresta em H. Logo, X não é mais que duas vezes maior que Y.

COB-VERT-MÍN é um exemplo de **problema de minimização**, uma vez que objetivamos encontrar a *menor* entre a coleção de possíveis soluções. Em um **problema de maximização** buscamos a *maior* solução. Um algoritmo de aproximação para um problema de minimização é **k-ótimo** se ele sempre encontra uma solução que não é mais que k vezes a ótima. O algoritmo precedente é 2-ótimo para o problema da cobertura de vértices. Para um problema de maximização um algoritmo de aproximação k-ótimo sempre encontra uma solução que é, no mínimo, $\frac{1}{k}$ vezes o tamanho da ótima.

O seguinte é um algoritmo de aproximação para um problema de maximização chamado *CORTE-MÁX*. Um *corte* em um grafo não-direcionado é uma separação dos vértices V em dois subconjuntos disjuntos S e T. Uma **aresta de corte** é aquela entre um nó em S e um nó em T. Uma **aresta de não-corte** é uma aresta que não é uma aresta de corte. O tamanho de um corte é o número de arestas de corte. O problema *CORTE-MÁX* pergunta por um corte máximo em um grafo G. Como mostramos no Problema 7.25, esse problema é NP-completo. O seguinte algoritmo aproxima *CORTE-MÁX* dentro de um fator de 2.

B = "Sobre a entrada $\langle G \rangle$ onde G é um grafo não-direcionado com nós V:
  1. Faça $S = \emptyset$ e $T = V$.
  2. Se, movendo um único nó, seja de S para T ou de T para S, aumenta o tamanho do corte, faça esse movimento e repita esse estágio.
  3. Se nenhum nó desses existe, dê como saída o corte corrente e pare."

Esse algoritmo começa com um corte (presumivelmente) ruim e faz melhorias locais até que nenhuma melhoria local a mais seja possível. Embora esse procedimento não vá dar um corte ótimo em geral, mostramos que ele realmente encontra um que é pelo menos metade do tamanho do ótimo.

TEOREMA 10.2

B é um algoritmo de aproximação 2-ótimo para *CORTE-MÁX*.

PROVA B roda em tempo polinomial porque toda execução do estágio 2 aumenta o tamanho do corte até, no máximo, o número total de arestas em G.

Agora, mostramos que o corte de B é, no mínimo, metade ótimo. Na verdade, mostramos algo mais forte: o corte de B contém pelo menos metade das arestas em G. Observe que, em todo nó de G, o número de arestas de corte é, no mínimo, tão grande quanto o número de arestas de não-corte, ou B teria deslocado aquele nó para o outro lado. Adicionamos os números de arestas de corte em todo nó. Essa soma é duas vezes o número total de arestas de corte porque toda aresta de corte é contada uma vez para cada uma das suas duas extremidades. Pela observação precedente, essa soma tem de ser no mínimo a soma correspondente dos números de arestas não-corte em todo nó. Conseqüentemente, G tem pelo menos tantas arestas de corte quanto arestas de não-corte e, portanto, o corte contém, no mínimo, metade de todas as arestas.

10.2
ALGORITMOS PROBABILÍSTICOS

Um *algoritmo probabilístico* é um algoritmo concebido para usar o resultado de um processo aleatório. Tipicamente, tal algoritmo conteria uma instrução para "jogar uma moeda" e o resultado do arremesso influenciaria a execução subseqüente e a saída do algoritmo. Certos tipos de problemas parecem ser mais facilmente solúveis por algoritmos probabilísticos que por algoritmos determinísticos.

Como pode uma tomada de decisão por arremesso de uma moeda ser melhor que realmente calcular, ou até estimar, a melhor escolha em uma situação particular? Às vezes, calcular a melhor escolha pode requerer tempo excessivo e estimá-la pode introduzir uma polarização que invalida o resultado. Por exemplo, os estatísticos utilizam amostragem aleatória para determinar informações sobre os indivíduos em uma população grande, como seus gostos ou preferências políticas. Consultar todos os indivíduos poderia levar muito tempo, e consultar um subconjunto não aleatoriamente selecionado tenderia a dar resultados errôneos.

A CLASSE BPP

Começamos com nossa discussão formal de computação probabilística definindo um modelo de uma máquina de Turing probabilística. Então, damos uma classe de complexidade associada com computação probabilística eficiente e uns poucos exemplos.

> **DEFINIÇÃO 10.3**
>
> Uma *máquina de Turing probabilística* M é um tipo de máquina de Turing não-determinística na qual cada passo não-determinístico é chamado *passo de arremesso-de-moeda* e tem dois movimentos seguintes legítimos. Atribuímos uma probabilidade a cada ramo b da computação de M sobre a entrada w da seguinte forma. Defina a probabilidade do ramo b como
>
> $$\Pr[b] = 2^{-k},$$
>
> onde k é o número de passos de arremesso-de-moeda que ocorrem no ramo b. Defina a probabilidade de que M aceita w como
>
> $$\Pr[M \text{ aceita } w] = \sum_{\substack{b \text{ é um} \\ \text{ramo de aceitação}}} \Pr[b].$$

Em outras palavras, a probabilidade de que M aceita w é a de que atingiríamos uma configuração de aceitação se simulássemos M sobre w jogando uma moeda para determinar qual movimento seguir a cada passo de arremesso-de-moeda. Fazemos

$$\Pr[M \text{ rejeita } w] = 1 - \Pr[M \text{ aceita } w].$$

Quando uma máquina de Turing probabilística reconhece uma linguagem, ela deve aceitar todas as cadeias na linguagem e rejeitar todas as cadeias fora da linguagem como de costume, exceto que agora permitimos à máquina uma pequena probabilidade de erro. Para $0 \leq \epsilon < \frac{1}{2}$ dizemos que M *reconhece a linguagem A com probabilidade de erro ϵ* se

1. $w \in A$ implica $\Pr[M \text{ aceita } w] \geq 1 - \epsilon$, e
2. $w \notin A$ implica $\Pr[M \text{ rejeita } w] \geq 1 - \epsilon$.

Em outras palavras, a probabilidade de que obteríamos a resposta errada simulando M é, no máximo, ϵ. Também consideramos limitantes de probabilidade de erro que dependem do comprimento de entrada n. Por exemplo, a probabilidade de erro $\epsilon = 2^{-n}$ indica uma probabilidade de erro exponencialmente pequena.

Estamos interessados em algoritmos probabilísticos que rodam eficientemente em tempo e/ou espaço. Medimos a complexidade de tempo e de espaço de uma máquina de Turing probabilística da mesma maneira que fazemos para uma máquina de Turing não-determinística, usando o ramo de computação do pior caso sobre cada entrada.

> **DEFINIÇÃO 10.4**
>
> **BPP** é a classe de linguagens reconhecidas por máquinas de Turing probabilísticas de tempo polinomial com uma probabilidade de erro de $\frac{1}{3}$.

Definimos essa classe com uma probabilidade de erro de $\frac{1}{3}$, mas qualquer probabilidade de erro constante daria origem a uma definição equivalente desde que ela esteja estritamente entre 0 e $\frac{1}{2}$, em decorrência do seguinte **lema da amplificação**. Ele dá uma maneira simples de tornar a probabilidade de erro exponencialmente pequena. Note que um algoritmo probabilístico com uma probabilidade de erro de 2^{-100} tem muito mais chances de dar um resultado errôneo devido ao computador no qual ele roda ter uma falha de hardware do que em razão de um arremesso azarado de suas moedas.

LEMA 10.5

Seja ϵ uma constante fixa estritamente entre 0 e $\frac{1}{2}$. Então, para qualquer polinômio $\text{poly}(n)$, uma máquina de Turing probabilística de tempo polinomial M_1 que opera com probabilidade de erro ϵ tem uma máquina de Turing probabilística de tempo polinomial equivalente M_2 que opera com uma probabilidade de erro de $2^{-\text{poly}(n)}$.

IDÉIA DA PROVA M_2 simula M_1 rodando-a um número polinomial de vezes e tomando o voto da maioria dos resultados. A probabilidade de erro decresce exponencialmente com o número de execuções de M_1 realizadas.

Considere o caso onde $\epsilon = \frac{1}{3}$. Ele corresponde a uma caixa que contém muitas bolas vermelhas e azuis. Sabemos que $\frac{2}{3}$ das bolas são de uma cor e que o restante $\frac{1}{3}$ são da outra cor, mas não sabemos que cor é predominante. Podemos testar essa cor fazendo amostragem de várias — digamos, 100 — bolas aleatoriamente para determinar que cor acontece mais freqüentemente. Quase certamente, a cor predominante na caixa será a mais freqüente na amostra.

As bolas correspondem a ramos da computação de M_1: vermelha para aceitar e azul para rejeitar. M_2 faz uma amostra da cor rodando M_1. Um cálculo mostra que M_2 erra com probabilidade exponencialmente pequena se ela rodar M_1 um número polinomial de vezes e der como saída o resultado que acontece com mais freqüência.

PROVA Dada a MT M_1 que reconhece uma linguagem com uma probabilidade de erro de $\epsilon < \frac{1}{2}$ e um polinômio $\text{poly}(n)$, construímos uma MT M_2 que reconhece a mesma linguagem com uma probabilidade de erro de $2^{-\text{poly}(n)}$.

$M_2 = $ "Sobre a entrada w:
   1. Calcule k (veja a análise a seguir).
   2. Rode $2k$ simulações independentes de M_1 sobre a entrada w.
   3. Se a maioria das execuções de M_1 aceita, então *aceite*; caso contrário, *rejeite*."

Limitamos [1] a probabilidade de que M_2 dê a resposta errada sobre uma entrada w. O estágio 2 dá origem a uma seqüência de $2k$ resultados da simulação de M_1, cada resultado correto ou errado. Se a maioria dos resultados forem corretos, M_2 dá a resposta correta. Limitamos a probabilidade de que pelo menos metade desses resultados sejam errados.

Seja S qualquer seqüência de resultados que M_2 possa obter no estágio 2. Seja p_S a probabilidade de que M_2 obtenha S. Digamos que S tenha c resultados corretos e e resultados errados e, portanto, $c + e = 2k$. Se $c \leq e$ e M_2 obtém S, então M_2 dá saída incorretamente. Chamamos tal S uma *seqüência ruim*. Se S for uma seqüência ruim qualquer, então $p_S \leq \epsilon^e (1-\epsilon)^c$ que, por sua vez, é no máximo $\epsilon^k (1-\epsilon)^k$, porque $k \leq e$ e $\epsilon < 1 - \epsilon$.

Somando p_S para todas as seqüências ruins, S dá a probabilidade de que M_2 dê saída incorretamente. Temos, no máximo, 2^{2k} seqüências ruins, pois 2^{2k} é o número de todas as seqüências. Logo,

$$\Pr[\,M_2 \text{ dá saída incorretamente sobre a entrada } w\,]$$
$$= \sum_{S \text{ ruim}} p_S \leq 2^{2k} \cdot \epsilon^k (1-\epsilon)^k = (4\epsilon(1-\epsilon))^k.$$

Assumimos que $\epsilon < \frac{1}{2}$, portanto $4\epsilon(1-\epsilon) < 1$ e, conseqüentemente, a probabilidade anterior decresce exponencialmente em k e o mesmo acontece com a probabilidade de erro de M_2. Para calcular um valor específico de k que nos permita limitar a probabilidade de erro de M_2 por 2^{-t} para qualquer $t \geq 1$, fazemos $\alpha = \log_2(4\epsilon(1-\epsilon))$ e escolhemos $k \geq t/\alpha$. Então, obtemos uma probabilidade de erro de $2^{-\text{poly}(n)}$ dentro de tempo polinomial.

PRIMALIDADE

Um ***número primo*** é um inteiro maior que um que não é divisível por inteiros positivos diferentes de um e de si próprio. Um número não primo maior que um é chamado ***composto***. O antigo problema de se testar se um inteiro é primo ou composto tem sido o assunto de intensa pesquisa. Um algoritmo de tempo polinomial para esse problema é agora conhecido [4], mas ele é demasiado difícil para incluir aqui. Em vez disso, descrevemos um algoritmo probabilístico de tempo polinomial muito mais simples para testar a primalidade.

Uma maneira de se determinar se um número é primo é tentar todos os inteiros possíveis menores que esse número e ver se quaisquer deles são divisores, também chamados ***fatores***. Esse algoritmo tem complexidade de tempo exponencial porque a magnitude de um número é exponencial no seu comprimento. O algoritmo de teste probabilístico de primalidade que descrevemos opera de maneira inteiramente diferente. Ele não procura por fatores. De fato, nenhum

---

[1] A análise da probabilidade de erro segue do ***limitante de Chernoff***, um resultado-padrão em teoria da probabilidade. Aqui damos um cálculo alternativo, autocontido, que evita qualquer dependência desse resultado.

algoritmo de tempo polinomial probabilístico para encontrar fatores é sabido existir.

Antes de discutirmos o algoritmo, mencionamos alguma notação da teoria dos números. Todos os números nesta seção são inteiros. Para qualquer p maior que 1, dizemos que dois números são **equivalentes módulo p** se eles diferirem de um múltiplo de p. Se os números x e y são equivalentes módulo p, escrevemos $x \equiv y \pmod{p}$. Supomos que $x \bmod p$ é o menor y não-negativo tal que $x \equiv y \pmod{p}$. Todo número é equivalente módulo p a algum membro do conjunto $\mathcal{Z}_p^+ = \{0, \ldots, p-1\}$. Por conveniência, fazemos $\mathcal{Z}_p = \{1, \ldots, p-1\}$. Podemos nos referir aos elementos desses conjuntos por outros números que são equivalentes módulo p, como quando nos referimos a $p-1$ por -1.

A idéia principal por trás do algoritmo vem do seguinte resultado, denominado **pequeno teorema de Fermat**.

TEOREMA 10.6

Se p é primo e $a \in \mathcal{Z}_p^+$, então $a^{p-1} \equiv 1 \pmod{p}$.

Por exemplo, se $p = 7$ e $a = 2$, o teorema diz que $2^{(7-1)} \bmod 7$ deve ser 1 porque 7 é primo. O cálculo simples

$$2^{(7-1)} = 2^6 = 64 \quad \text{e} \quad 64 \bmod 7 = 1$$

confirma esse resultado. Suponha que tentemos $p = 6$. Então

$$2^{(6-1)} = 2^5 = 32 \quad \text{e} \quad 32 \bmod 6 = 2$$

dá um resultado diferente de 1, implicando, pelo teorema, que 6 não é primo. É claro que já sabíamos isso. Entretanto, esse método demonstra que 6 é composto sem encontrar seus fatores. O Problema 10.15 pede que você apresente uma prova desse teorema.

Pense no teorema precedente como dando um tipo de "teste" da primalidade, chamado **teste de Fermat**. Quando dizemos que p passa no teste de Fermat em a, queremos dizer que $a^{p-1} \equiv 1 \pmod{p}$. O teorema afirma que os primos passam em todos os testes de Fermat para $a \in \mathcal{Z}_p^+$. Observamos que 6 falha algum teste de Fermat, portanto 6 não é primo.

Podemos usar esses testes para dar um algoritmo para determinar primalidade? Quase. Denomine um número **pseudoprimo** se ele passar nos testes de Fermat para todo a menor que ele e primo em relação a ele. Com a exceção dos infreqüentes **números de Carmichael**, que são compostos e mesmo assim passam em todos os testes de Fermat, os números pseudoprimos são idênticos aos números primos. Começamos dando um algoritmo probabilístico de tempo polinomial muito simples que distingue primos de compostos, com exceção dos números de Carmichael. Em seguida, apresentamos e analisamos o algoritmo probabilístico completo de teste de primalidade.

Um algoritmo de pseudoprimalidade que passe por todos os testes de Fermat demandaria tempo exponencial. A chave para o algoritmo de tempo polinomial probabilístico é que, se um número não for pseudoprimo, ele falha para pelo menos metade de todos os testes. (Simplesmente aceite essa afirmativa no momento. O Problema 10.16 pede que você a prove.) O algoritmo funciona tentando diversos testes escolhidos aleatoriamente. Se algum falha, o número tem de ser composto. O algoritmo contém um parâmetro k que determina a probabilidade de erro.

PSEUDOPRIMO = "Sobre a entrada p:
1. Selecione $a_1, \ldots, a_k$ aleatoriamente em $\mathcal{Z}_p^+$.
2. Compute $a_i^{p-1} \bmod p$ para cada i.
3. Se todos os valores computados forem 1, *aceite*; caso contrário, *rejeite*."

Se p for primo, ele passa em todos os testes e o algoritmo aceita com certeza. Se p não for pseudoprimo, ele passa em, no máximo, metade de todos os testes. Nesse caso, ele passa cada teste selecionado aleatoriamente com probabilidade de no máximo $\frac{1}{2}$. A probabilidade de que ele passe em todos os k testes aleatoriamente selecionados é, portanto, no máximo, 2^{-k}. O algoritmo opera em tempo polinomial porque a exponenciação modular é computável em tempo polinomial (veja o Problema 7.12).

Para converter o algoritmo precedente para um algoritmo de primalidade, introduzimos um teste mais sofisticado que evita o problema com os números de Carmichael. O princípio subjacente é que o número 1 tem exatamente duas raízes quadradas, 1 e -1, módulo qualquer primo p. Para muitos números compostos, incluindo todos os números de Carmichael, 1 tem quatro ou mais raízes quadradas. Por exemplo, ± 1 e ± 8 são as quatro raízes quadradas de 1, módulo 21. Se um número passa no teste de Fermat em a, o algoritmo encontra uma das suas raízes quadradas de 1 aleatoriamente e determina se aquela raiz quadrada é 1 ou -1. Se não for, sabemos que o número não é primo.

Podemos obter raízes quadradas de 1 se p passa no teste de Fermat em a, pois $a^{p-1} \bmod p = 1$ e, portanto, $a^{(p-1)/2} \bmod p$ é uma raiz quadrada de 1. Se esse valor for ainda 1, podemos dividir repetidamente o expoente por dois, desde que o expoente resultante permaneça um inteiro, e ver se o primeiro número diferente de 1 é -1 ou algum outro número. Damos uma prova formal da correção do algoritmo imediatamente depois de sua descrição. Selecione $k \geq 1$ como um parâmetro que determina a probabilidade de erro máxima como 2^{-k}.

PRIMO = "Sobre a entrada p:
1. Se p for par, *aceite* se $p = 2$; caso contrário, *rejeite*.
2. Selecione $a_1, \ldots, a_k$ aleatoriamente em $\mathcal{Z}_p^+$.
3. Para cada i de 1 a k:
4.   Compute $a_i^{p-1} \bmod p$ e *rejeite* se diferente de 1.
5.   Faça $p - 1 = st$ onde s é ímpar e $t = 2^h$ é uma potência de 2.
6.   Compute a seqüência $a_i^{s \cdot 2^0}, a_i^{s \cdot 2^1}, a_i^{s \cdot 2^2}, \ldots, a_i^{s \cdot 2^h}$ módulo p.
7.   Se algum elemento dessa seqüência não for 1, encontre o último elemento que não seja 1 e *rejeite* se esse elemento não for -1.

8. Todos os testes passaram nesse ponto, portanto *aceite*."

Os dois lemas seguintes mostram que o algoritmo *PRIMO* funciona corretamente. Obviamente, o algoritmo é correto quando p é par, portanto somente consideramos o caso em que p é ímpar. Digamos que a_i seja uma **testemunha (de compostura)** se o algoritmo rejeita no estágio 4 ou 7 usando a_i.

LEMA 10.7

Se p é um número primo ímpar, $\Pr[\textit{PRIMO} \text{ aceita } p] = 1$.

PROVA Primeiro mostramos que se p for primo, nenhuma testemunha existe e, portanto, nenhum ramo do algoritmo rejeita. Se a fosse uma testemunha no estágio 4, $(a^{p-1} \bmod p) \neq 1$ e o pequeno teorema de Fermat implicaria que p é composto. Se a fosse uma testemunha no estágio 7, existiria algum b em $\mathcal{Z}_p^+$, onde $b \not\equiv \pm 1 \pmod{p}$ e $b^2 \equiv 1 \pmod{p}$.
Consequentemente, $b^2 - 1 \equiv 0 \pmod{p}$. Fatorando $b^2 - 1$ dá

$$(b-1)(b+1) \equiv 0 \pmod{p},$$

o que implica que

$$(b-1)(b+1) = cp$$

para algum inteiro positivo c. Como $b \not\equiv \pm 1 \pmod{p}$, ambos $b-1$ e $b+1$ estão estritamente entre 0 e p. Por conseguinte, p é composto porque um múltiplo de um número primo não pode ser expresso como um produto de números que são menores que ele.

O próximo lema mostra que o algoritmo identifica números compostos com alta probabilidade. Primeiro, apresentamos uma importante ferramenta elementar da teoria dos números. Dois números são primos entre si se eles não têm divisor comum diferente de 1. O **teorema chinês do resto** diz que existe uma correspondência um-para-um entre $\mathcal{Z}_{pq}$ e $\mathcal{Z}_p \times \mathcal{Z}_q$ se p e q são primos entre si. Cada número $r \in \mathcal{Z}_{pq}$ corresponde a um par (a, b), onde $a \in \mathcal{Z}_p$ e $b \in \mathcal{Z}_q$, tal que

$$r \equiv a \pmod{p}, \text{ e}$$
$$r \equiv b \pmod{q}.$$

LEMA 10.8

Se p é um número ímpar composto, $\Pr[\textit{PRIMO} \text{ aceita } p] \leq 2^{-k}$.

PROVA Mostramos que, se p for um número ímpar composto e a for selecionado aleatoriamente em $\mathcal{Z}_p^+$,

$$\Pr[a \text{ é uma testemunha}] \geq \tfrac{1}{2}$$

demonstrando que existem em $\mathcal{Z}_p^+$, no mínimo, a mesma quantidade de testemunhas que de não-testemunhas. Fazemos isso encontrando uma única testemunha para cada não-testemunha.

Em toda não-testemunha, a seqüência computada no estágio 6 é ou toda de 1s ou contém -1 em alguma posição, seguido por 1s. Por exemplo, 1 ele próprio é uma não-testemunha do primeiro tipo, e -1 é uma não-testemunha do segundo tipo porque s é ímpar e $(-1)^{s \cdot 2^0} \equiv -1$ e $(-1)^{s \cdot 2^1} \equiv 1$. Entre todas as não-testemunhas do segundo tipo, encontre uma não-testemunha para a qual o -1 aparece na maior posição na seqüência. Seja h essa não-testemunha e seja j a posição de -1 na sua seqüência, onde as posições na seqüência são numeradas começando em 0. Logo, $h^{s \cdot 2^j} \equiv -1 \pmod{p}$.

Uma vez que p é composto, ou p é a potência de um primo ou podemos escrever p como o produto de q e r, dois números que são primos entre si. Consideramos o último caso primeiro. O teorema chinês do resto implica que existe algum número t em $\mathcal{Z}_p$ para o qual

$$t \equiv h \pmod{q} \quad \text{e}$$
$$t \equiv 1 \pmod{r}.$$

Portanto,

$$t^{s \cdot 2^j} \equiv -1 \pmod{q} \quad \text{e}$$
$$t^{s \cdot 2^j} \equiv 1 \pmod{r}.$$

Logo, t é uma testemunha, pois $t^{s \cdot 2^j} \not\equiv \pm 1 \pmod{p}$, mas $t^{s \cdot 2^{j+1}} \equiv 1 \pmod{p}$.

Agora que temos uma testemunha, podemos obter muitas mais. Provamos que $dt \bmod p$ é uma testemunha única para cada não-testemunha d, fazendo duas observações. Primeiro, $d^{s \cdot 2^j} \equiv \pm 1 \pmod{p}$ e $d^{s \cdot 2^{j+1}} \equiv 1 \pmod{p}$ pela maneira que j foi escolhido. Conseqüentemente, $dt \bmod p$ é uma testemunha, porque $(dt)^{s \cdot 2^j} \not\equiv \pm 1$ e $(dt)^{s \cdot 2^{j+1}} \equiv 1 \pmod{p}$.

Segundo, se d_1 e d_2 são não-testemunhas distintas, $d_1 t \bmod p \neq d_2 t \bmod p$. A razão é que $t^{s \cdot 2^{j+1}} \bmod p = 1$. Logo, $t \cdot t^{s \cdot 2^{j+1}-1} \bmod p = 1$. Dessa forma, se $td_1 \bmod p = td_2 \bmod p$, então

$$d_1 = t \cdot t^{s \cdot 2^{j+1}-1} d_1 \bmod p = t \cdot t^{s \cdot 2^{j+1}-1} d_2 \bmod p = d_2.$$

Por conseguinte, o número de testemunhas tem de ser tão grande quanto o número de não-testemunhas, e completamos a análise para o caso em que p não é uma potência de primo.

Para o caso da potência de primo, temos $p = q^e$ onde q é primo e $e > 1$. Faça $t = 1 + q^{e-1}$. Expandindo t^p usando o teorema binomial, obtemos

$$t^p = (1 + q^{e-1})^p = 1 + p \cdot q^{e-1} + \text{múltiplos e potências mais altas de } q^{e-1},$$

que é equivalente a 1 mod p. Logo, t é uma testemunha do estágio 4 porque, se $t^{p-1} \equiv 1 \pmod{p}$, então $t^p \equiv t \not\equiv 1 \pmod{p}$. Como no caso anterior, usamos essa testemunha para obter muitas outras. Se d é uma não-testemunha, temos $d^{p-1} \equiv 1 \pmod{p}$, mas então $dt \bmod p$ é uma testemunha. Além disso, se d_1 e

d_2 são não-testemunhas distintas, então $d_1 t \bmod p \neq d_2 t \bmod p$. Caso contrário,

$$d_1 = d_1 \cdot t \cdot t^{p-1} \bmod p = d_2 \cdot t \cdot t^{p-1} \bmod p = d_2.$$

Portanto, o número de testemunhas deve ser tão grande quanto o número de não-testemunhas, e a prova está completa.

O algoritmo precedente e sua análise estabelecem o teorema seguinte. Seja $PRIMOS = \{n|\ n \text{ é um número primo em binário}\}$.

TEOREMA 10.9

$PRIMOS \in BPP$

Note que o algoritmo de primalidade probabilístico tem **erro unilateral**. Quando o algoritmo dá como saída *rejeite*, sabemos que a entrada tem de ser um número composto. Quando a saída é *aceite*, sabemos somente que a entrada poderia ser um número primo ou composto. Portanto uma resposta incorreta só pode ocorrer quando a entrada for um número composto. A característica de erro unilateral é comum a muitos algoritmos probabilísticos, portanto a classe de complexidade especial RP é designada para ela.

DEFINIÇÃO 10.10

RP é a classe de linguagens que são reconhecidas por máquinas de Turing probabilísticas de tempo polinomial em que entradas na linguagem são aceitas com uma probabilidade de, no mínimo, $\frac{1}{2}$ e entradas que não estão na linguagem são rejeitadas com uma probabilidade de 1.

Podemos fazer a probabilidade de erro exponencialmente pequena e manter um tempo de execução polinomial usando uma técnica de amplificação similar àquela (na verdade mais simples) que utilizamos no Lema 10.5. Nosso algoritmo anterior mostra que $COMPOSTOS \in RP$.

PROGRAMAS RAMIFICANTES LÊ-UMA-VEZ

Um *programa ramificante* é um modelo de computação usado em teoria da complexidade e em certas áreas práticas como projeto assistido por computador. Esse modelo representa um processo de decisão que consulta os valores de variáveis de entrada e baseia as decisões sobre a maneira de proceder nas respostas àquelas consultas. Representamos esse processo de decisão como um grafo em que cada nó corresponde a uma variável particular consultada naquele ponto no processo.

Nesta seção, investigaremos a complexidade de se testar se dois programas ramificantes são equivalentes. Em geral, esse problema é coNP-completo. Se colocarmos uma certa restrição natural sobre a classe de programas ramificantes, podemos dar um algoritmo probabilístico de tempo polinomial para testar a equivalência. Esse algoritmo é especialmente interessante por duas razões. Primeiro, nenhum algoritmo de tempo polinomial é conhecido para esse problema, e portanto temos outro exemplo de probabilismo aparentemente expandindo a classe das linguagens para as quais pertinência pode ser testada eficientemente. Segundo, esse algoritmo introduz a técnica de atribuir valores não booleanos a variáveis normalmente booleanas de modo a analisar o comportamento de alguma função booleana daquelas variáveis. Essa técnica é usada com bons resultados em sistemas de prova interativa, como mostramos na Seção 10.4.

DEFINIÇÃO 10.11

Um ***programa ramificante*** é um grafo direcionado acíclico[2] em que todos os nós são rotulados por variáveis, exceto por dois ***nós de saída*** rotulados 0 ou 1. Os nós que são rotulados por variáveis são chamados ***nós de consulta***. Todo nó de consulta tem duas arestas de saída, uma rotulada 0, e a outra, 1. Ambos os nós de saída não têm arestas de saída. Um dos nós em um programa ramificante é designado o nó inicial.

Um programa ramificante determina uma função booleana da seguinte maneira. Tome qualquer atribuição às variáveis que aparecem nos seus nós de consulta e, começando no nó inicial, siga o caminho determinado tomando a aresta de saída de cada nó de consulta conforme o valor atribuído à variável indicada até que um dos nós de saída seja atingido. A saída é o rótulo desse nó de saída. A Figura 10.12 mostra dois exemplos de programas ramificantes.

Programas ramificantes estão relacionados à classe L de uma maneira análoga ao relacionamento entre os circuitos booleanos e a classe P. O Problema 10.17 pede que você mostre que um programa ramificante com uma quantidade polinomial de nós pode testar pertinência em qualquer linguagem sobre {0,1} que está em L.

---

[2] Um grafo direcionado é ***acíclico*** se não tem ciclos direcionados.

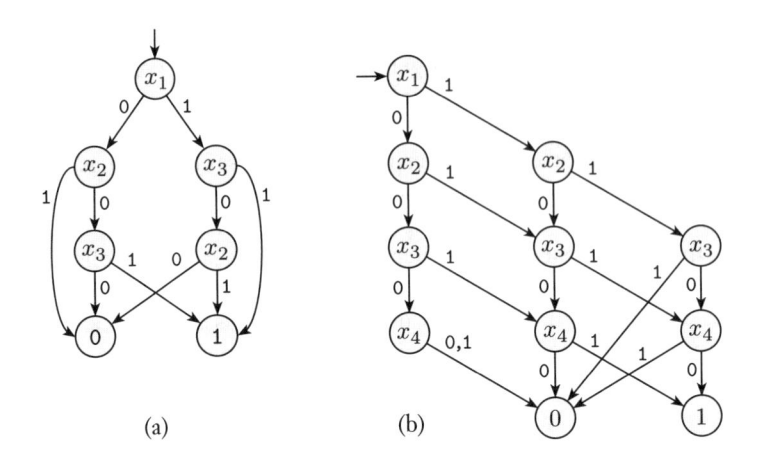

FIGURA 10.12
Programas ramificantes lê-uma-vez.

Dois programas ramificantes são equivalentes se determinam funções iguais. O Problema 10.21 pede que você mostre que o problema de se testar equivalência para programas ramificantes é coNP-completo. Aqui, consideramos uma forma restrita de programas ramificantes. Um ***programa ramificante lê-uma-vez*** é aquele que pode consultar cada variável no máximo uma vez em todo caminho direcionado do nó inicial para um nó de saída. Ambos os programas ramificantes na Figura 10.12 têm a característica lê-uma-vez. Seja

$$EQ_{\mathsf{PRLUV}} = \{\langle B_1, B_2\rangle |\ B_1\ \text{e}\ B_2\ \text{são programas ramificantes lê-uma-vez equivalentes}\}.$$

TEOREMA 10.13

EQ_{PRLUV} está em BPP.

IDÉIA DA PROVA Primeiro vamos tentar atribuir valores aleatórios às variáveis x_1 a x_m que aparecem em B_1 e B_2, e avaliar esses programas ramificantes sobre a atribuição. Aceitamos se B_1 e B_2 concordam na atribuição e rejeitamos caso contrário. Entretanto, essa estratégia não funciona porque dois programas ramificantes lê-uma-vez não equivalentes podem eventualmente discordar em apenas uma das 2^m possíveis atribuições booleanas às variáveis. A probabilidade de que selecionaríamos essa atribuição é exponencialmente pequena. Logo, aceitaríamos com alta probabilidade mesmo quando B_1 e B_2 não fossem equivalentes, e isso não é satisfatório.

Em vez disso, modificamos essa estratégia selecionando aleatoriamente uma atribuição não booleana às variáveis e avaliamos B_1 e B_2 de maneira adequadamente definida. Podemos então mostrar que, se B_1 e B_2 não forem equivalentes, as avaliações aleatórias tenderão a ser desiguais.

PROVA Atribuímos polinômios sobre $x_1, \ldots, x_m$ aos nós e às arestas de um programa ramificante lê-uma-vez B da seguinte forma. A função constante 1 é atribuída ao nó inicial. Se a um nó rotulado x foi atribuído o polinômio p, atribua o polinômio xp à sua aresta de saída de rótulo 1, e o polinômio $(1-x)p$ à sua aresta de saída de rótulo 0. Se às arestas de entrada para algum nó foram atribuídos polinômios, atribua a soma daqueles polinômios àquele nó. Finalmente, o polinômio que foi atribuído ao nó de saída rotulado 1 é também atribuído ao próprio programa ramificante. Agora estamos prontos para apresentar o algoritmo probabilístico de tempo polinomial para EQ_{PRLUV}. Seja $\mathcal{F}$ um corpo finito com pelo menos $3m$ elementos.

D = "Sobre a entrada $\langle B_1, B_2 \rangle$, dois programas ramificantes lê-uma-vez:
1. Selecione elementos a_1 a a_m, de $\mathcal{F}$, aleatoriamente.
2. Calcule o valor dos polinômios p_1 e p_2 em a_1 a a_m.
3. Se $p_1(a_1, \ldots, a_m) = p_2(a_1, \ldots, a_m)$, *aceite*; caso contrário, *rejeite*."

Esse algoritmo roda em tempo polinomial porque podemos calcular o valor do polinômio correspondente a um programa ramificante sem, na verdade, construir o polinômio. Mostramos que o algoritmo decide EQ_{PRLUV} com uma probabilidade de erro de, no máximo, $\frac{1}{3}$.

Vamos examinar a relação entre um programa ramificante lê-uma-vez B e seu polinômio atribuído p. Observe que, para qualquer atribuição booleana às variáveis de B, todos os polinômios atribuídos a seus nós resultam em 0 ou 1. Os polinômios que resultam em 1 são aqueles no caminho de computação para aquela atribuição. Logo, B e p concordam quando as variáveis recebem valores booleanos. Similarmente, como B é lê-uma-vez, podemos escrever p como uma soma de termos produto $y_1 y_2 \cdots y_m$, onde cada y_i é x_i, $(1 - x_i)$, ou 1, e onde cada termo produto corresponde a um caminho em B do nó inicial para o nó de saída rotulado 1. O caso de $y_i = 1$ ocorre quando um caminho não contém uma variável x_i.

Tome cada um desses termos produto de p contendo um y_i que é 1 e divida-o na soma de dois termos produto, um onde $y_i = x_i$ e o outro onde $y_i = (1 - x_i)$. Fazer isso dá origem a um polinômio equivalente pelo fato de que $1 = x_i + (1 - x_i)$. Continue dividindo os termos produto até que cada y_i seja ou x_i ou $(1 - x_i)$. O resultado final é um polinômio equivalente q que contém um termo produto para cada atribuição sobre a qual B resulta em 1. Agora, estamos prontos para analisar o comportamento do algoritmo D.

Primeiro, mostramos que, se B_1 e B_2 são equivalentes, D sempre aceita. Se os programas ramificantes forem equivalentes, eles resultam em 1 sobre exatamente as mesmas atribuições. Conseqüentemente, os polinômios q_1 e q_2 são iguais porque eles contêm idênticos termos produto. Por conseguinte, p_1 e p_2 são iguais sobre todas as atribuições.

Segundo, mostramos que, se B_1 e B_2 não forem equivalentes, D rejeita com uma probabilidade de no mínimo $\frac{2}{3}$. Essa conclusão segue imediatamente do Lema 10.15.

A prova precedente se apóia nos seguintes lemas relativos à probabilidade de aleatoriamente encontrar uma raiz de um polinômio como uma função do número de variáveis que ele tem, os graus de suas variáveis, e o tamanho do corpo subjacente.

LEMA 10.14

Para todo $d \geq 0$, um polinômio p de grau d sobre uma única variável x tem, no máximo, d raízes, ou então é sempre igual a 0.

PROVA Usamos indução sobre d.

Base: Prove para $d = 0$. Um polinômio de grau 0 é constante. Se essa constante não for 0, o polinômio claramente não tem raízes.

Passo da Indução: Suponha verdadeiro para $d-1$ e prove verdadeiro para d. Se p é um polinômio não-zero de grau d com uma raiz em a, o polinômio $x - a$ divide p sem resto. Então $p/(x-a)$ é um polinômio não-zero de grau $d-1$, e ele tem no máximo $d-1$ raízes em virtude da hipótese da indução.

LEMA 10.15

Seja $\mathcal{F}$ um corpo finito com f elementos e suponha que p seja um polinômio não-zero sobre as variáveis x_1 a x_m, onde cada variável tem grau no máximo d. Se a_1 a a_m são selecionados aleatoriamente em $\mathcal{F}$, então $\Pr\big[p(a_1, \ldots, a_m) = 0\big] \leq md/f$.

PROVA Usamos indução sobre m.

Base: Prove para $m = 1$. Pelo Lema 10.14, p tem no máximo d raízes, portanto a probabilidade de que a_1 seja uma delas é no máximo d/f.

Passo da Indução: Assuma verdadeiro para $m-1$ e prove verdadeiro para m. Seja x_1 uma das variáveis de p. Para cada $i \leq d$ seja p_i o polinômio compreendendo os termos de p contendo x_1^i, mas de onde x_1^i tenha sido fatorada. Então

$$p = p_0 + x_1 p_1 + x_1^2 p_2 + \cdots + x_1^d p_d.$$

Se $p(a_1, \ldots, a_m) = 0$, um de dois casos acontece. Ou todos os p_i resultam em 0 ou algum p_i não resulta em 0 e a_1 é uma raiz de um polinômio de uma única variável obtida avaliando-se p_0 a p_d sobre a_2 a a_m.

Para limitar a probabilidade de que o primeiro caso ocorra, observe que um dos p_j tem de ser não-zero porque p é não-zero. Então, a probabilidade de que todo p_i resulte em 0 é, no máximo, a probabilidade de que p_j resulte em 0. Pela hipótese da indução, isso é no máximo $(m-1)d/f$, porque p_j tem no máximo $m-1$ variáveis.

Para limitar a probabilidade de que o segundo caso ocorra, observe que se algum p_i não resulta em 0, então sobre a atribuição de a_2 a a_m, p reduz para um polinômio não-zero na única variável x_1. A base já mostra que a_1 é uma raiz de tal polinômio com uma probabilidade de no máximo d/f.

Conseqüentemente, a probabilidade de que a_1 a a_m seja uma raiz do polinômio é no máximo $(m-1)d/f + d/f = md/f$.

Concluímos esta seção com um ponto importante relativo ao uso de aleatoriedade em algoritmos probabilísticos. Em nossa análise, assumimos que esses algoritmos são implementados usando-se aleatoriedade real. A aleatoriedade real pode ser difícil (ou impossível) de se obter, portanto ela é normalmente simulada com **geradores pseudo-aleatórios**, que são algoritmos determinísticos cuja saída parece aleatória. Embora a saída de qualquer procedimento determinístico nunca possa ser verdadeiramente aleatória, alguns desses procedimentos geram resultados que têm certas características de resultados gerados aleatoriamente. Os algoritmos que são concebidos para usar aleatoriedade podem funcionar igualmente bem com esses geradores pseudo-aleatórios, mas provar que esse realmente é o caso é geralmente mais difícil. De fato, às vezes algoritmos probabilísticos podem não funcionar bem com certos geradores pseudo-aleatórios. Geradores pseudo-aleatórios sofisticados têm sido concebidos que produzem resultados indistinguíveis de resultados verdadeiramente aleatórios por qualquer teste que opere em tempo polinomial, sob a suposição de que exista uma função unidirecional. (Veja a Seção 10.6 para uma discussão de funções unidirecionais.)

10.3
ALTERNAÇÃO

Alternação é uma generalização de não-determinismo que tem provado ser útil no entendimento de relacionamentos entre classes de complexidade e na classificação de problemas específicos conforme sua complexidade. Usando alternação, podemos simplificar várias provas em teoria da complexidade e exibir uma surpreendente conexão entre as medidas de complexidade de tempo e de espaço.

Um algoritmo alternante pode conter instruções para ramificar um processo em múltiplos processos-filho, tal como em um algoritmo não-determinístico.

A diferença entre os dois reside no modo de se determinar a aceitação. Uma computação não-determinística aceita se qualquer um dos processos iniciados aceita. Quando uma computação alternante se divide em múltiplos processos, duas possibilidades surgem. O algoritmo pode designar que o processo corrente aceita se *qualquer* um dos filhos aceita, ou então pode designar que o processo corrente aceita se *todos* os filhos aceitam.

Ilustremos a diferença entre computação alternante e computação não-determinística com árvores que representam a estrutura ramificante dos processos produzidos. Cada nó representa uma configuração em um processo. Em uma computação não-determinística, cada nó computa a operação OU de seus filhos. Isso corresponde ao modo de aceitação não-determinística usual por meio do qual um processo é de aceitação se qualquer de seus filhos for de aceitação. Em uma computação alternante, os nós podem computar as operações E ou OU como determinado pelo algoritmo. Isso corresponde ao modo de aceitação alternante por meio do qual um processo é de aceitação se todos ou algum de seus filhos aceitam. Definimos uma máquina de Turing alternante da seguinte forma:

DEFINIÇÃO 10.16

Uma ***máquina de Turing alternante*** é uma máquina de Turing não-determinística com uma característica adicional. Seus estados, exceto q_{aceita} e $q_{rejeita}$, são divididos em **estados universais** e **estados existenciais**. Quando rodamos uma máquina de Turing alternante sobre uma cadeia de entrada, rotulamos cada nó de sua árvore de computação não-determinística com $\wedge$ ou $\vee$, conforme a configuração correspondente contenha um estado universal ou existencial. Definimos a aceitação designando um nó como de aceitação se ele for rotulado com $\wedge$ e seus filhos forem de aceitação ou se ele for rotulado com $\vee$ e algum de seus filhos for de aceitação.

A figura a seguir mostra árvores de computação não-determinísticas e alternantes. Rotulamos os nós da árvore de computação alternante com $\wedge$ ou $\vee$ para indicar qual função de seus filhos eles computam.

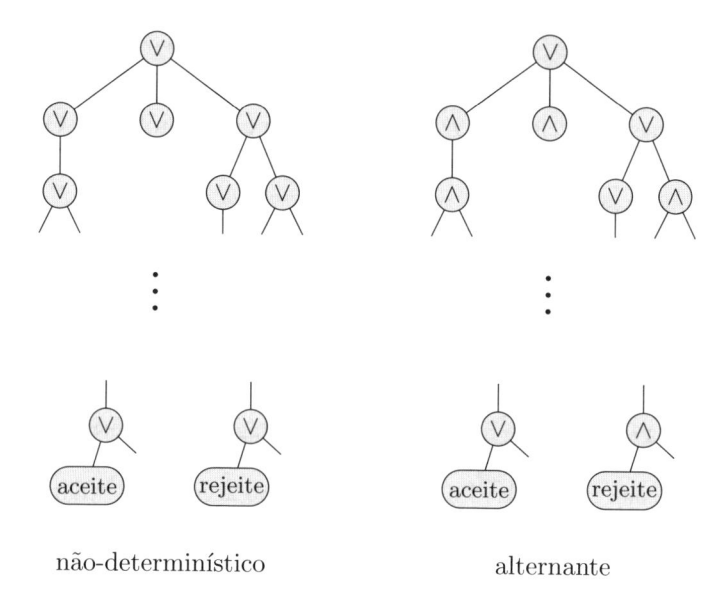

FIGURA 10.17
Árvores de computação não-determinística e alternante.

TEMPO E ESPAÇO ALTERNANTE

Definimos a complexidade de tempo e de espaço dessas máquinas da mesma maneira que o fizemos para máquinas de Turing não-determinísticas, tomando o tempo ou espaço máximo usado por qualquer ramo de computação. Definimos as classes de complexidade de tempo e de espaço alternante da seguinte forma.

DEFINIÇÃO 10.18

$\text{ATIME}(t(n)) = \{L|\ L$ é decidida por uma máquina de Turing de tempo alternante $O(t(n))\}$.

$\text{ASPACE}(f(n)) = \{L|\ L$ é decidida por uma máquina de Turing de espaço alternante $O(f(n))\}$.

Definimos **AP**, **APSPACE**, e **AL** como as classes de linguagens que são decididas por máquinas de Turing de tempo polinomial alternante, de espaço polinomial alternante, e espaço logarítmico alternante, respectivamente.

EXEMPLO 10.19

Uma **tautologia** é uma fórmula booleana cuja avaliação resulta em 1 sobre toda atribuição a suas variáveis. Seja $TAUT = \{\langle\phi\rangle|\ \phi$ é uma tautologia$\}$. O algoritmo alternante a seguir mostra que $TAUT$ está em AP.

"Sobre a entrada $\langle\phi\rangle$:
1. Universalmente selecione todas as atribuições às variáveis de ϕ.
2. Para uma atribuição específica, calcule ϕ.
3. Se ϕ resulta em 1, *aceite*; caso contrário, *rejeite*."

O estágio 1 desse algoritmo seleciona não-deterministicamente toda atribuição às variáveis de ϕ com ramificação universal. Isso requer que todos os ramos aceitem para a computação inteira aceitar. Os estágios 2 e 3 verificam deterministicamente se a atribuição que foi selecionada sobre um ramo de computação específico satisfaz a fórmula. Logo, esse algoritmo aceita sua entrada se ele determina que todas as atribuições satisfazem.

Observe que $TAUT$ é um membro de coNP. Na verdade, qualquer problema em coNP pode ser facilmente mostrado estar em AP usando-se um algoritmo similar ao precedente.

EXEMPLO 10.20

Este exemplo traz uma linguagem em AP a qual não se sabe se está em NP ou em coNP. Sejam ϕ e ψ duas fórmulas booleanas. Digamos que ϕ e ψ são equivalentes se elas resultam no mesmo valor para todas as atribuições a suas variáveis. Uma **fórmula mínima** é uma fórmula que não tem equivalente mais curta. (O comprimento de uma fórmula é o número de símbolos que ela contém.) Seja

$$\textit{FÓRMULA-MÍN} = \{\langle\phi\rangle|\ \phi \text{ é uma fórmula booleana mínima}\}.$$

O algoritmo a seguir mostra que $\textit{FÓRMULA-MÍN}$ está em AP.

"Sobre a entrada ϕ:
1. Universalmente selecione todas as fórmulas ψ que são mais curtas que ϕ.
2. Existencialmente selecione uma atribuição às variáveis de ϕ.
3. Calcule ambas ϕ e ψ sobre essa atribuição.
4. *Aceite* se as fórmulas resultam em valores diferentes. *Rejeite* se elas resultam no mesmo valor."

Esse algoritmo inicia com ramificação universal para selecionar todas as fórmulas mais curtas no estágio 1 e, então, alterna para ramificação existencial para selecionar uma atribuição no estágio 2. O termo *alternação* vem da capacidade de alternar entre ramificação universal e existencial.

A alternação nos permite fazer uma notável conexão entre as medidas de complexidade de tempo e de espaço. Grosso modo, o teorema a seguir demonstra uma equivalência entre tempo alternante e espaço determinístico para limitantes polinomialmente relacionados, e outra equivalência entre espaço alternante e tempo determinístico quando o limitante de tempo for exponencialmente mais que o limitante de espaço.

TEOREMA 10.21

Para $f(n) \geq n$, temos $\text{ATIME}(f(n)) \subseteq \text{SPACE}(f(n)) \subseteq \text{ATIME}(f^2(n))$.
Para $f(n) \geq \log n$, temos $\text{ASPACE}(f(n)) = \text{TIME}(2^{O(f(n))})$.

Conseqüentemente, AL = P, AP = PSPACE, e APSPACE = EXPTIME. A prova desse teorema está nos quatro lemas seguintes.

LEMA 10.22

Para $f(n) \geq n$, temos $\text{ATIME}(f(n)) \subseteq \text{SPACE}(f(n))$.

PROVA Convertemos uma máquina M de tempo alternante $O(f(n))$ para uma máquina S de espaço determinístico $O(f(n))$ que simula M da seguinte forma. Sobre a entrada w, o simulador S realiza uma busca em profundidade na árvore de computação de M para determinar quais nós na árvore são de aceitação. Então S aceita se ela determina que a raiz da árvore, correspondente à configuração inicial de M, é de aceitação.

A máquina S requer espaço para armazenar a pilha de recursão que é usada na busca em profundidade. Cada nível da recursão armazena uma configuração. A profundidade da recursão é a complexidade de tempo de M. Cada configuração usa espaço $O(f(n))$ e a complexidade de tempo de M é $O(f(n))$. Logo, S usa espaço $O(f^2(n))$.

Podemos melhorar a complexidade de espaço observando que S não precisa armazenar a configuração inteira a cada nível da recursão. Em vez disso, ela registra apenas a escolha não-determinística que M fez para atingir aquela configuração a partir de seu nó pai. Então, S pode recuperar essa configuração refazendo a computação a partir do início e seguindo os "sinais" registrados. Fazer isso reduz o uso de espaço para uma constante a cada nível da recursão. O total usado agora é, portanto, $O(f(n))$.

LEMA 10.23

Para $f(n) \geq n$, temos $\text{SPACE}(f(n)) \subseteq \text{ATIME}(f^2(n))$.

PROVA Começamos com uma máquina M de espaço determinístico $O(f(n))$ e construímos uma máquina alternante S que usa tempo $O(f^2(n))$ para simulá-la. A abordagem é similar àquela utilizada na prova do teorema de Savitch (Teorema 8.5) onde construímos um procedimento geral para o problema da originabilidade.

No problema da originabilidade, nos são dadas configurações c_1 e c_2 de M e um número t. Devemos testar se M pode chegar de c_1 a c_2 dentro de t passos. Um procedimento alternante para esse problema primeiro ramifica existencialmente para adivinhar uma configuração c_m a meio caminho entre c_1 e c_2. Então ele ramifica universalmente em dois processos, um que testa recursivamente se c_1 pode chegar a c_m dentro de $t/2$ passos e o outro se c_m pode chegar a c_2 dentro de $t/2$ passos.

A máquina S usa esse procedimento alternante recursivo para testar se a configuração inicial pode atingir uma configuração de aceitação dentro de $2^{df(n)}$ passos. Aqui, d é selecionado de modo que M tenha não mais que $2^{df(n)}$ configurações dentro de seu limitante de espaço.

O tempo máximo usado em qualquer ramo desse procedimento alternante é $O(f(n))$ para escrever uma configuração em cada nível da recursão, vezes a profundidade da recursão, que é $\log 2^{df(n)} = O(f(n))$. Logo, esse algoritmo roda em tempo alternante $O(f^2(n))$.

LEMA 10.24

Para $f(n) \geq \log n$, temos $\mathrm{ASPACE}(f(n)) \subseteq \mathrm{TIME}(2^{O(f(n))})$.

PROVA Construímos uma máquina S de tempo determinístico $2^{O(f(n))}$ para simular uma máquina M de espaço alternante $O(f(n))$. Sobre a entrada w, o simulador S constrói o grafo a seguir da computação de M sobre w. Os nós são as configurações de M sobre w que usam no máximo espaço $df(n)$, onde d é o fator constante apropriado para M. As arestas vão de uma configuração para aquelas configurações que ela pode originar em um único movimento de M. Após construir o grafo, S varre-o repetidamente e marca certas configurações como de aceitação. Inicialmente, apenas as configurações de aceitação de M são marcadas dessa forma. Uma configuração que realiza ramificação universal é marcada como de aceitação se todos os seus filhos estiverem marcados dessa forma, e uma configuração existencial é marcada se algum de seus filhos estiver marcado. A máquina S continua a varrer e a marcar até que nenhum nó adicional seja marcado em uma varredura. Finalmente, S aceita se a configuração inicial de M sobre w estiver marcada.

O número de configurações de M sobre w é $2^{O(f(n))}$ porque $f(n) \geq \log n$. Conseqüentemente, o tamanho do grafo de configuração é $2^{O(f(n))}$ e construí-lo pode ser feito em tempo $2^{O(f(n))}$. Varrer o grafo uma vez leva aproximadamente o mesmo tempo. O número total de varreduras é, no máximo, o número de nós no grafo, pois cada varredura, exceto a última, marca, no mínimo, um nó adicional. Logo, o tempo total usado é $2^{O(f(n))}$.

LEMA 10.25

Para $f(n) \geq \log n$, temos $\mathrm{ASPACE}(f(n)) \supseteq \mathrm{TIME}(2^{O(f(n))})$.

PROVA Mostramos como simular uma máquina M de tempo determinístico $2^{O(f(n))}$ por uma máquina de Turing alternante S que usa espaço $O(f(n))$. Essa simulação é complicada porque o espaço disponível para S é muito menor que o tamanho da computação de M. Nesse caso, S tem apenas espaço suficiente para armazenar apontadores em um *tableau* para M sobre w, como ilustrado na figura a seguir.

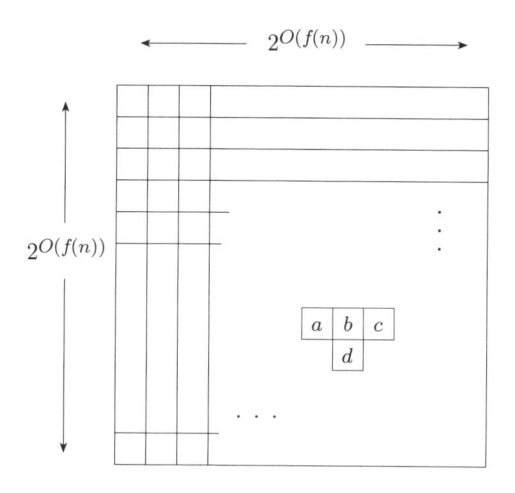

FIGURA 10.26
Um tableau para M sobre w.

Usamos a representação para as configurações dada na prova do Teorema 9.30 por meio da qual um único símbolo pode representar, tanto o estado da máquina, quanto o conteúdo da célula de fita sob a cabeça. O conteúdo da célula d na Figura 10.26 é então determinado pelo conteúdo de seus pais a, b, e c. (Uma célula na fronteira esquerda ou direita tem somente dois pais.)

O simulador S opera recursivamente para "adivinhar" e, então, verificar o conteúdo das células individuais do *tableau*. Para verificar o conteúdo de uma célula d fora da primeira linha, o simulador S existencialmente "adivinha" o conteúdo dos pais, verifica se seus conteúdos originariam o conteúdo de d conforme a função de transição de M e, em seguida, universalmente ramifica para verificar essas adivinhações recursivamente. Se d estiver na primeira linha, S verifica a resposta diretamente, porque ela conhece a configuração inicial de M. Assumimos que M move sua cabeça para a extremidade esquerda da fita na aceitação, portanto S pode determinar se M aceita w verificando o conteúdo da célula mais inferior à esquerda do *tableau*. Logo, S nunca precisa armazenar mais que um único apontador para uma célula no *tableau*, logo, ela usa espaço $\log 2^{O(f(n))} = O(f(n))$.

A HIERARQUIA DE TEMPO POLINOMIAL

Máquinas alternantes provêm uma maneira de definir uma hierarquia natural de problemas dentro da classe PSPACE.

DEFINIÇÃO 10.27

Seja i um número natural. Uma *máquina de Turing Σ_i-alternante* é uma máquina de Turing alternante que contém, no máximo, i execuções de passos universais ou existenciais, começando com passos existenciais. Uma *máquina de Turing Π_i-alternante* é similar, exceto que ela começa com passos universais.

Defina $\Sigma_i\text{TIME}(f(n))$ como a classe de linguagens que uma máquina de Turing Σ_i-alternante pode decidir em tempo $O(f(n))$. Similarmente, defina a classe $\Pi_i\text{TIME}(f(n))$ para máquinas de Turing Π_i-alternantes, e as classes $\Sigma_i\text{SPACE}(f(n))$ e $\Pi_i\text{SPACE}(f(n))$, para máquinas de Turing alternantes de espaço limitado. Defina a *hierarquia de tempo polinomial* como a coleção de classes

$$\Sigma_i \mathbf{P} = \bigcup_k \Sigma_i \text{TIME}(n^k) \quad \text{e}$$

$$\Pi_i \mathbf{P} = \bigcup_k \Pi_i \text{TIME}(n^k).$$

Defina $\mathbf{PH} = \bigcup_i \Sigma_i \mathbf{P} = \bigcup_i \Pi_i \mathbf{P}$. Claramente, $\text{NP} = \Sigma_1 \mathbf{P}$ e $\text{coNP} = \Pi_1 \mathbf{P}$. Adicionalmente, *FÓRMULA-MÍN* $\in \Pi_2 \mathbf{P}$.

10.4

SISTEMAS DE PROVA INTERATIVA

Os sistemas de prova interativa provêm uma maneira de definir um análogo probabilístico da classe NP, da mesma forma que os algoritmos de tempo polinomial probabilístico provêm um análogo probabilístico a P. O desenvolvimento de sistemas de prova interativa tem afetado profundamente a teoria da complexidade e tem levado a importantes avanços nos campos da criptografia e algoritmos de aproximação. Para se ter uma idéia desse novo conceito, vamos revisitar nossa intuição sobre NP.

As linguagens em NP são aquelas cujos membros têm certificados curtos de pertinência que podem ser facilmente verificados. Se você precisar, volte para a página 281 e reveja essa formulação de NP. Vamos refrasear essa formulação criando duas entidades: um Provador que encontra as provas de pertinência e um Verificador que as verifica. Pense no Provador como se ele fosse *convencer* o Verificador da pertinência de w a A. Requeremos que o Verificador seja uma máquina limitada por tempo polinomial; caso contrário, ele poderia descobrir a própria resposta. Não impomos nenhum limitante computacional sobre o Provador, porque encontrar a prova pode consumir bastante tempo.

Tome o problema *SAT*, por exemplo. Um Provador pode convencer um Verificador de tempo polinomial que uma fórmula ϕ é satisfazível fornecendo a atribuição que a satisfaz. Um Provador pode, de forma análoga, convencer um Verificador computacionalmente limitado que uma fórmula *não* é satisfazível? O complemento de *SAT* não se sabe se está em NP, portanto não podemos depender da idéia do certificado. Não obstante, a resposta, surpreendentemente, é sim, desde que demos ao Provador e ao Verificador duas características adicionais. Primeiro, a eles é permitido engajar em um diálogo *bidirecional*. Segundo, o Verificador pode ser uma máquina de tempo polinomial *probabilístico* que atinge a resposta correta com alto grau de, embora não absoluta, certeza. O par Provador e Verificador constitui um sistema de prova interativa.

NÃO-ISOMORFISMO DE GRAFOS

Ilustramos o conceito de prova interativa por meio do elegante exemplo do problema do isomorfismo de grafos. Chame os grafos G e H **isomorfos** se os nós de G podem ser reordenados de modo que ele fique idêntico a H. Seja

$$ISO = \{\langle G, H\rangle | \ G \text{ e } H \text{ são grafos isomorfos}\}.$$

Embora *ISO* esteja obviamente em NP, pesquisa intensa tem até agora falhado em demonstrar ou um algoritmo de tempo polinomial para esse problema ou uma prova de que ele é NP-completo. Ele é um dentre um número relativamente pequeno de linguagens que naturalmente ocorrem em NP que não foram colocados em uma dessas duas categorias.

Aqui, consideramos a linguagem que é complementar a *ISO*, a saber, a linguagem $NÃO\text{-}ISO = \{\langle G,H\rangle | \ G \text{ e } H \text{ não são grafos isomorfos}\}$. Não se sabe se $NÃO\text{-}ISO$ está em NP porque não sabemos como prover certificados curtos de que grafos não são isomorfos. Não obstante, quando dois grafos não são isomorfos, um Provador pode convencer um Verificador desse fato, como mostraremos.

Suponha que tenhamos dois grafos G_1 e G_2. Se eles forem isomorfos, o Provador pode convencer o Verificador desse fato apresentando o isomorfismo ou reordenação. Mas se eles não forem isomorfos, como pode o Provador convencer o Verificador desse fato? Não se esqueça: o Verificador não necessariamente confia no Provador, portanto não é suficiente para o Provador *declarar* que eles não são isomorfos. O Provador tem de *convencer* o Verificador. Considere o seguinte breve protocolo.

O Verificador aleatoriamente seleciona ou G_1 ou G_2 e, então, ao acaso, reordena seus nós para obter um grafo H. O Verificador envia H ao Provador. O Provador deve responder declarando se G_1 ou G_2 foi a fonte de H. Isso conclui o protocolo.

Se G_1 e G_2 fossem de fato não-isomorfos, o Provador poderia sempre executar o protocolo, porque o Provador poderia identificar se H veio de G_1 ou G_2. Entretanto, se os grafos fossem isomorfos, H poderia ter vindo tanto de G_1 como de G_2, portanto mesmo com poder computacional ilimitado, o Provador não teria mais que uma chance de 50–50 de obter a resposta correta. Assim, se o Provador for capaz de responder correta e consistentemente (digamos, em 100 repetições do protocolo) o Verificador terá evidência convincente de que os grafos são verdadeiramente não-isomorfos.

DEFINIÇÃO DO MODELO

Para definir o modelo de sistema de prova interativa formalmente, descrevemos o Verificador, o Provador, e sua interação. Você vai achar útil manter o exemplo do não-isomorfismo de grafos em mente. Definimos o ***Verificador*** como uma função V que computa sua próxima transmissão ao Provador a partir da história de mensagens enviadas até então. A função V tem três entradas:

1. **Cadeia de entrada.** O objetivo é determinar se essa cadeia é um membro de alguma linguagem. No exemplo da NÃO-ISO, a cadeia de entrada codificava os dois grafos.

2. **Entrada aleatória.** Por conveniência na feitura da definição, damos ao Verificador uma cadeia de entrada aleatoriamente escolhida em vez da equivalente capacidade de fazer movimentos probabilísticos durante sua computação.

3. **História parcial de mensagens.** Uma função não tem memória do diálogo que foi enviado até então, portanto provemos a memória externamente por meio de uma cadeia representando a troca de mensagens até o presente momento. Usamos a notação $m_1 \# m_2 \# \cdots \# m_i$ para representar a troca de mensagens m_1 a m_i.

A saída do Verificador é a próxima mensagem m_{i+1} na seqüência ou *aceite* ou *rejeite*, designando a conclusão da interação. Conseqüentemente, V tem a forma funcional $V \colon \Sigma^* \times \Sigma^* \times \Sigma^* \longrightarrow \Sigma^* \cup \{aceite, rejeite\}$.

$V(w, r, m_1 \# \cdots \# m_i) = m_{i+1}$ significa que a cadeia de entrada é w, a entrada aleatória é r, a história de mensagens corrente é dada por m_1 a m_i, e a próxima mensagem do Verificador para o Provador é m_{i+1}.

O ***Provador*** é um participante com capacidade computacional ilimitada. Definimo-lo como uma função P com duas entradas:

1. **Cadeia de entrada.**
2. **História parcial de mensagens.**

A saída do Provador é a próxima mensagem para o Verificador. Formalmente, P tem a forma $P\colon \Sigma^* \times \Sigma^* \longrightarrow \Sigma^*$.

$P(w, m_1\#\cdots\#m_i) = m_{i+1}$ significa que o Provador envia m_{i+1} ao Verificador após ter trocado as mensagens m_1 a m_i até então.

A seguir, definimos a interação entre o Provador e o Verificador. Para cadeias específicas w e r, escrevemos $(V \leftrightarrow P)(w, r) = \textit{aceite}$ se existe uma seqüência de mensagens m_1 a m_k, para algum k, para a qual

1. para $0 \leq i < k$, onde i é um número par, $V(w, r, m_1\#\cdots\#m_i) = m_{i+1}$;
2. para $0 < i < k$, onde i é um número ímpar, $P(w, m_1\#\cdots\#m_i) = m_{i+1}$; e
3. a mensagem final m_k na história de mensagens é *aceite*.

Para simplificar a definição da classe IP, supomos que os comprimentos da entrada aleatória do Verificador e de cada uma das mensagens trocadas entre o Verificador e o Provador são $p(n)$ para algum polinômio p que depende somente do Verificador. Além disso, assumimos que o número total de mensagens trocadas é no máximo $p(n)$. A definição seguinte dá a probabilidade de que um sistema de prova interativa aceite uma cadeia de entrada w. Para qualquer cadeia w de comprimento n, definimos

$$\Pr[\,V \leftrightarrow P \text{ aceita } w\,] = \Pr[\,(V \leftrightarrow P)(w, r) = \textit{aceite}\,],$$

onde r é uma cadeia aleatoriamente selecionada de comprimento $p(n)$.

DEFINIÇÃO 10.28

Digamos que a linguagem A está em **IP** se existem alguma função de tempo polinomial V e uma função arbitrária P, tais que para toda função $\widetilde{P}$ e cadeia w

1. $w \in A$ implica $\Pr[\,V \leftrightarrow P \text{ aceita } w\,] \geq \frac{2}{3}$, e
2. $w \notin A$ implica $\Pr[\,V \leftrightarrow \widetilde{P} \text{ aceita } w\,] \leq \frac{1}{3}$.

Podemos amplificar a probabilidade de sucesso de um sistema de prova interativa por meio de repetição, como o fizemos no Lema 10.5, para tornar a probabilidade de erro exponencialmente pequena. Obviamente, IP contém ambas as classes NP e BPP. Mostramos também que ela contém a linguagem *NÃO-ISO*, sobre a qual não se sabe se está em NP ou BPP. Como mostraremos a seguir, IP é uma classe surpreendentemente grande, igual à classe PSPACE.

IP = PSPACE

Nesta seção, provaremos um dos teoremas mais impressionantes na teoria da complexidade: a igualdade das classes IP e PSPACE. Conseqüentemente, para qualquer linguagem em PSPACE, um Provador pode convencer um Verificador de tempo polinomial probabilístico sobre a pertinência de uma cadeia na linguagem, muito embora uma prova convencional de pertinência possa ser exponencialmente longa.

TEOREMA 10.29

IP = PSPACE.

Dividimos a prova desse teorema em lemas que estabelecem a inclusão em cada direção. O primeiro lema mostra que IP ⊆ PSPACE. Embora um pouco técnica, a prova desse lema é uma simulação-padrão de um sistema de prova interativa por uma máquina de espaço polinomial.

LEMA 10.30

IP ⊆ PSPACE.

PROVA Seja A uma linguagem em IP. Assuma que o Verificador V de A troca exatamente $p = p(n)$ mensagens quando a entrada w tem comprimento n. Construímos uma máquina PSPACE que simula V. Primeiro, para qualquer cadeia w, definimos

$$\Pr[V \text{ aceita } w] = \max_P \Pr[V \leftrightarrow P \text{ aceita } w].$$

Esse valor é, no mínimo, $\frac{2}{3}$ se w está em A e é, no máximo, $\frac{1}{3}$, caso contrário. Mostramos como calcular esse valor em espaço polinomial. Suponha que M_j denote uma história de mensagens $m_1 \# \cdots \# m_j$. Generalizamos a definição da interação de V e P para começar com uma seqüência arbitrária de mensagens M_j. Escrevemos $(V \leftrightarrow P)(w, r, M_j) = aceite$ se podemos estender M_j com mensagens m_{j+1} a m_p de modo que

1. para $0 \leq i < p$, onde i é um número par, $V(w, r, m_1 \# \cdots \# m_i) = m_{i+1}$;
2. para $j \leq i < p$, onde i é um número ímpar, $P(w, m_1 \# \cdots \# m_i) = m_{i+1}$; e
3. a mensagem final m_p na história de mensagens é $aceite$.

Observe que essas condições requerem que as mensagens de V sejam consistentes com as mensagens já presentes em M_j. Generalizando ainda mais nossas definições anteriores, definimos

$$\Pr[V \leftrightarrow P \text{ aceita } w \text{ começando em } M_j] = \Pr_r[(V \leftrightarrow P)(w, r, M_j) = aceite].$$

Aqui, e para o restante desta prova, a notação $\Pr_r$ significa que a probabilidade é tomada sobre todas as cadeias r que são consistentes com M_j. Se nenhuma dessas r existe, então defina a probabilidade como 0. Então, definimos

$$\Pr[V \text{ aceita } w \text{ começando em } M_j]$$
$$= \max_P \Pr[V \leftrightarrow P \text{ aceita } w \text{ começando em } M_j].$$

Para todo $0 \leq j \leq p$ e toda seqüência de mensagens M_j, suponha que N_{M_j} seja definida indutivamente para j decrescente, começando dos casos base em $j = p$. Para uma seqüência de mensagens M_p que contêm p mensagens, faça $N_{M_p} = 1$ se M_p for consistente com as mensagens de V para alguma cadeia r e $m_p = aceite$. Caso contrário, faça $N_{M_p} = 0$.

Para $j < p$ e uma seqüência de mensagens M_j, defina N_{M_j} da seguinte maneira.

$$N_{M_j} = \begin{cases} \max_{m_{j+1}} N_{M_{j+1}} & j \text{ ímpar } < p \\ \text{wt-avg}_{m_{j+1}} N_{M_{j+1}} & j \text{ par } < p \end{cases}$$

Aqui, wt-avg$_{m_{j+1}} N_{M_{j+1}}$ significa $\sum_{m_{j+1}} \left(\Pr_r \left[V(w, r, M_j) = m_{j+1} \right] \cdot N_{M_{j+1}} \right)$. A expressão é a média de $N_{M_{j+1}}$, ponderada pela probabilidade de que o Verificador enviou a mensagem m_{j+1}.

Seja M_0 a seqüência vazia de mensagens. Fazemos duas afirmações sobre o valor N_{M_0}. Primeiro, podemos calcular N_{M_0} em espaço polinomial. Fazemos isso recursivamente calculando N_{M_j} para todo j e M_j. Calcular $\max_{m_{j+1}}$ é imediato. Para calcular wt-avg$_{m_{j+1}}$, passamos por todas as cadeias r de comprimento p, e eliminamos aquelas que fazem o verificador produzir uma saída inconsistente com M_j. Se não resta nenhuma cadeia r, então wt-avg$_{m_{j+1}}$ é 0. Se restam algumas cadeias, determinamos a fração das cadeias remanescentes r que fazem o verificador dar saída w_{j+1}. Então, ponderamos $N_{M_{j+1}}$ por essa fração para computar o valor médio. A profundidade da recursão é p e, por conseguinte, é necessário apenas espaço polinomial.

Segundo, N_{M_0} é igual a $\Pr[V \text{ aceita } w]$, o valor necessário para determinar se w está em A. Provamos essa segunda afirmação por indução como segue.

AFIRMATIVA 10.31

Para todo $0 \leq j \leq p$ e todo M_j,

$$N_{M_j} = \Pr[V \text{ aceita } w \text{ começando em } M_j].$$

Provamos essa afirmação por indução sobre j, onde a base ocorre em $j = p$ e a indução procede de p para 0.

Base: Prove a afirmação para $j = p$. Sabemos que m_p é *aceite* ou *rejeite*. Se m_p for *aceite*, N_{M_p} é definida como 1, e $\Pr[V \text{ aceita } w \text{ começando em } M_j] = 1$, porque a seqüência de mensagens já indica aceitação, portanto, a afirmação é verdadeira. O caso para o qual m_p é *rejeite* é similar.

Passo da Indução: Suponha que a afirmação é verdadeira para algum $j + 1 \leq p$ e qualquer seqüência de mensagens M_{j+1}. Prove que ela é verdadeira para j e qualquer seqüência de mensagens M_j. Se j for par, m_{j+1} é uma mensagem de

V para P. Então, temos a série de igualdades:

$$N_{M_j} \stackrel{1}{=} \sum_{m_{j+1}} \left(\Pr_r\left[V(w, r, M_j) = m_{j+1} \right] \cdot N_{M_{j+1}} \right)$$

$$\stackrel{2}{=} \sum_{m_{j+1}} \left(\Pr_r\left[V(w, r, M_j) = m_{j+1} \right] \cdot \Pr\left[V \text{ aceita } w \text{ começando em } M_{j+1} \right] \right)$$

$$\stackrel{3}{=} \Pr\left[V \text{ aceita } w \text{ começando em } M_j \right].$$

A igualdade 1 é a definição de N_{M_j}. A igualdade 2 é baseada na hipótese da indução. E a 3 segue da definição de $\Pr\left[V \text{ aceita } w \text{ começando em } M_j \right]$. Conseqüentemente, a afirmação se verifica se j for par. Se j for ímpar, m_{j+1} é uma mensagem de P para V. Então, temos a série de igualdades:

$$N_{M_j} \stackrel{1}{=} \max_{m_{j+1}} N_{M_{j+1}}.$$

$$\stackrel{2}{=} \max_{m_{j+1}} \Pr\left[V \text{ aceita } w \text{ começando em } M_{j+1} \right]$$

$$\stackrel{3}{=} \Pr\left[V \text{ aceita } w \text{ começando em } M_j \right]$$

A igualdade 1 é a definição de N_{M_j}. A igualdade 2 usa a hipótese da indução. Quebramos a igualdade 3 em duas desigualdades. Temos $\leq$ porque o Provador que maximiza a linha inferior poderia enviar a mensagem m_{j+1} que maximiza a linha superior. Temos $\geq$ porque esse mesmo Provador não pode fazer nada melhor que enviar aquela mesma mensagem. Enviar qualquer coisa diferente de uma mensagem que maximiza a linha superior rebaixaria o valor resultante. Isso prova a afirmação para j ímpar e completa uma direção da prova do Teorema 10.29.

Agora, provamos a outra direção do teorema. A prova desse lema introduz um novo método algébrico de analisar computação.

LEMA 10.32

PSPACE $\subseteq$ IP.

Antes de chegar à prova desse lema, provamos um resultado mais fraco que ilustra a técnica. Defina o **problema da contagem** para satisfazibilidade como a linguagem

$\#SAT = \{\langle \phi, k \rangle |\ \phi$ é uma fnc-fórmula com exatamente k atribuições que a satisfazem$\}$.

TEOREMA 10.33

$\#SAT \in \text{IP}$.

IDÉIA DA PROVA Essa prova apresenta um protocolo por meio do qual o Provador convence o Verificador de que k é o verdadeiro número de atribuições que satisfazem uma dada fnc-fórmula ϕ. Antes de chegar ao protocolo propriamente dito, vamos considerar outro protocolo que lembra o protocolo correto, mas que não é satisfatório porque requer um Verificador de tempo exponencial. Digamos que ϕ tem as variáveis x_1 a x_m.

Seja f_i a função onde para $0 \leq i \leq m$ and $a_1, \ldots, a_i \in \{0,1\}$ fazemos $f_i(a_1, \ldots, a_i)$ ser igual ao número de atribuições satisfazendo ϕ tais que cada $x_j = a_j$ para $j \leq i$. A função constante $f_0()$ é o número de atribuições que satisfazem ϕ. A função $f_m(a_1, \ldots, a_m)$ é 1 se esses a_is satisfazem ϕ; caso contrário, ela é 0. Uma identidade fácil de se verificar para todo $i < m$ e $a_1, \ldots, a_i$:

$$f_i(a_1, \ldots, a_i) = f_{i+1}(a_1, \ldots, a_i, 0) + f_{i+1}(a_1, \ldots, a_i, 1).$$

O protocolo para $\#SAT$ começa com a fase 0 e termina com a fase $m + 1$. A entrada é o par $\langle \phi, k \rangle$.

Fase 0. P envia $f_0()$ a V.
V verifica se $k = f_0()$ e *rejeita* se não.

Fase 1. P envia $f_1(0)$ e $f_1(1)$ a V.
V verifica se $f_0() = f_1(0) + f_1(1)$ e *rejeita* se não.

Fase 2. P envia $f_2(0,0)$, $f_2(0,1)$, $f_2(1,0)$, e $f_2(1,1)$ a V.
V verifica se $f_1(0) = f_2(0,0) + f_2(0,1)$ e $f_1(1) = f_2(1,0) + f_2(1,1)$ e *rejeita* se não.
⋮

Fase m. P envia $f_m(a_1, \ldots, a_m)$ para cada atribuição aos a_is.
V verifica as 2^{m-1} equações ligando f_{m-1} a f_m e *rejeita* se qualquer delas falha.

Fase $m+1$. V verifica se os valores $f_m(a_1, \ldots, a_m)$ estão corretos para cada atribuição aos a_is, calculando ϕ sobre cada atribuição. Se todas as atribuições estão corretas, V *aceita*; caso contrário, *rejeita*. Isso completa a descrição do protocolo.

Esse protocolo não provê uma prova de que $\#SAT$ está em IP porque o Verificador tem de gastar tempo exponencial somente para ler as mensagens exponencialmente longas que o Provador envia. Vamos examiná-lo quanto à sua correção assim mesmo, pois isso nos ajuda a entender o próximo protocolo, mais eficiente.

Intuitivamente, um protocolo reconhece uma linguagem A se um Provador pode convencer o Verificador da pertinência de cadeias em A. Em outras palavras, se uma cadeia for um membro de A, algum Provador pode fazer o Verificador aceitar com alta probabilidade. Se a cadeia não for um membro de A, nenhum Provador — nem mesmo um tortuoso ou intrincado — pode fazer o

Verificador aceitar com mais que uma baixa probabilidade. Usamos o símbolo P para designar o Provador que corretamente segue o protocolo e que, portanto, faz V aceitar com alta probabilidade quando a entrada estiver em A. Utilizamos o símbolo $\tilde{P}$ para designar qualquer Provador que interage com o Verificador quando a entrada não estiver em A. Pense em $\tilde{P}$ como um adversário — como se $\tilde{P}$ estivesse tentando fazer V aceitar quando V deveria rejeitar. A notação $\tilde{P}$ é sugestiva de um Provador "tortuoso."

No protocolo #SAT que acabamos de descrever, o Verificador ignora sua entrada aleatória e opera deterministicamente uma vez que o Provador tenha sido selecionado. Para provar que o protocolo está correto, estabelecemos dois fatos. Primeiro, se k for o número correto de atribuições que satisfazem ϕ na entrada $\langle \phi, k \rangle$, algum Provador P faz V aceitar. O Provador que dá respostas corretas em toda fase cumpre a tarefa. Segundo, se k não estiver correto, todo Provador $\tilde{P}$ faz V rejeitar. Argumentamos isso da seguinte forma.

Se k não estiver correto e $\tilde{P}$ der respostas corretas, V rejeita de imediato na fase 0 porque $f_0()$ é o número de atribuições satisfazendo ϕ e, conseqüentemente, $f_0() \neq k$. Para evitar que V rejeite na fase 0, $\tilde{P}$ deve enviar um valor incorreto para $f_0()$, denotado $\tilde{f}_0()$. Intuitivamente, $\tilde{f}_0()$ é uma *mentira* sobre o valor de $f_0()$. Como na vida real, mentiras atraem mentiras, e $\tilde{P}$ é forçado a continuar mentindo sobre outros valores de f_i de modo a evitar ser apanhado durante as fases posteriores. Em algum momento essas mentiras chegam com $\tilde{P}$ na fase $m+1$ onde V verifica os valores de f_m diretamente.

Mais precisamente, pelo fato de que $\tilde{f}_0() \neq f_0()$, pelo menos um dos valores $f_1(0)$ e $f_1(1)$ que $\tilde{P}$ envia na fase 1 deve estar incorreto; caso contrário, V rejeita quando ele verifica se $f_0() = f_1(0) + f_1(1)$. Vamos dizer que $f_1(0)$ está incorreto e chamemos o valor que é enviado de $\tilde{f}_1(0)$, em vez de $f_1(0)$. Continuando dessa maneira, vemos que em toda fase $\tilde{P}$ tem de terminar enviando algum valor incorreto $\tilde{f}_i(a_1, \ldots, a_i)$, ou V teria rejeitado até aquele ponto. Mas quando V verifica o valor incorreto $\tilde{f}_m(a_1, \ldots, a_m)$ na fase $m+1$, ele rejeita de qualquer forma. Assim, mostramos que se k está incorreto, V rejeita independentemente do que $\tilde{P}$ faz. Por conseguinte, o protocolo está correto.

O problema com esse protocolo é que o número de mensagens duplica a cada fase. Essa duplicação ocorre porque o Verificador requer que os dois valores $f_{i+1}(\ldots, 0)$ e $f_{i+1}(\ldots, 1)$ confirmem o valor $f_i(\ldots)$. Se pudéssemos achar uma maneira pela qual o Verificador confirme um valor de f_i com apenas um único valor de f_{i+1}, o número de mensagens não cresceria nada. Podemos fazer isso estendendo as funções f_i para entradas não-booleanas e confirmando o único valor $f_{i+1}(\ldots, z)$ para algum z selecionado aleatoriamente a partir de um corpo finito.

PROVA Seja ϕ uma fnc-fórmula com variáveis x_1 a x_m. Em uma técnica chamada **aritmetização**, associamos com ϕ um polinômio $p(x_1, \ldots, x_m)$ onde p imita ϕ simulando as operações booleanas $\wedge$, $\vee$, e $\neg$ com as operações aritméticas

$+$ e $\times$ como segue. Se α e β são subfórmulas, substituímos as expressões

$\alpha \wedge \beta$ por $\alpha\beta$,
$\neg\alpha$ por $1 - \alpha$, e
$\alpha \vee \beta$ por $\alpha * \beta = 1 - (1-\alpha)(1-\beta)$.

Uma observação a respeito de p que será importante para nós adiante é que o grau de qualquer uma de suas variáveis não é grande. As operações $\alpha\beta$ e $\alpha * \beta$ cada uma produz um polinômio cujo grau é, no máximo, a soma dos graus dos polinômios para α e β. Por conseguinte, o grau de qualquer variável é no máximo n, o comprimento de ϕ.

Se às variáveis de p são atribuídos valores booleanos, ela concorda com ϕ sobre aquela atribuição. Calcular p quando às variáveis são atribuídos valores não-booleanos não tem qualquer interpretação óbvia em ϕ. Entretanto, a prova usa tais atribuições mesmo assim para analisar ϕ, tal como a prova do Teorema 10.13 usa atribuições não-booleanas para analisar programas ramificantes lê-uma-vez. As variáveis variam sobre um corpo finito $\mathcal{F}$ com q elementos, onde q é pelo menos 2^n.

Usamos p para redefinir as funções f_i que definimos na seção da idéia da prova. Para $0 \leq i \leq m$ e para $a_1, \ldots, a_i \in \mathcal{F}$ faça

$$f_i(a_1, \ldots, a_i) = \sum_{a_{i+1}, \ldots, a_m \in \{0,1\}} p(a_1, \ldots, a_m).$$

Observe que essa redefinição estende a definição original porque as duas concordam quando os a_i tomam valores booleanos. Conseqüentemente, $f_0()$ ainda é o número de atribuições satisfazendo ϕ. Cada uma das funções $f_i(x_1, \ldots, x_i)$ pode ser expressa como um polinômio em x_1 a x_i. O grau de cada um desses polinômios é no máximo aquele de p.

A seguir, apresentamos o protocolo para #SAT. Inicialmente, V recebe a entrada $\langle \phi, k \rangle$ e aritmetiza ϕ para obter o polinômio p. Toda a aritmética é feita no corpo $\mathcal{F}$ com q elementos, onde q é um primo maior que 2^n. (Encontrar tal primo q requer um passo extra, mas ignoramos esse ponto aqui porque a prova que daremos em breve do resultado mais forte IP = PSPACE não o requer.) Um comentário em parênteses duplos aparece no início da descrição de cada fase.

Fase 0. 〚 P envia $f_0()$. 〛
$P \to V$: P envia $f_0()$ para V.
V verifica se $k = f_0()$. V *rejeita* se há falha.

Fase 1. 〚 P convence V de que $f_0()$ é correto se $f_1(r_1)$ for correto. 〛
$P \to V$: P envia os coeficientes de $f_1(z)$ como um polinômio em z.
V usa esses coeficientes para calcular $f_1(0)$ e $f_1(1)$. Ele então verifica se o grau do polinômio é, no máximo, n e se $f_0() = f_1(0) + f_1(1)$. V *rejeita* se há falha. (Lembre-se de que todos os cálculos são feitos sobre $\mathcal{F}$.)
$V \to P$: V seleciona r_1 aleatoriamente de $\mathcal{F}$ e o envia a P.

Fase 2. 〚 P convence V de que $f_1(r_1)$ é correto se $f_2(r_1, r_2)$ for correto. 〛
$P \to V$: P envia os coeficientes de $f_2(r_1, z)$ como um polinômio em z.
V usa esses coeficientes para calcular $f_2(r_1, 0)$ e $f_2(r_1, 1)$. Ele então verifica se o

grau do polinômio é, no máximo, n e se $f_1(r_1) = f_2(r_1, 0) + f_2(r_1, 1)$. V *rejeita* se há falha.

$V \to P$: V seleciona r_2 aleatoriamente de $\mathcal{F}$ e o envia a P.

⋮

Fase i. 〚 P convence V de que $f_{i-1}(r_1, \ldots, r_{i-1})$ é correto se $f_i(r_1, \ldots, r_i)$ for correto.〛
$P \to V$: P envia os coeficientes de $f_i(r_1, \ldots, r_{i-1}, z)$ como um polinômio em z. V usa esses coeficientes para calcular $f_i(r_1, \ldots, r_{i-1}, 0)$ e $f_i(r_1, \ldots, r_{i-1}, 1)$. Ele então verifica se o grau do polinômio é, no máximo, n e também se $f_{i-1}(r_1, \ldots, r_{i-1}) = f_i(r_1, \ldots, r_{i-1}, 0) + f_i(r_1, \ldots, r_{i-1}, 1)$. V *rejeita* se há falha.
$V \to P$: V seleciona r_i aleatoriamente de $\mathcal{F}$ e o envia a P.

⋮

Fase $m+1$. 〚 V verifica diretamente se $f_m(r_1, \ldots, r_m)$ está correto.〛
V calcula $p(r_1, \ldots, r_m)$ para comparar com o valor que V tem para $f_m(r_1, \ldots, r_m)$. Se eles forem iguais, V *aceita*; caso contrário, V *rejeita*. Isso completa a descrição do protocolo.

Agora, mostramos que esse protocolo aceita #*SAT*. Primeiro, se ϕ tem k atribuições que a satisfazem, V obviamente aceita com certeza se o Provador P segue o protocolo. Segundo, mostramos que se ϕ não tem k atribuições, nenhum Provador pode fazê-lo aceitar com mais que uma baixa probabilidade. Seja $\widetilde{P}$ qualquer Provador.

Para evitar que V rejeite de imediato, $\widetilde{P}$ tem de enviar um valor incorreto $\widetilde{f}_0()$ para $f_0()$ na fase 0. Dessa forma, na fase 1 um dos valores que V calcula para $f_1(0)$ e $f_1(1)$ deve estar incorreto e, portanto, os coeficientes que $\widetilde{P}$ enviou para $f_1(z)$ como um polinômio em z devem estar errados. Seja $\widetilde{f}_1(z)$ a função que esses coeficientes representam. A seguir vem um passo-chave da prova.

Quando V pega aleatoriamente r_1 em $\mathcal{F}$, afirmamos que $\widetilde{f}_1(r_1)$ tende a não ser igual a $f_1(r_1)$. Para $n \geq 10$, mostramos que

$$\Pr[\,\widetilde{f}_1(r_1) = f_1(r_1)\,] < n^{-2}.$$

Esse limitante na probabilidade segue do Lema 10.14: um polinômio em uma única variável de grau no máximo d não pode ter mais que d raízes, a menos que ele sempre resulte em 0. Conseqüentemente, quaisquer dois polinômios em uma única variável de grau, no máximo, d pode concordar em, no máximo, d lugares, a menos que eles concordem em todos os lugares.

Recordemo-nos de que o grau do polinômio para f_1 é, no máximo, n e que V rejeita se o grau do polinômio que $\widetilde{P}$ envia para f_1 é maior que n. Já determinamos que essas funções não concordam em todos os pontos, portanto o Lema 10.14 implica que elas podem concordar em, no máximo, n lugares. O tamanho de $\mathcal{F}$ é maior que 2^n. A chance de que r_1 venha a ser um dos lugares onde as funções concordam é, no máximo, $n/2^n$, que é menor que n^{-2} para $n \geq 10$.

Para recapitular o que mostramos até agora, se $\tilde{f}_0()$ estiver errada, o polinômio de $\tilde{f}_1$ deve estar errado, e então $\tilde{f}_1(r_1)$ estaria provavelmente errado em virtude da afirmação precedente. No caso improvável em que $\tilde{f}_1(r_1)$ concorda com $f_1(r_1)$, $\tilde{P}$ foi "sortudo" nessa fase e será capaz de fazer V aceitar (mesmo que V devesse rejeitar) seguindo as instruções para P no restante do protocolo.

Continuando adiante com o argumento, se $\tilde{f}_1(r_1)$ estivesse errado, pelo menos um dos valores que V computa para $f_2(r_1, 0)$ e $f_2(r_1, 1)$ na fase 2 deve estar errado, portanto os coeficientes que $\tilde{P}$ enviou para $f_2(r_1, z)$ como um polinômio em z devem estar errados. Seja $\tilde{f}_2(r_1, z)$ a função que esses coeficientes representam. Os polinômios para $f_2(r_1, z)$ e $\tilde{f}_2(r_1, z)$ têm graus, no máximo, n, portanto tal qual antes, a probabilidade de que eles concordam em um r_2 aleatório em $\mathcal{F}$ é, no máximo, n^{-2}. Portanto, quando V pega r_2 aleatoriamente, $\tilde{f}_2(r_1, r_2)$ provavelmente está errado.

O caso geral segue da mesma forma para mostrar que para cada $1 \leq i \leq m$, se
$$\tilde{f}_{i-1}(r_1, \ldots, r_{i-1}) \neq f_{i-1}(r_1, \ldots, r_{i-1}),$$
então para $n \geq 10$ e para r_i escolhido aleatoriamente em $\mathcal{F}$
$$\Pr[\,\tilde{f}_i(r_1, \ldots, r_i) = f_i(r_1, \ldots, r_i)\,] \leq n^{-2}.$$

Portanto, dando um valor incorreto para $f_0()$, $\tilde{P}$ é provavelmente forçado a dar valores incorretos para $f_1(r_1)$, $f_2(r_1, r_2)$ e assim por diante para $f_m(r_1, \ldots, r_m)$. A probabilidade de que $\tilde{P}$ tenha sorte porque V seleciona um r_i, onde $\tilde{f}_i(r_1, \ldots, r_i) = f_i(r_1, \ldots, r_i)$, muito embora $\tilde{f}_i$ e f_i sejam diferentes em alguma fase, é no máximo o número de fases m vezes n^{-2} ou no máximo $1/n$. Se $\tilde{P}$ nunca tem sorte, em algum momento ele envia um valor incorreto para $f_m(r_1, \ldots, r_m)$. Mas V verifica esse valor de f_m diretamente na fase $m+1$ e vai pegar qualquer erro naquele ponto. Portanto se k não é o número de atribuições que satisfazem ϕ, nenhum Provador pode fazer o Verificador aceitar com probabilidade maior que $1/n$.

Para completar a prova do teorema, precisamos apenas mostrar que o Verificador opera em tempo polinomial probabilístico, o que é óbvio de sua descrição.

....

A seguir, retornamos à prova do Lema 10.32, de que PSPACE $\subseteq$ IP. A prova é similar àquela do Teorema 10.33, exceto por uma idéia adicional usada aqui para baixar os graus dos polinômios que ocorrem no protocolo.

IDÉIA DA PROVA Vamos primeiro tentar a idéia que usamos na prova precedente e determinar onde a dificuldade ocorre. Para mostrar que toda linguagem em PSPACE está em IP, precisamos somente mostrar que a linguagem PSPACE-completa *TQBF* está em IP. Seja ψ uma fórmula booleana quantificada da forma
$$\psi = Q_1 x_1\, Q_2 x_2 \cdots Q_m x_m\, [\phi],$$

onde ϕ é uma fnc-fórmula e cada Q_i é $\exists$ ou $\forall$. Definimos funções f_i como antes, exceto que agora levamos os quantificadores em consideração. Para $0 \leq i \leq m$ e $a_1, \ldots, a_m \in \{0,1\}$ faça

$$f_i(a_1, \ldots, a_i) = \begin{cases} 1 & \text{se } Q_{i+1}x_{i+1} \cdots Q_m x_m \,[\phi(a_1, \ldots, a_i)]\text{ é verdadeiro;} \\ 0 & \text{caso contrário.} \end{cases}$$

onde $\phi(a_1, \ldots, a_i)$ é ϕ com a_1 a a_i substituindo x_1 a x_i. Portanto $f_0()$ é o valor verdade de ψ. Temos então as identidades aritméticas

$Q_{i+1} = \forall$: $\quad f_i(a_1, \ldots, a_i) = f_{i+1}(a_1, \ldots, a_i, 0) \cdot f_{i+1}(a_1, \ldots, a_i, 1)$ e
$Q_{i+1} = \exists$: $\quad f_i(a_1, \ldots, a_i) = f_{i+1}(a_1, \ldots, a_i, 0) * f_{i+1}(a_1, \ldots, a_i, 1)$.

Lembre-se de que definimos $x * y$ como $1 - (1-x)(1-y)$.

Uma variação natural do protocolo para #SAT logo aparece onde estendemos as f_i para um corpo finito e usamos as identidades para quantificadores em vez das identidades para somatório. O problema com essa idéia é que, quando aritmetizado, todo quantificador pode duplicar o grau do polinômio resultante. Os graus dos polinômios poderiam então se tornar exponencialmente grandes, o que exigiria ao Verificador rodar por tempo exponencial para processar a quantidade exponencialmente grande de coeficientes que o Provador precisaria enviar para descrever os polinômios.

Para manter os graus dos polinômios pequenos, introduzimos uma operação de redução R que reduz os graus de polinômios sem mudar seu comportamento sobre entradas booleanas.

PROVA Seja $\psi = Qx_1 \cdots Qx_m \,[\phi]$ uma fórmula booleana quantificada, onde ϕ é uma fnc-fórmula. Para aritmetizar ψ, introduzimos a expressão

$$\psi' = Qx_1 \; Rx_1 \; Qx_2 \; Rx_1 Rx_2 \; Qx_3 \; Rx_1 Rx_2 Rx_3 \; \cdots \; Qx_m \; Rx_1 \cdots Rx_m \,[\phi].$$

Não se preocupe com o significado de Rx_i no momento. É útil somente para definir as funções f_i. Reescrevemos ψ' como

$$\psi' = S_1 y_1 \; S_2 y_2 \; \cdots \; S_k y_k \,[\phi],$$

onde cada $S_i \in \{\forall, \exists, R\}$ e $y_i \in \{x_1, \ldots, x_m\}$.

Para cada $i \leq k$, definimos a função f_i. Definimos $f_k(x_1, \ldots, x_m)$ como o polinômio $p(x_1, \ldots, x_m)$ obtido aritmetizando ϕ. Para $i < k$, definimos f_i em termos de f_{i+1}:

$S_{i+1} = \forall$: $\quad f_i(\ldots) = f_{i+1}(\ldots, 0) \cdot f_{i+1}(\ldots, 1);$
$S_{i+1} = \exists$: $\quad f_i(\ldots) = f_{i+1}(\ldots, 0) * f_{i+1}(\ldots, 1);$
$S_{i+1} = R$: $\quad f_i(\ldots, a) = (1-a)f_{i+1}(\ldots, 0) + a f_{i+1}(\ldots, 1).$

Se S for $\forall$ ou $\exists$, f_i terá uma variável de entrada a menos que f_{i+1}. Se S for R, as duas funções terão o mesmo número de variáveis de entrada. Conseqüentemente, a função f_i, em geral, não dependerá das i variáveis. Para evitar incômodos índices, usamos "$\ldots$" no lugar de a_1 a a_j para os valores apropriados de j. Além disso, reordenamos as entradas para as funções de modo que a variável de entrada y_{i+1} seja o último argumento.

Note que a operação Rx sobre polinômios não muda seus valores sobre entradas booleanas. Por conseguinte, $f_0()$ é ainda o valor-verdade de ψ. Entretanto, observe que a operação Rx produz um resultado linear em x. Adicionamos $Rx_1 \cdots Rx_i$ após $\mathsf{Q}_i x_i$ em ψ' de modo a reduzir o grau de cada variável para 1 antes da elevação ao quadrado devido à aritmetização de Q_i.

Agora, estamos prontos para descrever o protocolo. Todas as operações aritméticas nesse protocolo são sobre um corpo $\mathcal{F}$ de tamanho no mínimo n^4, onde n é o comprimento de ψ. V pode encontrar um primo desse tamanho por si só, portanto P não precisa lhe fornecer um.

Fase 0. 〚 P envia $f_0()$. 〛
$P{\to}V$: P envia $f_0()$ para V.
V verifica se $f_0() = 1$ e *rejeita* se não.
⋮

Fase i. 〚 P convence V de que $f_{i-1}(r_1 \cdots)$ está correta se $f_i(r_1 \cdots, r)$ for correta. 〛
$P{\to}V$: P envia os coeficientes de $f_i(r_1 \cdots, z)$ como um polinômio em z. (Aqui $r_1 \cdots$ denota uma valoração das variáveis com os valores aleatórios previamente selecionados $r_1, r_2, \ldots$.)
V usa esses coeficientes para calcular $f_i(r_1 \cdots, 0)$ e $f_i(r_1 \cdots, 1)$. E, então, ele verifica se o grau do polinômio é, no máximo, n, e que essas identidades se verificam:

$$f_{i-1}(r_1 \cdots) = \begin{cases} f_i(r_1 \cdots, 0) \cdot f_i(r_1 \cdots, 1) & \mathsf{S} = \forall, \\ f_i(r_1 \cdots, 0) * f_i(r_1 \cdots, 1) & \mathsf{S} = \exists, \end{cases}$$

e

$$f_{i-1}(r_1 \cdots, r) = (1-r) f_i(r_1 \cdots, 0) + r f_i(r_1 \cdots, 1) \quad \mathsf{S} = R.$$

Se alguma delas falha, V *rejeita*.
$V{\to}P$: V pega um r aleatório em $\mathcal{F}$ e o envia para P. (Quando $\mathsf{S} = R$, esse r substitui o r anterior.)
Vá para a Fase $i+1$, onde P tem de persuadir V de que $f_i(r_1 \cdots, r)$ está correta.
⋮

Fase $k+1$. 〚 V verifica diretamente que $f_k(r_1, \ldots, r_m)$ está correta. 〛
V calcula $p(r_1, \ldots, r_m)$ para comparar com o valor que V tem para $f_k(r_1, \ldots, r_m)$. Se eles forem iguais, V *aceita*; caso contrário, *rejeita*. Isso completa a descrição do protocolo.

Provar a correção desse protocolo é similar a provar a correção do protocolo #*SAT*. Claramente, se ψ for verdadeira, P pode seguir o protocolo e V aceitará. Se ψ for falsa $\widetilde{P}$ tem de mentir na fase 0 enviando um valor incorreto para $f_0()$. Na fase i, se V tem um valor incorreto para $f_{i-1}(r_1 \cdots)$, um dos valores $f_i(r_1 \cdots, 0)$ e $f_i(r_1 \cdots, 1)$ deve estar incorreto e o polinômio para f_i tem de estar incorreto. Consequentemente, para um r aleatório, a probabilidade de que

$\widetilde{P}$ tenha sorte nessa fase porque $f_i(r_1 \cdots, r)$ está correto é, no máximo, o grau do polinômio dividido pelo tamanho do corpo ou n/n^4. O protocolo prossegue por $O(n^2)$ fases, portanto a probabilidade de que $\widetilde{P}$ tenha sorte em alguma fase é, no máximo, $1/n$. Se $\widetilde{P}$ nunca tiver sorte, V rejeitará na fase $k+1$.

10.5
COMPUTAÇÃO PARALELA

Um *computador paralelo* é aquele que pode realizar múltiplas operações simultaneamente. Os computadores paralelos podem resolver certos problemas muito mais rapidamente que os *computadores seqüenciais*, que podem fazer somente uma única operação a cada vez. Na prática, a distinção entre os dois é levemente embaçada porque a maioria dos computadores reais (incluindo os "seqüenciais") é projetada para usar algum paralelismo à medida que executam instruções individuais. Focamos aqui em paralelismo *massivo* por meio do qual um número enorme (pense em milhões ou mais) de elementos processadores está participando ativamente em uma única computação.

Nesta seção, introduzimos brevemente a teoria da computação paralela. Descrevemos um modelo de um computador paralelo e usamo-lo para dar exemplos de problemas que se prestam muito bem à paralelização. Também exploramos a possibilidade de que paralelismo pode não ser adequado para alguns outros problemas.

CIRCUITOS BOOLEANOS UNIFORMES

Um dos modelos mais populares em trabalhos teóricos dobre algoritmos paralelos é chamado **Máquina de Acesso Aleatório Paralelo** ou **MAAP**. No modelo MAAP, processadores idealizados com um conjunto de instruções simples baseado em computadores reais interagem por intermédio de uma memória compartilhada. Nesta breve seção, não podemos descrever MAAPs em detalhe. Em vez disso, usamos um modelo alternativo de computador paralelo que introduzimos para outro propósito no Capítulo 9: circuitos booleanos.

Circuitos booleanos têm certas vantagens e desvantagens como um modelo de computação paralela. No lado positivo, o modelo é simples de descrever, o que torna as provas mais fáceis. Circuitos também têm uma óbvia semelhança com projetos atuais de hardware e, nesse sentido, o modelo é realista. No lado negativo, circuitos são difíceis de "programar" porque os processadores individuais são muito fracos. Além disso, proibimos ciclos em nossa definição de circuitos booleanos, em contraste com os circuitos que podemos realmente construir.

No modelo de circuitos booleanos de um computador paralelo, tomamos cada porta como um processador individual, portanto definimos a **complexidade do** *processador* de um circuito booleano como seu *tamanho*. Consideramos que cada processador computa sua função em uma única unidade de tempo, assim, definimos a **complexidade de tempo paralelo** de um circuito booleano como sua *profundidade*, ou a maior distância de uma variável de entrada para a porta de saída.

Qualquer circuito específico tem um número fixo de variáveis de entrada, portanto usamos famílias de circuitos como na Definição 9.27 para reconhecer linguagens. Precisamos impor um requisito técnico sobre famílias de circuitos de modo que elas correspondam a modelos de computação paralela, tais como MAAPs, em que uma única máquina é capaz de lidar com todos os comprimentos de entrada. Esse requisito diz que podemos facilmente obter todos os membros em uma família de circuitos. Esse requisito de **uniformidade** é razoável, pois saber que existe um pequeno circuito para reconhecer certos elementos de uma linguagem não é muito útil se o próprio circuito for difícil de encontrar. Isso nos leva à definição a seguir.

DEFINIÇÃO 10.34

Uma família de circuitos $(C_1, C_2, \ldots)$ é **uniforme** se algum transdutor de espaço logarítmico T dá como saída $\langle C_n \rangle$ quando a entrada de T for 1^n.

Lembre-se que a Definição 9.28 fixou a complexidade de tamanho e de profundidade de linguagens em termos de famílias de circuitos de tamanho e profundidade mínimos. Aqui, consideramos o tamanho e a profundidade *simultâneos* de uma família de um único circuito de modo a identificar quantos processadores precisamos para atingir uma complexidade específica de tempo paralelo ou vice-versa. Digamos que uma linguagem tenha complexidade de circuito **de tamanho–profundidade simultâneos** no máximo $(f(n), g(n))$ se existe uma família uniforme de circuitos para essa linguagem com complexidade de tamanho $f(n)$ e complexidade de profundidade $g(n)$.

EXEMPLO 10.35

Seja A a linguagem sobre $\{0,1\}$ constituída de todas as cadeias com um número ímpar de 1s. Podemos testar a pertinência em A computando a função paridade. Podemos implementar a porta de paridade de duas entradas $x \oplus y$, com as operações-padrão E, OU e NÃO, como $(x \wedge \neg y) \vee (\neg x \wedge y)$. Sejam $x_1, \ldots, x_n$ as entradas para o circuito. Uma maneira de obter um circuito para a função paridade é construir portas g_i em que $g_1 = x_1$ e $g_i = x_i \oplus g_{i-1}$ para $i \leq n$. Essa construção usa $O(n)$ de tamanho e profundidade.

O Exemplo 9.29 descreveu outro circuito para a função paridade com $O(n)$ de tamanho e $O(\log n)$ de profundidade construindo uma árvore binária de portas $\oplus$. Essa construção é uma melhoria significativa, pois usa exponencialmente menos tempo paralelo que a construção precedente. Portanto a complexidade de tamanho–profundidade de A é $(O(n), O(\log n))$.

EXEMPLO 10.36

Lembre-se de que podemos usar circuitos para computar funções que dão como saída cadeias. Considere a função **multiplicação de matrizes booleanas**. A entrada tem $2m^2 = n$ variáveis representando duas matrizes $m \times m$ $A = \{a_{ik}\}$ e $B = \{b_{ik}\}$. A saída é m^2 valores representando a matriz $m \times m$ $C = \{c_{ik}\}$, onde

$$c_{ik} = \bigvee_j (a_{ij} \wedge b_{jk}).$$

O circuito para essa função tem portas g_{ijk} que computam $a_{ij} \wedge b_{jk}$ para cada i, j e k. Adicionalmente, para cada i e k, o circuito contém uma árvore binária de portas $\vee$ para computar $\bigvee_j g_{ijk}$. Cada árvore dessas contém $m - 1$ portas OU e tem profundidade $\log m$. Por conseguinte, esses circuitos para multiplicação de matrizes booleanas têm tamanho $O(m^3) = O(n^{3/2})$ e profundidade $O(\log n)$.

EXEMPLO 10.37

Se $A = \{a_{ij}\}$ for uma matriz $m \times m$, definimos o **fecho transitivo** de A como a matriz

$$A \vee A^2 \vee \cdots \vee A^m,$$

onde A^i é a matriz produto de A com si própria i vezes e $\vee$ é o OU bit a bit dos elementos das matrizes. A operação de fecho transitivo é intimamente relacionada ao problema CAM e, portanto, à classe NL. Se A for a matriz de adjacência de um grafo direcionado G, A^i será a matriz de adjacência do grafo com os mesmos nós nos quais uma aresta indica a presença de um caminho de comprimento i em G. O fecho transitivo de A é a matriz de adjacência do grafo no qual uma aresta indica a presença de um caminho de qualquer comprimento em G.

Podemos representar a computação de A^i com uma árvore binária de tamanho i e profundidade $\log i$ na qual um nó computa o produto das duas matrizes abaixo dele. Cada nó é computado por um circuito de tamanho $O(n^{3/2})$ e profundidade logarítmica. Logo, o circuito que computa A^m tem tamanho $O(n^2)$ e profundidade $O(\log^2 n)$. Fazemos circuitos para cada A^i, o que adiciona outro fator de m ao tamanho e uma camada adicional de profundidade $O(\log n)$. Logo, a complexidade de tamanho–profundidade do fecho transitivo é $(O(n^{5/2}), O(\log^2 n))$.

A CLASSE NC

Muitos problemas interessantes têm complexidade de tamanho–profundidade $(O(n^k), O(\log^k n))$ para alguma constante k. Tais problemas podem ser considerados como altamente paralelizáveis com um número moderado de processadores. Isso desperta a seguinte definição.

DEFINIÇÃO 10.38

Para $i \geq 1$, seja $\mathbf{NC}^i$ a classe de linguagens que podem ser decididas por uma família uniforme[3] de circuitos com tamanho polinomial e profundidade $O(\log^i n)$. Seja **NC** a classe de linguagens que estão em NC^i para algum i. Funções que são computadas por tais famílias de circuitos são chamadas $\mathbf{NC}^i$ *computáveis* ou **NC** *computáveis*.[4]

Exploramos o relacionamento dessas classes de complexidade com outras classes de linguagens que já encontramos. Primeiro, fazemos uma conexão entre espaço de máquinas de Turing e profundidade de circuitos. Problemas que são solúveis em profundidade logarítmica são também solúveis em espaço logarítmico. Reciprocamente, problemas que são solúveis em espaço logarítmico, mesmo não-deterministicamente, são solúveis em profundidade logarítmica elevada ao quadrado.

TEOREMA 10.39 ··

$\mathrm{NC}^1 \subseteq \mathrm{L}$.

PROVA Esboçamos um algoritmo de espaço log para decidir uma linguagem A em NC^1. Sobre a entrada w de comprimento n, o algoritmo pode construir a descrição quando necessário do n-ésimo circuito da família uniforme de circuitos para A. Então o algoritmo pode calcular o valor do circuito usando uma busca em profundidade a partir da porta de saída. A única memória necessária para manter registro do progresso da busca é para guardar o caminho para a porta corrente que está sendo explorada e guardar quaisquer resultados parciais que tenham sido obtidos ao longo daquele caminho. O circuito tem profundidade logarítmica; logo, é requerido apenas espaço logarítmico para a simulação.

··

TEOREMA 10.40 ··

$\mathrm{NL} \subseteq \mathrm{NC}^2$.

---

[3] Definir uniformidade em termos de transdutores de espaço log é padrão para NC^i quando $i \geq 2$, mas dá um resultado não-padrão para NC^1 (que contém a classe-padrão NC^1 como um subconjunto). Damos essa definição mesmo assim, porque ela é mais simples e adequada para nossos propósitos.

[4] Steven Cook inventou o nome NC para "a classe de Nick", porque Nick Pippenger foi a primeira pessoa a reconhecer sua importância.

IDÉIA DA PROVA Compute o fecho transitivo do grafo de configurações de uma NL-máquina. Dê como saída a posição correspondente à presença de um caminho da configuração inicial para a configuração de aceitação.

PROVA Seja A uma linguagem aceita por uma máquina NL M, onde A foi codificada no alfabeto $\{0,1\}$. Construímos uma família uniforme de circuitos $(C_0, C_1, \ldots)$ para A. Para obter C_i, construímos um grafo G similar ao grafo de computação para M sobre uma entrada w de comprimento n. Não conhecemos a entrada w quando construímos o circuito — somente seu comprimento n. As entradas para o circuito são variáveis w_1 a w_n, cada uma correspondendo a uma posição na entrada.

Lembre-se de que uma configuração de M sobre w descreve o estado, o conteúdo da fita de trabalho e as posições, tanto da entrada, quanto das cabeças da fita de trabalho, mas não inclui a cadeia w propriamente dita. Daí, a coleção de configurações de M sobre w, na realidade, não depende de w — somente do comprimento n de w. Essas configurações, em quantidade polinomial, formam os nós de G.

As arestas de G são rotuladas com as variáveis de entrada w_i. Se c_1 e c_2 são dois nós de G e c_1 indica a posição da cabeça de entrada i, colocamos a aresta (c_1, c_2) em G com rótulo w_i (ou $\overline{w_i}$) se c_1 pode originar c_2 em um único passo quando a cabeça de entrada está lendo um 1 (ou 0), conforme a função de transição de M. Se c_1 pode originar c_2 em um único passo, o que quer que a cabeça de entrada esteja lendo, colocamos aquela aresta em G sem rótulo.

Se montarmos as arestas de G de acordo com uma cadeia w de comprimento n, existe um caminho da configuração inicial para a configuração de aceitação se e somente se M aceita w. Logo, um circuito que computa o fecho transitivo de G e dá como saída a posição indicando a presença de um tal caminho aceita exatamente aquelas cadeias em A de comprimento n. Esse circuito tem tamanho polinomial e profundidade $O(\log^2 n)$.

Um transdutor de espaço log é capaz de construir G e conseqüentemente C_n sobre a entrada 1^n. Veja o Teorema 8.25 para uma descrição mais detalhada de um transdutor de espaço log similar.

A classe de problemas solúveis em tempo polinomial inclui todos os problemas solúveis em NC, como mostra o teorema seguinte.

TEOREMA 10.41

NC $\subseteq$ P.

PROVA Um algoritmo de tempo polinomial pode rodar o transdutor de espaço log para gerar o circuito C_n e simulá-lo sobre uma entrada de comprimento n.

P-COMPLETUDE

Neste momento, consideramos a possibilidade de que todos os problemas em P estejam também em NC. A igualdade entre essas classes seria surpreendente porque implicaria que todos os problemas solúveis em tempo polinomial são altamente paralelizáveis. Introduzimos o fenômeno da P-completude para dar evidência teórica que alguns problemas em P são inerentemente seqüenciais.

DEFINIÇÃO 10.42

Uma linguagem B é **P-*completa*** se

1. $B \in$ P, e
2. toda A em P é redutível em espaço log a B.

O próximo teorema segue o espírito do Teorema 8.23 e tem uma prova similar, pois máquinas NL e NC podem computar reduções em espaço log. Deixamos sua prova como o Exercício 10.3.

TEOREMA 10.43 ....

Se $A \leq_\text{L} B$ e B está em NC, então A está em NC.

Mostramos que o problema do cálculo do valor de um circuito é P-completo. Para um circuito C e uma entrada com valor x, escrevemos $C(x)$ como o valor de C sobre x. Seja

$VALOR\text{-}CIRCUITO = \{\langle C, x\rangle|\ C$ é um circuito booleano e $C(x) = 1\}$.

TEOREMA 10.44 ....

$VALOR\text{-}CIRCUITO$ é P-completo.

PROVA A construção dada no Teorema 9.30 mostra como reduzir qualquer linguagem A em P para $VALOR\text{-}CIRCUITO$. Sobre a entrada w a redução produz um circuito que simula a máquina de Turing de tempo polinomial para A. A entrada para o circuito é a própria cadeia w. A redução pode ser realizada em espaço log porque o circuito que ela produz tem um estrutura simples e repetitiva.

10.6

CRIPTOGRAFIA

A prática da encriptação, usando códigos secretos para comunicação privada, começa milhares de anos atrás. Durante os tempos romanos, Júlio César codificava mensagens para seus generais para proteger-se contra a possibilidade de interceptação. Mais recentemente, Alan Turing, o inventor da máquina de Turing, liderou um grupo de matemáticos britânicos que quebrou o código alemão uilizado na Segunda Guerra Mundial para enviar instruções a submarinos que patrulhavam o Oceano Atlântico. Os governos ainda dependem de códigos secretos e investem grande quantidade de esforços na invenção de códigos que sejam difíceis de quebrar e para encontrar pontos fracos em códigos que os outros usam. Nos dias de hoje, corporações e indivíduos empregam a encriptação para aumentar a segurança de sua informação. Em breve, quase toda a comunicação eletrônica será criptograficamente protegida.

Nos últimos anos, a teoria da complexidade computacional tem levado a uma revolução na concepção de códigos secretos. O campo da criptografia, como essa área é conhecida, agora se estende para bem além de códigos secretos para comunicação privada e aborda uma larga faixa de questões relativas à segurança da informação. Por exemplo, hoje temos a tecnologia para "assinar" digitalmente mensagens para autenticar a identidade do remetente; para viabilizar eleições eletrônicas nas quais os participantes possam votar sobre uma rede e os resultados possam ser publicamente contados sem revelar quaisquer votos individuais e evitar múltipla votação e outras violações; e construir novos tipos de códigos secretos que não requerem que os participantes concordem antecipadamente sobre os algoritmos de encriptação e de decriptação.

A criptografia é uma importante aplicação prática da teoria da complexidade. Telefones celulares digitais, transmissão direta por satélite de imagens de televisão, e comércio eletrônico sobre a Internet, tudo depende de medidas criptográficas para proteger a informação. Tais sistemas em breve desempenharão um papel importante na vida da maioria das pessoas. De fato, a criptografia tem estimulado muita pesquisa em teoria da complexidade e em outros campos da matemática.

CHAVES SECRETAS

Tradicionalmente, quando um emissor deseja encriptar uma mensagem de modo que somente um certo receptor possa decriptá-la, o emissor e o receptor compartilham uma *chave secreta*. A chave secreta é uma porção de informação usada pelos algoritmos de encriptação e de decriptação. Manter o sigilo da chave é crucial para a segurança do código porque qualquer pessoa com acesso à chave pode encriptar e decriptar mensagens.

Uma chave curta demais pode ser descoberta por meio de uma busca por força-bruta no espaço total de chaves possíveis. Mesmo uma chave um pouco mais longa pode ser vulnerável a certos tipos de ataque — diremos mais sobre isso em breve. A única maneira de se obter segurança criptográfica perfeita é com chaves que são tão longas quanto o comprimento combinado de todas as mensagens enviadas.

Uma chave tão longa quanto o comprimento combinado das mensagens é denominada **bloco de uso único**. Essencialmente, todo bit de uma chave de bloco de uso único é utilizado somente uma vez para encriptar um bit da mensagem, e então esse bit da chave é descartado. O principal problema com blocos de uso único é que eles podem ser bastante grandes se uma quantidade significativa de comunicação for antecipada. Para a maioria dos propósitos, os blocos de uso único são trabalhosos demais para serem considerados práticos.

Um código criptográfico que permita uma quantidade ilimitada de comunicação segura com chaves de comprimento apenas moderado é preferível. É interessante que tais códigos não podem existir em princípio mas paradoxalmente são usados na prática. Esse tipo de código não pode existir em princípio, porque uma chave significativamente mais curta que o comprimento combinado das mensagens pode ser encontrada por uma busca por força-bruta no espaço de chaves possíveis. Conseqüentemente, um código baseado em tais chaves pode ser quebrado em princípio. Mas aí mesmo reside a solução para o paradoxo. Um código poderia prover segurança adequada na prática, de qualquer forma, porque a busca por força-bruta é extremamente lenta quando a chave é moderadamente longa, digamos na faixa dos cem bits. É claro que se o código pudesse ser quebrado de alguma outra maneira, mais rápida, ele seria inseguro e não deveria ser usado. A dificuldade reside em se estar certo de que o código não possa ser quebrado rapidamente.

Atualmente não temos nenhuma maneira de assegurar que um código com chaves de comprimento moderado seja realmente seguro. Para garantir que um código não possa ser quebrado rapidamente, precisaríamos de uma *prova matemática* de que, no mínimo, a chave não pode ser encontrada rapidamente. Entretanto, tais provas parecem além das capacidades da matemática contemporânea! A razão é que, uma vez que uma chave seja descoberta, é fácil verificar sua correção inspecionando-se as mensagens que foram decriptadas com ela. Por conseguinte, o problema da verificação de chaves pode ser formulado de forma a estar em P. Se pudéssemos provar que as chaves não podem ser encontradas em tempo polinomial, atingiríamos um enorme avanço matemático provando que P é diferente de NP.

Como somos incapazes de provar matematicamente que códigos são inquebráveis, nos baseamos, em vez disso, em evidência circunstancial. No passado, a evidência para a qualidade de um código era obtida contratando-se especialistas que tentavam quebrá-lo. Se eles fossem incapazes de fazê-lo, a confiança na sua segurança aumentava. Essa abordagem tem deficiências óbvias. Se alguém possui especialistas melhores que os nossos, ou se não pudermos confiar em nossos próprios especialistas, a integridade de nosso código pode estar comprometida. Entretanto, essa abordagem era a única disponível até recentemente e era usada para dar suporte à confiabilidade de códigos largamente utilizados, tais como o *Data Encryption Standard* (*DES*), que foi sancionado pelo *U.S. National Bureau of Standards*.

A teoria da complexidade provê outra maneira de se ganhar evidência para a segurança de um código. Podemos mostrar que a complexidade de se quebrar o código está ligada à complexidade de algum outro problema para o qual haja uma evidência convincente de intratabilidade. Lembre-se de que usamos NP-completude para fornecer evidência de que certos problemas são intratáveis. Reduzir um problema NP-completo ao problema de se quebrar o código mostraria que o problema de se quebrar o código seria, ele mesmo, NP-completo. Entretanto, isso não fornece evidência suficiente de segurança, porque NP-completude diz respeito a complexidade do pior caso. Um problema pode ser NP-completo e, mesmo assim, fácil de resolver na maior parte das vezes. Os códigos devem ser difíceis de quebrar quase sempre, portanto precisamos de medir complexidade no caso médio em vez de complexidade no pior caso.

Um problema que geralmente se acredita ser difícil para o caso médio é o problema da fatoração inteira. Os melhores matemáticos têm estado interessados na fatoração por séculos, mas nenhum descobriu ainda um procedimento rápido para fazê-lo. Certos códigos modernos têm sido construídos em torno do problema da fatoração de modo que quebrar o código corresponda a fatorar um número. Isso constitui evidência convincente para a segurança desses códigos, pois uma maneira eficiente de se quebrar tal código levaria a um algoritmo de fatoração rápido, o que seria um desenvolvimento marcante em teoria computacional dos números.

CRIPTOSSISTEMAS DE CHAVE-PÚBLICA

Mesmo quando chaves criptográficas são moderadamente curtas, seu gerenciamento ainda apresenta um obstáculo ao seu uso amplo em criptografia convencional. Um problema é que todo par de participantes que deseja comunicação privada precisa estabelecer uma chave secreta conjunta para esse propósito. Outro problema é que cada indivíduo precisa manter um banco de dados secreto de todas as chaves que assim foram estabelecidas.

O desenvolvimento recente da criptografia de chave-pública fornece uma elegante solução para ambos os problemas. Em um ***criptossistema de chave-privada***, ou convencional, a mesma chave é usada tanto para a encriptação quanto para a decriptação. Compare isso com o novo ***criptossistema de chave-pública*** para o qual a chave de decriptação é diferente, e não facilmente computada a partir, da chave de encriptação.

Embora essa seja uma idéia decepcionantemente simples, separar as duas chaves tem profundas conseqüências. Agora cada indivíduo somente precisa estabelecer um único par de chaves: uma chave de encriptação E e uma chave de decriptação D. O indivíduo mantém D secreta, mas publica E. Se outro indivíduo deseja lhe enviar uma mensagem, ela busca E no diretório público, encripta a mensagem com ela, e a envia para ele. O primeiro indivíduo é o único que conhece D, portanto somente ele pode decriptar aquela mensagem.

Certos criptossistemas de chave-pública podem também ser usados para *assinaturas digitais*. Se um indivíduo aplica seu algoritmo secreto de decriptação a uma mensagem antes de enviá-la, qualquer um pode verificar que ela realmente veio dele aplicando o algoritmo público de encriptação. Ele efetivamente "assinou" aquela mensagem. Essa aplicação assume que as funções de encriptação e de decriptação podem ser aplicadas em qualquer uma das duas ordens, como é o caso com o criptossistema RSA.

FUNÇÕES UNIDIRECIONAIS

Agora, brevemente investigamos alguns dos fundamentos teóricos da teoria moderna da criptografia, as chamadas *funções unidirecionais* e as *funções alçapão*. Uma das vantagens de se usar a teoria da complexidade como fundamento para a criptografia é que ela ajuda a esclarecer as hipóteses feitas quando argumentamos sobre segurança. Assumindo a existência de uma função unidirecional, podemos construir criptossistemas de chave-privada seguros. E assumindo a existência de funções alçapão nos permite construir criptossistemas de chave-pública. Ambas as hipóteses têm conseqüências adicionais tanto teóricas quanto práticas. Definimos esses tipos de funções após alguns preliminares.

Uma função $f: \Sigma^* \longrightarrow \Sigma^*$ é **comprimento-preservante** se os comprimentos de w e de $f(w)$ são iguais para todo w. Uma função comprimento-preservante é uma **permutação** se ela nunca mapeia duas cadeias para o mesmo lugar — ou seja, se $f(x) \neq f(y)$ sempre que $x \neq y$.

Lembre-se da definição de máquina de Turing probabilística dada na Seção 10.2. Vamos dizer que uma máquina de Turing probabilística M computa uma **função probabilística** $M: \Sigma^* \longrightarrow \Sigma^*$, onde, se w for uma entrada e x uma saída, atribuímos a

$$\Pr[M(w) = x]$$

a probabilidade de que M pare no estado de aceitação com x sobre sua fita quando ela for inicializada sobre a entrada w. Note que M pode às vezes falhar em aceitar sobre a entrada w, portanto

$$\sum_{x \in \Sigma^*} \Pr[M(w) = x] \leq 1.$$

A seguir chegamos à definição de uma função unidirecional. Grosso modo, uma função é unidirecional se ela for fácil de computar, mas quase sempre difícil de inverter. Na definição seguinte, f denota a função unidirecional facilmente computada e M denota o algoritmo de tempo polinomial probabilístico que podemos pensar como tentando inverter f. Definimos permutações unidirecionais primeiro porque esse caso é um pouco mais simples.

> **DEFINIÇÃO 10.45**
>
> Uma **permutação unidirecional** é uma permutação comprimento-preservante f com as duas seguintes propriedades.
>
> 1. Ela é computável em tempo polinomial.
> 2. Para toda MT de tempo polinomial probabilístico M, todo k e n suficientemente grande, se pegarmos uma w aleatória de comprimento n e rodarmos M sobre a entrada w,
>
> $$\Pr_{M,w}\bigl[\, M(f(w)) = w \,\bigr] \le n^{-k}.$$
>
> Aqui, $\Pr_{M,w}$ significa que a probabilidade é tomada sobre as escolhas aleatórias feitas por M e a seleção aleatória de w.
>
> Uma **função unidirecional** é uma função comprimento-preservante f com as duas seguitnes propriedades.
>
> 1. Ela é computável em tempo polinomial.
> 2. Para toda MT de tempo polinomial probabilístico M, todo k e n suficientemente grande, se pegarmos uma w aleatória de comprimento n e rodarmos M sobre a entrada w,
>
> $$\Pr\bigl[\, M(f(w)) = y \text{ onde } f(y) = f(w) \,\bigr] \le n^{-k}.$$

Para permutações unidirecionais, qualquer algoritmo de tempo polinomial probabilístico tem apenas uma pequena probabilidade de inverter f; ou seja, é improvável que ele compute w a partir de $f(w)$. Para funções unidirecionais, para qualquer algoritmo de tempo polinomial probabilístico, é improvável que ele seja capaz de encontrar qualquer y que mapeia para $f(w)$.

EXEMPLO 10.46

A função de multiplicação *mult* é uma candidata a função unidirecional. Fazemos $\Sigma = \{0,1\}$ e para qualquer $w \in \Sigma^*$ suponha que $mult(w)$ seja a cadeia representando o produto da primeira e da segunda metades de w. Formalmente,

$$mult(w) = w_1 \cdot w_2,$$

onde $w = w_1 w_2$ tal que $|w_1| = |w_2|$, ou $|w_1| = |w_2| + 1$ se $|w|$ for ímpar. As cadeias w_1 e w_2 são tratadas como números bináros. Preenchemos $mult(w)$ com 0s à esquerda de modo que ela tenha o mesmo comprimento que w. Apesar de uma grande quantidade de pesquisa sobre o problema da fatoração inteira, nenhum algoritmo de tempo polinomial probabilístico é conhecido que possa inverter *mult*, mesmo sobre uma fração polinomial das entradas.

Se assumirmos a existência de uma função unidirecional, podemos construir um criptossistema de chave-privada, que é demonstravelmente seguro. Essa construção é demasiado complicada para apresentarmos aqui. Em vez disso, ilustramos como implementar uma aplicação criptográfica diferente com uma função unidirecional.

Uma aplicação simples de uma função unidirecional é um sistema de senhas demonstravelmente seguro. Em um sistema de senhas típico, um usuário deve entrar com uma senha para ganhar acesso a algum recurso. O sistema mantém um banco de dados de senhas de usuários em uma forma encriptada. As senhas são encriptadas para protegê-las se o banco de dados ficar desprotegido ou por acidente ou por projeto. Os bancos de dados de senhas freqüentemente ficam desprotegidos de modo que vários programas de aplicação possam lê-los e verificar senhas. Quando um usuário entra com uma senha, o sistema verifica sua validade encriptando-a para determinar se ela confere com a versão armazenada no banco de dados. Obviamente, é desejável um esquema de encriptação que seja difícil de inverter, pois ele torna a senha não-encriptada difícil de se obter da forma encriptada. Uma função unidirecional é uma escolha natural para uma função de encriptação de senhas.

FUNÇÕES ALÇAPÃO

Não sabemos se a existência de uma função unidirecional apenas é suficiente para permitir a construção de um criptossistema de chave-pública. Para obter tal construção, usamos um objeto relacionado chamado *função alçapão*, que pode ser eficientemente invertida na presença de uma informação especial.

Primeiro, precisamos discutir a noção de uma função que indexa uma família de funções. Se tivermos uma família de funções $\{f_i\}$ para i em Σ^*, podemos representá-las pela única função $f\colon \Sigma^* \times \Sigma^* \longrightarrow \Sigma^*$, onde $f(i, w) = f_i(w)$ para qualquer i e w. Chamamos f de função indexadora. Digamos que f é comprimento-preservante se cada uma das funções indexadas f_i for comprimento-preservante.

DEFINIÇÃO 10.47

Uma *função alçapão* $f\colon \Sigma^* \times \Sigma^* \longrightarrow \Sigma^*$ é uma função indexadora comprimento-preservante que tem uma MT auxiliar de tempo polinomial probabilístico G e uma função auxiliar $h\colon \Sigma^* \times \Sigma^* \longrightarrow \Sigma^*$. O trio f, G e h satisfaz as três condições seguintes.

1. As funções f e h são computáveis em tempo polinomial.
2. Para toda MT de tempo polinomial probabilístico E, todo k e n suficientemente grande, se tomarmos uma saída aleatória $\langle i, t \rangle$ de G sobre 1^n e uma $w \in \Sigma^n$ aleatória, então

    $\Pr\bigl[\, E(i, f_i(w)) = y,\ \text{onde}\ f_i(y) = f_i(w)\,\bigr] \leq n^{-k}$.

3. Para todo n, toda w de comprimento n, e toda saída $\langle i, t \rangle$ de G que ocorre com probabilidade não nula para alguma entrada para G

    $h(t, f_i(w)) = y$, onde $f_i(y) = f_i(w)$.

A MT probabilística G gera um índice i de uma função no índice da família enquanto gerando simultaneamente um valor t que permite que f_i seja invertida rapidamente. A condição 2 diz que f_i é difícil de inverter na ausência de t. A condição 3 diz que f_i é fácil de inverter quando t é conhecido. A função h é a função inversora.

EXEMPLO 10.48

Aqui, descrevemos a função alçapão que está por trás do bem-conhecido criptossistema RSA. Damos seu trio associado f, G e h. A máquina geradora G opera da seguinte forma. Ela seleciona dois números de aproximadamente o mesmo tamanho aleatoriamente e os testa por primalidade usando um algoritmo de teste de primalidade de tempo polinomial probabilístico. Se eles não forem primos, ela repete a escolha até que consiga ou até que atinja um limite de tempo pré-especificado e reporta a falha. Após encontrar p e q, ela computa $N = pq$ e o valor $\phi(N) = (p-1)(q-1)$. Ela seleciona um número aleatório e entre 1 e N. Ela verifica se esse número é primo em relação a $\phi(N)$. Caso não seja, o algoritmo seleciona outro número e repete a verificação. Finalmente, o algoritmo computa o inverso multiplicativo d de e módulo $\phi(N)$. É possível fazer isso porque o conjunto de números em $\{1, \ldots, \phi(N)\}$ que são primos em relação a $\phi(N)$ formam um grupo sob a operação de multiplicação módulo $\phi(N)$. Finalmente, G dá como saída $((N, e), d)$. O índice para a função f consiste nos dois números N e e. Seja

$$f_{N,e}(w) = w^e \bmod N.$$

A função inversora h é

$$h(d, x) = x^d \bmod N.$$

A função h inverte apropriadamente porque $h(d, f_{N,e}(w)) = w^{ed} \bmod N = w$.

Podemos usar uma função alçapão como a função alçapão RSA, para construir um criptossistema de chave-pública da seguinte forma. A chave pública é o índice i gerado pela máquina probabilística G. A chave secreta é o valor correspondente t. O algoritmo de encriptação quebra a mensagem m em blocos de tamanho no máximo $\log N$. Para cada bloco w, o emissor computa f_i. A seqüência de cadeias resultante é a mensagem encriptada. O receptor usa a função h para obter a mensagem original a partir de sua encriptação.

EXERCÍCIOS

10.1 Mostre que uma família de circuitos com profundidade $O(\log n)$ é também uma família de circuitos de tamanho polinomial.

10.2 Mostre que 12 não é pseudo-primo porque falha em algum teste de Fermat.

10.3 Prove que, se $A \leq_L B$ e B estão em NC, então A está em NC.

10.4 Mostre que a função paridade com n entradas pode ser computada por um programa ramificante que tem $O(n)$ nós.

10.5 Mostre que a função maioria com n entradas pode ser computada por um programa ramificante que tem $O(n^2)$ nós.

10.6 Mostre que qualquer função com n entradas pode ser computada por um programa ramificante que tem $O(2^n)$ nós.

^R**10.7** Mostre que BPP $\subseteq$ PSPACE.

PROBLEMAS

10.8 Seja A uma linguagem regular sobre $\{0,1\}$. Mostre que A tem complexidade de tamanho–profundidade $(O(n), O(\log n))$.

*__10.9__ Uma *fórmula booleana* é um circuito booleano no qual toda porta tem apenas um fio de saída. A mesma variável de entrada aparece em múltiplos lugares de uma fórmula booleana. Prove que uma linguagem tem uma família de tamanho polinomial de fórmulas sse ele está em NC^1. Ignore considerações de uniformidade.

*__10.10__ Um *autômato com pilha de k-cabeças* (k-AP) é um autômato com pilha determinístico com k cabeças de entrada somente-leitura, bidirecionais, e uma pilha de leitura/escrita. Defina a classe $\text{AP}_k = \{A \mid A \text{ é reconhecida por um } k\text{-AP}\}$. Mostre que $\text{P} = \bigcup_k \text{AP}_k$. (Dica: Lembre-se de que P é igual a espaço logarítmico alternante.)

10.11 Seja M uma máquina de Turing de tempo polinomial probabilístico e suponha que C seja uma linguagem onde, para $0 < \epsilon_1 < \epsilon_2 < 1$ fixos,

  a. $w \notin C$ implica $\Pr[M \text{ aceita } w] \leq \epsilon_1$, e
  b. $w \in C$ implica $\Pr[M \text{ aceita } w] \geq \epsilon_2$.

Mostre que $C \in \text{BPP}$. (Dica: Use o resultado do Lema 10.5.)

10.12 Mostre que, se P = NP, então P = PH.

10.13 Mostre que, se PH = PSPACE, então a hierarquia de tempo polinomial tem somente uma quantidade finita de níveis distintos.

10.14 Lembre-se de que NP^{SAT} é a classe de linguagens que são decididas por máquinas de Turing de tempo polinomial não-determinísticas com um oráculo para o problema da satisfazibilidade. Mostre que NP^{SAT} = Σ_2P.

*10.15** Prove o pequeno teorema de Fermat, que é dado no Teorema 10.6. (Dica: Considere a seqüência $a^1, a^2, \ldots$. O que tem que acontecer, e como?)

^{R}*10.16** Prove que, para qualquer inteiro $p > 1$, se p não for pseudo-primo, então p falha no teste de Fermat para pelo menos metade de todos os números em $\mathcal{Z}_p$.

10.17 Prove que, se A for uma linguagem em L, exsite uma família de programas ramificantes $(B_1, B_2, \ldots)$ na qual cada B_n aceita exatamente as cadeias em A de comprimento n e é limitado em tamanho por um polinômio em n.

10.18 Prove que, se A for uma linguagem regular, existe uma família de programas ramificantes $(B_1, B_2, \ldots)$ na qual cada B_n aceita exatamente as cadeias em A de comprimento n e é limitado em tamanho por uma constante vezes n.

10.19 Mostre que, se NP $\subseteq$ BPP, então NP = RP.

10.20 Defina uma **ZPP-máquina** como uma máquina de Turing probabilística para a qual são permitidos três tipos de saída sobre cada um de seus ramos: *aceite*, *rejeite*, e *?*. Uma ZPP-máquina M decide uma linguagem A se M dá como saída a resposta correta sobre toda cadeia de entrada w (*aceite* se $w \in A$ e *rejeite* se $w \notin A$) com probabilidade pelo menos $\frac{2}{3}$, e M nunca dá como saída a resposta errada. Sobre toda entrada, M pode dar como saída *?* com probabilidade de no máximo $\frac{1}{3}$. Além disso, o tempo médio de execução sobre todos os ramos de M sobre w tem de ser limitado por um polinômio no comprimento de w. Mostre que RP$\cap$coRP = ZPP.

10.21 Seja $EQ_{BP} = \{\langle B_1, B_2\rangle |\ B_1 \text{ e } B_2 \text{ são programas ramificantes equivalentes}\}$. Mostre que EQ_{BP} é coNP-completa

10.22 Seja BPL a coleção de linguagens que são decididas por máquinas de Turing de espaço logarítmico probabilístico com probabilidade de erro $\frac{1}{3}$. Prove que BPL $\subseteq$ P.

SOLUÇÕES SELECIONADAS

10.7 Se M é uma MT probabilística que roda em tempo polinomial, podemos modificar M de modo que ela faça exatamente n^r arremessos de moeda sobre cada ramo de sua computação, para alguma constante r. Portanto o problema de se determinar a probabilidade de que M aceita sua cadeia de entrada se reduz a contar quantos ramos são de aceitação e comparar esse número com $\frac{2}{3} 2^{(n^r)}$. Essa contagem pode ser realizada usando-se espaço polinomial.

10.16 Chame a uma *testemunha* se ela falha no teste de Fermat para p, ou seja, se $a^{p-1} \not\equiv 1$ (mod p). Seja $\mathcal{Z}_p^*$ todos os números em $\{1, \ldots, p-1\}$ que são primos em relação a p. Se p não for pseudoprimo, ele terá uma testemunha a em $\mathcal{Z}_p^*$.

Use a para obter muitas outras testemunhas. Encontre uma testemunha única em $\mathcal{Z}_p^*$ para cada não-testemunha. Se $d \in \mathcal{Z}_p^*$ for uma não-testemunha, você terá $d^{p-1} \equiv 1$ (mod p). Logo, da mod $p \not\equiv 1$ (mod p) e, portanto, da mod p é uma testemunha. Se d_1 e d_2 forem não-testemunhas distintas em $\mathcal{Z}_p^*$, então $d_1 a$ mod $p \neq d_2 a$ mod p. Caso contrário $(d_1 - d_2)a \equiv 0 \pmod{p}$, e portanto $(d_1 - d_2)a = cp$ para algum inteiro c. Mas d_1 e d_2 estão em $\mathcal{Z}_p^*$, e assim $(d_1 - d_2) < p$, daí $a = cp/(d_1 - d_2)$ e p têm um fator maior que 1 em comum, o que é impossível porque a e p são primos entre si. Dessa forma, o número de testemunhas em $\mathcal{Z}_p^*$ deve ser tão grande quanto o número de não-testemunhas em $\mathcal{Z}_p^*$ e, conseqüentemente, no mínimo metade dos membros de $\mathcal{Z}_p^*$ é testemunha.

A seguir, mostramos que todo membro b de $\mathcal{Z}_p$ que não é primo em relação a p é uma testemunha. Se b e p compartilham um fator, então b^e e p compartilham esse fator para qualquer $e > 0$. Logo, $b^{p-1} \not\equiv 1 \pmod{p}$. Por conseguinte, você pode concluir que pelo menos metade dos membros de $\mathcal{Z}_p$ é testemunha.

Bibliografia Selecionada

1. ADLEMAN, L. Two theorems on random polynomial time. In: *Proceedings of the Nineteenth IEEE Symposium on Foundations of Computer Science*, p. 75-83, 1978.
2. ADLEMAN, L. M.; HUANG, M. A. Recognizing primes in random polynomial time. In: *Proceedings of the Nineteenth Annual ACM Symposium on the Theory of Computing*, p. 462-469, 1987.
3. ADLEMAN, L. M.; POMERANCE, C.; RUMELY, R. S. On distinguishing prime numbers from composite numbers. *Annals of Mathematics*, v. 117, p. 173-206, 1983.
4. AGRAWAL, M.; KAYAL, N.; SAXENA, N. PRIMES is in P, 2002. Disponível em: http://www.cse.iitk.ac.in/news/primality.pdf .
5. AHO, A. V.; HOPCROFT, J. E.; ULLMAN, J. D. *Data Structures and Algorithms*. Addison-Wesley, 1982.
6. AHO, A. V.; SETHI, R.; ULLMAN, J. D. *Compilers:* Principles, Techniques, Tools. Addison-Wesley, 1986.
7. AKL, S. G. *The Design and Analysis of Parallel Algorithms*. Prentice-Hall International, 1989.
8. ALON, N.; ERDÖS, P.; SPENCER, J. H. *The Probabilistic Method*. John Wiley & Sons, 1992.
9. ANGLUIN, D.; VALIANT, L. G. Fast probabilistic algorithms for Hamiltonian circuits and matchings. *Journal of Computer and System Sciences*, v. 18, p. 155-193, 1979.
10. ARORA, S.; LUND, C.; MOTWANI, R.; SUDAN, M.; SZEGEDY, M. Proof verification and hardness of approximation problems. In: *Proceedings of the Thirty-third IEEE Symposium on Foundations of Computer Science*, p. 14-23, 1992.
11. BAASE, S. *Computer Algorithms:* Introduction to Design and Analysis. Addison-Wesley, 1978.
12. BABAI, L. E-mail and the unexpected power of interaction. In: *Proceedings of the Fifth Annual Conference on Structure in Complexity Theory*, p. 30-44, 1990.
13. BACH, E.; SHALLIT, J. *Algorithmic Number Theory*, v. 1. MIT Press, 1996.

14. BALCÁZAR, J. L.; DÍAZ, J.; GABARRÓ, J. *Structural Complexity I, II*. EATCS Monographs on Theoretical Computer Science. Springer Verlag, v. I e II, 1988 e 1990.
15. BEAME, P. W.; COOK, S. A.; HOOVER, H. J. Log depth circuits for division and related problems. *SIAM Journal on Computing*, v. 15, n. 4, p. 994-1003, 1986.
16. BLUM, M.; CHANDRA, A.; WEGMAN, M. Equivalence of free boolean graphs can be decided probabilistically in polynomial time. *Information Processing Letters*, v. 10, p. 80-82, 1980.
17. BRASSARD, G.; BRATLEY, P. *Algorithmics:* Theory and Practice. Prentice-Hall, 1988.
18. CARMICHAEL, R. D. On composite numbers p which satisfy the Fermat congruence $a^{p-1} \equiv p$. *American Mathematical Monthly*, v. 19, p. 22-27, 1912.
19. CHOMSKY, N. Three models for the description of language. *IRE Trans. on Information Theory*, v. 2, p. 113-124, 1956.
20. COBHAM, A. The intrinsic computational difficulty of functions. In: *Proceedings of the International Congress for Logic, Methodology, and Philosophy of Science*. Bar-Hillel, Y. (Ed.). North-Holland, p. 24-30, 1964.
21. COOK, S. A. The complexity of theorem-proving procedures. In: *Proceedings of the Third Annual ACM Symposium on the Theory of Computing*, p. 151-158, 1971.
22. CORMEN, T.; LEISERSON, C.; RIVEST, R. *Introduction to Algorithms*. MIT Press, 1989.
23. EDMONDS, J. Paths, trees, and flowers. *Canadian Journal of Mathematics*, v. 17, p. 449-467, 1965.
24. ENDERTON, H. B. *A Mathematical Introduction to Logic*. Academic Press, 1972.
25. EVEN, S. *Graph Algorithms*. Pitman, 1979.
26. FELLER, W. *An Introduction to Probability Theory and Its Applications*, v. 1. John Wiley & Sons, 1970.
27. FEYNMAN, R. P., HEY; A. J. G.; ALLEN, R. W. *Feynman lectures on computation*. Addison-Wesley, 1996.
28. GAREY, M. R.; JOHNSON, D. S. *Computers and Intractability — A Guide to the Theory of NP-completeness*. W. H. Freeman, 1979.
29. GILL, J. T. Computational complexity of probabilistic Turing machines. *SIAM Journal on Computing*, v. 6, n. 4, p. 675-695, 1977.
30. GÖDEL, K. On formally undecidable propositions in *Principia Mathematica* and related systems I. In: *The Undecidable*, Davis, M. (Ed.). Raven Press, p. 4-38, 1965.
31. GOEMANS, M. X.; WILLIAMSON, D. P. .878-approximation algorithms for MAX CUT and MAX 2SAT. In: *Proceedings of the Twenty-sixth Annual ACM Symposium on the Theory of Computing*, p. 422-431, 1994.
32. GOLDWASSER, S.; MICALI, S. Probabilistic encryption. *Journal of Computer and System Sciences*, p. 270-229, 1984.

33. GOLDWASSER, S.; MICALI, S.; RACKOFF, C. The knowledge complexity of interactive proof-systems. *SIAM Journal on Computing*, p. 186-208, 1989.
34. GREENLAW, R.; HOOVER, H. J.; RUZZO, W. L. *Limits to Parallel Computation: P-completeness Theory*. Oxford University Press, 1995.
35. HARARY, F. *Graph Theory*. 2. ed. Addison-Wesley, 1971.
36. HARTMANIS, J.; STEARNS, R. E. On the computational complexity of algorithms. *Transactions of the American Mathematical Society*, 117, p. 285-306, 1965.
37. HILBERT, D. Mathematical problems. Lecture delivered before the International Congress of Mathematicians at Paris in 1900. In: *Mathematical Developments Arising from Hilbert Problems*, v. 28, American Mathematical Society, p. 1-34, 1976.
38. HOFSTADTER, D. R. *Goedel, Escher, Bach:* An Eternal Golden Braid. Basic Books, 1979.
39. HOPCROFT, J. E.; AND ULLMAN, J. D. *Introduction to Automata Theory, Languages and Computation*. Addison-Wesley, 1979.
40. JOHNSON, D. S. The NP-completeness column: Interactive proof systems for fun and profit. *Journal of Algorithms*, v. 9, n. 3, p. 426-444, 1988.
41. KARP, R. M. Reducibility among combinatorial problems. In: *Complexity of Computer Computations*, Miller, R. E.; Thatcher, J. W. (Eds.). Plenum Press, p. 85-103, 1972.
42. KARP, R. M.; LIPTON, R. J. Turing machines that take advice. *ENSEIGN:* L'Enseignement Mathematique Revue Internationale, v. 28, 1982.
43. LAWLER, E. L. *Combinatorial Optimization:* Networks and Matroids. Holt, Rinehart and Winston, 1991.
44. LAWLER, E. L.; LENSTRA, J. K.; RINOOY KAN, A. H. G.; SHMOYS, D. B. *The Traveling Salesman Problem*. John Wiley & Sons, 1985.
45. LEIGHTON, F. T. *Introduction to Parallel Algorithms and Architectures:* Array, Trees, Hypercubes. Morgan Kaufmann, 1991.
46. LEVIN, L. Universal search problems (em russo). *Problemy Peredachi Informatsii*, v. 9, n. 3, p. 115-116, 1973.
47. LEWIS, H.; PAPADIMITRIOU, C. *Elements of the Theory of Computation*. Prentice-Hall, 1981.
48. LI, M.; VITANYI, P. *Introduction to Kolmogorov Complexity and its Applications*. Springer-Verlag, 1993.
49. LICHTENSTEIN, D.; SIPSER, M. GO is PSPACE hard. *Journal of the ACM*, p. 393-401, 1980.
50. LUBY, M. *Pseudorandomness and Cryptographic Applications*. Princeton University Press, 1996.
51. LUND, C.; FORTNOW, L.; KARLOFF, H.; NISAN, N. Algebraic methods for interactive proof systems. *Journal of the ACM*, v. 39, n. 4, p. 859-868, 1992.

52. MILLER, G. L. Riemann's hypothesis and tests for primality. *Journal of Computer and System Sciences*, v. 13, p. 300-317, 1976.
53. NIVEN, I.; ZUCKERMAN, H. S. *An Introduction to the Theory of Numbers*, 4. ed. John Wiley & Sons, 1980.
54. PAPADIMITRIOU, C. H. *Computational Complexity*. Addison-Wesley, 1994.
55. PAPADIMITRIOU, C. H.; STEIGLITZ, K. *Combinatorial Optimization (Algorithms and Complexity)*. Prentice-Hall, 1982.
56. PAPADIMITRIOU, C. H.; YANNAKAKIS, M. Optimization, approximation, and complexity classes. *Journal of Computer and System Sciences*, v. 43, n. 3, p. 425-440, 1991.
57. POMERANCE, C. On the distribution of pseudoprimes. *Mathematics of Computation*, v. 37, n. 156, p. 587-593, 1981.
58. PRATT, V. R. Every prime has a succinct certificate. *SIAM Journal on Computing*, v. 4, n. 3, p. 214-220, 1975.
59. RABIN, M. O. Probabilistic algorithms. In: *Algorithms and Complexity:* New Directions and Recent Results. Traub, J. F. (Ed.). Academic Press, p. 21-39, 1976.
60. REINGOLD, O. Undirected st-connectivity in log-space, 2004. Disponível em: http://www.eccc.uni-trier.de/eccc-reports/2004/TR04-094 .
61. RIVEST, R. L.; SHAMIR, A.; ADLEMAN, L. A method for obtaining digital signatures and public key cryptosytems. *Communications of the ACM*, v. 21, n. 2, p. 120-126, 1978.
62. ROCHE, E.; SCHABES, Y. *Finite-State Language Processing*. MIT Press, 1997.
63. SCHAEFER, T. J. On the complexity of some two-person perfect-information games. *Journal of Computer and System Sciences*, v. 16, n. 2, p. 185-225, 1978.
64. SEDGEWICK, R. *Algorithms*. 2. ed. Addison-Wesley, 1989.
65. SHAMIR, A. IP = PSPACE. *Journal of the ACM*, v. 39, n. 4, p. 869-877, 1992.
66. SHEN, A. IP = PSPACE: Simplified proof. *Journal of the ACM*, v. 39, n. 4, p. 878-880, 1992.
67. SHOR, P. W. Polynomial-time algorithms for prime factorization and discrete logarithms on a quantum computer. *SIAM Journal on Computing*, v. 26, p. 1484-1509, 1997.
68. SIPSER, M. Lower bounds on the size of sweeping automata. *Journal of Computer and System Sciences*, v. 21, n. 2, p. 195-202, 1980.
69. SIPSER, M. The history and status of the P versus NP question. In: *Proceedings of the Twenty-fourth Annual ACM Symposium on the Theory of Computing*, p. 603-618, 1992.
70. STINSON, D. R. *Cryptography:* Theory and Practice. CRC Press, 1995.
71. TARJAN, R. E. *Data structures and network algorithms*, v. 44, de *CBMS-NSF Reg. Conf. Ser. Appl. Math*. SIAM, 1983.

72. TURING, A. M. On computable numbers, with an application to the Entscheidungsproblem. In: *Proceedings, London Mathematical Society*, p. 230-265, 1936.
73. ULLMAN, J. D.; AHO, A. V.; HOPCROFT, J. E. *The Design and Analysis of Computer Algorithms*. Addison-Wesley, 1974.
74. VAN LEEUWEN, J. (Ed.). *Handbook of Theoretical Computer Science A*: Algorithms and Complexity. Elsevier, 1990.

Índice Remissivo

$\mathcal{N}$ (números naturais), 4, 239
$\mathcal{R}$ (números reais), 164, 186
$\mathcal{R}^+$ (números reais não negativos), 263
$\emptyset$ (conjunto vazio), 4
$\in$ (elemento), 4
$\notin$ (não elemento), 4
$\subseteq$ (subconjunto), 4
$\subsetneq$ (subconjunto próprio), 4, 349
$\cup$ (operação de união), 4, 45
$\cap$ (operação de interseção), 4
$\times$ (produto cartesiano ou cruzado), 6
ε (cadeia vazia), 14
$w^\mathcal{R}$ (reverso de w), 14
$\neg$ (operação de negação), 14
$\wedge$ (operação de conjunção), 15
$\vee$ (operação de disjunção), 15
$\oplus$ (operação OU exclusivo), 15
$\rightarrow$ (operação de implicação), 15
$\leftrightarrow$ (operação de igualdade), 15
$\Leftarrow$ (implicação reversa), 18
$\Rightarrow$ (implicação), 18
$\Longleftrightarrow$ (equivalência lógica), 18
$\circ$ (operação de concatenação), 45
$*$ (operação estrela), 45
$+$ (operação mais), 67
$\mathcal{P}(Q)$ (conjunto das partes), 54
Σ (alfabeto), 54
Σ_ε ($\Sigma \cup \{\varepsilon\}$), 54
$\langle \cdot \rangle$ (codificação), 164, 274
$\sqcup$ (branco), 146
$\leq_\mathrm{m}$ (redução por mapeamento), 218
$\leq_\mathrm{T}$ (Turing-redução), 245
$\leq_\mathrm{L}$ (redução em espaço log), 344
$\leq_\mathrm{P}$ (redução em tempo polinomial), 288
$d(x)$ (descrição mínima), 248

Th($\mathcal{M}$) (teoria de um modelo), 239
K(x) (complexidade descritiva), 248
∀ (quantificador universal), 329
∃ (quantificador existencial), 329
↑ (exponenciação), 364
$O(f(n))$ (notação O-grande), 263–264
$o(f(n))$ (notação o-pequeno), 264

A_{AFD}, 174
A_{AFN}, 175
A_{ALL}, 204
Aceita uma linguagem, significado de, 37
Adleman, Leonard M., 441, 444
A_{EXR}, 176
AFD, *veja* Autômato finito determinístico
AFN, *veja* Autômato finito não-determinístico
AFNG, *veja* Autômato finito não-determinístico generalizado
A_{GLC}, 178
Agrawal, Manindra, 441
Aho, Alfred V., 441, 445
Akl, Selim G., 441
Alfabeto
    definido, 13
Algoritmo
    análise de complexidade, 262–268
    decidibilidade e indecidibilidade, 173–192
    definido, 161–163
    descrevendo, 166
    euclideano, 276
    tempo de execução, 262
    tempo polinomial, 271–279
Algoritmo de aproximação, 387–390
Algoritmo de aproximação k-ótimo, 389
Algoritmo euclideano, 276
Algoritmos probabilísticos, 390–403

ALL, *veja* Autômato linearmente limitado
Allen, Robin W., 442
Alon, Noga, 441
Alternação, 403–410
Ambigüidade, 110
Ambígua
    gramática, 224
Ambígua
    gramática, 110
Ambigüidade, 111
Ambigüidade inerente, 111
Ambíguo
    AFN, 194
A_{MT}, 182
Analisador, 103
Analisador léxico, 68
Análise assintótica, 262
Análise do caso médio, 262
Análise do pior caso, 262
Angluin, Dana, 441
Anticlique, 28
AP, *veja* Autômato com pilha
Aresta de corte, 389
Aresta de um grafo, 10
Argumento, 8
Aridade, 8, 237
Aritmetização, 418
Arora, Sanjeev, 441
Árvore
    folha, 12
    raiz, 12
Árvore, 12
    sintática, 105
Ávore sintática, 105
ASPACE($f(n)$), 405
Assinaturas digitais, 433
ATIME($t(n)$), 405
Auto-referência, 230
Autômato com pilha, 114–127
    definido, 116
    esquemática de, 114
    exemplos, 119
    gramáticas livres-do-contexto, 120–127

Autômato finito
    bidimensional, 224
    computação de, 40–41
    decidibilidade, 174–178
    definido, 36
    duas cabeças, 224
    exemplo da porta automática, 32
    função de transição, 36
    projetando, 41–44
Autômato finito bidimensional, 224
Autômato finito de duas cabeças, 224
Autômato finito determinístico
    definido, 36
    minimização, 317
    problema da aceitação, 174
    teste de vacuidade, 176
Autômato finito não-determinístico generalizado, 71
Autômato finito não-determinístico, 48–60
    computação por, 49
    definido, 55
    equivalência com autômato finito determinístico, 56
    equivalência com expressão regular, 68
Autômato finito não-determinístico generalizado, 78
    convertendo para uma expressão regular, 73
    definido, 71, 75
Autômato linearmente limitado, 203–207
Autômatos com pilha
    exemplos, 117

Baase, Sara, 441
Babai, Laszlo, 441
Bach, Eric, 441
Balcázar, José Luis, 442
Base da indução, 23
Beame, Paul W., 442
Bloco de uso único, 431
Blum, Manuel, 442

Brassard, Gilles, 442
Bratley, Paul, 442
Busca pela força bruta, 286
Busca por força bruta, 272, 275, 279
Busca por largura, 271

Cadeia, 14
Cadeia compressível, 252
Cadeia incompressível, 252
Cadeia vazia, 14
Cadeias de Markov, 33
Caminho
    em um grafo, 12
    hamiltoniano, 280
    simples, 12
CAM, 342
Caminho direcionado, 13
Caminho simples, 12
Campo minado, 315
Cantor, Georg, 183
Carmichael, R. D., 442
CD-ROM, 340
Certificado, 281
Chaitin, Gregory J., 248
Chandra, Ashok, 442
CHARADA, 314, 351
Chave secreta, 430
Chomsky, Noam, 442
Church, Alonzo, 3, 162, 239
Ciclo, 12
Circuito booleano, 373–381
    família uniforme, 425
    fio, 373
    porta, 373
    profundidade, 425
    tamanho, 425
CIRCUIT-SAT, 380
Classe de complexidade
    ASPACE($f(n)$), 405
    ATIME($t(n)$), 405
    BPP, 391
    coNL, 347
    coNP, 285
    EXPSPACE, 360
    EXPTIME, 327
    IP, 413

L, 341
NC, 427
NL, 341
NP, 279–286
NPSPACE, 326
NSPACE($f(n)$), 322
NTIME($f(n)$), 283
P, 271–279, 285–286
PH, 410
PSPACE, 326
RP, 398
SPACE($f(n)$), 322
TIME($f(n)$), 266
ZPP, 438
Classe de complexidade de espaço, 322
Classe de complexidade de tempo, 283
Cláusula, 290
Clique, 28, 283
CLIQUE, 283
Cobham, Alan, 442
COB-VERT, 300
Codificação, 164, 274
Coeficiente, 162
Complexidade de espaço, 321–354
Complexidade de espaço de máquinas de Turing não-determinísticas, 322
Complexidade de processador, 425
Complexidade de tamanho, 425
Complexidade de tempo, 261–311
   análise de, 262–268
   de máquina de Turing não-determinística, 270
Complexidade descritiva, 248
Complexidade por profundidade, 425
COMPOSTOS, 280
Comprimento de bombeamento, 80, 94, 128
Comprimento mínimo de bombeamento, 94
Computação paralela, 424
Computação determinística, 48
Computação não-determinística, 48

Computação paralela, 429
Computador seqüencial, 424
Concatenação de cadeias, 14
Configuração, 147, 342
Configuração de aceitação, 147
Configuração de parada, 148
Configuração de rejeição, 148
Configuração inicial, 147
Conjunto, 4
   contável, 184
   incontável, 186
Conjunto contável, 184
Conjunto das partes, 6, 54
Conjunto incontável, 186
Conjunto independente, 28
Conjunto infinito, 4
Conjunto vazio, 4
coNL, 347
coNP, 285
Contra-exemplo, 18
Contradomínio de uma função, 7
Cook, Stephen A., 287, 381, 427, 442
Cormen, Thomas, 442
Corolário, 17
Correspondência, 184
Corte, em um grafo, 314, 389
Criptografia, 430–436
Criptossistema de chave-privada, 432
Criptossistema de chave-pública, 432

Damas, jogo de, 340
Davis, Martin, 162
Decidibilidade, *veja também* Indecidibilidade.
   de A_{AFD}, 174
   de A_{GLC}, 178
   de A_{EXR}, 176
   de EQ_{AFD}, 177
   de V_{GLC}, 179
   linguagem livre-do-contexto, 178–181
   linguagem regular, 174–178
Decisor

determinístico, 148
não-determinístico, 159
Definição, 17
Definição circular, 66
Definição indutiva, 66
Deriva, 106
Derivação, 104
    mais à esquerda, 111
Derivação mais à esquerda, 111
Descrição de alto nível de uma máquina de Turing, 164
Descrição de implementação de uma máquina de Turing, 164
Descrição mínima, 248
Desempilhar um símbolo, 115
Diagrama de estados
    autômato com pilha, 117
    autômato finito, 34
    máquina de Turing, 150
diagrama de Venn, 4
Díaz, Josep, 442
Diferença simétrica, 177
2SAT, 317
Domínio de uma função, 7

Edmonds, Jack, 442
Elemento de um conjunto, 4
Emparelhamento, 210
Empilhar um símbolo, 115
Enderton, Herbert B., 442
Engrenagem em uma prova de completude, 300
Enumerador, 159–160
EQ_{AFD}, 177
EQ_{GLC}, 180
EQ_{MT}
    indecidibilidade, 202
    Turing-irreconhecibilidade, 221
$EQ_{EXR\uparrow}$, 364
Erdös, Paul, 441
Erro unilateral, 398
Escada, 350
Escopo, 329
Escopo, de um quantificador, 237
Estado de aceitação, 34, 36

Estado existencial, 404
Estado final, 36
Estado inicial, 34
Estado inútil
    em AP, 194
    em MT, 223
Estado universal, 404
Estratégia vencedora, 333
Estrutura, 238
Even, Shimon, 442
Exponencial, *versus* polinomial, 272
Expressão regular, 65–78
    definida, 66
    equivalência com autômato finito, 68–78
    exemplos de, 67
EXPSPACE, 360
EXPSPACE-completude, 364–370
EXPTIME, 327

Fator de um número, 393
Fechado sob, 46
Fecho sob complementação
    linguagens livres-do-contexto, 133
    linguagens regulares, 88
    P, 312
Fecho sob concatenação
    linguagens livres-do-contexto, 135
    linguagens regulares, 48, 62
    NP, 312
    P, 312
Fecho sob estrela
    linguagens livres-do-contexto, 135
    linguagens regulares, 63
    NP, 312
    P, 312
Fecho sob interseção
    linguagens livres-do-contexto, 133
Fecho sob interseção
    linguagens regulares, 47
Fecho sob união

linguagens livres-do-contexto, 135
linguagens regulares, 46, 60
NP, 312
P, 312
Fecho transitivo, 426
Feller, William, 442
Feynman, Richard P., 442
Fio em um circuito booleano, 373
Fita oráculo, 370
FNC-fórmula, 290
Folha em uma árvore, 12
Forma normal conjuntiva, 290
Forma normal de Chomsky, 111–113, 136, 178, 278
Forma normal prenex, 237, 329
Fórmula, 237, 287
Fórmula atômica, 237
Fórmula bem-formada, 237
Fórmula booleana, 287, 328
    mínima, 370
    quantificada, 329
Fórmula booleana mínima, 370
Fórmula booelana quantificada, 329
Fórmula mínima, 406
Fórmula satisfazível, 287
FORMULA-MÍN, 406
Fortnow, Lance, 443
Função, 7–10
    argumento, 8
    binária, 8
    computável, 217
    computável em tempo polinomial, 288
    domínio, 7
    espaço construtível, 356
    sobre, 8
    sobrejetora, 184
    tempo construtível, 361
    transição, 36
    um-para-um, 184
    unária, 8
    unidirecional, 434
Função
    contradomínio, 7
Função alçapão, 436

Função binária, 8
Função computável, 217
Função computável em espaço log, 344
Função de transição, 35, 36
Função espaço construtível, 356
função k-ária, 8
Função maioria, 385
Função paridade, 375
Função probabilística, 433
Função sobre, 8
Função sobrejetora, 184
Função tempo construtível, 361
Função um-para-um, 184
Função unidirecional, 434

Gabarró, Joaquim, 442
Garey, Michael R., 442
Geografia generalizada, 335
GG (geografia generalizada), 336
Gill, John T., 442
GLC, *veja* Gramática livre-do-contexto
GO, jogo de, 340
Go-moku, jogo de, 350
Gödel, Kurt, 3, 239, 242, 442
Goemans, Michel X., 442
Goldwasser, Shafi, 442, 443
Grafo
    acíclico, 399
    aresta, 10
    ciclo em, 12
    coloração, 314
    direcionado, 12
    fortemente conexo, 13
    grau, 10
    k-regular, 21
    não-direcionado, 10
    nó, 10
    problema do isomorfismo, 312, 411
    rotulado, 11
    subgrafo, 11
    vértice, 10
Grafo acíclico, 399
Grafo bipartido, 352
Grafo conexo, 12, 165

Grafo direcionado, 12
Grafo fortemente conexo, 13, 352
Grafo não-direcionado, 10
Grafo nivelado, 353
Grafo rotulado, 11
Grafos isomorfos, 312
Gramática livre-do-contexto
    ambígua, 224
Gramática livre do-contexto
    ambígua, 110
Gramática livre-do-contexto
    definida, 106
Grau de entrada de um nó, 12
Grau de saída de um nó, 12
Grau de um nó, 10
Greenlaw, Raymond, 443

Harary, Frank, 443
Hartmanis, Juris, 443
Hey, Anthony J. G., 442
Hierarquia de diferenças, 317
Hilbert, David, 162, 443
Hipótese da indução, 23
História de computação
    autômato linearmente limitado, 203
    definida, 203
    linguagens livres-do-contexto, 208–209
    Problema da correspondência de Post, 209–216
    redutibilidade, 203–216
História de computação de aceitação, 203
História de computação de rejeição, 203
História de computação
    autômato linearmente limitado, 207
Hofstadter, Douglas R., 443
Hoover, H. James, 442, 443
Hopcroft, John E., 441, 443, 445
Huang, Ming-Deh A., 441

Indecidibilidade
    de A_{MT}, 182
    de V_{ALL}, 205
    de EQ_{MT}, 202
    de V_{MT}, 199
    de $PARA_{MT}$, 198
    de $REGULAR_{MT}$, 201
    de EQ_{GLC}, 180
    do problema da correspondência de Post, 211
    método da diagonalização, 183–191
    via histórias de computação, 203–216
Indução
    base, 23
    passo, 23
    prova por, 23–25
Inteiros, 4
Interpretação, 238
ISO, 411

Janela, em um *tableau*, 295
Jogo, 332
JOGO-DA-FÓRMULA, 333
Jogo da Geografia, 334
Johnson, David S., 442, 443

k-clique, 283
k-upla, 6
Karloff, Howard, 443
Karp, Richard M., 443
Kayal, Neeraj, 441
Kolmogorov, Andrei N., 248

L, 341
Lawler, Eugene L., 443
Leeuwen, Jan van, 445
Lei distributiva, 16
Leighton, F. Thomson, 443
Leis de DeMorgan, exemplo de prova, 20
Leiserson, Charles E., 442
Lema, 17
Lema da amplificação, 392
Lema do bombeamento
    para linguagens livres-do-contexto, 128–133

para linguagens regulares, 79–85
Lenstra, Jan Karel, 443
Levin, Leonid A., 287, 381, 443
Lewis, Harry, 443
Li, Ming, 443
Lichtenstein, David, 443
Limitante de Chernoff, 393
Limitante exponencial, 264
Limitante polinomial, 264
Limitante superior assintótico, 263
Linguagem
    co-Turing-reconhecível, 191
    de uma gramática, 105
    decidível, 148
    definida, 14
    livre-do-contexto, 105
    recursivamente enumerável, 148
    regular, 41
    Turing-decidível, 148
    Turing-irreconhecível, 191
    Turing-reconhecível, 148
Linguagem co-Turing-reconhecível, 191
Linguagem decidível, 148
Linguagem livre-de-prefixo, 194
Linguagem livre-do-contexto
    decidibilidade, 178–181
    decidibilidade eficiente, 277–279
    definida, 105
    inerentemente ambígua, 111
    lema do bombeamento, 128–133
Linguagem recursiva, *veja* Linguagem decidível.
Linguagem recursivamente enumerável, 148
Linguagem regular, 31–85
    decidibilidade, 174–178
    definida, 41
    fecho sob concatenação, 48, 62
    fecho sob estrela, 63
    fecho sob interseção, 47
    fecho sob união, 46, 60
Linguagem Turing-decidível, 148

Linguagem Turing-irreconhecível, 191–192
    EQ_{MT}, 221
Linguagem Turing-reconhecível, 148
Lipton, Richard J., 443
LISP, 161
Literal, 290
LLC, *veja* Linguagem livre-do-contexto
Lógica booleana, 14–16
Luby, Michael, 443
Lund, Carsten, 441, 443

MAAP, 424
Mapeamento, 7
Máquina de acesso aleatório paralelo, 424
Máquina de estados finitos, *veja* Autômato finito.
Máquina de Turing, 143–161
    alternante, 404
    comparação com autômatos finitos, 144
    definida, 146
    descrevendo, 166
    esquema de, 144
    exemplos de, 149–154
    marcando símbolos da fita, 153
    multifita, 155–156
    não-determinística, 157–159
    oráculo, 245, 370
    universal, 183
Máquina de Turing alternante, 404
Máquina de Turing multifita, 155–156
Máquina de Turing não-determinística, 157–159
    complexidade de espaço, 322
    complexidade de tempo, 270
Máquina de Turing probabilística, 391
Máquina de Turing universal, 183
Máquinas equivalentes, 56
Matijasevič, Yuri, 162
Matriz de adjacência, 274
MÁX-CLIQUE, 317, 383
MÁX-CORTE, 314

Membro de um conjunto, 4
Método da diagonalização, 183–191
Micali, Silvio, 442, 443
Miller, Gary L., 444
Minimização de um AFD, 316
Modelo, 238
Modelo computacional, 31
Modelos polinomialmente equivalentes, 272
MODEXP, 312
Motwani, Rajeev, 441
MT, *veja* Máquina de Turing
MTN, *veja* Máquina de Turing não-determinística
Multiconjunto, 4, 285
Multiplicação de matrizes booleanas, 426

NL, 341
NL-completude
    definida, 344
NÃO-ISO, 411
NC, 427
Nim, jogo de, 351
Nisan, Noam, 443
Niven, Ivan, 444
Nó de consulta em um programa ramificante, 399
Nó de um grafo, 10
    grau, 10
    grau de entrada, 12
    grau de saída, 12
Notação assintótica
    notação O-grande, 263–264
    notação o-pequeno, 264
Notação infixa, 8
Notação O-grande, 262–264
Notação o-pequeno, 264
Notação prefixa, 9
NP, 279–286
NP-completude, 287–311
    definido, 292
NP-difícil, 315
NP^A, 370
NPSPACE, 326
NSPACE($f(n)$), 322

NTIME($f(n)$), 283
Número composto, 280, 393
Número de Carmichael, 394
Número primo, 280, 313, 393
Número real, 186
Números naturais, 4

$o(f(n))$ (notação o-pequeno), 264
Operação binária, 45
Operação booleana, 14, 287
Operação de complementação, 4
Operação de concatenação, 45, 47, 62–63
Operação de conjunção, 15
Operação de Disjunção, 15
Operação de embaralhamento, 92, 137
Operação de embaralhamento perfeito, 92, 137
Operação de igualdade, 15
Operação de implicação, 15
Operação de interseção, 4
Operação de negação, 14
Operação de OU EXCLUSIVO, 15
Operação de união, 4, 45, 46, 60–62
operação E, 15
Operação estrela, 45, 63–64, 312
Operação módulo, 8
Operação NÃO, 14
operação OU, 15
Operação regular, 45
Operação XOR, 15, 376
operações booleanas, 237
Oráculo, 245, 369, 370
Ordenação lexicográfica, 14
Origina
    para configurações, 147
    para gramáticas livres-do-contexto, 106

P, 271–279, 285–286
P-completude, 429
P^A, 370
Palíndromo, 93, 134
Papadimitriou, Christos H., 443, 444

Par, upla, 6
$PARA_{MT}$, 198
Pascal, 161
Passo de arremesso-de-moeda, 391
PCP, *veja* Problema da correspondência de Post.
Pequeno teorema de Fermat, 394
Permutação unidirecional, 434
PH, 410
Pilha, 114
Pippenger, Nick, 427
Polinomial, *versus* exponencial, 272
Polinômio, 162
Pomerance, Carl, 441, 444
Porta em um circuito booleano, 373
Pratt, Vaughan R., 444
Prefixo de uma cadeia, 92
Primos entre si, 276
Princípio da casa de pombos, 129
Princípio da casa-de-pombos, 80, 81
Probabilidade de erro, 391
Problema da aceitação
    para GLC, 178
    para AFD, 174
    para ALL, 204
    para AFN, 175
    para MT, 182
Problema da circuito-satisfazibilidade, 380
Problema da contagem, 416
Problema da correspondência de Post (PCP), 209–216
    modificado, 211
Problema da distinção de elementos, 153
Problema da parada, 182–191
    insolubilidade de, 182
Problema da satisfazibilidade, 287
Problema de decisão, 388
Problema de Maximização, 389
Problema de Minimização, 389
Problema do caminho hamiltoniano, 280
    algoritmo de tempo exponencial, 280

NP-completude de, 303–308
verificador de tempo polinomial, 280, 281
Problema NP, 281
Problema NP-completo
    CAMHAM, 303
    SOMA-SUBC, 309
    3CORES, 314
    CAMHAMN, 308
Problema NP-completo
    3SAT, 381
    CIRCUIT-SAT, 380
    3SAT, 290
    CO-VERT, 300
Problema P-completo
    VALOR-CIRCUITO, 429
Problema PSPACE-completo
    GG, 336
    JOGO-DA-FÓRMULA, 333
    TQBF, 330
Problemas de Otimização, 387
Produção, 104
Produto cartesiano, 6, 47
Produto cruzado, 6
Programa ramificante, 398
    lê-uma-vez, 400
Programa ramificante lê-uma-vez, 400
Programação dinâmica, 278
Prova, 17
    encontrar, 18–21
    necessidade para, 79
    por contradição, 22
    por construção, 21–22
    por contradição, 23
    por indução, 23–25
Prova formal, 242
Provador, 412
Pseudoprimo, 394
PSPACE, 326
PSPACE-completude, 328–340
    definida, 328
Putnam, Hilary, 162

Quantificador, 329
    em uma sentença lógica, 237

Quantificador universal, 329

Rabin, Michael O., 444
Rackoff, Charles, 443
Raiz
    de um polinômio, 162
    em uma árvore, 12
Reconhece uma linguagem, significado de, 37, 41
Recursivamente enumerável, *veja* Turing-reconhecível.
Redução, 197, 218
    por mapeamento, 218
Redução em espaço log, 344, 429
Redutibilidade, 197–222
    por mapeamento, 222
    tempo polinomial, 288
    via histórias de computação, 216
Redutibilidade muitos-para-um, 217
Redutibilidade por mapeamento, 217–222
    tempo polinomial, 288
Regra em uma gramática livre-do-contexto, 104, 106
Regra unitária, 112
Regras de substituição, 104
$REGULAR_{MT}$, 201
Reingold, Omer, 444
Relação, 9, 237
    binária, 9
Relação binária, 9
Relação de equivalência, 9
relação k-ária, 9
Relação reflexiva, 9
Relação simétrica, 9
Relação transitiva, 9
Relativização, 369–373
PRIM-ES, 276
Reverso de uma cadeia, 14
Rinooy Kan, A. H. G., 443
Rivest, Ronald L., 442, 444
Robinson, Julia, 162
Roche, Emmanuel, 444
Rumely, Robert S., 441
Ruzzo, Walter L., 443

Símbolo em branco ␣, 146
SAT, 293, 326
#SAT, 416
Saxena, Nitin, 441
Schabes, Yves, 444
Schaefer, Thomas J., 444
Sedgewick, Robert, 444
Sentença, 329
Seqüência, 6
Seqüência característica, 188
Seqüência sincronizadora, 95
Sethi, Ravi, 441
Shallit, Jeffrey, 441
Shamir, Adi, 444
Shen, Alexander, 444
Shmoys, David B., 443
Shor, Peter W., 444
Sipser, Michael, 443, 444
Sistemas de prova interativa, 410–424
Solução ótima, 388
$SPACE(f(n))$, 322
Spencer, Joel H., 441
sse, 18
Stearns, Richard E., 443
Steiglitz, Kenneth, 444
Stinson, Douglas R., 444
Subcadeia, 14
Subconjunto de um conjunto, 4
Subconjunto próprio, 4, 349
Subgrafo, 11
SOMA-SUBC, 284, 309
Sudan, Madhu, 441
Szegedy, Mario, 441

Tableau, 377
Tarjan, Robert E., 444
Tautologia, 406
TEF, *veja* Transdutor de estados finitos
Tempo linear, 267
Tempo polinomial
    algoritmo, 271–279
    função computável, 288
    hierarquia, 410
    verificador, 281

Tempo polinomial não-determinístico, 281
Teorema, 17
Teorema chinês do resto, 396
Teorema da hierarquia
    espaço, 357
    tempo, 361
Teorema da hierarquia de espaço, 357
Teorema da hierarquia de tempo, 361
Teorema da incompletude, 242
Teorema da recursão, 229–236
    terminologia para, 233
    versão do ponto fixo, 236
Teorema de Cook–Levin, 382
Teorema de Cook-Levin, 287
Teorema de hierarquia, 369
Teorema de Myhill–Nerode, 94
Teorema de Ramsey, 28
Teorema de Rice, 202, 224, 225, 227, 255, 257
Teorema de Savitch, 324–326
Teorema do ponto fixo, 236
Teoremas de hierarquia, 356
Teoria da complexidade, 2
    tese de Church-Turing, 162–163
    tese de Church-Turing, 268
Teoria da computabilidade, 3
    decidibilidade e indecidibilidade, 173–192
    máquinas de Turing, 143–161
    redutibilidade, 197–222
    teorema da recursão, 229–236
Teoria dos autômatos, 3, *veja também* Linguagem livre-do-contexto; Linguagem regular.
Teoria, de um modelo, 239
Terminal, 104
Terminal em uma gramática livre-do-contexto, 106
Termo, em um polinômio, 162
Tese de Church-Turing, 162–163
Tese de Church-Turing, 268

Teste de Fermat, 394
Teste de vacuidade
    para AFD, 176
    para ALL, 205
    para GLC, 179
    para MT, 199
Testemunha de compostura, 396
Th($\mathcal{M}$), 239
TIME($f(n)$), 266
TQBF, 330
Transdutor
    espaço log, 344
    estados finitos, 89
Transdutor de espaço log, 344
Transdutor de estados finitos, 89
Transição, 34
3CORES, 314
3SAT, 290, 381
Triângulo em um grafo, 312
Turing, Alan M., 3, 143, 162, 445
Turing-redutibilidade, 244–246

Ullman, Jeffrey D., 441, 443, 445
Unária
    função, 8
    operação, 45
Unário
    alfabeto, 53, 84, 223
    notação, 274, 313
Universo, 238, 329
Upla, 6

V_{AFD}, 176
Valiant, Leslie G., 441
V_{ALL}, 205
VALOR-CIRCUITO, 429
Variável
    booleana, 287
    ligada, 329
Variável
    em uma gramática livre-do-contexto, 104, 106
    inicial, 104, 107
Variável booleana, 287
Variável inicial, em uma gramática livre-do-contexto, 104

Variável inicial, em uma gramática livre-do-contexto, 107
Variável ligada, 329
Variável livre, 238
Velha, jogo da, 349
Verificabilidade polinomial, 280
Verificador, 281, 412
Vértice de um grafo, 10
V_{GLC}, 179
Vírus, 234
Vírus de computador, 234
Vitanyi, Paul, 443
V_{MT}, indecidibilidade, 199

Wegman, Mark, 442
Williamson, David P., 442

Xadrez, jogo de, 340

Yannakakis, Mihalis, 444

Zuckerman, Herbert S., 444